国家社会科学基金项目（批准号 11BYY084）“现代汉语句子复杂化问题的研究”终期衍生成果

南京大学“世界一流大学和一流学科建设”出版资助项目

南京大学 985 工程项目经费资助出版项目

南京大学中国文学与东亚文明协同创新中心资助项目

江苏高校优势学科建设工程资助项目

复综语：形态复杂的极端

马清华 方光柱 韩笑 朱虹◎编著

中国社会科学出版社

图书在版编目(CIP)数据

复综语：形态复杂的极端 / 马清华，方光柱，韩笑，朱虹编著．—北京：中国社会科学出版社，2017.3

ISBN 978-7-5203-0098-8

Ⅰ.①复… Ⅱ.①马… ②方…③韩…④朱… Ⅲ.①汉语-句法-研究 Ⅳ.①H146.3

中国版本图书馆 CIP 数据核字(2017)第 056912 号

出 版 人　赵剑英
责任编辑　任　明
特约编辑　乔继堂
责任校对　李　莉
责任印制　李寡寡

出　　版　中国社会科学出版社
社　　址　北京鼓楼西大街甲 158 号
邮　　编　100720
网　　址　http://www.csspw.cn
发 行 部　010-84083685
门 市 部　010-84029450
经　　销　新华书店及其他书店

印刷装订　北京君升印刷有限公司
版　　次　2017 年 3 月第 1 版
印　　次　2017 年 3 月第 1 次印刷

开　　本　710×1000　1/16
印　　张　32
插　　页　2
字　　数　524 千字
定　　价　108.00 元

提　要

本书是国家社会科学基金项目“现代汉语句子复杂化问题的研究”(批准号11BYY084)”的终期衍生成果，是该项目系列成果的一部分。绪论分析了复综语的界定、分布、类型、复杂度、研究现状等，第一章至第四章依次细致描写分析了楚克奇语、爱斯基摩语、鲍莱语、努特卡语的句法结构、词类系统、语法标记、逻辑结构、逻辑关系标记等以及一些特有的语法运作原理，由此分别展现了组并型、递归后缀型、模板型、词汇场型等四种复综语的内部特征。第五章结论总结分析了复综语的来源、形态学的一般原理等。

目　　录

图表目录

绪　　论

第一节　选题说明

本书是在国家社科项目“现代汉语句子复杂化问题的研究”（项目编号 11BYY084）直接推动下完成的。可以说，它是该课题中期成果的副产品。汉语（尤其是古汉语）作为孤立语，处于形态结构简单性的上限。在与之相对的另一个极端，复综语是形态结构复杂性的上限。对复综语的形态结构及形态复杂化、句子复杂化过程的研究，有助于反观汉语这种孤立语以及其他形态类型语言的系统运作机制，丰富、完善句子复杂化理论以及其中所贯穿的系统运筹语法原理。

虽然复综语作为复杂形态语言的代表和世界语言的重要类型之一，对研究语言本体具有无法取代的价值，但国内学者对其知之甚少。S. R. 安德森（S. R. Anderson，2012）说在中国做演讲时问一个学生什么是复综语的问题，该学生回答说英语是复综语，并举了 cat 的复数要加词尾-s。S. R. Anderson 据此认为汉语是分析语，因为对说汉语的人来说，富含形态的语言都是复杂的。虽然他的观点以偏概全，我们相信对稍具语言学常识的学生都不会犯上述的错误，但对说汉语的人来说，复综语确实是比较陌生的，国内语言学界对它的介绍和研究还是一片空白。正因如此，我们对普通语言学（特别是其中的形态学）的理解，以及语言运作机制、语言普遍性与个性、语言类型学等的研究受到很大限制。总之，对复综语的研究对加深和拓展国内语法学的研究，能起到多方面的推动作用。

复综语都是弱势语言或濒危语言，有的已经消失。例如，作为复综语的尤比克语（Ubykh，属高加索语系），随着其最后一位使用者 1992 年 10 月 7 日的逝去而消亡，从此“Ubykh”成为“不可能再出现”的代名词。复综语研究因此也显得更为迫切。

第二节 语言的形态类型学

一 形态学理论基础

(一) 形态手段

形态原是有关生物样态与结构的生物学范畴，19世纪为语言学所吸收。从语言形态分类体系看，形态学（mophology）是语法中研究词法形式（包括词的结构与构成）的分支。见表0-1：

表0-1 语法形义分支表

	意义	形式
词法	词法范畴	形态手段
句法	句法范畴	句法手段

为分析词的结构和便于理解，先明确几个有用却又有可能被混用的形态学概念。

1. 词根-词干-词基

词根（root）是一个词除去一切词缀外剩下的核心语素。词干（stem）是词中可添加屈折词缀的结构成分，亦即能附加屈折后缀的词基。只包含一个词根语素的词干是简单词干，如英语词 book（书）；多个词根构成的词干是复合词干，如英语词 sunlight（日光）←（sun（太阳）+light（光））；词根加派生词缀构成的词干是复杂词干，如英语加有派生词缀-*ness* 的 ill*ness*（［名］疾病（←ill［形］有病的）），该复杂词干可加屈折词缀-es，构成名词疾病的复数 illnesses。词基（base）是可附加任何词缀的那部分形式。从这个意义上说，词根、词干都可成为词基，但反过来不成立，词基的范围要大于词根和词干之和。例如 untouchable 由前缀 un-跟 touchable 组合得到，touchable（=touch+-able）既不是词根，也不是词干，因为它没有屈折形式。英语中还有一些词类范畴（例如介词）也不能带屈折词缀，这些词类范畴只能是词基，而不是词干。

2. 派生形态和屈折形态

派生形态和屈折形态也可分别叫作构词形态和构形形态。屈折变化是表达语法意义或语法功能的词形变化，其方式有外部屈折和内部屈折。外部屈折是在词根或词干上添加词缀。如英语中的附加词尾，名词后面加上 s 表示复数，动词后加上 ing、ed 表示进行时和过去时，形容词后加 er、est 表示比较级和最高级。内部屈折采取语音交替的方式，它可以使词内语音发生改变。屈折形态跟派生形态的不同之处还在于，前者往往跟所在句内某项成分的形态有一致性（agreement）关系。

3. 形态方式

形态方式主要有加缀法、语音交替、重叠法。加缀法是外部屈折采用的方式。词缀按功能分，有派生词缀和屈折词缀。派生词缀附在词根语素上构成新词，增加的是新的词汇义，可改变词类，如英语 teach*er*（［名］教师（←teach（［动］教））中的派生词缀-er。词根和派生词缀合称构词语素。屈折词缀只改变一个词的形式，不构成新词，增加的是语法范畴（grammatical category）意义，不改变词类，所以也称构形词缀，如英语动词 look*s*-look*ing*-look*ed* 中的后缀-s、-ing、-ed。词尾是处于词的末尾位置的屈折后缀。词缀按跟词根的位置关系分，有前缀（prefixes）、后缀（suffixes）、中缀（infixes）、环缀（circumfixes）等，环缀是有依存关系并且表示同一语法意义或语法功能的前缀和后缀的结合。插缀（interfixes）是插在语素间的无意义的词缀。附缀（clitic）是介于词根和词缀之间的过渡物，它跟被附着成分结合较松散，处于词的最外层，既有一定独立性，却又不能独立使用，如汉语派生后缀（构词后缀）“化、性、家”之类。在发生学上也处于“词根→附缀→词缀”语法化过程的中间阶段。附缀可按在词中的位置分为前附缀和后附缀。语音交替是内部屈折采用的方式，包括元音或辅音变换、音量变化、音长变化、音高变化等。元音变换如英语 sing（唱，现在时）-sang（唱，过去时）-sung（唱，完成时），辅音变换如英语 house［haus］（［名］房屋）-house［hauz］（［动］供……以房屋）。音量变化如英语 to refund［ri'fʌnd］（［动］偿还）-a refund［'rifʌnd］（［名］偿还）。音长变化如勒期语（藏缅语族景颇语中的一支，分布于云南德宏）动词做复合词内的定语语素时元音为短元音，做谓语时元音为长元音（戴庆厦、李洁，2007:20—25）①，比较：［khjei⁵³

① 勒期语动词在句法结构中做定语时，需前置并带结构助词 ta⁵⁵（戴庆厦、李洁，2007:138）。

tsuŋ[55]］（鞋←（脚＋穿））－［khjei[53] tsuŋ[55] tsuɔːŋ[55]］（穿鞋←（鞋＋穿））｜［tsham[33] nək[55]］（辫子←（头发＋编））－［tshm[33] nək[55] nəːk[55]］（编辫子←（辫子＋编））。音高变化如汉语“背（［动］bēi，［名］bèi），担（［动］dān，［名］dàn），发（［动］fā，［名］fà），铺（［动］pū，［名］pù）”。重叠是一种形态，有词根重叠、音节重叠、音素重叠，词根重叠是介于复合法和加缀法之间的过渡物。W. P. 莱曼（1986:148）甚至把它作为一种特殊的加缀法。音节重叠如瓦朔语（Washo，美国内华达州的一种印第安语）gusu（野牛）-gususu（［复数］野牛）（萨丕尔，1964［1921］:48）。但音素重叠则显然更偏于屈折变化。① 加缀法、语音交替、重叠法这三种形态均既可用于构形，也可用于构词。

4. 语义形态、功能形态和关系形态

我们在这里尝试将形态手段跟所表语法范畴结合起来，按形态的表义及语法标记职能，将形态分为语义形态、功能形态和关系形态三种，语义形态反映的意义是对宿主的意义补充，功能形态反映宿主在更大结构中的语法功能。关系形态反映宿主与其他成分间纯粹的语法关系。派生形态中有语义形态，汉藏语系一些语言的动物名词前缀即是，如湘西苗语（属苗瑶语族）兽禽鱼虫介等动物名词加前缀 ta，如 tamba（猪）、taqa（鸡）、tacen（虫）、tanen（蛇）等，前缀 ta 不加在指人名词前；现代汉语虽没有动物形态，但指人名词前缀“阿”，人或动物名词前缀“老”等非严格形态都与之有某种程度的平行性（马清华，2001）。派生形态也有功能形态，它直接反映词类信息，日语的形容词尾“い”即是，如“寒い、白い、高い”等。派生形态中的语义形态往往同时在某种程度上暗示着词类信息，兼起功能形态的作用。屈折形态则包含三类，表达人称、数、性、时、体、态、级等范畴的形态属语义形态，格、语气形态属功能形态，格形态反映语法功能，语气形态反映语用功能（除连接语气外），表连接语气的形态属关系形态。

5. 援引式

援引式（citation form）是为便于讨论而孤立引用的形式，通常指从结构中切分下来的最大的词的单位。虽然词基的范围比词根和词干都要

---

① 音素重叠时有时在中间加入衬音，形成间隔的重叠，如在重叠辅音之间衬入元音（W. P. 莱曼，1986:148）。

大，但它毕竟只是从待扩展的意义上说的，无法取代援引式这一范畴。援引式还包含了词基所不能包含的附缀等。

（二）语法范畴

严格地说，形态学上所谓“语法范畴”其实是“词法范畴”。它们是由形态手段所表达的语法意义，如性、数、时、体、级、语气、态、人称、格等。

性范畴可能反映古人对事物的观念，有阴性、阳性、中性。数范畴反映事物的数量特征，有单数和复数。人称范畴反映行为由言谈角色（说话者、听话者、局外者）中的哪一方发出，有第1人称、第2人称、第3人称。格范畴反映名词、代词在句中的功能，有核心格（core case）和旁格（oblique）。核心格在句中作主语或宾语，有:1）主格（nominative），表示名词或代词在句中作主语。2）宾格（accusative，也作“对格”），表示名词或代词在句中作宾语。3）通格（absolutive case，或称“绝对格”），及物动词的宾语和不及物动词的主语的格形态相同，这种格叫“通格”。4）作格（ergative，也称施格），跟“通格”相对，其及物动词主语的格形态所表达的是“作格”。5）与格（dative）通常表示动词所作用的间接客体，句法上实现为核心成分时，常为间接宾语。旁格在句中修饰谓语动词作状语，如：1）工具格（instrumental），表示所凭借的物件、方法、手段等。2）处所格（locative），表示处于一个静态的点上。3）离格/夺格（ablative），表示从什么地方。当离格和夺格没有形态区分时，离格或夺格可泛称ablative。在更狭隘的意义上，离格（elative）与夺格（ablative）相对，前者是从里到外，后者是从外到里。4）动向格（allative），表示运动空间的方向，即往什么地方运动。也可叫作“终点格”。5）位向格（orientative），表示存在空间的朝向、面对或规格上的定位或参照。6）伴随格（comitative），表示和某人或某物相伴随。7）关联格（associative），表示和某人或某物相关联。8）指示格（designative），表示像某物或作为某物。再语法化（regrammaticalization，以语法化结果为新的语法化活动的起点）或形态融合，可造成格形态的功能意义出现错综和混杂，如一些语言里离格和工具格的纠缠（戚雨村等，1993:509），与格和动向格的纠缠（韦光华，1955:1）等，导致格范畴功能次类在不同语言间的不对应。

时范畴反映所述事件的发生时间和说话行为间的时间关系，有现在时、过去时、将来时。体范畴反映事件进行情况，有一般体、进行体、完成体等。态范畴反映行为与主体的关系，有主动态和被动态。逆被动（antipassive）是作格语言中的一种态，功能上对应于非作格语言的被动态。级范畴反映性质的程度差，有原级、比较级、最高级。语气范畴反映说话人对所述事件的态度，有陈述语气、祈使语气、虚拟语气（假定语气）等。国内往往把西方形态学意义上的“式”（mood）称为“语气”，这样做一是容易跟汉语语言学上的“语气”混淆，后者主要是语用句法意义上的（马清华，2006:276）；二是诸如楚克奇语的连接语气，爱斯基摩语的分词语气、连接语气，称说起来有点别扭。但“式”的叫法在汉语里恐带来更大纷扰，很难跟诸如“独立式、否定式、过去式、粘着式、并列式”等一般形式意义的“式”区分开来，因此本书暂且仍采用“语气”的称法。

不同语言的形态化程度和语法范畴系统都不同。大洋洲、非洲的某些语言中动物、植物、无生物的分类有不同的词缀（柯恩，1959:45）。

（三）几种相关词类及形式

大凡形态丰富的语言，都可以从形态上将词类分成有标记词和无标记词，有标记词还可按有无屈折变化分成有变化词和无变化词。几乎所有语言的叹词都是无标记词。抽象程度最高的连词也是如此。

1. 动词限定式-动词非限定式

动词限定式（finite）是有人称、数、时限制的形式，能用作独立句子的谓语。动词非限定式（non-finite）与动词限定式相对，是没有人称、数、时限制的形式，包括分词、动名词、不定式等，不能用作独立句子的谓语。

1）分词

分词（participle）由动词派生出来，它在形式上跟动名词、动词不定式相对。其作用不同于动词，但具体呈现什么功能，不同的语言又有不同。它在英语里“既分享了动词的特征（如 the girl is sitting there），又分享了形容词的特征（如 the sitting girl）”（伦道夫·夸克等，1979:59—60）。在楚克奇语里，由动词派生而来的分词有名词性的，也有副词性分词（甚至还有分词名词（participle-noun），一种从名词派生而来的名词）（参 pp. 49—52，pp. 83—86），在爱斯基摩语里，动词的分词语气在功能上既像名词，又像动词（参 pp. 191—194）。

2）动名词

动名词（gerund）是具有名词功能的一种动词形式，如英语 *Seeing* is *believing*（百闻不如一见）。汉语动名词如“准备、研究、调查”等。

3）动词不定式

动词不定式（infinite）属动词的非限定形式之一，是动词的原形。

2. 小品词

小品词（particle）是有语法功能而没有形式变化的词通称，尤指不易归入标准类别的那些小品词。本书在后一种意义上使用。

3. 句子词和单词句

为分析复综语，有必要区分句子词（sentence words）和单词句（one-word sentences）。句子词是只能充当句子或独立成分的词，不能充当其他的句法单位或成分，所有语言都有句子词，并且只能是叹词。单词句是仅由一个词充当的句子，除叹词外，称谓名词、动词、形容词、副词等其他词也可实现为单词句。

无论哪种语言，其典型句类都是陈述句，这是其主要表达功能（即知识表达功能）决定的。在汉语中，单词句以非陈述句占优势，传递感叹、疑惑、招呼、应答、祈使、警示功能，陈述类的单词句往往是语境依赖句，在语境孤立条件下意义是不完整的。复综语的特殊之处在于，其陈述类的单词句可以是语境孤立句。类语言阶段（即叹词句阶段）处于词句不分的状态，分析性语言的词句分化程度最高，复综语的词句分化程度最低。虽然复综语的词句分化程度低，但它仍不失可拆零组装的性质，只是其所用的是形态手段，从某种意义上说，用的是观念而不是概念。本书所说复综语的单词句通常指语境孤立条件下的陈述类单词句。

二　双指标分类系统

形态类型学是把世界上的语言按照形态结构进行分类。一般认为它最早由 19 世纪德国历时比较语言学家施列格尔兄弟（F. Schlegel 和 A. Schlegel）提出。首先是弟弟 F. 施列格尔（F. Schlegel）（1808）把语言分为附加语和屈折语两种类型。附加语是有词缀的语言，这种语言中各词之间的关系可以借助词缀表示。屈折语中除了词缀外，还有内部屈折。十年后，哥哥 A. 施列格尔又在自己的著作中加上了第三种类型——无结构语。无结构语中的词没有词形变化，句中词的相互关系只能用语序表示。

复综语（polysynthesis）由 P. S. Duponceau（1819）表述北美印第安语言时提出。洪堡特 1822 年 1 月在普鲁士科学院宣读的论文《论语法形式的起源及其对思想发展的影响》，后又在 1836—1840 年出版的《论爪哇岛的卡维语》（*Ueber die Kawisprache auf der Insel Jawa*）导言中，将它引入形态类型学研究范围，并把原三分体系中的第一种语言叫“孤立语”，第二种语言叫“粘着语”，第三种语言叫“屈折语”（洪堡特，1997：44、47、126—137、166—182；P. S. 库兹涅佐夫，1958：50—77），提出语言形态类型的四分体系。它最终发展成当代最有影响的形态类型学理论：1）孤立语（isolating languages）。孤立语词本身的形态不表示句中词与词之间的关系，所有的词彼此无关，在句中是各自孤立的，故叫孤立语。孤立语的语法关系的表达主要借助语序和虚词等句法手段，如古汉语、壮语、苗语、缅甸语、越南语等。2）粘着语（agglutinative languages）。粘着语的词缀只表示一个语法意义，词缀之间不发生融合（fuse），语素和语素之间很容易区分，词内各语素间联系松散。一个词通常有许多语素，形态的规则性很强。一个词是若干语素黏附上去的，故叫作粘着语。例如：匈牙利语、芬兰语、土耳其语、格鲁吉亚语（形态规则非常整齐）、日语（形态的规则整齐性相对较低）。理论上，粘着语的词缀可从不同方向加到词根上，形成后缀或前缀，但实际上，语言多半只用后缀或前缀，如突厥语言（Turkic languages，属阿尔泰语系）和芬兰-乌戈尔语言（Finno-Ugric languages，属乌拉尔语系）中只能看到后缀，南非班图语言中则几乎全用前缀。因为每个词缀只表示一种意义，所以词根与黏附于其一侧的词缀所组成的词往往很长。如斯瓦西里语动词 wa-ta-si-po-ku-ja（第 3 人称复数-将来时-否定-假定式-动词标记-词根“来”，“假如他们不来”）。3）屈折语（fusional languages，也叫融合语 fusional languages）。屈折语的自由语素会发生融合，因而一个语素能表示一个以上的语法意义，而且一个语素会改变其他语素的条件，各语素间的联系比粘着语紧密。另外，形态变化常通过词根内部语音变化实现，存在具有语法意义的内部屈折。一般来说印欧语系诸语言（如斯拉夫语和罗曼语）都是屈折语。4）复综语（polysynthetic languages，也译作“多式综合语”、“编插语”或“抱合语”）。复综语以长而且形态复杂的词形为特点，即具有复杂的长词形式，这些长词往往相当于其他语言的句子，其语素和词的比率最高；正则性最高，语法意义通过词的形态来表示，和上下文的关系不大；一个动词可以包含多种论元语素；还常兼有粘着语和屈折语特征。复综语主要分布于美洲、亚洲西伯利亚、亚欧之间的高加索，以及北澳大利亚等地区，均为土著语言，如：楚克奇语、中西伯利亚尤皮克语，古阿伊努语（Classical Ainu）、因纽特语（Inuktitut）、莫霍克语（Mohawk）、切罗基语（Cherokee）、索拉语（Sora）等。分布见表 0 - 6 至表 0 - 11。

四分体系潜在地由两个指标划分而成。可以把每个词包含的语素数看做综合指标，孤立语和复综语处于对立的两极，典型孤立语的综合指标最低，典型复综语的综合指标最高，因为前者的每个词只包含一个语素，后者的一个句子只包含一个词，而这个句子的完整意思要借重词根以外的众多形态成分来协作表达，词内包含的语素数量特别多。综合指标表现为语言结构的断片性和大片性程度，断片性由单个虚词来表达各种不同的关系，大片性由词内形态成分表达不同的关系。孤立语的断片性、复综语的大片性最为明显。处于这两极之间的粘着语和屈折语则可在另一指标下得到分化。把词内各语素容易切分的程度叫融合指标，粘着语的融合指标低，屈折语的融合指标高。世界上的绝大多数语言在综合指标和融合指标上都处于两个极端之间。但一般来说，综合指标高的语言，融合指标相对就低。（萨丕尔，1964［1921］：84；B. Comrie，1989：43）四分体系在语言形态类型在双指标下的分化见表 0 - 2：

表 0 - 2　　　　语言形态类型的双指标分化表

	低	高
综合程度	孤立语	复综语
融合程度	粘着语	屈折语

屈折语和粘着语都有屈折变化，用“屈折”指其中一种语言无法避免混淆、误解和纷扰。既然屈折语跟融合语可同义互换，不如干脆把“屈折语”改称“融合语”。该建议最初由萨丕尔（1964［1921］：80）提出，但在学界并未站住脚（P. S. 库兹涅佐夫，1958：64），不过当代学者如 B. Comrie（1989：44—45）仍有响应。

最早提出的形态分类方案实际是二分体系。法国 18 世纪下半叶出版的《百科全书》就将语言分出两种对立的类型，一种是分析性语言，另一种是语序可变语言，建立起了19世纪语言类型学的雏形（R. H. 罗宾斯，1997：188）。A. 施列格尔（A. Schlegel）也曾将语言分为综合语和分析语，前者是借助词的形态表达词与词关系的语言，后者是借助虚词和语序表达词与词关系的语言。

分析语（analytic languages）的语素和词的比率低，通常情况下一个词由一个词根语素构成，语法语义主要通过虚词（自由的功能词）和语序等句法手段而不是形态手段来表达，语法意义需要在上下文中解释，通过分离的词来表达。分析语的上下文和句法比形态更重要。词缺少屈折形态变化，不大使用词尾变化（declension）和词形变化（conjugation），词缀的功能被降低到最小程度。具体表现如下：名词缺少功能形态格范畴，名词和其他成分的语法语义关系通过功能词——介词来表达；表示名词的语法语义的数由自由语素表达，如“一些”、“二”等，不使用词尾和不自由语素；性等同自然性别，而不是由语法特征管辖，许多名词缺少性；有定/无定由特定的冠词来表达，而特定的冠词只用于区分有定还是无定，不像德语的冠词还包括性、数、格范畴。动词的人称、数、语气、时、态、体由自由语素（包含部分助动词）表示，主语和谓语之间缺少显性的一致形态。形容词的形式缺少变化，和修饰的中心语之间不存在一致关系，级的语法语义由自由语素表示。孤立语是典型的分析语。现代英语在印欧语系中是最分析的语言之一。

综合语（synthetic languages）的语素和词的比率高，表示语法意义的词缀附着在词根语素上。词缀语素和词根语素有时很难分开，表达语法信息的多个片段具有潜在封装到一个语素的可能性。综合语的语序没有分析语那么重要，因为词与词之间的语法关系是通过句法表达的。形态的搭配（concordance）程度高，例如形态的一致性或者句子内部不同片段之间的跨指称性。粘着语、屈折语和复综语统归综合语。

三　连续统性质

一种语言究竟属于哪一形态类型，只能根据最典型的特征归类。因为以下四种表明，语言的形态分类系统本质上是一个连续系统。

第一，无论三分法还是四分法，分出的各形态类别之间均无严格界限，常只有程度之分，即不是有你无我，而往往是你中有我的关系。即使被认为“十分近似无形态型语言”（P. S. 库兹涅佐夫，1958：59）的古汉语，也存在内部屈折现象，中国传统语言学称之为破读。

同一语言中，不仅有不同形态类型混杂的现象，而且即使本属某一形态类型的表现方式，其内部性质也有不少差异。英语是屈折语，geese 是最纯粹的屈折形式（或称象征性屈折，此类屈折形式包括元音或辅音变换、音素重叠、音量变化、音长变化、音高变化等），books 是正规的屈折（词缀-s 的独立性相对较差），depth 是不正规的屈折（词根和词缀的结合程度比较高），而 goodness 则是粘着现象，词缀-ness 有相对确定的意义，机械附着于词根，相互间容易拆开（萨丕尔，1964［1921］:81—82、44—49）。

第二，相同类型的语言也可划分出不同细类。如孤立语又可分为词根孤立语和词干孤立语，前者仅由词根构成，既无构形，也无构词词缀，如古汉语。现代汉语虽出现了较少的构词词缀和一些构形方式（如重叠），但总体上仍属词根孤立语。后者有构词词缀，但没有词的变化形态，从词的结构中看不出词与词之间的关系，如马来语。再如粘着语也有不同次类型。突厥诸语言和南部非洲的班图等语言虽同属粘着语，但前者只用后缀标明动词-名词之间的一致关系，形容词-名词之间没有这样的一致关系。后者所有名词都用前缀标明与动词、形容词、代词、数词之间的一致关系（P. S. 库兹涅佐夫，1958:54—56、62）。

第三，若把二分体系视为对三分或四分体系的概括，则同样可看到形态类型从分析到综合也是一个连续统，世界上的语言不存在绝对的分析语和综合语，任何语言都是分析和综合的混合（mixed）形式。语言形态按综合程度或分析程度的高低处于连续统的某个量级上，类别的归属取决于哪种形式更占优势。把语言中一个词所含词缀的数量叫词缀率（affxing index，也叫词缀指数）。同理，还有粘着率（agglutinative index）、综合率（synthetic index）、核心率（nexus index），这些有时被描写为综合语和分析语的特点。图 0－1 是世界 145 种语言动词一般所含屈折范畴（inflectional category）的数量规模（据 http://wals.info/feature/22A#2/27.0/151.6 材料整理）。

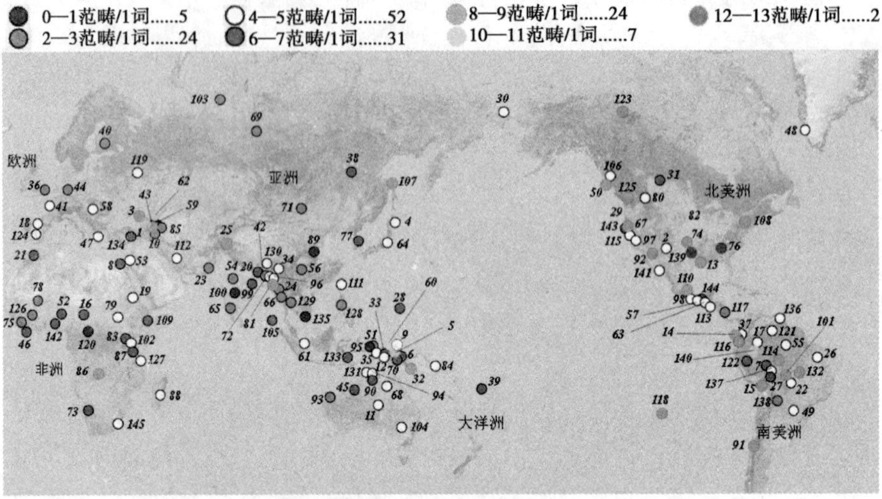

图 0－1　145 种语言动词屈折综合程度地域分布图

图中数字仅表序号，以下按“序号/语言名/每个动词所包含的语法范畴数”顺序排列：

1. Abkhaz / 10—11 // 2. Acoma / 4—5 // 3. Adyghe (Shapsugh) / 8—9 // 4. Ainu / 4—5 // 5. Alamblak / 10—11 // 6. Amele / 6—7 // 7. Apurinã / 6—7 // 8. Arabic (Egyptian) / 6—7 // 9. Arapesh (Mountain) / 4—5 // 10. Armenian (Eastern) / 2—3 // 11. Arrernte (Mparntwe) / 4—5 // 12. Asmat / 4—5 // 13. Atakapa / 8—9 // 14. Awa Pit / 8—9 // 15. Aymara / 8—9 // 16. Bagirmi / 6—7 // 17. Barasano / 4—5 // 18. Basque / 4—5 // 19. Beja / 4—5 // 20. Belhare / 6—7 // 21. Berber (Middle Atlas) / 6—7 // 22. Bororo / 4—5 // 23. Brahui / 2—3 // 24. Burmese / 2—3 // 25. Burushaski / 8—9 // 26. Canela-Krahô / 4—5 // 27. Cayuvava / 6—7 // 28. Chamorro / 6—7 // 29. Chinook (Upper) / 10—11 // 30. Chukchi / 4—5 // 31. Cree (Plains) / 6—7 // 32. Daga / 8—9 // 33. Dani (Lower Grand Valley) / 6—7 // 34. Digaro / 4—5 // 35. Ekari / 4—5 // 36. English / 2—3 // 37. Epena Pedee / 4—5 // 38. Evenki / 6—7 // 39. Fijian / 6—7 // 40. Finnish / 2—3 // 41. French / 4—5 // 42. Garo / 2—3 // 43. Georgian / 8—9 // 44. German / 2—3 // 45. Gooniyandi / 6—7 // 46. Grebo / 6—7 // 47. Greek (Modern) / 4—5 // 48. Greenlandic (West) / 4—5 // 49. Guaraní / 4—5 // 50. Haida / 8—9 // 51. Hatam / 2—3 // 52. Hausa / 6—7 // 53. Hebrew (Modern) / 4—5 // 54. Hindi / 2—3 // 55. Hixkaryana / 4—5 // 56. Hmong Njua / 2—3 // 57. Huave (San Mateo del Mar) / 4—5 // 58. Hungarian / 4—5 // 59. Hunzib / 6—7 // 60. Imonda / 10—11 // 61. Indonesian / 4—5 // 62. Ingush / 10—11 // 63. Jakaltek / 4—5 // 64. Japanese / 4—5 // 65. Kannada / 2—3 // 66. Karen (Sgaw) / 2—3 // 67. Karok / 8—9 // 68. Kayardild / 4—5 // 69. Ket / 2—3 // 70. Kewa / 6—7 // 71. Khalkha / 2—3 // 72. Khasi / 4—5 // 73. Khoekhoe / 6—7 // 74. Kiowa / 8—9 // 75. Kisi / 2—3 // 76. Koasati / 12—13 // 77. Korean / 6—7 // 78. Koyra Chiini / 2—3 // 79. Krongo / 4—5 // 80. Kutenai / 4—5 // 81. Lai / 8—9 // 82. Lakhota / 10—11 // 83. Lango / 6—7 // 84. Lavukaleve / 4—5 // 85. Lezgian / 2—3 // 86. Luvale / 8—9 // 87. Maasai / 6—7 // 88. Malagasy / 4—5 // 89. Mandarin / 0—1 category per word // 90. Mangarrayi / 6—7 // 91. Mapudungun / 8—9 // 92. Maricopa / 8—9 // 93. Martuthunira / 2—3 // 94. Maung / 4—5 // 95. Maybrat / 0—1 category per word // 96. Meithei / 4—5 // 97. Miwok (Southern Sierra) / 4—5 // 98. Mixtec (Chalcatongo) / 4—5 // 99. Mundari / 6—7 // 100. Nahali / 0—1 category per word // 101. Nambikuára / 8—9 // 102. Nandi / 4—5 // 103. Nenets / 2—3 // 104. Ngiyambaa / 4—5 // 105. Nicobarese (Car) / 6—7 // 106. Nisgha / 4—5 // 107. Nivkh / 8—9 // 108. Oneida / 8—9 // 109. Oromo (Harar) / 6—7 // 110. Otomí (Mezquital) / 8—9 // 111. Paiwan / 4—5 // 112. Persian / 4—5 // 113. Pipil / 4—5 // 114. Pirahã / 8—9 // 115. Pomo (Southeastern) / 4—5 // 116. Quechua (Imbabura) / 8—9 // 117. Rama / 2—3 // 118. Rapanui / 8—9 // 119. Russian / 4—5 // 120. Sango / 0—1 category per word // 121. Sanuma / 4—5 // 122. Shipibo-Konibo / 6—7 // 123. Slave / 8—9 // 124. Spanish / 4—5 // 125. Squamish / 8—9 // 126. Supyire / 2—3 // 127. Swahili / 4—5 // 128. Tagalog / 2—3 // 129. Thai / 2—3 // 130. Tibetan (Standard Spoken) / 4—5 // 131. Tiwi / 4—5 // 132. Trumai / 8—9 // 133. Tukang Besi / 6—7 // 134. Turkish / 6—7 // 135. Vietnamese / 0—1 category per word // 136. Warao / 4—5 // 137. Wari'/ 4—5 // 138. Wichí / 2—3 // 139. Wichita / 12—13 // 140. Yagua / 10—11 // 141. Yaqui / 4—5 // 142. Yoruba / 6—7 // 143. Yurok / 6—7 // 144. Zoque (Copainalá) / 6—7 // 145. Zulu 4—5

第四，二分法不仅是形态类型分类，还关乎结构学的分类（P. S. 库兹涅佐夫，1958:65）。所以有的学者不把二分体系视为三分或四分体系的概括，而视为交错关系。如 19 世纪德国语言学家 A. 施莱赫尔（A. Schleicher）（1861—1862）首先采用这一做法，使得形态类型的分类系统得到进一步细化，见表 0－3（转引自威廉·汤姆逊，1960:87）。

表 0－3　　施莱赫尔语言形态类型分类表

类型	表现公式		范例	语言史中的地位①
孤立型	A——词根		古汉语、那马卡瓦语（南非）、缅甸语	古老形式
	A＋A'——根词＋辅助词			
粘着型	Aa——词根＋后缀	综合结构	突厥-塔塔尔语、蒙古语、匈牙利语等	过渡形式
	$\frac{A}{a}$——词根＋词缀		图什语（高加索）	
	aA——词根＋前缀			
	Aa（aA）＋A'——分析结构		藏语	
屈折型	A^a——纯粹内部屈折形式	综合结构	闪密特语、古印欧语言	最发达的形式
	aA^a（$A^a a$）——内部和外部屈折形式			
	aA^a＋A'——分析结构		近代印欧语言	在衰落时期词的形式消失或磨灭

萨丕尔（1964 [1921]:84—85；90—91）结合不同形态类型的特征共存现象，将这种做法进一步放大，得出更细的划分，见表 0－4：

表 0－4　　萨丕尔语言形态类型分类表

	方法	综合程度	例子
简单的纯关系语言	孤立	分析	汉语、越南语
	孤立（有点粘着）	分析	埃维语（Ewe，几内亚海岸）
	粘着（轻度粘着-融合）	分析	现代藏语

① 有关各类型在语言史中地位的论述在后世语言学中受到诸多非议。

续表

	方法	综合程度	例子
复杂的纯关系语言	粘着-孤立	分析	波利尼西亚语（Polynesian）
	粘着-孤立	复综	海达语（Haida，印第安）
	融合-孤立	分析	柬埔寨语（Cambodgian）
	粘着	综合	土耳其语（Turkish）
	粘着（带象征色彩）	复综	雅纳语（Yana，北加利福尼亚）
	融合-粘着（带象征色彩）	综合（轻度）	古藏语
	粘着-融合	综合（轻度复综）	修克斯语（Sioux）
	融合	综合	萨里南语（Salinan，西南加利福尼亚）
	象征	分析	希卢克语（Shilluk，尼罗河上游）
简单的混合关系语言	粘着	综合	班图语（Bantu）
	融合	分析（轻度综合）	法语
复杂的混合关系语言	粘着（带象征色彩）	复综	努特卡语（Nootka，温哥华岛）
	融合-粘着	复综（轻度）	契奴克语（Chinook，哥伦比亚下游）
	融合	复综	阿尔贡巾语（Algonkin）
	融合	分析	英语
	融合（带象征色彩）	综合	拉丁语、希腊语、梵语（Sanskrit）
	融合（象征特强）	综合	塔克尔马语（Takelma，西南俄勒冈）
	象征-融合	综合	塞姆语（Semitic，阿拉伯语、希伯来语）

所有语言都表达基本概念（a）和关系概念（b），而派生概念（c）和混合概念（d）则可有可无，或有此无彼。混合概念如要表达主格，必须牵连到数和性，或一个主动的动词必须牵连到某个时制。只表达 a、b 概念的语言是简单的纯关系语言。表达 a、b、c 概念的语言是复杂的纯关系语言。表达 a、d 概念的语言是简单的混合关系语言。表达 a、c、d 概念的语言是复杂的混合关系语言。按萨丕尔（1964 [1921]:80、82）的意思，表中“融合”都可更名为“屈折”，所谓“象征”也是“屈折”的一种，即内部屈折（goose [鹅，单数] -geese（鹅，复数））。

四　系统转型

随着语言的历时发展变化，语言的类型也会发生变化。语言的片段在历时发展中不断发生约简（reduction）、融合（fusion）和形态脱落（loss），当某一部分占主体时，语言的整个类型就会发生变化，这就形成语言的循环（cycle）发展，变化途径如图 0-2 所示。

【从孤立到粘着】孤立形式通过结构上的音系约简，变为粘着形式。自由形式的语法标记约简为音系上无重音的不自由标记，如前缀或后缀。美拉尼西亚（Melanesian）洋泾浜语就是一个典型例子，其介词 bloŋ‘属于，为’和 loŋ‘在’已弱化为所介引的名词的前缀。弱化规则是，在辅音前分别变为 blo（如例 1b）和 lo，在元音前变为 bl 和 l（如例 2b）（L. J. Whaley，1997:136）。

（1）a. aus bloŋ mi（房子　属于　我）> b. aus blo-mi（房子属于-我（我的））

（2）a. loŋ aus（在　家）> b. l-aus（在家）

美拉尼西亚洋泾浜语不仅介词可通过语音上的约简变为词缀，而且时态标记有时也可弱化为词缀。如：

（3）a. bai yu go（将来　你　走，‘你要走了。’）；b. b-em i go（将来-他　直陈　走，“他要走了。”）

又如英语：how ever > however；by cause > because；going to > gonna；there fore > therefore；in deed > indeed；any body > anybody。

【从粘着到屈折】粘着形式通过形态上的融合变为屈折形式。最初一个词内的两个形态融合成为一个内部边界不再能识别的一个形态。在古帕米斯语（Paamese）中第 1 人称单数主语用 na-表示，第 2 人称单数主语用 ko-表示，这两种前缀形式至今仍保留在现代帕米斯语（Paamese，分布于太平洋南部的瓦努阿图共和国）中。例如：

（4）a. na-lesi-Ø（我-看-它，‘我看它。’）；b. ko-i-lesi-nau（你-

看-我，‘你看我。’）

古帕米斯语本来有表示远程将来时的形态-i-，但在现代帕米斯语中它已经融合到前面的主语标记 na 和 ko 里，已经找不到一个独立的远程将来时形态-i-，并且 n-和 k-也不是一个可识别的形态，两种形态已各自融合成了一个形态 ni 和 ki（L. J. Whaley，1997:137）。

（5）a. *na-i-lesi-Ø（我-将来-看-它）> b. ni-lesi-Ø（我将来-看-它）

（6）a. *ko-i-lesi-nau（你-将来-看-我）> b. ki-lesi-nau（你将来-看-我）

隶属粘着语的芬兰语也逐渐表现出一些屈折特征（萨丕尔，1964[1921]:88）。

【从屈折到孤立】屈折形式通过形态脱落变为孤立形式，屈折语素形态上越来越约简最后完全就消失了。屈折语素消失后只剩下一个单一的词根。屈折语素表示的功能由语序或者由自由的语法标记来实现。拉丁语是屈折语，随着屈折语素的大量脱落，本来语序是很自由的，到了现代拉丁语里语序变得固定了。如古拉丁语中“Sophie 爱 Marcus”这句话的意思可用如下几种不同的语序表达。

（7）a. Marcell-um amat Sophia-Ø（人名-宾语 爱 人名-主语）；b. Sophia-Ø Marcell-um amat（人名-主语 人名-宾语 爱）；c. amat Sophia-Ø Marcell-um（爱 人名-主语 人名-宾语）；d. Sophia-Ø amat Marcell-um（人名-主语 爱 人名-宾语）

但在隶属现代拉丁语的意大利语中，由于名词屈折语素的脱落，不同语序表不同的意义。例如：

（8）a. Sophia amat Marcello（Sophie 爱 Marcus，‘Sophie 爱 Marcus’）；b. Marcello amat Sophia（Marcus 爱 Sophie，‘Marcus 爱 Sophie’）

古英语向现代英语的发展过程也存在形态脱落现象，古英语名词有四个格，而到现代英语中只有属格和通格了。比较表0－5。

这种转型可能跟句法局部系统的语言分化一样，是一连串系统适应活动的结果，受制于类推、累积、自律、代偿、优化等一系列系统适应原理（马清华，2014）。以代偿适应的作用为例。当语义关系在表达中没有得到明确的语序分化时，标记可以成为标明语义关系的代偿手段。反之亦然。如古英语有明显屈折形式，所以“Se mann（人）þone beran（熊）sloh（打）.｜þone beran（熊）se mann（人）sloh（打）.｜þone beran（熊）sloh（打）se mann（人）.｜Sloh（打）se mann（人）þone beran（熊）.”四句的句法关系相同，意思一样，可见表达上可以不完全依赖语序（秦秀白，1983:40—41）。现代英语形态严重损失后，出于代偿，语序就变得越发重要，语言由此出现转型。

表0－5　英语名词格形态古今对照表

古英语			现代英语		
格类型	单数	复数	格类型	单数	复数
主格（nominative）	stan	stan-as	主格（nominative）	stone	stones
属格（genitive）	stan-es	stan-a	属格（genitive）	stone's	stones'
与格（dative）	stan-e	stan-um			
宾格（accusative）	stan	stan-as			

据S. R. Anderson（1992:22—37）观察，Kwakw'ala语（英属哥伦比亚沿海地域的一种瓦卡什语言）的表层语法非常严格，属模板型复综语。该语言存在两个完全不同的组合系统，一个新的复杂的意义既可通过形态建立，又可通过句法来实现。整体看来，其语素结构语序与句法中的语序基本或完全不同，甚至相反。有趣的是，该语言中似乎出现了一个微妙却显著的转变:持该语言的传统使用者如果想表达新奇的语义时则会依赖形态手段，而新一代的语言使用者则会更倾向于使用句法手段来进行意义组合。重要的形态或句法都没有发生很大的变化，变化的仅为表达负荷（expressive burden）从一个组合系统转移到另外一个系统。

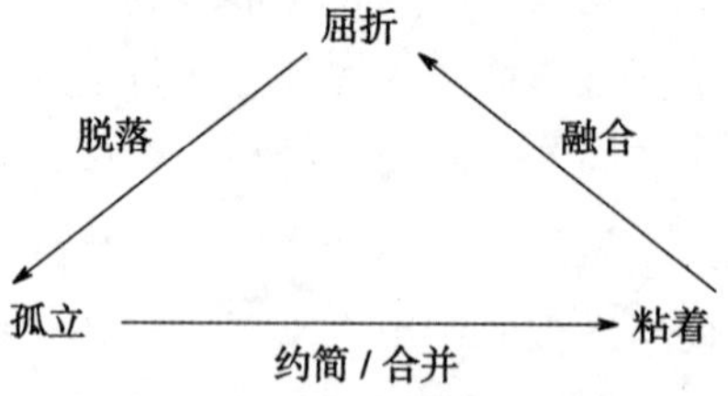

图 0-2 语言形态类型循环发展路径图

第三节 复综语研究现状

当代对复综语研究至少集中在以下专题。

一 组并研究

组并（incorporating）是复综语重要的语言现象，指将两个词组并为一个词，其中一个词为主体，形态不变，另一个词形态完全丢失，仅仅是词根组并到主体词中去。比如，某些复综语的动词形态中所包括的名词具有和该名词独立使用时不同的形态，经过了截短处理，这就是名词组并现象；形容词也有独立形态和编插形态这两种形态，编插形态有时是独立形态的截短，有时具有完全不同的外形（库兹涅佐夫，1958:67—68）。

组并现象是属于形态和句法接口的问题，一直是语言学界关注的复杂问题。阿萨巴斯卡语言（Athapaskan）、萨利希语言（Salish）、切奴克语言（Chinookan）、约库特语（Yokuts，美国加州的北美印第安语）、苏语（Siouan，美国弗吉尼亚和卡罗来纳州的苏族印第安人语言）和爱斯基摩语（Eskimo）等语言存在名词组并现象。E. Sapir（1911）早就指出名词组并不是普遍的现象。名词组并中的主语名词或宾语名词不同于动词的表格数一致性关系的前缀和后缀，名词组并具有逻辑上和心理上的作用，从构词上看，是把名词词干和动词词干组成单一动词的形式。当然并不能因此否认名词组并的句法价值，它和组合或派生应该有程度上的差异。

A. Muro（2008）通过跨语言的视角认为，很难就名词组并作出普遍语法上的表述，特别是考虑到复综语而言。分布形态学所说的形态句法接口是可能存在的，但非常复杂，因此就形态而言，很难作出概括性的一般结论，如词的地位，它的起止分界问题，很难说它是普遍语法的一个统一的组成成分。不管接口是否存在，任何语言学理论首要考虑的是语言中变化多样的语言事实。

名词组并和复合（compounding)、去名词化（denominal)、去动词化（deverbal)、轻动词（light verb)、糅合（conflation）以及非限定结构的狭域（narrow scope indefinite constructions）都有关（对名词组并的详细讨论，见 D. Massam（2009））。早期的研究主要关注名词组并的形态问题，近年来主要关注名词组并结构的语义问题，如语义组并、伪名词组并（pseudo noun incorporation)、双及物和名词裸剥（noun stripping）结构。伪名词组并如发生于动词与不可自由移动的毗邻宾语之间的非组并关系（D. Massam，2001）。名词裸剥结构与名词组相关，但并不相同，它是指在朝着组并迈进时，名词性成分（并且最常见的是直接宾语）呈现出非限定（indefinite）特征，其修饰语、限定语、数词缀等都被剥离走了，并且跟它们的动词进入了一个紧致的结构中，但这时却猝然停止了实际的组并和简短化（K. L. Miner，1986）。

M. Barrie（2010：3）按照 A. Moro（2000）提出的动态反对称（Dynamic Antisymmetry）理论指出，名词组并是句法对称破缺的表现。当动词和光杆名词组并时，它们相互统制，即对称统制，这就违反了线性对应公理（Linear Correspondence Axiom)①，因此名词必须移位到动词的指示语位置。如果动词选择了完整的 DP 作为补足语，动词不对称统制 DP 内的成分，这样就符合线性对应公理，因此 DP 并不需要通过移位来符合该公理，它的移位也就是其他句法动因导致的。

二　构词法研究

A. Muro（2008）以萨利希语言（Salish）和瓦卡什语言（Wakashan）两种复综语为例，讨论了词缀在语言学中应处理为词法的还是句法的问题。具有相同意义的词缀和非词缀语音形式不同，一些研究者认为词缀是词法问题，但这种现象用句法方法也完全能够处理。如果用句

① 线性对应公理（Linear Correspondence Axiom）是指如果终端节点 x 由不对称非终端节点 P 统治的非终端节点 m 支配，则 x 之前的所有终端节点由 P 支配；同样的，如果一个终端节点 x 在终端节点 y 之前，则至少有一对非末端节点 M 和 P，M 不对称统治 P，M 支配 x，P 支配 y。（A. Moro，2000：56）

法处理词缀的问题，必须注意两个问题：1）句法方面，对异干互补（suppletion）现象须作历时上重新解释。这也是形态分布学（Distributed Morphology）理论（M. Halle & A. Marantz，1993）要解决的问题。2）语义上，须确认在什么层面上词缀和非词缀的意义是相同的，因为词缀更具有类指意义。

这些问题和名词组并也有一定关系，如果词缀和非词缀的意义一样，为什么有的语言还存在名词组并。因此目前对词缀的处理无论是词法还是句法解释，都没有提出令人信服的结论。

N. Korotkova（2010:315—316）以阿迪格语（Adyghe）为例，讨论了复综语的派生词缀的语序问题。当我们研究形态结构非常复杂的复综语的时候，非常长的语素序列就是必须考虑的问题。文章表明阿迪格语后缀的语序和语义的域相关，如后缀可能的递归形式和重新排列导致的语义变化。因此它和其他的语言的形态复杂性是相容的，时体态的意义都是组合的。阿迪格语的后缀形态更接近于句法。这和 M. C. Baker（1988）的观点并不一致，后者认为形态和句法是两个不同的模块，即使编码相同的信息处理方式也不一样。因此还有一种可能，形态处理只是句法操作的一部分，不需要将两者对立开来。也有可能句法和形态的功能有重叠之处，阿迪格语的形态后缀语序支持后一种观点。

三 构形法研究

M. C. Bake（1996）提出了复综语参数理论，该理论认为每一个中心语的论元都跟中心语的形态语素相关，相关方式包括形态一致关系或者组并关系，这种关系用于谓词给论元指派题元角色。后来他进一步说明，复综语参数不仅是显性的表层结构的形态一致关系，更是抽象的句法上的一致关系。这种一致关系是系统的表层的一致关系，但不是同构（isomorphic）关系，而是经历过如形态分布学中的简化（impoverishment）和重新调整（readjustment）得到的（M. Halle & A. Marantz，1993）。

在形式句法那里，论元是充当主语和宾语等核心句法成分的名词性成分，题元角色（thematic-role，也叫论旨角色）可以是论元的，也可以是非论元的，哪些能成为论元，要由动词进行分配。形式句法的格不是狭隘意义上的形态格，而是功能格（可以是有标记的，也可以是无标记的），即所有语言都有格。如果要试图就论元、题元（论旨）、格在形式句法中的理论关系理出点头绪来，建议参考石定栩（2002:176—204）、宋国明（1997:75—80、115—129）。我们反对形式句法把论元、题元、格这几个极易混淆的术语纳入同一个理论体系，有时甚至放在相同或相近的纬度上，做无意义的纠缠，但为展现基于形式句法理论的复综语研究论点，这里仍不得不勉为其难用上它们。但在本书其他部分，我们所说的论元仍是与国内学术界一般意义上的论元。

复综语的谓词形态都非常复杂，M. C. Baker（1997）提出了谓词复杂性的限制条件。限制条件如下：1）谓词中包括两个具有题元标记的中心语并且合并成一个单一的形态词。2）复综语中的复杂谓词的所有论元都属于一个中心语，另外一个中心语是通过分享得到的，如通过连动（serialization）或者论元控制（control）得到。通常语义层级高的中心语拥有所有的论元。

四 共时句法研究

E. Nowak（1996:43—49）探讨了复综语的成分和优先层级的问题，提出两条句法规则：

1. 必须对通格和作格这两种格进行严格区分。不及物限定动词跟一个名词短语呈一致关系，并将其指派为通格，这个格在语义上为客事（theme）角色。及物限定动词跟两个名词短语呈一致关系，并将其中之一指派为作格，这个格在语义上通常为施事（agent）角色，另一个名词短语被指派为通格。作格通常可判定为施事（agent），通格和宾语通常可判定为非施事的（nonagentive）。

2. 中心成分组成了复综语的复杂性。一些不能在词内容纳的额外成分，必须处于词外围，作为卫星成分存在。这也适用于复杂论元的外部实现。

C. Phillips（1994）试图解决复综语中的形态丰富性和论元脱落的有关争论。E. Jelinek（1984）认为复综语的屈折词缀是具有题元角色的论元。M. C. Baker（1991）则认为这些屈折词缀是表达一致关系的形态成分，本身具有格，但并不具有题元角色（关于形式句法对格、题元、论元的关系说明，参石定栩（2002:176—204））。C. Phillips 认为，伊马斯语（Yimas）（见 pp. 26—27）表明了这两种观点都可能是成立的。复综语的屈折词缀分为两种类型，因为分别证明以上两种观点都有合理之处。作者运用生成语法的移位经济性原则表明，一种语言的动词如果只能格允准人称和数特征，那么这种语言中存在作格分裂（split-ergative）系统。

S. Minor（2005）、Y. G. Testelets（2016）等人分析了复综语中的反向约束问题。按照生成语法的约束理论，约束必须符合成分统制原则，简单地说，就是只能上层成分约束下层成分，也就是约束都是向下约束的，但是复综语中存在向上约束的现象。作者否定了理论上可能的非限制控制或论元位置提升句法操作，认为更有可能是移位。

五 语法化研究

根据当前文献看，目前复综语的语法化研究主要包括如下两个方面。

（一）复综语内部从老到新的语法化过程

M. Fortescue（2007:21）提出老复综语的特征为:a）很少能找到具有词汇来源的词缀；b）组并的成分没有独立的重音；c）派生词缀和屈折词缀的顺序是缠绕不清的；d）存在已经化石化的词缀的历史分层结构。新复综语具有四项如下特征:a）具有词汇来源的词缀；b）组并的和序列化（serialized）的成分可能具有遗留的重音；c）严格符合 J. L. Bybee（1985:33—35）提出的语素语序定律；d）组并和连动结构（verb serialization）具有能产性。

按此特征归类，楚克奇语（Chukchi）是新复综语，努特卡语（Nuuchahnulth）是极老复综语，科育空语（Koyukon）和西格陵兰语（West Greenlandic）则更靠近后者。M. Fortescue（2012）在此基础上，提出复综语的语法化路径如下：

词项（lexical stem）＞组并（incorporate）＞词汇/不透明的派生词缀（lexical/opaque derivational affix）＞屈折成分（inflection）

（二）非复综语向复综语类型的发展转变

P. M. Arkadiev（2005）认为现代法语口语已经由分析语发展为复综语，理由如下:法语口语中已发展出簇生于动词周围的代词性词缀，占据主语、宾语和间接宾语主要语法位置；广泛应用话题和逆话题结构，将完整的名词短语排除在小句之外，而与小句内的代词性词缀同指；当法语口语使用古典的句式，将完整的名词短语作为句子的论元结构时，该名词短语的话语和语用/语义凸显度都非常低；如果将法语口语看作复综语，这两种不同的小句结构的形态句法可以看作具有不同的语用功能和动机造成的；法语口语中的现象不是唯一的，而是语法从构形（configurational）向多式综合或复综的历时变化过程。

C. Charitonidis（2008）则表明现代希腊语也有向复综语发展的趋势。现代希腊语具有复综语的许多特征，例如：名词和副词组并到复杂的动词上去，具有大量的不自由语素，宾语具有代词性标记，在动词中心语前具有多个语法槽，具有非构形（nonconfigurational）句法等。因此现代希腊语和许多复综语如阿布哈兹语（Abkhaz）、卡尤加语（Cayuga）、楚克奇语（Chukchi）、莫霍克语（Mohawk）、那瓦特语（Nahuatl）等语言很相似。因此现代希腊语已经从从属成分标记和简单的综合向中心语标记和多式综合发展。

不过，另一方面，高度综合的语言（拉丁语、梵语）也不时分裂为分析形式（法语、孟加拉语）（萨丕尔，1964 [1921]：88）。

六 语言习得研究

S. E. M. Allen 和 M. B. Cargo（1992）讨论了因纽特-阿留申语（Inuit-Aleut）的东加拿大因纽特语（Inuktitut）的习得情况，目前相关研究还很少。由于社会文化的交流，且由于复综语是小语种，受其他语言的接触影响特别大，内部语言发展规律不容易看清。作者选取了一个特殊的因纽特语言社区，这个社区的人们在日常和工作场合都使用因纽特语。研究表明，首先，组并的名词并不影响动词和它的相关语法标记的闭合性，因为它是从别的词缀那出现在动词的一边的。这和儿童“倾向于保持靠近动词的时、体、人称等语法标记”（D. I. Slobin，1985：12）的观点并不矛盾。其次，词边界处的形态成分对儿童来说比在词内的语素凸显，因纽特语的组并名词处于动词的边缘位置因而句法地位也非常凸显。最后，D. I. Slobin（1985）认为在表达相同的意思时倾向于使用分析的方式而不是综合的方式。研究表明，这一观点是不正确的，事实恰恰相反，应该是能综合不分析，综合优于分析，儿童在一开始的时候就掌握了名词组并。

M. Fortescue（1984）通过长期跟踪研究格陵兰语（Greenlandic）两岁儿童的形态习得过程，得到如下结论。不管格陵兰语儿童是否经历过最初的从词汇混合物（amalgams）中学习新词缀的过程，都会突然进入以前学习的语素变体的过分泛化（overgeneralization）使用时期，最后掌握了正确的形态音位规则。按照 B. MacWhinney（1981）的模型，进入最后时期错误将消失。但是事实并非如此，不断纠正错误的过程仍在继续。除此之外，词缀规则的能产性也存在量级上的差别，有的词缀就不会进入泛化使用阶段，并且这些词缀也不可能不经过分析而作为与其他词根结合一个整体来使用。

M. Mithun（1989）以莫霍克语为例提出了复综语的词缀习得一般过程。对儿童来说，对词的切分最初是语音切分而不是形态切分，如莫霍克语的重读音节一般是倒数第二或倒数第三个音节，这些重读的音节首先被提取出来，然后最后的音节被加上去，表明词尾具有很高的凸显性，这个时候成人表达通过省略或者分析性的表达来区别，而习得过程则向左边部分的音节移动，当话语足够长包括代词性前缀当然也包括词根时，形态结构就明显地被发现了。代词触发了这一意识并不奇怪，因为它们是高频使用的，和动词以及许多名词一起使用，它们是功能性成分，并且是语义透明的。儿童习得词缀主要靠词缀的效用和它们的语义透明度，而不是语音形式和位置。

第四节 复综语的分布

复综语在世界上分布广泛，但基本都是相对弱势的原住民语言，详见附录。凡有文献指明隶属复综语的具体语种均详列于下，因语言事实资料和精力所限，暂不一一甄别，仅供参考。为便于查证，均注明引文出处。

一 亚洲部分

表 0-6 亚洲复综语分布表

语言	系属	地理分布	引文出处
楚克奇语 Chukchi	楚克奇-堪察加语系 Chukotko-Kamchatkan	西伯利亚东部的最末端	M. Fortescue（2007）
凯特语（愒语）Ket	叶尼塞语系 Yeniseian language family	西伯利亚叶尼塞河流域中部	A. Nefedov et al.（2010）
尼夫赫语 Nivkh	孤立语种 Language isolate	萨哈林岛（库页岛），并沿阿穆尔河	J. Mattissen（2002）
阿伊努语 Ainu	Ainu languages	日本北部岛屿北海道	L. Kaiser（1998）；M. Ptaszynski & Y. Momouchi（2012）

续表

语言	系属	地理分布	引文出处
格鲁吉亚语 Georgian	南高加索语系 South Caucasian languages，又称卡特维尔语系 Kartvelian language family	格鲁吉亚（包括阿布哈兹和南奥塞梯）	L. Lomashvili & H. Harley（2011）
索拉语 Sora	南亚语系 Austroasiatic language family	印度东部的奥里萨邦南部	M. C. Baker（1996）
茶堡语 Japhug	汉藏语系 Sino-Tibetan language family	中国西藏东部	G. Jacques（2012）
基兰特语 Kiranti	汉藏语系 Sino-Tibetan language family	东喜马拉雅（主要在尼泊尔、印度和不丹）	J. Trommer（2016）
林布语 Limbu	汉藏语系 Sino-Tibetan language family	尼泊尔东部地区	G. B. Tumbahang（2012）

二　欧洲部分

表 0-7　　欧洲复综语分布表

语言	系属	地理分布	引文出处
阿迪格语 Adyghe	西北高加索语 Northwest Caucasian language	阿迪格共和国、土耳其、约旦、伊拉克、叙利亚、以色列、马其顿	A. Letuchiy（2007）；N. Korotkova & Y. Lander（2010）；Y. Lander（2009）
切尔克斯语 Circassian	西北高加索语 Northwest Caucasian language	西北高加索	V. G. Markman & P. Grashchenkov（2012）
尤比克语 Ubykh	西北高加索语 Northwest Caucasian language	俄罗斯索契和克拉斯诺达尔边疆区	B. Fell（2012）
阿巴札语 Abaza	阿第盖语族 Abkhaz-Adyghean language family	西南高加索	P. M. Arkadiev & Y. G. Testelets（2015）；V. A. Chirikba（2003）；J. Mattissen（2006）
阿布哈兹语 Abkhaz	阿第盖语族 Abkhaz-Adyghean language family	西南高加索	A. A. Kibrik（2009）

三　非洲部分

表 0-8　非洲复综语分布表

语言	系属	地理分布	引文出处
图尔卡纳语 Turkana	东尼罗河语系 Eastern Nilotic language family	肯尼亚	M. Mithun（1990）
索马里语 Somali	亚非语系 Afro-Asiatic language family	非洲之角	M. Svolacchia & A. Puglielli（1999）
斯瓦希里语 Swahili	东班图语 Eastern Bantu language	非洲东海岸	B. Kelly et al.（2014）
塞索托语 Sesotho	南班图语 Southern Bantu language	南非	K. Demuth（1992）；B. Kelly et al.（2014）
绍纳语 Shona	南班图语 Southern Bantu language	津巴布韦、赞比亚南部	N. E. Mberi（2006）
西西瓦提语 Siswati	南班图语 Southern Bantu language	斯威士兰、南非	B. Kelly et al.（2014）
祖鲁语 Zulu	南班图语 Southern Bantu language	南非	C. Platzack（2010）

四　大洋洲部分

表 0-9　大洋洲复综语分布表

语言	系属	地理分布	引文出处
Alamblak	赛匹克语系 Sepik language family	巴布亚新几内亚东赛匹克省	M. C. Baker（1997）
雅特穆尔语 Iatmul	赛匹克语系 Sepik language family	巴布亚新几内亚东赛匹克省	G. Jendraschek（2009）
伊马斯语 Yimas	赛匹克语系 Sepik language family	巴布亚新几内亚	M. C. Baker（1997）；W. A. Foley（1991）；J. Mattissen（2006）
Awtuw	巴布亚语系 Papuan language family	巴布亚新几内亚	H. Feldman（1986）；J. Mattissen（2006）
格拉姆语 Kalam	巴布亚语系 Papuan language family	西太平洋地区	C. Goddard（1997）
斐济语 Fijian	马来波利尼西亚语系 Malayo-Polynesian language family	斐济	R. Aranovich（2013）
Rembarrnga（Rembarunga）	阿纳姆语系 Arnhem language family	澳大利亚北部阿纳姆地	M. C. Baker（1997）；A. Saulwick（2009）

续表

语言	系属	地理分布	引文出处
Ngandi	阿纳姆语系 Arnhem language family	澳大利亚北部阿纳姆地	M. C. Baker (1997)
Bininj Gun-wok	阿纳姆语系 Arnhem language family	澳大利亚北部阿纳姆地	N. Evans (1999)
Ngalakgan	阿纳姆语系 Arnhem language family	澳大利亚北部阿纳姆地	B. J. Baker (2002)
马亚利语 Mayali	阿纳姆语系 Arnhem language family	澳大利亚北部阿纳姆地	E. Schultze-Berndt (2005)
Nunggubuyu	阿纳姆语系 Arnhem language family	澳大利亚北部阿纳姆地	M. C. Baker (1996)
Wubuy	东阿纳姆语 East Arnhem language	澳大利亚楠巴尔沃	B. Baker et al. (2010)
Dalabon	Gunwinyguan language family	澳大利亚北部阿纳姆地	B. Ross (2003); N. Evans (2008)
瓦尔皮里语 Warlpiri	帕马-恩永甘语系 Pama-Nyungan language family	澳大利亚北部	J. A. Legate (2002); J. A. Legate (2006)
提维语 Tiwi	Non-Pama-Nyungan	澳大利亚北海岸巴瑟斯特岛和梅尔维尔岛	C. R. Osborne (1974); J. Mattissen (2006); J. Spence (2012)
Murrinh-Patha	澳大利亚土著语言 Australian Aboriginal language	澳大利亚代伊	J. Blythe (2013); R. Nordlinger (2010)
Mawng	Iwaidjan language family	澳大利亚古尔本	S. Hellmuth et al. (2007)

五 北美洲部分

表 0-10 北美洲复综语分布表

语言	系属	地理分布	引文出处
中阿拉斯加尤皮克语 Central Alaskan Yup'ik	爱斯基摩·阿留申语系 Eskimo-Aleut language family	阿拉斯加西部和西南部	O. Miyaoka (2008); A. A. Zapata Becerra (2000)
格陵兰语 Greenlandic	爱斯基摩·阿留申语系 Eskimo-Aleut language family	格陵兰（北美东北的一大岛名，属丹麦）	C. J. Jenkins (1984); M. Fortescue (1984)
格陵兰语 Kalaallisut	爱斯基摩·阿留申语系 Eskimo-Aleut language family	西格陵兰	M. Bittner (2007)

续表

语言	系属	地理分布	引文出处
因纽特语 Inuit	爱斯基摩・阿留申语系 Eskimo-Aleut language family	美国阿拉斯加州、北极群岛	R. Compton (2011)
东加拿大因纽特语 Inuktitut	爱斯基摩・阿留申语系 Eskimo-Aleut language family	加拿大努勒维特、加拿大魁北克省	S. E. M. Allen & M. B. Crago (1992); S. Clarke (2009); A. Johns (2010); B. Skarabela et al. (2013); S. Iummato (2009)
尤南干语 Unangan	爱斯基摩・阿留申语系 Eskimo-Aleut language family	美国阿拉斯加州和俄罗斯堪察加边疆区	B. Ross (2003)
阿萨巴斯卡语 Athapaskan	纳-德内语系 Na-Dené language family①	北美西部	M. C. Baker (1997)
胡帕语 Hupa	阿萨巴斯卡语族 Athabaskan languages	美国太平洋海岸	P. E. Goddard(1910); V. Golla (1996); S. O'Neil (2002); J. Mattissen (2006)
阿帕奇语 Apache	阿萨巴斯卡语族 Athabaskan languages	美国西南地区	M. Axelrod & J. G. de García (2007)
纳瓦霍语 Navaho	阿萨巴斯卡语族 Athabaskan languages	美国西南地区	J. McDonough (2000)
斯拉韦语 Slave	阿萨巴斯卡语族 Athabaskan languages	加拿大中部	K. Rice (1993)
萨尔西语 Sarcee	阿萨巴斯卡语族 Athabaskan languages	加拿大西部	J. Mattissen (2004)
纳瓦霍语 Navajo	阿萨巴斯卡语族 Athabaskan languages	美国西南部	P. Speas (1982); B. Kelly & R. Nordlinger (2015); Y. Tarnopolsky (2005)

① 阿萨巴斯卡（Athabaskan）语言跟特林基特语（Tlingit）、埃雅克语（Eyak）构成纳-德内语系，近年来有人提出中西伯利亚的叶尼塞语（Yeniseian）也属该语系（参见本书 pp. 24-25）。

续表

语言	系属	地理分布	引文出处
德内语 Dene	阿萨巴斯卡语族 Athabaskan languages	加拿大西北地区及北极内的努纳武特(Nunavut)地区①	S. Rice & G. Libben & B. Derwing. (2002)
科育空语 Koyukon/Denaakk'e	阿萨巴斯卡语族 Athabaskan languages	美国阿拉斯加州西部内陆沿科尤库克河和育空河一带	M. Fortescue (2007)
上卡斯科奎姆语 Upper Kuskokwim	阿萨巴斯卡语族 Athabaskan languages	美国阿拉斯加州卡斯科奎姆河上游地区	A. A. Kibrik (2012)
海达语 Haida	系属有争议的语言②	加拿大西部海岸外的海达瓜依群岛(Haida Gwaii Island/Queen Charlotte Island)	H. K. Haeberlin (1921—1923); J. R. Swanton (1911); J. Mattissen (2006)
努特卡语 Nootka/Nuuchahnulth	瓦卡什语系 Wakashan language family③	北美西北温哥华岛的西海岸	A. Muro (2008); M. Fortescue (2007)
夸扣特尔语 Kwakiutl/Kwakw'ala	瓦卡什语系 Wakashan language family	加拿大太平洋海岸	F. Boas (1911)
奎鲁特语 Quileute	奇玛空语系 Chimakuan language family	美国太平洋沿岸北部	M. J. Andrade(1933); J. Mattissen (2004)
塔拉斯科语 Tarasco	萨利希语系 Salishan language family	墨西哥米却肯州	P. M. Arkadiev (2009); P. Friedrich (1971); J. Mattissen (2006)
塔克尔马语 Takelma	萨利希语系 Salishan language family	美国太平洋海岸	E. Sapir (1911)
斯波坎语 Spokane	萨利希语系 Salishan language family	美国西北地区	B. F. Carlson (1972); B. F. Carlson (1990)
汤普森语 Thompson	萨利希语系 Salishan language family	加拿大不列颠哥伦比亚和美国华盛顿州	A. Revithiadou (1999)
摩西-哥伦比亚语 Moses-Columbia	萨利希语系 Salishan language family	哥伦比亚流域	A. Revithiadou (1999)

① 德内语(Dene)狭义上多指该地区语言，有时也指分布于美国阿拉斯加州及加拿大北部的所有北阿萨巴斯卡语言，一般不包括太平洋海岸阿萨巴斯卡语言和南阿萨巴斯卡语言。科育空语属北阿萨巴斯卡语言。

② 有人认为属纳-德内语系，E. Sapir (1915:558) 首先提出纳-德内语系，后者含阿萨巴斯卡语言、特林基特语(Tlingit)和海达语(Haida)。但也有人认为海达语是孤立语言。

③ 瓦卡什语系跟奇玛空语系、萨利希语系同属莫桑语群(Mosan phylum)。

续表

语言	系属	地理分布	引文出处
科达伦语 Coeur d'Alene	萨利希语系 Salishan language family	美国西北部爱达荷州北部	S. T. Bischoff（2007）
哈尔魁梅林语 Halkomelem	萨利希语系 Salishan language family	不列颠哥伦比亚西南部	D. B. Gerdts（1988）
切努克语 Chinook	切奴克语系 Chinookan language family	美国太平洋沿岸北部	F. Boas（1911）
卡斯拉美特语 Kathlamet	切奴克语系 Chinookan language family	美国华盛顿和俄勒冈州的边界（已灭绝）	M. Mithun（1984）
穆斯科吉语 Muskogee	穆斯科吉语系 Muskogean language family	美国东南部	M. R. Haas（1941）；J. Mattissen（2006）
乔克托语 Choctaw	穆斯科吉语系 Muskogean language family	美国东南部	M. R. Haas（1941）；J. Mattissen（2006）
那瓦特语 Nahuatl	犹他-阿兹特克语系 Uto-Aztecan language family	墨西哥中部	M. Maxwell & J. D. Amith（2005）；M. Castellanos（2016）；J. MacSwan（1998）
霍皮语 Hopi	犹他-阿兹特克语系 Uto-Aztecan language family	美国亚利桑那州东北部	J. D. Haugen（2008）
卡惠拉语 Cahuilla	犹他-阿兹特克语系 Uto-Aztecan language family	美国西南部地区	H. Seiler（1977）；H. Seiler（2000）；J. Mattissen（2006）
提瓦语 Tiwa	基欧瓦-塔诺安语系 Kiowa-Tanoan languages	美国新墨西哥州	B. J. Allen et al.（1984）；J. Mattissen（2006）
南蒂瓦语 Southern Tiwa	基欧瓦-塔诺安语系 Kiowa-Tanoan languages	美国新墨西哥州北部	M. C. Baker（1996）
克拉马斯语 Klamath	基欧瓦-塔诺安语系 Kiowa-Tanoan languages	美国太平洋海岸	M. A. R. Barker（1964）；S. Delancey（1991）；S. Delancey（1999）；J. Mattissen（2006）
皮库里斯语 Picuris	基欧瓦-塔诺安语系 Kiowa-Tanoan languages	美国西南部	L. Nichols（2001）
基欧瓦语 Kiowa	基欧瓦-塔诺安语系 Kiowa-Tanoan languages	美国俄克拉荷马州	D. Adger & D. Harbour（2007）
米克马克语 Mi'kmaq	易洛魁语系 Iroquoian languages	美国东北部的新英格兰地区、加拿大的大西洋省	S. Inglis（2004）
卡尤加语 Cayuga	易洛魁语系 Iroquoian languages	北美安大略湖	M. Mithun（1989）
塞内卡语 Seneca	易洛魁语系 Iroquoian languages	美国西纽约地区	W. Chafe（2003）

续表

语言	系属	地理分布	引文出处
切罗基语 Cherokee	易洛魁语系 Iroquoian languages	美国东南部	M. Mithun (2006); H. Uchihara (2013)
莫霍克语 Mohawk	易洛魁语系 Iroquoian languages	美国纽约州西部和北部、加拿大安大略省和魁北克省的南部	M. Mithun (1984); S. Iummato (2009)
帕萨马科迪语 Passamaquoddy	易洛魁语系 Iroquoian languages	美国缅因州和加拿大新布伦瑞克边界	P. S. LeSourd (2013)
奥吉布瓦语 Ojibwe	易洛魁语系 Iroquoian languages	加拿大魁北克省西南部	E. Mathieu (2013); M. Barrie & E. Mathieu. (2016)
塔斯卡洛拉语 Tuscarora	易洛魁语系 Iroquoian languages	美国纽约州和加拿大安大略省	M. C. Baker (1996)
钦西安语 Tsimshian	Tsimshianic languages	不列颠哥伦比亚省西北和阿拉斯加南部	Y. Lander & V. Plungian (2010)
斯马格亚语 Sm'algyax/ Coast Tsimshian language	钦西安语 Tsimshianic language	英属哥伦比亚西北和东南阿拉斯	T. N. Stebbins & B. Hellwig (2010)
喀多语 Caddo	卡多语系 Caddoan language family	美国南部	M. Mithun (1984); W. Chafe (2012)
威奇塔语 Wichita	卡多语系 Caddoan language family	美国中部俄克拉荷马州	D. S. Rood (2002)
阿拉珀霍语 Arapaho	阿尔冈昆语族 Algonquian language branch ①	美国怀俄明州、俄克拉荷马州	A. Cowell & A. Moss (2008)
黑足语 Blackfoot	阿尔冈昆语族 Algonquian language branch	加拿大西部	A. Taylor (1969); E. Stacy (2004); J. Mattissen (2006)
克雷语 Cree	阿尔冈昆语族 Algonquian language branch	加拿大	M. O. Junker (2004)
因奴语 Innu	阿尔冈昆语族 Algonquian language branch	加拿大魁北克、加拿大东部的拉布拉多	A. Morin (2006)
拉科塔语 Lakhota	大苏语语系 Siouan languages	美国中西部	F. Boas & E. C. Deloria. (1941); W. J. de. Reuse, (1994); B. Ingham (1998); J. Mattissen (2006)
迈杜语 Maidu	迈杜语系 Maiduan language family	美国加利福尼亚州东北部	R. B. Dixon (1911); J. Mattissen (2006)

① 阿尔冈昆语族隶属阿尔吉克语系（Algic language family）。

续表

语言	系属	地理分布	引文出处
米沃克语 Miwok	Yok-Utian language family	美国加利福尼亚州中心	J. H. Hill & S. M. Broadbent.（1968）；J. Mattissen（2006）
亚特苏维语 Atsugewi	帕莱哈尼罕语 Palaihnihan language	美国加利福尼亚州东北部	M. Mithun（1999）；J. Mattissen（2006）
雅拿语 Yana	霍坎语系 Hokan languages	美国加利福尼亚州中北部	E. Sapir（1911）；E. Sapir（1922）；J. Mattissen（2006）
犹加敦马雅语 Yucatec Maya	玛雅语系 Mayan language family	墨西哥的尤卡坦半岛	R. W. Blair（1964）；P. R. Sullivan（1984）；L. K. Butler（2005）；A. G. Poot & M. McGinnis（2005）；J. Mattissen（2006）；L. K. Butler et al.（2014）
内兹佩尔塞语 Nez Perce	高原佩纽蒂语系 Plateau Penutian languages	美国爱达荷州西部、俄勒冈州的东北部、东华盛顿	K. Nelson（2010）
瓦绍语 Washo	孤立语言 Language isolate	美国内华达州和加利福尼亚两州州界	A. L. Kroeber（1907）；J. Mattissen（2006）
蒂尼卡语 Tunica	孤立语言 Language isolate	美国路易斯安那州中部	M. R. Haas（1941）；R. Heaton（2013）；J. Mattissen（2006）
通卡瓦语 Tonkawa	孤立语言 Language isolate	美国俄克拉荷马州西部	H. Hoijer（1931）；J. Mattissen（2006）
奇马里科语 Chimariko	孤立语言 language isolate	美国加利福尼亚州	C. Jany（2007）

六　拉丁美洲部分

表 0－11　　拉丁美洲复综语分布表

语言	系属	地理分布	引文出处
鲍莱语 Baure	阿拉瓦克语系 Arawak language family	玻利维亚亚马逊河流域的一部分	S. Danielsen（2007）；S. Danielsen（2011）
瓦希罗语 Guajiro	阿拉瓦克语系 Arawak language family	委内瑞拉和哥伦比亚	J. Álvarez（2006）
帕雷斯语 Paresi	阿拉瓦克语系 Arawak language family	巴西中西部的马托格罗索州	A. P. Brandão（2010）

续表

语言	系属	地理分布	引文出处
帕诺语 Pano	Pano-Tacanan 语系	秘鲁	E. E. Loos (1999); J. Mattissen (2004)
卡帕纳瓦语 Capanawa/Capanahua	Pano-Tacanan 语系	秘鲁	J. Mattissen (2006)
马西斯语 Mathes (mayoruna)	加勒比语系 Carib language family	巴西、秘鲁亚马逊河流域	D. W. Fleck (2003)
尤卡坦语 Yucatec	玛雅语系 Mayan languages	墨西哥、伯利兹和危地马拉	J. Bohnemeyer & R. Tucker (2016); D. R. T. Grice (2007)
泽套语 Tzeltal	玛雅语系 Mayan languages	墨西哥东南部	K. Shklovsky (2005)
瓜拉尼语 Guaraní	图皮语系 Tupian language family	阿根廷、巴西、巴拉圭、玻利维亚	J. Tonhauser, & E. Colijn. (2010)
ChuxnabánMixe	索克诸语言 Mixe-Zoquean languages	南墨西哥	C. Jany (2010)
圣米格尔奇马拉帕索克语 San Miguel Chimalapa Zoque	索克诸语言 Mixe-Zoquean languages	墨西哥渥尔亚卡	J. W. Zwart (2006)
Meseño Cora	犹他-阿兹特克语系 Uto-Aztecan language family	墨西哥西部纳亚里特州	V. V. Soto (2011)
Pirahã	Macro-Warpean language family	巴西亚马逊地区	D. L. Everett (1986); J. Mattissen (2006)
马普丹冈语 Mapudungun①	阿劳干语系 Araucanian languages	智利中南部和阿根廷中西部	C. Monson et al. (2004); M. C. Baker (2003)
亚瓜语 Yagua	Peba-Yaguan language family	秘鲁东北部	D. L. Payne (1990)
Kadiweu	Guaicuruan language family	巴西	F. Sandalo (1997)
阿伊马拉语 Aymara	艾马拉诸语言 Aymaran languages	玻利维亚、秘鲁和智利	P. Homola (2012)
克丘亚语 Quechua	克丘亚马兰语系 Quechumaran language family	秘鲁、玻利维亚和阿根廷西北部的一部分	N. Kelly (2011); S. E. Kalt (2009)
Panará	马克若-葛语系 Macro-Ge languages	巴西中西部的马托格罗索州	D. Luciana (2002); M. M. D. Vieira (2010)
Uitoto	Bora-Witoto languages	秘鲁东北部、哥伦比亚西南部和巴西西部	G. Petersen de Piñeros (2007)
Sikuani	瓜希沃语系 Guahibo language family	哥伦比亚和委内瑞拉	F. Queixalós (2012)

① 一种孤立的土著语言，部分语言学家认为跟北美的佩纽蒂语系有关。

续表

语言	系属	地理分布	引文出处
Guaycuruan	Mataco-Guaicuru languages	阿根廷北部、巴拉圭西部和巴西南马托格罗索潘塔纳尔热带湿地	B. Comrie & Z. E. Fernández. (2012)
科瓦萨语 Kwaza	孤立语言	巴西亚马逊河流域朗多尼亚	M. Norde (2009)

第五节 复综语的类型

复综语可按复杂化方式分成组并型、递归后缀型、模板型、词汇场型四类，分别以楚克奇语（Chukchi）、爱斯基摩语（Eskimo）、阿萨巴斯卡语（Athabaskan）、努特卡语（Nootka，又称 Nuu-chah-nulth）为代表（参 M. Fortescue（2007）等）。

一 组并型

组并型复综语以能产性组并方式为显著特征。组并（incorporating）是复综语的重要语言现象，指将两个词组并为一个词，其中一个词为主体，形态不变，另一词删去屈折形态，如此截短后，组并到主体词中。因此也有人说，组并是“一个语义独立的词成为另一个词的内部”的过程。最常见的现象是名词组并，指名词词干组并到动词中形成一个复杂谓词的现象（如见于莫霍克语［Mohawk］（M. Mithun，1984））。组并型复综语以楚克奇语为代表。它具有广布的名词组并结构，它不像鲍莱语（Baure）和努特卡语那样只有名词组并，而是动词、名词、形容词、副词都能发生组并。它具有能产性组并结构，不仅具有直接宾语、旁格宾语、非人称主语，而且具有副词性功能的名词和动词词干如目标、工具、方式、来源，都可以组并到动词中。形容词词干、数词、领属名词、疑问代词、指示词以及整个短语，都可以组并到名词中。已经组并附加语的名词或者受副词性成分修饰的副词附加语还可进一步组并到动词中，表现出有限的组并的递归。所有组并都相应于独立的名词和形容词，尽管在组并时形式会缩减，任何名词都可以组并到合适的动词，任何形容词词干都可以组并到合适的名词。其普遍存在的透明的组并过程表明，它还没有时间发展出数量众多不透明的不自由语素。

（1） tə-tor-taŋ-pəlwəntə-pojɤə-pela-rkə-n（1 单数-新-程度-金属-矛-留下-非完成-1 单数，‘我留下了一杆新的铁矛。’）

（2） tə-lɤe-korɤ-owecwatə-rkə-n（1 单数-程度-高兴-玩-非完成-1 单数，‘我玩得很开心。’）

楚克奇语派生词缀和屈折词缀很容易区分，这种语言的形态结构呈洋葱状，派生词缀在词干中和词根靠得最近，词干通常包括前置的组并成分，屈折形态则须远离这些成分。如：

（3） ɤəm-nan ɤət tə-ra-lawtə＝rkəplə-ɤət（我-作格　你:通格　1 单数-可能-头＝打-2 单数.宾语，‘我会打你的头。’）

上例中派生形态-ra（‘将来’）位于词的内层，屈折形态 tə-（‘1 单数’）和- ɤət（‘2 单数.将来’）位于词的外层。这符合 J. L. Bybee（1985）提出的著名定理:语素与词根结合的紧密程度反映形态的历时变化过程，屈折词缀是新产生的成分，因而离词根中心更远。

楚克奇语不存在爱斯基摩语‘句子词缀’那样的附缀，相应的语义成分归入屈折词缀和派生词缀。爱斯基摩语中的四种基本派生词缀都能在楚克奇语中找到，尽管数量要少一些。楚克奇语还具有广布的环缀。环缀有时由前缀和后缀构成，且很难简单地归入派生词缀/屈折词缀的划分中，与当前简单的前缀和后缀的二分法，以及派生词缀和屈折词缀的二分法相抵触，表明了形态复杂性。

二　递归后缀型

递归后缀型复综语的显著特征是只通过后缀进行形态扩展。递归后缀型复综语以爱斯基摩语为代表，其派生形态包括四类主要派生词缀，用于名词扩展（名词自指）、动词扩展（动词自指）、名词化（转指为名词）、动词化（转指为动词）。屈折形态表示的语法范畴包括:动词类语法范畴有语气、人称、数等，名词类语法范畴格、领属关系、数等。此外还包括‘句子词缀’所表示的中间范畴，包括时制、认知情态、句子否定、主观化成分。它在分布上位于词干和屈折词缀之间，在性质上介于派生词缀和派生词缀之间，从语序固定、非递归性看像屈折词缀，但又是可选的，要求后面必须有真正的屈折词缀，所以又像派生词缀。这种复综语最大的特点是派生词缀的递归性组合，一个复杂词内部可以包括一系列连续的语素，可以在名词和动词，及物和不及物之间来回变化好几次直到一个累积的相容的屈折语素出现为止。只有词干和屈折词缀才是必须具备的，并且屈折词缀后面还可跟随一定数量的附着语素。

（1）Miki nann-un-niuti-kkuminar-tu-rujussu-u-vuq（狗名 北极熊-抓-手段-善于-分词-好-是-3 单数.直陈，'Miki 确实擅长抓北极熊。'）

例 1 名词性词根 nann-'北极熊'加动词性后缀-un'抓'形成动词性成分 nann-un-'抓北极熊'，再加名词性后缀-niuti'手段'，形成名词性成分 nann-un-niuti-'抓北极熊的手段'，接着再加动词性后缀-kkuminar'善于'，形成动词性成分 nann-un-niuti-kkuminar-'手段善于抓北极熊'，再加分词后缀表转指的分词标记-tu，得到一个名词性成分 nann-un-niuti-kkuminar-tu-'善于抓北极熊的手段'，再加修饰性的后缀 rujussu-'好'，加动词性后缀-u'是'，得到一个动词词干'是善于抓北极熊的手段'，最后加表数-语气的屈折词缀-vuq'3 单数.直陈'，形成一个谓词句'它确实擅长抓北极熊'。该句再加独立主语 Mike（行为主体），就构成了主谓结构句。

（2）kavass-isaar-tar-puq angi-gi-laa-gar-suar-minik（大衣-穿-惯常-3 单数.直陈 是大-太--点-过去分词-大-4 单数.工具，'他常常穿着对他来说太大的大衣。'）

例 2 的 angi-gi-laa-gar-suar-minik（'太大'）在结构上缺少所修饰的中心语，形成修饰语悬空。在语义上，可看出它修饰的是谓词句 kavass-isaar-tar-puq 的词根 kavass-（'大衣'）。词缀的语义域是透明的，相对于词干的扩展方式也非常有规则。例 3 显示语义影响相关成分的语序，词缀的语序不一定，意思也不一样。

（3）a. urnik-kusun-niqar-puq（来-想-过去-3 单数.直陈，‘某人想来他那儿’）；b. urnin-niqa-rusup-puq（来-过去-想-3 单数.直陈，‘他想某人来他这儿’）

动词化语素是不自由语素，不是独立的动词，因此可以说，动词化语素产生了类组并（quasi-incorporating）结构。

爱斯基摩语缺乏组并操作。起初人们把复综语和组并联系在一起，后来发现并不是所有复综语都有组并现象。

三 模板型

模板型复综语的词内语素按照严格的固定顺序组织起来。模板型语言的显著特征可以阿萨巴斯卡语的科育空语（Koyukon，也称 Denaakk'e）为例，它是分布于阿拉斯加西部内陆沿着科尤库克和育空河一带的一种阿萨巴斯卡语（Koyukon Athapaskan）。阿萨巴斯卡语具有模板型动词形态，派生前缀和屈折前缀相互错杂，两类前缀也和题元词干在固定的一系列槽中相互交错，至少有 28 个槽。少数是必须填入的，大多数是可选的。必选的前缀直接前置于词干或词根，包括时态、非第 1、第 3 人称复数主语和分类词（动词价的标记，包括 0 价）。第 1 人称或第 3 人称复数主语前缀和宾语前缀在词中出现较早，此外还有一些与词干关系紧密的结合（conjunct）前缀槽。在这些槽之前的是分离（disjunct）前缀槽，分离前缀槽和词干的语义关系不紧密，表达词干的外围语义，由音系界限标记出。两类范畴在属于派生还是屈折之间区分起来并不简单，当然结合前缀槽明显是派生的，是语义上的并且是可选的意动（conative）成分。有些结合前缀槽是必选的，不透明的，由词干按密切关系选定作为它的词内题元。还有少量句子层面的后缀槽。一个给定词的后缀槽不会很多。

非连续的动词题元由意义含糊的题元标记前缀分开，题元标记前缀位于主语槽之前。以阿萨巴斯卡语的如下简单谓词句为例。

（1）ne-ne-t-ɬ'aanh（2 单数-题元-1 单数-看见.非完成，‘我看见你了。’）

北部阿萨巴斯卡语存在宾语和非生命主语组并现象。例如：

(2) to-ts'eeyh-ghee-tonh（到水里-船-3单数.短暂-处理长的物体.完成，‘他登上了船。’）

(3) no-'eɬts'eeyh-ye-ghee-ɬ-gheɬ（倒-风-3单数.宾格-3单数.短暂-致使-长物体突然移动.完成，‘大风吹到了它（桅杆）。’）

这可能是语法创新现象，因为复杂动词内发生组并的位置远离词干，而且中间还有分离式前缀。组合和前缀派生的区别并不严格，许多语义含糊的派生前缀最初可能都是独立的词干，组并后部分语法化了。这些可能保留了早期组并操作的表征，而不是近期的有能产性的类型。

模板也可成为谓词复杂化的一种手段。复杂谓词是指一个谓词结构在句法上包括两个或两个以上的述谓性成分（M. Butt et al.，2003:93）。科育空语的复杂谓词模板是：前置动词-组并-限定-代词-限定-体-主语-态/价-词干。例如：

sel-ghe-z-ol-deɬ（叫喊-限定语-1复数主语-进行-态-复数.去，‘我们大喊着去了。’）｜k'eleek-ghe-do-l-kkaaɬ（唱歌-限定-限定-进行-态-划船，‘我们一边划船一边唱歌。’）｜he-k'eleek-ghe-daa-ghe-ge-kkaaɬ（逆流-唱歌-限定-限定-进行-1单数主语-划船，‘船逆流而上时我们在唱歌。’）｜gguhtl-h-oɬ-deɬtl（跑-3复数主语-进行-复数.去，‘他们跑着去。’）

科育空语不能把附加语组并到名词中去，名词形态通常也非常简单，否则就快成楚克奇语了；也不允许爱斯基摩语那样的修饰语悬空现象。组并有一定的能产性（M. Axelrod，1990），但是组并后的成分相对于原独立词项可能有形式上轻微的改变，一些类词缀也失去了作为独立词项的相关属性，而且不是所有的名词都可以组并。组并只在特定的场合下必定发生，例如动词只组并非生命主语。所有阿萨巴斯卡语的典型特征是具有为数众多的“派生链”（derivational string），主要表示路径、背景或两者的结合、工具、方式等。后续有屈折性成分，如时态前缀和词根的体形式。一些复杂的非连续的动词题元和派生链有一个用于组并的必选槽。例如：在科育空语的“P e-组并-'o”模型中，P是句柄（handle），句柄这一术语来自程序设计语言理论，指用于归约语句的“勾柄”，任一句型的句柄就是此句型的最左简单短语。P表示空代词前缀e-是指称的对象，e-位于它所指称的名词P的后面，因而是P的后置成分（postposition），这一成分通过组并的方式并入到动词中去，导致内部形态和外部句法之间关系的复杂性，'o是右端形态成分（M. Axelrod，1990）。例如：

（4）nelaan e＝no＝hughul＝ghe-'oɬ（肉 后置成分＝反复＝筷子＝语气．体-类别词：紧致物体，'他用筷子把肉带回家［←他带筷子回家以肉］。'）

努特卡语虽是词汇场型复综语，但也有一定程度的模板特征，句子结构的左端常存在对句子复杂化施加至关重要影响的句柄（参 pp. 430—433）。

尽管科育空语缺少像西格陵兰语中句子词缀那样介于派生词缀和屈折词缀之间的词缀类型，但其能产的派生链具有介于派生和屈折词缀的功能，因为它既像派生词缀能影响复杂动词的价位，又像屈折词缀具有时、态、体、人称变化形式。尽管它的词序非常严格，不是复综语的典型特征，但它的动词形式具有极端的复杂性。

本书考虑地域分布的代表性，在正文部分，将以南美的鲍莱语为模板型语言的样例。

四 词汇场型

人们往往以为形态都是语法性，其实并非绝对。语言中也存在词汇性后缀，它们多不自由，没有独立的词汇地位，必须附加到词根上，表达词汇意义，而非专职表达抽象语法意义、语法功能或语法关系，因此叫作词汇词缀。词汇场型复综语的词汇词缀数量众多、意义类型丰富。词汇词缀具有词汇意义，却没有独立的词汇地位，是不自由形式，必须附加到词根上，跟词根构成多种类型的语义关系。词汇词缀凭借自身的词汇意义，在跟词干的关系中只能间接发挥功能转换的作用。努特卡语（Nootka）（又叫“努恰努斯语”［Nuuchahnulth］）是这种类型的代表，属瓦卡什（Wakashan，分布于北美洲）语系，分布于北美西太平洋沿岸。它是后缀型语言，有多达500个以上的词汇后缀。努特卡语每个复杂词只有一个词干/词根，从这一点看，形态组织和爱斯基摩语很像。但它的特点在于，屈折词缀非常严格，由复杂的附缀表达，通常加在句子的第一个成分上。能进入句层面的成分很多，如小称、意图-致使、时间、被动/颠倒、领属、非现实、将来时、语气、主语代词、重复、惯常体，所有这些成分都是可选的，一旦选定就会附加到句子的第一个成分上。附缀和后缀地位的区分还在争论。除了词干，只有形态体是必须出现的，因此光杆词干经常出现，上下文中的动词的第1、第2人称主语屈折形态通常脱落，第3人称单数通常是零形式。如果考虑真正的派生后缀，这种语言最明显的特征是它具有丰富的词汇后缀，主要用于表示路径和背景，语义上和科育空语（Koyukon）中表路径、背景的派生链很像，但爱斯基摩语和楚克奇中缺少相应的成分。一个词中的后缀的数量不是很多，最后一个后缀通常为如下四个地点之一：房子里、（房子）外面、石头上、海滩上。实际还有两种不同类型的后缀，M. Swadesh（1938）称为管辖（governing）和限制（restrictive）类后缀。前者相当于爱斯基摩语和楚克奇语中的动词化词缀，但需明确后缀-(kw)i：ɬ（'造'）实际上组成了短语，作为附着语素粘贴到任何修饰语上。限制类后缀表示路径和背景，例如-'iɬ 表示'房子里'，这和楚克奇语和爱斯基摩语很不相同。大量使用空词干，实际上就是回指代词如 ʔu-'它，她，他'这样的不自由语素是必须出现的。见努特卡语如下例句：

（1）c̓apac-i:ɬ-maʕuk(c̓aapaciiɬmaʕuk. 独木舟-造-善于……的人，'善于造独木舟的人'）

（2）ƛul-i:ɬ　c̓apac（漂亮-造　独木舟，'他造了一艘漂亮的独木舟。'）

（3）ʔu-(k)č̓i-'iɬ-'at-it-na-ʔa:ɬ-ʔa·ɬ（它-一起-在屋里-转换-过去-1复数-经常-复数，'他们过去常常和我们住在一起。'）

即使复杂词自身是及物的，有自己的宾语，限制类后缀还可带有自己的外部关系成分。如例4复杂动词 t'-aqs-san̓ap 自身是及物的，有自己的宾语ƛ'a:q-ʔi:（鲸脂），ɬu:cma（女人）是限制类后缀-aqs 的外部关系成分。

（4）t'-aqs-san̓ap　ʕiḥ-ak-yaq-'is-ʔi　ɬu:cma　ƛ'a:q-ʔi:（落-旁边-海滩上．短暂．致使　哭-持续-已经做-海滩上-限定　女人　鲸脂-限定，'它（这只鸟）把鲸脂丢落在海滩上哭泣的女人旁边。'）

按后缀和词干之间的关系，T. Nakayama（1997：52—56）将努特卡语中的词汇场区分为五种类型：（a）经历者-谓词（Undergoer-predicate）（如后缀-(kw)i:ɬ ‘-造’），（b）补语-高阶谓词（Complement-higher predicate）（如-'as ‘-为此去’），（c）定语-名词（Modifier-nominal）（如-maʕuk‘-善于……的人’），（d）数词-量词（Numeral-classifier）（如-či'ɬ ‘-天表时间’），（e）谓词-副词（Predicate-adverbial）（如-ʔatu‘-到水里’）。（转引自 M. Fortescue2007）

和爱斯基摩语一样，努特卡语也显示了非典型的复综语特征，再加上没有真正的组并以及松散的动词主语标记。按照 M. C. Baker（1997：18）的观点，它不是复综语，但是绝大多数学者仍把它归为复综语。

第六节 符号简表

符号说明

=	楚克奇语表组并，偶表附缀，或语补词与词基的附着关系；爱斯基摩语表附缀；鲍莱语表附缀
～	表重叠
'	努特卡语中表示长元音
：	努特卡语中表示持续长元音
[L]	努特卡语中表示长元音
[S]	努特卡语中表示短元音；爱斯基摩语中表示语例来自西伯利亚尤皮克语（Siberian Yupik）
[T]	努特卡语中表示语例来自 Tseshaht 方言
[L+S]	努特卡语中表示［长元音＋短元音］
[反复 L]	努特卡语中表示反复的长元音

第一章　组并型复综语：楚克奇语

楚克奇语（Chukchi，Chukchee）是俄罗斯西伯利亚东北最末端的一种古西伯利亚语言，为楚克奇人所使用，主要分布于俄罗斯楚克奇自治区。据2002年俄罗斯人口普查，楚克奇人约15700人，说楚克奇语的仅7700人。大多数楚克奇人会讲俄语，不会说俄语的不超过500人。楚克奇语地理分布如图1-1。

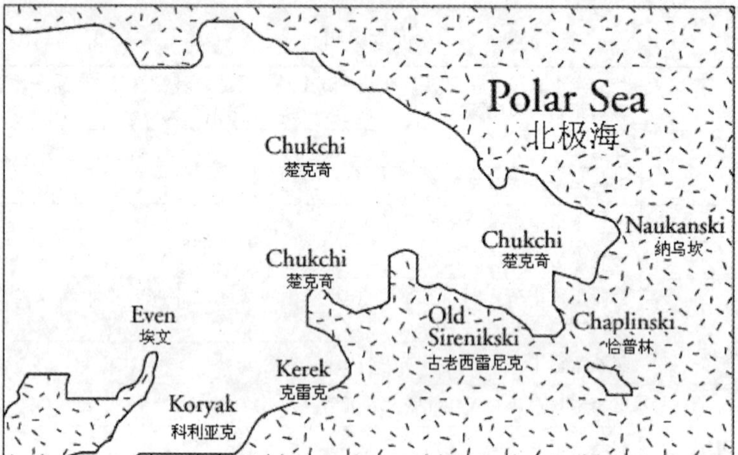

图1-1　楚克奇语地理分布图

楚克奇语属楚克奇-勘察加语系。语系情况见图1-2。

楚克奇语的特点如下。

1. 语音上，楚克奇语在音系上具有非常丰富的元音和谐系统。如伴随格 ɤe-…-e 受其他元音的影响，因脱落或增音，可变为 ɤa-…-a 或e-…-ɤe

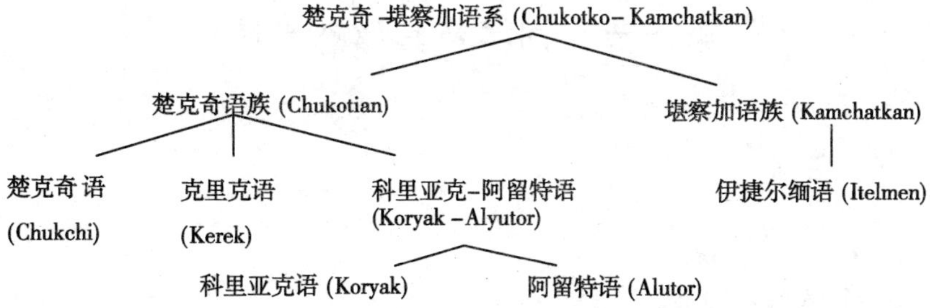

图 1-2　楚克奇语系属关系图

等:ɤa-jatjol-a（伴随-狐狸-伴随，'和狐狸一起'），ɤa-pojɤ-a（伴随-矛-伴随，'带着矛'），e-tum-ɤe（伴随-朋友-伴随，'和朋友一起'）。又如，指示格标记-nu 受其他元音的影响，会变为-no，例如:cawcəwa-no（驯鹿饲养员-指示:单数）。

2. 形态上，楚克奇语是复综语，它主要用形态方式（如前缀、后缀和环缀）表达语法意义、语法功能或语法关系，很少借助虚词来表达。词根通常居于中间的位置。尽管动词的屈折形式已出现融合（fusional）特征，但它仍具有基础的粘着形态。印欧语系诸语言中的许多单纯词在楚克奇语中却要通过透明的派生词来表达，这是一种典型的粘着语特征。名词有多种格范畴，也有人称-数范畴，动词具有时、体、态、语气范畴。动名词由于具有名词的格位，所以在该语言中已经充分发展起来。名词和动词、及物动词和不及物动词之间存在互相派生关系。较为广泛地采用组并方式是楚克奇语的显著特征。

3. 句法上，语序自由，SOV 和 SVO 两种语序都较常见。楚克奇语是作格-通格型语言，及物动词的主语标记为作格，而不及物动词的主语和及物动词的宾语则标记为通格。动词一致关系是作格和通格的混合形式，述谓功能的名词和主语在人称和数范畴有一致关系，而形容词和它修饰的名词之间是否有一致关系需视形容词类别及语用因素而定。副词性小句和关系小句有限定和非限定两种形式，限定小句由标句词引导，而非限定小句则可以通过动词的形态变化来表达。

第一节　词类及其形态系统

一　名词

（一）名词的词基

1. 格-数融合的形态系统

楚克奇语名词的词基拥有格-数融合，或者说是功能标记和语义标记融合的形态系统。其名词在结构中可充当主语、宾语、状语和谓语，并带上相应的功能标记。名词的词基是句法结构中实际使用的单位，除带功能标记外，还带其他的相关形态标记。名词作主语、宾语时带核心格标记，作状语时带旁格标记，作谓语时带人称-数标记。楚克奇语有 11 种格，除作格和通格外，还有与格、处所格、离格、动向格、位向格、工具格、伴随格、关联格、指示格 9 种旁格。动向格是动态运动的方向，并且包括了一般意义上的与格。位向格是静态位置关系上的方向。楚克奇语仅代词有与格特征，因此名词实际只有 8 种旁格形态。楚克奇语名词的工具格和作格形式相同，分属旁格和核心格，虽然有些文献统归作格，但本书予以区分。

楚克奇语的格范畴和数范畴融合（fuse）成单个形式。每种数-格形式又按名词的语义特征不同分三种不同的变化类型。类型 1 面向非人类名词而言，除通格外，其他形式不存在单复数区分。通格标记按所附名词是单数还是复数，及元音和谐等音变情况，有选择地附加数-格融合标记。类型 2 是面向表人的专名、年长的亲戚。这类名词在所有的格上都存在单复数区分。这一变化类型中不存在伴随格，表伴随的意义要用分析的形式表达，用处所格加后置词 reen（‘和……一起’）来表达。类型 2 作格和处所格是同一个形式。类型 3 针对其他一般指人名词而言，其形态建立在类型 1 和类型 2 基础上，单数形式总体上同类型 1 的单数形式，当其复数形式表说话者特定意图时同类型 2 的复数形式，否则仍同类型 1 的复数形式。详见表 1 - 1（参 D. Wdzenczny，2011:15）。

表 1－1　　楚克奇语名词数-格词缀表

名词的格		名词的数			
		类型 1		类型 2	
		单数	复数	单数	复数
核心格	通格	-Ø/-n/-lɤən/-ŋə/重叠①	-t/-ti	与类型 1 同	-nti
	作格	-e/-te		-ne	-rək
旁格	工具格	-e/-te		—	—
	处所格	-k/-kə		-ne	-rək
	动向格（含与格）	-ɤtə/-etə		-na	-rək
	位向格	-ɤjit		-ɤjit	-rəɤjit
	离格	-jpə/-ɤəpə/-epə		-jpə/-ɤəpə/-epə	-rɤəpə
	伴随格	ɤe-. . . -e/-te		—	—
	关联格	ɤa-. . . -ma		—	（ɤa-. . . -rəma 只有第 3 人称变化）
	指示格	-u/-nu		-u/-nu	-u/-nu

楚克奇语名词数-格的形态变化可简要地用 3 个词说明，如表 1－2。

表 1－2　　楚克奇语名词数-格形态例解表

			名词变化类型 1	名词变化类型 2	名词变化类型 3
			皮带	专名（人名）	朋友
核心格	通格	单数	ŋilɤə-n	rintə-n	tumɤə～tum
		复数	ŋilɤə-t	rintə-nti	tumɤə-t
	作格	单数	ŋilɤ-e	rintə-ne	tumɤ-e
		复数		rintə-rək	tumɤə-rək

① 楚克奇语的名词词干重叠用来表示单数通格（I. A. Muravyova et al. 2001：11）。

续表

			名词变化类型 1	名词变化类型 2	名词变化类型 3
			皮带	专名（人名）	朋友
旁格	工具格	单数	ŋilɤ-e	—	—
		复数			
	处所格	单数	ŋilɤə-k	rintə-ne	tumɤə-k
		复数		rintə-rək	tumɤə-rək
	动向格（含与格）	单数	ŋelɤ-etə	rintə-na	tomɤ-etə
		复数			tomɤə-rəkə
	位向格	单数	ŋilɤə-ɤjit	rintə-ɤjit	tumɤə-ɤjit
		复数			tumɤə-rəɤjit
	离格	单数	ŋelɤ-epə	rint-epə	tomɤ-epə
		复数			tomɤə-rɤəpə
	伴随格	单数	ɤe-ŋilɤ-e	rintəne reen	ɤa-tomɤə-ma
		复数		rintərək reen	ɤa-tomɤə-rə-ma
	关联格	单数	ɤa-ŋelɤə-ma	rintəne reen	ɤa-tomɤə-ma
		复数		rintərək reen	ɤa-tomɤə-rə-ma
	指示格	单数	ŋilɤ-u	rintə-nu	—
		复数			

通格——A. 单数：【-Ø】ekək（儿子：通格. 单数）｜ ʔaacek（年轻人：通格. 单数）｜ ətcaj（阿姨：通格. 单数）｜ ənneen（鱼：通格. 单数）｜ qoratʔol（鹿肉：通格. 单数）｜ meməl（海豹：通格. 单数）｜ uttəlqəl（树枝：通格. 单数）｜ walə（刀：通格. 单数）｜ miməl（水：通格. 单数）｜ pəŋəl（消息：通格. 单数）｜ aŋqə（大海：通格. 单数）｜ ərətqej（小弓：通格. 单数）【-n】irʔə-n（皮大衣-通格. 单数）｜ takecɤə-n（肉-通格. 单数）｜ utkucʔə-n（陷阱-通格. 单数）｜ nelɤə-n（兽皮-通格. 单数）｜ tanŋənelɤə-n（绳子-通格. 单数）【-lɤən】emcʔacoka-lɤən（貂-通格. 单数）｜ ɤətka-lɤən（腿-通格. 单数）｜ wəkwə-lɤən（石头-通格. 单数）【-ŋə】jara-ŋə（房子-通格. 单数）【重叠】qulɤə～qul（鱼鳞-单数. 通格）｜ weni～wen（钟-单数. 通格）｜ utt～uut（< utt～ut）（树枝-单数. 通格）｜ ano～an（小溪-单数. 通格）｜ wil～wil（价格-单数. 通格）。B. 复数：【-t】cawcəwa-t（驯鹿饲养员-通

格.复数)| qulɤə-t(鱼鳞-通格.复数)| weni-t(钟-通格.复数)| uttə-t(树枝-通格.复数)| ano-t(小溪-通格.复数)| wilə-t(价格-通格.复数)| tiɤə-t(滑雪板-通格.复数)| lili-t(手套-通格.复数)| ɤalɤa-t(鸟-通格.复数)| pipqəlʔə-t(老鼠-通格.复数)【-ti】ŋinqeɤ-ti(男孩-通格.复数)

作格——【-e(或其变体)】mirɤ-e(祖父-作格)| ʔəttʔ-e(狗-作格)| ənpənacɤ-a(老人-作格)| waɤətkən-a(幼雏-作格)| kətəjɤ-a(风-作格)【-te】umqe-te(北极熊-作格)| riquke-te(北极狐-作格)| ekke-te(儿子-作格)【-ne】nutekew-ne majkəl-ə-na rə-jp-an-nen cinit-kin witəcɤ-ə-n(人名-作格 人名-增音-动向格 致使-穿-3单数主语:3单数.宾语 自己-关系.3单数通格,'Nutekew把自己的外套穿在Michael身上。')【-rək】rəpet=ʔm kejŋ-ə-t talwa-rkəpl-ə-tko-ta caj Təŋawje-jŋ-ə-rək(甚至=强势感叹 熊-增音-3复数.通格 强调-敲击-增音-杀死-增音-交互-非限定 直指 人名-巨称-增音-3复数.作格,'噢,那些Təŋawji人把熊击死了。')

工具格——【-e】jeɤ-e(爪子-工具格)【形态变体】təkecʔ-a(诱饵-工具格)| titi-te(针-工具格)

处所格——【-k】weemə-k(河-处所)| kətkətə-k(春季-处所)| lʔeleŋ-k(冬季-处所)| mənɤə-k(手-处所)| cakettə-k(姐姐-处所)| ŋinqejə-k reen(男孩-处所 和,'跟着男孩一起')【-ne/-rək】jelʔo-na reen(叔叔-处所:单数 和,'叔叔一起')| lʔo-wəlɤə-ma učeni-rək reen(看见-相互-同时 学者-处所.复数 伴随,'和学者聚会')

动向格——【-ɤtə】jara-ɤtə(房子-动向格)| welətkora-ɤtə(商店-动向格)【-etə】kajŋ-etə(棕熊-动向格)| ŋalwəlʔ-etə(牧群-动向格)| kemetʔ-etə(货物-动向格)

位向格——【-ɤjet】wala-ɤjet(刀-位向格)| ɤətɤə-ɤjet(湖-位向格)

离格——【-ɤəpə】manek-ɤəpə(布-离格.单数,'从一块里')| eler-ɤəpə(岛-离格.单数,'从一个小岛上')| ʔalaŋ-ɤəpə(冬天-离格.单数,'从冬天以来')| aŋqa-kena-ɤel-ɤəpə alʔeqat-ɤʔe ʔəttʔə-n(大海-关系=浮冰-离格.单数 游-完成体:3单数.主语 狗-通格.单数,'狗从海上的浮冰那儿游过来。')【-rɤəpə】cawcəwa-rɤəpə(驯鹿饲养员-

离格.复数，‘从驯鹿饲养员那儿’） | əkwəŋa-rɤəpə（人名-离格.复数，‘从 Wekwenan 那儿’）

伴随格——【ɤe-...-e】ɤe-tumɤ-e（伴随-朋友-伴随，‘和朋友一起’）【形态变体】ɤa-pojɤ-a（伴随-矛-伴随，‘带着矛’） | ɤa-jatjol-a（伴随-狐狸-伴随，‘和狐狸一起’） | ɤa-ŋotqenə-nena＝cakett-a（伴随-这人-领属＝姐姐-伴随，‘和这人的姐姐一起’）

关联格——【ɤa-...-ma】ɤa-qajʔəttʔəqaj-ma（关联-幼崽-关联，‘和幼崽’） | ɤ-otkonaɤ-ma（关联-棍棒-关联，‘拿着棍棒’）【ɤa-...-rəma】ɤa-cawcəwa-rəma（关联-牧民-关联:复数，‘和牧民一起’）

指示格——【-u】ricit-u（腰带-指示:单数）【-nu】keŋuneŋe-nu（权杖-指示:单数） | ənʔe-nu（哥哥-指示:单数）

2. 名词作述谓成分用的人称-数形式

楚克奇语名词可在零系词（zero-copula）判断结构中做述谓成分，或充当核心格名词的属性成分，以发挥话题表达功能。这时其第一、第 2 人称的数形式不同于一般名词的格-数形式（参表 1 - 1），它一方面与相应人称代词的通格形式相同（参表 1 - 15），同时又与动词静态体的非结果体（参 pp. 62—66）及形容词的相应人称-数形式相同（参 p. 93）。只有第 3 人称的数形式与相应格的数形式同。形态见表 1 - 3。

表 1 - 3　　楚克奇语名词作述谓成分用的人称-数形态表

		单数	复数
人称	第 1 人称	-jɤəm /-iɤəm ①	-muri /-more
	第 2 人称	-jɤət /-iɤət	-turi /-tore
	第 3 人称	和通格的数形式一致	

1）作谓语。

（1）ɤəm　cawcəwa-jɤəm（我:通格　驯鹿饲养员-1 单数通格，‘我是驯鹿饲养员。’）

（2）ɤəm　tənanto-jɤəm（我:通格　Tenanto（人名）-1 单数通

① -jɤəm /-jɤət 前接元音，-iɤəm /-iɤət 前接辅音。

格，‘我是 Tenanto。’）

（3） ɣəm ŋewəcqet-iɣəm（我:通格 女人-1单数通格，‘我是一个女人。’）

（4） eej Cəkwaŋaqaj-eɣət（叹词 人名-2单数通格，‘喔，你是 Cəkwaŋaqaj。’）

（5） ɣətɣə-jŋ-ə-n（湖-巨称-增音-3单数通格，‘这是一个特大的湖。’）

（6） ənpənacɣə-t（老人-3复数通格，‘他们是些老人。’）

2）话题表达功能。该用法是名词作谓语用法的衍生物，故而沿袭了它的形态。

（7）morɣə-nan əpnənacɣə-more mətə-ntenmaw-mək wanə（我们-作格 老人-1复数 1复数.主语-准备-完成体：1复数.主语 地方:通格.单数，‘我们老人们准备了一个地方’）

（8） ɣə-nan ŋinqej-iɣət qə-tiŋu-ɣə-tək① ŋilɣə-n（你-作格 男孩-2单数 祈愿:2单数.主语-系-完成体-3单数.宾语 皮带-通格.单数，‘你这个男孩子，系紧皮带。’）

（二） 名词的词干

名词词基去除屈折标记后，剩下的部分构成名词的词干。名词的词干必须包括一个名词词根，此外还可有派生词缀、定中结构组并来的词根和少量表修饰关系的词根。名词的词干决定名词的词类范畴和功能。

1. 派生词缀

楚克奇语的名词可通过派生词缀形成派生名词，其派生词缀有方位词缀和集合词缀。

1）方位词缀 楚克奇语名词的方位可由方位词缀表示，且可有格的变化，以通格单数为例：

A. 前面 后缀-teɣ(ə)n 表‘某物体的前面’（通格单数-Ø，即为零

① I. A. Muravyova et al. （2001:110）认为这里的“qə-…-ɣə”是第2人称复数与语气的融合性环缀。

形式）。

ɣil-teɣən‘冰的前方’（←ɣil-ɣil‘冰’）｜ɣətɣə-taɣən‘湖的前方’（←ɣətɣə-n‘湖’）｜enmə-taɣən‘岩石的前方’（←enme-em‘岩石’）

B. 上接触 后缀-cq 表‘某物体表面’（通格单数后缀为-n）。后缀-tkən 表‘某物体上部’（通格单数后缀为默认式，即零形式-Ø）。

nute-cqə-n‘陆地的表面’（←nute-nut‘陆地’）｜mimlə-cqə-n‘水的表面’（←miməl‘水’）｜ɣətɣə-tkən‘湖的上部’（←ɣətɣə-n‘湖’）｜rʔawə-tkən‘鲸的上部’（←rʔew‘鲸’）

C. 下接触 后缀-ɣiŋ 表‘物体的下部’（通格单数-Ø）。

ŋej-ɣiŋ‘山下’（←ŋeɣ-nə‘山’）｜wəkwə-ɣeŋ‘石头下’（←wəkwə-n‘石头’）

D. 边接触 后缀-jikwi‘某物体周边’（通格单数-n）。

ŋeɣ-jikwi-n‘山的周围’（←ŋeɣ-nə‘山’）｜weem-jikwi-n‘河周围’（←weem‘河’）｜waam-jekwe-(ŋ)‘沿河’｜ottə-jekwe-(ŋ)‘沿着树的周围’

E. 周边接触 后缀-curm‘某物体的边上’（通格单数-n）。

ɣətɣə-cormə-n‘湖边’（←ɣətɣə-n‘湖’）｜jəkərɣə-cormə-n‘嘴边’（←jəkərɣə-n‘嘴’）｜umkə-curmə-n‘木头边’（←umkə-n‘木头’）

F. 里面 后缀-cəku‘某物体的里面’（通格单数-n。只有表中空物体的内部时，可有通格单数标记-n，其他名词后没有格标记）。

kuke-cəku‘在锅炉里’/ kuke-cəku-n‘在锅炉里面’（←kuke-ŋə‘锅炉’）｜jara-cəko‘在房子里’/ jara-cəko-n‘在房子里面’（←jara-ŋə‘房子’）｜jəŋa-cəko‘在薄雾里’（←jəŋa‘薄雾’）｜wəkwə-cəko‘在石头里’（←wəkwə‘石头’）

G. 中间 后缀-ləku‘某物体中间’（通格单数-n）。

uttə-ləku‘林间’/ uttə-ləku-n‘林间之处’（←uttu-ut‘树’）｜qora-ləko‘驯鹿间’/ qora-ləko-n‘驯鹿间的地方’（←qora-ŋə‘驯鹿’）

H. 附近 后缀-qaca‘某物体的附近’（通格单数-n）。派生后缀-ŋqaca 与之有近似的功能。

jara-qaca-n‘房子附近’（←jara-ŋə‘房子’）｜ɣətɣə-qaca-n‘湖的附近’（←ɣətɣə-n‘湖’）

方位词缀和方位词的界限并不十分清晰，可能主要与长度有关，单音节一般是方位词缀，多音节的一般是方位词，两个音节的有的是方位词缀，有的是方位词，或者有时是方位词缀，有时是方位词，如方位词缀-qaca（-n通格单数）‘（物体）的附近’也在相同的意义上被认作方位词qaca‘附近’（参pp. 53—54）。

2）集合词缀　集合词缀附于名词词根的后面构成集合名词。比较：

【-ɤiniw（集合-Ø通格单数）‘一群’】ʔətwə-ɤiniw‘一排船’（←ʔətw-ʔət‘船’）【-ret（集合-Ø通格单数）‘一个集合’】tumɤə-ret‘一群朋友’（←tumɤə-tum‘朋友’）【-mk（集合-n通格单数）‘一群，很多’】ŋinqejə-mkə-n‘一群男孩’（←ŋinqej‘男孩’）【-tku（集合-n通格单数）‘大量的’】ɤilə-tku-n‘一堆冰块’（←ɤil-ɤil‘冰’）

名词还有其他一些派生渠道。如动词加名词化标记-ɤərɤə，或加分词后缀-lʔ，或加后缀-jo，都可派生出名词，所用派生词缀不同，表示的意义也不同。比较：

qiwri-lʔetə-k（快-持续-不定式，‘快点’）——qiwri-lʔet-ɤərɤə-ŋ（快-持续-名词化-通格单数，‘快’）｜ɤəŋtewə-k（跑开-不定式，‘跑开’）——ɤəŋtewə-lʔə-ŋ（跑开-分词-通格单数，‘跑开的人’）｜cejwə-k（步行-不定式，‘步行’）——cejwə-lʔə-ŋ（步行-分词-通格单数，‘步行者’）｜kurə-k（买-不定式，‘买’）——kot-jo‘被买的东西（购置品）’

分词名词（participle-noun）是一种从名词派生而来的名词，其肯定标记为后缀-lʔ，否定标记为词缀e-… kə-lʔ -[in(e)]，e-… kə-中的e-可以省去，后缀- [in(e)] 只用于第3人称单数。如：

milɤerə-lʔə-n（枪-分词-3单数，‘持枪的人’）——e-milɤer-kə-lʔ-in（否定-枪-否定-分词-3单数，‘没有枪的人’）｜ekke-lʔə-n（儿子-分词-3单数，‘有儿子的人’）——ekke-kə-lʔ-in（儿子-否定-分词-3单数，‘没有儿子的人’）｜ekke-lʔ-iɤəm（儿子-分词-1通格. 单数，‘有了儿子的我’）——ekke-kə-lʔ-iɤəm（儿子-否定-分词-1通格. 单数，‘没有儿子的我’）

动词也可能利用该渠道派生出名词，再加后缀-lqəl表示必须义。比较：

（9）a. tipʔejŋə-lʔə-n（唱歌-分词-通格. 单数，‘正在唱歌的人’）；b. tipʔejŋə-lʔə-*lqəl*（‘必须唱歌的人’）

（10）a. jetə-lʔə-n（来-分词-通格. 单数，‘正在来的人’）；b. jetə-lʔə-*lqəl*（‘必须来的人’）

表示必须义的形式可以作谓语。如：

(11) ɣət winretə-lʔə-lqəl-iɣət ənpənacɣ-etə（你：通格 帮助-分词-必须-2 单数 老人-动向格，‘你必须帮助老人。’）

2. 组并形式

组并是句法结构压缩的结果。名词的组并可以从两个角度看。一是名词可以组并到哪些成分上。当中心语是分词时，从属的名词一般都要组并。

(12) umkə＝ɣənritə-lʔə-n əpnənacɣə-n taraŋ-ɣʔe ɣətɣə-rocəŋ-kə（木头＝守护-分词-通格.单数 老人-通格.单数 造房子-完成体:3 单数.主语 湖另一边-处所，‘守护木头的老人在湖的另一边造了房子。’）

名词还可以组并到名词、动词或形容词上去。如：

(13) walqət＝racɣə-n ne-lʔu-ɣʔe-n（下巴＝房子 3 复数.主语-看-完成体-3 单数.宾语，‘他们看到了下颌骨的房子。’）

(14) qora＝nmat-ə＝plətko-ɣʔa-t（驯鹿＝杀-增音＝完成-完成体-3 复数，‘他们杀完了驯鹿。’）

(15) a-wəkwə＝ɣece-kəlʔə-tore ŋinqej-turi tur-i weler qə-cajpat-ɣə-tək（否定-石头＝收集-否定-2 复数 男孩-2 复数 你们-通格 至少 祈愿:2 复数.主语-造茶-完成体-2 复数.主语，‘你们没有采石头的男孩至少得造些茶。’）

二是哪些词可组并到名词上形成复杂的名词？名词、形容词、数词等都可以。后两者分别见 pp. 98—100 和 pp. 135—137。

3. 复合形式

除了组并形式之外，楚克奇语中还有少量表示固定意义的复合名词。例如：

pin-wətr-ən‘面粉（←灰尘一样的）’ | welwə-jeɣə-t‘加拿大滑雪板

（←渡鸦似的滑雪板）'

二　方位词

楚克奇语不仅可用名词的方位词缀（参前），也可用后置方位词表示具体的空间方位。方位词形式上也可有格的变化，可视为名词的附类。各意义类别的后置方位词分述如下。

（一）上面

方位词 ɣərɣoca 表示'上面'。

jara-k　ɣərɣoca（房子-处所　上，'房子上'）｜ŋejə-k　ɣərɣoca（山-处所　上，'山上'）｜ŋejə-k　ɣərɣoca-ɣtə（山上-处所　上-动向格，'到山上面'）｜ŋejə-k　ɣərɣoca-jpə（山-处所　上-离格，'从山上面'）｜ŋejə-k　ɣərɣoca-ta（山-处所　上-作格，'经过山上面'）｜ŋejə-k　ɣərɣoca-ɣjet（山-处所　上-位向格，'朝向山上面'）

（二）下面

方位词 ewəca 表示'下面'。

（1）a. ʔətwə-k　ewəca（船-处所　下，'船下'）；b. wəkwə-k　ewəca（石头-处所　下，'石头下'）

（三）前面

方位词 ʔəttʔəjoca 表示'前面'。

（2）a. milute-k　ʔəttʔəjoca（野兔-处所　前面，'野兔前面'）；b. təmkə-k　ʔəttʔəjoca（小丘-处所　前面，'小丘前面'）

（3）a. təmkə-k　ʔəttʔəjoca-ɣtə（小丘-处所　前面-动向格，'到小丘前面'）；b. təmkə-k　ʔəttʔəjoca-jpə（小丘-处所　前面-离格，'从小丘前面'）

（4）a. təmkə-k　ʔəttʔəjoca-ta（小丘-处所　前面-作格，'经过小丘前面'）；b. təmkə-k　ʔəttʔəjoca-ɣjet（小丘-处所　前面-位向格，'朝向小岗的前面'）

（四）后面

方位词 rəmaɣtə 表示‘后面’。

（5）a. ɣətɣə-k rəmaɣtə（湖-处所 后，‘湖后’）；b. ɣətɣə-k rəmaɣt-etə（湖-处所 后-动向格，‘到湖后面’）；c. ɣətɣə-k rəmaɣt-ta（湖-处所 后-作格，‘经过湖后面’）；d. ɣətɣə-k rəmaɣt-ɣjet（湖-处所后-位向格，‘朝向湖的后面’）

（五）对面

方位词 ranʔaw 表示‘对面’。

（6）nəmnəmə-k ranʔaw（村庄-处所 对面，‘村庄对面’）

（六）附近

方位词 qaca 表示‘附近’。

（7）a. ɣətɣə-k qaca（湖-处所 附近，‘湖的附近’）；b. qora-k qaca（驯鹿-处所 附近，‘驯鹿附近’）

（8）a. ɣətɣə-k qaca-ɣtə（湖-处所 附近-动向格，‘到湖的附近那儿’）；b. ɣətɣə-k qaca-jpə（湖-处所 附近-离格，‘从湖的附近’）；c. ɣətɣə-k qaca-ta（湖-处所 附近-作格，‘经过湖的附近’）；d. ɣətɣə-k qaca-ɣjet（湖-处所 附近-位向格，‘朝向湖的附近’）

三 动词

（一）动词的词基

楚克奇语动词分限定和非限定两种形式（见 pp. 6—7）。一般来说，所有限定动词都必须编码主语的信息。非限定动词不编码主语信息。一个句子只能有而且一般必须有一个限定动词，其他的动词必须为非限定形式。限定动词须包括语气、体/时和人称-数信息，形式上表现为携带相应的屈折词缀。体范畴和时范畴在楚克奇语里是互补的。

动词还存在结果和非结果的时制区分，结果动词是实际发生的动作状体，非结果动词表示的行为状态和当前没有直接关系。所有限定动词都必须编码主语的信息。但及物动词的结果体或非结果体中表被动的情形除外，例如：

（1）ɣa-nmə-len（结果-杀死-结果：3 单数. 宾语，'他被杀死了'）｜ nə-nlʔeten-muri（非结果-带-1 复数. 宾语，'我们被带着'）

非限定动词不编码主语信息。所有的宾语中只有通格信息才必须在动词屈折形式中编码。限定动词与主宾语的一致关系通过前缀或后缀来表示。

动词完成体有时以专用体标记-ɤʔe 表示，有时以兼表人称-数特征的融合标记-ɤʔe /-ɤʔi、-mək、-tək、-net 表示，完成体标记常可省略，省略时为无标记形式。非完成体用词缀-rk 表示。第 3 人称单数可以省略。由于动词具有丰富的人称、数屈折形式，因而它可以单独成句。楚克奇动词的人称、数形式已发生融合，用一个词缀表示，形式上可为前缀，后缀或环缀。不及物动词只有一个屈折词缀，及物动词有两个屈折词缀。

1. 限定形式

楚克奇语限定动词有直陈语气、可能语气、祈愿语气、连接语气 4 种语气类型，体有动态体（含完成体和非完成体）和静态体（含结果体和非结果体）两类，再加上人称-数标记、主语、宾语标记。以下详细说明之。

1）语气

楚克奇语限定动词有直陈、可能、祈愿、连接 4 种语气类型，均见于动态体，除直陈语气以外的后三种语气类型均不见于静态体。

表 1-4　　楚克奇语限定动词语气形态表

<table>
<tr><th rowspan="2">人称</th><th colspan="2">直陈语气</th><th colspan="2">可能语气</th><th colspan="2">祈愿语气</th><th colspan="2">连接语气</th></tr>
<tr><th>单数</th><th>复数</th><th>单数</th><th>复数</th><th>单数</th><th>复数</th><th>单数</th><th>复数</th></tr>
<tr><td>1</td><td>tə-</td><td>mət-</td><td colspan="2" rowspan="3">r-/r-. . . -ŋ</td><td>m-</td><td>mən-</td><td colspan="2" rowspan="3">ʔ-</td></tr>
<tr><td>2</td><td colspan="2" rowspan="2">Ø-</td><td colspan="2">q-</td></tr>
<tr><td>3</td><td colspan="2">n-</td></tr>
</table>

A. 直陈语气

直陈语气用来表达真实的行为，主语为第1人称时，用直陈1单数前缀 tə-，或直陈1复数前缀 mət-。主语为非第1人称时采用默认形式，即无标记形式。

完成体——【直陈语气＋动词词根＋完成体-ɤʔe＋第1人称单数主语 tə-...-k】tə-jet-ɤʔe-k（1单数-来-完成体-1单数，'我来了'）｜ tə-ceŋəttet-ɤʔe-k（1单数-害怕-完成体-1单数，'我害怕了'）【直陈语气＋动词词根＋完成体：第1人称复数主语 mət-...-mək】mət-wiri-mək（1复数-下-完成体：1复数，'我们下来了'）【直陈语气 Ø-＋动词词根＋完成体：第3人称单数主语-ɤʔi】wʔi-ɤʔi（死-完成体：3单数.主语，'他死了'）【第3人称复数主语标记 ne-＋直陈语气 Ø-＋动词词根＋完成体：第3人称单数宾语标记-n】ne-nrʔejwewə-n（3复数.主语-搭起-完成体：3单数.宾语，'他们搭起了它'）

非完成体——【直陈语气＋动词词根＋非完成体-rkə＋第1人称单数主语标记 tə-...-n】tə-ɤətʔetə-rkə-n（1单数-饿-非完成体-1单数，'我饿'）｜ t-ititə-rkə-n（1单数-煮-非完成体-1单数，'我在煮'）（2）复数：【直陈语气＋动词词根＋非完成体-rkə＋第1人称复数主语标记 mət-...-n】mət-ilɤətewə-rkə-n（1复数-洗衣服-非完成体-1复数，'我们在洗衣服'）【第3人称复数主语标记 ne-＋直陈语气 Ø-＋动词词根＋非完成体-rkə＋第3人称单数宾语标记-n】ənraq ne-cwi-rkə-n cəmqək ŋelwəl（现在 3复数.主语-削减-非完成体-3单数.宾语 部分 牧群：通格.单数，'现在他们正在削减一部分牧群'）

B. 可能语气

可能语气用前缀 r-或环缀 r-... -ŋ 表示。有的文献也将可能语气视为将来时（M. J. Dunn，1999：186），有的则视为表意图的派生形态（I. A. Muravyova et al. 2001：96）。可能常有将来、意图的寓意，所以相互间并不矛盾。如：

完成体——【可能语气 re-＋动词词根＋完成体：第2人称单数主语标记-ɤʔe】iɤər re-jəlqet-ɤʔe（现在 可能-睡-完成体：2单数，'现在你要睡着了'）【第1人称单数主语标记 t-＋可能语气 re-＋动词词根＋可能语气-ŋ＋完成体：第3人称复数宾语-net】ɤən-əkə ŋəroq nelɤə-t t-re-jəl-ŋə-net（你-与格 三 兽皮-通格.复数 1单数.主语-可能-给-可能-完

成体：3 复数.宾语，‘我会把三张兽皮给你’）

非完成体——【可能语气 re-＋动词词根＋非完成-rkə＋第 1 或第 3 人称单数主语标记 tə-...-n】ee macənan tə-re-jəlqetə-rkə-n（好的（小品词） 好的（小品词） 1 单数-可能-睡-非完成体-1 单数，‘好的，我就睡’）| ekək tor-əkə re-winren-ŋə-rkə-n（儿子：通格.单数 你们-与格 可能-帮助-可能-非完成体-3 单数，‘儿子会帮助你们。’）

C. 祈愿语气

祈愿语气表祈使、劝告、意图等。直陈语气是默认式，即零标记，祈愿语气以人称-数前缀表达。为什么不说直陈语气也是以人称-数前缀表达呢？因为首先，直陈语气未必非得跟人称-数前缀同现，但祈愿语气必有人称-数前缀。其次，直陈语气、可能语气、连接语气的单数主语前缀不具有区别性，祈愿语气的单数主语前缀则相反，祈愿语气的复数主语前缀也区别于直陈语气、可能语气，并可通过独立语气形式的缺省，跟连接语气区别开来。

完成体——【祈愿语气＋动词词根＋完成体：第 1 人称复数主语标记 mən-...-mək】ŋire-nlcŋu mən-wiri-mək aŋqa-corm-etə（两-集合 祈愿:1 复数-下-完成体：1 复数 海边-动向格，‘让我们俩走到海边去’）

非完成体——【祈愿语气＋动词词根＋非完成体-rkə＋第 1 人称单数主语标记 m-...-n】mə-jəlqetə-rkə-n（祈愿-睡-非完成体-1 单数，‘我要睡了’）【祈愿语气＋动词词根＋非完成体-rkə＋第 1 人称复数主语标记 mən-...-n】opopəŋ əməlʔo-more mənə-ɣjewə-rkə-n ep inʔe（最好 所有人-1 复数 祈愿:1 复数-起床-非完成体-1 复数 早 早上，‘让我们每天早上都早起’）【祈愿语气＋动词词根＋非完成体-rkə＋第 2 人称单数主语标记 qə-...-n】qə-qametwa-rkə-n（祈愿:2 单数-吃-非完成体-2 单数，‘继续吃吧’）

带环缀 ɣe-...-e/-te 标记的无人称祈使语气较特殊，也可表达祈使意味。如：

（1）ʔamənə-m ɣa-nto-ta，ʔəttʔə-t ɣe-ɣite-te（叹词-叹词 祈愿-走出去-祈愿 狗-通格.复数 祈愿-看-祈愿，‘应该出去，看看那只狗。’）

D. 连接语气

可以用于前后连接的两个小句中。连接语气用前缀 ʔ-表示。

完成体——【连接语气-ʔə-＋动词词根＋完成体：第 1 人称复数主语

标记 mən-...-mək】mən-ʔə-rʔe-mək（1 复数-连接-做什么-完成体:1 复数，‘那么我们做什么’）【连接语气-ʔə-＋动词词根＋完成体-ɤʔe＋第 2 人称单数主语标记 n-...-n】n-ʔə-jəlqet-ɤʔe-n（2 单数-连接-睡觉-完成体-2 单数，‘要是你睡着了’）【第 2 人称单数主语 n-＋连接语气 ʔ-＋动词词根＋完成体-ɤʔe＋第 2 人称单数主语标记-n】n-ʔə-jəlqet-ɤʔe-n opopəŋ ɤət wiin（2 单数-连接-睡觉-完成体-2 单数 更好 你:通格［分词］，‘要是你睡着了多好’）【第 2 人称单数主语标记 n-＋连接语气-ʔ-＋动词词根＋完成体 Ø＋第 3 人称单数宾语标记-n】n-ʔ-iwə-n（2 单数.主语-连接-说-完成体：3 单数.宾语标记，‘你如果说了这话’）

E. 语气标记的分布

可以只出现语气前缀，也可以出现相同意义类型的语气前缀和语气后缀，但不会只有语气后缀。由此可认为，语气前缀是基本形式，语气后缀是在此基础上形成的强化形式。比较及物动词所含的可能语气形态：

【语气前缀】

（2）ɤəm-nan ɤənin lawət tə-ra-rkəplə-ɤʔa-n（我-作格 它:3 单数 头:通格.单数 1 单数.主语-可能-打-完成体-3 单数.宾语，‘我将打你的头。’）

（3）ʔaqa-pere-ŋ ʔəttʔ-e t-re-tril-ŋə-n tekicɤə-n（非限定-带走-非限定 狗-作格 1 单数.主语-可能-放-可能-完成体：3 单数.宾语 肉-通格.单数，‘我放好了肉以免狗叼走。’）

（4）qənwer ɤəm ɤət tə-re-wilu-cwitku-ɤət（看［感叹］我-通格 你:通格 1 单数.主语-可能-耳朵＝切-完成体：2 单数.宾语，‘看，我会把你的耳朵切下来。’）

【语气前缀＋语气后缀】

（5）ɤəm-nan ɤənin velo-lɤən tə-re-cwitku-ŋə-n（我-作格 你的:3 单数 耳朵-通格.单数 1 单数.主语-可能-割-可能-3 单数.宾语，‘等着，我会割下你的耳朵。’）

（6）ɤən-əkə ŋəroq nelɤə-t t-re-jəl-ŋə-net（你-与格 三 兽皮-通格.复数 1 单数.主语-可能-给-可能-3 复数.宾语，‘我会把

三张兽皮给你。'）

（7）cake-qaj　tə-re-piri-cqiw-ŋə-n　ŋelwəl　əmə　tə-ra-n-lʔat-en-ŋə-n（姐姐-小称.3 单数通格　1 单数-可能-带-目的-可能-3 单数牧群.　3 单数通格　也　1 单数-可能-致使-去-致使-可能-3 单数，'我把姐姐带回来，我也要放走牧群。'）

2）屈折体

楚克奇语限定动词有动态体和静态体两种体类型。

A. 动态体

限定动词动态体分完成体和非完成体。

a. 完成体　完成体用专用标记-ɤʔe 表示，有时用零形式（如例 12），有时是融合标记（如例 13），它有以下表意功能。

a）用于祈愿和连接语气中。

（8）jew-jew　m-ajmə-ɤʔa-k（小品词　祈愿：1 单数.主语-带水-完成体-1 单数.主语，'哦，让我带些水来。'）

（9）jew-jew　m-ajmə-ɤʔa-k（小品词　祈愿：1 单数.主语-带水-完成体-1 单数.主语，'哦，让我带些水来。'）

（10）ɤənməjopə-m　n-ʔ-iwə-n（更好-小品词　2 单数.主语-连接-说-完成体：3 单数.宾语，'要是你早说这话多好。'）

b）表示离说话时间不远发生的事情，因此在对话中极为常用。

（11）a. ɤət　ənrʔam　rʔe-ɤʔi（你：通格（连接）　做什么-完成体-2 单数.主语，'你怎么啦？'）；b. ɤəm　tə-ceŋəttet-ɤʔe-k（我：通格　1 单数.主语-害怕-完成体-1 单数.主语，'我害怕。'）

c）在叙事时表示过去发生的完整的行为。

（12）eqəlpe　mət-wiri-mək　ənkʔam　mət-kətɤəntan-mək　nəmnəm-etə（很快地　1 复数.主语-下-完成体：1 复数.主语　并且　1 复数.主语-跑-完成体-1 复数.主语村庄-动向格，'我们很快下了（山），跑进了

村庄。’）

（13）o，wʔi-ɣʔi（叹词 死-完成体：3单数.主语，‘哦，他死了。’）

d）可以表示事情的开始，用于静态或持续的不及物动词。

（14）jəlqet-ɣʔi（睡-完成体：3单数.主语，‘他睡了。’）

（15）tipʔejŋe-ɣʔi（唱歌-完成体：3单数.主语，‘他唱歌了。’）

（16）terɣat-ɣʔi（哭-完成体：3单数.主语，‘他哭了。’）

（17）tʔə-nin（倒-完成体：3单数.主语:3单数.宾语，‘他把它推倒了。’）

e）表达持续的行为。

（18）ətlon əm-nəke-ret cimɣʔu-ɣʔi meɣceratə-nwə（他/她：通格 整夜 考虑-完成体：3单数.主语 工作-非限定（动名词），‘整夜他/她都在考虑工作问题。’）

b. 非完成体　非完成体用后缀-rk（后常带增音 ə），或-rkəni 表示。非完成体有以下表意功能。

a）在所有的语气中表示非完成。

（19）tə-jet-ɣʔe-k ɣəm，miŋkəri qun tə-ɣətʔetə-rkə-n（1单数.主语-来-完成体-1单数.主语 我:通格 因为 小品词 1单数.主语-饿-非完成体-1单数.主语，‘因为我饿了，所以我来了。’）

（20）iwke kitkit qə-kənju-rkə-n（小品词 一点 祈愿:2单数.主语-照看-非完成体-2单数.主语，‘请照看点（孩子）。’）

（21）macənan nə-lqətə-rkə-n（小品词 祈愿:3单数.主语-去-非完成体-3单数.主语，‘好，让他去吧。’）

b）可表示进行体。

（22）ənraq ne-cwi-rkə-n cəmqək ŋelwəl（现在 3 复数. 主语-削减-非完成体-3 单数. 宾语 部分 牧群：通格. 单数，‘现在他们正在削减一部分牧群。’）

c）在对话中，可表达现在发生的实际行为。

（23）naqam reqə-rkəni-tək（叹词 做什么-非完成体-2 复数. 主语，‘那么，你们在做什么呢？’）

（24）ʔamən mət-ilɤətewə-rkə-n（叹词 1 复数. 主语-洗衣服-非完成体-1 复数. 主语，‘我们在这洗衣服。’）

d）可以表示觉得是在过去事情紧接着发生的行为。

（25）eqəlpe ne-nrʔejwewə-n jara-ŋə ənraq ne-cwi-rkə-n cəmqək ŋelwəl（很快 3 复数. 主语-搭起-完成体：3 单数. 宾语 帐篷-通格. 单数 现在 3 复数. 主语-削减-非完成体-3 单数. 宾语 部分 牧群-通格. 单数，‘很快他们搭起了帐篷，现在他们正在削减一部分牧群。’）

e）和 cit ‘早早地’、ecɤi ‘不久’ 连用，表示没有执行的行为。

（26）wəne cit piŋku-rkə-n ənraqə-m ɤe-pəlqet-lin（小品词 较早地 跳-非完成体-3 单数. 主语 但是-小品词 结果-沉-结果：3 单数，‘他刚要跳，就掉到水里了。’）

f）表连续体意义。

（27）waj-waj ənan-oweq-qala-ɤtə t-ititə-rkə-n（叹词 一-身体-边-动向格 1 单数. 主语-煮-非完成体-1 单数. 主语，‘啊，我正在煮着它的一侧。’）

（28）qə-qametwa-rkə-n（祈愿：2 单数. 主语-吃-非完成体-2 单数. 主语，‘继续吃吧。’）

动态体形态受动词其他范畴制约而呈多样化情形。不及物动词动态体形态（见表1-5）主要受人称、数范畴制约，有时也受语气范畴制约，复数的受制因素多于单数。及物动词动态体的形态（见表1-6）主要受人称因素制约，少数情况下也受数范畴制约。相比之下，及物动词动态体形态的规则性程度显然要高于不及物动词动态体的形态。语例详见 pp. 66—75。

表1-5 楚克奇语不及物动词动态体形态表

<table>
<tr><th rowspan="2">人称</th><th colspan="2">单数</th><th colspan="2">复数</th></tr>
<tr><th>完成体</th><th>非完成体</th><th>完成体</th><th>非完成体</th></tr>
<tr><td>1</td><td rowspan="3">-ɤʔe/-Ø</td><td rowspan="3">-rkə</td><td>-ɤʔe（限可能语气）/-Ø</td><td>-rkə</td></tr>
<tr><td>2</td><td>-Ø</td><td>-rkəni</td></tr>
<tr><td>3</td><td>-ɤʔe（限直陈语气）/-Ø</td><td>-rkə</td></tr>
</table>

表1-6 楚克奇语及物动词动态体形态表

<table>
<tr><th rowspan="2">人称</th><th colspan="2">单数</th><th colspan="2">复数</th></tr>
<tr><th>完成体</th><th>非完成体</th><th>完成体</th><th>非完成体</th></tr>
<tr><td>1</td><td colspan="2">-Ø</td><td colspan="2">-Ø</td></tr>
<tr><td>2</td><td>-Ø</td><td>-rkəni</td><td>-Ø</td><td>-rkəni</td></tr>
<tr><td>3</td><td>-ɤʔe/-Ø</td><td>-rkə</td><td>-Ø</td><td>-rkə</td></tr>
</table>

B. 静态体

楚克奇语限定动词也有静态体，其类型分结果体和非结果体两类。结果体用前缀 ɤ-（或其音变形式）（‘结果-’）或环缀 ɤ-...-lin（或其音变形式）（‘结果-...-结果’）表示，非结果体用前缀 n-（或其音变形式）（‘非结果-’）或环缀 n-...-qin（或其音变形式）（‘非结果-...-非结果’）表示。就与动态体的互斥关系看，它呈体范畴性质，但从所表语用意义看，有时又有点时范畴的性质。I. A. Muravyova et al.（2001:53、63）把结果和结果放在限定动词中，认为结果形式和非结果形式表达非实际的时制（non-actual tenses），即表达的行为和状态和说话时间没有直接关系。但从作为谓语的功能来看，又认为结果形式相当于过去分词，非结果形式相当于现在分词。它们的人称-数形式和形容词的人称-数形式表现相同。静态体一般仅用于直陈语气。

【结果 ɤa-/ɤ-＋动词词根＋第3人称单数主语标记-len/-lin】ɤe-pkit-lin

(结果-来-结果:3 单数，‘他来了’) | ɤa-twetcatwa-len (结果-站-结果:3 单数，‘他站了’) | ɤ-iwini-lin (结果-打猎-结果:3 单数，‘他打猎了’)

【结果 ɤa-+动词词根+第 3 人称单数宾语标记-len】 ɤa-nmə-len (结果-杀死-结果:3 单数.宾语，‘他被杀死了’)

【非结果 n-+动词词根+第 1 人称单数主语标记-iɤəm】 n-ineɤjulew-iɤəm (非结果-教-1 单数，‘我教’) | n-inejmit-iɤəm (非结果-带-1 单数.主语，‘我带着’)

【非结果 nə-+动词词根+第 1 人称复数宾语标记-muri】 nə-nlʔeten-muri (非结果-带-1 复数.宾语，‘我们被带着’)

【非结果 nə-+动词词根+第 2 人称单数主语标记-jɤət】 n-iw-iɤət (非结果-说-2 单数，‘你在说’)

【非结果 nə/n-+动词词根+第 3 人称单数主语标记-qin】 nə-jet-qin (非结果-来-非结果:3 单数，‘他在来’) | nə-ɤətʔet-qin (非结果-饿-非结果:3 单数，‘他很饿’) | n-ewii-qin (非结果-吃-非结果:3 单数，‘他在吃’)

a. 结果体　结果是实际发生的动作状态，可表达如下诸类时间状态。

a) 当说话者想把一件行为从过去的一系列行为中分离出来时，常用结果形式。

(29) luur rʔenut wərɤərɤə-rʔu-ɤʔi ŋewəcqet ŋəto-ɤʔe ewən ɤe-pkit-lin qəlawəl (突然　某物:通格.单数　走动-集合[①]-完成体:3 单数　女人-通格.单数走出去-完成体:3 单数　原来.小品词　结果-到来-结果:3 单数　男人-通格.单数，‘突然(听见)某物走动，女人出去一看，原来男人回来了。’)

b) 过去完成时用结果形式来表达。

(30) qol itək ətlon əlwa=ɤele-nw-epə pəkir-ɤʔi，ewən joro-ŋə ɤe-tejkə-lin (一……就……　他:通格　驯鹿=捕猎-地方-离格　来-完成体:3 单数，　原来.小品词　卧室-通格.单数　结果-做-结

① -rʔu 是不及物动词的集合标记，指向主语的集合(M. J. Dunn，1999:264)。

果:3 单数，'他从野驯鹿捕场一回来，原来卧室已经做好了。')

c）表示某个时候持续发生的行为。

(31)tʔer sekunda-t ətlon awjetkənka ɤa-twetcatwa-len（一些 时候-工具格.复数 他:通格 安静地 结果-站-结果:3 单数，'他安静地站了会儿。')

d）过去发生的和现在关联的情境可用完成体或结果体两种形式表达。当说话者想表达情境发生的原因时用结果形式。

(32) a. ʔəmto walom-tək nenene-t（小品词 听到-完成体：2 复数 孩子-通格.复数，'那么，你们听到了吗，孩子们?')；b. ii mət-walom-mək（是的 1 复数-听到-完成体：1 复数，'是的，我们听到了。')

(33) qə-jet-ɤi mən-qametwa-mək ŋotqen kejŋə-n ɤəm-nan ɤa-nmə-len（祈愿:2 单数-来-完成体：2 单数 祈愿:1 复数-吃-完成体：1 复数 这:3 单数 熊-通格.单数 我-作格 结果-杀死-结果:3 单数.宾语，'过来，让我们吃吧，我已经杀死了这只熊。')

(34) ʔemʔim ɤənin ʔəwequc（哪儿 你:3 单数 丈夫，'你丈夫在哪儿?')

(35) ɤ-iwini-lin（结果-打猎-结果:3 单数，'他打猎了。')

b. 非结果体　非结果表示的行为状态和当前时间无直接关系，可表如下诸时间状态。

a）表达当前非结果的行为。

(36) nə-rʔe-qine-t ɤənin tumɤə-t ɤət tʔəl-ma（非结果-做什么-非结果-3 复数 你:3 单数 朋友-通格.复数 你的:通格 病了-非限定，'你生病的时候你的朋友们都在做什么?')

(37) ŋinqej amqən-ʔəco inʔe nə-jet-qin（男孩.通格.单数 每天 早上 非结果-来-非结果:3 单数，'男孩每天早上都来。')

(38) ɣətɣa-k ətləɣ-e nə-nlʔeten-muri qole = nəm-etə kaletkoja-nwə (秋季-处所 父亲-作格 非结果-带-1复数.宾语 别的=村庄-动向格 学习-非限定(动名词),‘秋季父亲带我们到另一个村庄学习。’)

b) 直陈语气惯常体常用非结果形式表达。

(39) ejwelqej qonpə nə-ɣətʔet-qin, qonpə nə-terɣat-qen, ətrʔec emqən-wulqətwi-k nə-tipʔejŋe-qin (孤儿:通格.单数 经常 非结果-饿-非结果:3单数 经常 非结果-哭-非结果:3单数 但是 每晚-处所 非结果-唱歌-非结果:3单数,‘这个可怜的孤儿,经常饿,经常哭,但是每天晚上都唱歌。’)

(40) əmə mirɣə-n ən-əkə nə-lqət-qin (连词 祖父-通格.单数 他-与格 非结果-去-非结果:3单数,‘而且祖父也经常去他那儿。’)

c) 非结果形式表示普遍的意义。

(41) qora-ŋə watap-a n-ewii-qin (驯鹿-通格.单数 驯鹿苔藓-工具 非结果-吃-非结果:3单数,‘驯鹿以驯鹿苔藓为食。’)

(42) ɣəm-nan ŋinqeɣ-ti n-ineɣjulew-iɣəm qora = ɣənretə-k (我-作格 男孩-通格.复数 非结果-教-1单数 驯鹿=抓-非限定,‘我教男孩们抓驯鹿。’)

d) 过去持续重复的行为用非结果形式表示。

(43) ajwe n-iw-iɣət… (昨天 非结果-说-2单数,‘昨天你在说……’)

(44) ajwe ɣət qonpə nə-ɣəntew-iɣə ɣəm ənkʔam n-atc-eɣət (昨天 你:通格 经常 非结果-跑走-2单数 我-通格[①] 并

① 这里出现两个通格,与一般用法不合。

且 非结果-藏-2单数，‘昨天你不停地从我这儿跑走藏起来。’）

（45）kətur ŋotqen caat n-inejmit-iɤəm qonpə（去年 这：3单数 套索：通格.单数 非结果-带-1单数.主语 经常，‘去年我常常带着这套索。’）

3）人称-数

主宾语人称-数形态及其功能与分布因体类型不同而异。

A. 动态体人称-数形式

动词动态体（包括完成体和非完成体）人称-数形式主要有以下4种类型。其基本组织结构为：前缀（语气×人称-数）-词干-后缀（体）-后缀（主语人称-数）。

a. 不及物动词环缀或后缀表主语人称-数 不及物动词动态体主语人称-数以环缀或后缀表达，见表1-7。

表1-7 楚克奇语不及物动词动态体的主语人称-数形态表

数	人称	直陈语气		可能语气		祈愿语气		连接语气	
		完成体	非完成体	完成体	非完成体	完成体	非完成体	完成体	非完成体
单数	1	t-...-k	t-...-n	t-...-ɤʔe/-Ø	t-...-n	m-...-k	m-...-n	t-...-k	t-...-n
	2	...-ɤʔi	...-n	...-ɤʔe	...-n	q-...-ɤʔe	q-...-n	n-...-n	n-...-n
	3	...-ɤʔi	...-n	...-ɤʔe	...-n	n-...-n	n-...-n	n-...-n	n-...-n
复数	1	mət-...-mək	mət-...-n	mət-...-ɤʔe/-Ø	mət-...-n	mən-...-mək	mən-...-n	mən-...-mək	mən-...-n
	2	...-tək	...-tək	...-tək	...-tək	q-...-tək	q-...-tək	n-...-tək	n-...-tək
	3	...-t	n-...-t	...-net/-t	...-ŋet	n-...-net	n-...-t	n-...-net	n-...-t

a）环缀表主语人称-数 不及物动词动态体环缀表主语人称-数，见下例。

直陈语气——（1）完成体：【t-...-k】t-ekwet-ɤʔe-k（1单数-去-完成体-1单数，‘我去了’）｜ tə-jet-ɤʔe-k（1单数-来-完成体-1单数，‘我来了’）｜ tə-ceŋəttet-ɤʔe-k（1单数-害怕-完成体-1单数，‘我害怕了’）｜ t-ekwet-ɤʔe-k（1单数-去-完成体-1单数，‘我去了’）｜ tə-jəkərɤə=lwə-ɤʔe-k（1单数.主语-嘴巴=磨破-完成体-1单数.主语，‘我

嘴磨破了')　|　tə-kətɤəntat-ɤʔa-k（1 单数-跑-完成体-1 单数，'我跑了')【mət-...-mək】mət-wiri-mək（1 复数-下-完成体：1 复数，'我们下来了')　|　mət-walom-mək（1 复数-听到-完成体：1 复数，'我们听到了')　|　mətə-ntenmaw-mək（1 复数.主语-准备-完成体：1 复数.主语，'我们准备了')。(2) 非完成体：【t-...-n】t-ititə-rkə-n（1 单数-煮-非完成体-1 单数，'我在煮')　|　tə-ɤətʔetə-rkə-n（1 单数-饿-非完成体-1 单数，'我饿')　|　tə-kətɤəntatə-rkə-n（1 单数-跑-非完成-1 单数，'我在跑')　|　t-ekwetə-rkə-n（1 单数-去-非完成体-1 单数-1 单数，'我去')【mət-...-n】mət-ilɤətewə-rkə-n（1 复数-洗衣服-非完成体-1 复数，'我们在洗衣服')　|　mət-kətɤəntatə-rkə-n（1 复数-跑-非完成体-1 复数，'我们在跑')【n-...-rkə-t】n-ukwet-wəlɤə-rkə-t（3 复数-亲吻-相互-非完成体-3 复数，'他们在相互亲吻')

可能语气——(1) 完成体：【t-...-ɤʔe】t-re-kelitku＝plətku-ɤʔe（1 单数-可能-学习＝结束-完成体：1 单数，'我将完成学业')　|　elɤə-qora-ta　t-r-ekwet-ɤʔe（白＝驯鹿-工具　1 单数-可能-去-完成体：1 单数，'我将乘白驯鹿去')　|　tə-re-jəlqet-ɤʔi（1 单数-可能-睡觉-完成体：1 单数，'我要睡觉了')【mət-...-ɤʔe】mət-r-ekwet-ɤʔe（1 复数-可能-去-完成体:1 复数，'我们将去')　|　mət-r-iwini-ɤʔe（1 复数-可能-去打渔-完成体：1 复数，'该我们去打渔了')　|　mur-i　ŋire-muri　mət-re-lqət-ɤʔe　ɤətɤ-etə（我们-通格　两-1 复数　1 复数-可能-去-完成体：1 复数　湖-动向格，'我们俩都将去湖那儿。')。(2) 非完成体：【t-...-n】tə-re-jəlqetə-rkə-n（1 单数-可能-睡-非完成体-1 单数，'我就睡觉')【mət-…n】mət-ra-kətɤəntatə-rkə-n（可能-跑-非完成体-1 复数，'我们将跑')

祈愿语气——(1) 完成体：【m-...-k】m-ajmə-ɤʔa-k（祈愿:1 单数-带水-完成体-1 单数，'让我带些水来')　|　m-iwini-cqiwə-k（祈愿:1 单数-打猎-目的-完成体：1 单数，'让我打猎去')【q-...-ɤʔe】qə-jet-ɤi（祈愿:2 单数-来-完成体：2 单数，'过来')【n-...-n】nə-jəlqet-ɤʔe-n（祈愿:3 单数-睡觉-完成体-3 单数，'他要睡了')【mən-...-mək】mən-qametwa-mək（祈愿:1 复数-吃-完成体：1 复数，'让我们吃吧')　|　ŋire-nleŋu　mən-wiri-mək　aŋqa-corm-etə（两-集合　祈愿:1 复数-下-完成体:1 复数　海边-动向格，'让我们俩走到海边去')【q-...-tək】qə-raɤtə-tək（祈愿:2 复数-回家-完成体：2 复数，'你们回家吧')　|　qə-cajpat-ɣə-tək（祈愿:2 复数. 主语-造茶-完成体-2 复数. 主语，‘你们得造些茶’）【n-...-net】opopəŋ ənqena-nte murə-k nə-tkiwə-net（更好那-通格. 复数 我们-处所 祈愿:3 复数-过夜-完成体：3 复数，‘让他们在我们这儿过夜吧’）| nə-kətɣəntatə-nat（祈愿:3 复数-跑-完成体：3 复数，‘让他们跑吧’）。（2）非完成体：【m-…n】mə-jəlqetə-rkə-n（祈愿:1 单数-睡觉-非完成体-1 单数，‘我现在要睡了’）【q-...-n】qə-qametwa-rkə-n（祈愿:2 单数-吃-非完成体-2 单数，‘继续吃吧’）| qə-kənju-rkə-n（祈愿:2 单数-照看-非完成体-2 单数，‘请照看孩子’）【n-...-n】nə-lqətə-rkə-n（祈愿:3 单数-去-非完成体-3 单数，‘让他去吧’）【mən-...-n】mənə-ɣjewə-rkə-n（祈愿:1 复数-起床-非完成体-1 复数，‘我们起床吧’）【q-...-tək】qə-lɣətewə-rkəni-tək（祈愿:2 复数-洗-非完成体-2 复数，‘你们洗澡吧’）【n-...（-rkəne）-t】nə-lɣətewə-rkəna-t（祈愿:3 复数-洗-非完成体-3 复数，‘让他们洗澡吧’）

连接语气——（1）完成体：【t-...（-ɣʔe）-k】t-ʔə-lɣətewə-ɣʔe-k（1 单数-连接-洗澡-完成体-1 单数，‘要是我洗了澡’）【n-...-n】n-ʔə-jəlqet-ɣʔe-n（2 单数-连接-睡觉-完成体-2 单数，‘要是你睡着了’）| n-ʔə-lɣətewə-ɣʔe-n（3 单数-连接-洗澡-完成体-3 单数，‘要是他洗了澡’）| ɣət morɣənan ləŋ-kə n-ʔ-enqetə-n（你. 通格 我们. 作格 带-非限定 2 单数-连接-希望-完成体：2 单数，‘你希望我们带你（进去）吗’）【mən-...-mək】mən-ʔə-rʔe-mək（1 复数-连接-做什么-完成体：1 复数，‘那么我们做什么’）【n-...-tək】n-ʔ-ekwet-tək（2 复数-连接-走-完成体：2 复数，‘如果你们都出去了’）【n-...-net】qəmel met-təle=məkə n-ʔə-nʔelə-net ŋelwəlʔə-t=ʔm（这样 近似-变=大 3 复数-连接-变化-完成体：3 复数 牧群-3 复数. 通格=强调，‘然后牧群将变得越来越大’）| ənkʔam n-ʔə-jaɣtalə-ŋŋo-nat（而且 3 复数-连接-保全-起始-完成体：3 复数，‘而且它们将（被）保全下来’）。（2）非完成体：【t-...（-rkə）-n】t-ʔə-kətɣəntatə-rkə-n（1 单数-连接-跑-非完成体-1 单数，‘那样我会跑’）【n-...-n】n-ʔə-lɣətewə-rkə-n（2 单数-连接-洗澡-非完成体-2 单数，‘要是你洗澡’）| remkə-n ənŋin n-ʔə-qaanmaa-rkə-n（人类-3 单数. 通格 所以 3 单数-连接-杀戮驯鹿-非完成体-3 单数，‘所以人类可以杀驯鹿’）【mən-...-n】qejwe kənmal mən-ʔə-lejwə-rkə-n（真的 一起 1 复数-连接-闲逛-非完成体-1 复数，‘假如我们一起出

去闲逛'）【n-...-tək】n-ʔə-lɤətewə-rkəni-tək（2复数-连接-洗澡-非完成体-2复数，'要是你们洗澡'）【n-...-t】qəmel ənqo n-arojw-ʔaw n-ʔə-ɤrʔo-rkəna-t（所以 然后 健康地 3复数-连接-出生-非完成体-3复数，'所以它们将健康地出生'）

b）前缀表主语人称-数 不及物动词完成体用零标记，仅以前缀表主语人称-数，见下例。

可能语气——【t-...】ʔaqa-no-ŋ tə-re-nʔelə（不可能-吃-通格单数1单数-可能-变成，'［然后］我将变得不可吃'）｜ petle-qej tə-re-jetə（不久-小称 1单数-可能-来，'我马上回来'）【mət-...】mət-ra-pojɤəlʔatə əməlʔo-more（1复数-可能-矛决斗 全部的-1复数.通格，'我们都将以矛决斗'）。

c）后缀表主语人称-数 不及物动词动态体无前缀，仅以后缀表主语人称-数，见下例。

直陈语气——（1）完成体：【...-ɤʔi】rʔe-ɤʔi（做什么-完成体：2单数，'你怎么啦?'）｜ jəlqet-ɤʔi（睡-完成体：3单数，'他睡了'）｜ tipʔejŋe-ɤʔi（唱歌-完成体：3单数，'他唱歌了'）｜ terɤat-ɤʔi（哭-完成体：3单数，'他哭了'）｜ wʔi-ɤʔi（死-完成体：3单数'他死了'）｜ kəjew-ɤʔi（醒-完成体：3单数，'他醒了'）｜ jet-ɤʔi（来-完成体：3单数，'他来了'）｜ kətɤəntat-ɤʔe（跑-完成体：3单数，'他跑了'）【...-tək】kətɤəntat-tək（跑-完成体：2复数，'你们跑了'）｜ walom-tək（听到-完成体：2复数，'你们听到了'）【...-t】ekwet-ɤʔe-t（走-完成体-3复数，'他们走了'）｜ kətɤəntat-ɤʔa-t（跑-完成体：3复数，'他们跑了'）｜ ŋəto-ɤʔa-t（出去-完成体：3复数，'他们出去了'）。（2）非完成体：【...-n】kətɤəntatə-rkə-n（跑-非完成体-2单数，'你正在跑'）｜ pilɤə＝tʔələ-rkə-n（咽喉＝疼痛-非完成体-2单数，'你嗓子不好'）｜ piŋku-rkə-n（跳-非完成体-3单数，'他要跳'）｜ kətɤəntatə-rkə-n（跑-非完成体-3单数，'他正在跑'）｜ wa-rkə-n（是-非完成体-3单数，'他在'）① 【...-tək】reqə-rkəni-tək（做什么-非完成体-2复数，'你们在做什么呢'）｜ kətɤəntatə-rkəne-tək（跑-非完成-2复数，'你们在跑'）

① 能见于三种人称类型，可见此处不表示人称信息。如仍视为环缀，则非完成体各人称类型单数均为零形式。

【...-t】kətɤəntatə-rkə-t（跑-非完成-3 复数，‘他们在跑’）

可能语气——（1）完成体：【...-ɤʔe】re-jəlqet-ɤʔe（可能-睡-完成体:2 单数，‘你要睡着了’）｜ re-wulqə-twi-ɤʔe caj-ənqen（可能-黑-起始-完成体：3 单数 直指-那:3 单数.通格，‘天快黑了’）【...-tək】r-ekwen-ŋə-tək（可能-去-可能-完成体：2 复数，‘你们将去’）【...-net/-t】mecənkə ŋireq qora-t ra-jaa-ŋə-nat（能 两个 驯鹿-3 复数.通格 可能-用-可能-完成体：3 复数，‘（你）将能使用两个驯鹿（的雪橇）’）｜ ətce-t re-melew-ŋə-t（肺-3 复数.通格 可能-变好-可能-完成体：3 复数，‘肺好了’）。（2）非完成体：【...-n】ra-kətɤəntatə-rkə-n（可能-跑-非完成体-2 单数，‘你将跑’）｜ ra-kətɤəntatə-rkə-n（可能-跑-非完成体-3 单数，‘他将跑’）｜ nenenə ra-terɤaa-rkə-n（孩子 可能-哭-非完成体-3 单数，‘孩子将哭’）【...-tək】ra-kətɤəntatə-rkəne-tək（可能-跑-非完成体-2 复数，‘你们将跑’）【...（-rkəne）-ŋet】ra-kətɤəntatə-rkəne-ŋet（可能-跑-非完成体-3 复数，‘他们将跑’）

至此，可以得出楚克奇语不及物动词动态体的语气-体-人称-数形态综合表。

表 1-8 楚克奇语不及物动词动态体的语气-体-人称-数形态综合表

数	人称	直陈语气		可能语气		祈愿语气		连接语气	
		完成体	非完成体	完成体	非完成体	完成体	非完成体	完成体	非完成体
单数	1	t-... -ɤʔe-k	t-... -rkə-n	t-... -ɤʔe/-Ø	t-... -rkə-n	m-... -ɤʔe-k	m-... -rkə-n	t-... -ɤʔe-k	t-... -rkə-n
	2	... -ɤʔi	... -rkə-n	... -ɤʔe	... -rkə-n	q-... -ɤʔe	q-... -rkə-n	n-... -ɤʔe-n	n-... -rkə-n
	3	... -ɤʔi	... -rkə-n	... -ɤʔe	... -rkə-n	n-... -ɤʔe-n	n-... -rkə-n	n-... -ɤʔe-n	n-... -rkə-n
复数	1	mət-... -mək	mət-... -rkə-n	mət-... -ɤʔe/-Ø	mət-... -rkə-n	mən-... -mək	mən-... -rkə-n	mən-... -mək	mən-... -rkə-n
	2	...-tək	...-rkəni -tək	...-tək	...-rkəni -tək	q-... -tək	q-... -rkəni -tək	n-... -tək	n-...-rkəni -tək
	3	... -ɤʔe-t	n-... -rkə-t	... -net/-t	...-rkəne -ŋet	n-... -net	n-... -rkəne-t	n-... -net	n-... -rkəne-t

楚克奇语动词词基的动态体见于所有四种语气，其四种语气形态跟人称-数主语前缀的相互关系有三种。直陈语气是无标记的默认式（如第 1 组），祈愿语气用人称-数主语前缀表达（如第 3 组），可能语气、连接语气形式跟人称-数主语前缀呈“人称-数＞语气”序列的共现关系（如第

2、4组)。下同。

比较表1-7不及物动词主语人称-数的后缀可知，其语法意义并不完全确定和整齐划一。它表完成体:单数时，体:数特征清晰，但人称特征含混；表非完成体:单数时，人称特征含混，跟复数的界限也不清楚；表复数时，人称:数特征清晰（除第1人称外），体特征的含混度上升；表非完成体:第1人称时，数特征含混。因此总体上说，它是兼表人称-数特征和体特征的屈折后缀，属融合形态，甚至从某种程度上说，对体特征的表达作用实际要大于对人称-数特征的表达。比较表中前缀可知，前缀m-的语气条件及所表人称-数信息为确定的常量；前缀q-的人称特征为常量，数特征为变量；前缀t-、mət-、mən-的人称-数信息为确定的常量，语气条件为变量；前缀n-的人称-数意义为不确定的变量。环缀模式提升了意义的确定性，不及物动词的环缀（不计零形式）无一例外地获得了单一意义。

b. 及物动词环缀仅表主语人称-数　及物动词在句法上出现主语（多以作格形式存在）和宾语（多以通格形式存在）时，该及物动词有时可沿用不及物动词形态，仅有主语人称-数信息，并无反映宾语信息。这是一种弱势用法，不太多见。

及物动词带动态体（即完成体和非完成体）时，及物动词可沿用不及物动词所用词缀，仅表主语人称-数。如下例中的及物动词环缀“mətə-...-mək（1复数.主语-……-完成体：1复数.主语）”只表主语信息，不表宾语信息：

（46） morɣə-nan əpnənacɣə-more mətə-ntenmaw-mək wanə
（我们-作格　老人-1复数　1复数.主语-准备-完成体：1复数.主语　地方:通格.单数，‘我们老人们准备了一个地方。’）

c. 及物动词前缀表主语人称-数，后缀表宾语人称-数

a）及物动词的主语人称-数前缀　及物动词的主语人称-数前缀与不及物动词的主语人称-数前缀大多相同，但也有一些不同，即出现小幅波动，详见表1-9。

表 1-9 楚克奇语及物动词主语人称-数前缀表

人称	直陈/可能语气		祈愿语气		连接语气	
	单数	复数	单数	复数	单数	复数
1	t-	mət-	m-	mən-	t-	mən-
2	Ø-	Ø-	q-/ Ø-	q-/ Ø-	n-	n-
3	Ø-/ ne-	ne-	n-/ ʔən-	ʔən-	n-	n-

直陈语气——（1）单数：【直陈：1 单数. 主语-】tə-winret-ɣət（1 单数. 主语-帮助-完成体：2 单数. 宾语，‘我帮助了你’）｜ tə-lʔu-ɣət（1 单数. 主语-看见-完成体：2 单数. 宾语，‘我看见了你’）｜ tə-winretə-rkəni-ɣət（1 单数. 主语-帮助-非完成-2 单数. 宾语，‘我在帮助你’）｜ tə-winret-tək（1 单数. 主语-帮助-完成体：2 复数. 宾语，‘我帮助了你们’）｜ tə-winretə-rkəni-tək（1 单数. 主语-帮助-非完成-2 复数. 宾语，‘我在帮助你们’）｜ tə-lʔu-ɣʔe-n（1 单数：主语-看见-完成体-3 单数：宾语，‘我看见了他’）｜ tə-winretə-net（1 单数. 主语-帮助-完成体：3 复数. 宾语，‘我帮助了他们’）｜ ne-jəl-ɣət（3 单数：主语-给-完成体：2 单数. 宾语，‘他给了你’）。（2）复数：【直陈：1 复数. 主语-】murɣə-nan mət-pela-nat ŋinqeɣ-ti ŋalwəlʔə-k（我们-作格 1 复数. 主语-放-完成体：3 复数. 宾语 男孩-通格. 复数 牧群-处所，‘我们把男孩放在了牧群里’）【直陈：3 复数. 主语-】ne-nrʔejwewə-n jara-ŋə（3 复数. 主语-搭起-完成体：3 单数. 宾语 帐篷-通格. 单数，‘他们搭起了帐篷’）｜ ərɣə-nan jaracɣə-n ne-tejkə-ɣʔe-n（他们-作格 帐篷-通格. 单数 3 复数. 主语-做-完成体-3 单数. 宾语，‘他们做了一个帐篷’）

可能语气——【可能：1 单数. 主语-】tə-ra-lawtə＝rkəplə-ɣət（1 单数. 主语-可能-头＝打-完成体：2 单数. 宾语，‘我会打你头’）

祈愿语气——【祈愿：1 单数. 主语-】ʔataw walə mə-mne-rkə-n（让［感叹］ 刀-通格. 单数 祈愿：1 单数. 主语-磨锐-非完成体-3 单数. 宾语，‘让我把刀磨快’）【祈愿：2 单数. 主语-】qə-ɣrə-ɣən（祈愿：2 单数. 主语-抓-完成体：3 单数. 宾语，‘该你去抓它了’）｜ ipe ʔən-iw-ʔe-n（真的 祈愿. 3 单数-说-完成体-3 单数. 宾语，‘他能说真话吗？’）

连接语气——【2 单数. 主语-连接-】n-ʔ-iwə-n（2 单数. 主语-连接-说-完成体：3 单数. 宾语，‘你如果说了这话’）

b）及物动词的宾语人称-数后缀　及物动词词基的宾语人称-数后缀详见表 1－10，其中-ɣʔe 可省略（表中信息源自 I. A. Muravyova et al. 2001：53）。

表 1－10　　楚克奇语及物动词宾语人称-数后缀表

人称	单数		复数	
	完成体	非完成体	完成体	非完成体
1	-ɣəm		-mək	
2	-ɣət	(-rkəni)-ɣət	-tək	(-rkəni)-tək
3	(-ɣʔe)-n	(-rkə)-n	-net	(-rkə)-net

第 1 人称——(1) 单数：【-ɣəm（－1 单数. 宾语）】na-ra-nmə-ɣəm＝ʔm（3 复数-可能-杀-1 单数. 宾语＝强调，'他们将杀了我'）。(2) 复数：【-mək（-完成体：1 复数. 宾语）】ne-nŋiwə-mək（3 复数. 主语-送-完成体：1 复数. 宾语，'他们送送行了我们'）

第 2 人称——(1) 单数：【-ɣət（-完成体：2 单数. 宾语）】tə-winret-ɣət（1 单数. 主语-帮助-完成体：2 单数. 宾语，'我帮助了你'）｜tə-lʔu-ɣət（1 单数. 主语-看见-完成体：2 单数. 宾语，'我看见了你'）｜tə-ra-lawtə＝rkəplə-ɣət（1 单数. 主语-可能-头＝打-完成体：2 单数. 宾语，'我会打你头'）｜ne-jəl-ɣət（3 单数：主语-给-完成体：2 单数. 宾语，'他给了你'）【-rkəni-ɣət（-非完成－2 单数. 宾语）】tə-winretə-rkəni-ɣət（1 单数. 主语-帮助-非完成－2 单数. 宾语，'我在帮助你'）。(2) 复数：【-tək（-完成体－2 复数. 宾语）】tə-winret-tək（1 单数. 主语-帮助-完成体：2 复数. 宾语，'我帮助了你们'）【-rkəni-tək（-非完成－2 复数. 宾语）】tə-winretə-rkəni-tək（1 单数. 主语-帮助-非完成体－2 复数. 宾语，'我在帮助你们'）

第 3 人称——(1) 单数：【-ɣʔe-n（-完成体－3 单数. 宾语）/-n（-完成体：3 单数. 宾语）】tə-lʔu-ɣʔe-n（1 单数：主语-看见-完成体－3 单数：宾语，'我看见了他'）｜qə-ɣrə-ɣə-n（祈愿：2 单数. 主语-抓-完成体－3 单数. 宾语，'该你去抓它了'）｜ərɣə-nan jaracɣə-n ne-tejkə-ɣʔe-n（他们-作格　帐篷-通格. 单数　3 复数. 主语-做-完成体－3 单数. 宾语，'他们做了一个帐篷'）｜n-ʔ-iwə-n（2 单数. 主语-连接-说-完成体：3 单数.

宾语，‘你如果说了这话’） | ne-nrʔejwewə-n jara-ŋə（3 复数. 主语-搭起-完成体：3 单数. 宾语 帐篷-通格. 单数，‘他们搭起了帐篷’）【-rkə-n（-非完成体- 3 单数. 宾语)】tə-winretə-rkə-n（1 单数. 主语-帮助-非完成- 3 单数. 宾语，‘我在帮助他’） | ʔataw walə mə-mne-rkə-n（让（感叹） 刀-通格. 单数 祈愿：1 单数. 主语-磨锐-非完成体- 3 单数. 宾语，‘让我把刀磨快’）。（2）复数：【-net（-完成体：3 复数. 宾语)】tə-winretə-net（1 单数. 主语-帮助-完成体：3 复数. 宾语，‘我帮助了他们’） | murɤə-nan mət-pela-nat ŋinqeɤ-ti ŋalwəlʔə-k（我们-作格 1 复数. 主语-放-完成体：3 复数. 宾语 男孩-通格. 复数 牧群-处所，‘我们把男孩放在了牧群里’） | ɤən-əkə ŋəroq nelɤə-t t-re-jəl-ŋə-net（你-与格 三 兽皮-通格. 复数 1 单数. 主语-可能-给-可能- 3 复数. 宾语，‘我会给你三张兽皮’） | morɤə-nan ŋinqej-muri mət-tejkə-net ʔəlra-t（我们-作格 男孩- 1 复数 1 复数. 主语-做-完成体：3 复数. 宾语 雪屋-通格. 复数，‘我们这些男孩做了一些雪屋’）【-rkə-net（-非完成- 3 复数. 宾语)】tə-winretə-rkə-net（1 单数. 主语-帮助-非完成- 3 复数. 宾语，‘我在帮助他们’） | n-ukwetə-rkə-net（3 复数. 主语-亲吻-非完成体- 3 复数. 宾语，‘他们在亲吻’）

及物动词词基的第 1 人称单数宾语后缀-ɤəm 来自第 1 人称单数代词的通格形式 ɤəm，第 2 人称单数宾语后缀-ɤət 来自第 2 人称单数代词的通格形式 ɤət。第 3 人称单数宾语后缀理据不详。第 1 人称复数宾语后缀-mək 来自不及物动词的第 1 人称复数主语后缀-mək，后者本只用于完成体（即典型体），但在及物动词里，其完成体和非完成体区分得到中和；第 2 人称复数宾语后缀-tək 来自不及物动词第 2 人称复数主语后缀-tək；第 3 人称复数宾语后缀-net 来自不及物动词完成体的第 3 人称复数主语后缀-net。再深究下去，不及物动词后缀-mək 和-tək 归根到底可能仍是第 1 人称代词、第 2 人称代词形式的缩略，但后缀-net 更深的理据不详。

d. 及物动词后缀兼表主宾语人称-数 当及物动词宾语是第 3 人称时，其第 3 人称单数主语前缀为零形式，第 3 人称宾语后缀-nin /-nen（单数）或-ninet /-nenat（复数）是主语为第 3 人称单数时的第 3 人称宾语后缀，或者说是兼表第 3 人称单数主语和第 3 人称宾语的融合性后缀（有时它们还融合了体特征意义）。如：

第 1 组【-nin /-nen（- 3 单数主语：3 单数. 宾语)】（1）完成体：tʔə-nin（倒-完成体：3 单数. 主语：3 单数. 宾语，‘他把它推倒了’）｜winren-nin（帮助-完成体：3 单数. 主语：3 单数. 宾语，‘他帮助了他’）｜ekke-te aɣtan-nen ŋelwəl（儿子-作格　赶-完成体：3 单数. 主语：3 单数. 宾语　牧群：通格. 单数，‘儿子驱赶了牧群’）｜kətəjɣ-a rələplan-nen nelɣə-n（风-作格　吹走-完成体：3 单数. 主语：3 单数. 宾语　兽皮-通格. 单数，‘风吹走了兽皮’）。（2）非完成体：winretə-rkə-nin（帮助-非完成-3 单数. 主语：3 单数. 宾语，‘他在帮助他’）

第 2 组【-ninet /-nenat（-3 单数. 主语：3 复数. 宾语）】ekke-te tejkə-ninet tiɣə-t（儿子-作格　造-完成体：3 单数. 主语：3 复数. 宾语　滑雪板-通格. 复数，‘儿子造了滑雪板’）｜ʔaacek-a rintə-ninet omqa-ɣtə lili-t（年轻人-作格　扔-完成体：3 单数. 主语：3 复数. 宾语　北极熊-动向格　手套-通格. 复数，‘年轻人把手套扔给北极熊’）｜riquke-te ɣa-jatjol-a penrə-nenat pipiqəlʔə-t（北极狐-作格　伴随-狐狸-伴随　扑-完成体：3 单数. 主语：3 复数. 宾语　老鼠-通格. 复数，‘北极狐和狐狸一起扑向了老鼠’）

这里的融合性后缀可能是第 3 人称单数主语前缀移位、与第 3 人称宾语后缀合并而得。理由有三：第一，动词带这种后缀时，必定不出现第 3 人称单数主语前缀。第二，后缀-nin 或-nen（-3 单数. 主语：3 单数. 宾语）在文献里也可拆分为-ni-n 或-ne-n（-3 单数. 主语-3 单数. 宾语），如：kelə ŋewʔen-e iw-ni-n...（魔鬼：通格. 单数　妻子-作格　告诉-3 单数. 主语-3 单数. 宾语，‘妻子告诉魔鬼……’）｜ətləɣ-e qora-ŋə qərir-ni-n（父亲-作格　驯鹿-通格. 单数　寻找-3 单数. 主语-3 单数. 宾语，‘父亲寻找驯鹿’）｜uwik təm-ne-n（身体：通格. 单数　杀-3 单数. 主语：3 单数. 宾语，‘他自杀了’）｜cawcəwa-ta penrə-ne-n（驯鹿饲养员-作格　攻击-3 单数. 主语-3 单数. 宾语，‘驯鹿饲养员攻击了他’）以此推，-ninet或-nenat（-3 单数. 主语：3 复数. 宾语）也可拆分为-ni-net 或-ne-nat（-3 单数. 主语：3 复数. 宾语）。这至少表明在存有对后缀融合性质的语感的同时，还存在对词缀合并关系的语感。第三，-n（-3 单数. 宾语）也见于其他用法，但它左侧多出的-ni 或-ne（-3 单数. 主语）从未见在其他用法下用作第 3 人称单数主语后缀，倒是见有用作及物动词第 3 人称单数主语前缀的 n-。所以如果说此处后缀本已存在，第 3 人称单数主语前缀缺省，致使其吸收该信息而成融合性质，也许过于简单化了。

B. 静态体人称-数形式

楚克奇语限定动词的静态体（含结果体和非结果体）也有一套人称-数标记形式（见表 1-11），有以下 4 种使用情形。

表 1-11 楚克奇语静态体的人称-数标记表

人称	单数	复数
1	-jɤəm	-muri
2	-jɤət	-turi
3	-Ø	-t

a. 不及物动词静态体用后缀表主语人称-数　不及物动词静态体用后缀表主语人称-数。

第 1 人称——【-jɤəm（-1 单数）】nə-kətɤəntat-eɤəm[①]（非结果-跑-1 单数. 主语，'我在跑'）【-muri（-1 复数）】nə-kətɤəntan-more[②]（非结果-跑-1 复数，'我们在跑'）

第 2 人称——【-jɤət（-2 单数）】n-iw-iɤət（非结果-说-2 单数，'你在说'）｜n-atc-eɤət（非结果-躲-2 单数，'你在躲'）[③]

第 3 人称——【-Ø（-3 单数）】（1）ɤ-iwini-lin（结果-打猎-结果:3 单数，'他打猎了'）[④]｜ɤe-pkit-lin（结果-来-结果:3 单数，'他来了'）｜ɤe-pəlqet-lin(结果-沉-结果:3 单数，'他掉到水里了'）｜ɤa-twetcatwa-len（结果-站-结果:3 单数，'他站了（会儿）'）｜ɤa-kətəmat-len（结果-伸手-结果:3 单数，'他伸出手'）（2）nə-lqət-qin（非结果-去-非结果:3 单数，'他［常］去'）｜nə-jet-qin（非结果-来-非结果:3 单数，'他［常］来'）｜nə-ɤətʔet-qin（非结果-饿-非结果:3 单数，'他［常］饿'）｜nə-tipʔejŋe-qin（非结果-唱歌-非结果:3 单数，他［常］唱歌）｜n-ontəm＝wakʔotwa-qen（非结果-安静的＝坐-非结果:3 单数，'老他静坐着'）｜nə-terɤat-qen（非结果-哭-非结果:3 单数，他［常］哭）｜nə-wakʔotwa-qen（非结果-坐-非结果-3 单数，'他坐着'）【-t（-3 复数）】

① -eɤəm（-1 单数）是-jɤəm（-1 单数）的音变形式。

② -more（-1 复数）是-muri（-1 复数）的音变形式。

③ -iɤə（-2 单数）、-eɤyt（-2 单数）都是-jɤət（-2 单数）的音变形式。

④ 这里 ɤ-...-lin 是表"结果-……-结果"的环缀，"3 单数"是零形式。

n-ekwet-qine-t（非结果-去-非结果-3 复数，‘它们离开了’）｜ nə-riŋe＝ekwet-qine-t（非结果-飞＝去-非结果-3 复数，‘它们飞走了’）｜ nə-rʔe-qine-t（非结果-做什么-非结果-3 复数，‘他们在做什么’）｜ nə-kaɣənmə＝peɣca-qena-t（非结果-手掌＝拍-非结果-3 复数. 主语，‘他们在鼓掌’）

不及物动词静态体的主语人称-数后缀沿袭了形容词、名词的人称-数后缀。也许正因如此，I. A. Muravyova et al.（2001：63）、I. A. Muravyova（2007：533—534）把不及物动词静态体命名为“不及物动词限定式”的“形容词形式”，但因后种说法理论上易造成动词和形容词间的混乱，兹不采纳。

b. 及物动词仅后缀表主语人称-数　及物动词静态体可沿用不及物动词静态体相应词缀的用法，仅表主语人称-数。如下例及物动词人称-数后缀“-iɣəm（-1 单数）、-iɣət（-2 单数）、-t（-3 复数）”只表主语信息，不表宾语信息。这是一种弱势用法，不太多见。

（47）ɣəm-nan　ŋinqeɣ-ti　n-ineɣjulew-iɣəm　qora＝ɣənretə-k（我-作格　男孩-通格. 复数　非结果-教-1 单数. 主语　驯鹿＝抓-非限定，‘我教男孩们抓驯鹿。’）

（48）kətur　ŋotqen　caat　n-inejmit-iɣəm　qonpə（去年　这：3 单数　套索：通格. 单数　非结果-带-1 单数. 主语　经常，‘去年我常常带着这套索。’）

（49）ajwe　n-iw-iɣət...（昨天　非结果-说-2 单数. 主语，‘昨天你在说……’）

（50）uwicwetə-lʔ-etə　ŋinqej-etə　ɣe-jət-line-t　kenti-t（玩-分词-动向格　男孩-动向格　结果-给-结果-3 复数. 主语　糖果-通格. 复数，‘他们把糖果给了玩着的男孩。’）

c. 动词仅后缀表宾语人称-数　动词可仅以后缀表宾语信息。如：

第 1 组【-Ø（-3 单数. 宾语）】（1）结果体　ŋotqen　kejŋə-n　ɣəm-nan　ɣa-nmə-len（这：3 单数 熊-通格. 单数　我-作格　结果-杀死-结果：3 单数. 宾语，‘我已经杀死了这只熊’）｜ rʔe-kine＝ŋilɣ-e　ɣe-kwut-lin　ʔəttʔə-n（什么-关系＝带子-工具格　结果-系-结果：3 单数　狗-通格. 单

数，‘你用什么带子系住了狗’） | ɣəm-nin milɣer-e ɣa-nmə-len umqə（我的-领属：3单数 枪-工具格 结果-杀死-结果：3单数 北极熊：通格.单数，‘北极熊被我的枪杀了’）。（2）非结果体 ənpənacɣ-a tanŋənelɣə-n ricit-u n-enajaa-qen（老人-作格 绳子-通格.单数 腰带-指示：单数 非结果-用-非结果：3单数.宾语，‘老人把绳子当腰带用’） | ʔaacek-a e-milɣer-ke nə-ɣənrit-qin ŋelwəl（年轻人：作格 否定-枪-否定 非结果-守卫-非结果：3单数.宾语 牧群：通格.单数，‘年轻人没有持枪守护牧群’）

第2组【-muri（-1复数.宾语）】ətləɣ-e nə-nlʔeten-muri qole＝nəm-etə（爸爸-作格 非结果-带-1复数.宾语 别的＝村子-动向格，‘爸爸带我们去别的村子’）

d. 复杂结构人称-数主语后缀在宾语后缀之后 在复杂谓词结构中，动词的人称-数主语后缀在人称-数宾语后缀之后。这两种词缀所反映的信息在语义上分属两个不同的表述。如：

（51）ɣəm-nan ətr-i ənʔe-nu n-ine-lɣi-ɣəm（我-作格 他们-通格 哥哥-指示：复数 非结果-3复数.宾语-认为-1单数.主语，‘我认为他们是哥哥。’）

（52）kalʔa-ɣtə ɣ-ine-n-ʔelikew-iɣət.（魔鬼-动向格 结果-1单数.宾语-致使-结婚-2单数.主语，‘你让我嫁了一个魔鬼。’）

ine-在这里标记的是高层谓语的宾语的内部成分，它是以标记的“倒置”方式，表示与及物性有关的内容（参pp.78—83）。

C. 形态之间的关系

a. 互动 互动即相互作用关系，有双向和单向两种。

a）双向互动 主语前缀和宾语前缀的影响是对称的，前缀影响后缀，后缀也会影响前缀。如动词动态体（包括完成体和非完成体）人称-数形式的第4种类型（见pp.74—75）显示出了部分的对称性敏感，即前缀和后缀相互影响。其环缀之间有如下选择关系：若动词带第3人称宾语后缀，则第3人称单数主语前缀为零形式Ø-，第3人称复数主语前缀为ne-，第1人称单数主语前缀为tə-（比较例53）；若带的是其他人称宾语后缀，则其人称数主语前缀均为 ne-（比较例 54）（例见 P. J. Skorik，1977：45—66）。[①]

（53）a. 【3 单数 > 3 单数】ə-nan ətlon lʔu-nin（他-作格 她：通格 看见-完成体：3 单数. 主语：3 单数. 宾语，‘他看见了她。’）；b. 【3 单数 > 3 复数】ə-nan ətr-i lʔu-ninet（他-作格 他们-通格 看见-完成体：3 单数主语：3 复数. 宾语，‘他看见他们’）；c. 【3 复数 > 3 单数】ərɤə-nan ətlon ne-lʔu-ɤʔə-n（他们-作格 他：通格 3 复数. 主语-看见-完成体-3 单数. 宾语，‘他们看见他’）；d. 【3 复数 > 3 复数】ərɤə-nan ətr-i ne-lʔu-net（他们-作格 他们-通格 3 复数-看见-完成体：3 复数，‘他们看见他们’）；e. 【1 单数 > 3 单数】ɤəm-nan ətlon tə-lʔu-ɤʔe-n（我-作格 他：通格 1 单数：主语-看见-完成体-3 单数：宾语，‘我看见了他’）

（54）a. 【3 复数 > 1 单数】ərɤə-nan ɤəm ne-lʔu-ɤəm（他们-作格 我：通格 3 复数. 主语-看见-1 单数. 宾语，‘他们看见我’）；b. 【3 单数 > 1 复数】ə-nan mur-i ne-lʔu-mək（他-作格 我们-通格 3 单数. 主语-看见-1 复数. 宾语，‘他看见我们’）；c. 【3 复数 > 1 复数】ərɤə-nan mur-i ne-lʔu-mək（他们-作格 我们-通格 3 复数. 主语-看见-1 复数. 宾语，‘他们看见我们’）；d. 【3 单数 > 2 单数】ə-nan ɤət ne-lʔu-ɤət（他-作格 你：通格 3 单数. 主语-看见-2 单数. 宾语，‘他看见你’）；e. 【3 单数 > 2 复数】ə-nan tur-i ne-lʔu-tək（他-作格 你们-通格 3 单数-看见-2 复数，‘他看见你们’）；f. 【3 复数 > 2 单数】ərɤə-nan ɤət ne-lʔu-ɤət（他们-作格 你：通格 3 复数. 主语-看见-2 单数. 宾语，‘他们看见你’）；g. 【3 复数 > 2 复数】ərɤə-nan tur-i ne-lʔu-tək（他们-作格 你们-通格 3 复数. 主语-看见-2 复数. 宾语，‘他们看见你们’）

b）单向互动 一种词缀对另一种词缀施加影响。及物动词在某种程度上先是套用了不及物动词人称-数形态，由纯粹编码主语信息经由某些环节，过渡到编码宾语信息上来的。[②] 以动词词根-lʔu-‘看见’的用法为

① 有意思的是，楚克奇语不存在作格为第 3 人称单数，同时通格为第 1 人称单数的情况。

② 这跟先有了通格，而后在其基础上发展出作格一样。通格存在于对主宾语区分的无视，作格则对主语的存在提出了需要，作格与通格的对立进一步对主宾语的区分提出了需要。

例可见，当楚克奇语动词为及物动词时，可加及物前缀 ine-（或其音变形式 ena-）或及物后缀-tku，此时人称-数后缀多仅反映主语信息（如第 1 组之 1），有时则仅表宾语信息（如第 1 组之 2）；也可不加这类标记，这时人称-数后缀多仅表宾语信息（如第 2 组）。这三种用法不仅反映了一种词缀对另一种词缀的影响和作用关系，而且可能正好构成了不及物动词主语后缀向及物动词宾语后缀过渡的连续统。环缀的后缀最初仅表主语信息时，为引介宾语的需要，加入及物词缀，使得一些旁格升格为核心格。及物词缀在用久以后，吸收新的形态格局，转表宾语信息。进一步用久，则及物词缀因冗余而脱落。

【第 1 组】（1）ɣə-nan ɣəm ɣ-*ine*-lʔu-jɣət（你-作格 我:通格 结果-及物-看见-2 单数.主语，‘你看见了我’）[①] | ɣə-nan mur-i ɣe-lʔu-*tku*-jɣət（你-作格 我们-通格 结果-看见-及物-2 单数.主语，‘你看见了我们’） | ə-nan ɣəm n-*ine*-lʔu-qin（他-作格 我:通格 非结果-及物-看见-非结果:3 单数.主语，‘他在看我’） | ɣə-nan mur-i nə-lʔu-*tku*-jɣət（你-作格 我们-通格 非结果-看见-及物-2 单数.主语，‘你在看我们’） | torɣə-nan mur-i nə-lʔu-*tku*-turi（你们-作格 我们-通格 非结果-看见-及物-2 复数.主语，‘你们在看我们’）。（2）ə-nan ətr-i n-*ine*-lʔu-qine-t（他-作格 他们-通格 非结果-及物-看见-非结果-3 复数.宾语，‘他在看他们’） | ʔattʔ-e n-*ine*-piŋku-lʔet-qin ottəlɣə-n（狗-作格 非结果-及物-跳-持续-非结果:3 单数.宾语 树枝-通格.单数，‘狗在树枝上跳来跳去’）

【第 2 组】torɣə-nan mur-i ɣe-lʔu-muri（你们-作格 我们-通格 结果-看见-1 复数.宾语，‘你们看见了我们’） | ərɣə-nan ɣəm ɣe-lʔu-jɣəm（他们-作格 我:通格 结果-看见-1 单数.宾语，‘他们看见了我’） | ɣəm-nan ətr-i ɣe-lʔu-line-t（我-作格 他们-通格 结果-看见-结果-3 复数.宾语，‘我看见了他们’） | ə-nan ɣət ɣe-lʔu-jɣət（他-作格 你:通格 结果-看见-2 单数.宾语，‘他看见了你’） | ərɣə-nan ətlon nə-lʔu-qin（他们-作格 他:通格 非结果-看见-非结果:3 单数.宾语，‘他们在看他’）

在结果体形式中，前缀 ine-表主语为 2 单数、2 复数或 3 单数时的单

---

① 有文献将该句解析为：你-作格 我:通格 结果-**1 单数.宾语**-看见-2 单数.主语，‘你看见了我’。

数宾语信息，后缀-tku 表主语 2 单数时的 1 复数宾语信息。在非结果体形式中，后缀-tku 表主语为 2 单数或 2 复数时的 1 复数宾语信息，前缀 ine-的用法更泛些，除以下两类情况外，其他都能使用：一是 3 单数主语时的 1 复数或 2 复数宾语；二是 3 复数主语时的任何宾语。前缀 ine-和后缀-tku 由此表现出使用范围上的分工。[1] 一些学者认为前缀 ine-或后缀-tku 在这里是倒置（inverse）标记，在倒置形式下，人称-数后缀编码主语信息，前缀 ine-或后缀-tku 表达宾语信息，而在相应的非倒置形式下，人称-数后缀一般编码宾语信息。（I. A. Muravyova et al. 2001:64）。倒置范畴也在 M. J. Dunn（1999:261）中被沿用。实际也不妨直接把 ine-（或其音变形式 ena-）和-tku（-tko）分别视为及物前缀和及物后缀。M. J. Dunn（1999:261、269）说，后缀-tku 或-tko 是“交互（iterative）标记、逆被动（antipassive）标记”、可使名词转动词的“效用（utilitive）标记”和“集合（collective）名词标记”等多种标记功能。很显然，交互性正是其能够同时充当及物标记、不及物标记、逆被动标记、效用标记、集合标记的意义基础。交互义若限于动词内，则动词为不及物的[2]，若指向动词之外，则是及物的。指向动词外的交互义若发生内敛，则形成逆被动用法。

b. 兼职　一种形态兼有另一形态的作用。楚克奇语动词词基动态体的祈愿语气用人称-数前缀表达，这是其人称数形态的语气区别性以及语气形态缺省对区别性不足的弥补造成的（参 p. 57）。

c. 分布序列　对语义上隶属同一表述（马清华，1993）、功能上类属相同的词缀而言，楚克奇语动词词基中的主语词缀始终位于宾语词缀前。如及物动词前缀表主语人称-数，后缀表宾语人称-数，及物动词后缀兼表主宾语人称-数时，先表第 3 人称单数主语信息，后表第 3 人称宾语信息（见 pp. 66—75）。主宾语形态语序的固定性跟主宾语句法语序的灵活（比较下例）形成了对照。

---

① 正因如此，两者即使在不同用法时同现的概率也极小。如下例就是一个偏常句，后缀-tko 作用也无法确定（M. J. Dunn，1999:217）：ena-nmə-tko-lʔə-t　ajwe-kena-t（逆被动-杀-逆被动.交互-名词化-3 复数　昨天-关系-3 复数.通格，‘他们昨天被谋杀了（昨天的（谋杀者）杀了他们）’）。

② 同理，动宾组并后的动词词基在很多情况下与不及物动词的功能类似。

(55) ɣəm-nan ɣət tə-lʔu-ɣət（我-作格 你：通格 1单数.主语-看见-完成体：2单数.宾语，‘我看见了你。’）

(56) ŋotqen kejŋə-n ɣəm-nan ɣa-nmə-len（这：3单数 熊-通格.单数 我-作格 结果-杀死-结果：3单数.宾语，‘我已经杀死了这只熊。’）

(57) ənrʔam ɣə-nan qə-ɣrə-ɣən penwel（现在 你-作格 祈愿：2单数.主语-抓-完成体：3单数.宾语 幼驯鹿：通格.单数，‘该你去抓只幼驯鹿了。’）

楚克奇语动词词基也存在某种程度的形态模板，如“人称数前缀＞语气前缀＞动词词根＞语气后缀＞体后缀＞人称数后缀”，例如：

tə-re-jəlqetə-rkə-n（1单数.主语-可能-睡-非完成体-1单数.主语，‘我就睡觉’）｜n-ʔ-iwə-n（2单数.主语-连接-说-完成体：3单数.宾语，‘你如果说了这话’）｜ɣən-əkə ŋəroq nelɣə-t t-re-jəl-ŋə-net（你-与格 三 兽皮-通格.复数 1单数.主语-可能-给-可能-3复数.宾语，‘我会把三张兽皮给你’）｜r-ekwen-ŋə-tək（可能-去-可能-完成体：2复数，‘你们将去’）

大致上说，动词词基中，“语气前缀-（词根）-体后缀-人称数后缀”是必有项，人称数前缀和语气后缀是基于表义强化和精密化需要而起的形态结构复杂化的结果。

d. 意义确定性　相对来说，楚克奇语动词词基前缀的意义确定，后缀的意义具有不确定性。这跟音节结构前部清晰、后部含混的情况，不管是否是信息结构所致，至少还有语法自繁殖策略上的原因，前面说过，有宾结构沿用无宾结构的动词后缀，由原先表主语信息的职能转表宾语信息，而原表主语信息的动词前缀却保留原先的意义。

由于后缀意义不清晰，有时多个后缀结成的块体被当作一个混沌的后缀来看待，并造成表述上的前后矛盾。比如，传统上认为后缀-rkən是现在时标记，并且句子的时制也是影响宾语后缀形式的因素。以第3人称宾语后缀为例。I. A. Muravyova et al.（2001:53）认为，-rkən实际应分析为-rk-ə-n，其中-ə为增音，-n为分离的人称-数词尾。这种说法看似不无道理（比较第1组），但比较后缀-rkən在不及物动词里的用例（第2组），就很难无保留地支持这一说法。难怪他们又说，词缀-rk-和特定的人称数形式用来标记非完成形式。这就陷入了矛盾，矛盾正是其混沌语感的真实体现。表 1-7 中人称-数的零形式后缀，在相应实例的文献标示中却为非零标记，它真实展现了这种混乱。

第 1 组 【-rkə-n（-非完成-3 单数.宾语）】tə-winretə-rkə-n（1 单数.主语-帮助-非完成-3 单数.宾语，'我在帮助他'）【-rkə-ni-n（-非完成体-3 单数.主语-3 单数.宾语）】winretə-rkə-ni-n（帮助-非完成体-3 单数.主语-3 单数.宾语，'他在帮助他'）【-rkə-net /-rkə-nat（-非完成-3 复数.宾语）】tə-winretə-rkə-net（1 单数.主语-帮助-非完成-3 复数.宾语，'我在帮助他们'）｜ n-ukwetə-rkə-net（3 复数.主语-亲吻-非完成体-3 复数.宾语，'他们在亲吻'）｜ nike-t wəne lili-t lʔu-k tə-lwawə-rkə-nat（那个-通格.复数 小品词 手套-通格.复数 发现-非限定 1 单数.主语-失败-非完成体-3 复数.宾语，'我找不到那个……手套'）

第 2 组 【-1 单数】tə-kətɤəntatə-rkə-n（1 单数-跑-非完成-1 单数，'我在跑'）【-2 单数】kətɤəntatə-rkə-n（跑-非完成体-2 单数，'你正在跑'）【-3 单数】kətɤəntatə-rkə-n（跑-非完成体-3 单数，'他正在跑'）【-1 复数】mət-kətɤəntatə-rkən（1 复数-跑-非完成，'我们在跑'）

后缀意义的不确定性又如，楚克奇语双及物结构中，动词词基的宾语后缀有时与直接宾语（通格）有一致关系，有时则与间接宾语（与格）有一致关系（参 pp. 123—124）。比起孤立的前缀或后缀来，环缀模式可使意义的确定性得到大幅提升（参 pp. 66—71）。

e. 典型性与标记形式 楚克奇语动词词基的直陈语气和完成体等典型类别取零标记，相对的其他非典型类别则取非零标记（参前）。

2. 非限定形式

动词的非限定式（Non-finite forms）跟限定式相对。限定动词作句子的谓语成分，非限定动词作句子的主语、宾语、状语和定语等。英语动词的限定和非限定是根据动词的时制（tense）区分的，非限定动词没有时标记，并且不区分人称和数。而楚克奇语则是按照动词是否区分语气和体来区分的，动词非限定形式不区分语气和体，和动词的论元也不存在人称和数上的一致关系。(I. A. Muravyova et al. 2001：65)

楚克奇语动词有 3 种非限定形式：1）不定式（infinitive）。由后缀-k 表示，如 wa-k（'是，待在'，imti-k '带来'，uwicwetə-k '玩'，

miɤciretə-k‘工作’）。2）动名词（supine）。由后缀-nwə 表示，如 reŋa-nwə（飞（riŋe-）-非限定，‘为了飞’），ajŋawə-nwə（呼叫（ʔejŋew）-非限定，‘为了呼叫’）。3）分词（participle）。楚克奇语的副词性分词叫作副动词（converbs），这种副词性分词的标记形式和名词的格形式相同，如例 58 中的副动词标记 ɤa-...-ma（副动词-……-副动词）和关联格标记相同。

（58）ətr-i ɤa-melɤarətko-ma nə-penrətko-qena-t（他们-通格 非限定-射击-非限定 非结果-攻击-非结果-3 复数，‘他们射击进攻[←他们边射击，边攻击]。’）

这里对动词词基和不定式动词、副动词的最主要区别对比如下：

动词词基——【时体】独立的时体标记【共享论元】没有强制性共享论元【与主句动词的关系】主句动词中心语的一部分。

副动词——【时体】非独立的时体标记【共享论元】没有强制性共享论元【与主句动词的关系】从属于主动词的分离谓词。

不定式——【时体】无具体时体标记【共享论元】和主句动词强制性共享论元【与主句动词的关系】与主句动词组成的复合动词的一部分。

1）动词不定式的论元共享方式

A. 主句动词主语等于非限定动词主语

（59）anou ŋinqej！ q-ə-paa-ɤe lejw-ə-lʔet-ə-k！（叹词 男孩.3 单数通格 意图-增音-完成-完成体：2 单数 来回走-增音-持续-增音-非限定，‘嗨，男孩，停止来回走！’）

B. 主句动词施事等于非限定动词施事

（60）n-ə-laww-qen ŋelwəl rə-raɤt-at-ə-k（非结果-增音-不能-非结果:3 单数宾语 牧群.3 单数通格 致使-回家-致使-增音-非限定，‘他们不能让牧群回家。’）

C. 主句动词的主语等于非限定动词的宾语

（61）morɤənan ləŋ-kə nʔ-enqet-ə-n（1 复数. 作格 带-非限定 2 单数. 条件-希望-增音-2 单数，‘你希望我们带上你吗？’）

D. 主句动词的宾语等于非限定动词的宾语

（62）ləɤən n-ine-winret-qin qora-ɤənret-ə-k（真的 非结果-及物-帮助-非结果：3 单数宾语 驯鹿-守护-增音-非限定，‘你帮助他守护驯鹿。’）

2）副动词从句的论元共享方式

副动词用-ma 表同时关系，用-(i)neŋu 表示致使或序列关系；用-k 表示时间上先后关系。

A. 从句的主语等于主句的主语

（63）n-iw-qine-t təla-ma（非结果-说-非结果-3 复数 走-同时，‘他们走着说……’）

B. 从句的主语等于主句的施事

（64）ʔeqe-njiw-e pəkir-ineŋu n-in-iw-qin（坏-叔叔-作格 过来-序列 非结果-及物-说-非结果：3 单数，‘坏叔叔过来对他说……’）

C. 从句的施事等于主句的主语

（65）piri-neŋu əplaa-n q-ə-raɤt-ə-ɤe（带-序列 面粉-3 单数通格 意图-增音-回家-增音-完成体：2 单数，‘你已经把面粉直接带回家了。’）

D. 从句的主语等于主句的宾语

（66）ənqen jəlq-ə-ma ejwel-qe-e n-in-iw-qine-t（那. 3 单数

通格 睡觉-增音-同时 孤儿-小称-作格 非结果-及物-说-非结果-3复数宾语，‘他们睡觉时那个孤儿对他们说……’）

E. 主句的宾语等于从句的施事

（67）ʔinə t-ə-lqəɤnew-ə-n qora-ŋə ənan pere-ma（狼.通格 1单数-增音-射死-增音-3单数 驯鹿-3单数通格 3单数.作格 抓-同时，‘我射杀了那头狼，当它抓驯鹿的时候。’）

（二）动词的词干

1. 派生词缀

动词可通过附加派生词缀实现词法结构的复杂化。

1）派生体

派生体跟屈折体相对，包括反复、持续、开始、终结等。派生后缀-lʔet 可表示反复（例 68）或持续（例 69b），派生后缀- ŋŋo 表示开始（例 70），派生后缀-plətku 表示终结（如例 71）。

（68）ʔəttʔ-e n-ine-piŋku-lʔet-qin ottəlɤə-n（狗-作格 非结果-及物-跳-反复-非结果:3单数.宾语 树枝-通格.单数，‘狗在树枝上跳来跳去。’）

（69）a. jəto-k（‘推出’）；b. jəto-lʔatə-k（‘持续地推出’）

（70）amqən＝ʔəco raɤjocacŋə-ŋŋo-ɤʔe ərətku-k（每＝天 训练-开始-完成体：3单数 射击-非限定，‘每天他们在学校开始训练射击。’）

（71）ɤəm jawrena t-re-kelitku-plətku-ɤʔe（我：通格 明年 1单数-可能-学习-终结-完成体：1单数，‘我将在明年完成学业。’）

2）集合

楚克奇语动词的派生形态中有集合范畴，用后缀-jw/-jəw 和-rʔu 表示。-jw/-jəw 出现于及物动词后指向集合宾语，-rʔu 是不及物动词的集合标记，指向主语的集合。楚克奇语没有指向及物动词主语的集合标记。

（72）əməlʔo　qut-ti　təm-ə-tko-jw-ə-nenat（全部.3 单数通格　其他-3 复数.通格　杀-增音-交互-集合-增音-3 单数主语.3 复数宾语，‘他杀死了其他所有的。’）

（73）ənqen　n-ine-lɤi-ninʔejw-ə-jw-ə-qen　n-ena-n-rasskazəw-aw-jəw-qen（指示.3 单数通格　非结果-及物-程度-教-增音-集合-3 单数　非结果-及物-致使-解释-致使-集合-3 单数，‘他教了她，并且对她作了全面解释。’）

（74）luur　rʔenut　wərɤərɤə-rʔu-ɤʔi　ŋewəcqet　ŋəto-ɤʔe　ewən　ɤe-pkit-lin　qəlawəl（突然　某物：通格.单数　走动-集合-完成体：3 单数　女人-通格.单数走出去-完成体：3 单数　原来.小品词　结果-到来-结果:3 单数　男人-通格.单数，‘突然（听见）某物走动，女人出去一看，原来男人回来了。’）

3）程度

动词的程度前缀有 lɤi-和 teŋ-（它们也多用于形容词和名词），这两个程度前缀也可基于强调同现使用。

（75）Oooj!　mə-lɤe-taŋ-paŋʔew＝ŋəto-ɤʔa-k（叹词　祈愿：1 单数.主语-程度-程度-休息＝出去-完成体-1 单数.主语，‘喔！我真的要出去好好地休息一下。’）

2. 论元结构变化

借助派生后缀表达价的增减。

1）增价

通常有两种增价手段，一是加表致使义的前缀 r-/-n-。前缀 r-可用在词首，前缀 n-只能用在词内（见 pp. 142—143），或加表致使义的前缀 r-/-n-为首项的环缀。如：

【r-】r-ejmewə-k‘使某人某物靠近’（＜ejmewə-k‘靠近’）【r-...-ew】r-ekwet-ewə-k‘使离开’（＜ekwetə-k‘离开’）【r-...-et】rə-pkir-etə-k‘使到达’（＜pəkirə-k‘到达’）【r-...-ŋet】rə-pirqə-ŋetə-k‘使弯曲’（＜pirqə-k‘弯曲’）【-n-】kalʔa-ɤtə　ɤ-ine-n-ʔelikew-iɤət（魔鬼-动向格　结果-1 单数.宾语-致使-结婚-2 单数.主语，‘你让我嫁了一个魔

鬼。’）【-n-. . . -ew】 ənqen n-ine-lɤi-ninʔejw-ə-jw-ə-qen n-ena-n-rasskazəw-aw-jəw-qen（指示. 3 单数通格 非结果-及物-程度-教-增音-集合-3 单数 非结果-及物-致使-解释-致使-集合-3 单数，‘他教了她，并且对她作了全面解释。’）【-n-. . . -et】 ŋalwəlʔə-cɤə-n na-n-raɤt-at-ɤʔa-n.（牧群-巨称-通格. 单数 3 复数. 主语-致使-回家-致使-完成体-3 单数. 宾语，‘他们把牧群带回家。’）| ŋelwəl əmə tə-ra-n-lʔat-en-ŋə-n（牧群. 3 单数通格 也 1 单数-可能-致使-去-致使-可能-3 单数，‘我把姐姐带回来，我也要放走牧群。’）

二是通过人称-数标记的倒置形成非及物动词的及物化，或旁格向核心格的提升（详参 pp. 78—81）。

2）减价

通常有两种减价手段，一是带交互后缀-wəlɤə ‘相互’。

（76）a. ərɤə-nan n-ukwetə-rkə-net（他们-作格 3 复数. 主语-亲吻-非完成体-3 复数. 宾语，‘他们在亲吻她们。’）；b. ətr-i n-ukwet-wəlɤə-rkə-t（他们-通格 3 复数. 主语-亲吻-相互-非完成体-3 复数. 主语，‘他们在相互亲吻。’）

二是虽带有含交互义词缀（如前缀 ine-、后缀-tku 或动向格标记-etə），但其交互义发生内敛，不是指向动词外，而是指向动词内，导致动词的及物性丧失[①]，形成逆被动用法。如：

【ine-】 ejmitə-k ‘拿’——in-ejmitə-k ‘拿东西’。【ine-. . . -et】 rəlɤə-k ‘数’——ine-rəlɤ-etə-k ‘数东西’。

【-tku】 piri-k ‘握住’——piri-tku-k ‘握住东西’。【-et】 ejupə-k ‘刺’——ejup-etə-k ‘刺一个东西’。

3. 组并形式

楚克奇语的组并主要是动词和名词复杂化的手段，即主要分动词组并和名词组并两大类。哪些成分可以组并到动词上呢？总的说来有主语、宾语、旁格成分、副词。动词组并成分有如下语义特征：①通常是表非指称的名词短语，②是话语的背景信息，而非话语的主位或述位。

---

① 很多情况下，动宾组并后致使及物性丧失，其原理与此同。

1）主语组并

动词失去了唯一论元，带上第3人称单数特征。例77—79的b式是此种类型的动词组并式。句法的主语在组并式里变成了动词词干的一部分。比较：

（77）a. tirk-tir amecat-ɣʔe（太阳-通格.单数 升起-完成体：3单数.主语，‘太阳升起了。’）；b. terk＝amecat-ɣʔe（太阳＝升起-完成体：3单数.主语，‘出太阳了。’）

（78）a. jʔilɣə-n inini-ɣʔi（月亮-通格.单数 出现-完成体：3单数，‘月亮出来了。’）；b. jʔilɣ＝inini-ɣʔi（月亮＝出现-完成体：3单数，‘出月亮了。’）

（79）a. wʔeɣ-ti inini-ɣʔe-t（草-通格.复数 出现-完成体-3复数，‘小草长出来了’）；b. wʔej＝inini-ɣʔi（草＝出现-完成体：3单数，‘长草了。’）

2）直接宾语组并

及物动词变成不及物动词，句子结构由作格结构变成通格结构。

A. 普通直接宾语跟动词组并。比较：

（80）a. ɣəm-nan qora-t tə-ɣənrit-ɣʔe-t（我-作格 驯鹿-通格.复数 1单数.主语-守护-完成体-3复数.宾语，‘我守护着驯鹿。’）；b. ɣəm tə-qora-ɣənret-ɣʔa-k（我：通格 1单数-驯鹿＝守护-完成体-1单数，‘我在做驯鹿守护。’）

（81）a. ʔataw walə mə-mne-rkə-n（让（感叹） 刀-通格.单数 祈愿：1单数.主语-磨锐-非完成体-3单数.宾语，‘让我把刀磨快。’）；b. ʔataw mə-wala-mna-rkə-n（让（感叹） 祈愿：1单数.主语-刀-磨锐-非完成体-1单数.主语，‘让我磨刀。’）

B. 直接宾语在意义上是主语的一部分。比较：

（82）a. ɣəm-nan jəkərɣə-n tə-lwə-ɣʔe-n（我-作格 嘴巴-通格.单数 1单数.主语-磨破-完成体-3单数.宾语，‘我磨破了嘴。’)；b. ɤəm tə-jəkərɤə＝lwə-ɤʔe-k（我：通格 1单数.主语-嘴巴＝磨破-完成体-1单数.主语，‘我嘴磨破了。’）

C. 跟动词组并的直接宾语在意义上不是其他成分的一部分。比较：

（83）a. qənwer ɤəm-nan ɤənin velo-lɤən tə-re-cwitku-ŋə-n（看［感叹］ 我-作格 你的.领属:3单数 耳朵-通格.单数 1单数.主语-可能-割-可能-3单数.宾语，‘等着，我会割下你的耳朵。’）；b. qənwer ɤəm ɤət tə-re-wilu-cwitku-ɤət（看［感叹］ 我-通格 你:通格 1单数.主语-可能-耳朵＝切-完成体：2单数.宾语，‘看，我会把你的耳朵切下来。’）

（84）a. ɤəm-nan ɤənin lawət tə-ra-rkəplə-ɤʔa-n（我-作格 它:3单数 头:通格.单数 1单数.主语-可能-打-完成体-3单数.宾语，‘我将打你的头’）；b. ɤəm-nan ɤət tə-ra-lawtə＝rkəplə-ɤət（我-作格 你:通格 1单数.主语-可能-头＝打-完成体：2单数.宾语，‘我会打你头。’）

3）旁格宾语组并

A. 旁格宾语是行为的工具。比较：

（85）a. ŋinqeɤ-ti keɤənm-e nə-peɤca-qena-t（男孩-通格.复数 手掌-工具格 非结果-拍-非结果-3复数.主语，‘男孩们在拍手掌。’）；b. ŋinqeɤ-ti nə-kaɤənmə＝peɤca-qena-t（男孩-通格.复数 非结果-手掌＝拍-非结果-3复数.主语，‘男孩们在鼓掌。’）

（86）a. mur-i qepl-e mət-uwicwetə-rkə-n（我们-通格 球-工具格 1复数主语-玩-非完成体：1复数主语，‘我们在用球来玩。’）；b. mur-i mət-qepl＝uwicwetə-rkə-n（我们-通格 1复数.主语-球＝复数-玩-非完成体：1复数主语，‘我们在打球。’）

B. 旁格宾语是行为的处所。比较：

（87）a. ŋinqej ɤətɤ-etə qət-ɤʔi（男孩:通格.单数 湖-动向格

去-完成体：3单数.主语，‘男孩走到湖边。’)；b. ŋinqe ɤətɤə＝lqət-ɤʔe（男孩：通格.单数 湖＝去-完成体：3单数.主语，‘男孩去湖边。’）

（88）a. ɤəm ŋalwəlʔ-etə t-ekwet-ɤʔe-k（我：通格 牧群-动向格 1单数-去-完成体-1单数，‘我走到牧群。’）；b. ɤəm tə-ŋalwəlʔ＝akwat-ɤʔa-k（我：通格 1单数-牧群＝去-完成体-1单数，‘我去牧群了。’）

C. 旁格宾语是身体部分。比较：

（89）a. ɤət pilɤ-e tʔələ-rkən（你：通格 咽喉-作格 疼痛-非完成体，‘你的嗓子不好。[←? 咽喉弄疼你]’）；b. ɤət pilɤə＝tʔələ-rkən（你：通格 咽喉＝疼痛-非完成体-2单数，‘你嗓子不好。’）

4）副词组并

副词的词干组并到动词中。比较：

（90）a. ənpənacɤə-n n-untəm-ʔew nə-wakʔotwa-qen wəkwə-k（老人-通格.单数 副词-安静-副词 非结果-坐-非结果：3单数 石头-处所，‘老人安静地坐在石头上。’）；b. ənpənacɤə-n n-ontəm＝wakʔotwa-qen wəkwə-k（老人-通格.单数 非结果-安静的＝坐-非结果：3单数 石头-处所，‘老人在石头上静坐着。’）

5）动词组并

非限定形式的动词组并到限定式动词中。比较：

（91）a. ɤalɤa-t riŋe-te n-ekwet-qine-t（鸟-通格.复数 飞-非限定 非结果-去-非结果-3复数，‘鸟儿们都飞走了。’）；b. ɤalɤa-t nə-riŋe＝ekwet-qine-t（鸟-通格.复数 非结果-飞＝去-非结果-3复数，‘鸟儿们都飞走了。’）

组并后的留下的位置可以被别的成分占据。比较：

(92) a. mur-ɣin nanqə-t nə-tʔəl-qine-t（我们-领属：复数 肚子-通格.复数 非结果-疼痛-非结果-3复数，‘我们的肚子疼。’）；b. mur-i nə-nanqə＝tʔəl-more（我们-通格 非结果-肚子＝疼痛-1复数，‘我们肚子疼。’）

(93) a. ətləɣ-in qora-t wʔi-ɣʔe-t（父亲-领属：3单数 驯鹿-通格.复数 死-完成体-3复数，‘父亲的驯鹿死了。’）；b. ətləɣə-n qora＝wʔe-ɣʔe（父亲-通格.单数 驯鹿＝死-完成体：3单数；‘父亲死了一头驯鹿。’）

(94) a. ŋejə-k ʔəl-ʔəl təlɣə-ɣʔi（山-处所 雪-通格.单数 融化-完成体：3单数，‘山上的雪融化了。’）；b. ŋeɣ-nə ʔələ＝lɣə-ɣʔi（山-通格.单数 雪＝融化-完成体-3单数，‘山上化雪了。’）

双宾语的直接宾语组并后，有两种可能：1）保持间接宾语的地位，动词变成不及物动词，整个结构的主语是通格（如例95b）。2）提升间接宾语的地位，动词仍然是及物动词，整个结构的主语是作格（如例95c）。

(95) a. ətləɣ-e akka-ɣtə qora-t təm-ninet（父亲-作格 儿子-动向格 驯鹿-通格.复数 杀死-完成体：3单数.主语：3复数.宾语，‘父亲为儿子杀死了驯鹿。’）；b. ətləɣə-n akka-ɣtə qaa＝nmat-ɣʔe（父亲-通格.单数 儿子-动向格 驯鹿＝杀死-完成体：3单数.主语，‘父亲为儿子在杀驯鹿。’）；c. ətləɣ-e ekək qaa＝nmə-nen（父亲-作格 儿子：通格.单数 驯鹿＝杀死-完成体：3单数.宾语，‘父亲为儿子杀驯鹿。’）

四 形容词

楚克奇语形容词形态有功能形态和语义形态。功能形态包括词类标记和格标记。语义形态包括反映级、人称-数范畴的标记。

（一）形容词的词基

1. 格

形容词的格形态见于它做定语的场合。不同形容词情况不一（详见

pp. 133—135)。

2. 人称-数标记

形容词做一般定语时，不同形容词跟被修饰名词在数的一致关系上的规则不一（详见 pp. 133—135）。

当中心语名词是更大结构中的谓语或潜在谓语时，定语形容词的人称-数形态须与该名词一致。如：

（1）ɤəm　ɤə-nine-jɤəm　ekke-jɤəm（我：通格　你-领属-1 单数　儿子-1 单数，'我是你的儿子。'）

其结果是，定语形容词整个的人称-数系统也与该类名词的整个人称-数形式系统相同，比较表 1-12 与 p. 48 名词作述谓成分用的人称-数形态表。形容词作谓语时，其人称数-标记仍沿袭该系统（例见 pp. 121—122），这可能是形容词作谓语时人称数-标记的由来。

表 1-12　　楚克奇语形容词人称-数标记表

人称	数	
	单数	复数
1	-jɤəm	-muri
2	-jɤət	-turi
3	-Ø	-t

（二）形容词的词干

1. 词类标记

形容词有性质形容词、领属形容词、关系形容词、惯常形容词和否定形容词诸类，很多都由名词派生而来。通过加不同的形容词词性标记获得不同类型的形容词（见表 1-13）。除领属形容词外，其他类型的形容词均以默认形式表单数，几乎都通过加带-t 表复数。关系形容词由名词（有时也可以是代词、动词等）词根加关系形态-kin 派生而来，中心语有时可以不出现，有时则可见于组并结构内部。

表 1－13　　楚克奇语形容词类别标记表

类型	后缀	环缀
性质形容词		n-...-qin
领属形容词	3 单数：-in /-nin；3 复数：-rɤin	
关系形容词	-kin	
惯常形容词		ɤe-...-lin
否定形容词		e-...-kəlʔin ①

【性质形容词】n-erme-qin（性质-强壮-性质：3 单数'）｜n-erme-qine-t（性质-强壮-性质-3 复数）｜nə-mejəŋ-qine-k（性质-大-性质：3 单数-处所格）

【领属形容词】ŋinqej-in（男孩-领属：3 单数，'男孩的'）｜ənpənacɤ-en（老人-领属：3 单数，'老人的'）｜ŋeekkeqej-in qepəl（女孩-领属：3 单数 球，'女孩的球'）｜ʔəttʔ-in renreŋ（狗-领属：3 单数，'狗的食物'）｜ɤəm-nin milɤer（我的-领属：3 单数 枪，'我的枪'）｜tato-nen milɤer（Tato-领属：3 单数，'Tato 的枪'）｜tato-rɤen milɤer（Tato-领属：3 复数，'Tato 们的枪'）｜əməlʔo-rɤen waɤərɤə-n teŋə-twi-ɤʔi（所有人-领属：3 复数 生活-通格.单数 好-开始-完成体：3 单数.主语，'每个人的生活都变得更好起来。'）

【关系形容词】umkə-kin（森林-关系：3 单数，'森林里的'）｜umkə-kine-t（森林-关系-3 复数，'森林里的'）｜mirɤə-kin milɤer（祖父-关系：3 单数 枪：通格.单数，'祖父的枪（从祖父那儿拿来的枪）'）｜ʔətwə-kine-te（船-关系-工具格，'用船'）｜rʔe-kine＝ŋilɤ-e ɤe-kwut-lin ʔəttʔə-n（什么-关系＝带子-工具格 结果-系-结果：3 单数 狗-通格.单数，'你用什么带子系住了狗'）｜qə-lqərir-ɤən əŋpəŋacɤ-en əpaw-ken kojŋə-n（祈愿：2 单数.主语-寻找-完成体：3 单数.宾语 老人-领属：3 单数 喝酒-关系：3 单数 杯子-通格.单数，'寻找老人用来喝酒的杯子'）｜qərəmen meŋin ŋinqejə-mkə-kin（没有 谁：通格.单数 男孩-群-关系：3 单数，'男孩中没有人'）

【惯常形容词】ɤe-mimət-lin（惯常-水-惯常：3 单数，'有水的'）｜

① -kəlʔin 源自-kə-lʔ-in（-否定-名词化-3 单数.通格）。

ɤa-pojɤə-len（惯常-矛-惯常:3 单数，‘带矛的’）

【否定形容词】e-ɤətte-kəlʔin（否定-聪明-否定:3 单数，‘不聪明的’）｜a-pojɤə-kəlʔin（否定-矛-否定:3 单数，‘没有矛的’）

领属形容词表示事物间的拥有关系，关系形容词表示事物间存在的非拥有关系（类似关系见 pp. 107—108）。比较：

（2）a. weem-in　pəcʔəcʔən（河-领属. 形　水流，‘河的水流’）；
b. weem-kine-t　wəkwə-t（河-关系. 形-复数　石头-复数，‘河里的石头。’）

领属形容词的常见功能是表拥有、部分-整体关系、形成物、材料、名词化动词的意念主语等。如：

【表示拥有】ətləɤ-in　milɤer（父亲-领属:3 单数　枪:通格. 单数，‘父亲的枪’）｜mirɤ-in　milɤer（祖父-领属:3 单数　枪:通格. 单数，‘祖父的枪（祖父拥有的枪）’）【表示部分-整体关系】wopq-en　rənnə-lɤən（麋鹿-领属:3 单数　角-通格. 单数，‘麋鹿的角’）｜utt-in　rətəl（树-领属:3 单数　枝条:通格. 单数，‘树的枝条’）｜utt-ine-t　rətlə-t（树-领属-3 复数　枝条-通格. 复数，‘树的一些枝条’）【表示形成物】ʔaacek-en　ɤərolɤərɤə-n（小伙子-领属:3 单数　经验-通格. 单数，‘小伙子的经验’）【表示材料】wəkw-en　jara-ŋə（石头-领属:3 单数　房子-通格. 单数，‘石头造的一间房子’）｜mur-ɤin jara-ŋə　utt-in（我们-领属. 复数　房子-通格. 单数　木头-领属:3 单数，‘我们的房子是木头做的。’）【表示名词化动词的意念主语】əməlʔo-rɤen　wa-ɤərɤə-n　teŋə-twi-ɤʔi（所有人-领属:3 复数　存在-名词化-通格. 单数　好-开始-完成体：3 单数. 主语，‘每个人的生活都变得更好起来。’）

关系形容词的常见功能是表一般关系、来源或存在、集体-部分关系。如：

【表示一般关系】mirɤə-kin　milɤer（祖父-关系:3 单数　枪:通格. 单数，‘祖父的枪［←从祖父那儿拿来的枪］’）【表示来源或存在】weem-kine-t　wəkwə-t（河-关系-3 复数　石头-通格. 复数，‘河里的石头’）（比较组并式:weem-kine-wəkwə-t（河-关系-石头-通格. 复数，‘河石’））【表示集体-部分关系】ŋireq　ŋinqejə-mkə-kin（两　男孩-群-关系:3 单

数，‘男孩中的两个’） | qut-ti ŋinqejə-mkə-kin（一些-通格.复数 男孩-群-关系：3单数，‘男孩中的一些人’）

惯常形容词的常见功能是表连带关系和指称量。如：

（3）ətlon pəkir-ɤʔi ɤa-pojɤə-len（他：通格 到达-完成体：3单数 惯常-矛-惯常：3单数，‘他带着一支矛来了。’）

（4）kojŋə-n ɤe-mimət-lin（杯子-通格.单数 惯常-水-惯常：3单数，‘一杯水［←一个有水的杯子］’）

否定形容词否定性质，或否定拥有。

2. 级差

形容词的级除原级外，还有同级、比较级、最高级、大量级、比较大量级、小量级。

表 1－14 楚克奇语形容词级差标记表

级类型	标记
原级	Ø
同级	后缀-lʔ
比较级	后缀-ŋ
最高级	环缀 ənan-...-cʔ‘最’
大量级	前缀 nə-lɤi-‘非常’
比较大量级	前缀 pətq-‘更加’、kət-‘相当的’、lɤi-‘真的’、jʔa-‘更加’
小量级	前缀 mec-、ciɤ-、kən-

1）同级

同级以-lʔ标记的分词形式表示，比较对象加副词后缀-mil‘像……一样’。

（5）waj-ənqen ɤətɤə-n weem-mil jəqə＝mimlə-lʔə-n（直指-那：3单数通格 湖-通格.单数 河-副词 快＝水-分词-通格.单数，‘湖里的水和河里的一样快。’）

2）比较级

比较级由性质形容词词根加副词后缀－ŋ和动词分词 wa-lʔə-n“是”

表示。如例 6b、例 7b。

（6）a. n-ilɤə-qin（形容词-白-形容词:3 单数，‘白’）；b. elɤə-ŋ wa-lʔə-n（白-副词　是-分词-通格.单数，‘更白的’）

（7）a. n-erme-qin（形容词-强-形容词:3 单数，‘强’）；b. arma-ŋ wa-lʔə-n（强-副词　是-分词-通格.单数，‘更强的’）

3）最高级

形容词最高级由名词分词派生而来，加环缀 ənan-...-cʔ 表示。单数通格加格标记-n。如例 8b - 10b。

（8）a. nə-mejəŋ-qin（形容词-大-形容词:3 单数，‘大’）；b. ənan-majŋə-cʔə-n（最-大-最-通格.单数，‘最大的’）

（9）a. nə-npə-qin（形容词-老-形容词:3 单数，‘老’）；b. ənanə-npə-cʔə-n（最-老-最-通格.单数，‘最老的’）

（10）a. nə-ɤəttep-qin（形容词-聪明-形容词:3 单数，‘聪明’）；b. ənan-ɤəttapə-cʔə-n（最-聪明-最-通格.单数，‘最聪明的’）

形容词最高级环缀“ənan-...-cʔ”可能源自抽象数概念‘1’（参 pp. 103—104）。在日语里，“最”就说成“一番”，后者的原义是“第一”。

4）大量级

形容词加前缀 nə-lɤi-‘非常’表示大量级。如例 11b、例 12b。

（11）a. nə-mel-qin（形容词-好-形容词:3 单数，‘好’）；b. nə-lɤi-nə-mel-qin（非常-形容词-好-形容词:3 单数，‘非常好’）

（12）a. nə-jerol-qen（形容词-聪明-形容词:3 单数，‘聪明’）；b. nə-lɤe-nə-jerol-qen（非常-形容词-聪明-形容词:3 单数，‘非常聪明’）

5）比较大量级

在比较形式前加前缀 pətq-‘更加’、kət-‘相当的’、lɤi-‘真的’、jʔa-‘更加’或它们的音变形式，表示比较大量级，如例 13b - 16b。

（13）a. n-irwə-qin（形容词-锐利-形容词:3 单数，‘锐利’）；b. pətq-erwə-ŋ wa-lʔə-n（更加-锐利-级差 是-分词-通格.单数，‘更加锐利的’）

（14）a. n-etleɤ-qin（形容词-甜-形容词:3 单数，‘甜’）；b. kət-atlaɤə-ŋ wa-lʔə-n（相当-甜-级差 是-分词-通格.单数，‘相当甜的’）

（15）a. nə-jerol-qen（形容词-聪明-形容词:3 单数，‘聪明’）；b. ləɤe-jerolə-ŋ wa-lʔə-n（真的-聪明-级差 是-分词-通格.单数，‘超常聪明的’）

（16）a. n-ilɤə-qin（形容词-白-形容词:3 单数，‘白’）；b. jʔ-elɤə-ŋ wa-lʔə-n（更加-白-级差 是-分词-通格.单数，‘更加白的’）

6）小量级

在形容词前加前缀 mec-、ciɤ-、kən-表示小量级，如例 17b、例 18b、例 19b。

（17）a. n-ikwə-qin（形容词-高-形容词:3 单数，‘高’）；b. mec-n-ikwə-qin（小量-形容词-高-形容词:3 单数，‘有点高’）

（18）a. nə-ŋin-qin（形容词-年轻-形容词:3 单数，‘年轻’）；b. ciɤ-nə-ŋin-qin（小量-形容词-年轻-形容词:3 单数，‘有点年轻’）

（19）a. nə-ɤənrər-qin（形容词-目光敏锐-形容词:3 单数，‘目光敏锐’）；b. kən-nə-ɤənrər-qin（小量-形容词-目光敏锐-形容词:3 单数，‘有点目光敏锐’）

3. 组并形式

当形容词为独立式时，可强调其凸显特征，故而不和中心语名词组并。当形容词被组并到中心语名词上时，表达的则是名词所指称对象的外延特征。比较性质形容词、领属形容词、关系形容词的独立式及其相应的组并形式：

（20）a. n-erme-qin ʔaacek（形容词-强壮-形容词:3 单数 年轻人-通格.单数，‘强壮的年轻人’）；b. arm＝ʔaacek（强壮＝年轻人-

通格．单数，‘一个壮青年’）

（21）a. wəkw-en　pojɤə-n（石头-领属：3 单数　矛-通格．单数，‘石头做的矛’）；b. wəkwə＝pojɤə-n（石头＝矛-通格．单数，‘石矛’）

（22）a. ŋewəcqet-in　ewirʔə-n（女人-领属：3 单数　衣服-通格．单数，‘女人的一件衣服’）；b. ŋewəcqet＝ewirʔə-n（女人＝衣服-通格．单数，‘一件女人的衣服’）

（23）a. aŋqa-kena-t　ɤalɤa-t（海-关系-3 复数　鸟-通格．复数，‘海边的鸟’）；b. aŋqa-kena＝ɤalɤa-t（海-关系＝鸟-通格．复数，‘海鸟’）

作定语的形容词常跟中心语是旁格的名词组并。比较独立式例 24a、例 25a 和相应的组并式例 24b、例 25b：

（24）a. emnuŋ-kine-k　nəmnəmə-k　nə-twa-qen（苔原-关系-处所　处理-处所　非结果-在-非结果：3 单数，‘他在处理苔原问题。’）；b. emnuŋ-kine＝nəmnəmə-k　nə-twa-qen（苔原-关系＝处理-处所　非结果-在-非结果：3 单数，‘他在处理苔原问题。’）

（25）a. nə-mejəŋ-qine-k　ʔətwə-k　wakʔo-ɤʔa-t　kəlɤənken　ʔorawetlʔa-t（形容词-大-形容词-处所　船-处所　3 复数．主语-登-完成体-3 复数．主语　十五　人-通格．复数，‘船上登了十五个人。’）；b. majŋə＝ʔətwə-k　wakʔo-ɤʔa-t　kəlɤənken　ʔorawetlʔa-t（大＝船-处所　登-完成体-3 复数．主语　十五　人-通格．复数，‘十五个人登上了船。’）

又如例 26 -例 28 中的组并：

（26）ɤəm　nə waŋe jɤəm　ɤa-ŋotqenə-nena—cakett-a（我：通格　非结果-缝-1 单数．主语　伴随-这人-领属＝姐姐-伴随，‘我和这人的姐姐一起缝衣服。’）

（27）tə-pkir-ɤʔe-k　ɤa-taŋ＝tomɤə-ma（1 单数．主语-到达-完成体-1 单数．主语　关联-好＝朋友-关联，‘我和好朋友一起来。’）

（28）ʔitu-ʔit　riŋe-ɤʔi　ɤa-ɤətɤə-kena＝ɤalɤa-ma（鹅-通格．单数　3 单数．主语-飞-完成体：3 单数．主语　关联-湖-关系＝鸟-关

联，‘鹅和湖鸟一起飞走了。’）

可以发现，形容词组并到中心语名词中去时，充当修饰语的形容词需付出代价，即须截去其形态标记，仅以词根参与组合，与之相对，中心语名词的屈折标记则得到保留。不过组并式的前项有时仍可保留某些派生词缀（如相关类的领属标记-kena），而未必只能是纯粹的词根，屈折标记当然务必删除。如：

【形容词词根＋中心语名词＋名词标记】arm＝ʔaacek（强壮＝年轻人-通格.单数，‘一个壮青年’）｜ ɤa-taŋ＝tomɤə-ma（关联-好＝朋友-关联，‘和好朋友’）｜ majŋə＝ʔətwə-k（大＝船-处所，‘大船那儿’）

【名词词根＋关系/领属标记＋中心语名词＋名词标记】aŋqa-kena＝ɤalɤa-t（海-关系＝鸟-通格.复数，‘海鸟’）｜ emnuŋ-kine＝nəmnəmə-k（苔原-关系＝处理-处所，‘苔原处理方面’）｜ ɤa-ŋotqenə-nena＝cakett-a（伴随-这人-领属＝姐姐-伴随，‘和这人的姐姐’）｜ ɤa-ɤətɤə-kena＝ɤalɤa-ma（关联-湖-关系＝鸟-关联，‘和湖鸟’）

五 副词

楚克奇语副词形态都在词干层面，有功能形态和语义形态。功能形态为词类标记。语义形态有反映否定、程度、时间、级范畴的标记。

（一）副词的功能形态

副词分为性质副词、关系副词和其他副词。性质副词由表性质的词根加环缀 n-...-ʔew 构成，如：n-erm-ʔew‘强壮地’，n-itc-ʔew‘沉重地’；或者加后缀-etə，如：korɤ-etə‘快乐地’。关系副词是名词词根直接加副词标记-mil 而得，如：weem-mil‘在河里’（河-副词）。其他副词，例如：qonpə‘经常’，luur‘突然’，eqəlpe‘很快地’，cit‘较早地’，qənwer‘最后’。如：

（1）qənwer ʔinə piri-nin（最后 狼.3单数通格 获得-3单数主语.3单数宾语，‘最后，他抓到一只狼。’）

（二）副词的语义形态

1. 否定

否定派生副词包括否定工具（例 2）、否定伴随（例 3）、否定连带

(例 4)、否定材料(例 5)、否定方式(例 6)。

(2) ʔaacek-a e-milɤer-ke nə-ɤənrit-qin ŋelwəl(年轻人:作格 否定-枪-否定 非结果-守卫-非结果:3 单数. 宾语 牧群:通格. 单数,‘年轻人(在)没有带枪(的情况下)守护牧群。’)

(3) cakett-a a-tlʔa-ka tejkə-ninet lile-t(姐姐-作格 否定-妈妈-否定 做-完成:3 单数. 主语:3 复数. 宾语 露指手套-通格. 复数,‘姐姐(在)没有妈妈(陪着的情况下)做了露指手套。’)(否定伴随)

(4) ətlon pəkir-ɤʔi a-pojɤə-ka(他:通格 到达-完成体:3 单数 否定-矛-否定,‘他没有带着矛来。’)

(5) jara-ŋə a-wəkwə-ka ɤa-ntomɤaw-len(房子-通格. 单数 否定-石头-否定 结果-造-结果:3 单数,‘房子不是石头造的。’)

(6) remkəlʔə-n e-nwil-ke nə-taaqo-qen(客人-通格. 单数 否定-停留-否定 非结果-吸烟-非结果:3 单数,‘客人不停地抽烟。’)

2. 程度

程度派生副词由表程度的去名词化后缀-mel 表示。

(7) jara-ŋə qlikkin metrə-mel ikwə-lʔə-n(房子-通格. 单数 二十 米-程度 高-分词-通格. 单数,‘房子高二十米。’)

(8) kowlorɤo-or ŋəron=metrə-mel iwlə-lʔə-n(树干-通格. 单数 三=米-程度 长-分词-通格. 单数,‘树干三米长。’)

3. 时间

时间派生副词包括先持续和后持续两类。先持续是名词加后缀-teɤn‘之前,大约’和动向格标记,或直接加动向格标记(如第 1 组)。后持续是名词加后缀-teɤn‘之前,大约’和离格标记(如第 2 组)。

【第 1 组】wolqə-taɤn-etə‘到晚上’| kətor-taɤn-etə‘直到去年’| lʔalaŋ-etə‘到冬天’。

【第 2 组】lʔalaŋ-ɤəpə‘从冬天起’| erɤərʔo-taɤn-epə‘从黎明起’| eɤət-taɤn-epə‘从现在起’。

4. 级

副词的级除原级外，还有同级、比较级、最高级、大量级、小量级。

1）同级

副词同级形态由后缀-mil‘像’和名词分词构成。

（9）waj-ənqen ɣətɣə-n weem-mil jəqə-mimlə-lʔə-n（直指-那:3单数.通格 湖-通格.单数 河-副词 快-水-分词-通格.单数，‘湖里的水和河里的一样快。’）

2）比较级

副词比较级由表性质的词根加后缀-ŋ组成，如例10b、例11b、例12b。

（10）a. nə-pətleŋ-ʔew（‘勇敢地’）；b. pətlə-ŋ（‘更勇敢地’）

（11）a. n-ip-ʔew（‘诚实地’）；b. epə-ŋ（‘更诚实地’）

（12）a. n-utɣə-ʔew（‘容易地’）；b. otɣə-ŋ（‘更容易地’）

不同程度的比较级加前缀pətq-或jʔa-表示。如：

（13）a. nə-jəq-ʔew（‘快速地’）；b. jəqə-ŋ（‘更快地’）；c. pətqə-jəqə-ŋ（‘更加快速得多地’）；d. jʔa-jəqə-ŋ（‘更加快速得多地’）

3）最高级

副词最高级由词根加前缀ənan-和后缀-ŋ表示。比较：

（14）a. nə-pətloŋ-ʔew（‘勇敢地’）；b. ənan-pətloŋə-ŋ（‘最勇敢地’）

（15）a. nə-jəq-ʔew（‘快地’）；b. ənan-jəqə-ŋ（‘最快地’）

4）大量级

副词大量级是在表性质的词干上加前缀nə-lɣi-表示，如：

（16）a. nə-mel-ʔew（‘好好地’）；b. nə-lɣi-nə-mel-ʔew（‘非常

好地')

5）小量级

副词小量级是在表性质的词干上加前缀 mac-表示。比较：

（17）a. n-itc-ʔew（'重重地'）；b. mac-n-itc-ʔew（'有点重地'）

（18）a. n-iwəp-ʔew（'害羞地'）；b. cek-n-iwəp-ʔew（'有点害羞地'）

（三）副词的组并

在极少数情况下，也可见到副词跟动词的组并，见 pp. 88—92。

六　数词

（一）基数词

楚克奇语基数词。楚克奇语本族语 1—10 的自然数基于手指记数。11—14 是以 10 为基础在后面加 1—4，再用 parol 表示加。16—19 以 15 为基础在后面加 1—4，再加 parol。21—29 以 20 为基础，在其后加 1—9，再加 parol。其他的数字都是以 20 为进制单位，不能被 20 整除的用加法，如 30 是 20 加 10，35 是 20 加 15，加数在 20 之后；能被 20 整除的用乘法，如 40 是 2×20（ŋireq-qlikkin），80 是 4×20（ŋəraq-qlekken），被乘数在 20 之前。

1-ənnen；2-ŋireq；3-ŋəroq；4-ŋəraq；5-mətləŋen（＜mənɤə-tlənən，'手'）；6-ənnan-mətləŋen（＜ənnen'1'-mətləŋen'5'）；7-ŋerʔamətləŋen（＜ŋireq'2'-mətləŋen'5'）；8-ŋərʔomətləŋen（amŋərootken）（＜ŋəroq'3'-mətləŋen'5'）；9-ŋərʔamətləŋen（qonʔacɤənken）（＜ŋəraq'4'-mətləŋen'5'）；10-mənɤətken（＜mənɤə-t，'双手'）；11-mənɤətken ənnen parol；12-mənɤətken ŋireq parol；13-mənɤətken ŋəroq parol；14-mənɤətken ŋəraq parol；15-kəlɤənken（＜kəlɤə-k，'标记'）；16-kəlɤənken ənnen parol；17-kəlɤənken ŋireq parol；18-kəlɤənken ŋəroq parol；19-kəlɤənken ŋəraq parol；20-qlikkin（qlik-'男人'）；21-qlikkin ənnen parol；22-qlikkin ŋireq parol；23-qlikkin ŋəroq parol；24-qlikkin ŋəraq parol；25-qlikkin mətləŋen parol；26-qlikkin ənnanmətləŋen parol；

27-qlikkin ŋerʔamətləŋen parol；28-qlikkin ŋərʔomətləŋen parol；29-qlikkin ŋərʔamətləŋen parol；30-qlikkin mənɤətken parol；35-qlikkin kəlɤənken parol；40-ŋireqqlikkin；45-ŋireqqliqqin mətləŋen parol；50-ŋireqqlikkin mənɤətken parol；60-ŋəroqqlekken；70-ŋəroqqlekken mənɤətken parol；80-ŋəraqqlekken；90-ŋəraqqlekken mənɤətken parol；100-mətləŋqlekken；200-mənɤətqleqqen；300-kəlɤənqlekken；400-qlikqlikkin

楚克奇语表示的最大数字是 400（即 20×20），大于 400 的数字称为“知之边缘”（ɤəjiw-teɤən）。更大的数字如百、千是从俄语借入。以上数词表示法仅用于计数具体的物体，表达抽象数的概念要加后缀-cʔ，如 ənnenə-cʔə-n ‘1’，mətləŋə-cʔə-n ‘5’。这里的后缀-cʔ 源自 l/c 的历时交替。

（二）序数词

序数词由基数词加后缀-qew 派生，如 ənnen-qew ‘第一’，ŋire-qew ‘第二’，mətləŋ-qew ‘第五’，qlikkin ənnen parol-qaw ‘第六’。

（三）周遍性数词

周遍性数词需加环缀 em-...-jut（或其音变形式），表示‘一定数量都’。例如：em-ŋire-jut ‘两个都’，am-mənɤt-jot ‘十个都’，am-mənɤətken ənnen parol-jot ‘十一个都’。又如：

（1）ʔaacek-a ɤa-nmə-lena-t em-qlikkin ŋireq parol-jot ɤalɤa-t（小伙子-作格 结果-杀-结果-3 复数 周遍性-二十 二 加．余数-周遍 鸭子-通格．复数，‘我们把 22 只鸭子都杀了。’）

七　代词

（一）人称代词

人称代词有格-人称-数的变化，具体见表 1－15（参 A. Spencer，1999；I. A. Muravyova et al. 2001：80—81），中间加入的-əke、-əka、-ɤə 等，作用是使词干拉长，表中特拆分以明示。[1]

---

[1] 第 1 人称代词复数中，mur-和 mor 的分别并不严格。

表 1-15　　楚克奇语人称代词人称-数-格标记表

格类型	单数			复数		
	第 1 人称	第 2 人称	第 3 人称	第 1 人称	第 2 人称	第 3 人称
通格	ɣəm	ɣət	ətlon	mur-i	tur-i	ətr-i
作格	ɣəm-nan	ɣə-nan	ə-nan	mor-ɣə-nan	tor-ɣə-nan	ər-ɣə-nan
处所格	ɣəm-ək	ɣən-ək	ən-ək	mur-ək	tur-ək	ər-ək
与格	ɣəm-əkə	ɣən-əkə	ən-əkə	mor-əkə	tor-əkə	ər-əkə
动向格	ɣəm-əka-ɤtə	ɣən-əka-ɤtə	ən-əka-ɤtə	mor-əka-ɤtə	tor-əka-ɤtə	ər-əka-ɤtə
离格	ɣəm-əka-jpə	ɣən-əka-jpə	ən-əka-jpə	mor-əka-jpə	tor-əka-jpə	tor-əka-jpə
位向格	ɣəm-əke-ɤjit	ɣən-əke-ɤjit	ən-əke-ɤjit	mur-əke-ɤjit	tur-əke-ɤjit	ər-əke-ɤjit
伴随格	ɣe-ɣəm-əke	ɣe-ɣən-əke	ɣ-ən-əke	ɣe-mur-əke	ɣe-tur-əke	ɣ-ər-əke
关联格	ɣa-ɣəm-əɣ-ma	ɣa-ɣən-əɣ-ma	ɣ-ən-əɣ-ma	ɣa-mor-əɣ-ma	ɣa-tor-əɣ-ma	ɣ-ər-əɣ-ma
指示格	ɣəm-əku	ɣən-əku	ən-əku	mur-əku	tur-əku	ər-əku

动向格（directional）、离格和位向格（orientative）等的人称代词格变化要增加词缀-əke-，如 morəka-ɤtə（第 1 人称:复数-动向格，‘到我们这儿’），ənəka-jpə（第 3 人称:单数-离格，‘从他那儿’），ɣəməke-ɤjit（第 1 人称:单数-位向格，‘像我，根据我’）（I. A. Muravyova，2007：528—529）。

楚克奇语有代词的词缀化现象，如 ɣət（2 单数通格）用作及物动词后缀，表“-完成体：2 单数. 宾语”。限定动词的静态体也用它做后缀，表“-jɣət（-2 单数）”。

代词区别单复数，但所属语义类型常要结合一定语境才能确定。比如，楚克奇语第 3 人称代词无人与物的区别，也没有专门的回指代词，而是用第 3 人称代词表回指。

（1）ŋinqej　ujŋe　jara-k　it-ka　ətlon　wa-rkə-n　tumɣə-k（男孩:通格　不　家-处所　是-否定　他:通格　是-非完成体-3 单数　朋友-处所，‘男孩不在家，他在他的朋友那儿。’）

（2）ɣəm-ək　milɣer　ujŋə　ətlon　wa-rkə-n　tumɣə-k（我-处

所 枪:通格 不 它:通格 是-非完成体-3单数 朋友-处所，‘我没有枪，它在我朋友那儿。’）

限制形式用前缀 em-（或其音变形式）表示，它不能和通格连用，但能和作格形式连用。

（3）ənqen qejuu emə-nəka-ɣtə n-ejmew-qin（那:3单数 小牛:通格 限制-他-动向格 非结果-来附近-非结果:3单数，‘那头小牛只到他附近。’）

（4）iɣər am-morɣə-nan mət-r-ekwet-ɣʔe amnoŋ-etə（今天 限制-我们-作格 1复数-可能-去-完成体：1复数 苔原-动向格，‘今天只我们去苔原。’）

序列形式通过后缀-rʔam（‘轮到’）和-ɣənrʔam（‘轮到’），前者是序列的单数形式，后者是序列的复数形式，加在动向格形式的词干上。例如：

ɣəm-rʔam（我-轮到．单数，‘轮到我’） | ən-rʔam（他-轮到．单数，‘轮到他’） | ət-ɣənrʔam（他们-轮到．复数，‘轮到他们’）

有文献说序列后缀是加在处所格形式的词干上。本书不采纳。因为其形式和意义两方面都有偏差，形式偏差尤大。序列形式常发挥类似通格的作用，既作为主语又作为宾语。如：

（5）mor-ɣənrʔam ŋutin＝ʔətw-e mət-r-iwini-ɣʔe（我们-序列（通格） 这只＝船-工具 1复数-可能-去打渔-完成体：1复数，‘该我们去船上打渔了。’）

（6）tor-ɣənrʔam mənə-nwakʔowə-tək ʔətwə-tkənə-k（你-序列（通格） 祈愿:1复数.主语-坐-完成体：2复数.宾语 船-上-处所，‘该你去坐船上了。’）

也可以用副词 ənrʔam 表示序列形式。

（7）ənrʔam ɣə-nan qə-ɣrə-ɣən penwel（现在 你-作格 祈

愿:2单数.主语-抓-完成体:3单数.宾语　幼驯鹿:通格.单数,‘该你去抓只幼驯鹿了。’)

(二) 领属代词

领属代词分拥有类和相关类两种,分别使用领属后缀标记-in(e)和关系后缀标记-kin(e)。后者表示来源、目的等多种相关联系。领属代词形式上有独立和组并两种形式。独立式由人称代词词干加形容词词尾构成,单数用-nin(e),复数用-ɣin(e)。拥有类领属代词的组并式加后缀-ək。这可能共享了处所格的形态形式。相关类领属代词先在词干加-əke,再加后缀-kin(e)。

表 1-16　　楚克奇语领属代词类别标记表

领属代词类型	人称	单数		复数	
		独立式	组并式	独立式	组并式
拥有类领属代词	1	ɣəm-nin(e)-	ɣəm-ək-	mur-ɣin(e)	mur-ək-
	2	ɣə-nin(e)-	ɣən-ək-	tur-ɣin(e)	tur-ək-
	3	ə-nin(e)-	ən-ək-	ər-ɣin(e)	ər-ək-
相关类领属代词	1	ɣəm-əke-kin(e)-		mur-əke-kin(e)-	
	2	ɣə-əke-kin(e)-		tur-əke-kin(e)-	
	3	ə-əke-kin(e)-		ər-əke-kin(e)-	

拥有类——A. 独立式:【ɣəm-nin(e)-】ɣəm-nin　milɣer(我-领属　枪,‘我的枪’) | ɣəm-nine-t　milɣerə-t(我-领属-3复数　枪:通格.复数,‘我的枪’) | ɣəm-nine-k　orwə-k(我-领属-处所　雪橇-处所,‘在我的雪橇上’)【ɣə-nine-】ənqen　cal:əɣet　ɣə-nin(那:3单数通格　妹妹-3单数通格　2单数-领属.3单数通格,‘你的那个妹妹’) | ɣəm　ɣə-nine-jɣəm　ekke-jɣəm(我:通格　你-领属-1单数　儿子-1单数,‘我是你的儿子。’)【ə-nin(e)-】ə-nin　ənnan-mənɣ-a(3单数-领属.3单数.通格　一-手-工具,‘用他的一只手’) | ə-nine-t　ŋərʔo　ŋinqeɣ-ti　ʔeqe-njiw-in　ənqen(3单数-领属-3复数.通格　三　儿子-3复数.通格　坏-叔叔-领属.3单数通格　那:3单数.通格,‘那个坏叔叔的三个儿子’)【mur-ɣin(e)】mur-ɣin　jara-ŋə(我们-领属(复数).3单数　房子-通格.单数,‘我们的房子’)【tur-ɣin(e)】tur-ɣin　ro-o-lqəl(你们-领

属.3单数通格 吃-被动.分词-名词化.3单数通格，‘你们的食物’）| mur-i tur-ɣine-muri tumɣə-muri mətə-pkir-mək torəka-ɣtə（我们-通格 你们-领属-1复数 朋友-1复数 1复数-来-完成体：1复数 你们-方向，‘我们，你们的朋友，来这儿了。’）【ər-ɣin（e）】ər-ɣine-t ŋinmə-t（他们-领属-3复数.通格 词-3复数.通格，‘他们的那些作品’）。 B.组并式：【ɣəm-ək-】ɣəm-əɣ＝milɣer-e（我：领属-附加＝枪-作格，‘用我的枪’）| ɣa-ɣəm-əɣ＝melɣar-ma（关联-我：领属-附加＝枪-关联，‘带着我的枪’）【ən-ək-】ən-ək＝tumɣ-etə（他：领属-附加＝朋友-动向格，‘朝他的朋友’）【mur-ək-】mor-ək＝orwə-k（我们的：领属-附加＝雪橇-处所，‘在我们的雪橇上’）

相关类——【ɣəm-əke-kin(e)-】ɣəm-əke-kin milɣer（我-附加-关系枪，‘和我有关的枪’）【ɣə-əke-kin(e)-】ɣən-əka-kena-jpə orw-epə（你-附加-关系-离格 雪橇-离格，‘从和你有关的雪橇那儿’）| ɣən-əka-kena＝melɣar-etə（你-附加-关系＝枪-动向格，‘朝和你有关的枪’）【tur-əke-kin(e)-】tor-əka-kena＝orwə-k（你们-附加-关系＝雪橇-处所格，‘在和你们有关的雪橇上’）【ər-əke-kin】ər-əke-kin umqə（他们-附加-关系：3单数 北极熊-通格.单数，‘跟他们有关的一只北极熊’）| ər-əke-kine-t umqe-t（他们-附加-关系-3复数 北极熊-通格.复数，‘跟他们相关的那些北极熊’）

领属的否定形式用环缀 e-...-ke 表示。如 e-ɣənək-ke‘没有你’，e-murək-ke‘没有我们’，ərək-ke‘没有他们’（环缀首项的元音 e-因为词干的首字母是元音/ə/而删略）。又如：

(8) ɣəm qərəm ənək-ke m-ekwetə-k（我：通格 不 他-否定 祈愿：1单数-去-完成体：1单数，‘我没有他是不会去的。’）

但与该否定形式相对的肯定式环缀 ɣe-... [-lin(e)] 却不能用于人称代词，只能和名词连用。

（三）指示代词

指示代词有近指、远指和极远指三类：ŋotqen(a)-‘这’（近指）| ŋanqen(a)-‘那’（远指）| ŋaanqen(a)-/ ŋoonqen(a)-‘那’（极远指）。区分近指和远指的参数包括：说话双方的关系距离、事物的方位、能否可

见等。近指 ŋotqen(a)- ‘这’ 和远指 ŋanqen(a)- ‘那’ 靠元音开口度大小的分别来表达，ŋotqen(a)- ‘这’ 和 ŋutin ‘这个’、ŋutku ‘这儿’ 同源（语根 ŋut ‘这’），ŋanqen(a)- ‘那’ 源自直指（deictic）小品词 ŋan。极远指和非极远指靠长音和非长音区分，有时用极长音夸张极远，如：

（9）ənŋin = ʔm　nə-ɤrətku-qin　teŋ-em-rəntəŋet-e　ŋa：a：a：a：nqen　n-ine-lɤi-n-jəqunt-ew-qin=ʔm（因此＝强调　非结果-屠杀-非结果：3 单数　强调-非限定-切分-非限定　很远很远的地方.3 单数通格　非结果-及物-程度-致使-去远处-致使-非结果：3 单数＝强调，‘因此屠杀并分割了它，把它带到很远很远的地方。’）

还有个指示代词 ənqen(a)- ‘这’ / ‘那’ 则更为常用，在语源上来自第 3 人称单数代词 ən-，故不区分距离上的近远，更多地常用于话题追踪功能。ənqen 常可冠以表直指（deictic / deixis）的小品词 waj、caj / raj，如 waj-ənqen（直指- ‘那’）。

（10）qutə-rək　reen　pəkir-ɤʔe-t　ɤərɤoltaɤnə-t　opopəŋ　ənqena-nte　murə-k　nə-tkiwə-net（其他（人）-处所：复数　跟……一起　到达-完成体-3 复数　Gergoltagnen-通格.复数　最好　那-通格.复数　我们-处所　祈愿：3 复数-过夜-完成体：3 复数，‘Gergoltagnens 和其他人一起来了，让他们在我们这儿过夜吧。’）

（11）ajwe　ŋinqeɤ-ti　ɤe-nəpkiret-line-t　ŋotqena-t　ɤəm-nan　tə-retə-net（昨天　男孩：通格.复数　结果-带-结果-3 复数.主语　这-通格.复数　我-作格　1 单数.主语-带-完成体：3 复数.宾语，‘昨天男孩子们被带到这儿了，我带这些（男孩子）来的。’）

楚克奇语的指示代词有指人和非指人两种功能。其格变化形式类型同名词，已知名称的动物或人格化的物体同指人代词。比较代词 qutə-rək（其他（人）-处所：复数）和名词 tumɤə-rək（朋友-处所：复数）。

（四）疑问代词

疑问代词主要有 meŋin ‘谁’ 和 rʔenut ‘什么’ 两个。它们有数-格形式的变化，疑问代词的变格像名词。见表 1－17：

表 1－17 楚克奇语疑问代词数-格标记表

格类型	meŋin ‘谁’		rʔenut ‘什么’	
	单数	复数	单数	复数
通格	meŋin	mikə-nti	rʔenut	rʔenute-t
作格	mikə-ne	mikə-rək	req-e	
工具格	—	—	req-e	
处所格	mikə-ne / mekə-ne	mikə-rək	req-ə-k	
动向格	mekə-na	mekə-rəkə	rʔa-ɤtə	
离格	mek-ɤəpə	mekə-rɤəpə	rʔa-ɤəpə	
位向格	mikə-ɤjit	mikə-rəɤjit	reqə-ɤjit	
伴随格	ɤa-meɤ-ma	ɤa-mekə-rəma	ɤe-req-e	
关联格	ɤa-meɤ-ma	ɤa-mekə-rəma	ɤa-rʔa-ma	
指示格	mikə-nu		req-u	

meŋin ‘谁’ 只能指人，它只有独立式一种形式，用作谓语句时有人称-数的变化，比较：

meŋin（谁：通格：3 单数，‘谁（针对他/她而言）’）——mikə-nti（谁-通格：3 复数，‘谁（针对他们而言）’）

mik-iɤət（谁－通格：2 单数，‘谁（针对你而言）’）——mikə-turi（谁-通格：2 复数，‘谁（针对你们而言）’）

形式上不难判定，通格的人称-数标记是以相应人称-数特征的人称代词（或其变形）表示的。

rʔenut ‘什么’ 只能指非人，包括有生和无生两类，并有独立式和组并式两种形式。在组并式中 rʔenut 使用变体 rʔe-、req-，用作限定成分。

独立式——ee rʔenute-t ejwel-qej-ti nute-k n-ena-pela-tore?（叹词 什么-3 复数.通格 孤儿-小称-3 复数.通格 土地-处所格 非结果-及物-离开-2 复数，‘噢，你把哪些孤儿遗弃在了苔原？’）| rʔenute-t ra-jaa-ŋ-ə-nat?（什么-通格.复数 可能-使用-可能-3 复数，‘你会使用哪些？’）| wecʔəm neməqej rʔenute-tku-t ɤənan ləɤi ləŋ-ə-rkə-net（或许 也 某

事-集合-3复数.通格　2单数.作格　知道　系词-增音-非完成-3复数，‘或许你也知道很多的事。’）

组并式——rʔe＝nilɤə-k（什么＝地带-处所格，‘在什么地带？’）｜rʔa＝waɤərɤə-n（什么＝生活-通格.单数，‘什么生活？’）｜req＝orwə-k（什么＝雪橇-处所格，‘在什么雪橇上？’）

其他疑问代词还有：

miŋkə（‘哪儿’）｜miŋkəri（‘怎样’）｜miŋkəri（lə）（‘到什么地方’）｜miŋkeɤjit（‘在什么方向’）｜meŋko（rə）（‘从哪儿’）｜miŋkemil（‘多少’）｜meŋkataɤnepə（‘从什么时候’）｜meŋkataɤnetə（‘到什么时候’）｜tite（‘什么时候’）｜tʔer（‘多少’）｜tʔerce（‘多少次’）

（五）无定代词

无定代词又称“回忆代词”，说话者无法忆起人或事物的名称，就用它们来代替。无定代词有指人/指物之分，nirke-表‘那个人’，nike-表‘那个东西’。如同疑问代词一样，它们的变格像名词。

（12）ŋirke-ne　ŋan　wa-rkə-n　ɤəmnin　milɤer　ɾanʔaw-əna（那个-处所　小品词　是-非完成体-3单数　我的：3单数　枪：通格.单数　Ranaw-处所，‘我的枪在谁那儿……在Ranaw那儿。’）

（13）nike-t　wəne　lili-t　lʔu-k　tə-lwawə-rkə-nat（那个-通格.复数　小品词　手套-通格.复数　发现-非限定　1单数.主语-失败-非完成体-3复数.宾语，‘我找不到那个……手套。’）

（六）反身代词

楚克奇中没有专门的词来表示反身代词，而是用表示“身体”的名词来表示，这个名词和其他普通名词一样具有格-数形式。

（14）ətləɤ-e　atanwan-nen　cinit-kin　uwik（父亲-作格　伤害-完成体：3单数.宾语　自己-关系：3单数　身体：通格.单数，‘父亲伤害了自己。’）

八　小品词

楚克奇语存在大量小品词，它们有语法功能而没有形式变化，语法上有三种功能。

（一）叹词

叹词的基本作用是表情、表态、表意等，或充当话语接续标记，位置关系比较自由。

【表情】koːlo emec ɣe-ɣjew-iɣət？（叹词　已经　结果-醒来-2单数，‘天哪，你醒来啦？’）｜o，wʔi-ɣʔi，uwik təm-nen.（叹词　死-完成体：3单数.主语　身体：通格.单数　杀-3单数.主语：3单数.宾语，‘哦，他死了，他自杀了。’）｜kako mitʔiw eŋeŋəlʔ-iɣət.（叹词　我认为　巫师-2单数，‘哦，我觉得你是巫师！’）【表态】ii mət-walom-mək（叹词　1复数-听到-完成体：1复数，‘是的，我们听到了。’）【表意】macənan nə-lqətə-rkə-n（叹词 祈愿：3单数-去-非完成体-3单数，‘好，让他去吧。’）｜ee macənan tə-re-jəlqetə-rkə-n（叹词　最好　1单数-可能-睡-非完成体-1单数，‘好的，我就睡。’）【话语接续标记】naqam reqə-rkəni-tək（叹词　做什么-非完成体-2复数，‘那么，你们在做什么呢？’）｜ŋirke-ne ŋan wa-rkə-n ɣəmnin milɣer ɾanʔaw-əna（那个-处所　叹词　是-非完成体-3单数　我的：3单数　枪：通格.单数　Ranaw-处所，‘我的枪在谁那儿……嗯……在Ranaw那儿’）

叹词的功能意义都比较模糊。又比如：

kəːke‘哦’｜jew-jew‘哦’｜mej‘哦’｜okkoj‘哦’｜waj-waj‘啊’｜koːlo‘天哪’｜ii‘是的’｜macənan‘好的’｜ee‘哦，好的，不’｜ʔataw‘让’（感叹）｜qənwer‘看’（感叹）｜ŋan（指示）｜waj（指示）｜əm‘真的，事实上’｜amə‘真的，事实上’｜ipe‘真的｜ləɣen‘真的’｜ewən‘原来’｜kətaw‘那么’｜qun‘那么’｜ʔəmto‘那么’｜naqam‘那么’｜əmə‘而且’

疑问小品词有ʔemi，如：ʔemi Nina？（疑问词　人名.　3单数通格，‘什么妮娜？’），评议小品词有iee（‘好，棒极了’）、ʔetki(ŋ)（‘糟糕’）。

（二）语补词

语补词在功能上类似于叹词，但形式上附于词首表直指（deictic / deixis），或附于词末，起强调作用或表传信作用（如“真的、事实上”）。

它们可能源自叹词毗邻语调的停顿取消所致。汉语中的一些语气词就是这样的产物（马清华，2003），而叹词中也有可供这么操作的指示叹词（马清华，2011）。

【表直指】waj-ənqen（直指-那：3 单数. 通格） | waj-ənqena-t（直指-那-3 复数. 通格） | caj-ənqen（直指-那：3 单数. 通格）【表达传信意义】tumɣə-tə-m enmec ekwet-ɣʔe-t（朋友-通格. 复数-小品词 已经走-完成体-3 复数，‘事实上朋友已经走了。’）【强调】ʔamənə-m（叹词-叹词，比较：ʔamən（叹词）） | ənraqə-m（但是-小品词）；ɣənməjopə-m（更好-小品词） | rʔenutə-m（什么：通格. 单数-小品词，‘什么啊？’）

由于它们有的跟叹词关系显明，有的文献也用反映组并关系的符号＝表示它与词基的附着关系。由此形成的援引式（citation form），如：

（1）rewik-wʔe-t ＝ ʔm，taraɣ-nenat ＝ ʔm，uttə-n-ejmew-jəwə-ninet＝ʔm（搭帐篷-完成体-3 复数＝强调，造房子-3 单数. 主语：3 复数. 宾语＝强调，木头-致使-靠近-集合-完成体：3 单数. 主语：3 复数. 宾语＝强调，‘他们在搭帐篷，他给他们造房子，他给他们带来柴火。’）

例中的语补词 ʔm 可视为接语标记，所以又叫作话语小品词。

（三）否定小品词

否定小品词在句中的功能总体上接近于副词，常作状语，有时也可参与构成其他述谓成分。否定小品词包括否定将来的小品词、否定非将来的小品词、否定祈使的小品词、否定等同的小品词、否定存在的小品词、否定领属的小品词、否定情态小品词、否定的及物小品词。

否定将来和否定非将来的小品词都是祈愿语气下的动态否定，且编码了时（tense）信息。否定将来（对将来某动态事件的否定）的小品词是 qərəm，否定非将来（对过去或现在某动态事件的否定）的小品词是 wanewan 和 etlə。

（2）qərəm ʔən-ə-nm-ə-ɣəm（否定. 将来 3 复数主语. 祈愿-增音-杀死-增音-1 单数宾语，‘他们不会杀死我。’）

（3）qərəm m-ekwet-ɣʔe-k tə-re-jəlqet-ɣʔi（否定. 将来 1 单

数.祈愿-走.出去-祈愿-1单数 1单数-可能-睡觉-完成体：1单数，‘我不要出去，我要睡觉。’）

（4）wanewan nə-janot-ɤʔa-n（否定.非将来 第3人称.祈愿-是.最先-祈愿-3单数，‘他没有最先来。’）

（5）etlə qejuu mən-junr-ə-ɤʔe-n＝ʔm（否定 小牛 1复数.祈愿-选择-增音-祈愿-3单数＝强调，‘我们没有选择小牛。’）

否定祈使的小品词是 ənŋe，例如：

（6）iɤət ənŋe ekwet-ke（现在 否定.劝告 走.出去-否定，‘现在不要出去。’）

否定等同的小品词是 qəcəmena（‘不是’）。例如：

（7）qərəmena-jɤət Cəkwaŋaqaj-eɤət（否定.等同-2单数 人名-2单数通格，‘你不是 Cakwaŋaqaj。’）

（8）qərəmena-t ərucilʔ-ə-t（否定.等同-3复数 俄罗斯人-增音-3复数通格，‘他们不是俄罗斯人。’）

否定等同小品词的特殊之处是能因跟名词性谓语的形态一致关系而获得人称-数形态。比较：

qəcəmena-jɤəm（不是-1单数，‘我不是’） | qəcəmena-jɤət（不是-2单数，‘你不是’） | qəcəmen（不是-3单数，‘他不是’） | qəcəmena-more（不是-1单数，‘我们不是’） | qəcəmena-tore（不是-2单数，‘你们不是’） | qəcəmena-t（不是-3单数，‘他们不是’）

否定存在的小品词是 ujŋe，如：

（9）naqam ujŋe e-milɤer-ke（但是 否定.存在 否定-枪-否定，‘但是这儿没有枪。’）

否定领属的小品词是 ujŋəlʔ，从形式看，可能来自 ujŋe（否定存在，‘不存在’）的名词化，即 ujŋe＋lʔ，如：

（10）ujŋəlʔ-iɤəm orw-ə-ka，ujŋəlʔ-iɤəm a-qora-ka（否定.领属-1单数 雪橇-增音-否定 否定.领属-1单数 否定-驯鹿-否定，‘我没有一只雪橇，我没有驯鹿。’）

否定情态小品词有 camʔam（‘不能’）。如：

（11）camʔam ŋutku ra-twa-ɤʔa（不能 这儿 可能-是-完成体：2单数，‘你不能在这儿！’）

相应的肯定情态小品词是 mecənkə（‘足以，能够’）。

否定的及物小品词有 qoo（‘我不知道’）。如：

（12）qoo，etʔəm anə r-ile-rʔu-ɤʔi（我.不.知道 可能 如此 可能-下雨-起始-完成体：3单数，‘我不知道，天可能会下雨。’）

（四）代句小品词

代句小品词是有指代小句（proclausal）功能的小品词。

ətrʔec-əccʔet（‘情况就是这样’/‘我说完了’）｜welənkəqun（‘谢谢你/你们’）｜jewjew（‘稍微等一下’）。

及物的代句小品词（transitive prociausal particle）有 qoro（‘给我某物’）。例如：

（13）qoro titi-ŋə（给我…… 针线-通格，‘给我针线。’）

所有的否定小品词都有各自的代小句（proclausal）功能，如：

qərəm～qəcəm‘不，我/它不会。’（否定将来）｜wanewan‘不，我/它没有。’（否定非将来）｜ənŋe‘别！’（否定祈使）｜ujŋe‘什么也没有。’（否定存在）｜qərəmen（at）～qəcəmen（at）‘它不是，这儿没有’（否定等同）｜etlə（针对疑问句和祈使句的一般否定）

它们在上下文中的情况如：

问：n-ə-req-iɤət？（非结果-增音-做.什么-2单数，‘你在做什么？’）

答：wanewan（否定.非将来，‘什么也不在做。’）

（14）ənŋe，macənan　ənkə　orw-ə-tkən-ə-k　nə-twa-rkə-n（否定.劝告，足够　这儿　雪橇-增音-表面-增音-处所格　第 3 人称.祈愿-在-非完成-单数，‘别［带她进来］，不如让她待在雪橇上。’）

（五）后置词

楚克奇语有一个充当格标记的后置小品词 reen‘跟……一起’。它用在处所格后面，以分析的形式表达伴随格或关联格。方位词虽然后置，但可有形态变化，不列入小品词。

（六）连词

楚克奇语所有连词都无形态变化，也叫“连接小品词”。常见连词见表 1－18。

表 1－18　　楚克奇语连词分类表

<table>
<tr><td rowspan="2">联合</td><td colspan="2">并列</td><td colspan="2">承接</td></tr>
<tr><td colspan="2">ewət‘和，还有，而且，一样’；ewər‘也’；enmen‘和，并且’；ənkʔam‘和，并且’；cama‘而且’；naqam‘并且’；əmə‘也’；neməqej‘也’</td><td colspan="2">qəmel‘然后’；ənqorə‘从那以后’；ənraq‘然后’；enmen‘然后’；ecɤi‘不久’；qolitək‘一……就……’；qənwer‘最后’</td></tr>
<tr><td rowspan="2">偏正</td><td>因果</td><td>假设</td><td>条件</td><td>背景</td></tr>
<tr><td>qeluq＝ʔm‘因为’；qeluq‘因为’；miŋkəri‘因为’；ənŋin‘因此’</td><td>ewər‘假如’</td><td>wətku‘只有当’</td><td>ənraq‘在那时’</td></tr>
<tr><td rowspan="2">转折</td><td colspan="2">联合类转折（对比转折）</td><td colspan="2">偏正类转折（反预期转折）</td></tr>
<tr><td colspan="2">ətrʔec‘但是’</td><td colspan="2">ənraqə-m‘但是’；naqam‘但是’；ewət‘但是’</td></tr>
</table>

连词用法如例 15，其他用例详见基本句法结构中并列结构（见 p. 140）和各类复句的明示形式（见 pp. 149—159）。

（15）ənkʔam　ənqen　talw-eɤət-taɤn-etə　nožik　qonpə　ənŋin　qora＝nmatə-k（并且　那.3 单数通格　强调-现在-之前-动向格　刀　经常　因此　驯鹿＝杀-非限定，‘而且直到现在，刀子经常被拿去杀驯鹿。’）

语言有四大标记系统，即情态标记、指称标记、结构标记和话语标记，分别服务于陈述类成分、指称类成分、句法结构关系和话语本身（马清华，2005:289；马清华，2014b）。汉语亦莫能外。从语义-语用功能看，楚克奇语小品词又可分情态小品词、指称小品词、结构小品词、话语小品词。

叹词是词句不分的类语言成分，是语言中最原始的类别，由于表达时很大程度上依托于当下情景语境，所以表意模糊，连词是语法化程度最高的成分类别，与上下文语境关系密切，表达的是逻辑关系，因此意义相对清晰。叹词和连词实际处于语言发展的两极，但两者都是小品词，均无形态变化。

第二节　句法结构

楚克奇语作为复综语，其词的形态结构非常复杂，句法结构就相对较为简单。基本句法结构，包括主谓结构、动宾结构、状中结构和定中结构。最常见的是动词作谓语，形容词、数词等也可作谓语。及物动词能带宾语，宾语由名词或代词构成，形成动宾结构。楚克奇语是作格-通格型语言，不及物动词的主语的格标记和及物动词的宾语的格标记相同，都为通格；及物动词主语的格标记为作格。楚克奇还有旁格，在句中修饰谓语动词作状语。此外，还有副词可以作状语。名词缺少属格，但可派生为表领属义的形容词作定语。除表领属义的形容词外，其他类的形容词也可作定语。

一　单词句

（一）动词句

楚克奇语一个词可表示一个句子，简称单词句。最常见的单词句形式是一个动词表示一个句子。动词句包括不及物动词句和及物动词句两种形式。不及物动词句必须包括主语的人称-数特征，及物动词句还必须包括宾语的人称-数特征。

1. 不及物动词句

楚克奇语的不及物动词有表主语的人称-数特征的词缀，既可为前缀，也可为后缀，还可为环缀。第 3 人称单数时，其人称-数形态可省略。人称-数特征和格特征的词缀融合为一个屈折词缀。此外，动词还有表体的词缀，非完成体用-rkən 表示，完成体常为默认的缺省形式。

1）主语人称-数特征为前缀

（1）a. tə-kətɤəntatə-rkən（1 单数-跑-非完成，‘我在跑。’）；b. mət-kətɤəntatə-rkən（1 复数-跑-非完成，‘我们在跑。’）

2）主语人称-数特征为后缀

（2）a. kətɤəntatə-rkəne-tək（跑-非完成-2 复数，‘你们在跑。’）；b. kətɤəntatə-rkə-t（跑-非完成-3 复数，‘他们在跑。’）

（3）a. kətɤəntat-tək（跑-完成体：2 复数，‘你们跑了。’）；b. kətɤəntat-ɤʔa-t（跑-完成体-3 复数，‘他们跑了。’）

（4）a. kətɤəntat-ɤʔe（跑-完成体：3 单数，‘他跑了。’）；b. jəlqet-ɤʔi（睡-完成体：3 单数，‘他睡了。’）；c. tipʔejŋe-ɤʔi（唱歌-完成体：3 单数，‘他唱歌了。’）；d. terɤat-ɤʔi（哭-完成体：3 单数，‘他哭了。’）；e. wʔi-ɤʔi（死-完成体：3 单数，‘他死了。’）；f. kəjew-ɤʔi（醒-完成体：3 单数，‘他醒了。’）；g. jet-ɤʔi（来-完成体：3 单数，‘他来了。’）

3）主语人称-数特征为环缀

（5）a. tə-kətɤəntat-ɤʔa-k（1 单数-跑-完成体-1 单数，‘我跑了。’）；b. mət-kətɤəntan-mək（1 复数-跑-完成体：1 复数，‘我们跑了。’）

4）主语人称-数特征为第 3 人称单数时，为省略形式

（6）kətɤəntatə-rkən（跑-非完成，‘他在跑。’）

2. 及物动词句

及物动词句的非完成体用-rkən 表示，完成体为默认无标记形式。另外，及物动词须包括表示主语的人称-数-格特征和宾语的人称-数特征。

一般来说，主语特征在前，宾语特征在后。

(7) a. tə-winret-ɣət (1单数.主语-帮助-完成体：2单数.宾语，‘我帮助了你。’)；b. tə-winret-tək (1单数.主语-帮助-完成体：2复数.宾语，‘我帮助了你们。’)

(8) a. tə-winretə-n (1单数.主语-帮助-完成体：3单数.宾语，‘我帮助了他。’)；b. tə-winretə-net (1单数.主语-帮助-完成体：3复数.宾语，‘我帮助了他们。’)

(9) a. tə-winretə-rkəni-ɣət (1单数.主语-帮助-非完成-2单数.宾语，‘我在帮助你。’)；b. tə-winretə-rkəni-tək (1单数.主语-帮助-非完成-2复数.宾语，‘我在帮助你们。’)

(10) a. tə-winretə-rkə-n (1单数.主语-帮助-非完成-3单数.宾语，‘我在帮助他。’)；b. tə-winretə-rkə-net (1单数.主语-帮助-非完成-3复数.宾语，‘我在帮助他们。’)

当主语和宾语都为第3人称单数时，两个词缀均居词尾，且融合为一个词缀-nin。

(11) a. winren-nin (帮助-完成体：3单数.主语:3单数.宾语，‘他帮助了他。’)；b. winretə-rkə-nin (帮助-非完成体-3单数.主语:3单数.宾语，‘他在帮助他。’)

二　多词句及基本句法结构

由多个词组成的句子叫多词句。多词句中包含着主谓结构、动宾结构、定中结构、状中结构和并列结构五种基本句法结构。

(一) 主谓结构

楚克奇语的主谓结构多由不及物动词或及物动词加体词性成分构成，作主语的体词成分（名词或代词）的人称、数、格标记特征须与谓语动词的人称、数、格的标记特征一致。形容词、数词等其他成分作谓语时，人称-数的标记特征也须有和主语一致。

1. 动词谓语句

楚克奇语及物动词的宾语和不及物动词的主语有相同的格形式，即通格形式，及物动词的主语采用作格形式。换言之，名词作不及物动词的主语和作及物动词的主语形态标记不同，作不及物动词的主语为通格形式，作及物动词的主语为作格形式。名词的格范畴为零标记（无显性的形态标记）仍予以注明。

1）名词作不及物动词的主语

名词作不及物动词主语时带通格标记，数格形式上和动词的数格特征一致。名词指称意义相当于第 3 人称，它作主语时，动词的屈折词缀相应地也须为第 3 人称（爱斯基摩语和鲍莱语［Baure］均如此）。如楚克奇语的以下例子：

（1）ajwe ekək pəkir-ɤʔi（昨天 儿子-通格.单数 到达-完成体：3 单数.主语，‘昨天儿子到了。’）

（2）ekək ɤəjek-wʔe（儿子:通格.单数 醒-完成体：3 单数.主语，‘儿子醒了。’）

（3）aŋqə untəmek-wʔi（大海:通格.单数 变.平静-完成体：3 单数.主语，‘大海平静了下来。’）

（4）pəkir-ineŋu ŋelwəlʔə-k，qəlawəl-te qaa-ləko-ɤtə qət-ɤʔe-t（到达-非限定 牧群-处所，人-通格.复数 驯鹿-中间-动向格 走-完成体-3 复数，‘到了牧群，这些人在驯鹿之间走着。’）

2）名词作及物动词的主语

名词作及物动词主语时，采用作格标记，谓语动词采用与其特征一致的格、人称-数屈折词缀（如屈折词缀也须为第 3 人称等）。此外，及物动词还须带上与宾语的格、人称-数特征一致的屈折词缀（这在动宾结构中还将提到）。如：

（5）ekke-te aɤtan-nen ŋelwəl（儿子-作格 赶-完成体：3 单数.主语:3 单数.宾语 牧群:通格.单数，‘儿子驱赶了牧群。’）

（6）kətəjɤ-a rələplan-nen nelɤə-n（风-作格 吹走-完成体：3 单数.主语:3 单数.宾语 兽皮-通格.单数，‘风吹走了兽皮。’）

3）人称代词作主语

人称代词作主语时也有两种形式，作不及物动词的主语用通格形式和作及物动词的主语用作格形式。动词也需用跟主语的格、人称-数一致的屈折标记。例如：

(7) ɣət kətɣəntatə-rkə-n（你:通格　跑-非完成体-2 单数，‘你正在跑。’）

(8) ətlon kətɣəntatə-rkə-n（他:通格　跑-非完成体-3 单数，‘他正在跑。’）

(9) ɣəm ənpənacɣ-eɣəm（我:通格　老人-1 单数，‘我是一个老人。’）

(10) mur-i ŋire-muri mətə-pkir-mək（我们-通格　两-1 复数 1 复数.主语-来-完成体：1 复数.主语，‘我们俩来了。’）

(11) iɣər ŋire-muri mət-re-lqət-ɣʔe ɣətɣ-etə.（今天　俩-1 复数　1 复数-可能-去-完成体：1 复数　湖-动向格，‘今天我们俩将去湖那儿。’）

(12) tur-i mənɣətken ənnen parol-tore r-ekwen-ŋə-tək（你们-通格　十　一　加.余数-2 复数　可能-去-可能-完成体：2 复数，‘你们十一个人将去。’）

(13) ɣəm-nan ɣət tə-lʔu-ɣət（我-作格　你:通格　1 单数.主语-看见-完成体：2 单数.宾语，‘我看见了你。’）

2. 非动词谓语句

非动词谓语句包括形容词谓语句、名词谓语句和数词谓语句三种。

1）形容词谓语句

形容词作谓语时，功能和不及物动词类似，其人称-数特征须和主语相同，主语用通格形式。名词作主语时，形容词的屈折标记为第 3 人称。人称代词作主语时，形容词的人称随之改变。

(14) ŋewʔen nə-teŋ-qin jʔarat（妻子:通格.单数　形容词-好-形容词:3 单数　小品词，‘他的妻子很漂亮。’）

(15) ətlon n-erme-qin（他:通格　形容词-强壮-形容词:3 单

数，‘他很强壮。’)

(16) ətr-i n-erme-qine-t（他们-通格 形容词-强壮-形容词-3复数，‘他们很强壮。’)

(17) mur-i n-erme-muri（我们-通格 形容词-强壮-1复数，‘我们很强壮。’)

(18) mur-ɣin jara-ŋə utt-in（我们-领属.复数 房子-通格.单数 木头-领属.3单数，‘我们的房子是木头做的。’)

2) 名词谓语句

名词谓语句表确认、分类、识别等，有时句中也会有意义虚化的系动词，这一系动词是形式上的谓语，系动词也可以不出现，真正的谓语是名词成分，主语可以是独立主语，也可以是形态主语。

A. 表示分类。句中有两个名词，一个是主语，另一个是谓语。

(19) ɣəmnin ekək taraŋə-lʔə-n（我的:3单数 儿子:通格.单数 建筑-分词-通格.单数，‘我的儿子是建筑工人。’)

B. 表示识别。

(20) kako，mitʔiw eŋeŋəlʔ-iɣət.（叹词，我认为 巫师-2单数，‘哦，我认为你是巫师。’)

C. 表示确认。句中系动词 it-‘是，发现’用于对信息的确认。

(21) enmen qol ɣ-it-lin telenjep əm amə（然后 一个 结果-是-结果:3单数.主语 旧时代 小品词 小品词，‘这是旧时代的一个人?’)

(22) kətaw qun，miŋkəri n-it-qin?（小品词 小品词 怎样 非结果-是-非结果:3单数，‘那么，他怎么样了?’)

(23) wəjolʔ-o n-it-qin（服务员-单数 非结果-是-非结果:3单数.主语，‘他是个服务员。’)

3）数词谓语句

数词包括基数词和序数词，都能作谓语，其功能和形容词、不及物动词一样，必须和主语具有相同的人称-数特征，主语用通格形式。楚克奇语基数词除 1 以外，都能作谓语，且须表现为复数形式。如：

问：tur-i　tʔer-turi（你们-通格　多少-2 复数，'你们多少人？'）答 1：mur-i　ŋire-muri（我们-通格　俩-1 复数，'我们俩。'）　答 2：mur-i　ŋireqqlikkin　ənnen　parol-muri（我们-通格　八十　一　加．余数-1 复数，'我们八十一人。'）　答 3：ətr-i　ŋerʔamətləŋə-rɤare（他们-通格　七-3 复数，'他们七人。'）

与数词谓语句同形的结构在更大句法结构里也可以视为同位结构。

（24）mur-i　ŋire-muri　mət-re-lqət-ɤʔe　ɤətɤ-etə（我们-通格　两-1 复数　1 复数-可能-去-完成体：1 复数　湖-动向格，'我们俩都将去湖那儿。'）

（25）tur-i　ŋire-turi　tə-lʔu-tək　emnuŋ-kə（你们-通格　俩-2 复数　1 单数．主语-看-完成体：2 复数．宾语　苔原-处所，'我看见你们俩都在苔原。'）

序数词作谓语时，人称、数特征同样和主语有一致关系。

问：tʔer-qaw-iɤət（多少-序数-2 单数，'你是几号？'）　答：ŋəro-qaw-eɤəm（三-序数-1 单数，'我是 3 号。'）

主语为第 3 人称单数没有特别的标记，但复数要加后缀-t。

mətləŋ-qaw（五-序数（-3 单数），'他第五'）｜ mətləŋ-qawə-t（五-序数-3 复数，'他们第五'）

（二）动宾结构

只有及物动词才能带宾语，名词作宾语时，属第 3 人称，格标记为通格（和不及物动词的主语的格标记相同），动词标记信息中的宾语人称特征为第 3 人称。及物动词必须同时也包括表示主语人称-数、格的屈折词缀。动词标记中的主宾语信息通常主语在前，宾语在后，如果主语和宾语都为第 3 人称则融合为一个屈折词缀，位于词尾。

1. 名词作宾语

名词作动词的宾语，须用通格形式，并且动词也要带上相应的和宾语数格特征的屈折词缀，人称特征为第3人称。

(26) ekke-te tejkə-ninet tiɣə-t（儿子-作格 造-完成体：3单数.主语：3复数.宾语 滑雪板-通格.复数，'儿子造了滑雪板。'）

(27) tə-jpə-nat tiɣə-t（1单数.主语-放.在上面-完成体：3复数.宾语 滑雪板-通格.复数，'［我］放在滑雪板上了。'）

2. 人称代词作宾语

人称代词作宾语也必须用通格形式，并且谓语动词也必须包括和宾语代词语法形态特征一致的屈折词缀。和名词作宾语不同的是，动词的屈折词缀的人称特征和人称代词的人称保持一致。

(28) ɣəm-nan ɣət tə-lʔu-ɣət（我-作格 你：通格 1单数.主语-看见-完成体：2单数.宾语，'我看见了你。'）

楚克奇语双及物结构中，动词词基的宾语后缀有时与直接宾语（通格）有一致关系（如例29），有时则与间接宾语（与格）有一致关系（如例30—31）。

(29) ɣən-əkə ŋəroq nelɣə-t t-re-jəl-ŋə-net（你-与格 三 兽皮-通格.复数 1单数.主语-可能-给-可能-3复数.宾语，'我会把三张兽皮给你。'）

(30) ne-jəl-ɣət waly（3单数：主语-给-2单数：宾语 刀子.通格，'他给你一把刀。'）

(31) ə-nan ɣən-ək ənqen ne-jəl-ɣət（他-作格 你：与格 那：3单数通格 3单数：主语-给-2单数：宾语，'他给你一些东西。'）

（三）状中结构

楚克奇语中用作状语通常是旁格名词和副词。楚克奇语中名词有多种格形式，通格和作格是核心格，用作句子的主语和宾语，其他的格称为旁格，旁格在句中作状语，并且和句中动词不存在人称和数上的一致关系。

1. 旁格名词作状语

除了作格和通格之外，楚克奇语的体词（如名词和代词）还有其他的格特征，如处所格、动向格、关联格、伴随格等，这些格不能作主语和宾语，只能作状语，称为旁格。动词的屈折词缀只和主语和宾语有结构上一致关系，和旁格则没有形态一致关系，只有语义联系。

（32）ŋalwəlʔ-etə tə-pkir-ɣʔe-k（牧群-动向格 1单数-来-完成体-1单数，'我来到牧群。'）

（33）ŋalwəlʔ-etə tə-nŋiwə-tək（牧群-动向格 1单数.主语-送-完成体：2复数.宾语，'我送你到牧群。'）

（34）ɣə-nəɣ-ma m-iwini-cqiwə-k（关联-他-关联 祈愿：1单数-打猎-目的-完成体：1单数，'让我和他打猎去。'）

（35）ɣən-əkə ŋəroq nelɣə-t t-re-jəl-ŋə-net（你-与格 三 兽皮-通格.复数 1单数.主语-可能-给-可能-3复数.宾语，'我会给你三张兽皮。'）

各旁格作状语时，均存在有显见语法化关系的数种意义表现：

1）处所格作状语

A. 通常的处所格不考虑方向和路径。如：

kupre-k（'在网里'）| enmə-k（'在岩石上'）| nəmnəmə-k（'在村庄里'）| jelʔo-na（'在叔叔那儿'）| kawawə-k（'在Kawaw那儿'）| enaalʔə-k（'在邻居那儿'）| emnuŋ-kə（'在苔原里'）

又如以下句例：

（36）weemə-k nə-mkə-qin ənneen wa-rkə-n（河-处所 形容词-许多-形容词：3单数 鱼：通格.单数 是-非完成体-3单数.主语，'河里有很多鱼。'）

（37）murɣə-nan[①] mət-pela-nat ŋinqeɣ-ti ŋalwəlʔə-k（我们-作格 1复数.主语-放-完成体：3复数.宾语 男孩-通格.复数 牧

① 也可为morɣə-nan。

群-处所，‘我们把男孩放在了牧群里。’）

B. 表示时间上的定位。如：

1980 ɣiwi-k（‘在 1980 年’） | kətkətə-k（‘在春季’） | lʔeleŋ-k（‘在冬季’）

在句中的用例如：

（38）emqən-wulqətwi-k nə-tipʔejŋe-qin（每-夜晚-处所 非结果-唱歌-非结果:3 单数，‘每个夜晚她都唱歌。’）

C. 表示比较的对象。所用形容词带比较级后缀-ŋ。

（39）ətlon tumɣə-k əpnə-ŋ wa-lʔə-n（他:通格 朋友-处所 年长-比较 是-分词-通格.单数，‘他比他的朋友大。’）

（40）ətlon cakettə-k taŋə-ŋ nə-tipʔejŋe-qin（她:通格 姐姐-处所 好-比较 非结果-唱歌-非结果:3 单数.主语，‘她唱歌比她的姐姐好。’）

D. 表示被作用者的受作用之物。

（41）ətləɣ-e atənwan-nen ekək mənɣə-k（父亲-作格 伤-完成体：3 单数.宾语 儿子:通格.单数 手-处所，‘父亲伤了儿子的手。’）

E. 在由处所格和后置词 reen‘和，一起’组成的结构中表伴随关系。

（42）ʔaacek jelʔo-na reen nə-jalɣət-qena-t（年轻人:通格.单数 叔叔-处所:单数 和 非结果-漫步-非结果-3 复数，‘那个年轻人和他的叔叔一起漫步。’）

（43）wəkwə-lɣən kuwlətku-ɣʔi ŋinqejə-k reen（石头-通格.单数 滚-完成体：3 单数 男孩-处所 和，‘石头跟着男孩一起滚下去。’）

2）动向格作状语

A. 表示运动的路径方向。

（44）əməlʔo　kətɤəntat-ɤʔa-t　jara-ɤtə（所有人:3 复数:通格　跑-完成体-3 复数　房子-动向格，‘每个人都跑到了房子那儿。’）

B. 表示动作的间接客体。

（45）ʔaacek-a　rintə-ninet　omqa-ɤtə　lili-t（年轻人-作格　扔-完成体：3 单数. 主语:3 复数. 宾语　北极熊-动向格　手套-通格. 复数，‘年轻人把手套扔给北极熊。’）

（46）ətləɤ-e　akka-ɤtə　ɤətka-lɤən　məle-nin（父亲-作格　儿子-动向格　腿-通格. 单数　断-完成体：3 单数. 主语:3 单数. 宾语，‘父亲把儿子的腿摔断了。’）

C. 表示作格行为的受益者。

（47）mirɤ-e　tejkə-nin　ŋenqaj-etə　ərətqej（祖父-作格　造-完成体：3 单数. 主语:3 单数. 宾语　男孩-动向格　小弓:通格. 单数，‘祖父给小男孩做了一个小弓。’）

D. 表示目的。

（48）ŋewəcqet　pəkir-ɤʔi　tete-ɤtə（女孩:通格. 单数　来-完成体：3 单数　针-动向格，‘女孩为针而来。’）

（49）cawcəwa-t　ekwet-ɤʔe-t　welətkora-ɤtə　kemetʔ-etə（牧民-通格. 复数　去-完成体-3 复数. 主语　商店-动向格　货物-动向格，‘牧民为货物而去商店。’）

3）离格作状语

A. 表示路径起点或经过。例如：

ŋalwəl-epə（‘从兽群，沿着兽群’）｜ amnoŋ-ɤəpə（‘从苔原，沿着

苔原’）

B. 表示施加作用的着力点。

（50）ʔəttʔ-e juu-nin umqə ɣətka-jpə（狗-作格 咬-完成体：3单数.主语：3单数.宾语 北极熊：通格.单数 腿-离格，‘狗咬了北极熊的腿。’）

C. 表示来源。

（51）inʔe cawcəwa-rɣəpə qoratʔol ɣe-ret-lin（早 驯鹿饲养员-离格.复数 鹿肉：通格.单数 结果-带-结果：3单数.宾语，‘鹿肉早早地就从驯鹿饲养员那儿带来了。’）

（52）pəŋəl ɣa-walom-len wəkwəŋa-rɣəpə（消息：通格.单数 结果-听说-结果：3单数.宾语 Wekwenan-离格.复数，‘消息从Wekwenan那儿听来的。’）

D. 表示材料。

（53）jara-ŋə wykw-epə ɣa-ntomɣaw-len（房子-通格.单数 石头-离格 结果-建造-结果：3单数.主语，‘房子是石头建的。’）

E. 表示原因。

（54）cʔacaŋ-ɣəpə miməl ɣe-qitə-lin（霜冻-离格 水.通格.单数 结果-结冰-结果：3单数.主语，‘水由于霜冻结冰了。’）

4）位向格作状语

A. 表示定位的处所。

（55）ŋelwəl nə-twa-qen ɣətɣə-ɣjet（牧群：通格.复数 非结果-是-非结果：3单数 湖-位向格，‘牧群在对着湖的地方。’）

B. 表示求同关系。

（56）qə-tejkə-ɣən　walə　epe-nin　wala-ɣjet（祈愿:2 单数. 主语-做-3 单数. 宾语　刀:通格. 单数　祖父-领属:3 单数　刀-位向格，‘按照祖父刀的式样做一把刀。’）

5）伴随格作状语

A. 表示同等伴随关系。

（57）ŋinqej　ɣe-tumɣ-e　pəkir-ɣʔi（男孩:通格. 单数　伴随-朋友-伴随　来-完成体：3 单数. 主语，‘男孩和他的朋友一起来了。’）

（58）riquke-te　ɣa-jatjol-a　penrə-nenat　pipiqəlʔə-t（北极狐-作格　伴随-狐狸-伴随　扑-完成体：3 单数. 主语:3 复数. 宾语　老鼠-通格. 复数，‘北极狐和狐狸一起扑向了老鼠。’）

（59）umqe-te　rərənɣiiw-nin　jatjol　ɣe-riquke-te（熊-作格　遇见-完成体：3 单数. 主语:3 单数. 宾语　狐狸:通格. 单数　伴随-北极狐-伴随，‘熊遇见了北极狐和狐狸。’）

B. 表示连带关系。

（60）ətlon　pəkir-ɣʔi　ɣa-pojɣ-a（他:通格　到来-完成体：3 单数　伴随-矛-伴随，‘他带了一支矛来。’）

（61）ʔaacek　ŋətocqəcat-ɣʔe　ɣa-melɣar-ma（小伙子:通格. 单数　跑出去-完成体：3 单数　关联-枪-关联，‘小伙子拿着枪跑了出去。’）

6）关联格作状语

关联格作状语表以下意义：

A. 表示关联关系。

（62）ʔəttʔə-n　ɣa-qajʔəttʔəqaj-ma　jara-k　nə-twa-qen（狗-通格. 单数　关联-幼崽-关联　房子-处所　非结果-在-非结果:3 单数.

主语，‘狗和它的幼崽都在屋子里。’）

（63）luur pintəqet-ɣʔi umqə ɣa-qajomqaqaj-ma（突然 出现-完成体：3单数 熊：通格.单数 关联-幼崽-关联，‘突然熊和它的幼崽都出现了。’）

（64）morɣə-nan mət-jʔo-ɣʔa-n umqə ɣa-qajomqaqaj-ma（我们-作格 1复数.主语-到达-完成体-3单数.宾语 熊：通格.单数 关联-幼崽-关联，‘我们靠近了熊和它的幼崽。’）

（65）tumɣ-e ɣ-otkonaɣ-ma penrə-nen emcʔacoka-lɣən（朋友-作格 关联-棍棒-关联 冲-完成体：3单数.主语：3单数.宾语 貂-通格.单数，‘朋友拿着棍棒冲向了貂。’）

B. 格变化类型3（见pp. 44—48）表伴随关系的指人名词用关联格表示。

（66）Kawaw pəkir-ɣʔi ɣa-cawcəwa-rəma（Kawaw：通格.单数 到达-完成体：3单数 关联-牧民-关联：复数，‘Kawaw和牧民一起来了。’）

关联格和伴随格在意义关系上极为相近，故而A. Spencer（1999）把伴随格叫“第一伴随格”，把关联格叫“第二伴随格”。

7）指示格作状语

A. 表示同等关系。

（67）ŋotqen ənneen weem-kineə-nn-u nə-pera-qen（这：3单数 鱼：通格.单数 河-关系-鱼-指示：单数 非结果-像-非结果：3单数.主语，‘这种鱼像河鱼。’）

B. 表示对系词结构的补足。

（68）ekək ʔaacek-o ɣe-nʔet-lin（儿子：通格.单数 小伙子-指示：单数 结果-变化-结果：单数.主语，‘儿子变得像一个小伙子。’）

（69）ʔaacek winretə-lʔ-u n-it-qin（小伙子：通格.单数 帮忙-

分词-指示：单数　非结果-是-非结果：3 单数. 主语，‘小伙子是个帮手。’）

C. 表示对主语的补足。

（70）ətlon　cawcəwa-no　ɤe-lɤə-lin（他：通格　驯鹿饲养员-指示：单数　结果-认为-结果：3 单数. 主语，‘他被认为是驯鹿饲养员。’）

D. 表示对宾语的补足。

（71）əpnənacɤ-a　uttəlqəl　keŋuneŋe-nu　rətcə-nin（老人-作格　树枝：通格. 单数　权杖-指示：单数　处理-完成体：3 单数. 主语：3 单数. 宾语，‘老人把树枝做成了权杖 [←老人处理树枝，使之成为权杖]。’）

E. 表示事物的功用。

（72）ənpənacɤ-a　tanŋənelɤə-n　ricit-u　n-enajaa-qen（老人-作格　绳子-通格. 单数　腰带-指示：单数　非结果-用-非结果：3 单数. 宾语，‘老人把绳子当腰带用。’）

F. 表示意想的相关对象。

（73）ɤəm-nan　ətr-i　ənʔe-nu　n-ine-lɤi-ɤəm（我-作格　他们-通格　哥哥-指示：复数　非结果-3 复数. 宾语-认为-1 单数. 主语，‘我认为他们是哥哥。’）

2. 副词作状语

副词作状语，如方式副词和由名词派生的副词用例：

（74）eqəlpe　mət-wiri-mək　ənkʔam　mət-kətɤəntan-mək　nəmnəm-etə（很快地 1复数-下-完成体：1复数（连接） 1复数-跑-完成体：1复数 村庄-动向格，‘我们很快下了山，跑进了村庄。’）

（75）waj-ənqen ɣətɣə-n weem-mil jəqə-mimlə-lʔə-n（直指-那：通格：3单数 湖-通格.单数 河-副词 快-水-分词-通格.单数，‘湖里的水和河里的一样快。’）

副词作状语用法另见 pp. 100—103。

3. 形容词作状语

某些形容词也可以作状语。如惯常形容词表连带关系时作状语：

（76）ətlon pəkir-ɣʔi ɣa-pojɣə-len（他：通格 到达-完成体：3单数 惯常-矛-惯常：3单数，‘他带着一支矛来了。’）

否定形容词可以通过如下变格，用作副词，表示否定拥有、否定携带、否定伴随、否定工具、否定材料等：在变格类型1里，用环缀 e-...-ke 表单数或复数，在变格类型2里，用环缀 e-...-ke 表单数，环缀e-...-rəke 表复数。例如：

【变格类型1】a-rərka-ka‘没有海象’（单数/复数）｜ e-milɣer-ke‘没有枪’（单数/复数）｜ a-pojɣə-ka‘没有矛’（单数/复数）【变格类型2】a-jelʔo-ka‘没有叔叔’（单数）｜ a-jelʔo-rəka‘没有叔叔’（复数）【变格类型3】e-ŋinqej-ke‘没有男孩’（单数/复数）

这种形式之所以可以看作副词，是因为它和名词不存在一致关系，且可修饰动词。如：

（77）ətlon pəkir-ɣʔi a-pojɣə-ka（他：通格 到达-完成体：3单数 否定-矛-否定，‘他没有带着矛来。’）（否定携带）

（78）cakett-a a-tlʔa-ka tejkə-ninet lile-t（姐姐-作格 否定-妈妈-否定 做-完成：3单数.主语：3复数.宾语 露指手套-通格.复数，‘姐姐（在）没有妈妈（陪着的情况下）做了露指手套。’）（否定伴随）

不过否定形容词的组并形式可有人称-数的变格，并表现出与主要动词的形态一致关系。

(79) tur-i ajmak=emte-kəlʔə-tore wəne qə-raɣtə-tək(你们-通格 否定:躯体=带走-否定-2复数 叹词 祈愿:2复数-回家-完成体:2复数,'你们,不要带躯体回家。')

(四)定中结构

楚克奇语用作定语的成分包括形容词、代词、数词等。

1. 形容词作定语

形容词和被修饰名词之间的语法约束关系要么是一致关系,要么是组并关系。形容词修饰的是旁格名词时,两者常以组并方式结合。组并后,性质形容词失去所有形态标记,但其他形容词则可保留它们的一些派生后缀(例见p.52)。因此,形容词在使用中常或用作独立谓语,或用作通格的独立定语,或在组并式中作定语。形容词以独立定语形式修饰旁格名词的情形,往往只有在形容词表达的特征需要被强调时才会发生。独立定语和中心语名词是否存在数、格的一致关系,不同的形容词情况不一。

1)领属形容词作定语

领属形容词作定语时,跟名词没有数-格的一致关系。先比较修饰通格名词的情形:

(80) a. ɾultə-nin milɣer(Rulten-领属:3单数 枪:通格.单数,'Rulten的枪');b. ɾultə-rɣin milɣer(Rulten-领属:3复数 枪:通格.单数,'Rulten们的枪。')

(81) a. mur-ɣin jara-ŋə utt-in(我们-领属:复数 房子-通格.单数 木头-领属:3单数,'我们的房子是木头做的。');b. mur-ɣin nanqə-t nə-tʔəl-qine-t(我们-领属:复数 肚子-通格.复数 非结果-疼痛-非结果-3复数,'我们的肚子疼。')

再比较修饰旁格名词的情形:

(82) rərk-en waŋqət-te n-iwlə-qine-t(海象-领属:3单数 长牙-通格.复数 形容词-长的-形容词-3复数,'海象的长牙很长。')

（83）qora-ŋə tə-kənʔu-ɤʔen ənpənacɤ-en caa-ta（驯鹿-通格.单数 1单数.主语-抓-完成时:3单数.宾语 老.男人-领属-3单数 套索-工具格，‘我用老男人的套索抓到了驯鹿。’）

2）关系形容词作定语

关系形容词作独立定语时，与被修饰的通格名词往往有人称-数的一致性。具体地说，它取何种人称-数形式，要视被修饰名词的人称-数而定。如：

（84）a. umkə-kin ɤatlə（森林-关系.3单数 鸟.3单数，‘森林里的一只鸟’）；b. umkə-kine-t ɤalɤa-t（森林-关系-3复数 鸟-3复数，‘森林里的一些鸟。’）

例中“森林”的人称-数形式有赖于它修饰的中心语名词“鸟”的人称-数形式。例84a关系形容词是第3人称单数，不加标记，例84b关系形容词用了第3人称复数，加标记-t，尽管“森林”的实际意义仍为单数。但一致关系的存在并不绝对，如下面表集体-部分关系的语例中就没有这样的一致关系。

（85）a. ŋireq ŋinqejə-mkə-kin（两 男孩-群-关系:3单数，‘男孩中的两个。’）；b. qut-ti ŋinqejə-mkə-kin（一些-通格.复数 男孩-群-关系:3单数，‘男孩中的一些人。’）

只有在强调的情况下，关系形容词才和所修饰的旁格名词有形态上的一致关系。如下例：

（86）emnuŋ-kine-k nəmnəmə-k ŋirece mətə-tkiw-mək（苔原-关系-处所 沉淀-处所 两次 1复数.主语-熬夜-完成体：1复数.主语，‘我们熬夜做了两次苔原沉淀工作。’）

3）性质形容词作定语

性质形容词与被修饰的通格名词有数的一致关系。比较：

（87）a. n-erme-qin　ʔəttʔə-n（形容词-强壮-形容词：3 单数　狗-3 单数，‘一条壮狗’）；　a. n-erme-qine-t　ʔəttʔə-t（形容词-强壮-形容词-3 复数　狗-3 复数，‘壮狗们’）

性质形容词可基于强调，以独立定语形式修饰工具格或处所格这两种旁格，并呈格的一致关系。如下例中表大的形容词和表船的形容词处所格形态一致。

（88）nə-mejəŋ-qine-k　ʔətwə-k　wakʔo-ɤʔa-t　kəlɤənken　ʔorawetlʔa-t（形容词-大-形容词-处所　船-处所　登上-完成体-3 复数. 主语　十五个　人-通格. 复数，‘十五个人登上了一只大船。’）

4）惯常形容词作定语

惯常形容词与被修饰的通格名词有数的一致关系。如：

（89）kojŋə-n　ɤe-mimət-lin（杯子-通格. 单数　惯常-水-惯常：3 单数，‘一杯子水［←有水的杯子］’）

2. 数词作定语

1）基数词作定语

名词中心语为通格时是独立形式。

ənnen　orawetlʔa-n（一　人-通格. 单数，‘一个人’）｜ŋireq　orawetlʔa-t（二　人-通格. 复数，‘两个人’）｜ŋireq　ŋinqeɤ-ti（两　男孩-通格. 复数，‘两个男孩’）｜ənnanmətləŋen　jara-t（六　房子-通格. 复数，‘六个房子’）｜kəlɤənken　ənnen　parol　riquke-t（十五　一　加. 余数　北极狐-通格. 复数，‘十六只北极狐’）

名词中心语为旁格时为组并形式。

基数词和去名词化形容词（如领属形容词、关系形容词等）形式连用时，为组并形式。例如：

（90）a. ŋiren＝ʔəttʔ-en　renreŋ（3-狗-领属. 形　饲料，‘3 只狗的饲料’）；b. ŋəran＝waam-ken　ənneen（4-河-关系. 形　鱼，‘4 条

河里的鱼’)

2）序数词作定语

序数词作定语时，若中心语名词为单数，则序数词数标记为零形式，即默认式，若中心语名词为复数，则序数词也加复数标记。

ŋəro-qaw wəkwə-n（三-序数 石头-通格.单数，‘第三块石头’）｜ənnen-qew jara-ŋə（一-序数 房子-通格.单数，‘第一间房子’）｜kəlɣənken ənnen parol-qaw jatjol（十五 一 加.余数-序数 狐狸：通格.单数，‘第十六只狐狸’）｜ənnen-qewə-t jara-t（一-序数-复数 房子-通格.复数，‘第一排房子’）｜kəlɣənken ənnen parol-qawə-t lili-t（十五 一 加.余数-序数-复数 手套-通格.复数，‘第十六副手套’）

序数词还有领属和关系两种形容词形式。领属类序数形容词可作谓语名词的定语，此时该序数词的人称-数标记跟谓语名词的一致。若谓语名词略而不说，则领属类序数词仍保留本与之一致的人称-数标记。如：

问：tʔer-qew-ine-jɣət ekke-jɣət（多少-序数-领属-2单数 儿子-2单数，‘你在儿子中排第几［←你是第几个儿子］？’） 答：ŋire-qew-ine-jɣəm（二-序数-领属-1单数，‘我第二。’）

关系类序数形容词表示指称物体的顺序。如：

（91）ŋəro-qaw-ken wəkwə-n（三-序数-关系：3单数 石头-通格.单数，‘第三块石头’）

中心语名词为通格时，序数形容词常为独立形式（如例91）。当中心语名词为旁格时，除有时和工具格、处所格有一致关系外，一般不和其他旁格名词有一致关系。比较：

（92）mətə-tkiw-mək ŋəro-qaw-kena-k jara-k（1复数-熬夜-完成体：1复数 三-序数-关系-处所 房子-处所，‘我们在第三间房子熬夜。’）

（93）ŋəro-qaw-en ŋawʔan-etə qə-twə-ɣən（三-序数-领属：3单数 妻子-动向格 祈愿：2单数.主语-告诉-3单数.宾语，‘告诉第三位妻子。’）

当序数形容词所修饰的中心语名词为旁格且旁格名词代前缀时，须为组并形式。如：

ɣa-ŋəro-qaw-ena-cakett-a（伴随-三-序数-领属-姐姐-伴随，‘和第三个姐姐’）｜ ɣa-ŋəro-qaw-kena-meməl-ma（伴随-三-序数-关系-海豹-伴随，‘和第三个海豹’）｜ ɣa-mənɣətken ənnen parol-qaw-kena-meməl-ma（伴随-十 一 加．余数-序数-关系-海豹-伴随，‘和第十一个海豹’）

3. 代词作定语

1）领属代词作定语

领属代词有拥有和相关两类。它作定语有两种方式。一种是独立式，此时中心语名词是通格名词，领属代词为独立形式。另一种是组并式，此时中心语名词为旁格，它们通常须与中心语名词组并。领属代词在表示拥有的独立式中带领属后缀，但在组并式里则不带该标记。比较：

独立式——A. 拥有类：ɣəm-nin milɣer（我-领属:3 单数 枪:通格.单数，‘我的枪’）｜ ɣəmn-ine-t milɣerə-t（我-领属-3 复数 枪:通格.复数，‘我的枪’）。B. 相关类：ər-əke-kin umqə（他们-附加-关系:3 单数 北极熊-通格.单数，‘跟他们有关的一只北极熊’）｜ ər-əke-kine-t umqe-t（他们-附加-关系-3 复数 北极熊-通格.复数，‘跟他们相关的那些北极熊’）

组并式——A. 拥有类：ɣəməɣ＝milɣer-e（我:领属＝枪-工具，‘用我的枪’）｜ morək＝orwə-k（我们的:领属＝雪橇-处所，‘在我们的雪橇上’）｜ ɣa-ɣəməɣ＝melɣar-ma（关联-我:领属＝枪-关联，‘带着我的枪’）。B. 相关类：ɣənəka-kena＝melɣar-etə（你-关系＝枪-动向格，‘朝你的枪’）｜ torəka-kena＝orwə-k（你们-关系＝雪橇-处所，‘在你们的雪橇上’）｜ ɣa-ɣənəka-kena＝melɣar-ma（关联-你-关系＝枪-关联，‘带着你的枪’）

即使中心语名词为旁格时，为了强调领属关系，也可以用独立式。但这种情况以相关类为常，拥有类很少见。如：

（94）ɣəm-nin milɣer-e ɣa-nmə-len umqə（我的-领属:3 单数 枪-工具格 结果-杀死-结果:3 单数 北极熊:通格.单数，‘北极熊被我的枪杀了。’）

（95） jep ŋireq tejucɤə-n pela-ɤʔa-t ɤəm-nine-k orwə-k（更 两 袋子-通格.单数 保持-完成体-3复数 我-领属-处所 雪橇-处所，‘两袋多仍然在我的雪橇上。’）

（96） ɤənəka-kena-jpə orw-epə ŋəroq ʔəttʔə-t ŋət-ɤʔe-t（你-关系-离格 雪橇-离格 三 狗-通格.复数 撕咬.宾语-完成体-3复数，‘从你的雪橇那来的三条狗撕咬起来。’）

独立式的中心语名词具有人称-数标记时，作为其定语的领属代词的人称-数标记须和中心语名词一致。其原因与中心语名词在更大结构中的谓语或潜在谓语的身份有关。

（97） ɤəm ɤə-nine-jɤəm ekke-jɤəm（我：通格 你-领属-1单数 儿子-1单数，‘我是你的儿子。’）

（98） mur-i turɤ-ine-muri tumɤə-muri mətə-pkir-mək torəka-ɤtə（我们-通格 你们-领属-1复数 朋友-1复数 1复数-来-完成体：1复数 你们-方向，‘我们，你们的朋友，来这儿了。’）

2）指示代词作定语

作定语时和中心语名词的人称-数相同。

ŋotqen ŋinqej（这：3单数 男孩：通格.单数，‘这个男孩’）| ŋotqena-t ŋinqeɤ-ti（这-3复数 男孩：通格.复数，‘这些男孩’）| ŋotqen ŋewəcqet（这：3单数 妇女：通格.单数，‘这个妇女’）| ŋotqena-t ŋewəcqet-ti（这-3复数 妇女-通格.复数，‘这些妇女’）

它所在句中的情况如例99：

（99） tur-i ənqena-turi ŋewəcqet-turi（你们-通格 那-2复数 女人-2复数，‘你们是那些女人。’）

指示代词是否具有格特征是可选的，当它被强调，修饰的中心语是指人的名词时，必须具有格标记。中心语名词省略时，中心语名词的格标记由指示代词体现。

（100） a. reqə-ɣjit　qətə-lʔə-lqəl-muri　ŋalwəlʔ-etə　waj（什么-位向格　去-分词-必须-1复数　牧群-动向格　小品词，‘朝着哪个方向去牧群？’）；b.　ŋotqena-ɣjet（这-位向格，‘朝这（方向）。’）

（101） a. mek-ɣəpə　ŋəto-ɣʔe-t　ətr-i（谁-离格.单数　出去-完成体-3复数　他们：通格，‘他们从哪些人那儿出去的？’）；b. ŋotqenə-rɣəpə（这-离格.复数，‘从这些人这儿。’）

组并形式。被指示代词限定的中心语名词为旁格时，常可用组并形式。但当旁格标记用前缀标记时，则必须用组并形式。

【第1组】ŋutin＝ŋinqejə-k（这个＝男孩-处所，‘在这个男孩这儿。’）｜ənŋinə＝npənacɣə-k（那个＝老人-处所：单数，‘在那个老人那儿。’）【第2组】ɣe-ŋutin＝ŋinqej-e（伴随-这个＝男孩-伴随，‘和这个男孩一起。’）

指示代词被强调，且修饰的中心语名词指人并没有前缀标记时，指示代词用独立形式，并带格-数标记。

（102） ŋotqenə-na　ŋinqejə-k（这个-处所：单数　男孩-处所，‘在这个男孩这儿。’）

3）疑问代词作定语

疑问代词 meŋin ‘谁’ 和 rʔenut ‘什么’ 有拥有类和相关类两种不同类型的领属形容词用法。拥有类领属形式 mikə-nin(e)- ‘谁的’（单数），mikə-rɣin(e) ‘谁的’（复数），req-in(e)- ‘什么东西的’（复数）。相关类领属形式 miŋke-kin(e)- ‘谁的’，rʔe-kin(e)- ‘什么的’。-kin(e)-是相关类领属标记，在和中心语名词组并时省去。

疑问代词在使用中有独立式和组并式两种。其组并式反映它们在词内部的定语作用。

mikə-nine＝nilɣə-k（谁-领属＝带子-处所，‘在谁的带子上？’）｜rʔe-kine＝nilɣə-k（什么-关系＝带子-处所，‘在什么的带子上？’）｜rʔa＝waɣərɣə-n（什么＝生活-通格.单数，‘什么生活？’）｜req＝orwə-k（什么＝雪橇-处所，‘在什么雪橇上’）｜rʔe＝nilɣə-k（什么＝带子-处所，‘在什么带子上？’）

（五）并列结构

并列结构有两种，一种是句法的并列结构，与主谓结构、动宾结构之类相对待，如并列短语，另一种是逻辑的并列结构，与因果复句、假设复句之类相对待，如并列复句。这里说的是前者。从形式上看，句法的并列结构分无标记的和有标记的两种。

1. 无标记。

mur-i ətlon（我们-通格 他：通格，‘我们和他’）｜ tur-i meŋin（你们-通格 谁-通格.单数，‘你们和谁’）｜ mur-i Kawaw（我们-通格 Kawaw-通格.单数，‘我们和 Kawaw’）｜ mur-i tumɤə-tum（我们-通格 朋友-通格.单数，‘我们和我们的朋友’）

通格复数人称代词和通格名词连用时，表示集合里有两类指称对象。

2. 用并列连词 ənkʔam（和），ewət（和、还有）等连接名词性成分。

（103） ʔamən əntuulpər＝ʔm ənkʔam ənnen ʔoratceq-qaj rəɤnu-w-ninet ewət cakəɤet（叹词 姐夫.3 单数通格＝强调 和 一个 年轻人-小称.3 单数通格 致使-落后-致使-3 单数主语.3 复数宾语 还有 姐姐.3 单数.通格，‘然后他离开了姐夫和一个年轻人还有姐姐。’）

（104） iee ləɤen nəmə-twa-ɤʔa-t ənqen ənŋin ənpənacɤə-qaɤ-te cakəɤet ewət əntuulpər ətlon（很好 真的 定居-在-完成体-3 复数.主语 那：3 单数.通格 因此 老人-小称-3 复数通格 姐姐.3 单数通格 和 姐夫.3 单数通格 他：通格，‘所以老人们、姐姐和他的姐夫他们在那里住得都很好。’）

（105） cawcəwa-t＝ʔm ewət ŋʔocʔə-qaɤ-te enaralʔə-t（驯鹿饲养员-3 复数通格＝强调 和 穷人-小称-3 复数通格 邻居-3 复数通格，‘有钱人［←富有牧群的人］也有贫穷的邻居［←富人和穷人是邻居］’）

（六）同位结构

人称代词复数可以和同位语名词复指连用，做主语和直接宾语（见例 106—109）。此时的同位语名词具有与人称代词一致的人称和数特征。从句法角度看，这种建立在等同关系基础上的同位关系可能是由名词作谓语的主谓结构变来的。

（106） mur-i ŋinqej-muri mət-ekwen-mək ŋalwəlʔ-etə（我们-通格　男孩-1复数　1复数-去-完成体：1复数　牧群-动向格，‘我们这些男孩去了牧群。’）

（107） morɤə-nan ŋinqej-muri mət-tejkə-net ʔəlra-t（我们-作格　男孩-1复数　1复数.主语-做-完成体：3复数.宾语　雪屋-通格.复数，‘我们这些男孩做了一些雪屋。’）

（108） mur-i ŋinqej-muri ne-nŋiwə-mək ŋalwəlʔ-etə（我们-通格　男孩-1复数　3复数.主语-送-完成体：1复数.宾语　牧群-动向格，‘他们送我们这些男孩去了牧群。’）

（109） tur-i tumɤə-turi emnuŋ-kə mət-lʔu-tək（你们-通格　朋友-2复数　苔原-处所　1复数.主语-看见-完成体：2复数.宾语，‘我们看见你们这些朋友在苔原。’）

（七）语序

楚克奇语存在 SVO 和 SOV 两种语序，以 SOV 为常见语序。

（110） ərɤə-nan jaracɤə-n ne-tejkə-ɤʔe-n.（他们-作格　帐篷-通格.单数　3复数.主语-做-完成体-3单数.宾语，‘他们做了一个帐篷。’）

（111） qametwa-ɤʔa-t， neme ləɤen ne-nwə-ɤʔe-n qeme-ŋə（吃饭-完成体-3复数.主语　又　小品词　3复数.主语-收好-完成体-3单数.宾语　碟子-通格.单数，‘他们又吃了，然后收好碟子。’）

主语一般在句首，有时也可以位于宾语后。

（120） kelə ŋewʔen-e iw-nin...（魔鬼:通格.单数　妻子-作格　告诉-3单数.主语:3单数.宾语，‘妻子告诉魔鬼……’）

定中结构中，修饰语既可以前置，也可以后置，前置为常见形式。

（121） imcecʔu-kin nelɤə. qeɤ-ti（貂-关系:3单数　兽皮．小-通格.复数，‘貂的小毛皮’）

(122) ə-nin uwik cinit-kin（他-领属 身体 自己-关系:3单数，‘他自己的身体’）

(123) ɣəttepə. cʔə-n kelʔe-kin ik-wʔi...（最老的-通格.单数 魔鬼-关系:3单数 说-完成体：3单数.主语，‘最老的魔鬼说……[←魔鬼中最老的说……]’）

系词结构的名词主语必须处于谓语前，这种情况下的语序是不自由的。由其衍生出的同位结构，也继承了该语序。如：

(124) mur-i cawcəwa-more（我们-通格 驯鹿饲养员-1复数，‘我们是驯鹿饲养员。’）

(125) ɣə-nan ŋinqej-iɣət qə-tiŋu-ɣə-tək[①] ŋilɣə-n（你-作格 男孩-2单数 祈愿:2单数.主语-系-完成体-3单数.宾语 皮带-通格.单数，‘你是个男孩子，系紧皮带。’）

三 复杂结构

（一）论元结构的复杂化

1. 致使结构

楚克奇语的致使结构用前缀 r-/n-或环缀 r-/n-...-ew、r-/n-...-et、r-/n-...-ŋet 表示（参 pp. 87—88）。致使词缀既可用于不及物动词（如例 1b），也可用于及物动词（如例 2b）。比较：

(1) a. enmen raɣtə-ɣʔe，metek-wʔi.（然后 回家-完成体：3单数.主语 不能做-完成体：3单数.主语，‘最后她回到家，她不能做任何事。’）；b. enmen anə ŋalwəlʔə-cɣə-n na-n-raɣt-at-ɣʔa-n.（然后 小品词 牧群-巨称-通格.单数 3复数.主语-致使-回家-致使-完成体-3单数.宾语，‘他们把牧群带回家。’）

(2) a. kelʔe-k əm qəliket-ɣʔi.（魔鬼-处所 小品词 结婚-完

① I. A. Muravyova et al.（2001:110）认为这里的“qə-...-ɣə”是第2人称复数与语气的融合性环缀。

成体：3 单数.主语，‘她嫁了一个魔鬼。’)；b. kalʔa-ɣtə ɣ-ine-n-ʔelikew-iɣət.（魔鬼-动向格　结果-1 单数.宾语-致使-结婚-2 单数.主语，‘你让我嫁了一个魔鬼。’)

致使结构中的动词役事可省略。

（3）ɣəm-nan t-r-ekwet-ewə-n ŋalwəlʔ-etə（我-作格　1 单数.主语-致使-去-致使-完成体：3 单数.宾语　牧群-动向格，‘我送[他] 到牧群去。’)

双及物动词的役事可以不被表示，用动向格（例 4）或处所格表示。

（4）ənpəŋew-e rə-tenmə-nen irʔə-n ŋaakka-ɣtə（老人-作格　致使-尝试-完成体：3 单数.主语：3 单数.宾语　皮大衣-通格.单数　女孩-动向格，‘老妇人给女孩试皮大衣。’)

2. 逆被动结构

逆被动结构是二元谓词的去及物化结构。在及物动词结构中，受事论元为宾语，在逆被动结构中，这一论元被压制为隐含论元或以旁格形式标记出来。逆被动结构是被动结构的镜像结构，在被动结构中是施事论元被压制或者被移除，而逆被动结构中受事论元被压制或移除。逆被动结构借着附丽在动词上的逆被动标记 ine-的帮助，使信息结构（communicative structure）得以调整，在许多情况下，可移除语用上居于凸显位置的论元，形成新的聚焦点，增加了及物动词主语论元的地位，逆被动标记 ine-和一致标记‘3 单数.宾语’形式相同[①]（参 I. Š. Kozinsky et al. 1988：652；I. A. Muravyova et al. 2001：107）。后缀-tku 或-tko 也有逆被动（antipassive）标记的作用（参 pp. 78—83）。

（5）a. morɣə-nan əpnənacɣə-more mətə-ntenmaw-mək wanə

① I. A. Muravyova et al.（2001：107）误为“与一致标记‘1 单数.宾’形式同”，‘1 单数.宾’形式是-ɣəm，相差甚远。

（我们-作格　老人-1 复数　1 复数.主语-准备-完成体：1 复数.主语　地方：通格.单数，‘我们老人们准备了一个地方。’）；b. mur-i　əpnənacɤə-more　mət-ena-ntenmaw-mək　wanw-etə（我们-通格　老人-1 复数　1 复数.主语-逆被动-准备-完成体：1 复数.主语　地方-动向格，‘我们老人们致力于准备一个地方。’）

（6）a. ʔaaček-a　kimitʔ-ən　ne-nʔetet-ən（年轻人-作格　装载-通格　3 复数.主语-拿走-3 单数.宾语，‘年轻人拿走了装载物。’（及物））；b. ʔaačekə-t　ine-nlʔetet-ɤʔe-t　kimitʔ-e（年轻人-通格.复数　逆被动-拿走-完成体-主语.3 复数　装载物-工具，‘年轻人拿走了装载物。’）

（7）a. ətləɤ-e　qora-ŋə　qərir-nin（父亲-作格　驯鹿-通格.单数　寻找-3 单数.主语:3 单数.宾语，‘父亲寻找驯鹿。’）；b. ətləɤə-n　in-ʔerir-ɤʔi（父亲-通格.单数　逆被动-寻找-完成体：3 单数.主语，‘父亲找了一番。’）

3. 反身结构

反身论元由反身代词 uwik“自己”表示，领属反身由代词 cinitkin / cinit“某人自己”表示。

（8）o，wʔi-ɤʔi，uwik　təm-nen.（叹词　死-完成体：3 单数.主语　身体:通格.单数　杀-3 单数.主语:3 单数.宾语，‘哦，他死了，他自杀了。’）

（9）ənkʔam　cinit-kin　kaɤret-ləŋən　n-ena-ceŋkalare-qen.（和　自己　手掌-通格.单数　非结果-反身-覆盖唾沫-非结果:3 单数.主语，‘他把唾沫涂在手掌上。’）

（二）谓语结构的复杂化

1. 非限定结构

非限定动词是一种副动词形式，表示主句动词的条件、原因等，其存在和句法结构复杂化有关（见 pp. 83—86）。非限定动词作状语的结构是表达逻辑关系的句法结构。句子的语法结构有句法结构和逻辑结构（马清华，2014），形式和意义关系的不对应，导致出现三种情形并构成一个连续系统：表达逻辑意义的逻辑结构＞表达逻辑意义的句法结构＞表达句法意义的句法结构，非限定动词作状语的结构正是该连续统上的中间节点。楚克奇语该类状语表达以下意义。

1）表示同时的行为

（10）təttan-ma ŋaj-etə，luur ə-nan lʔu-nin rʔew（爬-非限定 山-动向格 突然 他-作格 看见-完成体：3单数．主语：3单数．宾语 鲸鱼-通格．单数，'爬上山时，他突然看到了一条鲸鱼。'）

（11）ətr-i ɣa-melɣarətko-ma nə-penrətko-qena-t（他们-通格 非限定-射击-非限定 非结果-攻击-非结果-3复数，'他们射击进攻[←他们边射击，边攻击]。'）

（12）pela-ɣtə[①] nelwəl，ə-nan lʔu-nin maɣlal（离开-非限定 牧群：通格．单数 他-作格 看见-完成体：3单数．主语：3单数．宾语 一群狗：通格．单数，'他离开牧群时，发现了一群狗。'）

依M. Fortescue（2003；2005）的说法，副动词后缀-ma源自古楚克奇-堪察加语系（Chukotko-Kamchatkan）的后置词* omak（aŋ）（意为"一起、群聚"）。D. Wdzenczny（2011：76）认为，楚克奇语副动词后缀-ma有演化为并列连词的迹象，当副动词的主语与主句动词的主语相同时，倾向于只用后缀-ma（如例13），当副动词都有不同的主语，倾向于前缀ɣa-和后缀-ma并用（如例14、例15）。

（13）ŋevətʃqet-ti meɣtʃeran-ma tamenŋəra-k amqenʔetʃo nə-tipʔejŋe-qine-t（女人-通格．复数 工作-非限定 车间-处所 常常 非结果-唱-非结果-3复数．主语，'妇女们在车间工作时，总是唱。'）

（14）ɣa-ratʃqev-ma ənpənatʃɣ-ət ʔaatʃek-ət qut-ɣʔet（非限定-进入-非限定 老男人-通格．复数 年轻人-通格．复数 上升-3复数，'当老男人们进去时，青年们起来了。'）

（15）ɣem-nan ɣa-lqaɣnav-ma atʃʔeq tʃəpet-ɣʔi（我-作格

① -ɣtə'到……时'的时间意义是由动向格意义发展来的。

非限定-射击-非限定　鸭子　潜水-3单数，‘当我向它射击时，那个鸭子潜下水去了。’）

2）表示之前的行为

（16）recqiwə-k　jara-k，tə-ŋji-ɣʔeŋ　ʔəttʔə-n（进-非限定　房子-处所　1单数.主语-触摸-完成体：3单数.宾语　狗：通格.单数，‘进了屋子，我摸了摸狗。’）

（17）pəkir-ineŋu　ŋelwəlʔə-k，qəlawəl-te　qaa-ləko-ɣtə　qət-ɣʔe-t（到达-非限定　牧群-处所　人-作格　驯鹿-中间-动向格　走-完成体-3复数，‘到了牧群，这些人在驯鹿之间走着。’）

3）表示原因

（18）tur-i　rʔawo-jpə　remkə-n　nə-taŋ＝qametwa-qen（你们-通格　杀鲸鱼-非限定　人-通格.单数　非结果-好＝吃-非结果：3单数，‘因为你们杀了条鲸鱼，每个人都吃得很好。’）

（19）ətlon　piŋkutku-te　ejmek-wʔi　ejmek-etə（他：通格　跳-非限定　到附近-完成体：3单数.主语　海豹-动向格，‘他一跳跳到海豹前。’）

（20）ɣəm　em-peŋʔiwe-te，rəpet　even①（我：通格　非限定-变累-非限定　甚至　1单数-哭-完成体：1单数，‘我因为累甚至哭了。’）

4）表示让步

（21）atqaŋ-macə　weŋləɣi　t-ekwetə-rkə-n　ŋalwəlʔ-etə（一瘸一拐的-非限定　然而　1单数-去-非完成体-1单数　牧群-动向格，‘尽管一瘸一拐的，我还是往牧群走去。’）

---

① 原文献中even疑有误，无法按规则拆解，似因粘连rəpet的英译所致，正确形式恐应为tə-terɣat-ɣʔa-k。

5）表示目的

em-re-...-ŋ-e（em-‘仅’，未来标记 re-...-ŋ，工具格标记-e），-jɤut。

（22）amr-omaw-ŋa mur-i nə-kətɤəntan-more orwə-k qaca（非限定-温暖-非限定 我们-通格 非结果-跑-1复数 雪橇-处所 附近，‘为了取暖，我们在雪橇周围来回跑。’）

（23）qəlawəl-te ekwet-ɤʔe-t retə-jɤut ŋelwəl（人-通格.复数 去-完成体-3复数 带来-非限定 牧群:通格.单数，‘为了把牧群带回来那些人出去了。’）

6）表示依据

（24）ləɤen tamennəwaŋe-ɤjet t-ʔə-mata-n ŋewəcqetqej（让（小品词） 缝纫-非限定 1单数.主语-连接-娶-3单数.宾语 女孩:通格.单数，‘让我按照她做针线活的水平去娶一个女孩吧。’）

此处借用位向格标记-ɤjet 表示动词的非限定形式。

7）表示让步可能性

（25）əməlʔo tiŋur-mʔemi-t taŋ-pere-ŋ ne-trilə-net（所有:通格.复数 弓-箭-通格.复数 非限定-带-非限定 3复数.主语-放-完成体:3复数.宾语，‘他们把弓箭都拿出来好带走。’）

（26）ɤatle taŋə-lqaɤŋawə-ŋ wakʔo-ɤʔe（鸟:通格.单数 领属-射击-领属 坐-完成体:3单数，‘鸟停那了，可以射击了。’）

（27）ətləɤ-e tiŋur-mʔemi-t taŋ-pere-ŋ wa-rkə-t（父亲-作格 弓-箭-通格.复数 非限定-带走-非限定 是-非完成体-3复数，‘父亲能把箭带走。’）

8）表示让步不可能性

（28）ʔaqa-pere-ŋ ʔəttʔ-e t-re-tril-ŋə-n tekicɤə-n（非限定-带走-非限定 狗-作格 1单数.主语-可能-放-可能-完成体:3单数.

宾语 肉-通格.单数，‘我放好了肉以免狗叼走。’）

（29） ɣət ŋalwəlʔ-etə ʔaqa-lqətə-ŋ wa-rkə-n（你：通格 牧群-动向格 非限定-去-非限定 是-非完成体-2单数，‘你不可能去牧群。’）

2. 关系结构

关系化的方法是通过关系后缀-kin(e)得到去动词化的形容词，并且关系小句的主语加领属后缀-in(e)。

（30） ŋewʔen-in əm paɣtə=ret lʔu-nin ɣəntew-kin.（妻子-领属:3单数 小品词 雪橇=路:通格.单数 看见-完成体：3单数.主语:3单数.宾语 跑-关系，‘他看到他妻子雪橇走过的痕迹。’）

过去分词用后缀-jo表示。

（31） enmen ewər pela-jo rərkə ʔəttooca nə-nʔel-qin.（然后 小品词 离开-分词 海象:通格.单数 在前面.宾语 非结果-变得-非结果:3单数，‘然后他越过的海象又出现在前面。’）

通过分词后缀-lʔ或相应的否定成分e-...-kəlʔin表示。

（32） pakolcəŋə-n rənen-nin ɣa-ɣtə = motl-a kətuwet-lʔa-n.（女人的刀-通格.单数 带-3单数主语:3单数宾语 伴随-凝固=血-伴随 覆盖-分词-通格.单数，‘她带上了夫人那把沾满了凝固的血的刀。’）

（33） enmen walqət=racɣə-n ne-lʔu-ɣʔe-n，penin ujŋe ʔorawetlʔa-kəlʔen.（然后 下巴=大房子-通格.单数 3复数.主语-看-完成体-3单数.宾语 以前 否定 人-否定:3单数，‘最后他们看到了很长时间没有人居住的下颌骨的房子。’）

第三节　逻辑结构

复句是句子的一种复杂形式，反映的是逻辑关系。逻辑结构的关系有联合、偏正、转折三种，其连接方式有意合和明示两种。意合方式连接两个分句时，分句间的逻辑关系需要并且可以从两个分句的意义之间推理出来。明示方式连接两个分句时，采用句法标记（即连词）或形态标记（即连接语气标记），或两种标记并用。连接语气标记常可以表达假设关系等，用法详见 pp. 57—58。以下谈复句明示方式时仅涉及连词标记。

连词多出现在小句的前面。有时也可以出现在小句的后面，不过出现在小句后面的情况较少见。连词还可以不连接两个小句，而是单独用在一个小句前面，起篇章衔接作用。

一　联合

联合复句包括并列复句、承接复句等。可用无标记的意合法系联，也可用有标记的明示法系联。

（一）并列复句

两个地位均衡的动词限定式构成的并列结构，是反映逻辑关系的并列复句，因为这两个词都分别承载了只有交际单位才有的限定形态，限定形态表达着跟言外世界直接联系的外向意义，因而与名词性并列短语那样的句法并列结构不同。意合连接的并列复句如：

（1）n-ena-ɣt-eɣəm　waj　tə-ra-n-raɣt-an-ŋə-n（非结果-及物-去-1单数　指示　1单数-可能-致使-回家-致使-可能-3单数，‘我找到了她，我要带她回家。’）

（2）rewik-wʔe-t ＝ ʔm，taraɣ-nenat ＝ ʔm，uttə-n-ejmew-jəwə-ninet＝ʔm（搭帐篷-完成体-3复数＝强调，造房子-3单数.主语：3复数.宾语＝强调，木头-致使-靠近-集合-完成体：3单数.主语：3复数.宾语＝强调，‘他们在搭帐篷，他给他们造房子，他给他们带来柴火。’）

（3）ənqenə-cək　remk-e　ɣe-piri-lin　uŋet-lʔə-n，ɣa-n-raɣt-at-len（那-有生命复数.作格　家伙-作格　结果-带走-结果：3单数.宾

语 搜集柴火-分词-3单数通格，结果-致使-回家[①]-致使-结果:3单数.宾语，'那些家伙绑架了那个搜集柴火的人，并把她带回家。')

（4）ŋelwəl kəceciwə-nin ləɤen ten-ləmənkəri ŋanqen ŋan nə-lɤi-lqeɤnew-qin ʔiɤə-qej ənqen ʔorawetlʔa-n（牧群.3单数通格 跟随-完成体：3单数.主语:3单数.宾语 真的 强化-周围 指示.3单数通格 指示 非结果-程度-射击-非结果:3单数 狼-小称.3单数通格 那.3单数通格 人-3单数通格，'他跟着牧群，远远的在周边，他向那只小狼射击，实际上是一个人。')

用并列连词连接两个分句时，连词一般位于第二个分句前，或第二个分句的主语和谓语之间。

（5）anə ŋenku tanŋ-en ŋalwəlʔə-jŋə-n，naqam jara-mkə-jŋə-n kol:o jara-jŋə-t（那么 那儿 陌生人-领属.3单数 牧群-巨称-3单数通格，并且 房子-集合-巨称-3单数通格 强化（叹词） 房子-巨称-3复数通格，'那儿有陌生人的一大片牧群，还有一大片房子，非常大的房子。')

（6）lʔo-wəlɤ-ə-ma učeni-rək reen ənkʔam əmə kale-wetɤaw-ma ər-ɤine-t ŋinm-ə-t（看见-相互-增音-同时 学者-处所.复数 伴随 和 也 写-说-同时 他们-领属-3复数.通格 词-增音-3复数.通格，'和学者聚会并且读他们的那些作品。')

（7）cake-qaj tə-re-piri-cqiw-ŋə-n，ŋelwəl əmə tə-ra-n-lʔat-en-ŋə-n（姐姐-小称.3单数通格 1单数-可能-带-目的-可能-3单数 牧群.3单数通格 也 1单数-可能-致使-去-致使-可能-3单数，'我把姐姐带回来，我也要放走牧群。')

（8）wajɤəmo，ake-qaj，cake-qaj Jare tə-piri-ʔe-n ewət uwequci-lqəl ən-in neməqej，ŋelwəl əmə tə-piri-ʔe-n（指示 我.通格，姐姐-3单数通格，姐姐-3单数通格 人名.3单数通格 1单数-带上-完成体-3单数 还有 丈夫-相等 3单数-领属.3单数通格 也，牧群.3单数通格

① 这里存在凝缩的词汇化现象：raɤt（回家）< jara-ɤtə（房子-动向格）。

也　1单数-带上-完成体-3单数，‘是我，姐姐……我带上了姐姐 Jare 和她的未婚夫，我还带上了牧群。’）

(9) neme ləɣen wulqətwik，neme ləɣen atcʔat-ɣʔa-t ətlʔa-t，ewət ətlon neməqej ewət atcʔat-ɣʔe（也　真的　天晚，又　真的　上床-完成体-3复数.主语　父母-3复数通格，而且　3单数通格　也　同样　上床-完成体：3单数.主语，‘天又晚了，他的父母上床睡觉了，他也上床睡觉了。’）

（二）承接复句

意合连接的承接复句如：

(10) rewiw-kə=ʔm，erɣatə-k ŋinqej-qej ənqen enaralʔə-ŋawəcqat-etə，nə-lewlicet-qin nə-rʔe-qin.（做帐篷-非限定=强调，黎明-序列　男孩-小称.3单数通格　那.3单数通格　邻居-女孩-动向格，非结果-戏弄-非结果:3单数　非结果-做某事-非结果:3单数，‘他们做好了帐篷后的第二天，那个小男孩戏弄了邻居家的一个女孩，还做了一些别的事情。’）

(11) raɣtə-ɣʔe，ɣe-pənnew-lin（回家-完成体：3单数　结果-沮丧-结果:3单数，‘他回到家，变得很沮丧。’）

(12) taŋ-əməlʔ-etə qə-nwenŋə-ɣə-n ənqen，weɣə-t ənkə qə-ntə-ɣə-net ŋelɣ-k（强调-所有-副词　祈愿:2单数.主语-剥皮-完成体-3单数.宾语　那:3单数通格，爪子-3复数.通格　那儿（指示）祈愿:2单数.主语-留-完成体-3复数.宾语　皮革-处所，‘把这全剥皮了，把爪子留在皮革上。’）

(13) pojɣə-qaj rənrə-nin，raɣtə-ɣʔe（矛-小称.3单数通格　拿-完成体：3单数.主语:3单数.宾语，回家-完成体：3单数.主语，‘他带上矛，回家了。’）

(14) n-iw-qin itək-ewən ləɣen cəmqək əməlʔo tə-tku-net jara-k pəkirə-k（非结果-说-非结果:3单数　那么-强化　真的　剩余物　所有　1单数.主语-去除-3单数.宾语　房子-处所　到达-非限定，‘回家后，他说：“我把所有的剩余物全处理了。”’）

(15) ənpənacɣə-qaj jʔo-nen，pelɣ-epə weɣə-tku-nin，təm-nen

（老人-小称.3 单数通格 靠近-3 单数.主语:3 单数.宾语，喉咙-离格 爪子-效用[①]-完成体：3 单数.主语:3 单数.宾语，杀-3 单数.主语:3 单数.宾语，'他靠近了老人，抓住他的喉咙，杀了他。'）

（16）kol:o ləɤen Cəkwaŋaqaj na-n-awerʔ = ep-at-ɤʔa-n ni-lɤətew-jəw-ʔə-n iee ləɤen Cəkwaŋaqaj（叹词 真的 人名.3 单数通格 3 复数.主语-致使-衣服＝穿-致使-完成体-3 单数.宾语 3 复数.主语-洗-集合-完成体-3 单数.宾语 出众 真的 人名.3 单数通格，'他们给 Cəkwaŋaqaj 穿好衣服，把他洗了洗，Cəkwaŋaqaj 变得容貌出众。'）

（17）qut-ti = ʔm ləɤen ŋutkete n-ena-n-takaŋ-at-qena-t pojɤə-qaj-a，lewət n-eccetat-qen（--3 复数通格＝强调 真的 向此处 非结果-及物-致使-瞄准-致使-非结果-3 复数 矛-小称-工具，头.通格 非结果-飞走-非结果:3 单数，'他把矛向他们投去，然后让他们的头飞了。'）

承接关系复句用连词连接时，连词多位于第二个分句前。

（18）ajwana.jŋə-n ɤa-kətəmat-len，enmen cawcəwa-ta penrə-nen.（阿斯旺人-通格.单数 结果-伸手-结果:3 单数.主语 然后 驯鹿饲养员-作格 攻击-3 单数.主语:3 单数.宾语，'阿斯旺人伸出手，驯鹿饲养员攻击了他。'）

（19）eqəlpe mət-wiri-mək，ənkʔam mət-kətɤəntan-mək nəmnəm-etə（很快地 1 复数-下-完成体：1 复数，并且 1 复数-跑-完成体：1 复数 村庄-动向格，'我们很快下了山，跑进了村庄。'）

（20）ənqen ŋawə-n-raɤt-atə-ŋŋo-ɤʔe iw-nin ee ŋutkete qunece qə-tkik-wi [②] = ʔm，ənkʔam qə-ŋawə-n-raɤt-at-cəqek-we（那-3 单数通格 女人-致使-回家-致使-起始-完成体：3 单数.主语 说-完成体：3 单数.主语:3 单数.宾语 哦（叹词） 在这儿 一次 祈愿:2 单数.

---

① 效用（utilitive）后缀-tku 附加在名词后面将名词转化为动词，表示'使用名词所指陈的工具'这一行为，该词缀能产性强，可附在任何语义合适的名词后面（M. J. Dunn，1999:269）。

② 比较:qə-jet-ɣi（祈愿:2 单数-来-完成体-2 单数，'过来'）。

主语-熬夜-完成体：2 单数. 主语＝强调，并且 祈愿:2 单数. 主语-女人-致使-回家-致使-目的-完成体：2 单数. 主语，‘因此他开始带新娘回家了，她对他说：“好，你在这儿待一夜，然后带新娘回家。”’)

（21） m-ə-n-ləw-at-ɣʔa-n，ənqen om-rʔo-lʔaa-rkən，ne-ɣənto-ɣʔa-n，ənkʔam nə-jəlqet-ɣʔe-n（祈愿:1 单数-增音-致使-哺乳-致使-完成体-3 单数，那.3 单数通格 热-起始[①]-持续-进行，祈愿:3 单数-呼吸-完成体-3 单数，并且 祈愿:3 单数-睡觉-完成体-3 单数，‘我将在外屋喂他，不然他会出汗，让他呼吸会儿新鲜空气，就睡了。’)

（22） ənqen＝ʔm ʔəttʔə-qej qə-nu-rək-n＝ʔm，ənkʔam cama rətce-t re-melew-ŋə-t，cama re-melek-wʔe əməlʔ-etə（那.3 单数通格＝强调 狗-小称.3 单数通格 祈愿:2 单数. 主语-吃-非完成体-2 单数. 主语＝强调，并且 并且 肺-3 复数通格 可能-变好-可能-完成体：3 复数. 主语，并且 可能-变好-完成体-2 单数. 主语 完全-副词，‘因此，你吃了那只狗，你的肺就好了，你就完全变好了。’)

（23） ecɣi qora＝nmat-ə＝plətko-ɣʔa-t，ənrʔa ŋalwəlʔ-etə ən-in ŋelwəlʔə-qej r-ejmew-nin ewət tanŋ-en ŋalwəlʔə-jŋə-n（不久 驯鹿＝杀-增音＝完成-完成体-3 复数 然后 牧群-动向格 他-领属.3 单数通格 牧群-小称.3 单数通格 致使-靠近-完成体：3 单数. 主语:3 单数. 宾语 那么 陌生人-领属.3 单数通格 牧群-巨称-3 单数通格，‘他们一杀完驯鹿，就开始走向牧群，他驱赶他的小牧群，还有陌生人的大牧群。’)

（24） ŋewəcqet ɣ-uŋet-lin，ənraq＝ʔm ʔeqe-lʔ-e req-e ɣe-piri-lin tanŋ-e，qənut waj-əŋqena-t Wareeŋə-lʔə-t（女孩.3 单数通格 完成-搜集柴火-3 单数，然后＝强调 坏-分词-作格 无定代词-作格 结果-带走-结果:3 单数 陌生人-作格，像 直指-那-3 复数通格 地名-分词-3 复数通格，‘女人出去找柴火了，然后她被坏人绑架了，像是住在 Vaegi 的那些人。’)

（25） anə qonpə nota-jpə nə-lejwə-qeet-qin ənqen ŋinqej-qej，qənwet ləɣen mejŋet-ɣʔi（那么 经常 土地-离格 非结果-

① 后缀-rʔu 附于名词后，使之转成表起始的不及物动词，又如 piŋe-rʔu-ɣʔi（雪-起始-完成体-3 单数. 主语，‘开始下雪了’）(M. J. Dunn，1999:203)。

漫步-小称-非结果:3单数　那.3单数通格　男孩-小称.3单数通格，最后　真的　大-完成体：3单数.主语，‘那个小男孩以前经常在这片土地漫步，后来他长大了。’）

承接关系的连词也有的位于第一个分句前，或位于第二个分句的主语和谓语之间。

(26) qol itək ətlon əlwa=ɣele-nw-epə pəkir-ɣʔi，ewən joro-ŋə ɣe-tejkə-lin（一……就　他:通格　驯鹿=捕猎-地方-离格　来-完成体：3单数，原来.小品词　卧室-通格.单数　结果-做-结果:3单数，‘他从野驯鹿捕场一回来，原来卧室已经做好了。’）

(27) ən-in ŋelwəlʔə-qej jara-ŋqaca-ɣtə，ənqen qənwer piri-nin=ʔm jara-ŋqaca-ɣtə aɣtan-nen（3单数-领属.3单数通格　动物-小称.3单数通格　房子-边-动向格，那.3单数通格　最后　带-完成体：3单数.主语:3单数.宾语=强调，房子-边-动向格　驱赶-3单数.主语:3单数.宾语，‘他的小动物正好跑到他的房子边，最后他抓住它，并把它赶到房子。’）

连词用在整个承接关系的复句前，不表示两个分句之前的关系，而是表示这一复句和前一句子之间的篇章关系。

(28) ənraq ʔiɣ-nelɣə-n jəm-nen，ŋanqen ŋan ekwet-ɣʔi（然后　狼-兽皮-3单数通格　穿上-3单数.主语:3单数.宾语，在那边　指示　出发-完成体：3单数.主语，‘他穿上狼皮，到另一边去了。’）

(29) qənwer ləɣen telɣet-ɣʔi pojɣə-mələ-lʔə-n tanŋə-tan，pirqə-ɣʔi wʔi-ɣʔi（最后　真的　喘-完成体：3单数.主语　矛-敏捷-分词-3单数通格　陌生人-重叠.3单数通格，崩溃-完成体：3单数.主语　死-完成体：3单数.主语，‘最后这个敏捷的使矛者开始喘气，他用尽了气力死了。’）

(30) anə ŋelwəl ənrʔaq jʔo-nen，kəceciwə-nin ənkə（然后　动物.3单数通格　然后　去-3单数.主语:3单数.宾语，跟随-完成体：3单数.主语:3单数.宾语　那儿，‘然后他走到那只动物前，跟着它到

那儿。')

（31）ecɤi　nə-qetəkwatə-ŋŋo-qen，nə-lqut-qin，neme　nə-cajwə-ŋŋo-qen（不久　非结果-冻僵-开始-非结果:3 单数，非结果-站起来-非结果:3 单数，又　非结果-走-开始-非结果:3 单数，'不久他快冻僵了，他站起来，又走了。'）

二　偏正

逻辑关系的偏正结构仅限于分句之间，包括因果、条件、假设、背景等关系。

（一）因果复句

因果复句的连接方式有意合法和明示法，意合法既不用连词，也不用连接语气。顺序可以前偏后正，也可以前偏正后。如：

（1）rəm-nin　ʔələ-tkən-k　pojɤə-qaj，na-jʔo-ʔa-n　ənqen，tanŋ-ʔorawetlʔa-mkə-jŋə-t　qəlawəl-mkə-jŋə-t　ləɤen（插入-完成体：3 单数.主语:3 单数.宾语　雪-顶部-处所　树枝-小称.3 单数通格，3 复数.主语-靠近-完成体-3 单数.宾语　那.3 单数通格，陌生人-人们-集合-巨称-3 复数通格　男人-集合-巨称-3 复数通格　真的，'他把小树枝插到雪里，一群陌生人、一群男人赶上了他。'）

（2）qərəm　m-ekwet-ɤʔe-k，tə-re-jəlqet-ɤʔi（不（否定.将来时）祈愿:1 单数-出去-完成体-1 单数，1 单数-可能-睡觉-完成体：1 单数，'我不出去，我要睡觉了。'）

明示法把连词加在偏句上表原因项时，常采用前正后偏顺序，结果项在前，原因项在后，连词用在第二个分句前。如：

（3）tə-jet-ɤʔe-k　ɤəm，miŋkəri　tə-ɤətʔetə-rkə-n（1 单数-来-完成体-1 单数　我:通格，　因为　　1 单数-饿-非完成体-1 单数，'因为我饿了，我来了。'）

（4）qəmel　ənqorə＝ʔm　remkə-n　ləɤen＝ʔm　a-ŋʔo-ka　ɤe-nʔel-lin　tajŋat-ɤəpə＝ʔm，ənkʔam　remkə-n＝ʔm　qəmel　loŋə-cɤe-qaa＝

nmat-a n-it-qin=ʔm，qeluq=ʔm ənqen tejŋet nə-twa-qen=ʔm（那么 然后=强调 人们-通格.单数 真的=强调 否定-饥饿者-否定结果-变得-结果:3单数.主语 食物-离格=强调，并且 人们-通格.单数=强调 那么 否定-强调-驯鹿=杀-否定 非结果-是-非结果:3单数=强调，因为=强调 那.3单数通格 食物.3单数通格 非结果-有-非结果:3单数主语=强调，‘那么然后这些人没有食物的需要压力也能活下来的时候，他们就不会杀害驯鹿，因为已经有食物了。’）

（5）raɤtə-ɤʔa-t，ʔəttʔəjol pəkir-ɤʔi，qeluq=ʔm ʔiɤə-nelɤə-cəku nə-twa-qen（回家-完成体-3复数，首先.副词 到达-完成体:3单数.主语， 因为=强调 狼-皮-里面 非结果-在-非结果:3单数，‘他们回到家。他首先回到家，因为他在狼皮里。’）

因果连词还可以不连接两个分句，而是单独用在一句话的前面，起篇章衔接作用。

（6）neme muu=lqət-ɤʔe-t，ləɤen otcoj ɤe-mɤu=təle-line-t qeluq=ʔm，ɤa-pkerə-ŋŋo-lena-t（又 大篷车=出发-完成体-3复数，真的 远 结果-大篷车=去-结果-3复数 因为=强调，结果-到达-起始-结果-3复数.主语，‘他们又坐大篷车出发了。因为他们走了很长时间，他们快到了。’）

楚克奇语有表示结果项的连词 ənŋin‘因此’，常用于主句的主谓之间，并且也常用于篇章衔接。

（7）remkə-n ənŋin n-ʔə-qaanmaa-rkə-n（人类-3单数.通格 所以 3单数-连接-杀戮驯鹿-非完成体-3单数，‘所以人类可以杀驯鹿。’）

（二）假设复句

假设关系用连接语气表示两个分句之间的逻辑关系，或结合连词进行表达。连接语气标记平行用于正句和偏句，连词则用在偏句前，即假设小句之首。正句和偏句顺序不固定。例8前正后偏，例9前偏后正。

（8） mən-ʔə-rʔe-mək，ewər əməməlʔə-tore n-ʔ-ekwet-tək（1 复数-连接-做什么-完成体：1 复数，假如 每个人-2 复数 2 复数-连接-走-完成体：2 复数，'如果你们都走了，那么我们做什么？'）

（9）qejwe kənmal mən-ʔə-lejwə-rkə-n mən-ʔ-ekwet qejew ceekej janor（真的 一起 1 复数-连接-漫步-非完成-1 复数 1 复数-连接-出发 真的 一起 首先，'如果我们一起去闲逛，我们就一起先去。'）

（三）条件复句

明示法用连词表示两个分句之间的逻辑关系，前偏后正，连词用在第一个分句前。

（10）ənkə nə-jəlqə-lʔet-qine-t＝ʔm，ewək wətku n-ɤjew-qine-t，nə-natwə-qena-t relko-ɤtə om-etə ləɤen ləɤ-om-etə（那儿 非结果-睡觉-持续-非结果-3 复数＝强调，因此 只有当 非结果-醒-非结果-3 复数 非结果-带来-非结果-3 复数 门内-动向格 暖和-动向格 真的 强化-暖和-动向格，'他们经常睡在那儿，因此只有他们醒来的时候，他们才能被带到暖和的屋里。'）

（11）ee qərəm，wətku ra-lwə-tko-ɤʔa pojɤlʔatə-k，wətku ənkə，ra-n-raɤt-an-ŋə-n（叹词 不（否定.将来时），只有 可能-打胜-及物-完成体：2 单数.主语 矛决斗-非限定 只有 这儿 可能-致使-回家-致使-可能-3 单数.宾语，'不，只有你在将来矛决斗中胜了我们，你才能带她回家。）

三 转折

转折关系包括对比的转折和反预期的转折两种，分别属于联合关系和偏正关系性质。但一般文献很少观察得如此细致，限于此，下面只能大概做些说明。转折关系的连接方式有意合法和明示法两种。

意合的反预期转折关系，往往后一分句是复句的逻辑中心。如：

（1） n-ilu-lʔet-qin loŋ-kətəjɤatə-lʔə-n，ləɤen pojɤə-qaj nə-reqə-lʔet-qin（非结果-颤动-持续-非结果：3 单数 否定-风吹-分词-3

单数通格，真的 嫩枝-小称.3单数通格 非结果-做某事-持续-非结果:3单数，‘它在颤动，没有风，但是嫩枝在动。’)

（2） anə nə-rkəceciwə-qin，nə-rkəceciwə-qin ujŋe ləɤen camʔam（好 非结果-追逐-非结果:3单数 非结果-追逐-非结果:3单数 不存在 真的 不可能，‘他追着追着，但是他们就是赶不上他。’)

（3） caj＝o-ŋŋo-k ne-nəɤjew-ʔe-n，[①] mal-ʔataw iɤət-qej atcʔat-ɤʔe（茶＝喝-开始-非限定 3复数.主语-醒-完成体-3单数.宾语，近似-发生 现在-小称.3单数通格 睡-完成体：3单数主语，‘喝茶前他们唤醒他好几次了，但是他就是想睡觉。’)

（4） anə ənqen pojɤəlʔat-ɤʔa-t，ən-in pojɤə-qaj ləɤen uttə-qej（于是 那时 矛决斗-完成体-3复数 3单数-领属.3单数通格 矛-小称.3单数通格 真的 木头-小称.3单数通格，‘于是他们开始打矛仗了，可他的矛实际上是个小树枝。’)

转折关系复句的转折项在后，采用明示法连接时，连词用在第二个分句前。明示的对比转折如例5—6，明示的反预期转折后一分句是复句的逻辑中心，如例7—8。

（5） ejwelqej qonpə nə-ɤətʔet-qin，qonpə nə-terɤat-qen，ətrʔec emqən-wulqətwi-k nə-tipʔejŋe-qin（孤儿:通格.单数 经常 非结果-饿-非结果:3单数 经常 非结果-哭-非结果:3单数 但是 每晚-处所 非结果-唱歌-非结果:3单数，‘这个可怜的孤儿，经常饿，经常哭，但是每天晚上都唱歌。’)

（6） ecɤi raɤtə-ŋŋo-ɤʔa-t＝ʔm，qətləɤi waj cəmqək ŋan miŋkə nə-taw-qena-t ənqen ʔorawetlʔa-t（不久 回家-起始-完成体-3复数＝强调，然而 指示 别的.副词 指示 某地 非结果-系词-非结果-3复数 那.3单数通格 人-3复数通格，‘当他们准备回家时，其他那些人到别的地方去了。’)

（7） wəne cit piŋku-rkə-n，ənraqə-m ɤe-pəlqet-lin（叹词

① -ʔe-n ＜-ɤʔe-n。

较早地　跳-非完成体-3单数，但是-小品词　结果-沉-3单数，‘他刚要跳，却掉到水里了。’)

（8） anə janot ləɤen nə-pojɤəlʔatə-lʔat-qena-t，naqam ən-in ənnan-mənɤ-a，qeluq＝ʔm nə-ppəlu-qine-qej pojɤə-qaj（那么首先　真的　非结果-矛战-持续-非结果-3复数，但是　3单数-领属.3单数通格　一-手-工具，因为＝强调　形容词-小-形容词-小称.3单数通格　矛-指示.3单数通格，‘那么首先他们就打矛战了，但是他一只手拿矛，因为他的矛很小。’)

转折连词也可以用在整个复句前，不表示两个分句之前的关系，而是表示这一复句和前一句子之间的篇章关系。如：

（9） ləɤen ewət n-ena-n-raq-awə-mɤo-qen pojɤ-ott-a，n-ine-n-req-ew-qin ʔeqe-lʔ-e req-e tanŋ-a[nine]，n-ena-ponŋe-qen pojɤ-ottə-ot，nə-mle-qin pojɤə-n（真的　而且　非结果-及物-致使-做某事-致使-起始-非结果:3单数　矛-木头-工具，非结果-及物-致使-做某事-致使-非结果:3单数　坏-分词-作格　某物-作格　陌生人-作格　[3单数.主语:3单数.宾语]，非结果-及物-阻止-非结果:3单数　矛-木头-重叠.3单数通格，非结果-断-非结果:3单数　矛-通格，‘但是当他开始用矛对他做什么的时候，敌人或者陌生人也做什么，他阻断了矛柄，矛就断了。’)

本章主要在 A. Spencer（1995，1999）、M. J. Dunn（1999）、I. A. Muravyova et. al.（2001）、I. A. Muravyova（2007）、M. Fortescue（2003，2005）、D. Wdzenczny（2011）、I. Š. Kozinsky et al.（1988）、P. J. Skorik（1977）、V. P. Nedjalkov（1979）、J. D. Bobaljik（2006）的基础上整理、编写而成。

第二章　递归后缀型复综语:爱斯基摩语

爱斯基摩语（Eskimo）是爱斯基摩-阿留申（Eskimo-Aleut）语系下属的一个语族，包括尤皮克语（Yupik languages）和因纽特语（Inuit language）两个语支。语系情况如图 2－1 所示：

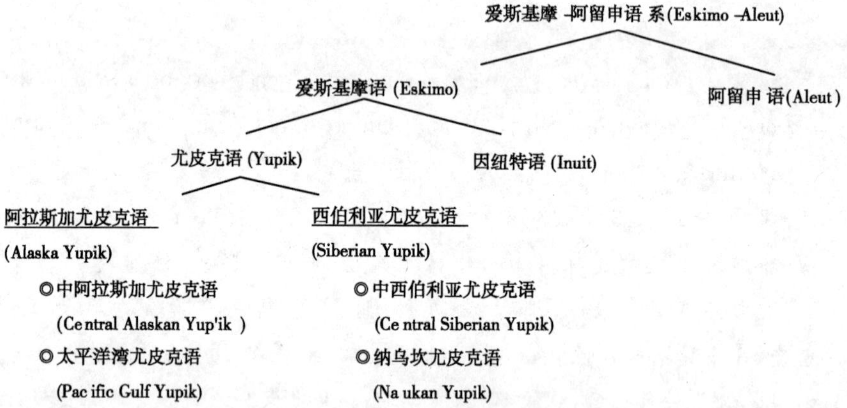

图 2－1　爱斯基摩语系属关系图

其中，中阿拉斯加尤皮克语分布于阿拉斯加西部和西南部；太平洋湾尤皮克语分布于西起阿拉斯加半岛，东至威廉王子湾；中西伯利亚尤皮克语分布于阿拉斯加圣劳伦斯岛、西伯利亚；纳乌坎尤皮克语分布于西伯利亚楚克奇半岛。

尤皮克语在地理上和语言上都处于阿留申语和西伯利亚爱斯基摩语之间。根据近年的统计数据，有 14000 以上的人说尤皮克语。其中，中阿拉斯加尤皮克语使用人数约为 13000 人，太平洋湾尤皮克语使用人数有 500—1000 人，中西伯利亚尤皮克语使用人数约为 1300 人，纳乌坎尤皮克语使用人数约为 100 人。中阿拉斯加尤皮克语不仅是使用人口最多的一种尤皮克语，也是阿拉斯加土著人使用人口最多的语言，常被直接称作

“尤皮克语”。本书的爱斯基摩语语料取自阿拉斯加尤皮克语。中阿拉斯加尤皮克语及相邻语言分布如图 2－2 所示。图中阿留提克语（Alutiiq）是太平洋湾尤皮克语的别称，伊努皮克语（Inupiaq）是阿拉斯加北部的因纽特语，阿萨巴斯卡语（Athabaskan）属另一种独立的语系，是另一类型的复综语，即模板型语言（参 pp. 37—39）。

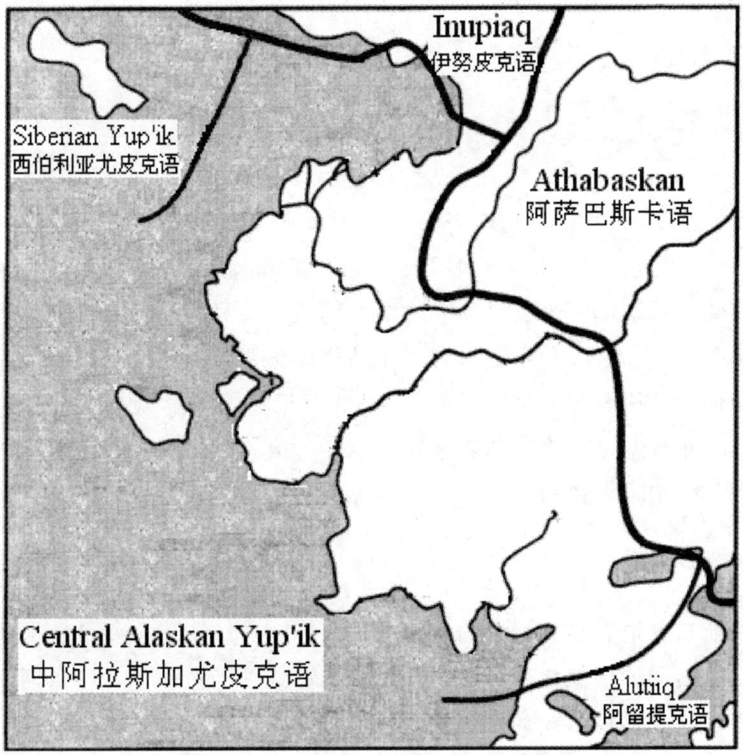

图 2－2　中阿拉斯加尤皮克语地域分布图

本书爱斯基摩语材料主要来自中阿拉斯加尤皮克语。为弥补语例不足，少数语例来自西伯利亚尤皮克语，并用［S］标出。所举语例均同时列出拆分形式和未拆分的连音书写形式，后者写在右侧括号内，因其有连音变化，所以跟拆分形式的语音常有变动。

爱斯基摩语是递归后缀性语言，从构词上只有派生词，并且所有词缀都位于词根之后。爱斯基摩语是缺乏槽位的复综语（O. Miyaoka，2016），也缺少复合和组并。尤皮克语词包括大量信息，相当于其他语言的句子，这主要由于它有高度发达的后缀，并且高度融合。尤皮克语词非常长，由四部分组成：词干（stem）、后缀（postbase）、词尾（包含格、数信息）、附缀（enclitic），附缀表示说话者态度。如 angya-li-ciq-sugnar-quq＝llu（船-造-将来时-也许-3 单数＝也，‘他也或许会造一艘船。’）中的 angya 是词干，li、ciq、sugnar 是后缀，quq 是词尾，llu 是附缀。尤皮克语是作格/通格型语言，如 angyaq‘船’在 angyaq tak‘船很长’和 angyaq kiputaa‘他买了船’中，分别充当不及物动词的主语和及物动词的宾语，都是通格。

第一节　词类系统

爱斯基摩语词类有名词、动词、数词、代词、副词、连词、叹词。连词、叹词都是小品词。名词和动词是爱斯基摩语最主要的两大词类，从语法角度看，爱斯基摩语没有独立的形容词类别，只有动词能作谓语，名词可以作主宾语、状语和定语。名词作结构成分要带上相应的格-人称-数标记，动词作谓语要带上主宾语的人称-数标记。因此爱斯基摩语名词和动词的区分非常明显，当然两者之间可以通过形态过程相互自由转化。以下对各词类分别加以说明。

一　名词

爱斯基摩语名词有少量的词汇后缀。名词作结构成分要带上格-人称-数标记，名词的格变化是三者高度融合的形式。当然对于一些名词作句子的主宾语成分，格形式会发生脱落。这是形态丰富语言常见的现象。如：

tulukaruk-cilleq（tulukarucilleq. 渡鸦-无价值，‘讨厌的渡鸦’）｜qimugta-ngirta'rrlugaq（qimugtengirta'rrlugaq. 狗-又好又老，‘好的老狗’）

名词有单数、双数和复数三种数形式的区别，分别用后缀-q/-k/-t 表示。

atsa-q（atsaq. 水果-单数，‘（一片）水果’）｜atsa-k（atsak. 水果-双数，‘两个水果’）｜atsa-t（atsat. 水果-复数，‘三个或以上水果’）

名词可以作主语、宾语。名词作状语时用旁格形态，如：

napa-mi（napami. 树-处所，‘在树上’）｜ene-cuar-mi（enecuami. 房子-小-处所，‘在小房子里’）｜erneq-mi（ernermi. 天（时间）-处所，

‘一天里’) | isran-mun (isramun. 篮子-向格，‘到篮子里’) | tulukaruk-mun (tulukarumun. 渡鸦-向格，‘给渡鸦’) | nama-mek (napamek. 树-离格，‘从树那儿’) | kuig-kun (kuigkun. 河-经由，‘路经那条河’) | angyaq-kun (angyakun. 船-经由，‘用船’)

名词还有关系形态，不仅要表示出自身的数-格形态，还要表示出领属者的人称-数形式。这些语法信息全部由一个词缀表示出来，因而爱斯基摩语的名词屈折形式非常复杂。

ila-nka (ilanka. 亲戚-1单数.复数，‘我的亲戚们’) | ene-mni (enemni. 房子-1单数.单数.处所，‘在我的房子里’) | nuna-mtenun (nunamtenun. 土地-1复数.复数.向格，‘到我们的乡村’)

名词的格-人称-数融合形态又分非领属关系和领属关系两大系列。

(一) 名词非领属关系的格-数融合形态

爱斯基摩语没有专门的格标记，也没有专门的数标记。它们都是通过格-数的融合标记表现出来的。

表 2-1　　爱斯基摩语名词非领属关系的格-数融合形态表

格类型	名词的数		
	单数	复数	双数
通格	-ø	-(e)t ①	-(e)k
作格/关系格（所有格）	-(e)m	-(e)t	-(e)k
处所格	-mi	-ni	-(e)gni
离格	-mek	-nek	-(e)gnek
向格（终点格）	-mun	-nun	-(e)gnun
经由格	-kun	-tgun	-(e)gnegun /-(e)gkun
等同格	-tun	-cetun	-(e)gtun

【通格】tuar tau-na qimugta ca-mek niite-llria (好像 那个-词根扩展.通格.单数 狗-通格.单数 某物-离格.单数 听到-分词.3单

① 词基附加各形态标记时有各种音变规则。这里仅标出一种音变规则，即词基末尾为强辅音（如塞音）时，保留括号（）中的部分。为避免过于烦琐，对其他的各音变规则（如，有时，词尾之前词基的尾音若为弱辅音（如擦音），则脱落，若为强辅音则保留）不作描述。下同。

数，‘那狗好像听到了什么。’）| nanvaq-t kitur-lu-ki（nanvat kiturreluki. 湖-通格. 复数 通过-从属-3反身复数，‘他们通过了那些湖。’）| englar-lu-tek=llu=gguq tauku-k angun-k（englarlutek-llu-gguq taukuk angutek. 笑-从属-3反身双数=也=传信 那-通格. 双数 人-通格. 双数，‘于是那两个男人笑了。’）【关系格】ircinrraq-t ataneq-at-nun（ircinrrat ataneratnun. 人-关系格. 复数 首领-3复数. 单数. 向格，‘到人们的首领那儿’）| arna-k ati-ignek atr-a（女人-关系. 双数 父亲-关系. 3双数. 单数 名字-通格. 3单数. 单数，‘那两个女人的父亲的名字’）| angya-k ange-nr-ak（船-关系. 双数 大-名词化-通格. 3双数. 单数，‘两只船中的那个大的’）【处所格】angyà-cuár-mi（船-小-处所. 单数，‘在那只小船上’）| mat'-u-mi nitili-mi（这-词根扩展-处所. 单数 星期-处所. 单数，‘在这个星期’）| qayagau-qi-a u-ku-ni nampa-ni（拨打-将来-祈愿. 2单数 这-词根扩展-处所. 复数 号码-处所. 复数，‘你拨打这个号码。’）| malru-gni nitili-gni（两-处所. 双数 星期-处所. 双数，‘在这两个星期’）【离格】nere-lria-tun akuta-mek ayuq-u-q（吃-名词化-等同格. 单数 冰淇淋-离格. 单数 相似-直陈-3单数，‘他看上去像在吃冰淇淋的人’/‘这看上去像在吃冰淇淋’）| ca-t ili-itni aanaq massaa-li-u-q unukutar-ka-mek（一些-关系. 复数 部分-处所. 3复数. 单数 妈妈. 通格. 单数 浓粥-做-直陈-3单数 早餐-将来-离格. 单数，‘有时妈妈做浓粥当作早餐。’）| pingayu-nek sass'ar-r-lu-ni cali-llru-u-q（三-离格. 复数 小时-有-从属-3反身单数 工作-过去时-直陈-3单数，‘他工作了三个小时。’）| angun ner-yug-tu-q cakneq atsa-nek（男人. 通格. 单数 吃-期望-直陈-3单数 非常 浆果-离格. 复数，‘那个男人很想吃浆果。’）| malru-rrar-tu-q qimugte-gnek（两个-仅-直陈-3单数 狗-离格. 双数，‘他仅在使用两只狗。’）[①]【向格（终点格）】unuaqu aya-katar-tu-kuk Tununer-mun.（明天 离开-不久-直陈-1双数 地名-向格. 单数，‘明天我俩要到Tununak去。’）| kass'a-nun（白人-向格. 复数，向白人

① 此外，爱斯基摩语还有一个用于时间词的离格标记-nirnek。如：allrag-nirnek kuvya-llgut-k-a-qa（去年-离格 漂网-伙伴-有. 作……-直陈-1单数. 3单数，‘从去年开始他就成了我的捕鱼合伙人。’）

们）｜ malru-gnun kaug-tu-q.（两-到．双数　敲-直陈-3 单数，'两点了←敲了两下'）【经由格】wangkuta Yupig-ni yuu-gu-kut neq-kun（我们.通格　尤皮克-处所格.复数　生活-直陈-1 复数　鱼-经由格.单数，'我们尤皮克人靠鱼生存。'）｜ 'luuskaa-kun ner-narq-u-q（勺子-经由格.单数　吃-将-直陈-3 单数，'他将用勺子吃。'）｜ yuarute-tgun atur-tu-kut（歌本-经由格.复数　唱-直陈-1 复数，'我们正在根据歌本唱。'）｜ ma-ku-gteggun ikamra-gkun aya-ki-na（这-词根扩展-经由格.双数　雪橇-经由格.双数　去-未然体-祈愿.2 单数，'你可以乘这个雪橇去。'）【等同格】u-u-tun＝mi?（这-词根扩展-等同格.单数＝附缀，'像这样的东西又怎么样呢?'）｜ u-u-cetun ayuqe-llrii-t kegginaqu-t（这-词根扩展-等同格.复数　一样-关系化-通格.复数　面具-通格.复数，'像这样的一些面具'）

（二）名词领属关系的格-人称-数融合形态

爱斯基摩语没有专职表示领属关系的形态标记，它是通过领属关系与格-人称-数的融合标记来表达的。爱斯基摩语名词领属关系的形态十分丰富，主要对代表领有者的名词的格、人称、数以及被领者的数进行刻画，分别细致。其中领有者和被领者的人称不对称，只反映领有者的人称，不反映被领者的人称，原因是被领者为一般名词，都是第 3 人称，因此采用默认表达方式。名词的通格、作格及各类旁格（如处所格、离格、向格/终点格、经由格（perlative / vialis）、等同格（equalis）等）都有相应的领属关系形态。以不同旁格的形态为例，比较：

angya-mni（船-处所格.1 单数.单数/复数，'在我的那只［/那些］船上'）｜ angya-mnek（船-离格.1 单数.单数/复数，'从我的那只［/那些］船'）｜ angya-mnun（船-向格.1 单数.单数/复数，'到我的那只［/那些］船'）｜ angya-mkun（船-经由格.1 单数.单数/复数，'用我的那只［/那些］船'）｜ angya-mtun（船-等同格.1 单数.单数/复数，'如同我的那只［/那些］船'）

下面按不同的格类型，详见表 2-2。

1. 名词通格的领属关系形态

表 2-2 爱斯基摩语名词通格的领属关系形态表

	领有者的数和人称		名词(被领者)的数		
			单数	复数	双数
通格	第 1 人称	单数	-ka	-(e)nka	-(e)gka
		复数	-put	-put	-(e)gput
		双数	-puk	-puk	-(e)gpuk
	第 2 人称	单数	-(e)n	-ten	-(e)gken
		复数	-ci	-ci	-(e)gci
		双数	-tek	-tek	-(e)gtek
	第 3 人称	单数	-(ng)a	-(ng)i	-(e)k
		复数	-(ng)at	-(ng)it	-(e)gket
		双数	-(ng)ak	-kek	-(e)gkek
	第 3 人称反身	单数	-ni	-ni	-(e)gni
		复数	-teng	-teng	-(e)gteng
		双数	-tek	-tek	-(e)gtek

【通格-人称-数】angya-ka（船-通格.1 单数.单数，‘我的（一只）船’）｜ angya-nka（船-通格.1 单数.复数，‘我的（那些）船’）｜ angyar-put（船-通格.1 复数.单数，‘我们的（一只）船’）｜ angya-put（船-通格.1 复数.复数，‘我们的（那些）船’）｜ pani-i-n（女儿-增插元音-通格.2 单数.单数，‘你的那个女儿’）｜ panig-tek（女儿-通格.2 双数.单数，‘你俩的那个女儿’）｜ atr-a（名字-通格.3 单数.单数，‘他的那个名字’）｜ atr-it（名字-通格.3 复数.复数，‘他们的那些名字’）｜ May'a-m pani-ni assik-a-a（人名-关系.单数 女儿-通格.3 反身单数.单数 喜欢-直陈-3 单数.3 单数，‘Mayaq 喜欢他自己的女儿。’）

2. 名词作格/关系格的领属关系形态

名词作领属类定语时，作定语的名词一般共享作格形式，即跟作及物动词主语的名词的格形式相同。作格参 p.220。

表 2-3 爱斯基摩语名词作格/关系格的领属关系形态表

	领有者的数和人称		名词(被领者)的数		
			单数	复数	双数
作格/关系格	第 1 人称	单数	-ma		-(e)gma
		复数	-mta		-(e)gemta
		双数	-megnuk		-(e)gmegnuk
	第 2 人称	单数	-vet/-pet		-(e)gpet
		复数	-vci/-peci		-(e)gpeci
		双数	-vtek/-petek		-(e)gpetek

续表

	领有者的数和人称		名词(被领者)的数		
			单数	复数	双数
作格/关系格	第 3 人称	单数 复数 双数	-(ng)an -(ng)ata -(ng)agnek	-(ng)in -(ng)ita -kenka	-(e)gken -(e)gketa -(e)gkenka
	第 3 人称反身	单数 复数 双数	-mi -meng -mek		-(e)gmi -(e)gmeng -(e)gmek

【关系格-人称-数】angya-ma（船-关系格.1 单数.单数，‘我的（一只）船的’）｜angya-mta（船-关系格.1 复数.单数/复数，‘我的（一只）船的’/‘我的（那些）船的’）｜pani-vet（女儿-关系.2 单数.单数/复数，‘你的那个女儿的’/‘你的女儿们的’）｜pani-vetk（女儿-关系.2 双数.单数/复数，‘你俩的那个女儿的’/‘你俩的女儿们的’）｜atr-an（名字-关系.3 单数.单数，‘他的那个名字的’）｜atr-ita（名字-关系.3 复数.复数，‘他们的那些名字的’）｜kitaki，angayuqa-a-gpet neqka-lgir-a-akuk，akuta-tur-naur-tu-kuk.（好了　父母-关系.2 单数.双数　食物-带-直陈-3 单数.1 双数　冰淇淋-吃-现在-直陈-1 双数，‘好了，你的父母给我们送来了食物，我俩吃点冰淇淋吧。’）

3. 名词处所格的领属关系形态

名词的处所格（方位格）形态详见表 2-4：

表 2-4　　爱斯基摩语名词处所格（方位格）的领属关系形态表

	领有者的数和人称		名词(被领者)的数		
			单数	复数	双数
处所格	第 1 人称	单数 复数 双数	-mni -mteńi -megni		-(e)gemni -(e)gemteńi -(e)gemegni
	第 2 人称	单数 复数 双数	-vni/-peni -vceńi/-peceńi -vtegni/-petegni		-(e)gemni -(e)gpeceńi -(e)gpetegni
	第 3 人称	单数 复数 双数	-(ng)ani -(ng)atni -(ng)agni	-(ng)ini -(ng)itni -kegni	-(e)gkeni -(e)gketni -(e)gkegni
	第 3 人称反身	单数 复数 双数	-mini -meggni -megni		-(e)gmini -(e)gmenggni -(e)gmegni

【处所格-人称-数】cali-lar-tu-q　ene-meggni（工作-惯常-直陈-3 单数　房子-处所.3 反身复数.单数，‘他在他们自己的那个房子里工作。’）｜ cali-lar-tu-q　ene-megni（工作-惯常-直陈-3 单数　房子-处所.3 反身双数.单数，‘他在他俩自己的那个房子里工作。’）

4. 名词离格的领属关系形态

名词的离格（ablative）属于旁格，其形态是语义上的附加体标记和句法上的次要成分标记，有人说爱斯基摩语也用名词的离格充当动词的非限定宾语，并把它叫作情态离格（ablative-modalis case）。实际不能这么看，因为其对应的动词在形式上仍是被当做不及物动词处理的，只编码主语信息，不像及物动词那样编码主语和宾语信息。如例 1a 是名词词根和动词词根的组并形式，该陈述式的人称-数只编码主语信息，例 1b 动词的人称-数只编码主语信息，相应的离格论元属附加体（或旁格），不属客体论元。

（1）a. atsa-tur-tu-q（浆果-吃-直陈-3 单数，‘他在吃浆果。’）；b. atsa-nek　ner'-u-q（浆果-离格.复数　吃-直陈-3 单数，‘他在吃浆果。’）

表 2-5　　爱斯基摩语名词离格的领属关系形态表

<table>
<tr><th rowspan="2"></th><th rowspan="2" colspan="2">领有者的数和人称</th><th colspan="3">名词(被领者)的数</th></tr>
<tr><th>单数</th><th>复数</th><th>双数</th></tr>
<tr><td rowspan="12">离格</td><td rowspan="3">第 1 人称</td><td>单数</td><td colspan="2">-mnek</td><td>-(e)gemnek</td></tr>
<tr><td>复数</td><td colspan="2">-mteńek</td><td>-(e)gemteńek</td></tr>
<tr><td>双数</td><td colspan="2">-megnek</td><td>-(e)gemegnek</td></tr>
<tr><td rowspan="3">第 2 人称</td><td>单数</td><td colspan="2">-vnek/-penek</td><td>-(e)gemnek</td></tr>
<tr><td>复数</td><td colspan="2">-vceńi/-peceńek</td><td>-(e)gpeceńek</td></tr>
<tr><td>双数</td><td colspan="2">-vtegnek/-petegnek</td><td>-(e)gpetegnek</td></tr>
<tr><td rowspan="3">第 3 人称</td><td>单数</td><td>-(ng)anek</td><td>-(ng)inek</td><td>-(e)gkenek</td></tr>
<tr><td>复数</td><td>-(ng)atnek</td><td>-(ng)itnek</td><td>-(e)gketnek</td></tr>
<tr><td>双数</td><td>-(ng)agnek</td><td>-kegnek</td><td>-(e)gkegnek</td></tr>
<tr><td rowspan="3">第 3 人称反身</td><td>单数</td><td colspan="2">-minek</td><td>-(e)gminek</td></tr>
<tr><td>复数</td><td colspan="2">-meggnek</td><td>-(e)gmenggnek</td></tr>
<tr><td>双数</td><td colspan="2">-megnek</td><td>-(e)gmegnek</td></tr>
</table>

【离格-人称-数】ella-nge-lle-mnek　yu-u-ci-qa（意识-获得-关系化-

离格.1 单数.单数　人-是-名词化-通格.1 单数.单数，‘我记事以来的人生’）｜wi　pi-ka-mnek　quyur-tu-a（我　东西-将来-离格.1 单数.单数　聚集-直陈-1 单数，‘我正在聚集我将来的东西。’）｜angya-kuci-vnek kipuc-iiq-u-a（船-类型-离格.2 单数.单数　买-将来-直陈-1 单数，‘我将买一只你那种型号的船。’）｜tung-lirner-anek　akerte-m　pit'e-llr-an（方向-侧面-离格.3 单数.单数　太阳-关系.单数　升起-名词化-关系.3 单数.单数，‘从太阳升起的方向’）｜neqe-m　ii-gkenek　ner-yug-yaaq-u-a（鱼-关系.单数　眼睛-离格.3 单数.双数　吃-期望-但-直陈-1 单数，‘我想吃鱼的双眼。’）｜ellmi　pi-ka-minek　quyur-tu-q（他自己　东西-将来-离格.3 反身单数.单数　聚集-直陈-3 单数，‘他自己正在聚集他将来的东西。’）｜aana-ma　elliin　cikiut-ni　irnia-minek　assik-a-a（妈妈-作格.1 单数.单数　她的　礼物-通格.3 反身单数.单数　孩子-离格.3 反身单数.单数　喜欢-直陈-3 单数.3 单数，‘我的母亲喜欢她自己孩子给她的礼物。’）｜kavir-c-i-u-q　keggina-minek（红-施事-逆被动-直陈-3 单数　脸-离格.3 反身单数.单数，‘她正在把她自己的脸画红。’）

5. 名词向格（终点格）的领属关系形态

名词的向格（终点格）形态详见表 2-6：

表 2-6　　爱斯基摩语名词向格/终点格的领属关系形态表

	领有者的数和人称		名词（被领者）的数		
			单数	复数	双数
向格/终点格	第 1 人称	单数	-mnun		-(e)gemnun
		复数	-mteńun		-(e)gemteńun
		双数	-megnun		-(e)gemegnun
	第 2 人称	单数	-vnun/-penun		-(e)gemnun
		复数	-vceńi/-peceńun		-(e)gpeceńun
		双数	-vtegnun/-petegnun		-(e)gpetegnun
	第 3 人称	单数	-(ng)anun	-(ng)inun	-(e)gkenun
		复数	-(ng)atnun	-(ng)itnun	-(e)gketnun
		双数	-(ng)agnun	-kegnun	-(e)gkegnun
	第 3 人称反身	单数	-minun		-(e)gminun
		复数	-meggnun		-(e)gmenggnun
		双数	-megnun		-(e)gmegnun

【向格/终点格-人称-数】ki-na = llu　im-na　inarte-llru-llini-u-q ingle-mnun!（谁-词根扩展.通格.单数=并且　那.回指-词根扩展.通格.

单数 躺-过去时-明显-直陈-3 单数 床-向格.1 单数.单数，‘而且显然哪一个他躺到我的床上了?’） | aata-mnun（父亲-向格.1 单数.单数，‘向我的父亲’） | ingri-m kangr-anun（山-关系.单数 顶部-向格.3 单数.单数，‘向山的顶部’） | stuulu-m qai-nganun（桌子-关系.单数 表面-向格.3 单数.单数，‘到桌子的表面’） | pai-nganun（嘴-向格.3 单数.单数，‘向嘴’） | ena-atnun（eniitnun.房子-向格.3 复数.单数，‘到他们的房子’） | nuna-itnun（nunaitnun. 乡村-向格.3 复数.复数，‘到他们的乡村’） | aca-minun（姑妈-向格.3 反身单数.单数，‘对他自己的姑妈’）

6. 名词经由格的领属关系形态名词的经由格（perlative / vialis）领属关系形态见表 2-7：

表 2-7 爱斯基摩语名词经由格的领属关系形态表

<table>
<tr><th rowspan="2"></th><th rowspan="2" colspan="2">领有者的数和人称</th><th colspan="3">名词(被领者)的数</th></tr>
<tr><th>单数</th><th>复数</th><th>双数</th></tr>
<tr><td rowspan="12">经由格</td><td rowspan="3">第 1 人称</td><td>单数</td><td colspan="2">-mkun</td><td>-(e)gemkun</td></tr>
<tr><td>复数</td><td colspan="2">-mteggun</td><td>-(e)gemteggun</td></tr>
<tr><td>双数</td><td colspan="2">-megnegun</td><td>-(e)gmegnegun</td></tr>
<tr><td rowspan="3">第 2 人称</td><td>单数</td><td colspan="2">-vkun/-pegun</td><td>-(e)gpegun</td></tr>
<tr><td>复数</td><td colspan="2">-vcetgun/-pecetgun</td><td>-(e)gpecetgun</td></tr>
<tr><td>双数</td><td colspan="2">-vtegnegun/-petegnegun</td><td>-(e)gpetegnegun</td></tr>
<tr><td rowspan="3">第 3 人称</td><td>单数</td><td>-(ng)akun</td><td>-(ng)ikun</td><td>-(e)gkenkun</td></tr>
<tr><td>复数</td><td>-(ng)atgun</td><td>-(ng)itgun</td><td>-(e)gketgun</td></tr>
<tr><td>双数</td><td>-(ng)agnegun</td><td>-kegnegun</td><td>-(e)gkegnegun</td></tr>
<tr><td rowspan="3">第 3 人称反身</td><td>单数</td><td colspan="2">-mikun</td><td>-(e)gmikun</td></tr>
<tr><td>复数</td><td colspan="2">-megteggun</td><td>-(e)gmegteggun</td></tr>
<tr><td>双数</td><td colspan="2">-megnegun</td><td>-(e)gmegnegun</td></tr>
</table>

【经由格-人称-数】nall'ara-mkun yu-u-gu-a（某人自己-经由格.1 单数.单数 人-是-直陈-1 单数，‘我靠自己生活，不麻烦别人。’） | nall'arar / nalla'r-pegun（某人自己-经由格.2 单数，‘只靠你自己。’） | nall'ari-ikun cikir-ru（某人自己-经由格.3 单数.复数 给-祈愿.2 单数.3 单数，‘你只把他自己的（东西）给他。’） | angya-megteggun（船-经由格.3 反身复数.单数/复数，‘用他们自己的那只船’/‘用他们自己的那些船’）

7. 名词等同格的领属关系形态

名词的等同格（equalis case）领属关系形态见表 2-8：

表 2-8　爱斯基摩语名词等同格的领属关系形态表

	领有者的数和人称		名词(被领者)的数		
			单数	复数	双数
等同格	第 1 人称	单数	-mtun		-(e)gemtun
		复数	-mcetun		-(e)gemcetun
		双数	-megtun		-(e)gmegtun
	第 2 人称	单数	-vtun/-petun		-(e)gpetun
		复数	-vcetun/-pecetun		-(e)gpecetun
		双数	-vtegtun/-petegtun		-(e)gpetegtun
	第 3 人称	单数	-(ng)atun	-(ng)itun	-(e)gketun
		复数	-(ng)acetun	-(ng)icetun	-(e)gkecetun
		双数	-(ng)agtun	-kegtun	-(e)gkegtun
	第 3 人称反身	单数	-mitun		-(e)gmitun
		复数	-megcetun		-(e)gmegcetun
		双数	-megtun		-(e)gmegtun

【等同格-人称-数】ene-n ang-ta-nrit-u-q pi-mtun/ ene-mtun（房子-通格.2 单数.单数　大-像…一样-否定-直陈-3 单数　东西-等同格.1 单数.单数/房子-等同格.1 单数.单数，‘你的房子没有我的房子大。’）| ata-vcetun sugtu-ta-ri-u-ci.（爸爸-等同格.2 复数.单数/复数　高-像……一样-起始体-直陈-2 复数，‘你们已经跟你们的爸爸一样高了。’）| angyar-pecetun ayuqe-llria-mek kipuc-iiq-u-a.（船-等同格.2 单数.单数　一样-关系化-离格.单数　买-将来-直陈-1 单数，‘我要买一条你那样的船。’）| ang-ta～ta-u-q aata-mitun.（大-像……一样～重叠-直陈-3 单数　父亲-等同格.3 反身单数.单数，‘他的块头跟他自己的父亲一样大。’）

二　动词

动词的构造规则同样也很简单而有规则性。只有派生动词一种，动词的所有词缀都是后缀。动词只能作谓语。作谓语时，语气、次类范畴（及物还是不及物）和主宾语的人称-数形式必须标记出来。此外还有表时体、情态的词缀和一些词汇后缀。例如：

【词根＋体＋直陈不及物＋主语标记】uita-qar-lu-ni（uitaqarluni. 停留-短暂-从属-3 反身单数，‘他停留了会’）【词根＋直陈不及物＋主语标记】cupegte-ngu-t（cupegtengut. 思乡-直陈-3 复数，‘他们想家’）【词根＋时＋传信＋分词不及物＋主语标记】tegu-qatar-yaaqe-lria （teguqataryaaqelria. 拿-将来-可能-分词不及物.3 单数，'他将来可能拿'）【词根＋传信＋分词不及物＋主语标记】tangerr-llini-lria（tangerrlinilria. 看见-明显-分词不及物.3 单数，'他看见了'）【词根＋从属＋主语标记】uterte-lu-teng（uterrluteng. 返回-从属-3 反身复数，'他们返回'）【词根＋情态＋从属＋主语标记】ayag-yugnga-u-t（ayagyugengaut. 离开-能-直陈不及物-3 复数，'他们能离开'）【词根＋直陈及物＋主宾语关系标记】apete-a-a（aptaa. 问-直陈-3 单数.3 单数，'他问他'）【词根＋分词及物＋主/宾语关系标记】ikayur-ke-iit（ikayurqiit. 帮助-分词及物-3 复数.3 单数，'他们帮助他'）【词根＋体＋传信＋分词及物＋主/宾语关系标记】kaugtur-nge-llini-ke-ii（kaugtunglinikii. 砸-开始-明显-分词及物-3 单数.3 单数，'他开始砸它'）

（一）动词的体

爱斯基摩语的体有起始体、瞬时体、持续体、状态体、完成体、反复体、惯常体、结果体、未然体等。

1. 起始体

表 2-9　　爱斯基摩语起始体形态表

起始体标记	变体举例	意义
-ng	-nge	始发
-kugt		正打算
-ri	-i/-li	（使）变得……起来
-yagut	-yagu/-sagut	变成/达到某种状态

【-nge】neryuniur-tua　ellallu-ng-ller-ka-anek.（期待-直陈.1 单数　下雨-起始体-名词化-将来时-离格.3 单数.单数，'我期待天开始下雨。'）｜ner-viiq-nii　uquri-ng-ssiyaa-katar-tu-a（吃-禁止-祈愿.1 单数　胖-起始体-过分-即将-直陈-1 单数，'我该停止进食了，我会变得太胖的。'）｜yuinaq　cipte-ng-lu-ku　ui-ng-vaileg-mi（20. 通格.单数　超过-起始体-从属-3 单数　丈夫-获得-回溯连接-3 反身单数，'结婚以前她开始超过 20 岁。'）｜kaugtur-nge-llini-ke-ii　tauna　levaaq（用东西打-开始-明显-分词及物-3 单数.3 单数　那　汽车，'他开始砸那辆汽车。'）

【-kugt】 aya-kugt-u-q（去-正打算-直陈-3 单数，‘他正打算去。’）｜kassuut-arka-urte-llini-aq-ata（结婚-关系化.将来时-起始体-证据-恒常连接-3 复数，‘他们现在无论何时都在筹划结婚。’）【-ri】 ata-vcetun sugtu-ta-ri-u-ci.（爸爸-等同格.2 复数.单数/复数　高-像……一样-起始体-直陈-2 复数，‘你们已经跟你们的爸爸［他/他们］一样高了。’）｜amller-i-luci　tai-ki-ci（是.很多-变成-从属.2 复数　来-将来-祈愿.2 复数，‘你们大批量地回来！’）【-yagut】 nallu-yagut-a-qa（不.知道-变成-直陈.1 单数.3 单数，‘我都把它忘了。’）

2. 瞬时体

表 2-10　　爱斯基摩语瞬时体形态表

瞬时体标记	变体举例	意义
-art	-arr/-ga'rt/-gart/-a'art/-gar/-ar	突然、霎时、立刻、忽然
-kart	-qe'rt/-qer/-q'ert/-qerr	突然
-llag		突然
-kallag	-qallag	突然

【-art】 qaillun＝gguq　una-cilleq　qaillun　ayag-ciqe-arte-a-a（qaillu-gguq unacilleq，qaillun ayagciqartaa. 怎样＝传信　这-无用的　怎样　去-将来-瞬时体-直陈-3 单数.3 单数，‘怎样才能让这无用的东西停下来？’）｜qayag-ararte-lu-ku　qaner-peke-na-ni　taugaam　evvar-lu-ni（叫-瞬时体-从属-3 反身单数　说话-否定-从属-3 单数　然而　吹-从属-3 反身单数，‘他没有用话叫他，只是吹了个口哨。’）【-kart】 qec-kart-u-q（跳-瞬时体-直陈-3 单数，‘他突然跳了起来。’）【-llag】 atu-llag-tu-q（唱-瞬时体-直陈-3 单数，‘他突然唱了起来。’）【-kallag】 qet-qallag-tu-q（摔跤-瞬时体-直陈-3 单数，‘他突然摔了一跤。’）

3. 持续体/状态体/完成体

表 2-11　　爱斯基摩语持续体/状态体/完成体形态表

体类型	体标记	变体举例	意义
持续体/状态体	-urar	-ura/-turar/-qurar/-gura	一直在/漫不经心地……/花很长时间……
	-uma	-ma/-ima /-umi	……很长时间了/已经被……了
完成体	-nerra	-nrra/-nerrar/-nerraq/-nrraq	刚……了/最近……了

持续体/状态体——【-urar】uita-ura-urlu-qi-li-k（停止-持续-敬语-未然体-祈愿-3 双数，‘他俩只是可怜地待在那里。’）｜ayag-ar-llru-u-nga yuilquq-mun（离开-持续-过去-直陈-1 单数 荒野-向格，‘我在荒野里旅行。）【-turar】ua-vet kuig-e-m pai-nganun neqe-ngqer-tura-lria-mun ayag-naur-tu-kut（下-向格 河-增音-关系.单数 嘴-向格.3 单数.单数 鱼-有-持续-关系化-向格.单数 去-结果体-直陈-1 复数，‘让我们向河口那边去。那儿突然有鱼了（别的地方没有发现）。’）【-qurar】umyuarteqe-sciigali-lle-mnun / umyuarteqe-sciigali-vi-mnun ap-qaur-tuq.（想-能．不.再为-准连接-1 单数 问-持续-直陈.3 单数，‘他问问题，直到我不再能想。’）｜nere-qcaar-a-llini-lu-ni kuik-m pai-ngani（吃-持续-反复-传信-从属-3 反身单数 河-关系格.单数 口-3 单数.3 单数.处所，‘他在河口啃着。’）【-gura】naulluu-gura-lar-ni-lua（厌恶-持续-致使-高层施事.说-从属.1 单数，‘有人说我常常令人厌恶。’）【-uma】ataku-qva-uma-inanr-ani（晚上-向-持续-同时连接.3 单数，‘当它向晚上移动时’）

完成体——【-uma】tuai＝llu ayag-ma-llini-lria（然后＝接着 离开-很长时间-传信-分词不及物.3 单数，‘他旅行了很久。’）｜elauc-ima-ri-a-megteki（埋-完成-起始体-原因连接-3 反身复数.3 复数，‘当他们已经埋了他们’）【-nerra】iqai-nerra-llru-a atku-ka.（洗-刚……完-过去时-直陈.3 单数.3 单数 皮大衣-通格.1 单数.单数，‘她刚洗完皮大衣。’）

4. 反复体

表 2－12　　爱斯基摩语反复体形态表

反复体标记	变体举例	意义
-nqigt	-nqigte/-nqigg/-nqigc/-nqigte/-nqig	再次
-aar	-a/-ar/-taar	反复、不断地、……来……去
-qaraq	-qa'aq/-qa'arq/-karaq/-kaq/-qaq	间歇地、偶尔、有时
-rq/-qaq	-aqe	一个接一个地

【-nqigt】pissu-nqigte-llru-ni-a（去.打猎-再次-过去时-高层施事.说-直陈.3 单数.3 单数，‘她说他又出去打猎了。’）【-aar】itr-ut-aar-lu-ku ene-nun（进入-受益-反复-从属-3 单数 房子-向格.复数，‘某人把

它带进这个房子那个房子。'）｜ issaluq nere-qcaar-a-llini-lu-ni（豪猪吃-迎难而上-反复-明显-从属-3 反身单数，'豪猪在啃东西。'）【-qaraq】iqva-qaraq-lu-ni（采摘.浆果-间歇地-从属-3 反身单数，'他间歇地采摘着浆果。'）【-rq】ca-rqe-lir-lu-teng（做-一个人接一个-有很多-从属-3 反身复数，'那些人有很多事要做。'）｜ yurar-aqe-lu-teng（跳舞-反复-从属-3 复数，'他们不停地跳舞。'）

5. 惯常体

表 2－13　　爱斯基摩语惯常体形态表

惯常体标记	变体举例	意义
-lar	-llar	有规律地、惯常地
-aqe	-rq/-aq/-gaq	有规律地、惯常地（多见于从属语气）
-tu	-tuli /-nertu	有规律地、常常

【-lar】cali-lar-tu-q ene-meggni.（工作-惯常-直陈-3 单数　房子-处所.3 反身复数.单数，'他在他们自己的那个房子里工作。'）｜ akutar-tu-l-qa tami-in quyake-lar-aqa.（冰.奶油-吃-名词化-通格.1 单数.单数　全部-状态连接.3 单数　感谢-习惯-直陈.1 单数.3 单数，'每次我吃冰淇淋我都心怀感激。'）｜ ciin qav-a-vet itrar-la-nric-e-ci（为什么上面-词根扩展-向格　去.上面-惯常-否定-疑问-2 复数，'为什么你们从来不去上游？'）｜ atu-la-qe-nka＝wa（使用-通常-分词-1 单数.3 复数＝应答，'我经常使用它们。'）【-lallru】tamakut ungungsiq-t tamaani qaner-lallru-a-meng.（那些　动物-复数　在那个地方　说话-过去.惯常-原因连接-3 反身复数，'那些动物那个时候能说话。'）【-aqe】atur-aq-lu-ta pilugug-nek taquka-nek（用-习惯的-从属-1 复数　靴子-离格.复数　海豹-离格.复数，'我们将用海豹皮靴子。'）｜ tauku-k maurluq-ssagaq-kellrii-k uita-rqe-lrii-k（那-通格.双数　祖父母-亲爱.小-成对-通格.双数　停留-习惯-分词不及物-3 双数，'祖父母住在一起。'）｜ ellaita＝llu niicugni-ute-gaqe-lu-a（他们.作格＝也　听-和另一个人-惯常-从属-1 单数，'他们也经常听我的。'）【-tu】tang，pissu-qenga-qe-tu-ke-nka（看　捕猎-关系化-有.当作-惯常-分词-1 单数.3 复数，'看，它们是我经常捕猎的种类。'）｜ cali-tu-a-meng yuk-t（工作-

惯常-原因连接-3 反身复数　人-复数，‘人们像往常一样工作了。’）

6. 结果体

表 2-14　　爱斯基摩语结果体形态表

结果体标记	变体举例	意义
-naur	-nau/-naa/-nauq	那么、结果、往往、将会
-niar	-nia	那么、结果、不久将
-niarar	-niara	将处于……状态、快到……的时间了

【-naur】ua-vet　kuig-e-m　pai-nganun　neqe-ngqer-tura-lria-mun　ayag-naur-tu-kut（下-向格　河-增音-关系.单数　嘴-向格.3 单数.单数　鱼-有-持续-关系化-向格.单数　去-结果体-直陈-1 复数，‘让我们向河口那边去。那儿突然有鱼了（别的地方没有发现）。’）｜ cauyar-ciu，yurar-naur-tuq（击鼓-祈愿.2 复数.3 单数　跳舞-结果体-直陈.3 单数，‘你们为她击鼓，所以现在她可以跳舞/而且现在让她跳舞。’）｜ elli-naur-a-i　issran-mun（放-结果体-直陈-3 单数.3 复数　篮子-向格.单数，‘他将把它们放到篮子里。’）【-niar】qaku＝kiq　ikayur-niar-ta-nga（什么时候＝我想知道　帮助-结果体-疑问-3 单数.1 单数，‘我想知道什么时候他将帮助我？’）【-niarar】unug-niarar-tuq（变成.夜晚-不久-直陈.3 单数，‘不久就要到夜晚了。’）

7. 未然体

动词祈愿语气可带特有的未然体标记-ki/-qi。如：

【-ki】ikik(a)　im-ku-t　assir-luteng　aya-ki-li-t / egleres-ki-li-t（希望　那.回指-词根扩展-通格.复数　好-从属-3 反身复数　去-未然体-祈愿-3 复数 / 旅行-未然体-祈愿-3 复数，‘我希望他们的旅途愉快［←我希望他们去，那很好！/我希望他们旅行，那很好！］’）｜ ma-ku-gteggun　ikamra-gkun　aya-ki-na（这-词根扩展-经由格.双数　雪橇-经由格.双数　去-未然体-祈愿.2 单数，‘你可以乘这个雪橇去。’）｜ unug-mun＝tang　tekis-ki-l-ii　aya-inane-mni（晚上-向格.单数＝引起注意　到达-未然体-祈愿-1 单数　去-同时连接-1 单数，‘走着走着，将近晚上的时候，我到达了。’）【-qi】an-uti-ini　tegu-le-qi-u！（来.出来-准连接-3 单数　拿-突然地-未然体-祈愿.2 单数.3 单数，‘它一出来，（你）就抓住它！'）｜tai-li=tuq（来-祈愿.3单数=希望，'我希望他会来。'）｜nere-vka-qi-a（吃-高层施事.让-未然体-祈愿.2单数.1单数，'让我吃'）

（二）动词的时制

爱斯基摩语动词的时制都是派生的，不是屈折的，其时制系统列表如下：

表2-15　爱斯基摩语动词时制形态表

时类型	现在时	过去时	将来时	立即将来时
标记形式	无标记	-llru	-ciq	-qatar

过去时——【-llru】qawar-llru-u-q（qawallruuq. 睡觉-过去时-直陈-3单数，'他睡了。'）｜teriir-llru-u-tek（teriillruutek. 咯咯地笑-过去时-直陈-3复数，'他们咯咯地笑。'）｜iqvar-llru-lria（iqvallrulria. 挑选-过去时-分词不及物.3单数，'那个挑选的人'）｜maureluq-ma tuaten qaner-ute-llru-a-anga（maureluma tuaten qanerutellruanga. 祖母-1单数.单数.作格 这样 说话-受益-过去时-直陈-3单数.1单数，'我的祖母这样告诉我。'）｜tamakut ungungunsii-t tamaa-ni qaner-lar-llru-a-meng（tamakut ungungunsiit tamaani qanlallruameng. 指示代词扩展.那些 动物-复数 指示副词1他人扩展-处所 说话-惯常-过去时-连接-3反身复数，'从那时起那些动物就能说话了。'）｜ayaga-llru-u-nga yuillku-mun（ayagallruunga yuillkumun. 行进-过去时-直陈-1单数 荒野-向格，'我走到荒无人烟的地方。'）｜angyaq-kun aya-llru-a-ma（angyakun ayallruama. 船-通过 去-过去时-连接-1单数，'因此我乘船去。'）｜ata-ka waten aqume-tu-llru-u-q（ataka waten aqumtullruuq. 父亲-1单数.单数 这样 坐-惯常-过去时-直陈-3单数，'我的父亲通常这样坐。'）｜waten qaner-ute-llru-a-a iluraq-ni=gguq（waten qanrutellruaa iluranigguq. 像这样 说话-受益-过去时-直陈-3单数.3单数 朋友-通格.3反身.单数=传信，'他就是这样告诉他的朋友的。'）

将来时——【-ciq】qawar-ciq-u-q（qawarciquq. 睡觉-将来时-直陈-3单数，'他要睡了。'）｜assiite-ciiqe-u-q（assiicuaquq. 坏-将来时-直陈-3单数，'它会坏的。'）｜qaillun=gguq una-cilleq qaillun ayag-ciq-arte-u-a（qaillu-gguq unacilleq qaillun ayagciqartua? 怎样=传信 这-无用的 怎样 离开-将来时-直接-直陈-1单数，'怎样才能使这些无用的

东西停下来。’）｜ pi-ku-vet qerar-ute-ciq-a-mken tunu-mkun（pikuvet qerauciqamken tunumkun. 做-条件-2单数 跨过-受益-将来时-直陈-1单数.2单数 后背-1单数.单数.通过，‘如果你做那件事，我就（把你放）在我的后背上带你过去。’）｜ carraq-kuineq-mek cikir-ciq-a-mken（carrakuinegmek cikirciqamken. 小部分-数量少-离格 给-将来时-直陈-1单数.2单数，‘我会给你一点点。’）

立即将来时——【-qatar】qawar-qatar-tu-q（qawaqatartuq. 睡觉-立即将来时-直陈-3单数，‘他快要睡了。’）｜ qalarte-qatar-tu-a（qalarteqatartua. 说话-立即将来时-直陈-1单数，‘我不会［和某人］说话。’）｜ qanemci-qatar-tu-a（qanemciqatartua. 讲故事-立即将来时-直陈-1单数，‘我要讲个故事。’）｜ ila-ka tauna kassut-qatar-ller-ani（ilaka tauna kassutqatarlani. 亲戚-1单数.单数 指示代词1他人受限 结婚-立即将来时-当时连接-3单数，‘当我的亲戚要结婚时’）｜ atauciq-mek tegu-qatar-llini-lria（ataucimek teguqatarlinilria. 一个-离格 带-直接.将来时-传信-分词不及物.3单数，‘显然他要带一个走。’）

现在时——【无标记形式】qawar-tu-q（qawartuq. 睡觉-直陈-3单数，‘他在睡觉。’）｜ kiu-gar-ka（kiugaka. 回答-直陈-1单数.3单数，‘我回答他。’）｜ ayag-sciigate-na-ni，tuai＝gguq qenerte-lu-ni tauna angun（ayasciiganani. tuai-gguq qenerluni tauna angun. 离开-不能-从属-3单数 然后＝传信 生气-从属-3单数 指示代词1他人受限 人，‘它不能离开，这个人很生气。’）

（三）动词的人称-数

爱斯基摩语中所有的动词都必须带上一定人称和数语法信息的词尾，人称有第1人称、第2人称、第3人称和第3人称反身四种类型，数有单数、复数和双数三种类型。

1. 第1人称

（1）maa-vir-lu-a cali-yartur-lu-a=wa（maavirrlua caliyarturlua-wa. 这儿-去-从属-1单数 工作-去-从属-1单数＝强调，‘我来这儿，我来工作。’）

（2）elliin ayag-ute-lu-a（elliin ayallua. 他.作格 去-受益-从属-1单数，‘他带上我。’）

（3） ellaita＝llu niicugni-ute-gaqe-lu-a（ellaita-llu niicugniugaqlua. 他们.作格＝也 听-和另一个人-惯常-从属-1单数，‘他们也经常听我的。’）

（4） angayuqaq-gka acir-lu-a taumek ah yuk-rluq-mek（angayuqagka acirelua taumek ah yugerlumek. 父母-通格.1单数.双数 取名-从属-1单数 那.离格 语补词 人-贫穷的.亲爱的-离格，‘从那时起，我的父母他们给我取名“Yugurluq”［亲爱的老人］。’）

2. 第2人称

（5） kitaki quyana call-ar-lu-ten（kitaki quyana call-arluten. 那么 谢谢你 打电话-连接-从属-2单数，‘那么谢谢你给我打电话。’）

（6） quyanaqvaa niite-lu-ten（quyanaqvaa niilluten. 非常高兴 听说-从属-2单数，‘听到［关于你的消息］真是非常高兴。’）

3. 第3人称

（7） tauna＝llu＝gguq nasaurluq tuai tangerr-yuumiite-naku tulukaruq-cilleq（tauna-llu-gguq nasaurluq tuai tangenyuumiinaku tulukarucilleq. 那＝也＝传信 女孩 然后 看见-不在意-从属-3反身单数 渡鸦-无用，‘然后那个女孩不想看见又脏又烂的渡鸦。’）

（8） elli-lu-ki pinqegg-car-lu-ki，tuai＝llu iqvar-rraar-lu-ni muir-rraar-lu-ku fauna napa-mek qaltaq-ni atrar-lu-ni（elliluki pinqeggcarluki tuai-llu iqvarraarluni，muirraarluku fauna napamek qaltani atrarluni. 放-从属-3反身复数 整洁-试图-从属-3反身复数 然后＝也 摘-之后-从属-3反身单数 放满-之后-从属-3反身单数 那树-离格 大桶-通格.3反身单数 下来-从属-3反身单数，‘把［这些水果］用整洁的方式放［到篮子里］，然后摘了放满大桶，他从树上下来了。’）

4. 第 3 人称反身

（9） tuai alangaar-nar-lu-teng（tuai alangaamaqluteng. 然后 惊奇-致使-从属-3 反身复数，‘然后，他们非常吃惊。’）

（10） nere-lu-teng yurar-lu-teng tuai anglani-lu-teng cakneq（nereluteng yurarrluteng tuai anglaniluteng cakneq. 吃-从属-3 反身复数 跳舞-从属-3 反身复数 然后 高兴-从属-3 反身复数 非常，‘他们吃，他们跳舞，他们非常高兴。’）

（11） an’arciiq-mun tekite-lu-ni（an’arciimun tekilluni. Johnson 河-向格 到达-从属-3 反身单数，‘他们到了 Johnson 河。’）

（四）动词的语气

按照谓语动词能否成句，将动词的语气可分为两类：独立语气和非独立语气。独立语气能够独立成句，而非独立语气则不能独立成句。爱斯基摩语动词的语气类型及标记系统详见表 2－16。从表中可见，语气标记有的因动词及物不及物而异，有的因人称而异，有的则不分人称和是否及物。

表 2－16　　爱斯基摩语动词的语气形态表

语气的类型			标记		功能
			不及物	及物	
独立语气	直陈语气		-’(g/t)u	-’(g)a	用于陈述和回答问题
	疑问语气	第 1 人称	-(t)si / -ce	—	用于询问具体问题
		第 2 人称	-(t)si /-ce		
		第 3 人称	-’(g/t)a		
	祈愿语气	第 1 人称	—	-la	表命令、建议、请求等
		第 2 人称	—		
		第 3 人称	-li		
	分词语气		-lria	-ke	功能上既像名词，又像动词

续表

语气的类型				标记		功能
				不及物	及物	
非独立语气	从属语气			-lu /-na		表示从属于主句动词的动作行为
	连接语气	状态连接		—		表示逻辑关系，或在陈述类句法结构中起修饰关系
		原因连接		-a		
		回溯连接		-paileg /-vaileg		
		间接连接		-yua		
		条件连接		-k(u)		
		恒常连接		-aq		
		让步连接		-ng'er		
		当时连接		-lle /-aqa		
		同时连接		-(ng)inaner		表示时间关系
		准连接	表“以后/以后某时”	-ner /-llr		
			表“自从”	-rraaner		
			表“一…(就…)”	-ute /-uci		
			表“直到”	-vi /-llr /-ne		

独立语气——【直陈语气】wani-rpak　qanemci-qatar-tu-a（wanirpak qanemciqatartua. 现在-当前　讲故事-将来时-直陈-1单数，‘现在我要讲个故事。’）【疑问语气】ca-mek　neqa-ngqerr-tsi-t（camek　neqangqerciit? 什么-离格　食物-有-疑问不及物-2单数，‘你有什么吃的吗?’）｜ kina　payugte-tsi-u（kina　payugeciu? 谁　带食物-疑问-2单数.3单数，‘你给谁带食物?’）｜ ikavet＝qaa　kuimar-lu-ten　aa　age-ute-lu-a　pi-yugnga-u-ten（ikavet-qaa，kuimarluten aa，agullua piyugngauten? 跨过那儿＝疑问　游泳-从属-2单数　语补词　带-受益-从属-1单数　做-能-直陈-2单数，‘你能带我游过到对岸去吗?’）｜ qaillun＝gguq　una-cilleq　qaillun　ayag-ciqe-arte-a-a（qaillu-gguq unacilleq，qaillun ayagciqartaa. 怎样＝传信　这-无用的　怎样　去-将来-瞬时体-直陈-3单数.3单数，‘怎样才能让这无用的东西停下来?’）【祈愿语气】tai-li（taili. 来-祈愿.3单数，‘他现在该来了。’）｜ apa-'urluq-un　payugte-gu（pa'urlun pasgesgu. 祖父-亲爱-向格　带食物-祈愿.2单数.3单数，‘你能给你的祖父带点食物吗?’）｜ uitate-nga（uitasenga. 让．存在-祈愿.2单数.1单

数，‘让我一个人待一会儿。’）【分词语气】mikelnguq kitur-lria（mikelnguq kiturlria. 小孩 路过-分词不及物，‘小孩路过了。’）

非独立语气——【从属语气】elli-qar-lu-ku＝llu＝gguq ayag-lria.（elliqarluku-llu-gguq ayalria. 放-干脆地-从属-3 单数＝并列＝传信 离开-分词不及物，‘他把它放上去之后，就出发了。’）【连接语气】cali-inaner-ani una angun kitur-tu-q（caliinanerani una angun，kiturtuq. 工作-同时连接-3 单数 指示 人.通格 通过-直陈-3 单数，‘当他工作的时候，走过去一个人。’）

与动词的语气有一致关系的人称-数标记及相关用例详见 pp. 182—208。

（五）动词各语气的人称-数形态

爱斯基摩语动词各语气的人称-数形态跟前面的词基结合时可发生这样那样的音变。比如，有时紧邻以(t)e 收尾的词基的下一个词基会发生如下音变，若以 y 起首，则 y 变为清擦音 s；若以 ty 或 ts 起首则变为 c。诸如此类。为避免过于烦琐，暂不对音变进行论述。

爱斯基摩语的及物动词词尾既表示动词人称-数的语义形态，又表示主语和宾语之间的及物性关系。直陈语气、分词语气和从属语气都有相应的主宾语关系形态。例如：

1. 动词直陈语气的人称-数形态

不及物动词直陈语气编码主语的人称-数，及物动词直陈语气编码主语和宾语的人称-数。动词直陈语气的人称-数形态见表 2-17：

表 2-17　爱斯基摩语动词直陈语气的人称-数形态表

			不及物		及物									
						宾语第 1 人称			宾语第 2 人称			宾语第 3 人称		
						单数	复数	双数	单数	复数	双数	单数	复数	双数
主语	第 1 人称	单数	-'(g/t)u-	-(ng)a	-'(g)a-				-mken	-mci	-mtek	-qa	-nka	-gka
		复数		-kut					-mteggen	-mceci	-mcetek	-put	-put	-gput
		双数		-kuk					-megten	-megci	-megtek	-puk	-puk	-gpuk
	第 2 人称	单数		-ten		-rpenga	-rpekut	-rpekuk				-n	-ten	-gken
		复数		-ci		-rpecia	-rpecikut	-rpecikuk				-ci	-ci	-gci
		双数		-tek		-rpetegnga	-rpetegkut	-rpetegkuk				-tek	-tek	-gtek
	第 3 人称	单数		-q		-anga	akut	-akuk	-aten	-aci	-atek	-a	-i	-k
		复数		-t		-atnga	itkut	-itkuk	-atgen	-iceci	-icetek	-at	-it	-gket
		双数		-k		-agnga	agkut	-agkuk	-agten	-agci	-agtek	-ak	-kek	-gkek

【不及物动词的直陈语气及主语形态】pi-u-nga（做-直陈-1单数，‘我在干’）| ua-vet kuig-e-m pai-nganun neqe-ngqer-tura-lria-mun ayag-naur-tu-kut.（下-向格 河-增音-关系.单数 嘴-向格.3单数.单数 鱼-有-持续-关系化-向格.单数 去-结果体-直陈-1复数，‘让我们向河口那边去。那儿突然有鱼了（别的地方没有发现）。’| unuaqu aya-katar-tu-kuk Tununer-mun.（明天 离开-不久-直陈-1双数 地名-向格.单数，‘明天我俩要到Tununak去。’）| kaig-tu-ten＝qaa（饿-直陈-2单数＝疑问，‘你饿了吗?’）| qagaa＝i kuigpag-miu-nek niite-lar-tu-ci（外面-处所格 Yukon-居民-离格.复数 听到-一般-直陈-2复数，‘你听到过Yukon人。’）| teriir-llru-u-tek（teriillruutek. 咯咯地笑-过去时-直陈-2双数，‘他俩咯咯地笑了。’）| qawar-llru-u-q（qawallruuq. 睡觉-过去时-直陈-3单数，‘他睡了。’）| tangurraq-nka ayag-lru-u-t（tangurraanka ayalruut. 男孩儿-通格.1单数.复数 去-过去时-直陈-3复数，‘我的男孩儿们走开了。’）| aata-ma atr-a irnia-ma＝llu pi-a ayuq-u-k?（爸爸-关系.1单数.单数 名字-通格.3单数.单数 孩子-关系.1单数.单数＝和 东西-通格.3单数.单数 类似-直陈-3双数，‘我父亲的名字跟我孩子的名字一样?’）

【及物动词的直陈语气及主宾语形态】paqete-a-mken（paqetamken. 拜访-直陈-1单数.2单数，‘我来看你了。’）| qanemci-qatar-a-mci israc-i-la-lria-nek（告诉-将要-直陈-1单数.2复数 篮子-做-通常-关系化-离格.复数，‘我将要告诉你们关于某人做草篮子的故事。’）| assi-lria-mek allraku-kegtaar-mek pi-a-mtek!（好-关系化-离格.单数 年-好-离格.单数 做-直陈-1单数.2双数，‘你们俩新年快乐!’）| apa-urluq-ka payugte-a-qa（apaurluqa payugtaqa. 爷爷-亲爱的-1单数.单数 带.食物-直陈-1单数.3单数，‘我给亲爱的爷爷带食物。’）| iqair-a-nka miil-ir-a-nka.（洗-关系化-通格.1单数.复数 肥皂-提供-直陈-1单数.3复数，‘我给洗我的东西涂上肥皂。’）| u-ku-k pilugu-u-k tun-yug-a-gka.（这-词根扩展-通格/关系格.双数 靴子-词根扩展-通格/关系格.双数 卖-祈愿-直陈-1单数.3双数，‘我希望卖掉这双靴子。’）| ataam ullag-kut wangkuta alia-yu-lria-ni, neq-k-i-c-iiq-a-mteggen.（再 靠近-祈愿.1复数 我们.通格 孤单-词根扩展-关系化-处所格.复数 食物-将来时-做-受益-将来-直陈-1复数.2单数，‘回到我们这些孤

单的人这儿，我们将给你食物。'） | atur-yuirut-a-put（用-不再-直陈-1复数.3单数，'我们不再用它。'） | pissur-yar-pailemta casku-put kitugg-narqe-ciq-a-put.（打猎-去.到-原因连接.1复数 武器-通格.1复数.复数 固定-必须-将来时-直陈-1复数.3复数，'我们去打猎前必须把我们的武器固定好。'） | alqa-ak na-nte-llr-anek apte-llru-a-gpuk.（姐姐-通格.3双数.单数 哪里-是.在-名词化-离格.3单数.单数 问-过去时-直陈-1双数.3双数，'我们俩问过他俩他们的姐姐在哪儿。'） | ner'-a-n（吃-直陈-2单数.3单数，'你在吃它。'） | ner'-a-ten（吃-直陈-2单数.3复数，'你在吃它们。'） | maqi-kuvet taugaam u-ku-k nutara-k qerrulli-i-k ac-iiq-a-gken.（洗澡-条件连接. 2单数 相反 这-词根扩展-通格.双数 新-通格.双数 裤子-插入元音-通格.双数 穿.上-将来时-直陈-2单数.3双数，'只有你洗一个澡，才可以穿上新裤子。'） | ner'-a-ci（吃-直陈-2复数.3单数/3复数，'你们在吃它/它们。'） | tangrr-a-anga（看-直陈-3单数.1单数，'他看着我。'） | tangrr-a-akut（看-直陈-3单数.1复数，'他看着我们。'） | kitaki，angayuqa-a-gpet neqka-lgir-a-akuk，akuta-tur-naur-tu-kuk.（好吧 父母-插入元音-作格.2单数.双数 食物-拿.一起-直陈-3单数.1双数 冰淇淋-吃-现在时-直陈-1双数，'好吧，你父母给了我俩一些食物，让我俩吃一些冰淇淋。'） | tangrr-a-aten（看-直陈-3单数.2单数，'他看着你。'） | tangrr-a-aci（看-直陈-3单数.2复数，'他看着你们。'） | ner-a-a（吃-直陈-3单数.3单数，'他在吃它。'） | tamar-a-a（tamaraa.丢失-直陈-3单数.3单数，'他丢失了它。'） | ner-a-i（吃-直陈-3单数.3复数，'他在吃它们。'） | ner'-a-k（吃-直陈-3单数.3双数，'他在吃那两个东西。'） | tangrr-a-atnga（看-直陈-3复数.1单数，'他们看着我。'） | tangrr-a-itkut（看-直陈-3复数.1复数，'他们看着我们。'） | tangrr-a-atgen（看-直陈-3复数.2单数，'他们看着你。'） | tangrr-a-iceci（看-直陈-3复数.2复数，'他们看着你们。'） | ner-a-at（吃-直陈-3复数.3单数，'他们在吃它。'） | qit'v-uc-i-te-llru-a-agnga（说-受益-逆被动-受益-过去时-直陈-3双数.1单数，'他们俩和我说英语。'） | May'a-nku-k pani-ni=llu cenirt-a-agkut.（人名-伙伴-作格.双数 女儿-通格.3反身单数.单数=和 拜访-直陈-3双数.1复数，'Mayaq和他自己的女儿［←Mayaq和他的伙伴，也就是和他自己的女儿］，拜访了

我们。'）｜ ner-a-ak（吃-直陈-3 双数.3 单数，'他俩在吃它。'）

2. 动词疑问语气的人称-数形态

动词疑问语气的人称-数形态见表 2-18：

表 2-18　　爱斯基摩语动词疑问语气的人称-数形态表

			不及物动词		及物动词宾语									
						第1人称			第2人称			第3人称		
						单数	复数	双数	单数	复数	双数	单数	复数	双数
主语	第1人称	单数	-(t)si	-a		疑问语气及物动词没有反映第1人称主语及相应各人称宾语信息的关系形态								
		复数	-ce	-ta										
		双数		-ńuk										
	第2人称	单数	-(t)si	-t	-(t)si	-a	-kut	-kuk				-u	-ki	-kek
		复数	-ce	-ci	-ce	-ci(ng)a	-cikut	-cikuk				-ciu	-ciki	-cikek
		双数		-tek		-gnga	-gkut	-gkuk				-tegnegu	-tegki	-tegkek
	第3人称	单数	-'(g/t)a	-ø	-'(g/t)a	-nga	-kut	-kuk	-ten	-ci	-tek	-:gu	-ki	-kek
		复数		-t		-tnga	-tkut	-tkuk	-tgen	-ceci	-cetek	-tgu	-tki	-tkek
		双数		-k		-gnga	-gkut	-gkuk	-gten	-gci	-gtek	-gnegu	-gki	-gkek

【不及物动词疑问语气的人称-数形态】talli-ma　nati-ikun　kilir-ci-a（手臂-关系格.1 单数.单数　部分-经由格.3 单数.单数　伤口-疑问-1 单数，'我的手臂的什么部位受伤了？'）｜ qaill'　pi-ama　qavarni-vakar-ci-a　unuamek（如何　做-原因连接.1 单数　困-强调-疑问-1 单数　今天，'我想知道为什么今天我这么困？'）｜ uita-vig-ka-ite-qata-urlur-pag-ci-a（停留-地方-将来时-否定-将要-敬语-巨称-疑问-1 单数，'多可怜，我将没有地方待！'）｜ neq-ka-i-pag-ce-ta（鱼-将来时-否定-强调-疑问-1 复数，'我们没有食物！'）｜ nat-mun　aya-katar-ce-ńuk（哪里-向格　离开-将要-疑问-1 双数，'（你希望）我们俩将去哪里？'）｜ ené-rpa-ngqér-ci-t　qaa（房子-大-有-疑问-2 单数　疑问，'你有一个大房子吗？'）｜ tupag-yara-tu-vag-ci-t　elpet（醒-早-规则性-强调-疑问-2 单数　你，'你起来得这么早！'）｜ qavci-klaag-mi　makc-i-t（多少-时钟-处所格.单数　起来-疑问-2 单数，'你什么时候起床的？'）｜ ciin　qav-a-vet　itrar-la-nric-e-ci（为什么　上面-词根扩展-向格　去.上面-惯常体-否定-疑问-2 复数，'为什么你们从来不去上游？'）｜ ca-mek　qanaa-ce-tek（什么-离格.单数　谈话-疑问-2 双数，'你们俩在谈论什么？'）｜ ki-na　tekit-a（谁-通格.单数　到达-疑问.3 单数，'谁已经到了？'）｜

qaill pi-lu-ni tai-ga?（如何 做-从属-3 反身单数 来-疑问.3 单数，‘他是怎么来的?’）| qavci-n kass'a-t ene-mi uita-a-t（多少-通格.复数 白色.人-通格.复数 房子-处所格.单数 停留-疑问-3 复数，‘多少白人正待在房子里?’）| na-vek kellaag-e-k lliigh-ta-k（哪里-向格 时钟-增音-通格.双数 成为-疑问-3 双数，‘现在几点?’）

【及物动词疑问语气的人称-数形态】qaku tua-i＝ll' waniw' anute-qatar-ci-a（什么时候 那么-词根扩展 现在 去.外出-受益-将要-疑问-2 单数.1 单数，‘那么，你将什么时候带我出去呢?（带有抱怨或批评的口气）’）| nali-ak assik-si-u，kuuvviaq wall'u saayuq（哪个-通格.3 双数.单数 喜欢-疑问-2 单数.3 单数 咖啡.通格.单数 或 茶.通格.单数，‘你喜欢哪种，咖啡还是茶?’）| qaill' pi-lria-nga irr'i-vakar-ce-cia（如何 做-分词-1 单数 凝视-强调-疑问-2 复数.1 单数，‘我在做什么让你们俩盯着我?’）| nate-qli-at nut-qatar-ciu（哪个-一个.在……中-通格.3 复数.单数 射击-即将-疑问.2 复数.3 单数，‘你们要射击他们中的哪一个?’）| qaku＝kiq ikayur-niar-ta-nga（什么时候＝我想知道 帮助-结果体-疑问-3 单数.1 单数，‘我想知道什么时候他会帮助我?’）| qaillun yu-u-t tanger-ta-kut（如何 人-增音-作格.复数 看-疑问-3 单数.1 复数，‘人们如何看我们?’）| ki-a tai-sqe-llru-a-ten（谁-作格.单数 来-高层施事.让-疑问-3 单数.2 单数，‘谁让你来的?’）| ki-a ila-k-a-ten（谁-作格.单数 亲戚-让……如同-疑问-3 单数.2 单数，‘谁和你有亲［←谁让你如同亲戚］?’）| nalir-peci ner-a-u（哪个-作格.2 复数.单数 吃-疑问-3 单数.3 单数，‘你俩中的哪个吃掉了它?’）| ki-a mik-ta-a-ki tua-ten（谁-作格.单数 小-跟……一样-疑问-3 单数.3 复数 那个-等同格，‘谁把他们搞得像那个一样小?’）| ciin apt-a-tnga na-ken tekite-llru-lle-mnek（为什么 问-疑问-3 复数.1 单数 哪里-离格 来-过去时-名词化-离格.1 单数.单数，‘为什么他们问我来自哪里?’）| kin-ku-t ila-k-a-tgen（谁-词根扩展-作格.复数 亲戚-让……如同-疑问-3 复数.2 单数，‘哪些人是你的亲戚［←哪些人让你如同亲戚］?’）| qaku-rpak calia-qe-katar-ta-tgu（何时-大 工作-有.像……一样-即将-疑问-3 复数.3 单数，‘他们将在这上面工作多长时间?’）| na-tmur-uc-et-a-gnegu angut-mun irnia-qa（哪里-去-受益-高层施事.使-疑问-3 双数.3 单数 男人-向格.单数 孩子-通格.1 单

数.单数，‘他们俩在哪儿让那男人带我孩子走的?’)

除下例所示的“1 单数.2 单数”表示“我对你”这一种情形外，疑问语气及物动词没有反映第 1 人称主语及相应各人称宾语信息的关系形态。

(12) qangvaq　tange-llru-si-ken?（什么时候.过去时　看见-过去时-疑问-1 单数.2 单数，‘我什么时候见到你的?’)

从语言发展角度说，很多动词的及物性是不及物动词吸收了与论元的共现关系后获得的。因此有的动词看似及物动词，其实与不及物动词纠葛甚深。比较下例：

(13) a. ciin　kipute-llru-si-a　nacaq / naca-k / naca-t?（为什么　买-过去时-疑问-1 单数　帽子.通格.单数/帽子.通格.双数/帽子.通格.复数，‘我为什么买这个帽子/这两个帽子/这些帽子?’);
b. ciin　kipute-llru-si-a　naca-mek / naca-gnek / naca-nek ?（为什么　买-过去时-疑问-1 单数　帽子-离格.单数/帽子-离格.双数/帽子-离格.复数，‘我为什么买一个帽子/两个帽子/帽子?’)

爱斯基摩语在动词的及物性表达上也存在形式和语义不一致的现象。有时，及物动词在形式上可显示为一种人称，即沿用不及物动词的形式，而在实际句法语义中，却表达的是及物性关系，如：

(14) nali-at　naca-t　kipuc-iiq-si-a（哪个-通格.3 复数.单数　帽子-关系格.复数　买-将来时-疑问-1 单数，‘我应该买哪个帽子[←这些帽子中的哪个]?’)

3. 动词祈愿语气的人称-数形态

动词祈愿语气的人称-数形态见表 2-19：

表 2-19　　爱斯基摩语动词祈愿语气的人称-数形态表

			不及物		及物动词宾语									
						第 1 人称			第 2 人称			第 3 人称		
						单数	复数	双数	单数	复数	双数	单数	复数	双数
主语	第 1 人称	单数	-l	-ii	-la				-mken	-mci	-mtek	-ku	-ki	-kek
		复数		-ta					-mteggen	-mceci	-mcetek	-ut	-put	-gput
		双数		-uk					-megten	-megci	-megtek	-uk	-puk	-gpuk
	第 2 人称	单数		-ø/(g)i /n/lu /:a		-(ng)a	-kut	-kuk				-gu	-ki	-kek
		复数		-ci		-cia	-cikut	-cikuk				-ciu	-ciki	-cikek
		双数		-tek		-tegnga	-tegkut	-tegkuk				-tegu	-tegki	-tegkek
	第 3 人称	单数	-li	-ø	-li	-nga/-a	-kut	-kuk	ten	-ci	-tek	-ku	-ki	-kek
		复数		-t		-tnga	-tkut	-tkuk	tgen	-ceci	-cetek	-tgu	-tki	-tkek
		双数		-k		-gnga	-gkut	-gkuk	gten	-gci	-gtek	-gnegu	-gki	-gkek

【不及物】ca-l-ii?（做-祈愿-1 单数，‘我将做什么呢?’）｜ tu-a-vet arulai-l-ta!（在这儿-词根扩展-向格　停止-祈愿-1 复数，‘我们就停在这儿吧!’）｜ ner-yartur-l-uk ene-mni（吃-去-祈愿-1 双数　房子-处所格. 1 单数. 单数，‘让我们去并且在我们的房子吃饭。’）｜ ner-yartur-l-uk ene-mnun（吃-去-祈愿-1 双数　房子-向格. 1 单数. 单数，‘让我们去并且到我们的房子吃饭。’）｜ am＝ner-i（快．起来＝吃-祈愿. 2 单数，‘你快起来吃!’）｜ kamgu-ir-lu-ci iter-ci（靴子-移除-从属-2 复数　进来-祈愿. 2 复数，‘你们脱掉你们的靴子，进来!’）｜ mak-tek u-kuuk（变得．起来-祈愿. 2 双数　这个-呼语. 双数，‘你们俩，现在醒过来!’）｜ arnà-g ayag-tek（女人-通格. 双数　离开-祈愿. 2 双数，‘你们两个女人，走开!’）｜ tai-li＝tuq（来-祈愿. 3 单数＝希望，‘我希望他会来。’）｜ aya-llermini mayu-qi-li ingri-mun（离开-时间连接. 3 反身单数　爬-未然体-祈愿. 3 单数　山-向格. 单数，‘当他离开的时候，他爬上了山。’）｜ ikik(a) im-ku-t assir-luteng aya-ki-li-t / egleres-ki-li-t（希望　那. 回指-词根扩展-通格. 复数　好-从属-3 反身复数　去-未然体-祈愿-3 复数/旅行-未然体-祈愿-3 复数，‘我希望他们的旅途愉快［←我希望他们去，那很好! / 我希望他们旅行，那很好!］’）｜ tulukaru-u-nku-k angyayagaq ＝ llu kainiq-ngermek qan-qa-qsau-na-tek uita-ura-urlu-qi-li-k（乌鸦-插入元音-伙伴-通格. 双数　泼妇．通

格.单数＝和 饥饿-让步连接.3 双数 说-强调-不.还-从属-3 反身双数 停止-持续体-敬语-未然体-祈愿-3 双数，‘乌鸦和泼妇，虽然他俩很饿，也没有出声音，他俩只是坐在那里。’)

【及物】maligg-la-mci＝tuq（去.和-祈愿-1 单数.2 复数＝希望，‘我希望我可以和你们一起去。’） | qaillun＝kiq pi-qer-la-ku（如何＝我想知道 做-强调-祈愿-1 单数.3 单数，‘我不知道我应该怎么处理它。’） | patu-la-ku＝tuq egaleq（关-祈愿-1 单数.3 单数＝希望 窗子.通格.单数，‘我想我要关窗子。’） | atsa-t ner-ki-la-ki（浆果-通格.复数 吃-未然体-祈愿-1 单数.3 复数，‘让我吃些浆果 [←在不确定的将来]。’） | nere-vka-qi-a（吃-高层施事.让-未然体-祈愿.2 单数.1 单数，‘让我吃’） | cikir-nga igar-cuut-mek（给-祈愿.2 单数.1 单数 写-关系化.手段-离格.单数，‘给我一支铅笔。’） | naquges-nga linta-mek kavir-li-mek（腰带-祈愿.2 单数.1 单数 带子-离格.单数 红色-—-离格.单数，‘用一条红色的带子围着我 [←我的腰]。’） | tai-s-gu wang-nun irnia-n（带来-受益-祈愿.2 单数.3 单数 我-向格 孩子-通格.2 单数.单数，‘你带你的孩子给我。’） | nalluyaguc-aqu-na-ku unuku tai-llerka-n.（忘记-禁止.将来时-祈愿-2 单数.3 单数 今晚 来-名词化.将来时-通格.2 单数.单数，‘你别忘了今晚来。’） | ana-ngnaq-lerka-anun elit-nau-qiu.（逃脱-意欲-准连接-3 单数 教-将来时-祈愿.2 单数.3 单数，‘你应该教他，这样他才能幸存。’） | an-uti-ini tegu-le-qi-u!（来.出来-准连接-3 单数 拿-突然地-未然体-祈愿.2 单数.3 单数，‘它一出来，（你）就抓住它!’） | kinres-ka-i / kinerte-llrii-t atura-t itr-us-ki（把……弄干-关系化-通格.3 单数.复数 / 把……弄干-关系化-通格.复数 衣服-通格.复数 进来-受益-祈愿.2 单数.3 复数，‘你把弄干的衣服拿进来!’） | cauyar-ciu，yurar-naur-tuq.（击鼓-祈愿.2 复数.3 单数 跳舞-结果体-直陈.3 单数，‘你们为她击鼓，所以现在她可以跳舞/而且现在让她跳舞。’） | elpet angute-m niicugni-li-a（你 男人-作格.单数 听-祈愿-3 单数.1 单数，‘你，这位先生，你听我说!’） | tua-ten pi-ki-li-kut（那里-等同格 做-未然体-祈愿-3 单数.1 复数，‘他对我们应该那么做。’（表指令）） | aki-li-kuk（回复-祈愿-3 单数.1 双数，‘我希望他回复我俩（见于书信等）。’） | cikir-li-ten atsa-nek elpet iqvar-ciigal-ngur-mi（给-祈愿-3 单数.2 单数 浆果-离格.

复数 你 摘.浆果-不能-关系化-处所格.单数，‘希望她（让她）给你浆果，你不能摘浆果！’）| ki-a un’-a atu-ul-li-u（谁-作格.单数 下面.那儿-通格.单数 唱-受益-祈愿-3单数.3单数，‘让某人为下面的那个人唱歌。’）| tua-ten pi-ki-li-ki（那里-等同格 做-未然体-祈愿-3单数.3复数，‘他应该那样做它们。’）| taring-li-tnga = tuq Yugtun qanr-us-kumki（明白-祈愿-3复数.1单数=希望 尤皮克人-等同格.单数 说-受益-条件连接.1单数.3复数，‘如果我和他们说爱斯基摩语，希望他们明白我。’）| tua-ten pi-ki-li-tgu（那里-等同格 做-未然体-祈愿-3复数.3单数，‘那是他们应该做的方式。’）| tengssuutengqer-ces-ki-li-gnegu（飞机-有-高层施事.让-未然体-祈愿-3双数.3单数，‘希望他们俩让他有一个飞机（在将来）。’）

祈愿语气有时形式和意义不对应，如下例得祈愿形态不表示祈愿意义：

(15) nere-lria-meng，neq-teng nange-nril-ki-li-tki（吃-分词-3反身复数 食物-通格.3反身复数.复数 吃完-否定-未然体-祈愿-3复数.3复数，‘当他们吃的时候，他们没有吃完他们的食物。’）

祈愿的否定、禁止意义通过另外的标记来表达。禁止标记如-piiq、-(y)aqu、-viiq，选择不同的标记，所表意义也不同。如：

【不及物】tua-i ayag-piiq-nii（然后-词根扩展 走-禁止-祈愿.1单数，‘我得停止行走了（我走累了）。’）| ner-viiq-nii uquri-ng-ssiyaa-katar-tu-a（吃-禁止-祈愿.1单数 胖-起始体-过分-即将-直陈-1单数，‘我该停止进食了，我会变得太胖的。’）| cen̄a-liur-piiq-na-k pav-a-vet nunamun tag-i（海滨-占据-禁止-祈愿-2单数 回去-词根扩展-向格 陆地-词根扩展.向格.单数 起来-祈愿.2单数，‘你不要老待在海滨，起来上岸去吧！’）| nalluyaguc-aqu-na-k pingayirit-mi cali-llerkar-penek（忘记-禁止-祈愿-2单数 周三-处所.单数 工作-关系化.将来-离格.2单数，‘不要忘记周三工作的事。’）| ataki qavar-piiq-na-ci（好了.你看 睡觉-禁止-祈愿-2复数，‘你们不要睡了！别睡了！’）

【及物】ca-ngraan pi-ngraan niic-aqu-na-ku.（做.什么-让步连接.3单数 做-让步连接.3单数 听-禁止.将来-祈愿-2单数.3单数，‘无论如何［←无论什么，即使他想或坚持］，你都不要听他的。'）｜ nutg-u-na-ku ayag-cec-aqu-na-ku（枪-否定-从属-3 单数　去-高层施事. 让-禁止-祈愿-2 单数. 3 单数，'不要让他没带枪就去。'）｜ neqe-t enr-e-t watqapiar kuig-mun egte-qer-yaqu-na-ki（鱼-通格. 复数　骨头-增音-通格. 复数　从不　河-向格. 单数　扔-强调-禁止-祈愿-2 单数. 3 复数，'你不该向河里扔鱼骨头。'）｜ ner-yaqu-na-ciu（吃-禁止-祈愿-2 复数. 3 单数，'你们（以后）不要吃它。'）｜ ner-viiq-na-ciu（吃-禁止-祈愿-2 复数. 3 单数，'你们（现在）不要吃它。'）

否定祈愿语气中的"-2 单数. 3 单数"人称数后缀跟从属语气第 3 人称单数后缀同形，但否定标记不同。从属语气一般是单一人称，因而也不共享及物动词祈愿语气的人称-数标记。比较：

（16）nere-ksau-na-ku（吃-否定-祈愿-2 单数. 3 单数，'你（仍然）不要吃它，不要（重复）吃它。'）

（17）nere-vke-na-ku（吃-否定-从属及物-3 单数，'不吃它；（现在）不要吃它。'）

4. 动词分词语气的人称-数形态

动词分词语气在功能上既像名词，又像动词。它有不少是跟直陈语气共享的人称-数标记。动词分词语气的人称-数形态见表 2-20：

表 2-20　爱斯基摩语动词分词语气的人称-数形态表

			不及物动词		及物动词宾语									
						第1人称			第2人称			第3人称		
						单数	复数	双数	单数	复数	双数	单数	复数	双数
主语	第1人称	单数		-nga					-mken	-mci	-mtek	-ka	-nka	-gka
		复数		-kut					-mteggen	-mceci	-mcetek	-vvut	-put	-gput
		双数		-kuk					-megten	-megci	-megtek	-vvuk	-puk	-gpuk
	第2人称	单数		-ten		-vnga	-vkut	-vkuk				-n	-ten	-gken
		复数	-lria	-ci	-ke	-vcia	-vcikut	-vcikuk				-ssi	-ci	-gci
		双数		-tek		-vtegnga	-vtegkut	-vtegkuk				-ssek	-tek	-gtek
	第3人称	单数		-ø		-iinga	-iikut	-iikuk	-iiten	-iici	-iitek	-ii	-ai	-k
		复数		-t		-iitnga	-aitkut	-aitkuk	-iitgen	-aiceci	-aicetek	-iit	-ait	-gket
		双数		-k		-iignga	-iigkut	-iigkuk	-iigten	-iigci	-iigtek	-iik	-kek	-gkek

【不及物动词】qaill' pi-lria-nga irr'i-vakar-ce-cia?（怎样 做-分词-1单数 注视-强调-疑问-2复数.1单数，‘我在做什么以至于你们盯着我看?’）| iciwa wii eme-yui-l-ngua.（知道 我 喝酒-从不-分词-1单数，‘你知道的，我不喝酒。’）| qaku＝im(a) ayag-kata-lria-kut?（什么时候.将来时＝再一次 离开-不久-分词-1复数，‘我们什么时候离开（再说一次）?’）| qavci-lria-ten＝ima?（多少-分词-2单数＝疑问，‘你多大了（再说一次，我好像忘了）?’）| cunaw' aya-ksail-ngu-ten.（不.惊奇 离开-不.还-分词-2单数，‘所以你仍然在这儿。’）| atam u-na kai-lria，neqka-li-nge'r-mi.（看 这个-词根扩展.通格.单数 饿-分词.3单数 食物-有.许多-让步连接-反身3单数，‘看，这个人很饿，虽然他有很多食物。’）| Nuk'aqs＝wa tekite-llria.（人名.通格.单数＝应答 到达-分词.3单数，‘Nuk'aq来了。’）| tekite-llria＝wa Nuk'aq.（到达-分词.3单数＝应答 人名.通格.单数，‘Nuk'aq来了。’）| nakleng(,) tau-na angun tuqute-llini-lria ellminek.（穷.小品词 那个-词根扩展.通格.单数 男人.通格.单数 杀死-证据-分词.3单数 反身3单数.离格，‘哦，可怜的人，（我现在明白）那个男人自杀了。’）| arna-t iqva-llru-u-t，ui-ngit＝wa kuvya-lrii-t.（女人-通格.复数 采摘.浆果-过去时-直陈-3复数 丈夫-通格.3复数.复数＝也 用网捕.鱼-分词-3复数，‘女人们在丈夫捕鱼时采摘浆果。’）| pi-aqe-llrii-k＝gguq qangvar-pak ta＝ima.（做-持续-分词-3双数＝传信 什么时候-大.通格 那儿，‘这两个人从此以后居住在了一起。’）| uig-e-m ceni-inl-lutek nulir-qe-lriik uita-ura-llini-lrii-k.（河-增音-关系格.单数 海岸-是.在-从属.3双数 妻子-有.作为-关系化-双数 呆在-持续体-证据-分词-3双数，‘有一对夫妻沿河而居。’）| iqvar-yaaqe-lria-mi＝gguq / iqvar-yaaqe-lria＝gguq / iqvar-yaaqe-lriim＝gguq carrar-nek unange-ki-li.（采摘.浆果-但是-分词-反身3单数＝传信 / 采摘.浆果-但是-分词.3单数＝传信 / 采摘.浆果-但是-非限定＝传信，一点-离格.复数.获得-未然体-祈愿.3单数，‘她告诉我，她摘了浆果，但摘了很少。’）

【及物动词宾语】tang inerqur-yaaqe-ke-mken ayakar-ciq-ni-lu-ku.（看 提醒-但是-分词-1单数.2单数 跑-将来时-高层施事.说-从属-3单数，‘看，我提醒过你说，他可能会逃跑。’）| tuar tunga-u-na-ku tuar tangva-ke-ka ugaan' ecuite-m ma-n'a qelti-i.（似乎 空间-否

定-从属-3单数　似乎　看．在-分词-1单数.3单数　因为　清楚的-关系格.单数　这个-词根扩展.通格.单数　贝壳-通格.3单数.单数，‘因为这个贝壳很透明，我似乎直接看到了它（的里面）。’）｜tang，pissu-tu-ke-nka（看　捕猎-惯常-分词-1单数.3复数，‘看，我经常捕猎它们。’）｜tang，pissu-qenga-qe-tu-kenka（看　捕猎-关系化-有.当作-惯常-分词-1单数.3复数，‘看，它们是我经常捕猎的种类。’）｜ma-ku-t=wa nutg-e-t atu-qenga-qe-la-qe-nka.（这个-词根扩展.通格.复数=应答　枪-增音-通格.复数　使用-关系化-有.当作-通常-分词-1单数.3复数，‘（关于）这些，我经常用。’）｜ner-nami nere-ksail-ke-vnga.（吃-应该．但是　吃-不.还-分词-2单数.1单数，‘可以吃的时候，你却没有吃我。’）｜elpe-ngu-nercir-luten unak-ngail-ke-n.（你-是-高层施事.期待-从属.2单数　得到-会．不-分词-2单数.3单数，‘你的喜爱不可能得到她。’）｜qaill' pi-lria-nga irr'i-vakar-ce-cia?（怎样　做-分词-1单数　注视-强调-疑问-2复数.1单数，‘我在做什么以至于你们盯着我看？’）｜ata-ma maa-vet tai-sqe-ksait'-lar-yaaqe-k-iinga.（爸爸-关系格.1单数.单数　这儿-向格　来-高层施事.要求-不.还-通常-但是-分词-3单数.1单数，‘我的爸爸要求我绝不要来这儿。’）｜arna-m=wa tua-i tune-llru-k-ii tau-na issrat-suar mingqe-ll-ni Ingqi-mun.（女人-关系格.单数=应答　语补词-词根扩展　给-过去时-分词-3单数.3单数　那个-词根扩展.通格.单数　包-小的.通格.单数　缝-关系化-通格.3单数.单数　印第安人-向格.单数，‘女人卖给印第安人她缝的小包。’）｜tua-i=ll' imumek ullag-arte-qatar-yaaqe-k-iini inerqu-llini-lu-ku uita-ura-a-sqe-lluku tua-ni.（然后-词根扩展=和　你．知道　接近-快的-不久-但是-分词-3单数.反身3单数　提醒-证据-从属-3单数　待在-持续体-增音-高层施事.要求-从属.3单数　那儿-位置，‘然后，你知道就在他准备冲向她时，她警告他留在原地。’）｜taumek nallu-llru-llini-k-iit ma-a-ni nunar-pag-tangqerr-uci-a（然后　不.知道-过去时-证据-分词-3复数.3单数　这个-词根扩展-位置　陆地-大的-那儿.是-名词化-通格.3单数.单数，‘所以他们还不知道这大块陆地在这儿。’）

分词语气和直陈语气有时可以构成多样化表达。直陈语气只是一般叙述，分词语气则作为反应式的回答，且带有附缀wa。比较：

ii=i，tekite-llria=wa（是　到达-分词.3单数=应答，‘是的，他到

了。’） | ii＝i，tekit-u-q.（是 到达-直陈-3单数，‘是的，他已经到了。’）

【从词缀宾语到独立宾语】比较：

atu-la-qe-nka＝wa（使用-通常-分词-1单数.3复数＝应答，‘我经常使用它们。’） | atu-qenga-qe-la-qe-nka＝wa ma-ku-t nutg-e-t.（使用-关系化-有-通常-分词-1单数.3复数＝反应 这个-词根扩展.通格.复数 枪-增音-通格.复数，‘我经常使用这些枪。/这些是我经常用的枪。’）

5. 动词从属语气的人称-数形态

跟其他语气不同，动词在从属语气下只编码一种人称，即使是及物动词，也只编码一种论元，不及物动词编码主体论元（含施事、当事等），及物动词编码客体论元（受事、系事、结果等）。

表2-21　爱斯基摩语动词从属语气的人称-数形态表

<table>
<tr><td rowspan="3" colspan="3"></td><td rowspan="3" colspan="2">不及物</td><td colspan="10">及物动词宾语</td></tr>
<tr><td rowspan="2"></td><td colspan="3">第1人称</td><td colspan="3">第2人称</td><td colspan="3">第3人称</td></tr>
<tr><td>单数</td><td>复数</td><td>双数</td><td>单数</td><td>复数</td><td>双数</td><td>单数</td><td>复数</td><td>双数</td></tr>
<tr><td rowspan="9">主语</td><td rowspan="3">第1人称</td><td>单数</td><td rowspan="9">-lu/-na</td><td>-a</td><td rowspan="9">-lu/-na</td><td rowspan="9">-a</td><td rowspan="9">-ta</td><td rowspan="9">-nuk</td><td rowspan="9">-ten</td><td rowspan="9">-ci</td><td rowspan="9">-tek</td><td rowspan="9">-ku</td><td rowspan="9">-ki</td><td rowspan="9">-kek</td></tr>
<tr><td>复数</td><td>-ta</td></tr>
<tr><td>双数</td><td>-nuk</td></tr>
<tr><td rowspan="3">第2人称</td><td>单数</td><td>-ten</td></tr>
<tr><td>复数</td><td>-ci</td></tr>
<tr><td>双数</td><td>-tek</td></tr>
<tr><td rowspan="3">第3人称反身</td><td>单数</td><td>-ni</td></tr>
<tr><td>复数</td><td>-teng</td></tr>
<tr><td>双数</td><td>-tek</td></tr>
</table>

不及物动词从属语气的人称-数编码编码主体信息。及物动词从属语气可只标记客体论元，主体论元不予标记，而通过主句的同指主语来标示。

【不及物】qanrus-gu，tai-ciq-ni-lu-a unuaqu.（告诉-祈愿.2单数.3单数 来-将要-高层施事.说-从属-1单数 明天，‘你告诉他，就说我明天来。’） | tan'ger-mel-ngur-mi uita-lria-mi pitek-lu-a tuqu-llru-u-q.（黑暗-是.在-关系化-处所格.单数 停留-关系化-处所格.单数 有.原因-从属-1单数 死-过去时-直陈-3单数，‘待在黑暗中的他，是因为我而死的。’） | cali＝llu pissur-lu-ta piciatun pit-arka-nek.（更多＝而

且　搜寻-从属-1复数　任何　捕捉-关系化.将要-离格.单数，‘而且，我们搜寻任何类型的游戏。’）｜ qia-lu-nuk　nere-llru-u-kuk.（哭-从属-1双数　吃-过去时-直陈-1双数，‘我们俩哭着吃了。[←我们吃了，我们哭着]’）｜ aya-ksaite-llini-u-ten　pissur-yar-lu-ten.（离开-不.还-证据-直陈-2单数　打猎-去-从属-2单数，‘（所以我看见）你还没离开去打猎。[←你去打猎还没有离开。]’）｜ cakem-suuq，iter-lu-ten　pi(i)!（外面.那儿-呼语.单数　进入-从属-2单数　做.祈愿.2单数，‘嘿，你在外面，进来！’）｜ amller-i-lu-ci　tai-ki-ci!（是.许多-成为-从属-2复数　来-将要-祈愿.2复数，‘你们大批量地回来！’）｜ qangvar-pak　ta=ima　angnir-lu-tek　pi-u-k.（什么时候-大　那里　高兴-从属-3双数　做-直陈-3双数，‘他们俩在那里（看不见）高兴了很长时间了。’）｜ maaten　tangrr-a-qa，tanqig-pag-lu-ni.（什么时候　看见-直陈-1单数.3单数　明亮-强调-从属-3反身单数，‘我看见了它，并且那时它是非常明亮的。’）｜ mernu-i-nercir-lu-ni（累-否定-高层施事.期待-从属-3反身单数，‘他休息，等着使自己从劳累中恢复。’）｜ arna-t　iqva-llru-u-t，ui-ngit=llu　kuvya-lu-teng（女人-通格.复数　摘.浆果-过去时-直陈-3复数　丈夫-通格.3复数.复数=和　网.鱼-从属-3反身复数，‘女人们正在摘浆果，而她们的丈夫正在网鱼。’）｜ aren，tua-i　unu-an　teki-vsiar-lu-tek.（很好地　然后-词根扩展　晚上-原因连接.3单数　到达-完全-从属-3反身双数，‘很好地，当夜幕降临，他们去了村庄。’）

【及物】pissu-llru-u-nga，irnia-ma=llu　maligg-lu-a.（打猎-过去时-直陈-1单数　孩子-作格.1单数.单数=和　跟着-从属-1单数，‘我去打猎了，我的孩子和我一起去了。’）｜ pissur-yug-tu-a　maligg-lu-ci.（打猎-祈愿-直陈-1单数　跟着-从属-2复数，‘我想和你们去打猎。[←我想去打猎，我跟着你们。]’）｜ nere-rraar-lu-ku　an-ciq-u-a.（吃-先-从属-3单数　去.外面-将要-直陈-1单数，‘我将吃了它以后出去。’）｜ neqe-t　nere-llru-it　nang-yarpiar-lu-ki.（鱼-通格.复数　吃-过去时-直陈.3复数.3复数　用-几乎-从属-3复数，‘他们吃完了几乎所有的鱼。’）

有的句子在语义上看似宾语齐备，但宾语使用旁格形态，表明形式上仍没有真正地把它当作及物性成分。如：

（18） atur-aq-lu-ta　pilugug-nek　taquka-nek（用-习惯的-从

属-1复数 靴子-离格.复数 海豹-离格.复数，‘我们将用海豹皮靴子。’)

词根宾语-词缀谓语的从属语气的人称-数形态编码主体信息。如：

nute-l(l)gir-lu-a aya-llru-u-nga.（枪-带着-从属-1单数 离开-过去时-直陈-1单数，‘我带着枪离开了。’） | can-lir-lu-ni nuna-u-gu-q.（草-有.很多-从属-3反身单数 土地-是-直陈-3单数，‘这是有很多草的土地。’）

词根谓语-词缀补语的从属语气的人称-数形态编码主体信息或客体信息。一句话里的两个词根谓语-词缀补语的从属语气，有时也可以用一个标记主体的人称-数，另一个标示客体的人称-数。比较：

（19）naangua-llru-u-kut eme-cua-qer-lu-ta＝llu.（玩-过去时-直陈-1复数 喝-少许-强调-从属-1复数＝和，‘我们玩了游戏，并且喝了少许。’）

（20）u-ku-t kalika-t ima-itnek naaq-i-kuvet anglani-ki-na，elite-kanir-lu-ten，taringe-kanir-lu-ku＝llu Yup'ig-tun qaner-yaraq（这-词根扩展-关系格.复数 纸-关系格.复数 内容-离格.3复数.复数 读-逆被动-条件连接.2单数 享受-未然体-祈愿.2单数 学习-进一步-从属-2单数 理解-进一步-从属-3单数＝和 尤皮克-等同格.单数 说-名词化.通格.单数，‘当你读这本书的内容时，享受，学习更多，并且更理解尤皮克语。’）

编码主体信息与编码客体信息，所表达的意义不同。比较：

（21）a. naaq-a-i alarr-lu-ki kalika-t（读-直陈-3单数.3复数 错误-从属-3复数 书-通格.复数，‘他误读误解了这本书［←这本书他读错了］’）；b. naaq-a-i alarr-lu-ni kalika-t（读-直陈-3单数.3复数 错误-从属-3反身单数 书-通格.复数，‘他读这本书是一个错误［←他错误地读了这本书］’）

动词从属语气所编码的主语人称-数有时跟主句的宾语同指。

tangrr-a-qa nere-vkar-lu-ku.（看见-直陈-1单数.3单数 吃-同指-从属-3单数，‘我看见她吃了。’）| tua=llu elauc-ima-ri-a-megteki aklu-it naparc-ir-lu-ki agar-qe-lluki wall'u tama-a-vet elaute-llr-ata qai-nganun elli-lu-ki（然后=然后 埋-完成体-起始体-原因连接-3反身复数.3复数 衣服-通格.3复数.复数 杆子-提供-从属-3复数 挂-让-从属-3复数 或者 那个-词根扩展-向格 埋-名词化-关系格.3复数.单数 顶部-向格.3单数.单数 放-从属-3复数，‘然后，当他们已经埋了他们，他们做杆子并挂起他们的东西，或者他们把东西放在掩埋地的上方。’）

理解时可根据同指关系，确定从属语气跟主句间的逻辑语义关系。比较：

【编码主体信息】nere-rraar-lu-a ane-llru-u-nga.（吃-先-从属-1单数 出去-过去时-直陈-1单数，‘我吃了以后出去了。’）【编码客体信息】nere-rraar-lu-a ane-llru-u-q.（吃-先-从属-1单数 去.外面-过去时-直陈-3单数，‘它（上下文中指熊）吃了我以后出去了。’）| nere-rraar-lu-ku ane-llru-u-nga.（吃-先-从属-3单数 去.外面-过去时-直陈-1单数，‘我吃了它以后，我出去了。’）| nere-rraar-lu-ku an-ciq-u-q.（吃-先-从属-3单数 去.外面-将要-直陈-3单数，‘他吃它以后，即将出去。’）

从属语气的第3人称和反身第3人称有不同的表义关系。第3人称指向宾语或受事论元，反身第3人称则回指主句的主语或施事论元，或回指用有从属语气动词的独立小句的主语或施事论元。比较：

nere-rraar-lu-ku an-ciq-u-q（吃-先-从属-3单数 去.外面-将要-直陈-3单数，‘他吃它以后，即将出去。’）| nere-rraar-lu-ni an-ciq-u-q（吃-先-从属-3反身单数 去.外面-将来-直陈-3单数，‘他先吃，然后将走出去。’）

6. 动词连接语气的人称-数形态

动词连接语气按其编码主宾语人称-数信息的后缀与其他标记的共享情形，分为3类。

1）第1类

第1类动词连接语气有状态连接语气、原因连接语气、回溯连接语气、间接连接语气、条件连接语气、恒常连接语气、让步连接语气7种。

此类动词的连接语气编码主宾语人称-数信息的形态见表 2-22：

表 2-22　　爱斯基摩语动词连接语气的人称-数形态表（1）

			不及物	及物动词宾语		
				第 1 人称		
				单数	复数	双数
主语	第 1 人称	单数	-ma			
		复数	-mta			
		双数	-megnuk			
	第 2 人称	单数	-vet	-vnga	-vkut	-vkuk
		复数	-vci	-vcia	-vcikut	-vcikuk
		双数	-vtek	-vtegnga	-vtegkut	-vtegkuk
	第 3 人称	单数	-an	-anga	-akut	-akuk
		复数	-ata	-atnga	-atkut	-atkuk
		双数	-agnek	-agnga	-agkut	-agkuk
	第 3 人称反身	单数	-mi	-mia	-mikut	-mikuk
		复数	-meng	-megtenga	-megtekut	-megtekuk
		双数	-mek	-megnenga	-megnekut	-megnekuk

表 2-22　　爱斯基摩语动词连接语气的人称-数形态表（2）

			及物动词宾语								
			第 2 人称			第 3 人称			反身		
			单数	复数	双数	单数	复数	双数	单数	复数	双数
主语	第 1 人称	单数	-mken	-mci	-mtek	-mku	-mki	-mkek	-mni	-mteng	-mtek
		复数	-mteggen	-mceci	-mcetek	-mteggu	-mteki	-mtekek	-mteni	-mceteng	-mcetek
		双数	-megten	-megci	-megtek	-megnegu	-megki	-megkek	-megni	-megteng	-megtek
	第 2 人称	单数				-vgu	-vki	-vkek	-vni	-vteng	-vtek
		复数				-vciu	-vciki	-vcikek	-vcini	-vciteng	-vcitek
		双数				-vtegu	-vtegki	-vtegkek	-vtegni	-vtegteng	-vtegtek
	第 3 人称	单数	-aten	-aci	-akek	-aku	-aki	-akek	-ani	-ateng	-atek
		复数	-atgen	-aceci	-acetek	-atgu	-atki	-atkek	-atni	-aceteng	-acetek
		双数	-agten	-agci	-agtek	-agku	-agki	-agkek	-agni	-agteng	-agtek
	第 3 人称反身	单数	-miten	-mici	-mitek	-miu	-miki	-mikek			
		复数	-megteggen	-megceci	-megcetek	-megteggu	-megteki	-megtekek			
		双数	-megnegen	-megneci	-megnetek	-megnegu	-megneki	-megnekek			

状态连接语气的语气标记为零形式，其他 6 种连接语气都有专职词汇标记，表明状态连接语气是第 1 类连接语气的典型或基本型。第 1 类动词连接语气的人称-数标记有如下特点：不及物动词连接语气的人称-数标记共享关系格的人称-数标记，及物动词连接语气共享直陈语气（第 1 人称.

第 2 人称；第 3 人称. 第 1 人称；第 3 人称. 第 2 人称），分词语气（第 2 人称. 第 1 人称）及处所格（第 1 人称. 反身单；第 2 人称. 反身单；第 3 人称. 反身单）相应的人称-数标记，或在祈愿语气相应人称-数标记前增音（第 1 人称. 第 3 人称数标记前加 m(e)；第 2 人称. 第 3 人称数标记前加 v；第 3 人称. 第 3 人称数标记前加 a）。

A. 状态连接语气的人称-数形态

状态连接语气（stative connective mood）类似于从属语气，表“具有某种状态的”，用作名词的修饰语。语气标记是零形式，或者说状态连接语气没有专职的词汇标记。状态连接语气的人称-数形态有的指向小句宾语，有的指向小句主语。如，若为第 3 人称，则指向小句宾语，若为第 3 人称反身，则指向小句主语。比较：

(22) a. kii-ngan tuqute-llru-a（是. 单独-状态连接. 3 单数　杀-过去时-直陈. 3 单数. 3 单数，‘他只杀了它。’）；b. kii-mi tuqute-llru-a.（是. 单独-状态连接. 3 反身单数　杀-过去时-直陈. 3 单数. 3 单数，‘他独自杀了它。’）

(23) a. ca-t tama(lku)-ita atur-ai.（某物-通格. 复数　全部-状态连接. 3 复数　用-直陈. 3 单数. 3 复数，‘他用每样东西。’）；b. ca-t tamar-meng atur-tut.（某物-通格. 复数　全部-状态连接. 3 反身复数　用-直陈. 3 复数，‘所有这些东西都用上了。’）

(24) a. cayara-t tama-ita kangi-ngqerr-ni-i.（节日-通格. 复数　全部-状态连接. 3 复数　来源-有-高层施事. 说-直陈. 3. 单数. 3 复数，‘他说所有的节日都有一段历史。’）；b. cayara-t tamar-meng kangi-ngqer-tut.（节日-通格. 复数　全部-状态连接. 3 反身复数　来源-有-直陈. 3 复数，‘所有的节日都有一段历史。’）

例 24a 的 tama-ita 复数应放在复杂结构‘他说所有的节日＋所有的节日都有一段历史’中来看。

【不及物】kii-vet ma-a-ni (e) ne-m ilu-ani pai-gi atakur-pak.（单独-状态连接. 2 单数　这里-词根扩展-处所格　房子-关系格. 单数　里面-处所格. 3 单数. 单数　停留-祈愿. 2 单数　晚上-大. 通格. 单数，‘你，独自一个人一晚上都待在房子里。’）｜ kii-ngan qul-tun pingqer-tua.（单独-状态连接.3 单数 十-等同格.单数 东西-有-直陈.1 单数，‘我只有十（美元）。’）| qai-ka tamar-mi iqa-uq.（表面-通格.1 单数.单数 全部-状态连接.3 反身单数 脏-直陈.3 单数，‘我的身体表面全是脏的。’）| ena tamar-mi puyuq-uq.（房子.通格.单数 全部-状态连接.3 反身单数 烟熏的-直陈.3 单数，‘这整个房子被烟/烟灰污染了。’）| ena tamar-mi yu-l'ir-tuq.（房子.通格.单数 全部-状态连接.3 反身单数 人-有.很多-直陈.3 单数，‘整个房子［←这个房子，它作为整体］充满了人。’）| napa-uq kii-mị.（站-直陈.3 单数 单独-状态连接.3 反身单数，‘他是个孤独的幸存者［←他独自站着］。’）| kii-rrar-mi tai-guq.（是.单独-只是-状态连接.3 反身单数 来-直陈.3 单数，‘他自己独自来了。’| ma-ku-miu-t = qaa kii-meng yurar-tut?（这个-词根扩展-居民-通格.复数=疑问 单独的-状态连接.3 反身复数 跳舞-直陈.3 复数，‘只有这里的居民在跳舞吗?’）

【及物】nere-llru-atnga egturya-t nang-yarpiar-lua tamar-ma（吃-过去时-直陈.3 复数.1 单数 蚊子-作格.复数 结束-几乎-从属.1 单数 全部-状态连接.1 单数，‘蚊子几乎咬遍了我［←蚊子几乎吃光了我］。’）| kii-ma apt-aanga / apt-aqa.（单独-状态连接.1 单数 问-直陈.3 单数.1 单数/ 问-直陈.1 单数.3 单数，‘他单独问了我［←我，单独的］’/‘只有我［←我，单独的］问了他。’）| neqa / akutaq tama(lku)-an ner-aa.（鱼/冰.奶油.通格.单数 全部-状态连接.3 单数 吃-直陈.3 单数.3 单数，‘她吃了所有的鱼/冰淇淋。’）| kii-rra-an irnia-q-aqa（单独-只-状态连接.3 单数 孩子-有.作为-直陈.1 单数.3 单数，‘他是我唯一的孩子［←我只有他这一个孩子］。’）| akutar-tu-l-qa tami-in quyake-lar-aqa.（冰.奶油-吃-名词化-通格.1 单数.单数 全部-状态连接.3 单数 感谢-习惯-直陈.1 单数.3 单数，‘每次我吃冰淇淋我都心怀感激。’）| tama-an eki-u（整个-状态连接.3 单数 放-祈愿.2 单数.3 单数，‘把它放到整个事情中!’）| it'r-us-ki tamalku-ita muri-i-t keg-ku-t（进入-受益-祈愿.2 单数.3 复数 全部-状态连接.3 复数 木头-增音-通格.复数 外面-词根扩展-通格.复数，‘你把所有木头都带出到那里。’）| tange-l-ten tamalku-ita ila-liur-lu-ki.（看见-关系化-通格.2 单数.复数 全部-状态连接.3 复数 部分-占据-从属-3 复数，‘友好地面对你见到的每个人。’）

B. 原因连接语气的人称-数形态

原因连接语气（causal connective mood）有专职的语气标记-a。

【不及物】qaill' pi-a-ma qavarni-vakar-cia unuamek.（如何 做-原因连接-1 单数 困-强调-疑问.1 单数. 今天，'我想知道为什么［←如何做］今天我这么困?'）| ca-a-vet pata-ngnaq-vakar-cit?（做.什么-原因连接-2 单数 急忙-意欲-强调-疑问.2 单数，'你为什么要如此急忙（做什么，你有什么事)?'）| kavir-cet-siyaag-an（红色-使役-过于-原因连接.3 单数，'因为它太红'）| aren，tua-i unu-an teki-vsiar-lutek.（很好地 然后-词根扩展 晚上-原因连接.3 单数 到达-完全-从属.3 反身双数，'好的，当夜幕降临，他们去了村庄。'）| akwaugaq Petugta-llru-ata angute-teng unuaqua-ni ellait yurar-luteng.（昨天 节日名-过去时-原因连接.3 复数 男人-通格.3 复数.复数 今天-处所格 她们.通格 跳舞-从属.3 反身复数，'因为昨天男人们有 Petugtaq 节，所以今天她们（女人们）跳舞了。'）| arna-t iqva-llru-ut，ui-teng kuvyi-ita.（女人-通格.复数 浆果.摘-过去时-直陈.3 复数 丈夫-通格.3 反身复数.复数 网.鱼-原因连接.3 复数，'女人们在摘浆果，因为她们自己的丈夫们在网鱼。'）| angni-il-ami（高兴-否定-原因连接.3 反身单数，'因为他是悲伤的'）| ca-a-mi=wa qia-ga?（做.什么-原因连接-3 反身单数=应答 哭-疑问.3 单数，'那（是的，我想知道）她为什么在哭?'）| taqukar-te-llru-uq nukalpia-kaya-u-nga-mi.（海豹-捕捉-过去时-直陈.3 单数 猎人-敬语-是-原因连接-3 反身单数，'他捕捉到一只海豹，因为他是一个好猎人。'）| ukisqa-q-nga-meng uk-a-li-q-nga-meng（帮助-有.因为-原因连接-3 反身复数 接近-词根扩展-一人-有.因为-原因连接-3 反身复数，'因为他们（兄弟和姐妹）会互相帮助，并且紧密地依靠。'）

【及物】kiag-uc-akut upagt-ukut.（夏天-受益-原因连接.3 单数.1 复数 移动-直陈.1 复数，'因为夏天来到我们这儿了，我们移动（到了渔场)。'）| Qasgiq taugaam uita-yara-qe-llru-a-megteggu.（场所名.通格.单数 只有 停留-名词化-有-原因连接-过去时-原因连接-3 反身复数.3 单数，'因为 Qasgiq 是他们经常聚集的地方'）

C. 回溯连接语气的人称-数形态

回溯连接语气（precessive connective mood）表示时间上"在……以

前”，有专职的语气标记-paileg /-vaileg。

【不及物】quinag-na-mek assiil-ngur-mek atur-paileg-ma（丑-致使-离格.单数 坏的-关系化-离格.单数. 使用-回溯连接-1单数，‘我经历丑的、坏的东西（如获得性知识）之前’）｜ma-ku-miu-ngur-paileg-ma（这个-词根扩展-居民-成为-回溯连接-1单数，‘我来住在这里之前[←我成为这里的一个居民之前]’）｜pissur-yar-paile-mta casku-put kitugg-narqe-ciq-a-put.（打猎-去.到-回溯连接-1复数 武器-通格.1复数.复数 固定-必须-将来时-直陈-1复数.3复数，‘我们去打猎前必须把我们的武器固定好。’）｜ca-mek alla-mek ner-vaileg-pet（一些-离格.单数 别的-离格.单数 吃-回溯连接-2单数，‘你吃一些别的东西之前’）｜ak'a im-u-mi yuurc-ugnau-nii teggli-tang-vailg-an yu-u-t atu-la-llru-ut ma-kuci-nek ulua-nek teggalqu-nek（很久.以前那.回指-词根扩展-处所.单数 出生-否定-从属.1单数 金属-有-回溯连接-3单数 人-增音-通格.复数 使用-一般-过去时-直陈.3复数 这-类型-离格.复数 刀子-离格.复数 石头-离格.复数，‘在我出生以前很久，那是没有金属，人们常用这种石刀。’）｜ca-nek iinru-ka-minek teki-u-pailg-anek ayag-lu-ni，naulluu-guq.（一些-离格.复数 药-将来-离格.3反身单数.单数 到达-受益-回溯连接-3单数 留下-从属-3反身单数 不适-直陈.3单数，‘她给他带药来以前，他不太舒服。’）｜ma-n'a tua-i nutaraq agayu-ma-ciq teki-paileg-mi im-u-tun ciulia-ngqe-llria-tun alla-mek ayuq-lu-ni.（这-词根扩展.通格.单数 那么-词根扩展 新.通格.单数 祈祷-持续-名词化.通格.单数 到达-回溯连接-3反身单数 那-词根扩展-等同格.单数 祖先-有-名词化-等同格.单数 不同-离格.单数 像-从属-3反身单数，‘当该宗教传来以前，好像有自己（不同）的先例。’）｜yuinaq cipte-ng-lu-ku ui-ng-vaileg-mi（20.通格.单数 超过-起始体-从属-3单数 丈夫-获得-回溯连接-3反身单数，‘结婚以前她开始超过20岁。’）｜im-na kass'aq tua-i-ngu-nri-tu-ur-tuq aya-paileg-mini.（那-词根扩展.通格.单数 白.人.通格.单数 再见-词根扩展-说-直陈.3单数 离开-回溯连接-3反身单数，‘那个白人走以前，说了声再见。’）

【及物】quinag-na-m neve-vailg-anga（丑的-引起-关系格.单数 渗透-回溯连接-3单数.1单数，‘世俗的知识渗透到我之前’）

D. 间接连接语气的人称-数形态

间接连接语气（indirective connective mood）是轻微、间接的建议、决定、告诫或命令，它不依赖于某个主句主句而独立出现，有专职的语气标记-yua。

【不及物】amci＝llu　ayag-yua-mta / ayag-yua-vet.（急忙　离开．现在-间接连接-1复数 / 离开．现在-间接连接-2单数，‘赶快（无耐心），我们应该现在离开 / 你应该现在离开。’）｜maqi-yu-an＝llu　Nuk'aq，unug-pailg-an.（蒸汽．洗澡-间接连接-3单数＝附缀　人名.通格.单数　来-回溯连接-3单数，‘Nuk'aq应该在夜晚来临之前洗一个桑拿。’）

【及物】ner-yua-mku＝llu　tau-na（吃-间接连接-1单数.3单数＝附缀　那个-词根扩展.通格.单数，‘我应该吃那个。’）｜ner-yua-vgu＝llu　tau-na（吃-间接连接-2单数.3单数＝附缀　那个-词根扩展.通格.单数，‘为什么你不吃那个（代替）?’）｜aya-ku-neng＝llu　malik-su-atnga.（去-条件连接-3反身复数＝附缀　带.一起-间接连接-3复数.1单数，‘如果他们去，我希望他们带我。’）

E. 条件连接语气的人称-数形态

条件连接语气（conditional connective mood）表假设（如果），有专职的语气标记-k(u)。

【不及物】malike-ku-megnuk　assi-nru-yar-tuq.（带.一起-条件连接-1双数　好-比较-将-直陈.3单数，‘如果我们俩一起去，将会更好。’）｜tuma-i＝wa　taugaam　ava-ni　paqte-rraar-lu-ki　pi-ku-megnuk.（足迹-通格.3单数.复数＝应答　但是　那儿-处所格　检查-先-从属-3复数　做-条件连接-1双数，‘可能我们俩最好去检查它们在那里的足迹。’）｜erneq　av-k-an（天．通格.单数　分离-条件连接-3单数，‘当下午的时候［←当一天分成两个的时候］’）｜pingayu-nun / pingayu-nek　kau-k-an（三-向格.复数 / 三-离格.复数　敲击-条件连接-3单数，‘在三点钟［←当敲击三下的时候］’）｜qaillun　ca-cirkaic-ar-tu-a / pi-cirkaic-ar-tu-a　ene-ka　im-k-an（如何　做-高层施事.不知道.将来-将-直陈-1单数　房子-通格.1单数.单数　倒塌-条件连接-3单数，‘如果我的房子倒塌，我不知道什么/如何做。’）｜aipa-agni　iqvar-ciq-ua　akerci-q-an.（伙伴-处所格.2单数.单数　摘.浆果-将来时-直陈.3单数　阳光充足-条

件连接-3单数，‘如果阳光灿烂我可能去摘浆果。’）

【及 物】ikayu-qu-vni tau-na ikayu-q'nga-n quya-qapiar-ciq-uq（帮助-条件连接-2单数.3反身单数 那个-词根扩展.通格.单数 帮助-关系化-通格.2单数.单数 感谢的-强调-将来时-直陈.3单数，‘当你帮助他，那个你帮助的人将会非常感激。’） | ataku-us-k-ani tekic-iiq-uq.（晚上-受益-条件连接-3单数.3反身单数 到达-将来时-直陈.3单数，‘每当夜晚降临到他，他就将到达。’） | tau-m tua-i tegu-nril-k-ani, tuqu'-urlur-yar-lu-ni tua tau-m ilu-ani ciku-m akuli-ini（那个-关系格.单数 语补词-词根扩展 带-否定-条件连接-3单数.3反身单数 死-敬语-会-从属-3反身单数 语补词 那个-关系格.单数 里面-处所格.3单数.单数 冰-关系格.单数 中间-处所格.3单数.单数，‘如果他没有带走他，这个可怜的东西（后者）会死在冰中。’）

F. 恒常连接语气的人称-数形态

恒常连接语气（constantive connective mood）表恒常性（无论何时），有专职的语气标记-aq。

unuaqu-aq-an apiata-mi tai-lar-tuq.（明天-恒常连接-3单数 午饭-处所格.单数 来-习惯-直陈.3单数，‘他每天都在午饭时间过来［←无论明天何时］。’） | kassuut-arka-urte-llini-aq-ata（结婚-关系化.将来时-起始体-证据-恒常连接-3复数，‘他们现在无论何时都在筹划结婚。’）

G. 让步连接语气的人称-数形态

让步连接语气（concessive connective mood）表让步（尽管、纵使），有专职的语气标记-ng'er。

【不及物】pi-ngra-an alik-aqa.（做-让步连接-3单数 害怕-直陈.1单数.3单数，‘虽然如此，我还是怕他’） | atam u-na kai-lria neqka-li-ng'er-mi.（看 这个-词根扩展.通格.单数 饿-分词.3单数 食物-有.许多-让步连接-3反身单数，‘看，这个人饿了，虽然他有很多食物。’） | tai-llru-uq elii mernu-ng'er-mi / mernur-lu-ni（来-过去时-直陈.3单数 他.通格 累-让步连接-3反身单数 / 累-从属-3反身单数，‘他过来了，虽然他自己很累。’） | ma-ku-t tuntupi-i-t qungutura-u-nril-ngu-u-t amllerr-saaqe-ng'er-meng（这-词根扩展-通格.复数 驯鹿-增音-通格.复数 驯养的-是-不-关系化-增音-通格.复数 许多-但是-让步连接-3反身复数，‘虽然这些不是驯养的驯鹿有很多’。）

| piciryara-llgut-ke-ng'er-meng（节日-伙伴-有.作为-让步连接-3 反身复数，‘虽然他们有共同的节日’）

【及 物】ta-u-m yu-u-m yagg-lu-ni uyaqurr-akun kemg-a agtu-llini-a，nat-mi pi-nril-engra-aku（那个-词根扩展-关系格.单数 尤皮克人-增音-关系格.单数 达到-从属-3 反身单数 脖子-经由格.3 单数.单数 皮肤-通格.3 单数.单数 接触-证据-直陈.3 单数.3 单数 什么.部分-关系格.3 单数.单数 做-否定-让步连接-3 单数.3 单数，‘虽然他排斥它，但那个爱斯基摩人还是从它（鬼）的领子下面伸手触碰了它的皮肤。’）

2）第 2 类

第 2 类连接语气含当时连接语气和同时连接语气，其编码主宾语人称-数信息的标记都共享处所格的人称-数标记。

A. 当时连接语气的人称-数形态

当时连接语气（contemporative connective mood）表示主句谓语所表事件发生时的某个行为或状态（当……时），有专职语气标记-lle 或-aqa。

【不及物】up'nerkaq tevyulir-cu-lle-mni naanr-e-t pingayu-n tekite-llru-anka cetami-it avg-u-lu-ku（春天.通格.单数 麝鼠-打猎-当时连接-1 单数 32-增音-通格.复数 三-通格.复数 到达-过去时-直陈.1 单数.3 复数 四-通格.3 复数.单数 半-是-从属-3 单数，‘当我在春天猎麝鼠的时候，我得到三捆和只有一半的第四捆［←112（=［32×3］+［32÷2］)］。’） | kii-met-le-mni（单独-是.在-当时连接-1 单数，‘当我独自一人时’） | yu-urr-ne-mni（人-成为-当时连接-1 单数，‘我出生的时候’） | angayuqa-irute-mta ite-llr-ani.（父母-已故的-关系格.1 复数.单数 进入-当时连接-3 单数，‘当我们已故的父母进来时。’） | kass'ar-tar-taite-llr-ani ma-n'a（白.男人-与……有关-否定-当时连接-3 单数 这里-词根扩展.通格.单数，‘在现成的物品被引进到这个区域前。’） | angya-cuara-li-yu-kapigte-llru-aqa-mi（船-小-做-期望-强调-过去时-当时连接-3 反身单数，‘无论何时他真的非常想做一只小船’） | kaig-aqa-meng=gguq ciinllugguar-a-luteng ciin nere-llru-nril-uci-meggnek tau-mek neq-meggnek（饿-当时连接-3 反身复数=传信 后悔-重复-从属.3 反身复数 为什么 吃-过去时-否定-名词化-离格.3 反身复数.单数 那-离格.单数 鱼-离格.3 反身复数.单数，‘据说每当他们挨饿时，他们都后悔没有吃他们的鱼。’）

【及物】angya-cuara-li-ller-mini pi-yu-kapigte-llru-nric-aaq-sugnarq-aanga.（船-小-做-当时连接-3 反身单数.1 单数 做-期望-强调-过去时-否定-但是-也许-直陈.3 单数.1 单数，‘也许他真的不想给我做一只小船[←他给我做小船的时候，也许他事实上不想给我做小船]。’）

B. 同时连接语气的人称-数形态

同时连接语气（simultaneous connective mood）表示主句谓语所表事件发生时某个持续性的行为或状态（在……期间），有专职的语气标记-(ng) inaner。

【不及物】unug-mun＝tang tekis-ki-lii aya-inane-mni.（晚上-向格.单数＝引起注意 到达-未然体-祈愿.1 单数 去-同时连接-1 单数，‘走着走着，将近晚上的时候，我到达了。’） | qalar-uce-sciur-tukuk allaner-mek / allaner-mun uterr-nginaner-megnuk.（说-受益-假被动（pseudo-passive）-直陈.1 双数 陌生人-离格.单数 / 陌生人-向格.单数 返回-同时连接-1 双数，‘在我们回家的路上我们俩被一个陌生人搭话。’） | ataku-qva-uma-inanr-ani（晚上-向-持续体-同时连接-3 单数，‘当它向晚上移动时’） | tua-i＝llu mingeq-nginaner-mini mingqute-m im-u-m elli-ci-a nalluyagut-aa.（然后-词根扩展＝然后 缝-同时连接-3 反身单数 针-关系格.单数 那个-词根扩展-关系格.单数 放-名词化-通格.3 单数.单数 忘记-直陈.3 单数.3 单数，‘然后，当他在缝纫的时候，他忘记了针放在哪里。’） | iqva-inaner-mini＝gguq paqna-yu-nge-ki-li ca-tangqerr-uci-anek caneg-pi-i-t ilu-at.（摘.浆果-同时连接-3 反身单数＝转述 好奇-期望-起始体-未然体-祈愿.3 单数 什么-那里.是-名词化-离格.3 单数.单数 草-大-增音-关系格.复数 里面-通格.3 复数.单数，‘当摘浆果时，据说，他对茂草里是什么而感到好奇。’）

3）第 3 类

第 3 类连接语气是准连接语气（quasi-connective mood），它是主句的状语式修饰语，可表达 4 种时间关系，所表时间关系不同，其准连接标记，以及编码主宾语人称-数信息的标记，也都不尽相同：①表示“以后/以后的某个时刻”时，准连接标记源自名词化标记-ner/-llr，其人称-数标记共享经由格或处所格的人称-数标记。②表示“自从”时，准连接标记是-rraaner（或其变式），-rraaner 由-rraa（‘先’）和名词化标记-ner 组合而成，其人称-数标记共享离格的人称-数标记。③表示“一……（就……）”时，准连接标记源自关系化/名词化标记-ute 或名词化标记-

uci，其人称-数标记共享等同格或处所格的人称-数标记。④表示“直到”时，准连接标记源自关系化标记-vi或名词化标记-llr（表未来行为的名词化标记-lerka）、-ne，其人称-数标记共享向格的人称-数标记。

【以后/以后的某个时刻】ella-ng-ne-mkun / ella-nge-lle-mkun / ella-nge-ne-mni（意识-获得-准连接-1单数，‘我记事以后’）｜naulluu-llr-a　assir-i-nr-akun（生病-名词化-通格.3单数.单数　好-起始体-准连接-3单数，‘他病好之后’）｜yu-urr-ne-mkun　tuqu-llru-uq（人-成为-准连接-1单数　死亡-过去-直陈.3单数，‘我出生后的某个时刻，他死了’）｜yu-urte-lle-mkun　yu-u-gua（人-成为-准连接-1单数　人-是-过去-直陈.3单数，‘我是以这样的方式出生的。’）｜yuurr-ne-mkun　aya-llru-uq.（出生-准连接-1单数　离开-过去-直陈.3单数，‘他是在我出生后的某个时刻离开的。’）

【自从】yuur-qaanr-anek　Anchorage-aa-mte-rraane-mnek　naulluu-gua.（出生-准连接-3单数　地名-连接成分-是.在-准连接-1单数　生病-直陈.1单数，‘自从他出生的时候/自从我在Anchorage，我就已经生病了。’）｜uumi-r-nek　tekite-rraaner-minek，yagarcet-uq.（最近-增辅音-离格　到达-准连接-3反身单数　忙-直陈.3单数，‘自从几天前他到达以后，他一直在忙。’）｜ig-qaaner-minek　teng-au-ner-mek　taq'-uq（落下-准连接-3反身单数　飞-周围-名词化-离格　完成-直陈.3单数，‘自从他坠落过以后，他就放弃了飞行。’）｜tuqu-rraanr-anek，allraku-t　pingayu-urt-ut.（死亡-准连接-3单数　年-通格.复数　三-成为-直陈.3复数，‘自从他死了以后，已经三年过去了。’）

【一……（就……）】ella-ng-ute-mni　angllur-cete-llru-atnga.（意识-得到-准连接-1单数　潜入-高层施事.使-过去-直陈.3复数.1单数，‘我一懂事，他们就给我施了浸礼。’）｜kis'-uti-ini（下沉-准连接-3单数，‘它一旦沉没/正在下沉’）｜arnaq / arna-m　tekiy-uci-atun　aya-llru-uq.（女人.通格.单数 / 女人-关系格.单数　到达-准连接-3单数　走-过去-直陈.3单数，‘这个女人一到达，他就离开了。’）｜tai-ni-lu-ku　niiy-uci-mtun　kenir-tua.（来-高层施事.说-从属-3单数　听见-准连接-1单数　烹饪-直陈.1单数，‘一听说他来了，我就烹饪了。’）

【直到】aata-ka / aata-ma　tekite-llr-anun　ene-mnun，cali-llru-unga.（父亲-通格.1单数.单数 / 父亲-关系格.1单数.单数　到达-准连

接-3单数 房子-向格.1单数.单数 工作-过去-直陈.1单数，‘我一直工作到我父亲到达我的房子。’）| umyuarteqe-sciigali-lle-mnun / umyuarteqe-sciigali-vi-mnun ap-qaur-tuq.（想-能．不.再为-准连接-1单数 问-持续体-直陈.3单数，‘他问问题，直到我不再能想。’）| umyuarteqe-sciigali-ne-mnun（我想-不能-准连接-1单数，‘直到我不能再想’）| ma-a-nt-aur-ciq-ua kiag-e-m / kiak iquklit-lerka-an ～ iquklis-vi-anun.（这个-词根扩展-是.在-持续体-将来-直陈.1单数 夏天-增音-关系格.单数 / 夏天．通格.单数 结束-准连接-3单数，‘我应该呆在这里直到夏天结束。’）| ana-ngnaq-lerka-anun elit-nau-qiu（逃脱-意欲-准连接-3单数 教-将来-祈愿.2单数.3单数，‘你应该教他，这样他才能幸存’）

三 数词

因缺乏中阿拉斯加尤皮克数词材料，这里列举西伯利亚尤皮克语数词。如：

ataasiq（‘1’）；maalghuk（‘2’）；pingayut（‘3’）；estamat（‘4’）；tallimat（‘5’）；aghvinlek（‘6’）；maaghraghvinlek（5＋2，‘7’）；pingayuneng inglulek（5＋3，‘8’）；estamaneng inglulek（5＋4，‘9’）；qula（‘10’）；qula ataasiq siipneqluku（10＋1，‘11’）；quia maalghuk siipneqlukek（10＋2，‘12’）；qula pingayut siipneqluki（10＋3，‘13’）；quia estamat siipneqluki（10＋4，‘14’）；akimigaq（‘15’）；qula aghvinlek siipneqluku（10＋6，‘16’）；qula maaghraghvinlek siipneqluku（10＋7，‘17’）；qula pingayuneng inglulek siipneqluku（10＋8，‘18’）；qula estamaneng inglulek siipneqluku（10＋9，‘19’）；yuginaq（‘20’）；yugek maalghuk（20×2，‘40’）；yuget pingayut（20×3，‘60’）；……［S］。

1是单数，2是双数，3以上是复数。数词在句中作定语用，使用时在句中跟名词有数的有一致关系，并间接地影响到动词的数。比较：

ataasi-q aghn-aq kaat-u-q.（一．通格.单数 女人.通格.单数 来-直陈-3单数，‘一个女人来了。’）| maalghu-k aghn-ak kaat-u-k.（两．通格.双数 女人.通格.双数 来-直陈-3双数，‘两个女人来了。’）| pingayu-t aghn-at kaat-u-t.（三．通格.复数 女人.通格.复数 来-直陈-3复数，‘三个女人来了。’）| maaghraghvinlege-t aghn-at kaat-u-t.（七．通格．复数　女人．通格．复数　来-直陈-3单数，‘七个女人来了。’）

四　代词

（一）人称代词

爱斯基摩语人称代词有第1人称、第2人称、第3人称和反身共四种人称形式，单数、双数、复数三种数的变化形式，通格、作格/关系格、向格（终点格）、经由格和等同格五种格变化形式，因此理论上共有4×3×5＝60种形式。爱斯基摩语中作格和属格为同一形式，所以在该语言中，关系格既指作格，也指属格。由于有的人称代词通格和关系格的形式相同，以及反身代词复数的经由格和等同格形式相同，因此人称代词的实际形式要少一些，详细列见表2－23。

表2－23　　爱斯基摩语人称代词形态变化表

人称代词的类别	通格	作格/关系格	向格（终点格）	经由格	等同格
1单数	wii / wiinga		wangnun	wangkun	wang(ce)tun
1复数	wangkuta		wangkutnun	wangkutgun	wangku(ce)tun
1双数	wangkuk		wangkugnun	wangkugnegun	wangkug(ce)tun
2单数	elpet		elpenun	elpetgun	elpe(ce)tun
2复数	elpeci		elpeceńun	elpecetgun	elpeci(ce)tun
2双数	elpetek		elpetegnun	elpetegnegun	elpeteg(ce)tun
3单数	ellii	elliin	elliinun	elliikun	ellii(ce)tun
3复数	ellait	ellaita	ellaitnun	ellaitgun	ellai(ce)tun
3双数	elkek	elkenka	elkegnun	elkegnegun	elkeg(ce)tun
反身单数	ellmi		ellminun	ellmikun	ellmi(ce)tun
反身复数	ellmeng		ellmeggnun	ellmegteggun	ellmeg(ce)tun
反身双数	ellmek		ellmegnun	ellmegnegun	ellmegnegun

（二）指示词

爱斯基摩语的指示词（demonstratives）按观察世界的方式，又可分扩展指示词和受限指示词。扩展指示词用于以下空间指称：需看多次，实体或区域是有长度的、运动的或扩展的，即空间上具有广延性，时间上具有持续性，或者一个实体不在狭域内定位，而是在水平上有长度或移动的。受限指示词用于以下空间指称：一次就可看清，实体或区域在大小、运动上有有限的，或者限定在有限的区域；处所或时间非常具体，或者一个实体是静态的或在有限的区域移动，能精确地定位。扩展指示词和受限指示词可按地貌方向分类、按说话者在场还是他人在场分类。扩展指示词又按指称对象是否在场分类，在场是无标记的，不在场则出现词形变化。受限指示词无相应分类。指示词词根详列见表 2－24：

表 2－24　　爱斯基摩语指示词词根系统表

一级分类		编号	二级分类			扩展指示词	受限指示词	地貌
地貌方向分类	未特别指明	1	按说话者在场还是他人在场分类	说话者		mat	u	—
				他人		tamat　规则：ta＋词根	tau	
	上面-那儿	2		说话者		aw	ing	栅栏
				他人		ag　规则：词根＋舌根音(下同)	ik	
	里-那儿	3		说话者		qaw	kiug	河/房屋
				他人		qag	kegg	
	下-那儿	4		说话者		un	kan	下坡
				他人		ung	ug	
	上-那儿	5		说话者		paw	ping	上坡
				他人		pag	pik	
地貌方向分类	未特别指明	1	按指称对象在不在场分类	在场		mat		—
				不在场	说话者	im'		
					他人	—		
	上面-那儿	2		在场		aw		栅栏
				不在场	说话者	am　规则：词基＋m（下同）		
					他人	akm　规则：＋舌根音（下同）		
	里-那儿	3		在场		qaw		河/房屋
				不在场	说话者	qam		
					他人	qakm		
	下-那儿	4		在场		un		下坡
				不在场	说话者	eam		
					他人	eakm		
	上-那儿	5		在场		paw		上坡
				不在场	说话者	pam		
					他人	pakm		

爱斯基摩语的指示词分为指示代词（demonstrative pronouns）和指示副词（demonstrative adverbs）。从语义功能上说，它们都是有称代功能的代词，指示代词属代名词，指示副词是代副词。指示代词定位物体，指示副词定位处所。

指示代词和指示副词可以有相同的词根，只是在派生词缀和屈折词缀构成上有所不同。指示副词通过另一个副词性后缀-a 标记，指示代词通常由一个名词化后缀-u 标记。指示副词的结构三种词根带-ni 的方位形式，与带以＋u 或＋ku 扩展的相应指示代词。比较见表 2－25。

表 2－25　　爱斯基摩语指示词词形扩展表

词根	指示词		扩展	方位	
ma(t)-	指示副词		ma＋a-	maa-ni	‘这儿’
	指示代词	单数	mat’＋u-	mat’u-mi	‘在这个东西里面’
		复数	ma＋ku-	maku-ni	‘在这些东西里面’
ik-	指示副词		ik＋a-	ika-ni	‘穿过那儿(如河、路等)’
	指示代词	单数	ik＋u-	ik’u-mi	‘在穿过那儿的那个东西里’
		复数	ik＋ku-	ikegku-ni	‘在穿过那儿的那些东西里’
akm-	指示副词		akm＋a-	akma-ni	‘穿过那里’
	指示代词	单数	akm＋u-	ak’mu-mi	‘在穿过那儿的那个东西里’
		复数	akm＋ku-	akemku-ni	‘在穿过那儿的那些东西里’

指示词的某些屈折变化较特别，如：u-→ wa-→wa-ni ｜ tau-→ tua-→ tawa- ｜ (ta)mat-→(ta)maa-→ tamaa-ni。其特殊性还表现为在指示代词和相应指示副词中的屈折变化不一致。如：

表 2－26　　爱斯基摩语指示词特殊屈折变化对比表

指示代词 1 说话者受限-词根扩展-复数	u-ku-t	指示副词 1 说话者受限-等同	wa-ten
指示代词 1 他人受限-词根扩展-复数	tau-ku-t	指示副词 1 他人受限-词根扩展＝并列	tua-i＝llu
指示代词 1 他人受限-通格	tau-na		
指示代词 1 说话者扩展-名词化后缀-向格.单数	mat’-u-mun	指示副词 1 说话者扩展-等同	maa-ten

指示词有丰富格标记形式，除了缺乏属格外，具备了名词其他的格形式。指示副词的格标记跟指示代词的格标记不同。

表 2－27　　　　爱斯基摩语指示词的格标记形式表

	通格	作格	处所	向格		离格	通过	等同	数			呼格	感叹
				向格 1	向格 2				单数	双数	复数		
指示代词	-na	-m	-mi		-mun	-mek	-kun	-tun	-q	-k	-t	-uu-	
指示副词			-ni	-vet	-tmun	-ken	-ggun						=i
事件			‘在’（整个事件在场）	‘最后部分到特定场所’	‘最后部分到非特定场所’	‘从’（开始部分在场）	‘中间部分在场’						

（1）tuai＝llu　ayag-lu-ni（tuai-llu ayagluni. 指示副词 1 他人受限＝并列　离开-从属-3 单数，‘然后他又继续旅程了。’）

（2）ayag-ngssi-lli-a-mi　ava-vet（ayagengssilliami avavet. 离开-悠闲地-可能-连接-3 反身单数　指示副词 2 说话者扩展-向格 1，‘［他］独自悠闲地走了。’）

例中的“指示副词 1”表示地貌类型 1，“指示副词 2”表示地貌类型 2，“说话者”表示说话者在场，“他人”表示他人在场，“受限”表示状态或运动在具体有限区域内可明确捕捉到，“扩展”表示运动到一个新的终点是未加指明的或不可预测的。

指示词有指示功能（含情景指示功能、篇章指示功能）、追踪功能和识别功能。例如：

【情景指示功能】ava-virte-lu-teng（avavirrluteng. 指示副词 2 说话者扩展-去-从属-3 反身复数，‘他们去那儿。’）【篇章指示功能】tuai＝llu＝gguq　tau-na　angun-karaq-urluq　kipute-llini-lria　im'u-mek　levaaq-mek（tuai-llu-gguq tauna angukara'urluq kiputellinilria im'umek levaamek. 指示副词 1 他人受限＝并列＝传信　指示代词 1 他人受限-通格　人-小-老. 亲爱　买-明显地-分词不及物. 3 单数　指示代词-离格　汽车-离格，‘然后，他们说，那个老人买了那辆汽车。’）　【追踪功能】maa-ten＝gguq　uku-t　pingayu-t，aa　agiirte-llini-lrii-t（maaten-gguq　ukut　pingayut，aa　agiirrlinilriit. 指示副词 1 说话者扩展-等同＝传信　指示代词 1 说话者受限-

复数 三个-复数 语补词 从远处来-显然-分词不及物-3复数，‘突然那个时候他们三个，嗯，从远处那儿来了。’）【识别功能】arenqia tuai tauna icugg' tulukaruq asriu-lria（arenqia tuai tauna icugg' tulukaruq, asriulria. 噢不是，指示副词1他人受限 指示代词1他人受限-通格 记得 渡鸦 淘气鬼-分词不及物.3单数，‘哎呀，那个，你知道的，渡鸦，他是个淘气鬼。’）

除前面表中详列的指示词外，其他指示词又如 ki‘谁’（指示代词），na‘哪儿’（指示副词），uk‘来者’（指示代词）或‘向这儿’（指示副词）。

五 副词

副词包括一般副词和指示副词，一般副词无形态变化，这是典型副词，属小品词。指示副词有形态变化，见 pp. 209—213。不过，有的指示副词的词干可直接用作小品词（无屈折变化），如指示副词2的“tama-a（及时，不久）”和指示副词3的“im-a（你知道的，再说一遍）”。副词在句中一般作状语，详见 pp. 248—253。

六 小品词

小品词是无屈折变化的词类，有连词、叹词，作为副词次类的一般副词也属于小品词。

（一）连词

爱斯基摩语有连词，起逻辑关系标记的作用。如：

（1）yuut age-caaqe-u-t unani taugaam wiinga pi-yuumiite-u-a（yuut agecaaqut unani，taugaam wiinga piyuumiitua. 人们 去-徒劳-直陈-3复数 下.那儿 然而 我 做-不在意-直陈-1单数，‘人们去那儿，但是我自己不想做。’）

但连词也不多，许多逻辑结构仍然是通过形态连接的。关于连词我们将在第2章详细介绍。

（二）叹词

叹词表达情感、意志、态度，游离在句子结构外，充当独立成分，或单独成句，属非组合关系词，语音上仅见于孤立的语调群。如：

aa（‘噢！啊！’）｜ àcaca(ki)（‘好小啊！’）｜ akɨka（‘喔唷！好难受！’）｜ ala＝i（‘啊！天哪！’）｜ aling（‘哎呀！我的天哪！糟了！’）｜ amci / ampi(i)/ piiam / am（‘现在，快点！’）（行动开始（不耐烦地），多用于祈愿语气）｜ anglilli（‘噢！啊！’）｜ angu（‘不要！’）｜ arenqia（‘糟了！’）｜ atam（‘瞧！’）｜ ìkiki(ka)（‘哇！好多啊！好快啊！好大啊！)’｜ kiiki（‘快点！’）｜ nutaa（‘好！行！’）

它在句中的使用如：

（2）aa idtek＝wa（aa idtek-wa. 叹词 那么＝强调，‘好，那么……’）

（3）aren aa aren（aren aa，aren. 叹词 叹词 叹词，‘哦不，嗯，哦亲爱的。’）

词根上加上叹词 a 常常是叫某人注意给定的位置。比如 age 加叹词后的形式是 aga，表示放在那里、待在那儿的意思。

叹词也包括一些语补词，它们能独立使用，在句中起话语标记或准关联标记作用，相当于汉语的“嗯嗯啊啊”。如：

（4）ayag-llini-lria ataam Mamterilleq-mun（ayallinilria ataam，Mamterrillermun. 离开-明显-分词不及物 语补词 村庄：名字-向格单数，‘因此他离开了 Mamterilleq 村。’）

（5）wiinga tang yagarte-lria-nga（wiinga tang yagartelrianga. 我 看 忙-分词不及物-1 单数，‘看，我很忙。’）

ataam 另有表示“又”的意思，tang 另有表示“看见”的意思。因此，从例子看，这种词像是其他句法词类所发挥的语用作用，相当于汉语叹词“嗯嗯”、代词“那、那”、短语“还有、这个、对了”之类的话语标记用法。

第二节　形态系统

尤皮克语词缀众多，S. A. Jacobson（1984）曾列出尤皮克语 450 个派生词缀和 550 个屈折词缀。以下分类说明。

一　语义形态

（一）否定

否定形态是一种语义形态，主要体现在修饰性否定后缀和语气标记的否定屈折变化。

1. 修饰性否定后缀

【-at（‘不’）】qava-qer-ngi-at-uq.（睡觉-恰好-容易-否定-直陈. 3 单数，‘他不容易入睡。’）

【-ksait（‘还没有/尚未’）】ata-ma maa-vet tai-sqe-ksait'-lar-yaaqe-k-iinga（爸爸-关系格. 1 单数. 单数　这儿-向格　来-高层施事. 要求-不. 还-通常-但是-分词-3 单数. 1 单数，‘我的爸爸要求我绝不要来这儿。’）| aya-ksaite-llini-u-ten pissur-yar-lu-ten.（离开-不. 还-证据-直陈-2 单数　打猎-去-从属-2 单数，‘（所以我看见）你还没离开去打猎。（←你去打猎还没有离开。）’）

【-llruit（‘从未’［←-llru-it（-过去时-缺少］）/-llru-nrit（-过去时-不）））】qangvaq kemg-ite-llruit-uq.（当……时候. 过去时　长胖-否定-否定-直陈. 3 单数，‘他从来都没有苗条过。’）| qaya-cuara-li-yu-kapigte-llru-nric-aaq-sugnarq-aanga（皮艇-小-做-愿望-强调-过去时-否定-但是-推测-直陈. 3 单数. 1 单数，‘他可能那时没有那么想给我做一个小皮艇（但实际上做了）’）

【-nait（‘不使/使……能’）】pi-nqigg-nait-ni-lutek（做-再次-不. 使-高层施事. 说-从属. 3 反身双数，‘他俩说它不会再次打扰他们。’）

【-ngait（‘将不’）】cali-ner-mi qavarni-ngait-uten.（工作-名词化-处所格. 单数　睡觉-将. 不-直陈. 2 单数，‘你不能在你工作时/工作中犯困。’）| kuingir-ngail-ucir-ka-qa atu-nrit-aqa.（吸烟-会. 不-名词化-将来-通格. 1 单数. 单数　采用-否定-直陈. 1 单数. 3 单数，‘我没有遵守我的诺言/指令不去吸烟。’）| kuingir-ngau-nii pi-cirk-i-llru-anga.（吸

烟-会．不-从属.1单数 做-名词化.将来时-使-过去时-直陈.3单数.1单数，‘他让我不要吸烟。’）

【-nril（‘不再’）】taq-uma-nril-ngu-u-t（完成-被动-否定-关系化-增音-通格.复数，‘没完成的事情’/‘还没有被完成的事情’）

【-nrilkurt（‘试着不……/不让自己……’）】qane-nrilkurt-uq.（说话-试着不……/不让自己……-直陈.3单数，‘他试着不说话。’/‘他不跟……说话。’）

【-nrit（‘不’）】kuingir-ngau-nii pi-sq-ut-ka maligtaqu-nrit-aqa.（抽烟-将.不-从属.1单数 做-高层施事.要求-关系化-通格.1单数.单数 服从-否定-直陈.1单数.3单数，‘我不服从要求我不抽烟的建议。’）| ciin qav-a-vet itrar-la-nric-e-ci（为什么 上面-词根扩展-向格 去.上面-惯常体-否定-疑问-2复数，‘为什么你们从来不去上游？’）

【-sciigali（‘不再能’）】umyuarteqe-sciigali-lle-mnun / umyuarteqe-sciigali-vi-mnun ap-qaur-tuq.（想-能．不.再为-准连接-1单数 问-持续体-直陈.3单数，‘他问问题，直到我不再能想。’）

【-sciigate（‘不能’）】ayag-sciigate-a-ni tuai＝gguq qenerte-lu-ni tauna（离开-不能-连接-3单数 那＝传信 生气-从属-3单数 那，‘因为他不能离开，那个人生气了。’）| qerar-ciigate-a-ni（穿过-不能-原因连接-3单数，他不能穿过（河）。’）

【-suit（‘从不/一般不’）】kegg-suit-uq.（咬-从不-直陈.3单数，‘它从不咬人。’）| issaluq-t kuime-yuite-a-meng（豪猪-复数 游泳-非惯常-原因连接-3反身复数，‘豪猪们不会游泳。’）

【-ssunait（‘不该/不能/无权/……是不明智的’）】tang-ssunait-aat（看见-不.使-直陈.3复数.3单数，‘他们不能看见它。’）

【-uciit（‘不知道/不确定是否……’）】angya-cuara-li-sciigal-uciit-uq.（船-小-做-不能-高层施事.不知道-直陈.3单数，‘不知道他为什么不能做小船。’）

【-vke（‘不’）】ak'ani-vke-na-ta＝llu tallima-nek keggsuli-nek pil-l'uta.（耗费．长的.时间-否定-从属-1复数＝然后 五个-离格.复数 梭子鱼-离格.复数 捉-从属.1复数，‘不久后，我们捉了五条梭子鱼。’）| nere-vke-na-ku（吃-否定-从属及物-3单数，‘不吃它；（现在）不要吃它’）

【-yugnait（‘肯定不’）】ayag-yugnait-uq（去-肯定不-直陈. 3 单数，‘他肯定不去。’）

【-yuirut（‘不再’）】atur-yuirut-a-put（用-不再-直陈-1 复数. 3 单数，‘我们不再用它。’）

【-yunqeggiat（‘不爱/不喜欢’）】ner-yunqeggiat-uq（吃-不喜欢-直陈. 3 单数，‘他不喜欢吃。’）

【-yuumiit（‘不想干某事/不希望’）】tangerr-yuumiite-a-mken（看见-不想-直陈-1 单数. 2 单数，‘我不想看见你。’）

2. 语气标记的否定屈折变化

1）从属语气否定标记的屈折变化

从属语气的语气标记用在否定后缀之后，要发生相应的屈折变化，即语气标记-lu 变成-na。除动词的人称-数标记为第 1 人称单数时例外，但其辅音的屈折变化仍符合规律，体现了人类语言用鼻辅音表否定的普遍特征（马清华，2013）。详见表 2－28：

表 2－28　　爱斯基摩语从属语气肯定/否定形态屈折变化对比表

		肯定从属语气		否定从属语气	
		语气标记	人称-数标记	语气标记	人称-数标记
第 1 人称	单数	-lu	-a	-nii	
	复数		-ta	-na	-ta
	双数		-nuk		-nuk
第 2 人称	单数		-ten		-k
	复数		-ci		-ci
	双数		-tek		-tek
第 3 人称	单数		-ku		-ku
	复数		-ki		-ki
	双数		-kek		-kek
第 3 人称反身	单数		-ni		-ni
	复数		-teng		-teng
	双数		-tek		-tek

从属语气的否定形式如下例：

【-na-ta】ak'ani-vke-na-ta＝llu　tallima-nek　keggsuli-nek　pil-l'uta.（耗费．长的. 时间-否定-从属-1 复数＝然后　五个-离格. 复数　梭子鱼-离格. 复数　捉-从属. 1 复数，‘不久后，我们捉了五条梭子鱼。’）【-na-ku】qerar-ciigate-na-ku（穿过-不能-从属-3 反身单数，‘他不能够穿越（那条

河）。’）｜camai-ar-peke-na-ku tuai（你好-说-否定-从属-3反身单数 在那儿，‘在那儿他们没有互相问候。’）｜tauna＝llu＝gguq nasaurluq tangerr-yuumiite-na-ku tulukaruk（那＝然后＝传信 女孩．通格.单数 看-不想-从属-3反身单数 渡鸦．通格.单数，‘然后那个女孩不想看见渡鸦。’）【-na-ni】yuar-yaaqe-lria nalkute-ksaite-na-ni（寻找-徒劳-分词不及物.3单数 发现-没有-从属-3反身单数，‘他又找了找，但是没有找到。）｜ayag-sciigate-na-ni（离开-不能-从属-3单数，‘它不能走了。’）｜qayag-ararte-lu-ku qaner-peke-na-ni taugaam evvar-lu-ni（叫-瞬时体-从属-3反身单数 说话-否定-从属-3单数 然而 吹-从属-3反身单数，‘他没有用话叫他，只是吹了个口哨。’）【-na-teng】yuut qaner-yuite-na-teng（人.通格.复数 说话-惯常．否定-从属-3复数，‘这些人不说话。’）｜ilaita taugaam cataite-na-teng（一些 然而 不在-从属-3复数，‘但是他们一些人走了。’）【-nii】kuingir-ngau-nii pi-cirka-qa maligtaqu-nrit-a-qa.（吸烟-会．不-从属.1单数 说-名词化.将来时-通格.1单数.单数 信守-否定-直陈-1单数.3单数，‘我没有信守我不吸烟的承诺。’）｜ak'a im-u-mi yuurc-ugnau-nii（很久.以前 那.回指-词根扩展-处所.单数 出生-否定-从属.1单数，‘在我出生以前很久’）

2）分词语气否定标记的屈折变化

不及物动词的分词语气若在否定后缀之后，也发生在局部范围内发生相应的屈折变化，语气标记-lria变成-ngu。比较：

【有屈折变化】iciwa wii eme-yuil-ngu-a.（知道 我 喝酒-从不-分词-1单数，‘你知道我从不喝酒。’）｜cunaw' aya-ksail-ngu-ten.（不.惊奇 离开-不.还-分词-2单数，‘所以你仍然在这儿。’）｜iciwa ellii ui-ngil-ngu-q.（记得．祈愿.2单数 她．通格 丈夫-否定-分词-3单数，‘你记住，她没有丈夫。’）【无屈折变化】iciwa wii eme-yui-l-ngua.（知道 我 喝酒-从不-分词-1单数，‘你知道的，我不喝酒。’）

3）祈愿语气否定标记的屈折变化

祈愿语气若在否定后缀之后，语气标记所含辅音-l变成-n。如：

tua-i ayag-piiq-n-ii（然后-词根扩展 走-禁止-祈愿-1单数，‘我得停止行走了（我走累了）。’）｜ner-viiq-n-ii uquri-ng-ssiyaa-katar-tu-a（吃-禁止-祈愿-1单数 胖-起始体-过分-即将-直陈-1单数，‘我该停止

进食了，我会变得太胖的。'）| nere-ksau-na-ku（吃-否定-祈愿-2单数.3单数，'你还是不要吃它'）| ayag-cec-aqu-na-ku（去-高层施事.让-禁止-祈愿-2单数.3单数，'不要让他去。'）

不过，直陈语气、连接语气的语气标记在否定词根或词缀后都没有屈折变化。如：

直陈语气——Yug-tun yurar-yara-mek nallu-u-q.（尤皮克人-等同格.单数 跳舞-名词化.方法-离格.单数 不.知道-直陈-3单数，'他不知道怎么跳尤皮克舞。'）| neqe-m nere-llr-a ciissi-mek nallu-a-qa.（鱼-作格.单数 吃-名词化-通格.3单数.单数 小虫-离格.单数 不.知道-直陈.1单数.3单数，'我不知道那鱼吃了一只虫子。/我不知道那条鱼在吃一只虫子。'）| nere-l-qa cuka-it-u-q（进食-名词化-通格.1单数.单数 快-否定-直陈-3单数，'我吃得很慢［←我的进食不快］。'| atur-yuirut-a-put（用-不再-直陈-1复数.3单数，'我们不再用它。'）

连接语气——【当时连接】kass'ar-tar-taite-llr-ani ma-n'a（白.男人-与……有关-否定-当时连接-3单数 这里-词根扩展.通格.单数，'在现成的物品被引进到这个区域前。'）【原因连接】imumi＝gguq tamaku-t issalu-t kuimar-yuite-nga-meng（很久以前＝传信 那些-复数 豪猪-复数 游泳-从不-原因连接-3复数，'很久以前，他们说那些豪猪从不游泳。'）| angni-il-a-mi（高兴-否定-原因连接.3反身单数，'因为他是悲伤的'）| qerar-ciigate-a-ni（穿过-不能-原因连接-3单数，'他不能穿过［河］。'）【条件连接】tegu-nril-k-ani（带-否定-条件连接-3单数.3反身单数，'如果他没有带走他'）【让步连接】pi-nril-engra-aku（做-否定-让步连接-3单数.3单数，'虽然他排斥它'）

4）疑问语气否定标记的屈折变化

疑问语气的语气标记在否定词缀（-nric、-nrit）后有时也发生屈折变化，或连带人称-数标记一起发生屈折变化。如：

ciin qav-a-vet itrar-la-nric-e-ci（为什么 上面-词根扩展-向格 去.上面-惯常体-否定-疑问-2复数，'为什么你们从来不去上游？'）| ciin ila-vut tai-nrit-a?（为什么 亲戚-通格.1复数.单数 来-否定-疑问.3单数，'为什么我们的亲戚没有来？'）| nallu-nrit-an＝qaa na-ni carayag-mek tange-llr-at?（哪儿-否定-疑问.2单数.3单数＝疑问 哪儿-处所格 熊-离格.单数 看-名词化-通格.3复数.单数，'他们在哪

儿看见了熊？你知道吗？'）

（二）其他语义形态

爱斯基摩语的其他语义形态包括体、时、人称、数等（参 pp.162—171 和 pp.171—208）。

二 功能形态

（一）格

爱斯基摩语的格有核心格和旁格两种。

1. 核心格

核心格包括作格和通格。在核心格方面，动词和名词具有形态上的一致关系，如果名词是单数标记，则动词也必然具有相应的单数标记。如：

【通格】tulukaruk agiirte-lria.（tulukaruk agiirtelria. 渡鸦．通格．单数 从远处．来-分词不及物．3 单数，'渡鸦从远处来了。'）｜arnassaagaq qavar-tu-q.（arnassaagaq qavartuq. 老女人．通格．单数 睡觉-直陈-3 单数，'老女人在睡觉。'）｜cingikeggliq-t（cingikegglit. 头上有点的白鱼-通格．复数，'头上有点的白鱼'）｜kepsaqelriq-t（kepsaqelrit. 大鱼鳍的白鱼-通格．复数，'大鱼鳍白鱼'）｜akakiik-t（akakiiget. 大白鱼-通格．复数，'大白鱼'）

【作格】angute-m amassagaq tangerr-a-a.（angutem arnassaagaq tangrraa. 人-作格．单数 老女人．通格．单数 看见-直陈-3 单数．3 单数，'男孩看见了那个老女人。'）｜amassaagaq-m tan'gaurluq qavar-cite-a-a.（amassaagam tan'gaurluq qavarcitaa. 老女人-作格．单数 男孩，通格．单数 睡觉-致使-直陈-3 单数．3 单数，'老女人让那个男孩睡觉了。'）｜qimugte-m neqa ner-aa（狗-作格．单数 鱼．通格．单数 吃-直陈．3 单数．3 单数，'这只狗在吃这条鱼'）｜kin-ku-t ila-k-a-tgen（谁-词根扩展-作格．复数 亲戚-让……如同-疑问-3 复数．2 单数，'哪些人是你的亲戚［←哪些人让你如同亲戚］?'）｜tauna-m issaluq-m apete-a-a（taum issalum aptaa. 那-作格．单数 豪猪-作格．单数 问-直陈-3 单数．3 单数，'那豪猪问他'）

2. 旁格

名词的旁格包括处所格、离格、向格、经由格、等同格等。在旁格方面，动词和名词没有形态一致关系，即如果名词的格标记为旁格，则动词无与之照应的旁格形态。

【处所格】 marulussaagagtellriik uita-qellriik ena-cuar-mi. (marulussaagagtellriik uitaqellriik enacuami. 祖父和孙子　居住-相互．双数　房子-小-处所单数，‘祖父和孙子住在小房子里。’)

【离格】paluqtaq-mek tang-llini-lria (paluqtamek tangllinilria. 河狸-离格　看见-明显-分词不及物，‘他看见（不及物）了河狸。’) | Yup'ik-t cuguka-lria-t tauku-nek ircinrraq-nek (Yup'it cugukalriit, taukunek ircinrrarrenek. 爱斯基摩人-通格.复数　遇见-分词不及物-3复数　那-离格.复数　小人-离格.复数，‘爱斯基摩人遇见那些小人。’) | quya-a-gu-a tuai avai neqa-mek nere-nga-an (quyaagua tuai avai neqmek nerengaan. 高兴-反复-直陈-1单数　然后　在那儿　鱼-离格　吃-连接-3单数，‘我很高兴，因为她吃鱼了。’) | tuai = llu = gguq tauna angun-karaq-rurluq kipute-llini-lria im'u-mek levaaq-mek (tuai-llu-gguq tauna angukara'urluq kiputellinilria im'umek levaamek. 然后=也=传信　那　人-小-老.亲爱的　买-传信-分词不及物.3单数　那个-离格　汽车-离格，‘因此那个亲爱的老人买那个汽车。’)

【向格/终点格】ayag-llini-lria ataam Mamterilleq-mun (ayallinilria ataam Mamterrillermun. 离开-明显-分词不及物　语补词　村庄:名字-向格.单数，‘因此他离开了 Mamterilleq 村。’) | elli-naur-a-i issran-mun (ellinaurai issramun. 放-结果体-直陈-3单数.3复数　篮子-向格.单数，‘他将把它们放到篮子里。’)

【经由格】kuig-kun anelrar-lria anelrar-lu-ni (kuigkun anelrarelria anelrarluni. 河-通过　下河-分词不及物　离开-从属-3单数，‘他们走下河。’)

【等同格】una mikete-u-q tau-tun (una miktauq tautun. 这　小-直陈-3单数　那-等同．单数，‘这和那一样小。’)

【关系格】neq'ak-ciq-aqa yuu-ll-ma tak-ta-ci-atun (记得-将来-直陈.1单数.3单数　生．活-名词化-关系格.1单数.单数　长-像……一样-名词化-等同格.3单数.单数，‘我会永世记得他。’)

(二) 名词化

爱斯基摩语主要的名词化类型及标记见表2-29。

表 2－29 爱斯基摩语名词化形态表

类型	名词化标记	变体举例	功能
第 1 类	-llr	-lle /-l	表已实现或已经历的特殊事件或事实，或事件经过的时间
第 2 类	-(u)cir	-(u)ci	a. 表方式、状态、条件，与名词化标记-yara 的功能较为接近。b. 可表示某种不确定性。c. 作用有时如同动词疑问语气。
	-yara		表行为的方式、手段、时间、路径、领域等方面的习惯、传统，跟-(u)cir 的作用较接近
第 3 类	-ner	-nr	表一般事实或惯常事实

表 2－29 中名词化标记不编码格和人称-数的信息，但可跟其标记共现。详见下例：

【-llr】alqa-ak na-nte-llr-anek apte-llru-a-gpuk.（姐姐-通格.3 双数.单数 哪里-是.在-名词化-离格.3 单数.单数 问-过去时-直陈-1 双数.3 双数，‘我们俩问过他俩他们的姐姐在哪儿。’）| tua＝llu elaucima-ri-a-megteki aklu-it naparc-ir-lu-ki agar-qe-lluki wall'u tama-a-vet elaute-llr-ata qai-nganun elli-lu-ki（然后＝然后 埋-完成体-起始体-原因连接-3 反身复数.3 复数 衣服-通格.3 复数.复数 杆子-提供-从属-3 复数 挂-让-从属-3 复数 或者 那个-词根扩展-向格 埋-名词化-关系格.3 复数.单数 顶部-向格.3 单数.单数 放-从属-3 复数，‘然后，当他们已经埋了他们，他们做杆子并挂起他们的东西，或者他们把东西放在掩埋处的上方。’）| assi-lrii-m atu-llr-a caknernaq-piar-tuq.（好-名词化-关系格.单数 用.做-名词化-通格.3 单数.单数 困难的-强调-直陈.3 单数，‘做好事是不容易的。’）| tung-lirner-anek akerte-m pit'e-llr-an（方向-侧面-离格.3 单数.单数 太阳-关系.单数 升起-名词化-关系格.3 单数.单数，‘从太阳升起的方向’）| ciin apt-a-tnga na-ken tekite-llru-lle-mnek（为什么 问-疑问-3 复数.1 单数 哪里-离格 来-过去时-名词化-离格.1 单数.单数，（‘为什么他们问我来自哪里？’）| nere-l-qa cuka-it-uq（进食-名词化-通格.1 单数.单数 快-否定-直陈.3 单数，‘我吃得很慢。’[←我的进食很慢。]）| elitnaur-i-l-qa elitnaurvig-mi（教书-逆被动-名词化-通格.1 单数.单数 学校-处所格.单数，‘我在学校教书的时候’）| nalluyagut-aqa ikayur-i-l-qa aata-mnek（忘记-直陈.1 单数.3 单数 帮助-逆被动-名词化-通格.1

单数.单数　父亲-离格.1单数.单数,‘我忘了帮助我父亲。/我忘了帮助过我父亲这件事。/我忘了我何时帮助过我父亲。’)【-(u)cir】a. ner-ucir-put(饮食-名词化-通格.1复数.单数,‘我们饮食的方式(如传统,文化)’)｜pi-la-uci-a(做的事-习惯-名词化-通格.3单数.单数,‘他的习惯’)｜ella-nge-lle-mnek　yu-u-ci-qa(意识-获得-关系化-离格.1单数.单数　人-是-名词化-通格.1单数.单数,　‘我记事以来的人生’);b. carayi-i-m　yug-mek　nere-llru-ci-a　nallu-aqa.(熊-增音-作格.单数　人-离格.单数　吃-过去时-名词化-通格.3单数.单数　不.知道-直陈.1单数.3单数,‘我不知道那熊是否吃了一个/那个人。’)｜carayag-mun　yuk　nere-llru-ci-anek　nallu-aqa / nallu-unga.(熊-向格.单数　人-通格.单数　吃-过去时-名词化-离格.3单数.单数　不.知道-直陈.1单数.3单数/-直陈.1单数,‘我不知道那熊是否吃了一个人/那个人。’);c. apte-llru-anga　nere-llru-ci-mnek　aqsi-lua.(问-过去时-直陈.3单数.1单数　吃-过去时-名词化-离格.1单数.单数　饱的-从属.1单数,‘他问我她是否吃饱了。’)｜kuig-e-m　iqtu-ta-ci-a　nallu-narq-uq.(河-增音-关系格.单数　宽-那个.多-名词化-通格.3单数.单数　不.知道-必要-直陈.3单数,‘现在还不知道那河有多宽。’)【-yara】Yug-tun　yurar-yara-mek　nallu-uq.(尤皮克人-等同格.单数　跳舞-名词化.方法-离格.单数　不.知道-直陈.3单数,‘他不知道怎么跳尤皮克舞。’)｜iqmig-yara-qa(咀嚼-名词化-通格.1单数.单数,‘我嚼的(供口嚼的)烟草’)【-ner】angya-k　ange-nr-ak(船-关系.双数　大-名词化-通格.3双数.单数,‘两只船中的那个大的’)｜cuka-lu-ni　atu-ner-mek　elit-uq.(快-从属-反身3单数　唱歌-名词化-通格.单数　学-直陈.3单数,‘他学会了唱歌。/他正在学唱歌。’)｜ig-qaanerminek　teng-au-ner-mek　taq'-uq.(掉落-准连接.反身3单数　飞行-到处-名词化-离格　终止-直陈.3单数,‘自从他坠落后,他停止了飞行。’)｜cali-ner-mi　qavarni-ngait-uten.(工作-名词化-处所格.单数　睡觉-将.不-直陈.2单数,‘你不能在你工作时/工作中犯困。’)

这些名词化标记都可与格-数形态融合,有通格.单数形式-lleq/-uciq/-yaraq/-neq。

【-lleq】unug-nek　ellalli-lleq　taq'-uq.(夜晚-离格　降雨-名词化.通格.单数　终止-直陈.3单数,‘降雨从昨晚后停止。’)【-uciq】el-uciq

（［词汇化］形状、条件、性质←是.存在-名词化.通格.单数）【-yaraq】u-ku-t kalika-t ima-itnek naaq-i-kuvet anglani-ki-na， elite-kanir-lu-ten，taringe-kanir-lu-ku＝llu Yup'ig-tun qaner-yaraq（这-词根扩展-关系格.复数 纸-关系格.复数 内容-离格.3复数.复数 读-逆被动-条件连接.2单数 享受-未然体-祈愿.2单数 学习-进一步-从属-2单数 理解-进一步-从属-3单数＝和 尤皮克-等同格.单数 说-名词化.通格.单数，'当你读这本书的内容时，享受学习更多，并且更理解尤皮克语。'）【-neq】aitau-neq assir-tuq naulluu-lria-mun.（哈欠-名词化.通格.单数 好-直陈.3单数 生病-关系化-向格.单数，'打哈欠对于一个生病的人来说是一个好迹象。'）｜ arna-ni iqva-neq assik-arput.（女人-处所格.复数 采摘.浆果-名词化.通格.单数 喜欢-直陈.1复数.3单数，'我们女人喜欢采摘浆果。'）｜ cuka-lu-ni atu-neq elit-aa.（快-从属-反身3单数 唱歌-名词化.通格.单数 学-直陈.3单数.3单数，'他学着唱快。'）

融合起于语音缩略。比较-yaraq与例1中的-yara-qa：

（1）qayar-pa-li-yara-qa（皮艇-大-制造-名词化-通格.1单数.单数，'我制造大皮艇的方法'）

融合标记既得的格-数信息，可在形态结构的复杂化过程中，因新的格-数形态的加入而失去，致使融合标记变成纯粹的名词化标记。如：

【-lleq】wani-rpak qanemci-qatar-tu-a niite-lleq-mnek（wanirpak qanemciqatartua，niitellemnek.现在/这儿-当前 讲.故事-将来-直陈-1单数 听说-名词化-离格.1单数.单数，'现在我要讲一个我听到的一个故事。'）｜ taukut＝gguq acia-tgun ayag-lleq-t（taukut-gguq aciatgun ayallret.那些＝传信 下面-经由.复数 离开-名词化-复数，'那些从下面离开的人'）

名词化标记也可后接未来标记-ka，如-ller-ka表未来行为的名词化，-ucir-ka表示将来某种状态或行为的名词化，如某种诺言或指令等。有时，-ucir-ka后面还可以加一个动词化标记-li，表示使之成为规则。有时，-ucir-ka可跟-ller-ka同义互换。如：

【-ller-ka】nalluyagut-aqa ikayur-i-ller-ka-qa aata-mnek（忘记-直

陈.1单数.3单数　帮助-逆被动-名词化-将来时-通格.1单数.单数　父亲-离格.1单数.单数，‘我忘了去帮助父亲。’）｜ keni-ller-ka-a（烹饪-名词化-将来时-通格.3单数.单数，‘她未来的烹饪行为’）｜ neryuniur-tua　ellallu-ng-ller-ka-anek.（期待-直陈.1单数　下雨-起始体-名词化-将来时-离格.3单数.单数，‘我期待天开始下雨。’）【-ucir-ka】kuingir-ngail-ucir-ka-qa　atu-nrit-aqa.（吸烟-会．不-名词化-将来-通格.1单数.单数　采用-否定-直陈.1单数.3单数，‘我没有遵守我不吸烟的诺言。’）｜ kuingir-ngail-ucir-k-i-llru-anga（吸烟-将.不-名词化-将来-使-过去时-直陈.3单数.1单数，‘她使我不该吸烟成为一条规定。/她命令我不能吸烟。’）｜ neq'ake-llru-a　cen̄irte-*ller-ka*-ni/cen̄ir-ucir-ka-ni　aca-minun（记得-过去时-直陈.3单数.3单数　拜访-名词化-将来时-通格.反身3单数.单数　父亲的妹妹-向格.反身3单数.单数，‘他记得要去拜访他的姑妈。’）

-lria在一定场合下也可用作名词化标记，并可与-llr同义互换，如：

【-lria】assiite-lria-mek＝gguq　tune-llini-ke-iit（assiitelriamek-gguq tunellinikiit.坏-名词化-离格＝传信　卖-明显-分词及物-3复数.3单数，‘他们卖给他一辆坏的。’）｜ qater-lria-t（qatellriit.白-名词化-通格.复数，‘白的’）｜ Anchorage-aa-met-leq　ayuqe-nrit-uq　kingune-mini　uita-lria-(ce)tun / uita-ller-tun.（地名-连接成分-是.在-名词化.通格.单数　像-否定-直陈.3单数　回.家-处所格.反身3单数.单数　待在-名词化-等同格.单数，‘住在安克雷奇不像待在家里。’）｜ nere-lria-tun/ ner(')-ller-tun　akuta-mek　ayuq-uq.（吃-名词化-等同格.单数　冰淇淋-离格.单数　相似-直陈.3单数，‘这像吃冰淇淋’）

关系化和名词化都是指称化活动。其中，关系化主要属于结构转换，名词化属于范畴转换。指称化这一共同性质，是关系化标记和名词化标记具有语义流转、同义替换关系的基础。有的后缀如-llr、-lria、-ute既可以用作关系化标记，也可以用作名词化标记。比较：

（2）a. neqa　nere-llr-a　Nuk'a-m　assiit-uq.（鱼.通格.单数　吃-关系化-通格.3单数.单数　人名-作格.单数　坏的-直陈.3单数，‘Nuk'aq吃的鱼不好。’）；b. neqe-m　nere-llr-a　ciissi-mek　nallu-aqa.（鱼-作格.单数　吃-名词化-通格.3单数.单数　小虫-离格.单

数 不.知道-直陈.1单数.3单数，‘我不知道那鱼吃了一个虫子。/我不知道那条鱼在吃一只虫子。’）

（3）a. nere-lria-tun akuta-mek ayuq-uq.（吃-关系化-等同格.单数 冰淇淋-离格.单数 相似-直陈.3单数，‘他像一个人在吃冰淇淋。[←他像一个在吃冰淇淋的人]’）；b. nere-lria-tun akuta-mek ayuq-uq.（吃-名词化-等同格.单数 冰淇淋-离格.单数 相似-直陈.3单数，‘这像吃冰淇淋。’）

（4）a. yuarun atu-uti-i arna-m cuka-lu-ni（歌.通格.单数 唱-关系化-通格.3单数.单数 女人-作格.单数 快-从属-反身3单数，‘那个女人唱得很快的那首歌。[←那个女人唱的那首歌很快]’）；b. apy-ute-ngqer-tua Yup'ig-tun amlle-nril-ngur-nek.（问-名词化-有-直陈.1单数 尤皮克人-等同格.单数 很多-否定-关系化-离格.复数，‘我像尤皮克人一样，没有太多的问题。’）

同一标记的关系化和名词化所表达的实际意义有时相同。比较：

（5）a. qava-llr-ata nuni-i can-lir-tuq（睡觉-名词化-关系格.3复数.单数 土地-通格.3单数.单数 草-有.很多-直陈.3单数，‘他们睡觉的地方[←他们睡觉的区域]长满了草。’）；b. qava-llr-at nuna can-lir-tuq（睡觉-关系化-通格.3复数.单数 土地-通格.单数 草-有.很多-直陈.3单数，‘他们睡觉的地方[←他们睡觉的那片地区]长满了草。’）

（三）传信范畴

1. -gguq

传信后附缀=gguq的功能在于报道间接引语或者说话者缺少报道相关情景的权威性。在叙事性话语中它还有切分篇章的功能，凸显具有推进叙事功能的叙事单元。后附缀=gguq的被附成分类型广泛，可附于小句末、也可附于论元、代词、时地副词、情态类小品词、连词等多类成分之后。如：

【附于小句末】

（6） neqerrluaq-rraq-mek=llu=gguq （neqerrluaraqmek-llu-gguq. 一些鱼干-离格＝也＝传信，‘一块鱼干’）

（7）ii＝gguq（ii-gguq. 是的＝传信，‘他说是的。’）

【用于论元后】

（8）qaner-ute-cartur-lu-ki taukut kipusviliurta-t assiite-liaq-mek＝gguq tune-llini-ke-iit（qanrucarturluki taukut kipusviliurtat, assiitelliamek-gguq tunellinikiit. 告诉-受益-去-从属-3 反身复数 那些 零售商-复数 坏-制造-离格＝传信 卖-明显地-分词及物-3 复数.3 单数，‘他去告诉那些零售商们，他们卖给他一辆坏车。’）

（9）ircingrrat＝gguq ceningqa-uma-lrii-t（ircingrrat-gguq cen'ingqaumalriit. 小人＝传信 参观-很长时间-分词不及物-3 复数，‘他们说，这个小人参观了很长时间。’）

（10）ciu-ngani＝gguq una angun napa-mz atsaq-nek iqvar-lria（ciungani-gguq una angun napami atsanek iqvalria. 前面-处所＝传信 这 人 树-处所 水果-离格.复数 摘-分词不及物.3 单数，‘这个人在树上摘水果。’）

【附于代词后】

（11）ayag-sciigate-a-ni tuai＝gguq qenerte-lu-ni tauna（ayasciiganani tuai-gguq qenerrluni tauna. 离开-不能-连接-3 单数 那＝传信 生气-从属-3 单数 那，‘因为他不能离开，那个人生气了。’）

【附于时地副词后】

（12）imumi＝gguq tamaku-t issalu-t kuimar-yuite-nga-meng（imumi-gguq tamakut issalut kuimayuilameng. 很久以前＝传信 那些-复数 豪猪-复数 游泳-从不-原因连接-3 复数，‘他们说，很久以前，那些豪猪从不游泳。’）

（13）maaten＝gguq am piyua-caarar-ller-ani tulukaruq

agiirte-lria（maaten-gguq am piyuacaarallerani tulukaruq aqiirtelria. 当时＝传信 那儿 行走-尽力-当时连接-3单数 渡鸦 靠近-分词不及物.3单数，‘当她正在走的时候，渡鸦靠近了。’）

（14）yaani＝gguq amiik-t pagaa-ni＝llu＝gguq cali amiik（yaa-i-gguq amiiket pagaani-llu-gguq cali amiik. 在那儿＝传信 门-复数 在上面-处所＝并且＝传信 也 门，‘那边是门，在它上边是另一扇门。’）

【附于情态类小品词后】

（15）cunawa＝gguq tauna levaaq kaassa-irute-llini-lria（cunawa-gguq tauna levaaq kaassairutellinilria. 不惊奇＝传信 那 汽车 汽油-用光-传信-分词不及物.3单数，‘肯定是汽车的汽油用完了。’）

【附于连词后】

（16）luqruuyak-u-lu-ni wall'u＝gguq manigna-u-lu-ni（luqruuyakuluni wall'u-gguq manignauluni. 梭鱼-是-从属-3反身单数 或者＝传信 北美江鳕-是-从属-3反身单数，‘不是一条梭子鱼就是一条北美江鳕。’）

（17）taugaam＝gguq tuai tulukaruq agiirte-u-q nasaurlu-mun tuai waten（taugaam-gguq tuai tulukaruq agiirtuq nasaurlumun tuai waten. 然而＝传信 然后 渡鸦 靠近-直陈-3单数 女孩-向格.单数 然后 像这样，‘但是他们说，渡鸦这样靠近了女孩。’）

2. -llini-

词基后缀-llini-表示明显地或者说话者没有看到的某件事，它具有使听话者注意力聚焦的功能。它常用在语气标记前。如：

【用在分词语气标记前】

（18）cunawa＝gguq tauna levaaq kaassa-irute-llini-lria（cunawa-gguq tauna levaaq kaassairutellinilria. 不惊奇＝传信　那　汽车　汽油-用光-传信-分词不及物.3 单数，‘肯定是那辆车没汽油了。’)

(19) tuai＝llu＝gguq　ayag-ma-llini-lrii-t　(tuai-llu-gguq ayaumallinilriit. 然后＝接着＝传信　旅行-很长时间-传信-分词不及物-3 复数，‘据说他们旅行了很长一段时间。’)

(20) atauci-mek　tegu-qatar-llini-lria　(ataucimek　teguqatarllinilria. 一个-离格　拿在手里-将来时-传信-分词不及物-3 单数，‘看上去好像他要拿走一个。’)

(21) qantaq-mun　elli-llini-ke-ai　taukut (qantamun ellillinikai taukut. 碗-向格　放-传信-分词及物-3 单数.3 复数　那些.通格.复数，‘她把它们放在他的碗里。’)

(22) angya-minun　elli-qar-llini-ke-ii　(angyaminun　elliqarrliniki. 船-3 反身单数.单数-向格　放-很快地-传信-分词及物-3 单数.3 单数，‘他迅速把它放在船上。’)

【用在从属语气标记前】

(23) nere-qcaar-a-llini-lu-ni　kuik-m　pai-ngani　(nereqcaaralliniluni kuigem paznganz. 吃-持续-反复-传信-从属-3 反身单数　河-关系格.单数　口-3 单数.单数.处所，‘他在河口啃着。’)

(24) cuassaaq-t　nange-llini-lu-ki　(cuassaat nangelliniluki. 大黄-复数　消耗-传信-从属-3 反身复数，‘他吃掉了野生大黄。’)

【用在直陈语气标记前】

(25) tuai＝llu＝gguq　tangerr-llini-u-q　kuik-m　aki-ani　cuassaaq-t　amlleq-piaq-t　yaa-ni (tuai-llu-gguq tangelliniuq kuigem akiani cuassaat amllepiat yaani. 然后＝接着＝传信　看见-传信-明显地-直陈-3 单数　河-关系格　另一边-3 单数.单数.处所　大黄-复数　众多-非常-复数　在那儿，‘后来在河的对岸，他发现了许多野生大黄。’)

（26） kape-suun-t aug'ar-llini-ga-i（kapsuutet aug'arrlinigai. 刺-装置-复数 移动-传信-直陈-3 单数.3 复数，‘他动了鹅毛笔。’）

三 关系形态

爱斯基摩语中存在大量的关系形态，除动词从属语气、连接语气（见 pp. 180—182）外，还有关系化形态和关联后附缀。

（一）关系化

爱斯基摩语主要的关系化标记类型及标记见表 2 - 30。

表 2 - 30　　爱斯基摩语关系化形态表

标记类型	标记条件	标记	变体举例
分词的关系化标记	不及物动词	-lria	-lrii/-lriar/-il/-llriar
		-ngur	-ngu/-nguq
	及物动词	-ki	-ka/-ke/-qe
过去时的关系化标记		-llr	-lle/-ller-l/-lleq
被动的关系化标记	进行或完成	-kenga	-qenga/-qnga
	进行或完成	-a	
	将来	-arkar	
施事/主动态的关系化标记（施事论元或主语）	现在时	-(s)t	-sti/-sta/-ta/-ti
	过去时	-(s)tellr	-stel
	将来时	-(s)tekaq	-steka
旁格的关系化标记	处所格	-vi	-vig
	工具格	-(u)t、-cuut	-uti/-ut、-suut

1. 分词的关系化标记

1）不及物动词的关系化标记

【-lria】 ua-vet kuig-e-m pai-nganun neqe-ngqer-tura-lria-mun ayag-naur-tu-kut.（下-向格 河-增音-关系.单数 嘴-向格.3 单数.单数 鱼-有-持续-关系化-向格.单数 去-结果体-直陈-1 复数，‘让我们向河口那边去。那儿突然有鱼了（别的地方没有发现）。’） | qanemci-qatar-a-mci israc-i-la-lria-nek（告诉-将要-直陈-1 单数.2 复数 篮子-做-通常-关系化-离格.复数，‘我将要告诉你们关于某人做草篮子的故事。’） | assi-lria-mek allraku-kegtaar-mek pi-a-mtek!（好-关系化-离

格.单数　年-好-离格.单数　做-直陈-1单数.2双数，'你们俩新年快乐！'）｜ ataam ullag-kut wangkuta alia-yu-lria-ni，neq-k-i-c-iiq-a-mteggen.（再　靠近-祈愿.1复数　我们.通格　孤单-词根扩展-关系化-处所格.复数　食物-将来时-做-受益-将来-直陈-1复数.2单数，'回到我们这些孤单的人这儿，我们将给你食物。'）｜ taq-uma-lrii-t（完成-被动-关系化-通格.复数，'完成的事情/已经被完成的事情'）｜ u-u-cetun ayuqe-llrii-t kegginaqu-t（这-词根扩展-等同格.复数　一样-关系化-通格.复数　面具-通格.复数，'像这样的一些面具'）｜ angyar-pecetun ayuqe-llria-mek kipuc-iiq-ua.（船-等同格.2单数.单数　一样-关系化-离格.单数　买-将来-直陈.1单数，'我要买一条你那样的船。'）｜ angelriar-u-ngat-uq（重要-关系化-是-可能-直陈.3单数，'它可能/看上去是重要的东西'）

【-ngur】taq-uma-nril-ngu-u-t（完成-被动-否定-关系化-增音-通格.复数，'没完成的事情/还没有被完成的事情'）｜ apy-ute-ngqer-tua Yup'igtun amlle-nril-ngur-nek.（问-名词化-有-直陈.1单数　尤皮克人-等同格.单数　很多-否定-关系化-离格.复数，'我像尤皮克人一样，没有太多的问题。'）｜ cikir-li-ten atsa-nek elpet iqvar-ciigal-ngur-mi（给-祈愿-3单数.2单数　浆果-离格.复数　你　摘.浆果-不能-关系化-处所格.单数，'希望她（让她）给你浆果，你不能摘浆果！'）｜ tan'ger-mel-ngur-mi uitalria-mi pitek-lu-a tuqu-llru-uq.（黑暗-是.在-关系化-处所格.单数　停留-关系化-处所格.单数　有.原因-从属-1单数　死-过去时-陈述.3单数，'待在黑暗中的他，是因为我而死的。'）

2）及物动词的关系化标记

【-ki】nuna-k-ngal-ki-inun elli-a.（地方-有.如同-似乎-关系化-向格.3单数.单数　放-直陈.3单数.3单数，'她把它放到它似乎已经存在的原点。'）｜ ap-qi-it May'aq（称作-关系化-通格.3复数.单数　人名.通格.单数，'这个他们称作Mayaq的人'）｜ yuarun atu-qe-ka（歌.通格.单数　唱-关系化-通格.1单数.单数，'我在唱的歌'）｜ tang-la-q-vut（看见-惯常-关系化-通格.1复数.单数，'我们通常看见的人'）｜ atsa-t ner-ka-i（浆果-通格.复数　吃-关系化-通格.3单数.复数，'他在吃的浆果'）

【-ka】kinres-ka-i / kinerte-llrii-t atura-t itr-us-ki（把……弄干-关

系化-通格.3单数.复数 / 把……弄干-关系化-通格.复数 衣服-通格.复数 进来-受益-祈愿.2单数.3复数，‘你把弄干的衣服拿进来！’）

2. 过去时的关系化标记

过去时的关系化针对：1）不及物动词的主语；2）及物动词受事，或双及物的与事或间接宾语。换言之，它选择一个通格名词性成分作为先行词。

【-llr】arna-m akuta-mek ki-llr-i angute-t（女人-作格.单数 冰.奶油-离格.单数 给-关系化-通格.3单数.复数 男人-通格.复数，‘得到那女人冰淇淋的男人们［←那个女人给了冰淇淋的男人们］’）| ella-nge-lle-mnek yu-u-ci-qa（意识-获得-关系化-离格.1单数.单数 人-是-名词化-通格.1单数.单数，‘我记事以来的人生’）| nalluyaguc-aqu-na-k pingayirit-mi cali-ller-kar-penek（忘记-禁止-祈愿-2单数 周三-处所.单数 工作-关系化-将来-离格.2单数，‘不要忘记周三工作的事。’）

【-lleq】angun qimugte-mek tamar-i-lleq.（男人.通格.单数 狗-离格.单数 遗失-逆被动-关系化.通格.单数，‘丢失了（一只狗）的男人’）| una-mek tarenraq-mek tangerr-lleq-mnek（uumek tarenramek tangllemnek. 这-离格 图片-离格 看见-过去.关系化-1单数.单数.离格，‘我看见的这幅画’）

3. 被动的关系化标记

被动的关系化是针对受事论元的关系化，它以领有者人称的屈折形态对施事论元进行编码，其关系化标记按动词的体分三种：进行、完成、将来。被动关系化标记有-kenga（进行或完成）（见第1组）、-a（进行或完成）（见第2组）、-arkar（将来）或其音变形式（见第3组）。-arkar（将来）后面加了将来时标记-kar。

【第1组】ataata-ksagus-kenga-a（父亲兄弟-获得-关系化-通格.3单数.单数，‘他新得的继父’）| amiq u-na mingqe-k'ngar-put（≈mingqe-k-vut） alleg-yug-tuq.（皮.通格.单数 这个-词根扩展.通格.单数 缝-关系化-通格.1复数.单数 撕扯-倾向-直陈.3单数，‘我们正在缝的皮容易撕扯。’）| angyaq atu-qenga-ni mulnga-k-lu-ku emer-mek tagg-lu-ku mingug-aa.（船.通格.单数 用-关系化-通格.反身3单数.单数 仔细-有.如同-从属-3单数 水-离格.单数 拿.起来-从

属-3 单数　油漆-直陈. 3 单数. 3 单数，‘把他用的船小心地从水里弄上来，油漆了它。’）｜ tang，pissu-qenga-qe-tu-ke-nka（看　捕猎-关系化-有. 当作-惯常-分词-1 单数. 3 复数，‘看，它们是我经常捕猎的种类。’）｜ ikayu-qnga-qa（帮助-关系化-通格. 1 单数. 单数，‘我在帮助的人’）【第 2 组】iqair-a-nka　miil-ir-anka.（洗-关系化-通格. 1 单数. 复数　肥皂-提供-直陈. 1 单数. 3 单数，‘我在给我洗的东西涂肥皂。’）｜ pi-t-a-a　kaviaq（东西-获得-关系化-通格. 3 单数. 单数　狐狸. 通格. 单数，‘他抓到的狐狸’）【第 3 组】kiput-arkar-put（买-关系化-通格. 1 复数. 单数，‘我们将要买的东西’）｜ angun　atur-arkaq（男人. 通格. 单数　唱歌-关系化. 通格. 单数，‘将要唱歌的男人’）｜ cali＝llu　pissur-lu-ta　piciatun　pit-arka-nek.（更多＝而且　搜寻-从属-1 复数　任何　捕捉-关系化. 将要-离格. 单数，‘而且，我们搜寻任何类型的游戏。’）

有时可凭借词干尾音的删留，或词干尾音音变方式的差异，来区分进行体和完成体。比较：

（1）a. ena　kipus-kengar-put（房子. 通格. 单数　买-关系化-通格. 1 复数. 单数，‘我们现在正在买的房子’）；b. ena　kipu-kengar-put（房子. 通格. 单数　买-关系化-通格. 1 复数. 单数，‘我们买了的房子’）

例 1a 的词干 kipuc-（‘买’）的尾音 c 擦音化为 s，例 1b 删略词干 kipuc-（‘买’）的尾音 c，由此区分进行体和完成体。再比较：

（2）a. iqair-arkaq → iqai-rkaq（洗-关系化. 通格. 单数，‘要洗的东西（衣服）’）；b. kenir-arka-nɨ → keni'i-rka-ni（烹饪-关系化-通格. 反身 3 单数. 单数，‘她将烹饪的东西’）；c. atur-arka-nka → atu'u-rka-nka（用-关系化-通格. 1 单数. 复数，‘我将要用的某物’）

例 2a 的词干 iqair-删略尾音而成 iqai-，例 2b 的词干 kenir-尾音音变后为 keni'i-，例 2c 的词干 atur-尾音音变后为 atu'u-，这些都用以区分进行体和完成体的表达。

4. 施事/主动态的关系化标记

施事/主动态的关系化是针对不及物动词的主语、及物动词的施事论元或主语的关系化。它不适用于非行为事件或状态。爱斯基摩语有以-(s)t为首音的三种施事/主动态的关系化标记。-sti /-sta /-ta /-ti 表示干某事的某人某物（如第 1 组）。-stel /-stellr 是针对施事的有过去时蕴义的关系化标记，其后加了-l /-llr（如第 2 组）。-steka /-tekaq 是针对施事的有将来时蕴义的关系化标记，其后加了-ka /-kaq（如第3组）。

【第1组】arnaq tanger-te-ka qia-lua（女人.通格.单数 看见-关系化-通格.1单数.单数 哭-从属.1单数，'那个看见我哭的女人'）| aipaq-ka＝am ayag-a-sta-ka（aipaqa-am ayagastaka. 同伴-1单数.单数＝另一方面 旅行-反复-关系化-1单数.3单数，'带我旅行的我的同伴'）【第2组】ceirte-stel-qa akwaugaq（拜访-关系化.过去-通格.1单数.单数 昨天，'昨天拜访我的人［←这个人昨天拜访了我］'）| angut-e-m tuquce-stellr-a qimugta（男人-增音-关系格.单数 杀死-关系化.过去-通格.3单数.单数 狗.通格.单数，'杀死了这个男人的狗'）【第3组】ikayua-steka-qa（帮助-关系化.将来-通格.1单数.单数，'将来帮助我的人，我未来的帮手'）| mikelnguq atur-tekaq u-u-mek（孩子.通格.单数 唱-关系化.将来.通格.单数 这个-词根扩展-离格.单数，'将唱这个（歌）的孩子'）

此类情形的关系化除借助关系化标记外，有的还要借助动词的派生活动实现的（如跟相应陈述结构相比，关系化结构例3b的格并没有变化），有的则还要借助逆被动（antipassive）结构（参 pp.241—242）实现的，如例4b的格发生了降级变化。

（3）a. qimugta ner'-uq neq-mek（狗.通格.单数 吃-直陈.3单数 鱼-离格.单数，'这只狗在吃鱼'）；b. qimugta nere-sta neq-mek（狗.通格.单数 吃-关系化-通格.单数 鱼-离格.单数，'吃鱼的狗'）

（4）a. qimugte-m neqa ner-aa（狗-作格.单数 鱼.通格.单数 吃-直陈.3单数.3单数，'这只狗在吃这条鱼'）；b. neqe-m nere-sti-i qimugta（鱼-关系格.单数 吃-关系化-通格.3单数.单数 狗.通格.单数，'吃这条鱼的狗'）

5. 旁格的关系化标记

旁格的关系化主要涉及处所和工具这两种旁格论元。

1）处所论元的关系化标记

处所论元的关系化标记是-vi，该标记也是作为动词的准连接语气标记（a quasi-connective mood marker）来使用的。

【-vi】nayir-nek pissur-vi-llr-a（海豹-离格.复数 打猎-关系化-过去-通格.3单数.单数，'他猎取斑海豹的地方'）| uita-vig-ka-qa（停留-关系化-将来-通格.1单数.单数，'我将要停留的地方'）| uita-vi-l-qa（停留-关

系化-过去-通格.1单数.单数，‘我停留过的地方’）｜ assir-lu-a uita-vi-ka kii-ma / kii-me-nii ene-cuar（好-从属-1单数 停留-关系化-通格.1单数.单数 单独-状态连接.1单数 / 单独-是.在-从属.1单数 房子-小.通格.单数，‘我自己待着不错的小房子’）｜ ii＝i，manar-vigka-mnun＝wa tekit-ua.（是的 引上钩（鱼）-关系化-将来-向格.1单数.单数＝应答 到达-直陈.1单数，‘是的，我已经到达我将要钓鱼的地方’）

2）工具论元的关系化标记

工具格的关系化标记是-(u)t（或其音变形式）、-cuut、-suut等。

【-(u)t】yuarun atu-uti-i arna-m cuka-lu-ni（歌.通格.单数 唱-关系化-通格.3单数.单数 女人-作格.单数 快-从属-反身3单数，‘那个女人唱得很快的那首歌［←那个女人唱的那首歌很快］’）｜ kuingir-ngau-nii pi-sq-ut-ka maligtaqu-nrit-aqa.（抽烟-将.不-从属.1单数 做-高层施事.要求-关系化-通格.1单数.单数 服从-否定-直陈.1单数.3单数，‘我不服从要求我不抽烟的建议。’）【-cuut】cuka-lu-ni seg-cuut-ni ulua-ni tama-llru-a.（快-从属-反身3单数 切-关系化-通格.反身3单数.单数 刀-通格.反身3单数.单数 遗失-过去-直陈.3单数.3单数，‘她丢失了她切鱼快的那把刀’）｜ cikir-nga igar-cuut-mek（给-祈愿.2单数.1单数 写-关系化.手段-离格.单数，‘给我一支铅笔。’）【-suut】angya-cuar ayag-a-ssuute-ka neq-sur-lua kiag-mi（船-小.通格.单数 去-重复-关系化-通格.1单数.单数 鱼-搜寻-从属.1单数 夏天-处所格.单数，‘我用来夏天去钓鱼的那条小船’）｜ angya-cuar-qa ayag-a-ssuun neq-sur-lua kiag-mi（船-小.通格.1单数.单数 去-重复-关系化.通格.单数 鱼-搜寻-从属.1单数 夏天-处所格.单数，‘我的用来夏天去钓鱼的小船’）

（二）关联附缀

关联后附缀＝llu属于关系形态，可表并列、承接、因果等逻辑关系。如：

（5）assir-lria-mek＝llu＝gguq nutara-mek neqa-mek（assilriamek-llu-gguq nutaramek neqmek. 好-名词化-离格＝并且＝传信 新鲜的-离格 鱼-离格，‘一条优质新鲜的鱼。’）

（6）elli-rrar-lu-ku＝llu＝gguq ayag-lria（ellirrarluku-llu-gguq

ayalria. 放-然后-从属-3 反身单数=并且=传信 离开-分词不及物. 3 单数，‘他把它放在那儿后就离开了。’）

（7）el’ar-lu-tek=llu=gguq tauku-k angun-k（el’arlutek-llu-gguq taukuk angutek. 笑-从属-3 双数=并且=传信 那些-双数 人-双数，‘所以那两个人笑了。’）

四 词缀语序

爱斯基摩语词根放在词首，所有词缀都是后缀，所以称为递归型复综语。词缀语序固定，名词的格形态和动词的主语标记或主宾语关系形态都位于词尾。

（一）名词的构词语序

名词的构词语序，呈现如下语序特征：“词干＞词汇后缀＞……＞格(-人称)-数后缀”。名词化后缀等其他后缀都安排在中间区域。如：

【词干＞格-数后缀】qimugte-m（狗-作格. 单数）【词干＞格-人称-数后缀】ene-meggni（房子-处所格. 3 反身复数. 单数）【词干＞词汇后缀＞格-人称-数后缀】apa-urluq-ni（祖父-亲爱-通格. 3 反身单数. 单数）｜ neqa-piaq-yagaq-t（neqpiayagat. 鱼-真的. 非常-小-通格. 复数，‘很小的鱼’）｜ maurluq-ssagaq-kellrii-k（祖父母-亲爱. 小-成对-通格. 双数）【词干＞名词化＞格-数后缀】assir-lria-nek（好-名词化-离格. 复数）

若有附缀，则附缀居极右。如：

ellaita=gguq（他们. 作格=传信）｜ assiite-lria-mek=gguq（坏-名词化-离格=传信）

（二）动词的构词语序

动词的构词语序固定，呈现如下语序特征：“词干＞词汇后缀＞……＞语气后缀＞人称-数后缀”。时后缀、体后缀、否定后缀、关系化后缀、价调整后缀等其他后缀都安排在中间区域。如：

【词干＞词汇后缀＞语气＞人称-数】nere-vaalug-lu-ni（吃-第一次做-从属-3 反身单数）【词干＞时＞语气＞人称-数】nere-llru-u-kuk（吃-过去时-陈述-1 双数）｜ ayag-lru-u-t（走-过去时-直陈-3 复数）【词干＞时＞证据＞语气＞人称-数】qava-llru-llini-u-ten（睡觉-过去时-证据-直陈-2 单数）【词干＞体＞价调整后缀＞语气＞人称-数】tai-ciq-ni-lu-a（来-将要-高层施事.说-从属-1单数，‘说我明天来’）【词干＞价调整后缀＞关系化＞语气＞人称-数】qimugta　tamar-yuke-l-qa（狗.通格.单数　遗失-高层施事.认为-关系化-通格.1单数.单数，‘我认为被丢失了的那只狗/我认为（某人）丢失的那只狗’）【词干＞否定＞语气＞人称-数】ayag-yuite-na-ni（离开-惯常否定-从属-3反身单数）【词干＞词汇后缀＞体＞关系化＞人称-数】neqe-ngqer-tura-lria-mun（鱼-有-持续-关系化-向格.单数）

若有附缀，则附缀居极右。如：

【词干＞致使＞语气＞人称-数＞附缀】nere-vkar-lu-ki＝llu（nerevkarluki-llu. 吃-致使-从属-3反身复数＝也，‘他们也让他们吃东西。’）

五　词根和词汇词缀的语义关系

词根和词汇词缀可构成多种类型的语义关系。比较：

【词根中心语＋词缀定语】neqa-piaq-yagaq-t（neqpiayagat. 鱼-真的.非常-小-通格.复数，‘很小的鱼’）【词根中心语＋词缀状语】tauna cali　yuar-yaaqe-lria（tauna cal’　yuaryaaqelria. 那　又　查看-徒劳地-分词不及物.3单数，‘他又徒劳地看了看那东西。’）｜ tauna＝llu＝gguq　nasaurluq　tangerr-yuumiite-na-ku　tulukaruk（tauna-llu-gguq nasaurluq tangenyuumiinaku tulukaruk. 那＝然后＝传信　女孩.通格.单数　看-不想-从属-3反身单数　渡鸦.通格.单数，‘然后那个女孩不想看见渡鸦。’）①｜ aling-naq-sugnarq-uq（恐吓-必要-很可能-直陈.3单数，‘他/它可能是令人恐惧的。’）

值得一提的是，两个单音节词根的偶对共现，可构成格式标记，如ca-... pi-...，其功能类似于一般的标记词，表示“任何事情、任何时候、无论如何”。如：

ca-u-llr-at　pi-llr-at（某事-是-关系化-通格.3复数.单数　做-关系化-通格.3复数.单数，‘他们做的任何事’）｜ ca-lu-ni　pi-luni　pi-lria（做.什么-从属-反身3单数　做-从属.反身3单数　做-分词.3单数，‘无论他是什么/怎么样/在哪儿。’）

① 一句出现两个通格的情形较特殊，可能因为“女孩”和“渡鸦”处于不同的述谓关系中，“女孩”是“不想”的施事，“渡鸦”是“看”的受事。

六 形态论元结构的复杂化：配价调整

配价调整类型有增价后缀（valency-increasing suffixes）和减价后缀（valency-decreasing suffixes）两类。

表 2－31 爱斯基摩语配价调整类型表

配价调整类型	类型：增价类型		类型：功能类型	标记	变体举例
增价后缀	A	施事	致使（causative）（派生简单动词）	-c	-t/-te
	B	扩展论元	受益（applicative）	-ut	-t/-us/ul/-l/-ute/-tu/-uy/-uc/-c
			受害（adversative）	-i	
	C	无人称施事	必须（necessitative）	-narq	-narqe/-naq/-nari
	D	高层谓语的施事	致使（causative）（派生复杂及物性结构）（－高层施事.使/让）	-vkar -cet'ar	-vka -cec/-cet/-cel/-cete/-ec/-et/-cet'/-ces/-tel
			指令（directive）（－高层施事.要求）	-sqe	-sq/-squma
			推测（speculative）（－高层施事.认为）	-yuk	-yuke/-uk/-nayuk/-cuk/-suk
			间接引语（reportative）（－高层施事.说）	-ni	
			不确定/不知晓（ignorative）（－高层施事.不知道）	-ciit	-uciit/-ciite/-cii/-ucirkait/-ciirut/-cirkaic/-uciirut
			期望（expectant）（－高层施事.期待）	-nercir	
减价后缀	逆被动（后缀派生式）		见 pp. 240—243		
	准被动				

（一）增价

【致使】arna-m kavir-t-aa.（女人－作格.单数 红－致使－直陈.3 单数.3 单数，‘那个女人把它涂红了。’）【受益】apy-ut-naq-sugnarq-erpenga /-avnga nulia-vnun akuta-li-yara-mek.（问－受益－必要－很可能－直陈.2 单数.1 单数 妻子－向格.2 单数.单数 奶油－做－名物化.方法－

离格.单数，‘我认为你应该问你妻子怎样给我做冰淇淋。’）【受害】ciku-i-gaanga qalta-mnek.（冻结-受害-直陈.3单数.1单数　桶-离格.1单数.单数，‘我的桶冻结在我身上了。’）【必须】ner-narq-aanga neq-mek.（吃-必须-直陈.3单数.1单数　鱼-离格.单数，‘我必须得吃鱼。’）【高层施事】aki-tu-vkar-anka（价格-有.很多-高层施事.使-直陈.1单数.3单数，‘我给它们定了高价。’）｜ata-ma maa-vet tai-sqe-ksait'-lar-yaaqe-k-iinga.（爸爸-关系格.1单数.单数　这儿-向格　来-高层施事.要求-不.还-通常-但是-分词-3单数.1单数，‘我的爸爸要求我绝不要来这儿。’）｜ wiinga tan'gurra-u-lu-a agayuce-tai-cuk-lu-ku umyuarteq-tu-llru-yaaq-u-a.（我　男孩-是-从属-1单数　神-不.存在-高层施事.认为-从属-3单数　认为-惯常-过去时-但是-直陈-1单数，‘当我是一个男孩的时候，我曾认为没有神。’）｜naulluu-gura-lar-ni-lua（厌恶-持续-致使-高层施事.说-从属.1单数，‘有人说我常常令人厌恶。’）｜nere-llru-ciirut-ua（吃-过去时-高层施事.不知道-直陈.1单数，‘我不知道我已经吃撑了。’）｜mernu-i-nercir-lu-ni（累-否定-高层施事.期待-从属-3反身单数，‘他休息，等着使自己从劳累中恢复。’）

以下以受益为例对配价调整做些具体说明。无论一价（monovalent）、二价（bivalent）或三价（trivalent）动词，均可借助受益（applicative）后缀-ut(e)派生，而增加受益论元。受益后缀有广泛的语义功能，如表受事、目标/目的、受益者、伴随者等。如：

（1）qaner-ute-llru-a-a iluraq-ni=gguq（qanrutellrua ilurani-gguq. 说-受益-过去-3单数.3单数　朋友-3反身.单复数=传信，‘他告诉他的朋友。’）

（2）tutgar-ani waten qaner-ute-ke-ii（tutgarani，waten qanruskii. 孙子-3反身单数.单数　像这样　说话-受益-分词及物-3单数.3单数，‘于是她告诉她的孙子。’）

（3）maurluq-ma tuaten qaner-ute-llru-a-anga（maurluma tuaten qanrutellruanga. 祖母-1单数.单数.作格　这样　说话-受益-过去-直陈-3单数.1单数，‘祖母这样告诉我。’）

（4）kuik-kun kuimar-lu-ni agu-ute-llini-ke-ii ika-vet（kuigkun kuimareluni agukutelliniki ikavet. 河-经由　游泳-从属-3

反身单数 带-受益-明显-分词及物-3单数.3单数 穿过-经由，‘他带他游过去。’）

（5）elliin ayag-ute-lu-a（elliin ayaullua.3单数.作格 去-受益-从属-1单数，‘他带我去。’）

受事扩展论元和非受事扩展论元有不同的阵列模式。词干从二价扩展到三价，受事扩展论元（就像双宾结构的间接宾语）用向格降级，非受事扩展论元用离格降级。当然，扩展论元在受事和非受事的身份解读上并不总是十分清晰。比较：

（6）nep-ut-aqa kaliqaq kalika-mun（粘-受益-直陈.1单数.3单数 纸.通格.单数 纸-向格.单数，‘我把一张纸粘在另一张纸上。’）

（7）kinru-ut-aa ciissiq kalika-nun（弄干-受益-直陈.3单数.3单数 虫子.通格.单数 纸-向格.单数，‘他把虫子弄干粘到纸上。’）

（8）apy-ut-aanga kass'a-mun calissuut-mek（问-受益-直陈.3单数.1单数 白.人.向格.单数 工具-离格.单数，‘他为我向白人要工具。’）

（9）muir-i-anga emer-mek qalta-mun（装满-受益-直陈.3单数.1单数 水-离格.单数 水桶-向格.单数，‘她帮我把水桶装满水。’）

（10）a. keni-ut-aa neq-mek angun（烹饪-给-直陈.3单数.3单数 鱼-离格.单数 男人.离格.单数，‘她在给一个男人烧鱼。’）；a'. ner-ut-aa neq-mek angun.（吃-和-直陈.3单数.3单数 鱼-离格.单数 男人.离格.单数，‘她在和一个男人吃鱼。’）；b. kenir-aa neqa（烹饪-直陈.3单数.3单数 鱼-通格.单数，‘她正在烧鱼。’）

（二）减价：去及物化

及物动词可通过去及物化（Detransitivization）而表达逆被动、中动（处于主动和被动之间）、被动、反身或交互等，这取决于何种论元被降级。及物动词有多种去及物模型，不同模型的实现方式和意义不同。

1. 逆被动化

逆被动（antipassive）主要通过去及物性的手段形成。在逆被动化（antipassivization）过程中，及物动词的主语由作格降级为通格，通格则降级为旁格。即有：【及物的主动结构】A 作格- P 通格- V 及物→【逆被动结构】A 通格- V 不及物- P 旁格。有两种逆被动模型。

1）施事模型零派生的逆被动

比较下例：

（11）a. angute-m　ner-aa　neqa（男人-作格. 单数　吃-直陈. 3 单数. 3 单数　鱼. 通格. 单数，'那男人在吃那鱼。'）；b. angun　ner'-uq　neq-mek（男人. 通格. 单数　吃-直陈. 3 单数　鱼-离格. 单数，'那男人在吃鱼。'）

（12）angut-e-m　tuquce-stellr-a　qimugta（男人-增音-关系格. 单数　杀死-关系化. 过去-通格. 3 单数. 单数　狗. 通格. 单数，'杀死了这个男人的狗'）

2）受事模型后缀派生的逆被动

该逆被动模型不仅有格的降级，还有专门的逆被动标记，既见于双价动词，也见于三价动词。

（13）a. angute-m　'lumarraq　allg-aa.（男人-作格. 单数　衬衫. 通格. 单数　撕-直陈. 3 单数. 3 单数，'那个男人撕了那件衬衫。'）→ b. allg-i-uq　'lumarra-mek.（撕-逆被动-直陈. 3 单数　衬衫-离格. 单数，'他撕了一件衬衫。'）

（14）a. nerqe-ciq-anka　qimugte-nka　neq-mek.（喂-将来-直陈. 1 单数. 3 复数　狗-通格. 复数　鱼-离格. 单数，'我要喂我的狗儿们［吃］鱼。'）→ b. nerq-i-uq　qimugte-minek　neq-mek.（喂-逆被动-直陈. 3 单数　狗-离格. 3 反身单数. 单数　鱼-离格. 单数，'他正在喂鱼给他自己的狗儿们［吃］。'）

作为作格语言，爱斯基摩语有高能产的零派生或后缀派生的逆被动动词，同时却没有专门的被动结构。类似于被动的表达有两种：①中被动（medio-passive）结构（见下）的被动义解读所隐含的施事，不允许在字面上以自由形式显现。②没有固定的被动标记，但有类似于被动的标记，可叫作准被动（pseudo-passive）标记。如被动关系化标记-a跟不及物动词的关系化标记-ngu可合成带被动意义的后缀-au，施事/主动的关系化标记-st跟动词化后缀-lir、-liur合成的后缀-scir、-sciur也是准被动标记。如：

tuqut-au-guq（杀-准被动-直陈.3单数，'他被杀了←他是个已经被杀的人'）｜tuqute-scir-tuq（杀-准被动-直陈.3单数，'他被杀了'）｜tuqute-sciur-tuq（杀-准被动-直陈.3单数，'他被杀了'）

又如，持续体和完成体标记-uma也可表类似于被动的意义。

navg-uma-uq（打碎-状态-直陈.3单数，'它被打碎了'）｜tuquc-ima-uq（死-状态-直陈.3单数，'它已经被杀了'）｜ner-uma-uq（吃-持续-直陈.3单数，'鱼被吃了/鱼被吃了很长时间了'）｜taq-uma-lrii-t（完成-被动-关系化-通格.复数，'完成的事情；已经被完成的事情'）

2. 中动化/被动化

受事模型下，可通过零派生方式，即通过减价（论元删略），实现中动化（medialization）或被动化（passivization），形成中被动（medio-passive）结构。比较：

(15) a. sass'aq navg-a-a.（手表．通格.单数 摔坏-直陈-3单数.3单数，'他摔坏了手表。'）→ b. sass'aq naveg-tu-q.（手表．通格.单数 摔坏-直陈-3单数，'那表摔坏了。'（中动）/'那表被摔坏了。'[被动]）

(16) kalikaq nep-ut-uq kalika-mun.（纸．通格.单数 粘-受益-直陈.3单数 纸-向格.单数，'一张纸被粘在另一张纸上。'）

(17) kinr-ut-uq ciissiq kalika-nun.（弄干-受益-直陈.3单数 虫子.通格.单数 纸-向格.单数，'虫子被弄干粘到纸上。'）

3. 交互化/反身化

双及物动词模型下，可通过零派生方式实现交互化（reciprocalization）/反身化（reflexivization）。

(18) a. qenr-ut-aa（生气-直陈.3单数.单数，'他对她生气'）→b. qenr-ut-uk（生气-受益-直陈.3双数，'他俩互相生对方的气'）/ c. qenr-ut-uq　ellmi-nek（生气-受益-直陈.3单数　3反身单数-离格，'他对自己生气。'）

第三节　句法结构

一　基本结构

爱斯基摩语法正则性非常强，形态非常丰富，基本结构都由动词控制和支配，包括和动词关系较远的定中结构，而动词控制整个结构的能力是由动词三个后缀要素完成的：语气、词类标志和词尾。爱斯基摩语的语法功能主要通过后缀递归实现的，因此将它归入递归后缀性复综语。爱斯基摩语的多种形态常融合为一个形式，如及物动词主语、宾语人称-数的融合，领属关系下的格-人称-数的融合。

(一) 简单动词句

爱斯基摩一个动词可表示一个句子，此时须包含四部分内容：动词词干、主语和宾语的数-格形态、语气、词类标记（是及物动词还是不及物动词）。直陈语气是缺省形式，如果一个动词不带显性的语气形态，那么它表示陈述句，其他的语气需要标记出来。

爱斯基摩语的句子分独立句和不独立句，从属句的动词需要标记出从属语气的信息。为论述方便和便于理解，以及符合语法系统复杂化的理论精神，"基本结构"中只讨论直陈语气的独立句，其他的语气将在后续各部分陆续展开。

爱斯基摩语动词的时体特征是派生形态，和英语不同，英语中的动词时体信息是屈折形态，必须在动词中标记出来，而在爱斯基摩语中则是任选的。

1. 不及物动词句

不及物动词句的组成成分以及语序排列方式依次为：动词词干、直陈语气和不及物动词标记、主语的人称-数-格形式。第3人称不分阴性、阳性，也不存在生命度的区别，屈折后缀-q可以表示"他、她、它"。不及物动词的词类标记为-tu 或者-u。如：

【直陈语气】tamar-tu-q（tamartuq. 丢失-直陈-3 单数，‘它丢了。’）| cali-ngssag-tu-q（calingssagtuq. 工作-无特定终点-直陈-3 单数，‘他到处闲逛。’）| nere-u-q（ner'uq. 吃-直陈-3 单数，‘他在吃东西。’）| assiite-ciiqe-u-q（assiiciiquq. 坏-将来-直陈-3 单数，‘那不会好。’）| agiirte-u-q（agiirtuq. 到达-直陈-3 单数，‘他到了。’）【分词语气】kassa-irute-llini-lria（kassairutellinilria. 气-没有-明显地-分词不及物. 3 单数，‘显然它没气了。’）【连接语气】mikelnguq-ller-mni（mikelngullemni. 孩子-当时连接-1 单数，‘当我是个孩子时’）| ayag-nari-a meng（ayagenariameng. 离开-到时间-原因连接-3 反身复数，‘因为是他们该离开的时候了’）

2. 及物动词句

及物动词句的成分及排序和不及物动词相同，唯一不同的也是特别需要注意的是，及物动词具有主语论元和宾语论元两个论元，并且这两个论元用一个综合的形态表示，如后缀-a 表示及物动词的主语为第 3 人称单数，宾语也是第 3 人称单数。及物动词的词类标记用后缀-a 表示。

【直陈语气】tangerr-yuumiite-a-mken（tangerrsuumiitamken. 看见-不想-直陈-1 单数. 2 单数，‘我不想看见你。’）| paqete-a-mken（paqetamken. 拜访-直陈-1 单数. 2 单数，‘我来看你。’）| tamar-a-a（tamaraa. 丢失-直陈-3 单数. 3 单数，‘他丢了它。’）| nere-a-a（neraa. 吃-直陈-3 单数. 3 单数，‘他在吃它。’）【连接语气】piyua-qcaam-ller-ani（piyuaqcaarallerani. 步行-忙着自己的事情-当时连接-3 单数. 单数，‘当她走了忙自己的事情的时候’）【从属语气】tangerr-ywuniite-na-ku（tangerryuumiinaku. 看见-不想-从属-3 反身单数，‘她不想看见他’）| iluraq-ni cau-lu-ku（ilurani cauluku. 朋友-3 反身. 单数 面对-从属-3 反身单数，‘我的父亲习惯这样坐在桌子那儿，面对他的朋友。’）

（二）主谓结构

不及物动词句和及物动词句都可扩展为主谓结构。爱斯基摩语是作格-通格型语言，其及物动词的宾语和不及物动词的主语形式相同，在这种情况下，及物动词的主语叫“作格”，不及物动词的主语和及物动词的宾语叫“通格”。及物动词的宾语在主谓结构中可以不出现，但由于动词已带上宾语的人称-数-格形态，所以不影响对句子的理解。

1. 名词作主语

爱斯基摩语名词作不及物动词主语或及物动词宾语的为通格形式，作及物动词主语的为作格形式。它和代词的格变化系统相同。

(1)aata-ka waten aqume-tu-llru-u-q (aataka waten aqumtullruuq. 父亲-通格.1单数.单数 像这样 坐下-惯常-过去-直陈-3单数，‘我的父亲这样坐下了。’)

(2) tau-na paluqtaq qaner-tu-q (tauna paluqtaq qanertuq. 那-词根扩展.通格.单数 河狸.通格.单数 说-直陈-3单数，‘那只河狸说。’)

(3) tulukaruk agiirte-lria (tulukaruk agiirtelria. 渡鸦.通格.单数 从远处.来-分词不及物.3单数，‘渡鸦从远处来了。’)

(4) tauku-k maurluq-ssagaq-kellrii-k uita-rqe-lrii-k (taukuk maurlussagarqellriik uitarqellriik. 那-通格.双数 祖父母-亲爱.小-成对-通格.双数 停留-习惯-分词不及物-3双数，‘祖父母住在一起。’)

(5) issaluq-m apete-a-a (issalum aptaa. 豪猪-作格.单数 问-直陈-3单数.3单数，‘豪猪问它。’)

2. 代词作主语

爱斯基摩语人称代词作主语如下例。人称代词格变化的具体形式参 p. 209。

(6) wiinga tang yagarte-lria-nga (wiinga tang yagartelrianga. 我 看 忙-分词不及物-1单数，‘看，我很忙。’)

(7) elliin ayag-ute-lu-a (elliin ayaullua. 他.作格 去-受益-从属-1单数，‘他带我去。’)

(8) elliin iqvaq-lleq-minek akute-llini-lria (elliin iqvallegeminek akutellinilria. 他.关系格 摘的浆果-以前-3反身单数.复数.离格 混合-明显-分词不及物.3单数，‘他用采摘下来的（他的那些）浆果做了冰淇淋。’)

3. 从句作主语

(9) qimugte-mek tamar-i-lua uuminarq-u-q.（狗-离格.单数 遗失-逆被动-从属.1单数 坏的-直陈-3单数，‘我丢狗（的事）令人沮丧。’）

（三）动宾结构

只有及物动词才能带宾语，因而只有及物动词句才能扩展为动宾结构。不及物动词如果要带宾语必须先转化为及物动词。转化方式有致使等（参 pp. 238—240）。及物动词虽已出现表宾语的人称、数、格形态，但为表义需要，又出现两种独立的句法宾语。

1. 名词作宾语

(10) kaugtur-nge-llini-ke-ii tauna levaaq（kaugtungllinikii tauna levaaq. 用东西打-开始-明显-分词及物-3单数.3单数 那 汽车，‘他开始砸那辆汽车。’）

(11) ayag-inaner-ani=am una nasaurluq-yagaq kitur-ke-ii（ayaginanerani-am，una nasaurluyagaq kitukii. 去-同时连接-3单数.3单数=强调 这 女孩-小 经过-分词及物-3单数.3单数，‘他走的时候，他从这个小女孩身边走过。’）

(12) nalluyagute-llini-ke-ii nacaq-ni（nalluyagutellinikii nacani. 忘记-传信-分词及物-3单数.3单数 帽子-通格.3反身单数.单数，‘他忘记了他的帽子。’）

(13) imkut tamakut kape-ssuun-t aug'ar-llini-ke-ai（imkut tamakut，kapsuutet aug'arllinikai. 那 那些 戳-工具-复数 移除-明显-分词及物-3单数.3复数，‘他移除了那些刚毛。’）

(14) tauku-nek payugte-ke-ii apa-urluq-ni（taukunek payugeskii，apa'urluni. 那-离格.复数 带食物-分词及物-3单数.3单数 祖父-亲爱-3反身单数.单数，‘她把那些食物带给她的祖父。’）

(15) apa-urluq-ka payugte-a-qa（apaurluqa payugtaqa. 祖父-亲爱-1单数.单数 带.食物-直陈-1单数.3单数，‘我带食物给我

的祖父。')

(16) qaner-ute-cartur-lu-ki tauku-t kipusviliurta-t (qanrucarturluki taukut kipusviliurtet. 说话-受益-去-从属-3 反身复数 那-通格.复数 店主-通格.复数，'他去和那些店主说话。')

(17) nalkute-ksaite-na-ni tamaku-nek cuassaaq-nek (nalkuteksaunani tamakunek cuassaanek. 发现-还没有-从属-3 反身单数 那些-离格.复数 大黄-离格.复数，'他还没有发现那些大黄。')

(18) ircinrraq-t malike-lu-ki nuna-itnun (ircinrrat malikeluki, nunaitnun. 小人-通格.复数 跟着-从属-3 反身复数 乡村-向格.3 复数.复数，'他们跟着小人到他们的乡村。')

(19) ila-nka paqete-lu-ki (ilanka paqeluki. 亲戚-1 单数.复数 拜访-从属-3 反身复数，'(我) 去看我的那些亲戚。'(按:主语"我"与上下文的主句主语同指)

(20) imkut cuassaaq-t nange-llini-lu-ki (imkut cuassaat nangelliniluki. 那些 大黄-复数 完成-明显-从属-3 反身复数，'他吃完了那些大黄。')

2. 从句作宾语

(21) arna-m tangrr-a-anga qia(-vkar)-lua (女人-关系格.单数 看见-直陈-3 单数.1 单数 哭 (-同指) -从属.1 单数，'那个女人看见我在哭。')

(22) kuingir-ngau-nii pi-cirka-qa maligtaqu-nrit-a-qa. (吸烟-会.不-从属.1 单数 说-名词化.将来时-通格.1 单数.单数 信守-否定-直陈-1 单数.3 单数，'我没有信守我不吸烟的承诺。')

(23) kuingir-ngau-nii pi-cirk-i-llru-anga. (吸烟-会.不-从属.1 单数 做-名词化.将来时-使-过去时-直陈.3 单数.1 单数，'他让我不要吸烟。')

(24) qanrus-ki-u iqvar-yug-ni-lua. (告诉-未然体-祈愿.2 单数.3 单数 采摘.浆果-期望-高层施事.说-从属.1 单数，'告诉他我想采浆果。')

（四）状中结构

爱斯基摩语的名词分核心格和旁格。核心格包括作格和通格，作格名词作及物动词的主语，通格名词作及物动词的宾语和不及物动词的主语。旁格是作格和通格之外的名词格，用作谓语动词的状语成分。指示词分为指示代词和指示副词，指示代词作名词的定语，而指示副词则充当谓语成分的状语。指示副词的功能和形态与旁格名词同，也具有旁格名词的格形态。因此状中结构包含旁格名词作状语和指示副词作状语，此外，状语还包括时间副词等。

1. 一般副词作状语

一般副词不具有指示功能，缺乏格形态变化。它作状语时位置不固定，可前置，也可后置。比较：

（25）a. ataam iqvar-lu-ni（ataam iqvarluni. 又 摘-从属-3 反身单数，'他又摘了'）；b. nere-ute-lu-ni ataam（nerelluni ataam. 吃-受益-从属-3 反身单数 又，'他又吃了。'）

（26）a. tutgar-ani waten qaner-ute-ke-ii（tutgarani，waten qanruskii. 外孙女-3 反身单数.单数 像这样 说话-受益-分词及物-3 单数.3 单数，'她这样对她的外孙女说。'）；b. nanger-ngqa-lu-ni waten tuai（nangengqauluni waten tuai. 站-状态-从属-3 单数 像这样 于是，'那么他就这样站着。'）

其他用例如：

【前置】imkut＝llu＝gguq paluqtaq-t cali pi-nge-llini-lrii-t tuakenir-nek（imkullu-gguq paluqtat cal' pingellinilriit tuakenimek. 那些＝并且＝传信 河狸-复数 一直 做-获得-明显-分词不及物-3 复数 那个时候-离格，'从那个时候河狸就一直有了。'）| wiinga tang akanek nere-ksaite-nga-u-a（wiinga tang akanek nereksailingua. 我 看 很长时间 吃-已经没-有-直陈-1 单数，'看，我已经很长时间没吃了。'）| ak'a tamaani tauna＝gguq issaluq nere-qcaar-a-llini-lu-ni（ak'a tamaani，auna-gguq issaluq，nereqcaaralliniluni. 很久以前在那个时候.扩展 那＝传信 豪猪 吃-迎难而上-反复-明显-从属-3 反身单数，'很久以前豪猪在啃东西。'）| wani-rpak qanemci-qatar-tu-a niite-lleq-mnek（wanirpak qanemciqatartua，niitellemnek. 现在/这儿-当前 讲. 故事-将来-直陈-1单数 听说-名词化-1单数.单数.离格，‘现在我要讲一个我听到的一个故事。’）| imkut tamakut ungungsiq-t tamaani qaner-lallru-a-meng（imkut tamakut ungungssiit tamaani qanelallruameng. 那 那些 动物-复数 在那个地方 说话-过去.惯常-原因连接-3反身复数，‘那个时候那些动物能说话。’）| ilumun kaig-yaaqe-llini-lria（ilumun kaigyaaqlinilria. 真的 饿-真正-传信-分词不及物.3单数，‘真的，他的确很饿。’）【后置】qenerte-lu-ni cakneq（qenerluni cakneq. 生气-从属-3反身单数 非常，‘他非常生气。’）| piyua-lu-ni cakneq（piyualuni cakneq. 步行-从属-3反身单数 非常，‘走得非常快’）| elitnaur-tu-a-i uku-t wiinga＝llu maai（elitnautui ukut wiinga-ll’ maa-i. 教-经常-直陈-3单数.3复数 这-通格.复数 我＝也 现在，‘他现在经常教他们和我。’）| camai-ar-peke-na-ku tuai（cama-i-arpekenaku tuai. 你好-说-否定-从属-3反身单数 在那儿，‘在那儿他们没有互相问候。’）

2. 指示副词作状语

指示副词具有指示相对于说话者位置的功能，还兼指示对象的地貌信息，具有旁格形态。它作状语时位置不固定，可前置，也可后置。

【前置】napa-mun wa-ten elli-qer-lu-ni（napamun waten elliqerluni. 树-向格.单数 指示副词1说话者受限-等同 放-小心翼翼-从属-3反身单数，‘他小心翼翼地按这种方式置身于树上［←把自己放到树上］。’）| maa-ten tangerr-tu-q ila-it isran-t cataite-na-ni（maaten tangertuq，iliit israt cataunani. 指示副词1说话者扩展-等同 看见-直陈-3单数 ……之一-3单数.复数 篮子-复数 不见-从属-3单数，‘就在此时此地，他注意到，一个篮子不见了。’）| im’umi＝gguq tamakut ungungssiq-t issaluq-t kuime-yuite-a-meng（im’umi-gguq tamakut ungungssiit issalut kuimayuilameng. 那.处所＝传信 那些.复数 动物-复数 豪猪-复数 游泳-非惯常-原因连接-3反身复数，‘那个时候那些豪猪不会游泳。’）【后置】ayag-ngssi-lli-a-mi ava-vet（ayagengssilliami avavet. 离开-悠闲地-可能-连接-3反身单数 指示副词2说话者扩展-向格1，‘［他］独自悠闲地走了。’）| kuik-m aki-ani cuassaaq-t amlleq-piaq-t yaa-ni（tuai-llu-gguq，tangerrliniuq kuigem akiani，cuassaat amllepiat yaani. 河-关系格 另一边-3 单数.单数.处所 大黄-复数 众多-非常-复数 '指示副词 2 说话者受限-处所，'他向河那边望去，那儿有很多大黄。'）

3. 旁格名词作状语

爱斯基摩语没有介词，名词作状语时，要用相应的旁格形态，表示动作行为的方向、处所等。需要强调的是，名词是否用旁格形式，是由语法系统决定的，不能完全根据意义判断，下面许多例子在汉语中不是状语，爱斯基摩语却要用旁格形式作状语来表达。如爱斯基摩语没有双宾语结构，及物动词只能带一个宾语，汉语中用双宾语表达的内容，爱斯基摩语用单宾表达，另一个宾语只能用旁格（一般用离格）表达。

旁格名词作状语时位置不固定，有前置方式，也有后置方式。

向格名词作状语——【前置】apa-'urluq-un payugte-gu（apa'urlun pasgesgu. 祖父-亲爱的-向格 带食物-祈愿.2 单数.3 单数，'你给祖父带食物吧。'）| Kanaqlak-mun qalarte-qatar-tu-a （Kanaqlamun，qalarteqatartua. 人名-向格.单数 说-将来-直陈-1 单数，'我要和 Kanaqlaq 说。'）| napa-mun wa-ten elli-qer-lu-ni（napamun waten elliqerluni. 树-向格.单数 这儿-等同 放-小心翼翼-从属-3 反身单数，'他小心翼翼地置身树上。'）| isran-mun elli-lu-ki（isramun elliluki. 篮子-向格.单数 放-从属-3 反身复数，'他把它放到篮子里'）| tauna levaaq angyaq-minun elli-qar-llini-ke-ii（tauna levaaq，angyaminun elliqallinikii. 那 汽车 船-3 反身单数.单数/复数.向格 放-快速-明显-分词及物-3 单数.3 单数，'他快速把汽车放到他的那只（/那些）船上。'）| qantaq-mun elli-llini-ke-ai tauku-t（qantamun ellillinikai taukut. 碟子-向格.单数 放-明显-分词及物-3 单数.3 复数 那些-通格.复数，'她把那些放到碟子里。'） 【后置】tulukaruk agiirte-u-q nasaurluq-mun（tulukaruk agiirtuq nasaurlumun. 渡鸦 靠近-直陈-3 单数 女孩-向格.单数，'渡鸦靠近了女孩'）| ayag-ar-llru-u-nga yuilquq-mun（ayagallruunga yuilqumun. 离开-持续-过去-直陈-1 单数 荒野-向格.单数，'我在荒野里旅行。'）| paivte-ke-ii qantaq-mun apa-urluq-ani qantaq-nun（paiveskii qantamun apaurluani qantanun. 放-分词及物-3 单数.3 单数 碟子-向格 祖父-亲爱-3 单数.单数.处所 碟子-3 单数.复数.向格，'她把它放到她的外祖父的碟

子里。'）

离格名词作状语——【前置】assiite-lria-mek＝gguq tune-llini-ke-iit（assiitelriamek-gguq tunellinikiit. 坏-名词化-离格＝传信 卖-明显-分词及物-3复数.3单数，'他们卖给他一辆坏的。'）｜atsaq-nek iqvar-lria（atsanek iqvalria. 水果-离格.复数 摘-分词不及物.3单数，'他摘水果。'）｜ca-rraq-kuineg-mek cikir-ciqe-a-mken（carrakuinegmek cikirciqamken. 物体-小-少-离格 给-将来-直陈-1单数.2单数，'我会给你一点。'）｜ca-mek neqe-ngqerr-tsi-t（camek neqengqercit？什么-离格 食物-有-疑问-2单数，'你有什么吃的？'）【后置】neryuniurtua ellallu-ng-ller-ka-anek.（期待-直陈.1单数 下雨-起始体-名词化-将来时-离格.3单数.单数，'我期待天开始下雨。'）｜tauna angun-karaq-rurluq kipute-llini-lria im'u-mek levaaq-mek（tauna angukara'urluq kiputellinilria im'umek levaamek. 那 人-小-老.亲爱的 买-传信-分词不及物.3单数 那个-离格 汽车-离格，'那个亲爱的老人买了那个汽车。'）【前置＋后置】paluqtaq-t cali qater-lria-mek tunu-mek pi-nge-llini-lrii-t tuakenir-nek（paluqtat cal' qatlriamek tunumek，pingellinilriit tuakenimek. 河狸-复数 一直 白-名词化-离格 后背-离格 做-获得-明显-分词不及物-3复数 那个时候-离格，'从那时起河狸背上就一直有白点了。'）

处所格名词作状语——【前置】cali-ner-mi qavarni-ngait-uten.（工作-名词化-处所格.单数 睡觉-将.不-直陈.2单数，'你不能在你工作时/工作中犯困。'）｜nalluyaguc-aqu-na-k pingayirit-mi cali-ller-kar-penek（忘记-禁止-祈愿-2单数 周三-处所.单数 工作-关系化-将来-离格.2单数，'不要忘记周三工作的事。'）【后置】aata-ka waten aqume-tu-llru-u-q estuuluq-mi（aataka waten aqumtullruuq，estuulumi. 父亲-1单数.单数 像这样 坐下-习惯地-过去时-直陈-3单数 桌子-处所，'我父亲会这样坐在桌前。'）｜tuai＝gguq uita-lria-k ene-mi ilu-ani emeq-mi（tuai-gguq uitalriik，enemz iluani，emermz. 然后＝传信 停-分词不及物-3双数 房子-处所 里面-3单数.单数.处所 一天-处所，'他们俩整整一天都待在房子里。'）｜angya-cuar-qa ayag-a-ssuun neq-sur-lua kiag-mi（船-小.通格.1单数.单数 去-重复-关系化.通格.单数 鱼-搜寻-从属.1单数 夏天-处所格.单数，'我的用来夏天去钓鱼的小船。'）

经由格名词作状语——【前置】angyaq-kun ayag-llru-a-ma (angyakun ayallruama. 船-经由 离开-过去-原因连接-1 单数，‘因为我乘船离开’)【后置】qerar-ciiq-a-mken tunu-mkun (qerarciiqamken tunumkun. 穿过-将来-直陈-1 单数.2 单数 后背-经由，‘我要背你穿过去。’)

4. 从句作状语

动词从属语气可作修饰性谓语，构成表方式、原因、结果、条件、选择等的状语从句。表示方式时，从属谓语的人称-数所编码的论元，跟主谓语的施事论元同指。表示结果时，从属谓语的人称-数所编码的论元，跟主谓语的结果论元同指。从属谓语可居主谓语前，也可居主谓语后。见方式性从属谓语例。

方式状语从句——【前置】piyua-luta tekite-llru-u-kut.（步行-从属.1 复数 来-过去时-直陈-1 复数，‘我们步行来的。’）| amller-i-lu-ci tai-ki-ci（是.很多-变成-从属-2 复数 来-将来-祈愿.2 复数，‘你们大批量地回来!’）| alarr-lua iga-ute-llini-a-qa.（错误-从属.1 单数 写-受益-证据-直陈-1 单数.3 单数，‘（因此我认为）我失误把它写下来了。’）| akerte-m aya-llr-a maligg-lu-ku uiv-u-q qasgi-m ilu-ani.（太阳-关系格.单数 走-名词化-通格.3 单数.单数 遵循-从属-3 单数 环绕-直陈-3 单数 蒸汽房-关系格.单数 里面-位置.3 单数.单数，‘他遵循太阳的运行过程在蒸汽房里盘旋。’）【后置】piipiq tangrr-a-qa qia-lua.（宝宝.通格.单数 看-直陈-1 单数.3 单数 哭-从属.1 单数，‘我哭着看那个宝宝。’）| cakem-suuq，iter-luten pi(i)!（出去.那儿-呼格.单数 进入-从属.2 单数 做.祈愿.2 单数，‘嗨，外面的你，进来!’）

其他状语从句——【结果】alarr-lu-ku iga-ute-llini-a-qa.（错误-从属-3 单数 写-受益-证据-直陈-1 单数.3 单数，‘（所以我认为）我写错了。’）【条件】ak'ani-vke-na-ta = llu tallima-nek keggsuli-nek pil-l'uta.（耗费.长的.时间-否定-从属-1 复数＝然后 五个-离格.复数 梭子鱼-离格.复数 捉-从属.1 复数，‘不久后，我们捉了五条梭子鱼。’）【原因】quya-u-nga tangerr-lua irnia-mnek.（欣慰-直陈-1 单数 看-从属.1 单数 孩子-离格.1 单数.单数，‘我很欣慰看到我的孩子。’）| quya-naq-vaa tangerr-lua irnia-mnek!（欣慰-应该-感叹 看见-从属.1

单数　孩子-离格.1单数.单数，‘多么欣慰我看到我的孩子！’）｜ apt-a-qa　ner-yug-lua　akuta-mek.（问-直陈-1单数.3单数　吃-期望-从属.1单数　冰淇淋-离格.单数，‘我想要吃冰淇淋，于是问了她。’）【选择】angu-aqa-mikut　nunu-la-llru-akut　wall'u　aling-cetaar-luta.（抓-恒常连接-反身3单数.1复数　责骂-通常-过去时-直陈.3单数.1复数　或者恐吓-高层施事.使-从属.1复数，‘每当她抓住我们，她常骂我们或者吓我们。’）

次要谓语是从属语气时，主谓语也可以是分词语气。如：

（27） atam　uk-na　ngyaq　agiirte-llria　uci-p'aka-pigg-lu-ni.（看.小品词　靠近-词根扩展.通格.单数　船-通格.单数　靠近-分词.3单数　装载-大-强调-从属-反身3单数，‘看，那条船来了［←那个正在靠近的船靠近了］，它自己有很大的装载量。’）

分词语气也能像从属语气一样作次要谓语。比较：

（28） ca-luci / ca-lria-ci　tarrice-pakar-ce-cia?（做.什么-从属.2复数/分词-2复数　步行-强调-高层施事.使-疑问.2复数.1单数，‘为什么（做什么）你们让我那么到处乱逛？’）

有的从属语气有状语从句和定语从句两种解读，从而形成歧义。如：

（29） sugtu-lu-ni　angun　tai-gu-q（高-从属-反身3单数　男人.通格.单数　来-直陈-3单数，‘那个高大的男人来了。/‘那个男人气势很大地来了。’）

（五）定中结构

爱斯基摩语是双标记语言，句子的主语、宾语和动词都具有形态上的一致关系，定语和修饰的中心语名词也具有形态上的一致关系。多数的定中结构倾向于定语前置，但关系从句作定语例外。

1. 名词作定语

名词作领属类定语时一般用作格形式，和作及物动词主语的名词的格形式相同。之所以如此，是因为该结构隐含着零形式的领有动词，该动词是及物的轻动词，及物动词的主语是作格形式。汉语领属定语的由来也跟领有类轻动词的删略有关（马清华，2014）。

（30）kuik-m pai-ngani（kuigem paingani. 河-关系格 口-3单数.单数.处所，‘在河口。’）

（31）kuik-m aki-ani（kuigem akiani. 河-关系格.单数 另一边-3单数.单数.处所，‘在河对岸。’）

（32）issaluq-m kape-ssuun-taq-i（issalum kapsuutai. 豪猪-关系格.单数 戳-装置-附属品-3单数.复数，‘豪猪的刺。’）

（33）ircinrraq-t ataneq-at-nun（ircinrrat ataneratnun. 人-关系格.复数 首领-3复数.单数.向格，‘到人们的首领那儿。’）

（34）angute-t ene-itnun（angutet enitnun. 人-关系格.复数 房子-3复数.单数.向格，‘到人们的房子。’）

表示领属的定语名词也可用旁格形式。中心语名词是被领属的名词，一定要带上表示领属者人称-数、被领属者人称-数和中心语名词格的词尾形式，且被领属的中心语名词还可作领属性定语。

（35）apa-urluq-ani qantaq-nun（apaurluani qantanun. 祖父-亲爱-3单数.单数.处所 碟子-3单数.复数.向格，‘她的祖父的碟子里。’）

（36）yuk-nun nuna-itnun（yugnun nuniitnun. 尤皮克人-复数.向格 土地-3复数.复数，‘尤皮克人的土地。’）

（37）ene-mi ilu-ani（enemz iluani. 房子-处所 里面-3单数.单数.处所，‘房子里面。’）

2. 指示代词作定语

指示代词作定语，它的数格形式必须和修饰的中心语名词一致。例如：

tamaku-nek cuassaaq-nek（tamakunek cuassaanek. 那些-离格.复数 大黄-离格.复数，‘那些大黄’）｜im'u-mek levaaq-mek（im'umek levaamek. 那个-离格　汽车-离格，　‘那个汽车’）｜tamakut ungungssiq-t（tamakut ungungssiit. 那些．复数　动物-复数，‘那些动物’）｜tauna　nasaurluq-kegtaaq（tauna nasaurluqegtaaq. 那　女孩-非常．好，‘那个好女孩’）

又如以下句例：

（38）mat-'u-mun　ene-mnun　allaneq　ite-llru-u-q.（指示代词1说话者扩展-向格.单数　房子-1单数/3单数.向格　陌生人.通格.单数　进来-过去时-直陈-3单数，‘那个陌生人进入了我的这个房子。’）

（39）tau-na　nassaurluq　ayag-llini-lria（tauna　nassaurluq ayallinilria. 指示代词1他人受限-通格　女孩　离开-显然-分词不及物.3单数，‘那个女孩显然离开了。’）

（40）im-na　angun　kitur-lu-ku　icugg'（imna，angun kiturluku，icugg'. 指示代词物体不在场-通格　人　给-从属-3反身单数　知道，‘那个（我之前提到的），他们给了那个人，你知道的。’）

（41）ellaita＝llu　tau-na　aa　tau-na　ikayur-ke-iit　taukut　atsa-t　elli-lu-ki　issran-minun（ellaita-llu　tauna，aa　tauna，ikayurkiit，taukut atsat elliluki issraminun. 代词.3复数＝并列　指示代词1他人受限-通格　语补词　指示代词1他人受限-通格　帮助-分词及物-3复数.3单数　指示代词1他人受限-复数　水果-复数　放-从属-3反身复数　篮子-3反身．单数.向格，‘他们那个，他们帮助他放那些水果到他的篮子里。’）

3. 数量成分作定语

表示数量的成分和中心语名词也存在形态上的数格一致关系，有的成分如tamalkuita‘所有’和一些作主宾语的名词一样，发生了标记脱落，不能理解为没有标记。

【定语，中心语】tamalkuita　yuk-t（tamalkuita yuut. 所有　人-复数，‘所有人’）｜carraq-mek　neqa-rraq-mek（carrarmek neqarrarmek. 一点-离格　食物-小-离格，‘一点食物’）｜atauci-mek　qimugte-r-lu-ni　ayag-tu-q.（一个-离格.单数　狗-有-从属-反身3单数　离开-直陈-

3单数，‘他和一条狗离开了。’）【中心语，定语】cuassaaq-t amlleq-piaq-t（cuassaat amllepiat. 大黄-复数 众多-非常-复数，‘许多大黄’）| ila-it isran-t（iliit israt. ……之一-3单数.复数 篮子-复数，‘篮子之一’）

4. 从句作定语

关系从句作定语。如：

（42）arnaq tanger-te-ka qia-lua（女人.通格.单数 看见-关系化-通格.1单数.单数 哭-从属.1单数，‘那个看见我哭的女人。’）

根据适应性原理（马清华，2014），定中结构的语序跟它形成前的语序有关，即在初始模式中往往因袭原陈述式的语序。关系从句作定语时的后置情形可从对下例的比较中看出原因：

（43）a. arnaq tekit-uq（女人.通格.单数 到来-直陈.3单数，‘那个女人来［这儿］了。’）；b. arnaq tekite-lleq nallu-aqa（女人.通格.单数 到来-关系化.通格.单数 不.知道-直陈.1单数.3单数，‘我不认识那个来［这儿］的女人。’）

（六）并列结构

爱斯基摩语最常见的并列结构是名词性并列结构。如：

（44）maurluq tutgar-'urluq-ni＝llu（maurluq tutga'urluni-llu. 祖母 孙女-亲爱-3反身单数.单数＝和，‘祖母和孙女。’）

（45）englar-lu-tek＝llu＝gguq tauku-k angun-k ata-ka iluraq-ni＝llu（englarlutek-llu-gguq taukuk angutek，ataka ilurani-llu. 笑-从属-3反身双数＝也＝传信 那-通格.双数 人-通格.双数 父亲-通格.1单数.单数 朋友-通格.3反身单数.单数＝和，‘然后这两个人笑起来，我的父亲和他的朋友。’）

两个代词也可构成并列结构，两个代词可以不邻接，一个位于动词之前，另一个位于动词之后，后一代词加附缀＝llu（‘和’）表示和前一个代

词构成并列结构。例如:

(46) ila-minun＝llu　arnqe-ute-lu-ki　elli＝llu (ilaminun-llu aruqelluki elli-llu. 群-向格.3反身单数＝也　经过-受益-从属-3反身复数　他＝和,‘经过他们到了他和他的群那儿。’)

(47) elitnaur-tu-a-i　uku-t　wiinga＝llu　maai (elitnautui ukut wiinga-ll' maa-i. 教-经常-直陈-3单数.3复数　这-通格.复数　我＝也　现在,‘他现在经常教他们和我。’)

(48) atsaq-nek　tegu-qar-llini-lria　ila-minun　aruqe-te-lu-ki ellii＝llu (atsanek teguqarrlinilria, ilaminun aruqelluki ellii-llu. 水果-离格.复数　带-短暂-明显-分词不及物.3单数　关系人-向格.3反身单数.复数　分发-受益-从属-3反身复数　他＝也,‘他很快带上水果,并把它们发给他的朋友和他自己。’)

(49) assir-lria-mek＝llu＝gguq　nutaraq-mek　neqa-mek (assilriamek-llu-gguq nutaramek neqmek. 好-名词化-离格＝也＝传信　新鲜-离格　鱼-离格,‘好的、新鲜的鱼’)

二　句法语序

爱斯基摩语的句法语序比较自由,主语和宾语相对于动词的位置有多种语序。

(一) 核心格和谓语的语序关系

爱斯基摩语通格主语、通格宾语、作格主语都可用在谓语动词前,也可在其后。但由于模式化需要,爱斯基摩语相对偏好 SOV 语序,即通格主语、通格宾语、作格主语都偏好用在谓语动词前。无论跟谓语的位置关系如何,作格主语一般都只能在通格宾语前,而不放在通格宾语后,如有 SOV、SVO 的语序形式,但很难发现 OSV、VOS、OVS 之类语序形式。

第 1 组——【通格$_{主语}$, V】 aata-ka　waten　aqume-tu-llru-u-q (aataka waten aqumtullruuq. 父亲-通格.1单数.3单数　像这样　坐下-惯常-过去-直陈-3单数,‘我的父亲这样坐下了。’) | yuut　qaner-yuite-na-teng (yuut qaneryuinateng. 人.通格.复数　说话-惯常.否定-从属-3复数,‘这些人不说话。’)　【V, 通格$_{主语}$】 englar-lu-tek＝llu＝

gguq tauku-k angun-k（englarlutek-llu-gguq taukuk angutek. 笑-从属-3 反身双数=也=传信 那-通格. 双数 人-通格. 双数，'于是那两个男人笑了。'）| tuai = gguq qenerte-lu-ni tauna angun（tuai-gguq qenerluni tauna angun. 因此=传信 生气-从属-3 反身单数 那个 人，'因此那个人很生气。'）

第 2 组——【作格主语，V】maureluq-ma tuaten qaner-ute-llru-a-anga（maureluma tuaten qanerutellruanga.（祖母-1 单数. 单数. 作格 这样 说话-受益-过去时-直陈-3 单数. 1 单数，'我的祖母这样告诉我。'）| tauna-m issaluq-m apete-a-a（taum issalum aptaa. 那-作格 豪猪-作格 问-直陈-3 单数. 3 单数，'那豪猪问他'）【V，作格主语】nere-nginaner-ani tauna tulukaruq（nernginanrani tauna tulukaruq. 吃-同时连接-3 单数. 3 单数 那只 渡鸦，'当渡鸦吃它时'）

第 3 组——【宾语通格，V】neqe-t enr-e-t watqapiar kuig-mun egte-qer-yaqu-na-ki（鱼-通格. 复数 骨头-增音-通格. 复数 从不 河-向格. 单数 扔-强调-禁止-祈愿-2 单数. 3 复数，'你不该向河里扔鱼骨头。'）| nate-qli-at nut-qatar-ciu（哪个-一个. 在……中-通格. 3 复数. 单数 射击-即将-疑问. 2 复数. 3 单数，'你们要射击他们中的哪一个？'）| nanvaq-t kitur-lu-ki（nanvat kiturreluki. 湖-通格. 复数 通过-从属-3 反身复数，'他们通过那些湖。'）【V，宾语通格】patu-la-ku = tuq egaleq（关-祈愿-1 单数. 3 单数=希望 窗子. 通格. 单数，'我想我要关窗子。'）| payugte-ke-ii apa-rurluq-ni（payugeskii apa'urluni. 带食物-分词及物-3 单数. 3 单数 祖父-可怜. 亲爱的-3 反身单数. 单数. 通格，'她带食物给她亲爱的祖父。'）

第 4 组——【作格主语，通格宾语，V】angute-m amassagaq tangerr-a-a.（angutem arnassaagaq tangrraa. 人-作格. 单数 老女人. 通格. 单数 看见-直陈-3 单数. 3 单数，'男孩看见了那个老女人。'）| qimugte-m neqa ner-aa（狗-作格. 单数 鱼. 通格. 单数 吃-直陈. 3 单数. 3 单数，'这只狗在吃这条鱼'）【作格主语，V，通格宾语】elitnauriste-m assik-ai mikelngu-u-t.（老师-作格. 单数 喜欢-直陈. 3 单数. 3 复数 孩子-增音-通格. 复数，'那个老师喜欢孩子们。'）| tauna=llu=gguq nasaurluq tuai tangerr-yuumiite-na-ku tulukaruq-cilleq.（tauna-llu-gguq nasaurluq tuai，tangenyuumiinaku tulukarucilleq. 那=也=传信 女孩 然后 看见-

不在意-从属-3 反身单数　渡鸦-无用，‘因此那个女孩不想看见又脏又丑的渡鸦。’）

由于通格和作格在复数形式时同形，均用后缀-(e)t（见表 2-1），此时形态不能区分格的身份，转而借助语序，比如在下例中，人们倾向于将例 1a 的 X 判为作格，Y 判为通格，将例 1b 的 X 判为通格，Y 判为作格。从中可看出爱斯基摩语的语序倾向。

（1）a. elitnauriste-t　mikelngu-u-t　assik-ait（老师-X. 复数　孩子-增音-Y. 复数　喜欢-直陈. 3 复数. 3 复数，‘老师喜欢孩子。’）；b. mikelngu-u-t　elitnauriste-t　assik-ait（孩子-增音-Y. 复数　老师-X. 复数　喜欢-直陈. 3 复数. 3 复数，‘孩子喜欢老师。’）

（二）旁格和核心格、谓语的语序关系

爱斯基摩语通格主语跟旁格共现时，依序排在谓语动词前后各一侧的倾向明显。虽然有时同时用在谓语动词前，或同时用在谓语动词后，但除处所格外，其他旁格位居通格主语后的较常见。

第 1 组——【通格$_{\text{主语}}$，V，离格】Yup'ik-t　cuguka-lria-t　taukunek　ircinrraq-nek.（Yup'it cugukalriit，taukunek ircinrrarrenek. 爱斯基摩人-通格. 复数　遇见-分词不及物-3 复数　那-离格. 复数　小人-离格. 复数，‘爱斯基摩人遇见那些小人。’）｜ qimugta　ner'-uq　neq-mek（狗. 通格. 单数　吃-直陈. 3 单数　鱼-离格. 单数，‘这只狗在吃鱼’）【通格$_{\text{主语}}$，离格，V】alqa-ak　na-nte-llr-anek　apte-llru-a-gpuk.（姐姐-通格. 3 双数. 单数　哪里-是. 在-名词化-离格. 3 单数. 单数　问-过去时-直陈-1 双数. 3 双数，‘我们俩问过他俩他们的姐姐在哪儿。’）｜ wi　pika-mnek　quyur-tu-a.（我　东西-将来-离格. 1 单数. 单数　聚集-直陈-1 单数，‘我正在聚集我将来的东西。’）

第 2 组——【通格$_{\text{主语}}$，V，向格】kalikaq　nep-ut-uq　kalika-mun.（纸. 通格. 单数　粘-受益-直陈. 3 单数　纸-向格. 单数，‘一张纸被粘在另一张纸上。’）｜ ki-na＝llu　im-na　inarte-llru-llini-u-q　ingle-mnun?（谁-词根扩展. 通格. 单数＝并且　那. 回指-词根扩展. 通格. 单数　躺-过去时-明显-直陈-3 单数　床-向格. 1 单数. 单数，‘而且显然哪一个他躺到我的床上了？’）【V，主语$_{\text{通格}}$，向格】kinr-ut-uq　ciissiq　kalika-nun.（弄干-受益-直陈. 3 单数　虫子. 通格. 单数　纸-向格. 单数，‘虫子被弄干粘到纸上。’）

第 3 组——【通格$_{主语}$，V，经由格】wangkuta Yupig-ni yuu-gukut neq-kun（我们.通格　尤皮克-处所格.复数　生活-直陈-1复数　鱼-经由格.单数，‘我们尤皮克人靠鱼生存。’）【通格$_{主语}$，V，等同格】ene-n ang-ta-nrit-u-q pi-mtun（/ ene-mtun）.（房子-通格.2单数.单数　大-像……一样-否定-直陈-3单数　东西-等同格.1单数.单数（/ 房子-等同格.1单数.单数），‘你的房子没有我的房子大。’）| una mikete-u-q tau-tun（una miktauq tautun. 这　小-直陈-3单数　那-等同.单数，‘这和那一样小。’）

处所格跟通格主语的语序关系与上述倾向性相比算是例外。其次，旁格跟通格宾语的语序关系的倾向性也尚不明确。如：

第 1 组——【通格$_{主语}$，处所格，V】qavci-n kass'a-t ene-mi uita-a-t（多少-通格.复数　白色.人-通格.复数　房子-处所格.单数　停留-疑问-3复数，‘多少白人正待在房子里？’）【处所格，通格$_{主语}$，V】unuaqua-ni ellait yurar-luteng（今天-处所格　她们.通格　跳舞-从属.3反身复数，‘今天她们（女人们）跳舞了。’）

第 2 组——【通格$_{宾语}$，处所格，V】tuma-i = wa taugaam ava-ni paqte-rraar-luki pi-ku-megnuk.（足迹-通格.3单数.复数 = 应答　但是　那儿-处所格　检查-先-从属.3复数　做-条件连接-1双数，‘可能我俩最好去检查它们在那里的足迹。’）

第 3 组——【V，通格$_{宾语}$，向格】nep-ut-aqa kaliqaq kalika-mun.（粘-受益-直陈.1单数.3单数　纸.通格.单数　纸-向格.单数，‘我把一张纸粘在另一张纸上。’）| kinru-ut-aa ciissiq kalika-nun.（弄干-受益-直陈.3单数.3单数　虫子.通格.单数　纸-向格.单数，‘他把虫子弄干粘到纸上。’）【V，向格，通格$_{宾语}$】tai-s-gu wang-nun irnia-n（带来-受益-祈愿.2单数.3单数　我-向格　孩子-通格.2单数.单数，‘你把你的孩子带来给我。’）| na-tmur-uc-et-a-gnegu angut-mun irnia-qa（哪里-去-受益-高层施事.使-疑问-3双数.3单数　男人-向格.单数　孩子-通格.1单数.单数，‘他们俩在哪儿让那男人带我孩子走的？’）

三　复杂句法结构

（一）关系结构

名词化成分相当于汉语的转指结构，能够把动词转为相应的名词性成分，并且和名词一样具有数格标记，它同时又保留动词的部分性质，能够带旁格名词等状语成分，它和所修饰的名词中心语也同时暗含着某种同位语关系。名词化成分作定语有前置和后置两种用法。

【前　置】 assir-lria-mek＝llu＝gguq　nurataq-mek　neqe-mek（assilriamek-llu-gguq nutaramek neqmek. 好-名词化-离格＝也＝传信　新鲜-离格　鱼-离格，‘一条好的新鲜的鱼’）｜assir-lria-nek　neqe-nek（assilrianek neqnek. 好-名词化-离格. 复数　食物-离格. 复数，‘好的食物’）【后　置】taukut＝gguq　acia-tgun　ayag-lleq-t（taukut-gguq aciatgun ayallret. 那些＝传信　下面-经由. 复数　离开-名词化-复数，‘那些从下面离开的人’）｜una-mek　tarenraq-mek　tangerr-lleq-mnek（uumek tarenramek tangllemnek. 这-离格　图片-离格　看见-过去. 名词化-1 单数. 单数. 离格，‘我看见的这幅画’）｜cuassaaq-nek　assir-li-lu-ni（cuassaanek assililuni. 大黄-离格. 复数　好-名词化-从属-3 反身单数，‘野生的大黄’）｜paluqtaq-mek　kuimar-lria-mek　kuik-mi（paluqtamek kuimalriamek kuigmi. 河狸-离格　游泳-名词化-离格　河-处所，‘河里游泳的河狸’）｜neqkaq-nek　assir-lria-nek（neqkanek assilrianek. 准备吃的食物-离格. 复数　好-名词化-离格. 复数，‘一些好食物’）

（二）非限定动词结构

句子的语法结构有句法结构和逻辑结构（马清华，2014）。但非限定动词作状语的结构是表达逻辑关系的句法结构。

1. 表示同时

爱斯基摩语从属关系形态-lu 可以表示两个分句之间的当时关系。如：

（1） wiinga　tan'gurra-u-lu-a　agayuce-tai-cuk-lu-ku umyuarteq-tu-llru-yaaq-u-a.（我　男孩-是-从属-1 单数　神-不. 存在-高层施事. 认为-从属-3 单数　认为-惯常-过去时-但是-直陈-1 单数，‘当我是一个男孩的时候，我曾认为没有神。’）

分词语气标记-lria 也可表示当时。如：

（2）iqva-lria-nga　carrar-nek　unange-ke-l-ii（采摘. 浆果-分词-

1 单数　一点-离格.复数　得到-未然体-祈愿-1 单数，‘当我去摘浆果的时候，我只摘到一点。’）｜ arna-t iqva-llru-u-t，ui-ngit = wa kuvya-lrii-t.（女人-通格.复数　采摘.浆果-过去时-直陈-3 复数　丈夫-通格.3 复数.复数=也　用网捕.鱼-分词-3 复数，‘女人在其丈夫捕鱼时采摘浆果。’）

用第一同时关系形态-ller-和第二同时形态-inaner-表示两个分句之间的逻辑关系，表示同时发生的两个行为事件。同时关系形态表示的分句可前可后。

（3）uku-t tan’gaurluq-t tangvag-ke-ai ayag-ller-atni（ukut tan’gaurlut，tangvagkai ayalleratni. 这-复数　男孩-复数　看-分词及物-3 单数.3 复数　离开-当时连接-3 复数，‘他看着这些男孩，当他们离开的时候。’）

（4）ak’a ayagyuaq-u-ller-mni ayag-ar-llru-u-nga yuilquq-mun（ak’a ayagyuarullemni，ayagallruunga yuilqumun. 过去　年轻人-是-当时连接-1 单数　离开-持续-过去-直陈-1 单数　荒野-向格，‘很久以前我还很年轻时，我在荒野里漫行。’）

（5）maaten = gguq = am piyua-qcaara-ller-ani tulukaruk agiirte-lria（maaten-gguq-am piyuaqcaarallerani，tulukaruk agiirtelria. 突然=听说=强调　步行-想着心事-当时连接-3 单数　渡鸦　从远处来-分词不及物.3 单数，‘突然他在走着的时候，渡鸦来了。’）

（6）ayag-inaner-ani = am una nasaurluq-yagaq kitur-ke-ii（ayaginanerani-am，una nasaurluyagaq kitukii. 离开-同时连接-3 单数=强调　这　女孩-小　路过-分词及物-3 单数.3 单数，‘他走着走着，从一个小女孩身边路过了。’）

（7）iqvar-inaner-ani = am mikelnguq kitur-lria（iqvainanerani-am，mikelnguq kitulria. 摘-同时连接-3 单数.单数=强调　小孩　路过-分词不及物.3 单数，‘他在摘（水果）的时候，一个小孩路过身边。’）

2. 表示相继

用从属关系形态-lu-表示两个分句之间的逻辑关系，表示前后相继的行为事件。从属形态-lu-可用于前一个分句，或用于后一个分句，或者用于前后两个分句。

【从属语气在后】

（8） nere-te-lu-ni ataam ava-viar-lu-teng（nerelluni ataam，avaviarluteng. 吃-去及物-从属-3 反身单数 又 那儿-去-从属-3 反身复数，‘他们又开始吃饭，然后他们去了那儿。’）

（9） ikayur-ke-iit tauku-t atsaq-t aa elli-lu-ki isra-minun（ikayurqiit，taukut atsat aa elliluki israminun. 帮助-分词及物-3 复数.3 单数 那-复数 水果-复数 语补词 放-从属-3 反身复数 篮子-3 反身．单数.向格，‘他们帮助他，并把那些水果放入篮子。’）

（10） ilaita＝gguq cupegte-ngu-t ca-rqe-lir-lu-teng＝llu＝gguq（ilaita-gguq cupegtengut，carqaliluteng-llu-gguq. 他们中一些人＝传信 思乡-直陈-3 复数 做-一个人接一个-有很多-从属-3 反身复数＝并列＝传信，‘他们中的一些人思乡了，并且他们有很多事要做。’）

【从属语气在前】

（11） ellaita＝gguq cucuke-lu-teng ayag-yugnga-u-t（ellaita-gguq cucukeluteng，ayagyugengaut. 他们.作格＝传信 选择-从属-3 反身复数 离开-能-直陈不及物-3 复数，‘他们选择了，他们能够离开。’）

（12） uita-qar-lu-ni paluqtaq-mek tangerr-llini-lria kuimar-lria-mek kuik-mi（uitaqarluni，paluqtamek tangerrlinilria kuimalriamek kuigmi. 停留-短暂-从属-3 反身单数 河狸-离格 看见-明显-分词不及物.3 单数 游泳-名词化-离格 河-处所，‘他待了一会儿，后来他看见了一只在河里游泳的河狸。’）

（13） tuai＝llu taqe-lu-ni ayari-llini-lria atsaq-nek uku-nek atauciq-mek tegu-qatar-yaaqe-lria（tuai-llu taqluni，ayarillinilria atsanek ukunek，ataucimek teguqatarlinilria. 然后＝并且 停下来-从属-3反身单数 喜欢-明显-分词不及物.3单数 水果-离格.复数 这-离格.复数 一-离格 拿-将来-可能-分词不及物.3单数，‘然后他停下来，很显然他喜欢水果，好像他要拿一个。’)

(14) Aqúm-lutèn pí(i)!（坐-从属.2单数 做.祈愿.2单数，‘你坐下［等等］!’)

【从属语气前后均有】

(15) utcrtc-lu-teng ane-lu-teng tamana qasgiq unite-lu-ku（uterrluteng，aneluteng，tamana qasgiq unitluku. 返回-从属-3反身复数 出去-从属-3反身复数 那 人的社区房子 留在后面-从属-3反身单数，‘他们回来了，又出去了，把社区房子留在后面。’)

两个分句的主体论元（马清华，1993）也可以不一样。如：

(16) piipiq tangrr-a-qa qia-lu-ni.（宝宝.通格.单数 看见-直陈-1单数.3单数 哭-从属-反身3单数，‘我看到宝宝，她［宝宝］在哭。’)

用表示之后关系的连接关系形态-rraar-表示前后相继的行为事件。

(17) aug'ar-rraar-lu-ki tamakut kape-ssuun-t issaluq-m kape-ssuun-taq-i tauna paluqtaq qaner-llini-u-q（aug'arraarluki，tamakut kapsuutet，issalum kapsuutai，tauna paluqtaq qanlliniuq. 移除-之后-从属-3反身复数 那些 戳-工具-复数 豪猪-关系格 戳-工具-属于-3单数.复数 那 河狸 说-明显-直陈不及物-3单数，‘在他移除了那些刚毛，豪猪的刚毛后，那河狸说……’)

(18) elli-rrar-lu-ku＝llu＝gguq ayag-lria（ellirrarluku-llu-gguq，ayalria. 放-之后-从属-3反身单数＝也＝传信 离开-分词不及物.3单数，‘他把它放好后，就离开了。’)

3. 表示因果

用表示原因连接的形态-a 表示，置于表示原因的分句上。

（19）ayag-nari-a-meng taukut ircinrraq-t，yuk-t keleg-llini-ke-ait，ena-itnun ayag-sqe-lu-ki（ayagenariameng taukut ircinrrat，yuut kelellinikait，eniitnun ayasqeluki. 离开-到时间-原因连接-3 反身复数 那些 反身．人-复数，人-复数 邀请-明显-分词及物-3 复数.3 复数 房子-3 复数.单数.向格 去-邀请-从属-3 反身复数，‘因为是到他们离开的时候了，小人邀请尤皮克人到他们的房子去。’）

（20）tuai＝llu＝gguq aa imkut tamakut ungungsiq-t tamaani qaner-lallru-a-meng tauna-m issaluq-m apete-a-a（tuai-llu-gguq aa，imkut tamakut ungungssiit tamaani qanelallruameng，taum issalum aptaa. 那么＝然后＝传信 语补词 那 那些 动物-复数 在那个地方 说话-过去.惯常-原因连接-3 反身复数 那-作格 豪猪-作格 问-直陈-3 单数.3 单数，‘听他们说，既然那些动物那个时候能说话，豪猪便问它……’）

（21）ak'a tamaani tauna＝gguq issaluq cuassaaq-nek assir-li-lu-ni nere-lar-a-mi nere-qcaar-a-llini-lu-ni kuik-m pai-ngani（ak'a tamaani，tauna-gguq issaluq，cuassaanek assililuni nerelaami，nereqcaaralliniluni，kuigem paingani. 很久以前 在那个时候．扩展 那＝传信 豪猪，大黄-离格.复数 好-名词化-从属-3 反身单数 吃-惯常-原因连接-3 反身单数 吃-迎难而上-反复-明显-从属-3 反身单数 河-关系格 口-3 单数.单数.处所，‘很久以前，因为豪猪喜欢吃野生的大黄，它在河口不停地啃着。’）

（22）tuai＝llu＝gguq tauna tutgar-'urluq apa-urluq-ni keneke-nga-miu neqkaq-nek assir-lria-nek paivte-ke-ii apa-urluq-ani qantaq-nun（tuai-llu-gguq tauna tutgara'urluq，apa'urluni kenekengamiu，neqkanek assilrianek paiveskii，apaurluani qantanun. 然后＝也＝传信 那 孙子/孙女-亲爱 祖父-亲爱-3 反身单数.单数 爱-原因连接-3 反身单数.3 单数 准备吃的食物-离格.复数 好-名词化-离格.复数 放-分词及物-3 单数.3 单数 祖父-亲爱-3 单数.单数.处所 碟子-3 单数.复数.向格，‘因为那个亲

爱的孙女喜欢她的祖父，她把准备吃的好东西放到她祖父的碟子里。’)

（23）arenqia tuai kaig-lli-a-mi tamalkuita tauku-t atsaq-t tegu-ke-ai（arenqia tuai，kailliami，tamalkuita taukut atsat tegukai. 太坏 那儿 饿-可能-原因连接-3反身单数 所有 那-复数 水果-复数 拿走-分词及物-3单数.3复数，‘太糟糕了，可能因为他太饿了，他拿走了所有水果。’)

（24）atrar-llini-lria tamana elli-vik-a muir-a-an（atrallinilria tamana ellivia muiraan. 下-明显-分词不及物.3单数 那 放-处所.名词化-3单数.单数 满-原因连接-3单数，‘他爬下来，因为它满了。’)

用从属关系形态-na-以并列的方式连接两个表示因果关系的分句。

（25）cunawa = gguq tauna levaaq kassa-irute-llini-lria ayag-sciigate-na-ni（cunawa-gguq tauna levaaq，kassairutellinilria，ayasciiganani. 不奇怪=传信 那 汽车 油-没有-明显-分词不及物.3单数 走-不能-从属-3反身单数，‘汽车不开了，肯定是它没油了。’)

4. 表示条件

用表示条件的关系形态-ku表示，关系形态用在表示条件的分句上。

（26）kitek tamakut aa kape-ssuun-ten aug'ar-lu-ki aa pi-ku-vet aa qerar-ciiq-a-mken tunu-mkun kuimar-lu-a（kitek tamakut aa，kapsuuren aug'rluki aa，pikuvet aa，qerarciiqamken tunumkun，kuimarelua. 好 那些 语补词 抓-装置-2单数.复数 移除-从属-3反身复数 语补词 做-条件-2单数 语补词 穿过-将来-直陈-1单数.2单数 后背-经由 游泳-从属-1单数，‘好，如果你移除那些爪子，如果你那样做的话，我就能用后背带你游过去。’)

5. 表示目的

用从属形态-lu-连接两个表示目的关系的分句。

（27） ayag-lu-ni ah angute-t ene-itnun apa-urluq-ni paqete-cartur-lu-ku（ayagluni aa angutet enitnun，apa'urluni paqcarturluku. 去-从属-3 反身单数 语补词 人-复数 房子-3 复数.单数.向格 祖父-亲爱-3 反身单数.单数 看望-去-从属-3 反身单数，'他走到这个人的房子，去看望她的祖父。'）

（28） tuai＝llu cali ataam napa-mun mayur-lu-ni cali-yartur-lu-ni ataam iqvar-lu-ni（tuai-ll'，cali ataam napamun mayurluni，caliyarturluni，ataam iqvarluni. 那么＝然后 并且 又 树-向格 爬-从属-3 单数 工作-去-从属-3 反身单数 又 摘-从属-3 反身单数，'然后为了工作和重新采摘，他又爬上树。'）

用表示原因的关系形态-a 连接表示目的关系的两个分句。

（29） nutem cali-tu-a-meng yuk-t uksuq-mek tuai upete-lu-teng（nutem calituameng yuut，uksumek tuai upluteng. 从开始 工作-惯常-原因连接-3 反身复数 人-复数 冬天-离格 并且 准备-从属-3 反身复数，'为了为冬天作准备，人们像往常一样工作了。'）

6. 表示转折

用从属形态或分词形态表示逻辑上的转折关系。

（30） yuar-yaaqe-lria nalkute-ksaite-na-ni（yuaryaaqelria，nalkuteksaunani. 寻找-徒劳-分词不及物.3 单数 发现-没有-从属-3 反身单数，'他又找了找，但是没有找到。'）

（31） qerar-ciigate-na-ku pi-llini-lria（qerarciganaku pillinilria. 穿过-不能-从属-3 反身单数 做-明显-分词不及物.3 单数，'他不能穿过［←他做了，但是不能穿过］。'）

（32） ayag-ma-llini-lria-t nanvaq-t kitur-lu-ki kuik-cuaraq-t＝

llu kitur-lu-ki tuai＝llu＝gguq nutaan tekite-lu-teng tau ircinrraq-t nuna-itnun（ayaumallinilriit，nanvat kitureluki，kuicuarat-llu kitureluki，tuai-llu-gguq tekitluteng tau ircinrrat nunaitnun. 离开-很长时间-明显-分词不及物-3复数 湖-复数 经过-从属-3反身复数 河-小-复数＝并且 经过-从属-3反身复数 然后＝也＝传信 最后 到达-从属-3反身复数 那 人-复数.通格 乡村-3复数.复数.向格，'他们走了很长时间，经过了湖，经过了小河，最后他们到达了他们的乡村。'）

用表示原因关系的-a连接两个分句，表转折类逻辑关系，关系形态用在第二个分句上。

（33）camai-ar-peke-na-ku tuai ayag-lu-ni ayag-ngssi-lli-a-mi ava-vet（camaiarpekenaku tuai，ayagluni，ayangssilliami avavet. 问候-说-否定-从属-3反身单数 那儿 离开-从属-3反身单数 离开-悠闲地-可能-原因连接-3反身单数 那儿-向格，'他在那儿没有向她问候，而是继续走，悠闲地走下去。'）

表示转折关系形态-am'另一方面'表示两个句子篇章上的转折关系。

（34）tuaillu＝gguq tuakenir-nek，angayuqaq-gka acir-lu-a taumek aa yug-rluq-mek，tauna＝llu aipaq-ka＝am ah ayag-a-sta-ka acir-lu-ku kiarte-urlug-mek（tuai-lluggug tuakenimek，angayuqagka acirlua taumek aa yugerlumek，taunallu aipaqa-am a ayagastaka，acirluku kiarturlugmek. 然后＝传信 那个时候-离格，父母-1单数.双数 命名-从属-1单数 那.离格 语补词 人-可怜.老-离格，那＝并且 同伴-1单数.单数＝另一方面 语补词 旅行-反复-关系化-1单数.3单数 命名-从属-3反身单数 搜寻者-亲爱-离格，'那么从那以后我的父母叫我"老人"，另一方面称带我旅行的同伴为"搜寻者"。'）

用表示让步的关系形态-ngr-表示转折关系。

（35） tuaillu＝gguq tauna nasau-rrlugaq qessa-ngr-mz tuai tulukarnk-urluq cau-ke-ii waten＝llu qaner-ute-ke-ii（tuaillu-gguq tauna nasaurrlugaq qessangremi tuai，tulukara'urluq caukii，waten-llu qanrnskii. 然后＝传信 那 女孩-亲爱 不情愿-让步-3反身单数 并且 渡鸦-亲爱 面对-分词及物-3单数.3单数 像这样＝并且 说话-受益-分词及物-3单数.3单数，‘然后那个女孩尽管不情愿，她还是面对渡鸦，并且这样对他说。’）

（36）im'u-mun＝llu ayag-ssuute-mnun cakviur-ngr-an，tuai elli-llini-ke-ai（im'umun-llu，ayagessuuteminun cakviungran，tuai ellillinikai. 先前提到之物-向格＝并且 旅行-装置-3反身.单数.向格 困难-让步-3单数，那儿 放-明显-分词及物-3单数.3复数，‘尽管坐在自行车上很困难，那个人还是把他们放在上面了。’）

7. 动补结构

（37）taugaam ilait waten umyuaqe-u-t uterte-nari-yaq-llini-u-q yuk-nun nuna-itnun（taugaam ilait，waten umyuaqut，utemariyaqliniuq，yugnun nuniitnun. 然而 他们中一个 像这样 想-直陈不及物-3复数 返回-到时间-去-明显-直陈-3单数 人-复数.向格 土地-3复数.复数，‘但是他们中一个认为是时候离开了，该回到他们的土地上了。’）

（三）数量补充结构

数量补充结构见于复杂数概念的表达。如：

（38）qula malru-u-luta tai-llru-u-kut.（十.通格.单数 二-是-从属.1复数 来-过去时-直陈-1复数，‘我们十二个（10加2）来到这儿。’）

第四节　逻辑结构

爱斯基摩语逻辑关系的连接方式有意合法和明示法两种。逻辑关系标记有连词和形态标记两种。词缀标记如表连接语气或从属语气的后缀“-ller（当时连接语气）；-inaner（同时连接语气）；-a（原因连接语气）；-ku（条件连接语气）；-ngr（让步连接语气）；-lu（从属语气）”等，详见 pp. 261—269。以下所谓明示方式限为虚词手段，但往往与形态手段并用。

一　逻辑关系的类型

爱斯基摩语逻辑关系有联合、偏正和转折 3 种。

（一）联合

联合结构表示两个分句之间的并列、承接、选择等逻辑关系。有意合的和明示的两类。联合复句的意合表达一般见于典型松散的关系。如意合的并列关系：

（1）tangerr-yug-a-mken paqete-a-mken（tangerrsuamken paqetamken. 看见-想-直陈-1 单数.2 单数　看望-直陈-1 单数.2 单数，‘我想来看你。我来看你了。’）

（2）ca-mek neqe-ngqerr-tsi-t kina payugte-tsi-u（camek neqengqercit? kina payugeciu? 什么-离格　食物-有-疑问-2 单数　谁　带食物-疑问-2 单数.3 单数，‘你想有什么东西吃？你想把食物带给谁？’）

如意合的先后关系或解说关系：

（3）ene-meggnun maaten iter-tu-t ki-na im-na ite-llru-llini-lria（房子-向格.反身 3 复数.单数　什么时候　进入-直陈-3 复数　谁-词根扩展.通格.单数　那个.复指-词根扩展.通格.单数　进入-过去时-证据-分词.3 单数，‘他们进到房子里，发现已经有人进去了。’）

（4）tuai = llu = gguq tangerr-llini-u-q kuik-m aki-ani

cuassaaq-t amlleq-piaq-t yaa-ni (tuai-llu-gguq, tangerrliniuq kuigem akiani, cuassaat amllepiat yaani. 指示副词 1 他人受限＝也＝传信 看见-显然-直陈-3 单数 河-关系格 另一边-3 单数.单数.处所 大黄-复数 众多-非常-复数 指示副词 2 说话者受限-处所，‘然后这事儿发生了，据说他向河那边望去，那儿有很多大黄。’)

前后两个并列分句同时采用的分词形态-lria-，借助相似原理，暗示表达同时关系。这种借助非专职标记的表达方式在某种程度上也可视为意合方式。

(5) unuaquar-mi＝gguq aipaagni uita-lli-lria-k qaner-lria una amaq-ssaagaq (unuaquarmi-gguq aipaagni uitallilriik, qanelria una amassaagaq. 早上-处所＝传信 可能 停留-可能-分词不及物-3 双数 说话-分词不及物.3 单数 这 女人-老，‘早上这个老女人说话的时候，他们俩可能已经在那儿了。’)

明示方式采用的句法标记如连词 taunallu (并且)、tuai (然后)、wall'u (或者)。如：

(6) Yuk-t＝llu nere-vkar-i-lu-teng anglani-lu-teng yurar-aqe-lu-teng tuai＝gguq yurar-lu-ki nere-vkar-i-lu-ki＝llu tamalkuita yuk-t (Yuut-llu nerevkariluteng, anglaniluteng, yuraraqeluteng, tuai-gguq yurauluki, nerevkariluki-llu tamalkuita yuut. 尤皮克人-复数＝而且 吃-致使-去及物-从属-3 反身复数 高兴-从属-3 反身复数 跳舞-反复-从属-3 复数 并且＝传信 跳舞-从属-3 反身复数 吃＝致使-去及物-从属-3 反身复数＝并且 所有 人-复数，‘然后尤皮克人准备食物，他们很高兴地跳舞，然后为他们跳舞，给每个人一场盛宴。’)

(7) englar-uma-lria-k tuai teriirr-lu-tek (englaumalriik, tuai teriirrlutek. 笑-很长时间-分词不及物-3 双数 然后 轻声地笑-从属-3 双数，‘他们大笑了很长时间，然后又轻声地笑起来。’)

(8) arulair-lu-ni tuai ayag-sciigate-na-ni＝gguq (arulairluni

tuai，ayasciiganani-gguq. 停止-从属-3反身单数 然后 走-不能-从属-3反身单数=传信，‘它停下来，不走了。’）

（9）tauna=gguq angute-karaq-rnrluq kipute-vik-te-llini-lria nuna-mni tuai=llu=gguq tauna angute-karaq-urluq kipute-llini-lria im'u-mek levaaq-mek（tauna-gguq，angukara'urluq kipusvigtellinilria nunamni，tuai-llu-gguq tauna angukara'urluq kiputellinilria im'umek levaamek. 那=传信 人-小-老.亲爱 买-处所.名词化-去-明显-分词不及物.3单数 土地-1单数.单复数.处所 然后=也=传信 那 人-小-老.亲爱 买-明显-分词不及物.3单数 先前提到之物-离格 汽车-离格，‘据说那个亲爱的小老人去到我们村庄的商店，然后他买了这辆汽车。’）

（10）luqruuyak-u-lu-ni wall'u=gguq manignaq-u-lu-ni（luqruuyauluni，wall'u-gguq manignauluni. 梭鱼-是-从属-3反身单数 或者=传信 北美江鳕-是-从属-3反身单数，‘它可能是梭鱼，也可能是江鳕.’）

（二）偏正

有的句子虽采用明示法，仍然既可理解为并列逻辑结构，也可理解为因果类逻辑结构。如：

（11）ayag-sciigate-na-ni tuai=gguq qenerte-lu-ni tauna angun（ayasciiganani，tuai-gguq qenerluni tauna angun. 离开-不能-从属-3单数 然后=传信 生气-从属-3单数 指示代词1他人受限 人，‘它［机器］不能开，这个人很生气。’）

（12）qenerte-lu-ni cakneq kaugtur-nge-llini-ke-ii（qenerluni cakneq kaugtungllinikii. 生气-从属-3反身单数 非常 砸东西-开始-明显-分词及物-3单数.3单数，‘他很生气，他开始砸东西。’）

并列连词 tuai（并且）表示因果关系。

（13）tuai ciu-nganun tauna nanger-qtar-lu-ni waten，tuai=llu tauna nasaurluq-kegtaaq ca-sciigate-na-ni，nanger-ngqa-lu-ni waten tuai（tuai ciunganun tauna nangenaqmni waren，tuai tauna，nasaurluqegtaaq，casciiganani，nangengqauluni waten tuai. 然后 前面-向格.复数 那 站-混蛋-从属-3 反身单数 像这样，然后＝也 那 女孩-非常好 做-不能-从属-3 单数，站-状态-从属-3 单数 像这样 因此，'因此他像这样站在她面前，因此那个好女孩就这样站着，什么事都不能做。'）

（三）转折

转折关系用连词 taugaam（然而）表示。转折逻辑结构都有否定的意义，包含显性或隐性两种否定方式。

（14）qayag-ararte-lu-ku qaner-peke-na-ni taugaam evvar-lu-ni（qayagararluku，qanerpekenani，taugaam evvarreluni. 叫-瞬时体-从属-3 反身单数 说话-否定-从属-3 单数 然而 吹-从属-3 反身单数，'他没有用话叫他，只是吹了个口哨。'）

（15）ellii nutaan ayag-lu-ni taugaam nalluyagute-llini-ke-ii nacaq-ni（ellii nutaan ayagluni taugaam，nalluyagutellinikii nacani. 他 已经 离开-从属-3 反身单数 然而 忘记-明显-分词及物-3 单数.3 单数 帽子-3 反身.单数，'他已经离开了，但是忘了他的帽子。'）

表示转折关系 taugaam（然而）的连词也可用在句子前，不表示句子内部的逻辑关系，而表示所引导的句子的篇章关系。

（16）tauna＝llu＝gguq nasaurluq tuai tangerr-yuumiite-na-ku tulukaruk taugaam＝gguq tuai tulukaruk agiirte-u-q nasaurluq-mun tuai waten piyua-lu-ni（tauna-llu-gguq nasaurluq tuai，tangenyuumiinaku tulukaruk. taugaam-gguq tuai，tulukaruk agiirtuq nasaurlumun tuai waten piyualuni. 那＝然后＝传信 女孩 并且 看见-不想-从属-3 反身单数 渡鸦 然而＝传信 并且 渡鸦 靠近-直陈-3 单数 女孩-向格 并且 像这样 步行-从属-3 单数，'然后那个女孩不想看见那只渡鸦。但是那只渡鸦靠近了女孩，这样

走过来了。’)

（17） ilaita taugaam cataite-na-teng （ilaita taugaam cataunateng. 一些 然而 不在-从属-3复数，‘但是他们一些人走了。’)

二 多重复句

多重复句是逻辑结构的复杂化产物。其明示方式往往虚词手段（连词）和形态手段并用。以下是爱斯基摩语多重复句的两个典型样例，第一句的第一层和第二层都表示转折关系。第二句的第一层是转折关系，第二层是因果关系。

（1） tuai＝llu＝gguq tangerr-llini-u-q kuik-m aki-ani cuassaaq-t amlleq-piaq-t yaani tuai taugaam qerar-ciigate-na-ku pi-llini-lria （tuai-llu-gguq，tangerrliniuq，kuigem akiani，cuassaat amllepiat yaani，tuai taugaam，qerarciganaku pillinilria. 那么＝然后＝传信 看见-明显-直陈-3单数 河-关系格 另一边-3单数.单数.处所 大黄-复数 大量-非常-复数 在那儿 并且 然而 穿过-不能-从属-3反身单数 做-明显-分词不及物.3单数，‘然后据说，他看见了河对岸那儿有很多大黄，但是很明显，他不能穿过。’)

（2） pi-yugnga-yaaqe-lria-nga＝wa taugaam tamakut aa elpet issalu-t issalur-u-u-ten issaluq-u-a-vet aa tamakut aa tunu-ka tuai kape-ssuut-ten assiite-ciiqe-u-q （piyugngayaaqellrianga-wa，taugaam tamakut aa，elpet issalut，issaluruuten，issaluruavet aa，tamakut aa，tunuka tuai kapsuuteten，assiiciiquq. 做-能-可能-分词不及物-1单数-假定 然而 那些 语补词 你 豪猪-复数 豪猪-系词-直陈-2单数 豪猪-系词-原因连接-2单数 语补词 那些 语补词 后背-1单数.单数 并且 抓-工具-2单数.复数 坏-将来-直陈-3单数，‘我想我能那样做，但是那个，啊，你豪猪之流，你是个豪猪欤，因为你是豪猪，啊，那些个东西，你会抓伤我的后背，那样并不好。’)

也有用形态方式表达的多重复句。如原因连接语气标记-a 在下例中，第一个表第一层因果关系，第二个表第二层因果关系。

（3）im'umi＝gguq tamakut aa ungungssiq-t aa issaluq-t kuime-yuite-a-meng aa qerar-ciigate-a-ni uita-llini-lria (im'umi-gguq，tamakut aa，ungungssiit aa，issalut kuimayuilameng aa，qerarciiganani，uitallinilria. 那.处所＝传信 那些.复数 语补词 动物-复数 语补词 豪猪-复数 游泳-非惯常-原因连接-3 反身复数 语补词 穿过-不能-原因连接-3 单数 停留-明显-分词不及物.3 单数，'那个时候，那些动物啊，豪猪不能游泳啊，他不能穿过［河］，因此只好待在那儿。')

三　语言接触与逻辑关系形式的改变

西伯利亚爱斯基摩语的受楚克奇语的影响，借用了其从属连词，因而造成了西伯利亚爱斯基摩综合程度的降低。（N. Tersis，2010）

世界上各种语言都存在表达名词合取和事件合取形式上的区别。W. E. Welmers（1973:305）指出他没有发现非洲语言在表达名词合取和事件合取时形式是一样的，这和欧洲语言不同，欧洲语言并列连词'and'既可以表达名词合取又可以表达事件合取。但是欧洲以外的语言如楚克奇语，Chalcatongo Mixtec 语（分布于墨西哥）和 Samoan 语都存在区分。

下面语言中表达合取意义的连词连接名词和事件都是不同的形式，表达析取义时不存在区分，而用同一个形式。比较表 2－32：

表 2－32　　语言合取义连词功能-形式关系对比表

	名词合取	事件合取	名词析取 & 事件析取
毛利语（Maori，属波利尼西亚语言）	me	aa	raanei
查莫罗语（Chamorro，属南岛语系）	yan	ya	pat
雅浦语（Yapese，属密克罗尼西亚语言）	ngea	ma	faa
苏普雅（Supyire，属尼日尔-刚果语系）	ná	kà/mà	làa

传统上用非限定形式表达从属句的语言，在表达这种关系时若借用了表合取关系的连词，就会导致该语言从属句形式系统的革新。G. A. Menovščikov（1969:124—130）发现，西伯利亚爱斯基摩语最初用两个伴随格后缀标记的名词表示两个名词逻辑上的合取关系，后来它从楚克奇语借用了并列连词，于是表达并列逻辑关系的方式发生了改变。这一改变经历三个阶段:a. 古老时期、b. 过渡时期和 c. 最新时期。古老时期两个并列关系的名词分别用伴随格后缀标记；借用楚克奇并列连词后经历了一个过渡时期，后缀标记和并列连词一起使用，在并列结构系统中增加了并列连词；最后并列结构中的名词伴随格标记被并列连词完全取代脱落，只保留并列连词。（转引自 S. G. Thomason，2016）

阿拉斯加爱斯基摩语的综合程度比西伯利亚爱斯基摩语的综合程度高，词缀的数量多。可能是因中阿拉斯加爱斯基摩语受楚克奇语的影响小所致。我们比较两种语言的连词，发现中阿拉斯加爱斯基摩语并列连词 cali（然后）和楚克奇语并列连词 cama 非常相近，也有可能是语言接触的结果。但是中阿拉斯加爱斯基摩语的连词仍然很少，逻辑结构是通过连接形态来连接的。

本章主要在 O. Miyaoka（2008，2012，2015，2016）、M. Mithun（1996）、S. A. Jacobson（1979，1984，1995）、G. A. Menovščikov（1969）、I. Reed，et al.（1977）、S. E. M. Allen（1988）、E. Nowak（1996）、A. C. Woodbury（1981）的基础上整理、编写而成。

第三章　模板型复综语:鲍莱语

考虑地域分布的代表性，本书以南美洲鲍莱语作为模板型语言的样例。亚马逊古陆语言的特征是多式综合的（R. M. W. Dixon & A. Y. Aikhenvald，1999:8；D. C. Derbyshire & G. K. Pullum，1986:19），绝大多数南美洲土著语言具有复综语特征（D. L. Payne，1991）。复综语的一个词通常是动词由许多语素组成。J. H. Greenberg（1954:193）用语素和词的比率（M/W ratios）表示类型学上的量化特征，则因纽特语（Inuit）为 3.72，斯瓦西里语（Swahili）为 2.55，英语为 1.68。鲍莱语（Baure）的比率为 2.74，动词中的比例更高，为 4.38（M/V）。

鲍莱语属南美阿拉瓦克语系（Arawakan）南部语言的一支。阿拉瓦克语言是复综语（M. R. Wise，1986:579；A. Y. Aikhenvald，1999:80）。其系属关系如下：

表 3-1　　鲍莱语系属关系表

1. 阿拉瓦克语系（ARAWAKAN）
1.1 南部及西南阿拉瓦克语（South and Southwest Arawakan）
1.1.1 南部阿拉瓦克语（South Arawakan）包括以下语种：
1.1.1.1 鲍莱语（Baure）（含鲍莱方言（Baure），Carmelito 方言，Joaquiniano 方言）
1.1.1.2 莫霍语（Moxo）（含 Trinitario 方言，Ignaciano 方言）
1.1.1.3 保娜语（Pauna）（含 Paunaka 方言）
1.1.1.4 特雷纳语（Terêna）和艾纳维语（Enawené-nawé）

现存阿拉瓦克语系语言约 40 种（A. Y. Aikhenvald，1999:65）。分布于巴西的阿普瑞纳语（Apurinã）等，分布于秘鲁的亚内沙语（Yanesha'）等都属于阿拉瓦克语系（O. Krasnoukhova，2012:10）。鲍莱语（Baure）是南美洲玻利维亚伊特内斯省（Itnenez）亚马逊南一种濒临灭绝的语言，

20 世纪六十年代中期尚有 5000 人使用（P. Baptista & R. Wallin，1967：27），现在只有该国马格达莱纳（Magdalena）西北部的贝尼（Beni）部 1000 人中的 40 人在说。鲍莱语的地域分布见图 3－1。

鲍莱语作为阿拉瓦克语系内的一种语言，从特征看，无疑是模板型的。鲍莱语动词的构成语素遵循严格的模式（configurational）。这种语言类型在其他复综语中也能找到。例如高加索语和阿萨巴斯卡语（Athapaskan）都是模板型的诸语言。

鲍莱语是中心语标记的复综语，可在 1 个至多个词根上附着多达 9 个以上的语素。所谓中心语标记，是指反映句法关系的标记主要附着于中心词而非从属性成分上。格标记贫乏。量词系统发达，具有近 30 个语法上的量词和能用作量词的一些名词词根。形容词是名词的一个子类，可由量词复合而成。词缀占主导地位的是后缀，前缀所占比重很小。

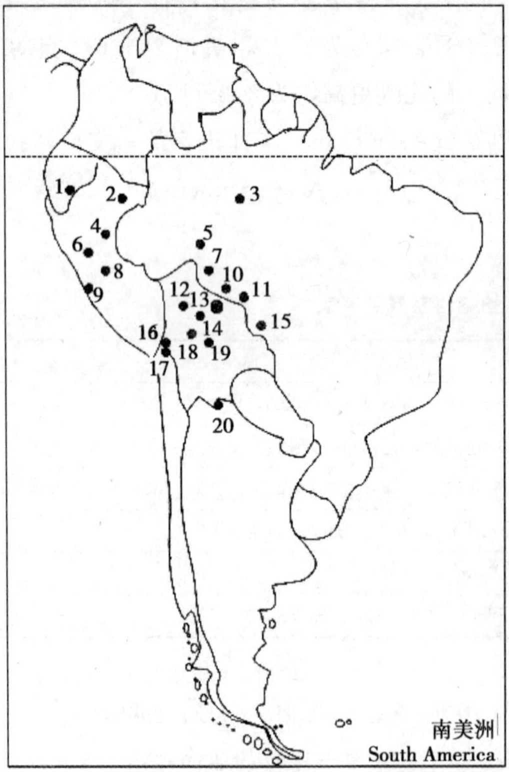

1.舒阿尔语（Shuar）
2.希皮博-科尼博语（Shipibo-Konibo）
3.墨本哥克里语（Mebengokre）
4.卡帕纳瓦语（Capanahua）
5.阿普瑞纳语（Apurina）
6.瓦亚加克丘亚语（Huallaga Quechua）
7.瓦里语（Wari）
8.亚内沙语（Yanesha）
9.沿海秘鲁语（Coastal Peruvian）
10.麦肯斯语（Mekens）
11.克瓦扎语（Kwaza）
12.卡维内尼奥语（Cavinena）
13.鲍莱语（ Baure）
14.莫维马语（Movima）
15.南毕库阿拉语（Nambikuara）
16.乌鲁语Uru（Uchumataqu）
17.艾马拉语（Aymara）
18.莫塞特纳语（Moseten）
19.尤拉卡雷语（Yuracare）
20.皮拉加语（Pilaga）

图 3－1　鲍莱语地域分布图

第一节 词类系统及词的基本结构

鲍莱语词类有名词、动词、形容词、副词、代词、数量词、小品词（前置词、连词、叹词）。

一 名词

鲍莱语名词作句子的谓语、主语、宾语、定语、状语。名词语法范畴包括领属、数、处所格。名词除处所格外这一个旁格外，没有核心格和其他旁格。名词处所格作状语。

名词的领属形式由表人称的前附缀以及领属后缀-no 来表示。名词区别单复数，单数为默认标记，复数由词缀-nev‘复数’或专门指人名词后缀-anev‘指人复数，相当于汉语的“们”’来表示。复数标记是可选的，只有对于指人的名词才是必选的。名词的性范畴通过外部形态来实现，如动词的附着词缀和修饰名词的指示词。此外，名词还有小称标记-či，巨称标记-ča，周遍性标记-he，强调标记-i' 以及其他的小句前附缀。

名词最少必须包含一个词根，有的名词也可以扩展为词干和词基。名词的词根一般是双音节或三音节的，表示名词主要的语义内容。词根可以受其他词根修饰，可以加粘着量词和其他词汇后缀构成词干。词基是名词的完整形式。鲍莱语的名词构成模式有一个固定的模板。

表 3－2 **鲍莱语名词构成模板表**

<table>
<tr><td rowspan="3">人称前附缀（领属）</td><td colspan="5">词基</td><td colspan="3">词基后缀</td><td rowspan="3">小句后附缀</td></tr>
<tr><td rowspan="2">属性、否定</td><td colspan="2">词干</td><td>词干后缀</td><td rowspan="2">名词化</td><td rowspan="2">小称、巨称</td><td rowspan="2">复数、周遍</td><td rowspan="2">处所</td></tr>
<tr><td>词根</td><td>粘着量词、词汇后缀</td><td>通格、领属</td></tr>
</table>

（一）名词的形态

名词由词根和词缀构成，词缀含派生词缀（词干词缀、词基词缀）和屈折词缀。有些地方很难将派生词缀和屈折词缀严格区分开来，但总体上派生词缀离词根近，屈折词缀离词根远。

1. 词根

名词词根有自由词根和粘着词根。如：

【自由词根】aki（‘潟湖’） | ani（‘天空’） | činti（‘人’） | čove'（‘盐’） | hikoč（‘刀’）| hir（‘男人’） | him（‘鱼’）| in（‘水’） | ka'an（‘动物’） | kove'（‘狗’） | mesi（‘桌子’） | misi（‘猫’） | neš（‘肉’） | monči（‘孩子’） | pari（‘房子’） | poeh（‘鸭子’） | senti（‘西瓜’） | ses（‘太阳’） | šiye'（‘狐狸’） | was（‘玻璃’） | yaki（‘火’）【粘着词根】-ah（‘汤’） | -aiy（‘兄弟’） | -ana'（‘姐夫或妹夫’） | -čipi（‘屋顶，后面’） | -kora'（‘伙伴’）| -os（‘祖母’） | -pen（‘舌头’） | -ser（‘牙齿’） | -šir（‘儿子’） | -tip（‘钉子’） | -toer（‘田地’） | -tove'（‘肚脐’） | -wer（i）（‘房子，家’） | -wer（‘药’）

2. 词干和词干后缀

名词词干由词根加粘着量词，或由词根加词汇后缀构成。鲍莱语量词都是粘着的，且数量丰富，以表细长义的-pi 为例：

arampri-pi（‘线’） |-isko-pi（‘项链’） | kaharo-pi（‘线状物’） | kohiroro-pi（‘一种虫子’） | konoro-pi（‘钢笔’） | sako-pi（‘虫子’） | soro-pi（‘喉咙’） | vire-pi（‘地平线’） | yako-pi（‘蜡烛’）

词汇后缀只能附加到一定的名词词根上，而且词汇后缀的数量也不多，规模远不如努特卡语的词汇后缀。例如：

-vian（‘邻居’） |-mori（‘搭档’） | -čos（‘继（家庭成员）’） | -in（‘已故（家庭成员）’） |-pos（‘相关’）

名词词干可带两种后缀：通格后缀-ko 和领属后缀-no。如：

【通格后缀-ko】toero-ko（toerok. 土地-通格，‘一块土地’） | ser-ok（牙-通格，‘牙齿’）

【领属后缀-no】yaki-no（niyakin. 火-领属，‘我的柴火’）

通格后缀和领属后缀呈互补分布，通格后缀附加在非领属的派生名词后面。注意，这里所谓的“通格”主要是构词形态性质，跟形态学上的一般内涵不同，后者是句法形态性质，跟作格相对。之所以取这样的名称，理由是：1）与动词通格后缀-ko 的形式相同。2）功能上有通式化的作用：能使粘着名词变成自由名词，并达到去领属化的作用，不与领属关系的表达兼容。要知道，对于一些名词（如身体部位或身体部件名词）来说领属关系的表达常是强制性的。它只能在严格范围内使用。

3. 词基和词基词缀

名词词基除词干、词干后缀外，还包括属性前缀 ko-或否定前缀 mo-，和作为名词化标记的后缀-no。

带有属性前缀 ko-的名词如：kopir‘犰狳’，kahaw‘鹿’，ka’an‘动物’，kahap‘树薯’。带有否定前缀 mo-的名词如 moeron‘孤儿’（←mo-iron，没有-父母）。属性前缀 ko-和否定前缀 mo-这两个前缀呈互补分布，不能同现。比如，名词若带了否定前缀，就不能再加领属前附缀。带名词化标记-no‘名词化 1’的名词如：akon‘歌唱者’（←ako-no. 唱-名词化 1）。

名词词基可带的后缀包括小称后缀、巨称后缀、复数后缀、周遍后缀和处所后缀。其中，小称标记和巨称标记，复数标记和周遍标记，均呈互补分布。如：

【小称后缀】ti-a-či（ti’ači. 小-量词：动物-小称，‘非常小的动物’）

【巨称后缀】to ewokoe’ čo-wok-ča（to ewokoe’čowokča. 冠词 树大-树-巨称，‘这棵非常大的树’）

【复数后缀】ni＝irono-nev（nirononev. 1 单数＝父母-复数，‘我的父母’）

【周遍后缀-处所后缀】yakiso-he-ye（yakisohe-ye. 柴火-周遍-处所，‘在柴火堆上’）

名词的外缘还可带附缀，前外缘带人称的前附缀，后外缘可带小句后附缀，包括表引用、感叹、赞同等的后附缀。如：

（1）ri＝nikori-či-he-ye＝hi＝enš（rinikoričihe-ye-hi-enš. 3 单数. 阴性＝盘子-小称-周遍-处所＝引用＝赞同，‘所有她的小碟子，她说，你知道。’）

（2）kahaw-eš-ah-ye＝niš（kahavešah-ye-niš. 鹿-肉-汤-处所＝感叹，‘好，在鹿肉汤里’）

（二）复合

复合名词在鲍莱语里是非常能产的构词方式，由两个名词词根构成，两个名词词根的构词语序总体上是定中关系，即“（$N_{定}$－$N_{中}$）”语序。复合名词内部，词根间的语义关系有多种类型。如：

【领属－被领属/整体－部分】kahaw-hi’（kahawhi’. 鹿－角，‘鹿

角’）｜ wak-pen（wakpen. 牛-舌头，‘牛舌’）｜ simori-eš（simorieš. 猪-肉，‘猪肉’）｜ tiporek-po’e（tiporekpo’e. 鸡-头，‘鸡头’）【材料-产品】ros-pan（rospan. 米-面包，‘米面包’）｜ him-ah（himah. 鱼-汤，‘鱼汤’）【特征-宿主】kohi-ses（kohises. 石头-太阳，‘冰雹’）｜ čo-ser（čoser. 大-牙，‘大牙’）｜ tiyowoko-pasiri（tiyowkopasiri. 勺子-鼻子，‘褐苍鹰’）【置物-容器】neš-iti（nešiti. 肉-碟子，‘肉碟子’）

复合名词也可以由三个名词词根构成。如：

simori-š-ah（simorišah. 猪-肉-汤，‘猪肉汤’）｜ kahaw-eš-ah（kahavešah. 鹿-肉-汤，‘野味汤’）

复合名词的两个名词词根有的可以直接复合，有的需要一个连接成分连接。如：

tikorok-a-pon（tikorokapon. 番木瓜-连接-叶子，‘番木瓜树’）｜ sopir-a-po（sopirap. 海龟-连接-骸骨，‘海龟骸骨’）｜ čomomoe-a-wok（čomomoeawok. 花-连接-树，‘开花的树’）｜ čor-a-po（čorap. 玉米-连接-量:小，‘玉米饭’）

词根也可以和粘着量词复合。如：

kajaro-pi（kajaropi. 棉花-量:长而细，‘棉线（←棉花根/棉花条）’）｜ yaki-so（yakis. 火-量词:树枝，‘柴火’）｜ čo-mpe（čompe. 大-量词:扁平，‘大扁平的东西（如:房子）’）｜ kono-ro-pi（konoropi. 写-派生-量词:长细，‘铅笔’）

末例-ro的派生后缀身份在理论中尚未完全得到确认。

（三）名词复杂化

鲍莱语的名词通常不复杂，但是它们也可以通过如下方式复杂化。

1. 按照形态模板粘贴各种语素，位置由线性语序决定。如：

（3）ri＝nikori-či-he-ye＝hi＝enš（rinikoričihe-ye-hi-enš. 3单数.阴性＝盘子-小称-周遍-处所＝引用＝赞同，‘所有她的小碟子，她说，你知道。’）

2. 词根复合，通常是名词词根和其他词根的复合。

（4）kahaw-eš-ah-ye＝niš（kahavešah-ye-niš. 鹿-肉-汤-处所＝

感叹，‘好，在鹿肉汤里。’）

复合操作中，两个粘着量词也可组成复合的粘着词根。例如：

-ahaki-‘量词：碟子.容量’<-aha-‘量词：碟子’+-ki-‘量词：有界’

-seki-‘量词：场地.容量’<-se-‘量词：场地’+-ki-‘量词：有界’

二　动词

通常阿拉瓦克语的动词显示复杂的综合特征，其他成分要简单一些（M. R. Wise，1986：579）。南阿拉瓦克语的谓词结构比北阿拉瓦克语更复杂（A. Y. Aikhenvald，1999：80）。鲍莱语一个句子可以只由一个动词组成，这是常见的情形。因此一个动词承载了许多言语功能，这是谓词结构特别复杂的原因之一。形态的复杂化有多种策略，例如加词缀、加附着语素、组并、复合和重叠。形态的主导特征是粘着的，特征可以分离，词干、词缀缺乏变化，具有统一的形式。如下例：

（1）ni=pori-mbe-ko-ino-pa-ša=pi=ro=niš（nborimbekinopašapir=niš. 1单数=缝补-量词：平面-通格-受益-意图-非现实=2单数=3单数阳性=感叹，‘好的，我什么时候给你把它补好。’）

鲍莱语动词中心语的标记成分包括：核心论元、组并成分（名词、量词、处所词、副词、形容词）、表受益和致使的语义角色以及增容成分、小句成分等。词的复杂化还受到如下因素的影响：名词领属标记、多重派生、绝大多数成分可以作谓语、通过名词化实现从属成分关系化（通过名词化把动词变为句子论元）。因此无论按照 N. Evans & H-J. Sasse（2002）的宽泛定义还是按照 M. C. Baker（1996）的定义，鲍莱语都是复综语。

鲍莱语动词作句子的谓语。鲍莱语的动词可能很简单，但是主语必须标记出。名词和量词通常都可以组并到动词中去。比较：

（2）a. ni=sipa to ni=wohis（nisipa to niwohis. 1单数=洗 冠词 1单数=手，‘我洗手。’）；b. ni=sipa-wohis-a-po（nisipawhisap. 1单数=洗-手-连接-完成反身，‘我洗手。’）

动词形态粘贴在词根、词干和词基三个层面。附着语素处于谓语动词的最外层。动词词根是动词最基础的不能分析的词汇成分，并不一定要有具体的意义。动词的词基是一个实义单元，用作援引式。

鲍莱语的动词非常复杂，其主要形式为派生形式，词缀非常丰富，而且有严格的语序限制，构成了一个动词模板。如表 3－3：

表 3－3　　鲍莱语动词构成模板表

<table>
<tr><td rowspan="4">人称前附缀（主语）</td><td>词基前缀</td><td colspan="5">动词词基</td><td>词基后缀</td><td colspan="2">人称后附缀</td><td rowspan="4">小句后附缀</td></tr>
<tr><td rowspan="3">致使</td><td>词干前缀</td><td colspan="3">动词词干</td><td>词干后缀</td><td rowspan="3">受益、暂时、分离、状态改变、意图/去、来/朝向、重复、否定重复、非现实、非完成、完成反身</td><td rowspan="3">间接宾语</td><td rowspan="3">直接宾语</td></tr>
<tr><td rowspan="2">属性</td><td rowspan="2">内在体前缀</td><td rowspan="2">动词词根</td><td>词根后缀</td><td rowspan="2">施为、通格、被动、交互、连接、环境</td></tr>
<tr><td>量词、名词、组并、近似、主观化、持续、周遍</td></tr>
</table>

鲍莱语动词在功能上分为动态动词和静态动词。如：

【动态动词】-ahač-（‘问’）｜-ehevipoek-（‘跌倒’）｜-hakič-（‘关闭’）｜-harič-（‘捆绑’）｜-hawač-（‘涂肥皂’）｜-ipohi-（‘隐藏’）｜-vehaki(a)-（‘打开’）【静态动词】-či'in-（‘是满的’）｜-harok-（‘消磨’）｜-kahač-（‘被问’）｜-kahaki-（‘关着’）｜-kahari-（‘绑着’）｜-kahawa(k)-（‘是干净的’）｜-karow-（‘学习’）｜-kavinon-（‘嫁’）｜-kehevipoe(k)-（‘扔掉’）｜-ki'in-（‘想’）｜-koepohi-（‘藏着’）｜-koeyin-（‘娶’）｜-košir-（‘得到一个孩子’）｜-kotive-（‘有病’）｜-kovehaki-（‘开着’）｜-tiri-（‘知道’）｜-topok-（‘是脏的’）｜-ve(iy)'in-（‘是饿的’）

动态动词和静态动词均又可分为及物动词和不及物动词。动态动词无论及物与否，主语均由动词人称前附缀表示，及物动词的宾语则由人称后缀表示，人称附缀的出现在前者是强制的，在后者是任选的（例见 pp. 327—330）。

鲍莱语中的静态不及物动词以下句中的 kwo-‘存在’为例。

（3）kwo＝ni　ne'　pi＝weri-ye.（kwoni ne' piweri-ye. 存在＝1单数　这儿　2单数＝房子-处所，‘我在你的房子这儿。’）

有不少静态不及物动词常需用汉语形容词去对译，作谓语时需加上系词后缀-wo，这等于是标记为名词性的。

(4) ni=apero-wo (naperow. 1 单数=是懒-系词，'我是懒。')

(5) pi=tokono-he-wo (pitokonohew. 2 单数=是. 冷-周遍-系词，'你冷。')

(6) vi=ha'ino-wo ač vi=imoko-so-'ino-wo (1 复数=累-系词 并且 1 复数=睡-近似-主观-系词，'我们大概累了，困了。')

(7) nokope' ro=tokonoko-wo te ahikowon (昨天 3 单数. 阳性=冷-系词 指示 1 阳性 早上，'昨天早上很冷。')

(8) ro=tokono-so-hi-wo ahikowon (rotokonos'hiw ahikowon. 3 单数阳性=是. 冷-近似-环境-系词 早晨，'今天早晨很冷。')

静态动词也可加状态改变后缀-wapa 作谓语。比较：

(9) ni=mane-wapa (1 单数=是. 冷-状态改变，'我很冷。')

静态动词也有及物动词，如动词的属性前缀 ko-可结合其他不同的形态条件，派生出动态及物动词（如例 10a），或派生出静态及物动词（如例 10b）。比较：

(10) a. nti' ni=ko-eyon-čo=ro (nti'nkoeyinočor. 1 单数=属性-妻子-施为=3 单数阳性，'我使他［跟某女人］结婚。')；b. ro=ko-eyon-wo=ri (rokoeyinowori. 3 单数阳性=属性-妻子-系词=3 单数阴性，'他跟她结婚［←他以她为妻子］。')

很多不及物动词可用作及物动词，尤其宾语为指人宾语时。比较不及物动词-koes-'醒来'[①] 和及物动词-koes-čo-（醒来-施为，'叫醒某人'）。

---

① 不及物动词-koes-'醒来'可能派生自属性前缀 ko-与-kis'眼睛'省略式-is 的组合。

（一）派生

1. 动词词根

动词词根有不及物动词词根和及物动词词根。如：

【不及物动词词根】-hi-（‘坐’）｜-aha-（‘试’）｜-se-（‘烹饪’）｜-pi-（‘逃跑’）｜-be-（‘饥饿’）｜-a-（‘难过’）【及物动词词根】-pr-（‘玩’）｜-so-（‘油炸’）｜-e-（‘喝’）｜-ni-（‘吃’）｜-to-（‘发现’）｜-wo-（‘发送’）

动词词根中有一类拟声动词词根。如：

-hehepen-（舌头伸出来喘息声）｜-haphapsoe-（大雨前的毛毛雨）｜-kačoworoworek-（烤炉声）｜-miahmiah'inok-（喘息）｜-rarak-（吞咽）｜-wawak-（狗叫声）｜-wotowoto-（煮）｜-yivirivirik-（疼痛的颤抖）｜-yoporoporok-（冷的颤栗）｜-čokorokorok-（肚子咕咕叫）｜-čoporiporik-（在淤泥滚）｜-čoročorosoe-（大雨后的毛毛雨）｜-šipiripirik-（滚下）

拟声词如 totorekow（公鸡打鸣声）｜ emberer（羊叫声）｜wawakow（狗叫声）｜ weyar（牛叫声）。

拟声词（或拟声词根）在鲍莱语里表示事物或动作行为，也常用来表示发出该声音的动物（如 sirisiri‘鹰隼’），即有名词和动词两种功能。因此从语法角度说，拟声词不是一种独立的词性类别。不过它活跃于动词和名词两种词类之间，对认识语言化问题（即语言的形成）有价值（马清华，2012:1—49；2013）。

2. 词根词缀

动词的词根词缀包括 1 种内在体前缀和 4 种派生词根后缀，即近似后缀、主观后缀、持续后缀、周遍后缀。在前缀和后缀之间，有词根或量词，而且词根或量词的最后部分可以由于强调而重叠。它们的总体语序如表 3-4 所示：

表 3-4　鲍莱语动词词根词缀语序表

内在体前缀	动词词根	量词/名词词根	重复	-so	-'ino	-i	-he
				近似	主观	持续	周遍

1）内在体前缀　内在体（aktionsart）区别于通常意义上的体。体是

已经语法化的，内在体是已经词汇化的，所以后者在语言学上也叫词形体。鲍莱语动词的内在体前缀只有一个槽位，很难说具有高度的能产性。鲍莱语动词内在体解析如下：

【ve-（不）】vehakia-（开）（比较：-hakič-［关］）｜-vetok-（能）（比较：-(ko)tok-［紧紧握住］）｜veha-（解开）｜-vehšač-（脱）｜-vehko-（空）

【ha-（去）】-hačomoek-（剥皮）（比较：-čom［皮］）｜-hačorok-（剥皮）（比较：-čor［剥皮］）｜-hak-（抽水）｜-hačorik-（吸血）

【epo-（后，下）】-epohawok-（消肿）（比较：-hawok-［肿胀］）｜-epokopoek-（扔下）（比较：-kopoek-［下来］）

【eh-（出）】-ehewerek-（扔出房子）（比较：-wer［房子］）｜-ehvirik-（拿出）（比较：-virik-［整理］）｜-eh(h)owoki-（从洞穴里出来）（比较：howoki［洞穴］）｜-ehevipoek-（摔倒）（比较：-poe-［下］）｜-ehkasia-（保持）（比较：-kasia-［完成］）｜-ehmo（in-（放松）｜-ehwesa-（跳水）｜-ehwo（in-（满意）

【e-（动词化）】-epiroč-（加热）（比较：-piro［热］）｜-epiri-量-č-（分享，切开）（比较：piri-［半］）｜-ešie-量-a-（磨碎）（比较：-šie［截取］）

2）近似后缀　近似义后缀-so表‘接近/近似/大约’，附加到动词词根上，表示接近某种状态或行为或意义上的贬低。比较：

（11）a. to　yor　ro=kavi-wo（to yor rokaviow. 冠词　猴子　3单数阳性=喝醉-系词，‘这只猴子喝醉了。’）；b. ro=kavi-so-ko-wo（rokavisokow. 3单数阳性=喝醉-近似-通格-系词，‘他微醺了。’）；c. no=kavi-so-he-wo（nokavisohew. 3复数=喝醉-近似-周遍-系词，‘他们都微醺了。’）

（12）a. vi=veiy'ino-wapa　ni=en（viveiy'inowapa，nen. 1复数=饿-状态改变　1单数=妈妈，‘妈妈，我们已经饿了。’）；b. ni=veiy-so-'ino-wo（niveiyso'inow. 1单数=饿-近似-主观-系词，‘我感觉有点饿。’）

3）主观后缀　主观后缀-'ino附加在动词词根上，'ino语源上与

etoko'in（'心'）有关。它表达包含意图、情感、感觉等身心意义，是相关动词词基的强制性构成部分。包含该主观后缀的动词词基如：

-aro'inok-（感到悲伤）| -hino'inok-（想）| -veiy'in-（饿）| -či'in-（满）| -ki'in-（想）| -haphap'in-（咳嗽）| -ah'in-（快点）| -aw'in-（呵欠）| -hamoro'in-（遗憾）| -ewso'in-（呕吐）| -pe'in-（羞耻）| -ha'in-（累）| -aspiri'in-（记得）| -ehmo'in-（放松）| -emoro'in-（忘记）| -ehe'in-（有力）| -topo'in-（假定）| -tokono'in-（觉得冷）

（13）ro＝wono-'ino-ko＝ni（rowono'inokoni. 3 单数阳性＝寄信-主观性-通格＝1 单，'他真诚地寄信给我。'）

4）持续后缀　持续后缀-i 表行为状态的持续，能影响动词价的变化，也可表强调。比较：

（14）a. nti'　ni＝sompo-wo＝pi（nti' nisompovi. 1 单数　1 单数＝听到-系词＝2 单数，'我听到了你。'）；b. ni＝sompo-i-ko（nisompoek. 1 单数＝听到-持续-通格，'我在听。'）

5）周遍性后缀　周遍性后缀-he 和动词的数相关，表示及物动词的宾语的'总括'意义。

（15）ro＝ikomoro-he-ko　to　neč　šiye-nev（roekomorohek to neč šiyenev. 3 单数阳性＝杀-周遍-通格　冠词　指示 2 复数　狐狸-复数，'他把狐狸都杀了。'）

（16）no＝koka-he-ko-wo＝pi（nokokahekowovi. 3 复数＝笑-周遍-通格-系词＝2 单数，'他们都笑话你。'）

动词上述 4 种派生词根后缀只有 6 种互相组合的可能，其可能的组合及顺序为：（近似后缀，主观后缀）；（近似后缀，持续后缀）；（近似后缀，周遍后缀）；（近似后缀，主观后缀，周遍后缀）；（主观后缀，持续后缀）；（主观后缀，周遍后缀）。例如：

【近似后缀，主观后缀】ito　ni＝etoro-so-'ino-wapa（ito netoros'inowapa.

进行体　1单数＝离开-近似-主观-状态变化，‘我正差不多要走了（准备妥了）。’）

【近似后缀，持续后缀】ro＝hap～hap-so-i-wo（rohaphapsoew. 3单数阳性＝下毛毛雨～强调-近似-持续-系词，‘天在下毛毛雨。’）

【近似后缀，周遍后缀】no＝kavi-so-he-wo（nokavisohew. 3复数＝醉-近似-周遍-系词，‘他们都喝醉了。’）

粘着量词跟动词词根的结合如：

(17) pi＝eh-mo-i-ko-pa＝ri（pehmoekperi. 2单数＝洗-量词：织物的-持续体-通格-意图＝3单数阴性，‘你为她洗了衣服。’）

3. 词干词缀

词干词缀有属性前缀、通格后缀、施为后缀、交互后缀、被动后缀、连接后缀、环境后缀7种。词干前缀（属性成分）可以派生出静态和被动动词。理论上一个动词只有一个词干后缀，这可以作为动词词基的闭合成分来理解。尽管词干后缀的变化能造成词基的意义差别，形态表内的一些替换仍然是规律的。

1）属性前缀　属性前缀ko-和其否定形式即前缀mo-，有将名词派生为动词的功能。

(18) ver　ro＝ko-eyon（ver rokoeyon. 完成　3单数阳性＝属性-妻子，‘他结婚了。’）

(19) ni＝ko-aroni-a-pa（nikaroniapa. 1单数＝属性-衣服-连接-去，‘我快穿好衣服了。’）

(20) nti'　ni＝ka-haše-wo（nti'　nkahšew. 1单数　1单数＝属性-帽子-系词，‘我戴了一顶帽子。’）

(21) mo-avinon＝ri（mavinoneri? 否定-丈夫＝3单数阴性，‘她没有结婚吗？’）

由此派生的属性动词常是不及物静态动词。但当主语为施事时，动词也可及物。如：

（22）ro＝ko-eyon-wo＝ri（rokoeyinowori. 3 单数阳性＝属性-妻子-系词＝3 单数阴性，‘他娶了她。’）

属性前缀 ko-也可以把动态动词改变为静态动词。

（23）ro＝ko-ehevipoek te?（rokoehevipoek te. 3 单数阳性＝属性-坠落 指示 1 阳性，‘这是不是掉了？’）

2）通格后缀 通格后缀-ko 是动词词基常见的一部分，跟非领属的通格名词很类似，通格后缀是一个句法槽位。当一个动词论元组并到动词中来的时候，它占据通格后缀的位置，通格后缀-ko 被替换掉，这表明隶属于动词词干后缀的通格后缀-ko 跟论元有某种相关联系。比较：

（24）a. ni＝šini-ko-wo to ni＝po'e（nišinikow to nipo'e. 1 单数＝伤害-通格-系词 冠词 1 单数＝头，‘我头疼。’）；b. ni＝šini-po'e-wo（nišinipo'ew. 1 单数＝伤害-头-系词，‘我头疼。’）

3）施为后缀 施为后缀-čo（或其音变形式）的功能是将不及物动词转化为及物动词。比较：

（25）a. ni＝koes（nikoes. 1 单数＝醒，‘我醒了。’）；b. piti' pi＝koes-či＝ni（piti' pikoesčini. 2 单数 2 单数＝醒-施为＝1 单数，‘你吵醒了我。’）

施为后缀有时也可使一个名词转为及物动词。如：

（26）ni＝ka-haše-čo＝ro（nikahašečor. 1 单数＝属性-帽子-施为＝3 单数阳性，‘我给他戴上一顶帽子。’）

（27）piti' pi＝koes-či＝ni（piti' pikoesčini. 2 单数 2 单数＝叫醒.起来-施为＝1 单数，‘你把我叫醒。’）

带通格形态-ko 的不及物动词则可通过由-ko 到-čo 的形态替换，转成及物动词。施为后缀-čo 也可以是名词动词化的标记。

表 3－5　　鲍莱语动词施为后缀用法表

功能变换	形态策略	词性	词例	意义	词性	词例	意义
不及物动词的及物化	置换	不及物动词	-porok-	丢	及物动词	-poroč-	丢
			-wawak-	吠叫		-wawač-	对……吠叫
			-čoporiporik-	转身		-čoporiporič-	使转身
			-iwok-	大喊		-iwoč-	对……大喊
			-virik-	收好		-virič-	整理
名词动词化	添加	名词	haw	肥皂	动词	-hawač-	抹肥皂
			šir(a)	锁		-širač-	锁
			havi	浆		-havič-	用浆划
			haki	门		-hakič-	关
			wer	药		-weroč-	用药
			hari	带子		-harič-	系

4）交互后缀　交互后缀-(ko)ko 表示附加到及物动词上表示动词的复数主语相互影响。比较：

（28）a. no＝konompea-wo＝vi（nokonompeawovi. 3 复数＝写信-系词＝1 复数，‘他们在给我们写信。’）；b. noti' no＝konompea-koko-wo（noti' nokonompeakokow. 3 复数　3 复数＝写信-交互-系词，‘他们互相给对方写信。’）

（29）o＝ikomori-ko-ko-wo（3 复数＝杀-通格-相互-系词，‘动物相互残杀。’）

（30）verek　vi＝weč-koko（不再　1 复数＝打-交互，‘我们不再打架了。’）

5）被动后缀　被动后缀-si 表示静态的被动结构，经常和属性前缀连用，有 ko-...-si，通常是不可知的施事导致了这种状态。用被动后缀表被动时，施事不能显现。比较：

（31）a. ni＝viri-ko-wo　te　šep（nivirikow te šep. 1 单数＝收

好-通格-系词　指示1阳性　木薯粉，‘我收好了木薯粉。’）；b. ro=ko-viri-wo　ro=ko-viri-si（rokoviriow，rokovirisi. 3单数阳性=属性-收好-系词　3单数阳性=属性-收好-被动，‘它收好了，它已经被收好了。’）

（32）a. ni=ko-siapono-si-wo（nikosiaponosiow. 1单数=属性-抓住-过去-系词，‘我被抓住了。’）；b. * ni=ko-siapono-si-wo　noti’（nikosiaponosiow noti’. 1单数=属性-抓住-过去-系词　3复数，‘*我被他们抓住了。’）

（33）to　čičorop　ver　ro=ko-pa-si（to čičorop ver rokopasi. 冠词　豆子　完成　3单数阳性=属性-收获-被动，‘豆子收获了。’）

6）连接后缀　静态动词或非动词词基上附着非静态动词词缀前，往往要加用连接后缀-a。如下例静态动词ve’in后的连接后缀。

（34）pi=ve’in-a-pa（pive’inapa. 2单数=是. 饿-连接-即将，‘你会饿的。’）

7）环境后缀　环境后缀-hi表示时间、地点和环境等，通常和近似后缀连用。例如：

（35）ro=tokono-so-hi-wo　ahikowon（rotokonos’hiw ahikowon. 3单数阳性=冷-近似-环境-系词　早上，‘早上有点冷。’）

（36）ver　kač　ro=moro-so-hi（ver kač romorosohi’. 完成　去　3单数阳性=干-近似-环境，‘干旱季节已经来临了。’）

（37）ro=ko-piro-so-hi-wo（rokopiros’hiow. 3单数阳性=属性-热-近似-环境-系词，‘天很热。’）

4. 词基词缀

词基词缀有三种：价改变词缀、体后缀和语气后缀。价改变词缀有致使前缀和受益后缀。即致使词缀经常作为前缀，受益词缀通常作为后缀直接位于词基后。

1）价改变词缀

A. 致使前缀　致使前缀 i(mo)-给动词增加致事主语，主语用前附缀标记，役事宾语用后附缀标记。例如：

（38）pi＝imo-ikomoriko＝ni＝ro（pimoekomorikonir. 2 单数＝致使-杀＝1 单数＝3 单数阳性，‘你让我杀了它。’）

（39）ni＝i-nik＝ri（ninikiri. 1 单数＝致使-吃＝3 单数阴性，‘我喂她。’）

（40）no＝imo-išoereko＝ni（noemoešoerekoni. 3 复数＝致使-做饭＝1 单数，‘他们让我做饭。’）

（41）no＝ko-imo-ko-poe-si-wo（nokoemokopoesiow. 3 复数＝属性-致使-属性-下-被动-系词，‘他们被带下来了。’）

B. 受益后缀　受益后缀-ino 表示宾语是行为的受益者或者是行为产物的获得者。不及物动词可因受益对象而被人称后缀所标记，从而转成及物动词，或将一般及物动词转成双及物动词。如：

（42）ni＝ki'ino-wo　ni＝ak-pi-ino＝pi（nki'inow nakpinopi. 1 单数＝想-系词　1 单数＝唱-词语-受益＝2 单数，‘我想给你唱歌。’）

（43）pi＝ta-ino＝ni（pitoenoni. 2 单数＝除草-受益＝1 单数，‘你为我除草。’）

（44）ro＝imono-no＝ni　ni＝sopot（roemonononi nisopot. 3 单数阳性＝买-受益＝1 单数　1 单数＝鞋子，‘他给我买了鞋子。’）

用于双宾结构的例子如：

（45）ni＝wo'ik-ino(-wo)＝pi＝ro（niwo'ikinovir. 1 单数＝屠宰-受益（-系词）＝2 单数＝3 单数阳性，‘我帮你宰了它。’）

（46）ro＝imono-no＝ni　ni＝sopot（roemonononi nisopot. 3 单数阳性＝买-受益＝1 单数　1 单数＝鞋子，‘他给我买了双鞋子。’）

2）体后缀　体后缀有 8 种，出现在如下语序中。序列中夹着一个不属于体后缀的语气后缀（即非现实语气后缀- ša），这是为了下文对语气后缀的说明。跟体后缀本身无关。

表 3-6 鲍莱语动词体后缀语序表

-pik	-wa	-poreiy，-poeiy	-wana	-wapa	-pa	-ša	-po	-wo
来（方向）	临时	重复，否定重复	分离	状态改变	意图/去/方向	非现实	完成反身	非完成（系词）

所有体后缀在使用中不能全部出现，一般不超过三个。依序举例说明：

A. 方向义动态后缀-pik‘来’。

（47）ni＝ahač-piko-wo＝pi（nahačpikovi. 1 单数＝问-来-系词＝2 单数，‘我来问你。’）

B. 短暂义静态后缀-wa 。

（48）herik moeh mayoko-wa te to ka apo vi＝nik-čo＝ro（herik moeh mayokowa te to ka apo vinikčor. 可能 确定 很多-短暂 指示 1 阳性 冠词 无定代词 标句词 1 复数＝吃-名词化 2＝3 单数阳性，‘可能有很多给我们吃的。’）

C. 反复义动态后缀-poreiy。

（49）ši vi＝nik-poreiy ač vi＝kač-poreiy-po（ši vinikporeiy ač vikačporeiyop. 劝告 1 复数＝吃-反复 并且 1 复数＝去-反复-完成反身，‘让我们再吃再去。’）

（50）ni＝kač-poreiy-po ni＝haviak-pa（nkačporeiyop nihaviakpa. 1 单数＝去-反复-完成反身 1 单数＝游泳-去，‘我们又要去游泳了。’）

D. 分离义静态后缀-wana。

（51）ni＝veiy'ino-wana-wo ač nik-pik ne' pi＝weri-ye（niveiy'inowanaw ač nikpik ne' piweri-ye. 1 单数＝饿-分离-系词 并且 1 单数. 吃-来 这儿 2 单数＝房子-处所，‘我饿着走了，来你

家吃饭。’）

E. 状态改变义静态后缀-wapa。

（52） nečon　nka　ntiro-wapa　soni　kaiyran　teč　ni＝an（nečon nka ntirowapa soni，kaiyran teč nian. 昨晚　否定　1单数领属-状态改变　烟　最后　指示2阳性　1单数＝嚼，‘昨晚我已经没有烟了，我嚼了最后的那点。’）

F. 意图义动态后缀-pa。

（53） ver-ša　to　čokolat　ač　rom　ro＝šim　teč　yor　ro＝nik-pa　čokolat（veršа to čokolat ač rom rošim teč yor ronikpa čokolat. 完成-非现实　冠词　可可　并且　立即　3单数阳性＝到达　指示2阳性　猴子　3单数阳性＝吃-去　可可，‘可可一熟，猴子去吃了。’）

G. 完成反身义静态后缀-po。

（54） no＝pino-po　noti’（nopinop noti’. 3复数＝逃-完成反身　3复数，‘他们逃了。’）

（55） ač　vi＝kowyo-po（ač vikowyop. 并且　1复数＝洗澡-完成反身，‘并且我们洗了个澡。’）

（56） nka　to　ka　ni＝hinoko-po-wo（nka to ka nihinokopow. 否定　冠词　无定代词　1单数＝看见-完成反身-系词，‘我什么都没看见。’）

（57） ni＝ampiko-po-wo＝ri（nampikopowori. 1单数＝带-完成反身-系词＝3单数阴性，‘我会带上她。’）

H. 系词静态后缀-wo。

（58） nti’　ni＝kotoreko-wo　ač　piti’　peron（nti’ nkotorekow ač

piti’ peron. 1单数 1单数=工作-系词 并且 2单数 懒，‘我一直在工作，而你很懒。’）

（59） ro=yono-wo ro=yono-wo ro=yono- wo（royonow，royonow，royonow. 3单数阳性=走-系词 3单数阳性=走-系词 3单数阳性=走-系词，‘他走啊走啊。’）

3）语气后缀 非现实语气后缀- ša。

（60） enevere nka ro=sowe-ša ač ni=yon-pa ri=weri-ye（enevere nka rosoweša ač niyonpa riwer-ye. 明天 否定 3单数阳性=下雨-非现实 并且 1单数=走-去 3单数阴性=房子-处所，‘明天如果不下雨，我就去她家。’）

（61） kwe-ša ni=wer ač rom ni=keyino=pi（kweša niwer ač rom nkeyinopi. 存在-非现实 1单数=房子 并且 立即 1单数=结婚=2单数，‘如果我有房子，我就能娶你了。’）

（二）组并

鲍莱语中动词也有组并形式，并且是一种能产性较高的形态操作。只是组并形式在楚克奇语中运用更加广泛自由。鲍莱语中宾语成分可以通过两种主要的方式跟动词组并，一种是通过连接后缀-a 连接到动词中去，另一种是通过后接通格后缀-ko，组并进入动词。比较：

（62） pi=sipa-poiy-a-po（pisipapoiyap. 2单数=洗-脚-连接-完成反身，‘你洗你的脚。’）

（63） ni=sipa-miro-ko-po（nisipamirokop. 1单数=洗-脸-通格-完成反身，‘我洗脸。’）

两种组并方式的区别在于前者表限定的、完成的、个别的行为，‘脚’是动词完整的论元。而后者‘脸’不是一种指称类型，只是动作的背景，表示‘在脸上洗’。下面例子更能体现出这一点。

（64） ro=aro-čipi-a-wo（raročipiaw. 3单数阳性=爬-顶-连接-

系词，‘它爬动物的后背。’）

（65）ro=aro-čipi-ko-wo（daročipikow. 3 单数阳性=爬-顶-通格-系词，‘它在后背上爬。’）

粘着量词和名词也可通过连接方式，或结合名词化标记，组并成为数量词或形容词。比较：

（66）iyowko-pi-a-no（iyowkopian. 各种-量词：长.薄.瘦-连接-名词化标记 1，‘各种［蛇等］’）

（67）mosero-ko-no（moserokon. 红-通格-名词化标记 1，‘红的’）→ mosero-pi-no（moseropin. 红-量词：长.薄.瘦-名词化标记 1，‘红的［蛇等］’）

（三）重叠

动词词根可以完全或部分重叠，表示进行体的意义。完全重叠如：-yiviriviri̇k-（‘发抖’）｜-yoporoporok-（‘颤栗’）｜-čokorokoro-（‘［肚子］咕咕叫’）｜-šoporiporek-（‘转来转去’）｜-siasiak-（‘烘烤’）

部分重叠表强化的意义。如：

（68）ač ro=išom～mo-ko-pa-wo noiy šonki-ye（ač roešomomokopaw noiy šonki-ye. 并且 3 单数阳性=站～强化-通格-去-系词 那儿 路-处所，‘并且他在路上一直站着。’）

（69）ri = eto～to-i-so-wapa（rietotoesowapa. 3 单数阴性 = 安静～强化-持续-近似-状态改变，‘她很安静。’）

（70）ri=či～či-'ino-wapa（ričiči'inowapa. 3 单数阴性=饱～强化-主观-状态改变，‘她已经饱了。’）

（四）动词复杂化

鲍莱语动词有许多的语素组合可能性，因此很难用完全的形态变化表表示出来。作为典型的复综语，部分的形式或形态变化表还是能表示出来的。

1. 词缀复杂化

1）后缀复杂化 有些后缀组合凝固成一个固定的语素单元，例如：

-wapa‘状态改变’＜-wa‘临时’＋-pa‘意图’

-wana‘分开’＜-wa‘临时’＋na（?）

-poreiy‘重复’＜-po‘完成反身’＋-ro‘方位’＋-yi‘处所’

2）词根与词基后缀的词汇化　倒置的语素顺序不难解释成语素的跨层组合。词汇化的语素和规则的派生/屈折语素不同，它们不能被替换，不是形态变化表的组成成分，只是增加动词词基的意义。比较：

（71）a. ni＝kono-i-wana-wo（nikonoewanaw. 1单数＝写-持续-分离-非完成，‘我写了就走了。’）（-wana是一个规则的词基后缀）；b. ver pi＝no-wana-i-ko-pa-wo（ver pinowanoekpaw. 完成 2单数＝告诉-分离-持续-通格-去-非完成，‘你已经去和他们说再见了。’）（词汇化的-wana：nowana-‘说再见’＜-no-‘告诉’）

（72）a. ni＝hiropo-wana-po（nihirpowanap. 1单数＝跳舞-分离-完成反身，‘我跳了舞，走了。’）（-po是一个规则的词基后缀）；b. ni＝hiro-po-ino-pa＝ro（nihiropinoper. 1单数＝人-完成反身-受益-去＝3单数.阳性，‘我将和他跳舞’）（词汇化的-po：-hirop(o)-‘跳舞’＜hir(o)‘人’）

（73）a. no＝čonowo-wo＝ni（nočonowowoni. 3复数＝伴随（accompany）-非完成＝1单数，‘他们在陪伴我。’）（-wo是一个规则的词基后缀）；b. nga to ka no＝čono-wo-po（nga to ka nočonowop. 否定　冠词　无定代词　3复数＝伴随-非完成-完成反身，‘他们没有陪伴任何人。’）（词汇化的-wo：-čonowo-‘陪伴’＜-čon（o）‘同伴’）

3）多层派生　颠倒的语素语序、语素重复、语素的奇异组合通常应归于多层面的派生过程。比较：

（74）a. nga no＝ko-poe-ko-wo（nga nokopoekow. 否定　3复数＝属性-下-通格-非完成，‘他们没有下来。）；b. ikarek no＝ko-imo-ko-poe-si-wo（ikarek nokoemokopoesiow. 因此　3复数＝属性-致使-属性-下-被动-非完成，‘因此他们被击败了。’）

例中词根前部的词基前缀和词干前缀显然违背了一般的模板规则。动词相关词缀的一般模板序列应是：词基致使前缀 imo->词干属性前缀 ko->词根>词干被动后缀/词干通格后缀>词基体后缀。

词类转指派生“N<V<N<V”中，名词化标记的重复也可作为另一个例子。比较：

（75）a. pi＝ko-yori-no-si-wo（pikoiyrinsiow. 2 单数＝属性-生气-名词化标记-被动-非完成，‘你被触怒了。’）；b. kon to ko-yori-no-si-wo-no（kon to koiyrinsiowon？谁 冠词 属性-生气-名词化标记-被动-非完成-名词化标记，‘谁被触怒了。’）

在例 75b 中，【第 1 层】-yori-‘生气’（动词性）【第 2 层】yorin‘生气的’（加名词化标记后，变成名词性或形容词性）【第 3 层】-koyorinsi-‘被触怒’（加被动后缀后变成动词性）【第 4 层】koiyrinsiowon‘被触怒的人（加名词化标记后，变成句法上的一个名词）。

2. 词缀复杂化的过程

鲍莱语的词形式如上所示，在创造复杂词过程中，复合（compounding）占据主要的功能角色，包括语法语素。这些复合词导致了某一层面上的复杂形式，它又可以作为一个单元到下一个层面再经历复杂化的过程。具体过程如下：

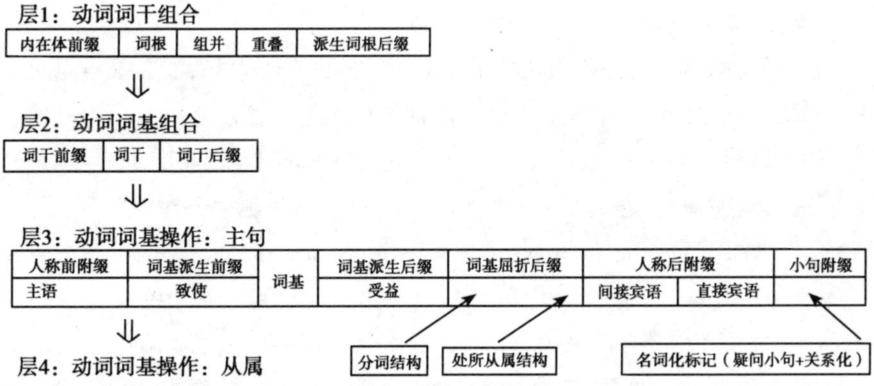

图 3-2 鲍莱语词形复杂化层次图

下面以-pori(a)-‘缝’为例，展示词缀复杂化的过程：

（76）ni＝pori-a-wo（niporiaw. 1单数＝缝-连接-非完成，‘我在缝补。’）

（77）ni＝pori-a-wo＝ro（niporiawor. 1单数＝缝-连接-非完成＝3单数.阳性，‘我在缝它。’）

（78）ni＝pori-a-he-wo＝ro（niporiehewor. 1单数＝缝-连接-周遍-非完成＝3单数.阳性，‘我正在把它全缝上。’）

（79）ni＝pori-wana-po＝ro（niporiwanapor. 1单数＝缝-分离-完成反身＝3单数.阳性，‘我在缝它，然后离开。’）

（80）ni＝pori-mbe-ko-wo（niporimbekow. 1单数＝缝-量词:扁平-通格-非完成，‘我在缝补。’）

（81）ro＝ko-pori-mo-wo（rokoporimow. 3单数.阳性＝属性-缝-量词:编织-非完成，‘它［布片］缝上了。’）

（82）ro＝ko-pori-a-si（rokoporiasi. 3单数.阳性＝属性-缝-连接-被动，‘它缝上了。’）

（83）ni＝pori-ino-wo＝pi＝ro（niporinovir. 1单数＝缝-受益-非完成＝2单数＝3单数.阳性，‘我在给你缝它。’）

（84）ni＝imo-pori-a-wo＝ri（nimboriawori. 1单数＝致使-缝-连接-非完成＝3单数.阴性，‘我让她缝。’）

（85）vi＝pori-ino-koko-wo（viporinokokow. 1复数＝缝-受益-互相-非完成，‘我们互相缝补。’）

（86）vi＝imo-pori-a-koko-wo（vimboriakokow. 1复数＝致使-缝-连接-互相-非完成，‘我们互相使对方缝补。’）

（87）ni＝imo-pori-a-he-wo＝ri（nimboriehewori. 1单数＝致使-缝-连接-周遍-非完成＝3单数.阴性，‘我让她把它全缝上。’）

（88）vi＝imo-pori-a-he-koko-wo（vimboriehekokow. 1复数＝致使-缝-连接-周遍-互相-非完成，‘我们互相使对方把它全缝上。’）

（89）ro＝kamiyo- wo to ro＝pori-a-čo-wo（rokamiyow to roporiačow. 3单数.阳性＝喜欢-非完成 冠词 3单数.阳性＝缝-连接-分词-非完成，‘他喜欢缝补。’）

（90）ro＝kamiyo-wo to ro＝imo-pori-a-čo-wo＝ni（rokamiyow

to roemboriačowoni. 3 单数. 阳性=喜欢-非完成　冠词　3 单数. 阳性=致使-缝-连接-分词-非完成=1 单数，‘他喜欢让我缝。’）

（91）ko=ri　pori-ino-wo=ro-no（kori porinoworon? 为什么=3 单数. 阴性　缝-受益-非完成=3 单数. 阳性-名词化标记，‘为什么她为他缝补?’）

（92）amo　yi=pori-ino-koko-wo-no（amo yiporinokokowon? 为什么不　2 复数=缝-受益-互相-非完成-名词化标记，‘为什么你们不互相缝补?’）

（93）ni=pori-a-yi-wo=ro（niporiayiwor. 1 单数=缝-连接-处所-非完成=3 单数. 阳性，‘我在哪儿缝它的?’）

（94）ri=pori-a-yi-wo=ro-no（riporiayiworon? 3 单数=缝-连接-处所-非完成=3 单数. 阳性-名词化标记，‘她在哪儿缝它的?’）

三　形容词

鲍莱语形容词从构成看，鲍莱语形容词有三类：右粘着词根式、独立式、派生式。

（一）右粘着词根式

形容词词根右侧加粘着量词或名词词干构成的形容词，常作定语。

（1）to　hikoč　čo-pe（to hikoč čope. 冠词　刀子　大-量词：餐具，‘这把大刀子。’）

（2）teč　ewokoe　čo-wok（teč ewokoe' čowok. 指示 2 阳性　树　大-树，‘这棵大树。’）

此类形态构造也可以直接指称事物，功能上呈现为名词。例如：

ti-a-nev（ti'anev. 小-量词：动物-复数，‘小动物’）｜ti-a-či（ti'ači. 小-量词：动物-小称，‘非常小的动物’）｜čo-ser（čoser. 大-牙齿，‘大牙’）

（二）独立式

独立式形容词主要特点是词形无变化。量词语素和粘着词根不能通过组并进入其中。独立式形容词在词汇化过程中有的由词根加通格后缀构成，如：

monik（‘漂亮’←moni-‘漂亮’+-ko 通格后缀）｜čonok（‘大’←čo-‘大’+-no‘名词化 1’+-ko 通格后缀）

有的则没有该后缀，如 hetirik‘空的’、yak‘熟的’。独立式形容词主要用作小句谓语，也可作定语和状语。如：

（3）monik　to　pi=čahahi（monik to pičahahi. 漂亮　冠词　2 单数=头发，‘你的头发很漂亮。’）

（4）tin　monči　monik（tin monči monik. 指示 3 阴性　孩子　漂亮，‘那个漂亮的孩子。’）

（5）tič　mučač　monik（指示 2 阴性　女孩　漂亮，‘那个漂亮的女孩。’）

（6）ro=sowe-poreiy=enš　čonok（rosoweporeiy-enš čonok. 3 单数阳性=下雨-反复=近似　大，‘下大雨了，是吗？’）

（三）派生式

多数形容词带名词化 1 后缀-no、属性前缀 ko-‘有……的’或否定前缀 mo-‘无……的’。虽然是名词化过程，但实际用作定语形容词、谓语形容词。

（7）to　pari　kotiso-mpe-no（to pari kotisompen. 冠词　房子　绿-量词:扁平-名词化 1，‘绿房子’）

（8）a. ko-piro-ko-no（kopirokon. 属性-热度-通格-名词化 1，‘热[←带热度的]’）；b. ač　nti’　kopirokono-wo（ač nti’ kopirokonow. 而且　我　热-系词，‘而且我热。’）；c. ri=ko-piro-he-wo（rikopirohew. ‘3 单数阴性=属性-热度-周遍-系词，‘她发热了。’）

否定形容词带有否定前缀 mo-（‘无’）。如：

moes（瞎的［←mo-‘无-’+kis‘眼睛’］）｜mavinon（未婚的［←mo-‘无-’+avinon‘丈夫’］）

形容词也可以带周遍后缀-he、状态改变后缀-wapa 作谓语。如：

(9) to　hir　čo-he（to hir čo-he. 冠词　男人　大-周遍，‘那个男人［食量］大。’）

(10) a　te　erawok　napiri'　ver　moniko-wapa＝ro（a te erawok-napiri'　ver monikowaper. 而且　指示1阳性　芭蕉.树　也　完成　漂亮-状态改变＝3单数.阳性，‘而且这个芭蕉树——它也非常漂亮。’）

(11) ver　ane-wapa＝ni（完成　老-状态改变＝1单数，‘我已经老了。/我是一个老人。’）

鲍莱语形容词在句法结构中可以作谓语、状语和定语（见上）。形容词在形态结构和句法功能上，和名词有很多共同特征，比较：

表3－7　　鲍莱语形容词-名词特征对比表

	有数标记	有人称标记	可作系词补语	可作名词短语的中心	可作名词短语内部修饰语
动词	-	+	-	-	-
形容词	+	+	+	+	+
名词	+	+	+	+	+

以下对表3－7中有关形容词在名词短语名词短语作中心语和修饰语这两种情况略作说明。

形容词常可在论元回指时用作名词性成分。此时，形容词可在所在的名词性短语中作中心语。如：

(12) tič　powor　ri＝kotorek-pa（tič powor rikotorekp，指示2阴性　穷　3单数阴性＝工作-去，‘穷的那一个她去工作了。’）

名词修饰名词的情形如：

(13) teč　ri＝avinon　tič　eton（teč riavinon tič eton. 指示2阳性　3单数阴性＝丈夫　指示2阴性　女人，‘这个女人的那个丈夫。’）

名词和形容词作谓语时的屈折形式相似，都一定要带上系词标记。

（14）monči-wo＝ni ni＝asoro-he-wo（孩子-系词＝1单数 1单数＝是.强壮-周遍-系词，‘当我是孩子的时候，我非常完全地强壮。’）

在主语很明确的情况下可采用意合方式，即用光杆名词作谓语，不带所需标记。如：

（15）koeč te ni＝šir monči，ti ni＝hin monči napiri'（因为 指示1.阳性 1单数＝儿子 孩子 指示1阴性 1单数＝女儿 孩子 也，‘因为我的儿子还是个孩子，我的女儿也是个孩子。’）

形容词作谓语可以作同样的处理，在主语明确的语境中也不需要表互现的屈折形式，当然该屈折形式也可以出现。

（16）mehewkon-wapa te pi＝ečpi' heni，mehewkon-wape＝ro.（坏-状态改变 指示1.阳性 2单数＝屋顶 是的 坏-系词＝单数.阳性，‘你的屋顶已经坏了，是的，它坏了。’）

形容词用人称后附缀编码主语，静态不及物动词用人称前附缀编码主语。表属性的ko-是动词化标记，故用前附缀作主语标记。否定前缀mo-是名词/形容词化标记，故用后附缀作主语标记。

（17）ver ri＝ko-avinon（ver rikavinon. 已经 3单数.阴性＝属性-丈夫，‘她已经结婚了。’）

（18）mo-avinon＝ri（mavinoneri? 否定-丈夫＝3单数.阴性，‘她没有结婚吗？’）

四 数量词

鲍莱语数词如:po（‘1’）；(m)api（‘2’）；mpo（‘3’）；kwatro（‘4’）；sinko（‘5’）；siet（‘6’）；oči（‘7’）；dies（‘10’）等。在句中可以单用，但功能上作词根定语。如：

dies to ni=piri-nev eton ač hir-anev（dies to nipirinev eton ač hiranev. 十 冠词 1单数=兄弟姐妹-复数 女人 和 男人-人复数，‘我有十个兄弟姐妹，女人们和男人们。’）| sinko ni=šeče-nev（sinko nišečenev. 五 1单数=孩子-复数，‘我的五个孩子。’）

能直接作定语的不多，如下例中的西班牙语借词 cuatro（‘4’）作定语：

(1) cuatro meses（四 月份，‘四个月’）

数词跟粘着量词可组并而成的数量词。如：

【数词+粘着量词→数量词】mapi-no（mapin. 两-量词语素:人类，‘两个（人）’）| mpo-no（mpon. 三-量词语素:人类，‘三个（人）’）

表“一个”时，量词用环缀 po-... -š，如 po-no-š（ponoš. 一-量词语素:人类-一，‘一个（人）’）。

数量词在鲍莱语里作定语用，位于被修饰名词的前边。数量词跟冠词的位置关系比较自由，比较：

to oči-pi teč erosorekočo-nev（冠词 八-量词:长而细 指示 2阳性 套索-复数，‘这八个套索’）| siet-e' to yiti（siete' to yiti. 七-量词:不甜 冠词 辣椒，‘七个辣椒［←辣椒中的七个］’）

量词语素也能跟“其他”义词根组并，可用作定语。如：

(2) po-no mapi-no eton-anev（pon mapin etonanev. 另外的-量词:人 两-量词:人 妇女-人复数，‘另外两个妇女。’）

鲍莱语虽然是有量词标记的语言，但其量词性语素不能通过任何形态方法，形成独用的量词。就其词汇性意义和粘着性、附属性、定位性来看，像是词汇后缀。量词语素详见表 3-8：

表 3-8 **鲍莱语量词例解表**

量词语素	意义	被限定名词	附加数词	语义分类
-no	人	činti（人），eton（女人），hir（人），roeamokonoe'（云），wapoer（河），-ahakis（眼泪），-haše'（帽子），sorati（村庄），toerkier（实地工作者），or（时）	+	人，和人相关的事物
-a	动物	ka'an（动物），kahaw（鹿），kove'（狗），misi（猫），na'（鸡蛋），šiye'（狐狸），som（貘），šowekon（美洲豹），tot（疣猪）		四足动物
-i	水果或鸟	koši'i'（摩纳哥水果），mokovore（木瓜），poe'（阿瓜伊），šoroe'（库西水果），tikorokoe'（番石榴），aren（鸟），poeh（鸭子），sipor（鸵鸟），sorisori（猫头鹰），tiporek（小鸡）		水上的甜的圆的水果，鸟
-e	不甜的	kahap（树薯），mamis（甜土豆），mokovis（南瓜），sipe'ek（配对物），tawe'（球），tikorie'（图图妈）		圆的不甜的水果
-pa	平 & 圆	hanapa（雪松木板），hawpa（肥皂），impok（冰块），rekirok（冰块），sipa（桌面），šoropa（一种棕榈树）		扁平、圆的物体
-pe	餐具	hikoč（刀子），tiyowok（勺子），trinči（叉子）		餐具
-pi	长 & 细	arampripi（线），eraserokoč（套索），kiwor（蛇），kaharopi（细线），sakopi（虫子），seman（周），sepirok（绦虫），yakopi（蜡烛）		长细物（通常有韧性）
-po	微小	hampon（一种蚂蚁），han（黄蜂），him（鱼），hoser（苍蝇），kočopon（鳄鱼），kokon（毛虫），kotirip（一种蚂蚁），kosipo（贝壳），kosoviri（蜈蚣），ni'（蚊子），rim（水虎鱼），šom（狼蛛），wahašer（一种蚂蚁），yomoep（蜜蜂）；čičorop（豆子），čoros（玉米），kirikiri（花生），moeišop（菠萝种子），sentiyop（瓜子），šep（木薯粉）；šonkip（小路）	+	鱼，虫子，细小物
-mo	编织品	-aroni（衣服），-čom（外衣），haromok（衣服），koharimon（桌布），koromok（织物），-mom（鞘），pania'（毛巾），yorim（垫子）		纺织物

续表

量词语素	意义	被限定名词	附加数词	语义分类
-mpe	平面	hamerok（纸），kiher（月亮），pari（房子），plat（纸币），viter（球拍），kes（奶酪）	+	扁平物
-sa	水	-hewesa-（跳进水里），-siapoesa-（进入水里）		
-se	椭圆	-arover（船），senti（西瓜），was（玻璃），yašor（独木舟）		长的或者椭圆的容器
-si	枝	-kori / korirok（箭），lapis（铅笔），yakis（柴火）		木制品
-iro	圆	kareton（独轮车的轮子），kohi（石头），kohistot（卵石），panisar（一种食物）	+	
-aro	液体	in（水），marok（吉开酒）		液体
-či	月	kiher（月，月亮）		月
-aha	碟子	balde（桶），baniador（大碗），kihev（蒸煮罐），-nikori / nikirok（碟子）		宽口容器
-ki	容积	howoki（洞），toerok（场地），kaye（街道）		二维物的容量
-'ino	工具	poe'（斧头）		工具
-seki	卵形容积	renek（饮品），votel（瓶子），		椭圆容器的容量
-eki	水壶	čomeki（胖人），hopi（监狱），tikorie'（腹），yašor（船）		大的容器
-iki	网	hokon（篮子），-korak（网）		网状容器
-ahaki	罐装的	和数词或形容词连用		罐装的各种食物
-koki	里面	常用于形容词和复合词		容器里面
-poki	吊	-imok（吊床），wotoki（吊床）		长的有弹性的
-ake	3 维	例如房子边		边
-sare	2 维	用于形容词		村庄边
-aso	时间	čas（长时间）		时间
-pi	词语	常用于复合词或动词的组并形式		词语

五　代词

（一）人称代词和领属代词

鲍莱语除人称代词外，也有由人称代词屈折变化形成的领属代词。

表 3-9　　鲍莱语人称代词和领属代词表

		第 1 人称	第 2 人称	第 3 人称-阴性	第 3 人称-阳性
人称代词	单数	nti'（'我'）	piti'（'你'）	riti'（'她'）	roti'（'他'）
	复数	biti'（'我们'）	yiti'（'你们'）	noti'（'他们'）	
领属代词	单数	ntir（'我的'）	pitir（'你的'）	ritir（'她的'）	rotir（'他的'）
	复数	vitir（'我们的'）	yitir（'你们的'）	notir（'他们的'）	

人称代词常做主语、宾语。如：

（1）nti' ni=činčo-no-wo piti'（nti' nčinčonow piti'. 1 单数 1 单数=知道-名词化 1-系词 2 单数，'我理解你。'）

领属代词常作定语。

teč notir poewok（指示 2 阳性 他们的 土地，'他们的土地'）｜ ritir na'（ritir na'. 3 单数阴性领属 鸡蛋，'她的鸡蛋'）

（2）kwe' ntir neš a kwe' ntir na'（存在 1 单数领属 肉 和 存在 1 单数领属 鸡蛋，'我有肉和鸡蛋［←存在我的肉，存在我的鸡蛋］。'）

领属代词也可加系词后缀，变成谓词，表相应人称当事人拥有。

（3）ritiro-wo na'（ritirow na'. 3 单数阴性领属-系词 鸡蛋，'她已经得到鸡蛋了［←我的鸡蛋存在了］。'）

领属代词用在人称代词前的组合，往往表示相应人称代词的受益功能。

（4）roti' ro=inisa po-po-š him pitir piti'（roti' roenisa popoš him pitir piti'. 3 单数阳性 3 单数阳性=鱼 一-量词：小的-一 鱼 2 单数领属 2 单数，'他抓了一条鱼给你。'）

（二）指示代词

鲍莱语指示系统按距离、性、数分类，详见表 3－10（表中č也记为ch，发[tʃ]音）：

表 3－10　　鲍莱语指示代词表

		单数		复数
		阴性	阳性	
1	近指	ti	te	
2	中指	tič	teč	neč
3	远指	tin	ten	nen

P. Baptista & R. Wallin（1967:74）对鲍莱语中指和远指的描写恰好相反，这里遵从影响较大因而是较为普遍的看法。

指示代词常用在名词或名词性短语前边作定语。

ti　tiporek（指示 1 阴性　小鸡，‘这只母鸡’）｜te　ečpi’（指示 1 阳性　房顶，‘这个房顶’）｜teč　vir（指示 2 阳性　风，‘这场风’）｜teč　ewokoe　čo-wok（指示 2 阳性　树　大-树，‘这棵大树’）｜ti ni＝piri（指示 1 阴性　1 单数＝姐姐，‘我的姐姐’）｜te　pi＝ser（指示 1 阳性　2 单数＝牙齿，‘你的牙齿’）｜tič　ni＝eyon（tič neyon. 指示 2 阴性　1 单数＝妻子，‘我的妻子’）

在句中的使用情况如下例：

（5）nti’　ni＝yok　teč　ka’an（nti’ niyok teč ka’an. 1 单数　1 单数＝刺　指示 2 阳性　动物，‘我将用一支箭杀死这个动物。’）

（6）no＝nik　to　neč　eton-anev（nonik to neč etonanev. 3 复数＝吃　冠词　指示 2 复数　女人-人复数，‘这些女人在吃。’）

（7）nakiroko-ye　kwe’　tič　eton　ač　kwe’　tič　ri＝mos　napiri’　noiy（nakiroko-ye kwe’ tič eton ač kwe’ tič rimos napiri’ noiy. 很久.之前一处所　存在　指示 2 阴性　女人　和　存在　指示 2 阴性　3 单数阴性＝妈妈.在.法律　也　那里，‘从前有一个女人和她的婆婆。’）

（8）ver　ri＝kopoek　teč　ro＝amo-no-a-pik　ri＝nik（ver

rikopoek teč ramonapik rinik. 完成 3单数阳性＝收到 指示2阳性 3单数阳性＝拿-名词化1-连接-来 3单数阴性＝吃，‘她收到了他带给她吃的东西。’)

鲍莱语名词没有性标记，因此指示代词的性，可用以间接表达与之搭配的名词的性。比较：

(9) a. to ntir avoel (冠词 我的 祖父母，‘我的祖父’)；b. ti ntir avoel (指示1阴性 我的 祖父母，‘我的祖母’)

指示代词有时可带表引用的后附缀＝hi。如：

(10) boen teč＝hi ri＝šir＝hi monči-wo＝hi hir＝hi (boen，teč-hi rišir-hi mončiw-hi hir-hi. 很好 指示2阳性＝引用 3单数阴性＝儿子＝引用 孩子-系词＝引用 男人＝引用，‘很好，她有了一个是男人的儿子。’)

(三) 疑问代词

鲍莱语疑问代词有问人或事物（主语或宾语）的kon（‘谁，什么’），问原因的ko（‘为什么’）和amo（‘为什么-不’）。也有以词根形式存在的代词语素，问数量的-koti-（-多少）、-wok-（多少）等。

【kon（‘谁，什么’）】冠词用在疑问代词后，引导一个关系化结构（参pp. 352—354）。如：

(11) kon to pi＝ikomorik (kon to pikomorik? 谁/什么 冠词 2单数＝杀，‘你杀了谁/什么?’)

(12) kon to pi＝nik (kon to pinik? 谁/什么 冠词 2单数＝吃，‘你会吃什么?’)

(13) kon ti ane-wo ne’ sorati-ye (kon ti anew ne’ sorati-ye? 谁/什么 指示代词1阴性 老-系词 这里 村子-处所，‘谁是这个村子里最老的女人?’)

(14) te simori no＝ikomorik＝ro tiwe’ nka vi＝čo-

wo kon to ka ikomorik＝ro（te simori noekomorikier tiwe' nka vičow kon to ka ikomorikier. 指示代词 1 阳性　猪　3 复数＝杀死＝3 单数阳性　但是　否定　1 复数＝知道-系词　谁/什么　冠词　无定代词　杀死＝3 单数阳性，‘他们杀了猪，但我们不知道是谁杀了它。’）

【ko‘为什么’】

（15）ko ri＝kie-no te ri＝kačo-wo（ko rikien te rikačow? 为什么　3 单数阴性＝虚动词词根-名词化 1　指示代词 1 阳性　3 单数阴性＝去-系词，‘为什么她已经走了［←为什么说她走了］?’）

（16）neriki ni＝hayek-pa ko ri＝kie-no ti ni＝eyon ri＝kačo-wa-pik ne' wapoeri-ye（neriki nihayekpa ko rikien ti neyon rikačowapik ne' wapoeri-ye. 现在　1 单数＝问-意图　为什么　3 单数阴性＝虚动词词根-名词化 1　指示代词 1 阴性　1 单数＝妻子　3 单数阴性＝去-短暂-来　这里　河-处所，‘我要去问问为什么我的妻子会到河这儿［待了一会儿］。’）

（17）nka ni＝ki'ino-wo pi＝ihek-pa＝ni ač ko ro＝kie-no（nka nki'inow pihekpani! ——ač ko rokien? 否定　1 单数＝想-系词　2 单数＝梳头-意图＝1 单数　并且　为什么　3 单数阳性＝虚动词词根-名词化 1，‘我不想让你梳我头！——并且为什么［是这样］?’）

ko 表疑问时，还可加人称后附缀。如：

（18）ko＝pi kačo-wo-no（kopi kačowon? 为什么＝2 单数　去-系词-名词化 1，‘你为什么去?’）

（19）ko＝ro pi＝ikomoriko-no（koro pikomorikon? 为什么＝3 单数阳性　2 单数＝杀-名词化 1，‘你为什么杀了它?’）

（20）ko＝ri imir pi＝weči-no（kori imir pivečin（i）? 为什么＝3 单数阴性　非常　2 单数＝斗-名词化 1，‘为什么你和她斗争得很厉害［←为什么你斗她很厉害］?’）

【amo‘为什么-不’】

（21）kon　to　pi＝ikomorik（kon to pikomorik? 谁/什么　冠词　2单数＝杀死，‘你已经杀死了谁/什么？’）

（22）amo　yi＝niko-no（amo yinikon? 为什么不　2复数＝吃-名词化1，‘为什么你不吃？’）

【-koti-‘多少’】

（23）ro＝koti-aro-wo-no　piri-haki（rokotiarowon? -pirihaki. 3单数阳性-多少-量词：液体-系词-名词化1　半-壶．满，‘有多少水（在壶里）？满满半壶。’）

（24）pi＝koti-ye-po-wo-no　pi＝kasoer（pikotiyepowon pikasoer? 2单数-多少-处所-完成反身-系词-名词化1　2单数-停留，‘多少时间/你将停留（这里）多长时间？’）

【-wok-‘多少’】

（25）ro＝wok-po-no　ten　pi＝amo-no-a-pik（rowokpon ten pamnapik? 3单数阳性＝多少-量词：很少-名词化1　指示代词3阳性　2单数＝获得-名词化1-连接-来，‘你带来了多少鱼？’）

（26）pi＝wok-moreke-wapa-no（piwokmorekewapani? 2单数＝多少-年-状态改变-名词化1，‘你多大？/你有多少岁？’）

（27）ro＝woko-i-no　pi＝torak（rowokoen pitorak? 3单数阳性-多少-量词：水果和鸟-名词化1　2单数-找到，‘你找到了多少只鸟？’）

六　副词

副词有处所副词、时间副词，还有程度副词、强度副词、数量副词、认知副词、摹状副词等其他副词。鲍莱语没有专门表副词的形态标记。

【处所副词】处所副词含指示副词和其他处所副词。指示副词见表

3 -11：

表 3 - 11　　**鲍莱语指示副词表**

在场/具象	近指	ne'	‘在这儿’
	中指	noiy	‘在那儿’
	远指	naka'	‘在那儿’（不分明）
不在场/非具象		nan	‘在那儿’（与 ne' 相对，用于性状、不在场等方面）

其他处所副词如 pake‘旁边、侧面’。

【时间副词】ahikowon（‘在早上’）｜ča'ape（‘在早上晚些时候’）｜čas /čos（‘长时间’）｜čowan（‘在很久以前’）｜enevere（‘在第二天，在明天’）｜iowon（‘从今而后’）｜katir（‘不久，提早’）｜koeskoe'（‘在下午’）｜kope'ap（‘在傍晚’）｜nakirok-ye（‘从前，在很久以前’）｜nanan（‘后来’）｜nečon（‘在昨晚’）｜neriki（‘现在，在今天’）；nešakon（‘永久’）｜nokope（‘在前一天，在昨天’）｜pahare'（‘在前天，后天’）｜po'itinew（‘两个晚上前’）｜poiykoša（‘在其他时机’）｜reitonoe'（‘在中午’）｜rom（‘不久，即刻’）｜ver（‘已经’）｜yimirokon（‘先前’）【否定副词】nka（‘不’）｜porok（‘从不，从没有’）｜verek（‘永不’）｜wokow（‘尚未’）

【其他副词】(i)herik（owon）（‘可能’）｜ihiriaw（‘这么，如此’）｜ikapkoe'（‘几乎’）｜ikoe'（‘有点儿’）｜imir（‘很’）｜ivi (-ye')（‘只有如此’）｜kik / kiyok（‘真的’）｜maiy（‘大量’）｜mavir（‘徒劳地’）｜moeh（‘肯定地’）｜noenhekoe'（‘一起’）｜tek（‘都’）

鲍莱语处所副词一般不能加处所格标记，以下说法不能接受。

* naka-ye（在那儿-处所格）｜ * noiy-ye（在那儿-处所格）

只有在诗歌、唱词里，为满足节律需要，才会出现 ne-ye（在这儿-处所格）这样的说法。但非指示类的处所副词，以及时间副词，却可以在正常情况下加处所格标记。如：

（1）pake-ye（pake-ye. 另外．边-处所，‘在/向另一边。’）

（2）nakirok-ye（nakirok-ye. 从前的. 时代-处所，‘在从前的

时代。’）

组合关系中，表近指的指示副词 ne' 常跟表近指的指示代词 te/ti 共现，表中指的指示副词 noiy 常跟表中指的指示代词 tech/tich 共现。如下例：

（3）kwe' te reiy ne' moes（kwe' te reiy ne' moes. 存在 指示 1 阳性 国王 这里 盲人，‘这里有这个盲人国王。’）

（4）ach ni＝chak-wo tech marok noiy waso-ki-ye（ach nichakow tech marok noiy wasoki-ye. 然后 1 单数＝倒-系词 指示 2 阳性 木薯．啤酒 那里 玻璃杯-量词：有界的-处所，‘然后我把那木薯啤酒倒进那里的玻璃杯里。’）

时间副词可表示时体信息，如：

（5）a. kon teč ver pi＝woyiko-wo（kon teč ver piwoyikow? 谁/什么 指示 2 阳性 已经 2 单数＝做-系词，‘你已经做（烹饪）什么了？’）；b. kon teč pi＝woyiko-wo（kon teč piwoyikow? 谁/什么 指示 2 阳性 2 单数＝制作-系词，‘你在做/制作什么？’）

否定副词是鲍莱语普遍使用的基本否定手段。相比之下，作为词基前缀的否定前缀 mo-仅适用于严格数量的动词、名词和形容词。鲍莱语存在否定副词跟否定前缀共现的情形。如：

（6）nka mo-kotiro-no-wo＝ni nti'（nka mokotironowoni nti'. 否定 否定-有-名词化 1-系词＝1 单数 1 单数，‘这并不是说我什么都没有。’）

否定副词有时可加带词缀作谓语（参 pp. 330—332）。其他的副词也可加带词缀。如为了修饰名词，数量副词有时加通格标记后，范围副词有时带系词后缀。

（7）kwe' maiy-ko in（kwe' maiyko in. 存在 许多－通格 水，'有很多水［在河里］。'）

（8）tek-wo to roseskoner no＝hinoeko-wo no＝nik to tiporek（tekow to roseskoner nohinoekow nonik to tiporek. 所有－系词 冠词 天 3复数＝搜索－系词 3复数＝吃 冠词 小鸡，'每天小鸡们都在找吃的东西。'）

七　小品词

小品词无形态变化，有前置词、连词、叹词三种。

（一）前置词

鲍莱语有两种前置词，一种是冠词，另一种是语助词。

1. 冠词

冠词和指示代词合称为限定词。鲍莱语冠词只有 to（'那'）一个，只用在名词性成分的前边，起限定作用。但鲍莱语的冠词并不标记有定性，因此不分有定/无定，下面的句子有两种解读方式。

（1）to pari čino-mpe（to pari činompe. 冠词 房子 老－量词：扁平，'一/这间老房子'）

冠词跟指示代词共现时，一般用在指示代词前，起指示强调作用。

（2）to neč činti-nev（to neč čintinev. 冠词 指示 2复数 人－复数，'那些人'）

冠词也常用于关系从句前。

2. 语助词

鲍莱语没有专门的助动词类别，而是用语助词表示时－语气－体信息。助词跟副词的主要区别就在于，语助词位置固定位于动词或谓语前，副词在句中位置则不固定。有的语助词源自副词，是副词再语法化的结果。语助词没有形态变化，属于小品词。语助词通常用于肯定句，不大用于否定句。语助词如：

ver（表示完成）｜ito（表示过程）｜eto（表示终结）｜rom（表示立即）｜avik（表示反复）｜kač（表示意图）｜pa（表示意图）｜ši（表示劝告）｜ta（表示命令）｜toeri（表示可能）｜moeh（表示确信）

（二）连词

鲍莱语的连词如下所示，用例见逻辑结构。

ač（并且'）｜a（'并且'）｜aw（'并且不'）｜apo（'或者'）｜apon（'或者不'）｜tiwe'（'但是'）｜avi（'但是'）｜koeč（'因为'）｜koehkoe'（'因此'）｜apo（'如果'）｜moena'（'在之前'）｜iškon（'直到'）

（三）叹词

跟其他词类不同，叹词不跟其他词组合，游离在互相包含的句法组合关系之外，做独立语。这是所有语言的共性。如：

（3）hā piti' moeh pi＝ačik-pa-po（hā piti' moeh pačikpap? 叹词 2单数 确定 2单数＝走-去-完成反身，'啊，你要出去散步吗?'）

（4）ah ke-wo-no nakon（ah，kewon nakon. 叹词 空动词-系词-名词化1 到这儿，'啊，过来吧。'）

（5）boen no＝kiewo＝hi（"boen"，nokiew-hi. 叹词 3复数＝说＝引用，'"好"，他们说。'）

（6）puhhh ver howe-wapa＝ri（puhhh，ver howewaperi. 叹词 完成 海豚-状态改变＝3单数阴性，'好家伙，她变成海豚了。'）

（7）aiy ro＝kičo-wo＝ni（"aiy"，rokičowoni. 叹词 3单数阳性＝说-系词＝1单数，'"哎呀"，她对我说。'）

（8）ho ro＝ke-wo＝hi teč hoven（"ho"，rokew-hi teč hoven. 叹词 3单数阳性＝空动词-系词＝引用 指示2阳性 年轻，'"嚯"，年轻人说。'）

（9）yahpi' ro＝ka-viro～viro-he-wo（yahpi' rokavirovirohew. 叹词 3单数阳性＝属性-风～强化-周遍-系词，'嚯嚯！风好大啊！'）

在话语交际功能中起语用标记作用的词，由于其句法功能跟叹词类似，不妨叫作类叹词。

asoropaiy（‘谢谢’）｜ hare’（‘今天天气不错’）｜ hāti’?（‘你怎么样?)’ ｜ heni（‘是的’）｜ hepči’（‘看来’）｜ hintani（‘不知道’）｜ ihiriaw（-niš）（‘多少钱’）｜ intoša（‘等等!’）｜ ka?（‘啥?’）｜ kienan（‘丑死了’）｜ nken-hi（‘我想’）｜ nte’（‘你好’）｜ pihinoek（‘爽［←你看］’）｜ veroeš（‘那又怎样?!’）

第二节　形态系统

鲍莱语的语法形态包括语义形态、功能形态和关系形态。

一　语义形态

（一）性

鲍莱语的人称代词、领属代词、指示代词，以及人称附缀，均存在对性范畴的区分。不同宿主的性可以共现。如：

【人称代词的性和人称附缀的性】

（1）riti’　ri＝veko-wo（riti’ rivekow. 3单数阴性　3单数阴性＝说话-系词，‘她在说话。’）

【指示代词的性和领属代词的性】

（2）ko-wapa　teč　rotir　howoki（kowapa teč rotir howoki. 定语-状态改变　指示代词2阳性　3单数阳性领属　洞，‘它上面有一个洞［←它的洞存在了］。’）

【指示代词的性和人称附缀的性】

（3）tič　ro＝eyon（指示2阴性　3单数阳性＝妻子，‘他的妻子。’）

（4）tič　ri＝mos（指示2阴性　3单数阴性＝继母，‘她的继母。’）

（二）数

鲍莱语区分单复数，单数为无标记形式。复数由两种形式，-nev 用于一切可数的名词，-anev 只用于表人的复数。例如：

ahi-nev（ahinev. 孩子-复数，'孩子们'）｜ ni＝šeče-nev（nišečenev. 1 单数＝孩子-复数，'我的孩子'）｜ pari-nev（parinev. 房子-复数，'许多房子'）｜ ni＝poyi-nev（nipoyinev. 1 单数＝脚-复数，'我的脚'）

指人的复数标记如下：

hir-anev（'男人'）｜ eton-anev（'女人'）｜niron-anev（'我的父母'）｜ našk-anev（'我的祖父祖母'）｜ nišonon-anev（'我的继女'）｜ ničonopos-anev（'我的亲戚'）｜ nih-anev（'我的外孙'）｜ nimos-anev（'我的继母'）｜ nimšok-anev（'我的继父'）

（三）体

鲍莱语没有时标记，但有体标记，它的体用动词的后缀来表示。具体如下：

1. 一般体

系词后缀-wo 可根据所附动词的特征，表示多种的体意义，但总体上都是非完成的。表体的系词后缀-wo 源自系动词词根-wo-'在某地'。体系词后缀-wo 附着在非动词性谓语上时，表状态存在，由此获得表一般体的功能。如：

（5）ni＝asoro-he-wo（nasorohew. 1 单数＝是. 强壮-周遍-系词，'我非常强壮。'）

（6）pi＝ve'ino-wo（pive'inow. 2 单数＝饿-系词，'你饿。'）

2. 进行/持续体

系词后缀-wo 附着在动词性谓语上时，表动作进行或状态持续。如：

【动作进行】

（7）ro＝aro-čipi-a-wo（raročipiaw. 3 单数阳性＝爬-顶部-连接-系词，'他在爬一只动物的背。'）

（8）pi＝niko-wo（pinikow. 2 单数＝吃-系词，'你在吃。'）

【状态持续】

(9) ni＝hiriko-wo (nihirikow. 1 单数＝坐-系词，‘我坐着’)

此外还有一个表持续体的词根后缀-i，后面常直接跟词干通格后缀-ko 或施为后缀-čo。

(10) ni＝hino-i-ko-wo＝pi (nihinoekovi. 1 单数＝看-持续体-绝对词素-系词＝2 单数，‘我在找你。’)

(11) ni＝avero～ro-i-čo-pa (naveroroečpa. 1 单数＝去. 远～加强-持续体-施为-意图，‘我会走得很远。’)

持续体后缀-i 有时也可直接带词基后缀，如：

(12) ke-wo　pi＝hino-e-wana-po　pi＝yono-pa (kew pihinoewanap piyonopa. 空动词-系词　2 单数＝看看-持续-分离-完成反身　2 单数＝走-去，‘你走之前，去看看。’)

3. 状态改变体

状态改变体后缀-wapa 主要粘附于状态动词或非动词性谓语。

(13) ver　ito　ro＝ko-eyon-wapa (ver ito rokeyinowapa. 完成进行　3 单数阳性＝属性-妻子-状态改变，‘他已经结婚了。’)

4. 完成反身体

完成反身体后缀-po 既表完成又表反身，它常附着于诸如实现类（如-pino-‘消失’）或反身类（如-kowyo-‘洗澡’）的一些不及物动词上。

(14) no＝pino-po　noti’ (nopinop noti’. 3 复数＝逃走-完成反身　3 复数，‘他们逃走了。’)

(15) ni＝aviko-po　ni＝tovian-ye (navikop ntovian-ye. 1 单数＝回来-完成反身　1 单数＝邻居-处所，‘我从我的邻居那儿回来了。’)

（16）ač vi＝kowyo-po（ač vikowyop. 并且 1复数＝洗澡-完成反身，‘并且我们洗了个澡。’）

完成反身体的后缀有时表反身，而未必表完成。如：

（17）pi＝sipa-poiy-a-po（pisipapoiyap. 2单数＝洗-脚-连接-完成反身，‘你洗洗你的脚。’）

另外，完成反身体后缀-po也可附着于其他的一些动词，包括空动词、持续动词、及物动词等。如：

（18）no＝kie-po-no to per kove' čo-a-ča-nev（nokiepon to per kove' čačanev? 3复数＝虚动词词根-完成反身-名词化1 冠词 2单数.家养.动物 狗 大-量词:动物-巨称-复数，‘你的大狗们在哪儿?’）

（19）ver kač vi＝išoereko-po（ver kač višoerekop. 完成 意图 1复数＝做饭-完成反身，‘我们已经打算做饭了。’）

（20）ro＝ni-po-a-po šep（ronipap šep. 3单数阳性＝吃-量词：很少-连接-完成反身 木薯粉，‘他吃了木薯粉。’）

5. 短时体

短时体后缀-wa表短时。

（21）ri＝kačo-wa-pik ne' wapoeri-ye（rikačowapik ne' wapoeri-ye. 3单数阴性＝去-短时-来 这儿 河-处所，‘她来到河边（待了片刻）。’）

6. 反复体

反复体后缀-poreiy表反复。其形式变体-poeiy跟nka共现使用，表“再不”，构成对反复的否定，即表否定重复。

（22）avik ro＝išom avik ro＝ehevipoek-poreiyo-po（avik roešom avik roehevipoekporeiyop. 反复 3单数阳性＝站 反复 3

单数阳性＝摔倒-反复-完成反身，‘他又站起来，又摔倒了。’）

（23）nka　to　ka　ni＝ačik-poeiy（nka to ka načikpoeiy. 否定冠词　无定代词　1 单数＝带-再，‘我再不带东西来了。’［‘再不’← ‘nka’＋ ‘-poeiy’］）

7. 去/意图/将来体

去/意图/将来体后缀-pa 表主语有某种行事意图，或即将。

（24）ni＝hiro-po-ino-pa＝ro（nihiropinoper. 1 单数＝跳舞-完成反身-受益-去＝3 单数阳性，‘我将和他跳舞。’）

（25）pi＝ve'in-a-pa（pive'inapa. 2 单数＝饿-连接-去，‘你快要饿了。’）

8. 来体

来体后缀-pik 表示主语的所指朝着说者方向移动或朝当下的活动地移动。

（26）vi＝yonopoek-pik-po-wo（viyonopoekpikpow. 1 复数＝光脚走-来-完成反身-系词，‘我们光脚来的。’）

（27）ro＝wok-po-no　ten　pi＝amo-no-a-pik（rowokpon ten pamnapik? 3 单数阳性＝多少-量词：很少-名词化 1　指示代词 3 阳性　2 单数＝获得-名词化 1-连接-来，‘你带来了多少鱼?’）

9. 分离体

分离体后缀-wana 表分离前或分离时发生了某事。

（28）ni＝imo-wana＝pi（nimowanapi. 1 单数＝致使-分离＝2 单数，‘我离开你。’）

（29）ni＝veiy'ino-wana-wo　ač　nik-pik　ne'　pi＝weri-ye（niveiy'inowanaw ač nikpik ne' piweri-ye. 1 单数＝是．饿-离开-系词　并且　1 单数．吃-来　这里　2 单数＝房子-处所，‘我饿着离开并且来你家这里吃。’）

10. 体意义的零形式表达

在没有体的形态标记的条件下，谓语可通过如下途径表达体的意义。

1）动词词根意义

当谓语动词不带任何后缀标记时，若该动词是短时/瞬间行为动词，则表已然或完成。如：

（30）ni＝hirik（nihirik. 1 单数＝坐，‘我坐下了。’）

（31）kon to pi＝ikomorik（kon to pikomorik? 谁/什么 冠词 2 单数＝杀，‘你杀了什么了？’）

若动词表持续动作，则为一般体。如：

（32）ni＝hinok to imi（nihinok to imi. 1 单数＝看见 冠词 重蚁木，‘我看见重蚁木树。’）

有时，谓语动词本身包含与体相当的词汇意义。

（33）worapik to sowon（worapik to sowon. 完成．来 冠词 雨，‘雨已经来了（在雨季）。’）

2）虚词意义

副词、语助词等虚词中的某些词可表达相应的体意义。如：

（34）ver kač vi＝išoereko-po（ver kač višoerekop. 完成 意图 1 复数＝做饭-完成反身，‘我们已经打算做饭了。’）

ver 是副词，表与完成体相当的意义。kač是语助词，表与去体相当的意义。

3）体以外的其他形态

名词化标记本身不直接表体，但其非动词谓语的性质，间接表达与系词后缀-wo 相当的一般体意义。

（35）nti' imir niko-no（nti' imir nikon. 1 单数 非常 吃-名词化 1，‘我是一个能吃的人。’）

（四）人称

动词的人称-数标记分前附缀（proclitics）和后附缀（enclitics）两种形式，见表 3-12：

表 3-12 鲍莱语动词的人称-数标记表

	第 1 人称		第 2 人称		第 3 人称		
	单数	复数	单数	复数	单数		复数
					阴性	阳性	
前附缀	ni-	bi-	pi-	yi-	ri-	ro-	no-
后附缀	-ni	-bi	-pi	-yi	-ri	-ro	-no

它们显然是相应人称代词的屈折形式。人称附缀在动词、疑问代词上，编码主语、宾语信息，在名词上编码定语信息。详见 pp. 327—336。

二 功能形态

（一）名词化

名词化形态有 4 种后缀标记：-no‘名词化 1（参与者名词化）’，-čo‘名词化 2（行为名词化）’，-ri‘名词化 3（成品名词化）’和-pi‘名词化 4（性质名词化）’。

【名词化 1】-ak-（唱）→ako-no（akon. 唱-名词化 1，歌唱者）| -ehmoek-（洗衣服）→ehmoekon（‘洗衣工’）| -nik-（‘吃’）→-nikon（‘食物’）| -sowe-rain（‘下雨’）→sowon（‘雨水’）【名词化 2】eto-a-ša=ni te ni=etopoeko-čo ni=i-siap=ro（etašani te netopoekoč, nisiaper. 完成-连接-非现实=1 单数 指示 1 阳性 1 单数=打扫-名词化 2 1 单数=致使-进=3 单数阳性，‘我结束了打扫以后，又（把）它放了进去。’）【名词化 3】-ehevik-（‘扔’）→-ehoviri（‘垃圾’）| -konok-（‘写’）→konori（‘打字机’）| -nik-（‘吃’）→-nikori（‘碟子’）| -vek-（‘说’）→vekori（‘语言’）【名词化 4】henok（‘好’）→henoko-pi（‘好处’）| čiš(i)e'（‘高’）→čiše-pi（‘高度’）| -aserok-（‘长’）

→（一）aserokopi（‘长度’）｜-yori-（‘气愤’）→-yoriripi（‘怒火’）

（二）格

鲍莱语名词只有一个格标记，即后缀-ye‘处所’，通常表示事物的空间位置；也可以和表示周遍的后缀-he连用，表示成堆的事物处。-ye的意义也可扩展表示时间。如：

【A】pari-ye（房子-处所，‘在房子里’）｜ mesi-ye（桌子-处所，‘在桌子上’）｜ ri＝waki-ye（riwaki-ye. 3单数阴性＝手掌-处所，‘在她手掌里’）【B】yakiso-he-ye（yakisohe-ye. 柴火-周遍-处所，‘在柴火堆上’）【C】junia-ye rom ni＝koečapi-wo（junia-ye rom nkoečapiow. 六月-处所 立即 1单数＝过生日-系词，‘六月我过生日。’）

通格后缀-ko虽名称上叫“通格”，但不属于名词，而属于动词的词干词缀，它一方面跟宾语有关（参pp. 289—292），另一方面也帮助实现结构复杂化，并帮助区分意义。比较下例：

（1）ro＝ino-wo＝ri（roenowori. 3单数.阳性＝像-系词＝3单数.阴性，‘他像她。’）

（2）pi＝ino- ko-wo＝ni piti’ mehewokon（pinokowoni piti’ mehowokon. 2单数＝像-通格-系词＝1单数 你 坏，‘你就像我在做坏事。’）

（三）语气

1. 非现实

非现实后缀-ša表示句子之间的条件关系。

（3）eto-a-ša＝ni te ni＝etopoeko-čo ni＝i-siap＝ro（etašani te netopoekoč nisiaper. 完成-连接-非现实＝1单数 指示1阳性 1单数＝打扫-名词化2 1单数＝致使-进入＝3单数阳性，‘我打扫完就把它放进去。’）

2. 祈使

祈使句可以用无标记形式。

（4）pi=etoes（petoes！2单数=安静，‘安静！’）

（5）vi=ita viti'（vita' viti'！1复数=继续 1复数，‘让我们继续！’）

加后缀-pa‘去’、-ša‘非现实’表礼貌。

（6）pi=ahač-pa to ses（pahačpa to ses！2单数=问-去 冠词 太阳，‘去问问太阳！’）

（7）pi=sompo-ša=ni monči（pisompšani，monči！2单数=听-非现实=1单数 孩子，‘孩子，听我说！’）

3. 疑问

疑问句句末用升调，通常在谓词后面加名词化标记-no。很多可以不用疑问代词而表达特指问，它是针对名词化的论元空位实现的。

【有疑问代词】

（8）ko=pi kavi-no（kopi kavin(i). 为什么=2单数 喝醉-名词化1，‘你为什么喝醉了？’）

（9）ko no=kie-wo-no no=weč-koko-wo（ko nokiewon nowečkokow？为什么 3复数=空动词-系词-名词化1 3复数=打架-交互-系词，‘他们为什么打架？’）

【无疑问代词】

（10）pi=woyo～woyo-wo-no（piwoyowoyowon？2单数=名字～强化-系词-名词化1，‘你叫什么名字？’）

（11）ro=woyiko-wo-no eton apo hir（rowoyikowon eton apo hir？3单数阳性=是-系词-名词化1 女人 或者 男人，‘他是什么，男孩还是女孩？’）

（12）ro=woyiko-wo-no（rowoiykowon？3单数阳性=做-系词-名词化1，‘他在做什么？’）

（13）ro=komoroki-yi-wo=pi-no kove'（rokomorokiyivin kove'？3

单数阳性-咬-处所-系词＝2 单数-名词化 1 狗，‘这只狗在哪儿咬了你?’)

在 P. Baptista & R. Wallin 未出版的手稿里，此处的名词化标记-no 标记被描写为疑问谓语的后缀标记-ni。（转引自 S. Danielsen，2007：349）这倒是符合用浊鼻音表疑问的语言普遍现象（马清华，2013)，跟名词化并不构成必然冲突，但只能作为一说。

三 关系形态

（一）领属

名词领属关系形态是鲍莱语的关系形态之一。领属后缀是-no。

vi＝yaki-so-no（viyakison. 1 复数＝火-量词：树枝-领属，‘我们的柴火’）｜ ri＝šir-a-no-nev（riširanonev. 3 单数阴性＝儿子-连接-领属-复数，‘她（这里指母鸭）的雏儿’）｜ ri＝šir-a-no-wo＝ro（riširanowor. 3 单数阴性＝儿子-连接-领属-系词＝3 单数阳性，‘它是她的雏儿。’）

名词领属关系形态的组合复杂化过程，和动词一样，也分词根、词干、词基和人称标记。以 viyakison 为例，解析如下：

词根 1：yaki‘火’＋词根 2：-so-‘量词：树枝’→ 词干：yakis‘柴火’→词基：-yakison‘柴火（领属）’→ viyakison‘我们的柴火’

鲍莱语名词的领属关系还有如下其他的表达手段。

1. 名词前的人称前附缀表示领属者。名词在有人称前附缀的情况下，领属形态可以不出现，照样表示领属关系。人称前附缀表人称对名词的领属意义，其意义与领属代词相当。如：

ni＝wer（1 单数＝房子，‘我的房子’）｜ ni＝etiporos（1 单数＝弓，‘我的弓’）｜ ni＝sopot（nisopot. 1 单数＝鞋子，‘我的鞋子’。西源借词 zapato）｜ ni＝komis（nikomis. 1 单数＝衬衫，‘我的衬衫’。西源借词 camisa）｜ vi＝tovian（vitovian. 1 复数＝邻居，‘我们的邻居’）

此时名词的前附缀跟表示动词主语的前附缀在形式上完全相同。如：

（1）vi＝kač（vikač. 1 复数＝去，‘我们去。’）

人称前附缀也可以经由复指关系，指向句子结构中更具体的领有者。如：

(2) teč ro=wer to kotis (teč rower to kotis. 指示代词 2 阳性 3 单数阴性=房子 冠词 蜥蜴，‘蜥蜴的房子。’)

(3) to ro=wer to ni=tovian (to rower to ntovian. 冠词 3 单数阳性=房子 冠词 1 单数=邻居，‘我邻居的房子。’)

2. 用领属代词表领属关系。鲍莱语名词缺乏形态标记，领属代词具有数、性的语法范畴。

ntir kam (1 单数领属 床，‘我的床’) | ni=wer (1 单数=房子，‘我的房子’) | ni=etiporos (1 单数=弓，‘我的弓’) | vi=tovian (1 复数=邻居，‘我们的邻居’) | teč rotir howoki (指示 2 阳性 3 单数阳性领属 洞，‘它上面的洞’)

领属关系也可用句法手段表达（参 pp. 349—350）。

(二) 态

鲍莱语词干词缀中的被动后缀-si、施为后缀-čo、交互后缀-(ko)ko 表示被动态、施为态、交互态（参 pp. 289—292）。

四 形态句法

(一) 谓语形态

1. 动词谓语的形态主语和形态宾语

人称附缀在动词上，编码主语或宾语信息。一般来说，动词无论是及物的，还是不及物的，都用人称前附缀表主语。动词用人称后附缀表宾语，因此不及物动词不能加人称后附缀。如：

vi=kač (vikač. 1 复数=走，‘我们走’) | ni=imok-pa (nimokpa. 1 单数=睡觉-意图，‘我将要睡觉了。’)

及物动词表主语的人称附缀位于动词词根前，表宾语的人称附缀位于动词词根后。如：

(1) ni=kičo-wo=ro (nikičowor. 1 单数=说．做-系词=3 单数阳性，‘我在告诉他。’)

（2） ni＝hino-i-ko-wo＝pi（nihinoekovi. 1 单数＝看见-持续-通格-系词＝2 单数，‘我在找你。’）

（3） ni＝kowoyo-čo＝ro（nikowoyočor. 1 单数＝洗澡-施为＝3 单数阳性，‘我已经给他洗了澡。’）

（4） heni，ver ni＝komorikie＝ro（是的，已经 1单数＝杀＝3 单数. 阳性，‘是的，我已经杀了它。’）

动词表主语的人称前附缀一般须强制出现，为表强调，还可跟自由人称代词形式的独立主语共现。表示宾语的人称后附缀并非强制性的，也可以不出现。如：

（5） nti' ni＝komorik p-a-š simori（我 1单数-杀 一-量词：动物-一 猪，‘我杀了一头猪。’）

（6） vi＝nik mos（1 复数＝吃 甜玉米，‘我们吃甜玉米。’）

只有在某些特定场合的否定句里，才可以不出现表示主语的前附缀，而单独出现表示宾语的后附缀。如下例关系结构中的动词和复句祈使类小句中的动词，都在否定情况下偏离了主语形态强制、宾语形态任选的一般非对称规则。

（7） nka to ka asko＝ni（nka to ka askoni. 否定 冠词 不定代词 帮助＝1 单数，‘没有一个帮助我的人。’）

（8） ni＝beha＝pi，tiwe nka niko＝ni（我＝松开＝你 但是 不 吃＝1 单数，‘我会松开你，但是不要吃我。’）

双及物动词句的一个动词有两个宾语。虽然两个宾语的标记都采用后附缀标注，但在位置关系上，表示间接宾语的后附缀在与动词词根的距离上，要近于跟表示直接宾语的后附缀的距离，即直接宾语标记位于间接宾语标记之后。其次，双及物动词表宾语的人称后附缀必须出现，这是它跟单宾语后缀标记的不同之处。如：

（9） pi＝pa＝ni＝ro（pipanir. 2 单数＝给＝1 单数＝3 单数阳性，

‘你把它给我。’）

（10）ni＝pa＝pi＝ro（nipapir. 1 单数＝给＝2 单数＝3 单数阳性，‘我把它给你。’）

（11）ni＝hino-i-ko-ino-a-ša＝pi＝ro（nihinoekinašapir. 1 单数＝看见-持续-通格-受益-连接-非现实＝2 单数＝3 单数阳性，‘我将为你找它。’）

（12）ni＝kas-ino＝pi＝ro（nkasinopir. 1 单数＝完成-受益＝2 单数＝3 单数阳性，‘我为你完成它。’）

（13）pi＝ihek-ino＝ni＝ro（pihekinonir. 2 单数＝梳头-受益＝1 单数＝3 单数阳性，‘你帮我给他梳头。’）

静态动词一般也是用人称前附缀表主语。

（14）pi＝ve'ino-wo（pive'inow. 2 单数＝是. 饿-系词，‘你饿了。’）

（15）nka　ni＝tiri-wo　noka（nka nitirow noka！否定　1 单数＝知道-系词　否定，‘我什么都不知道！’）

（16）pi＝kotive-wo（pikotivew. 2 单数＝是. 生病-系词，‘你生病了。’）

（17）ver　ro＝tiri-wapa　ro＝ak（ver rotiriwapa rak. 完成　3 单数阳性＝了解-状态改变　3 单数阳性＝唱歌，‘他已经了解唱歌。’）

（18）ni＝karowo-wo（nikarowow. 1 单数＝学习-系词，‘我在学习。’）

属性前缀能将动态动词变为静态动词。属性前缀 ko-和被动后缀-si 可以环缀出现，有时被动后缀可被删略。由此派生出的静态动词仍以人称前附缀表主语。

（19）ver　ro＝ko-vehaki-si（ver rokovehakisi？完成　3 单数阳性＝属性-打开-被动，‘它已经被打开了吗？’）

（20）ver　ro＝ko-vehaki（ver rokovehaki. 完成　3 单数阳性＝属性-打开，‘它已经开了。）

静态动词常是不及物的，如上例。但也有及物的静态动词。

不过在及物的静态动词中存在高度不寻常的特征（S. Danielsen，2009）或者说是特异线性化（Idiosyncratic linearization）现象。其主语形态规则违背了动词的一般主语形态规则，采用与非动词谓语相同的规则，即用人称后附缀表主语。

静态动词 kwo-‘存在，是’（系词性谓词）、eto‘完成’、koehoe‘生孩子，产仔’都只用后附缀方式编码主语。如：

【kwo-】

（21）nti’ kwo＝ni ne’ sorati-ye（nti’ kwoni ne’ sorati-ye. 1单数 存在＝1单数 这里 村子-处所，‘我在这里的村庄。’）

【eto】

（22）ver eto＝ni to ni＝vesa-čo（已经 完成＝1单数 冠词 1单数＝阅读-名词化2，‘我已经完成了我的阅读。’）

（23）ač ver eto＝ro＝ni（并且 已经 完成＝3单数＝1单数，‘并且我已经完成了它［除草和扫地］。’）

【koehoe】

（24）koehoe＝no（koehoen. 给.出生＝3复数，‘他们生育。’）

（25）koehoe＝ri pino-nev（生育＝3单数阴性 双胞胎-复数，‘她生了双胞胎。’）

可见，鲍莱语静态动词表主语的人称附缀在标记位置上发生分裂，即一般静态动词用人称后附缀表主语，但有的静态动词只用人称前附缀表主语。主语形态的分裂现象在其他阿拉瓦克语也存在。

2. 非动词性谓语的形态

非动词性谓语用人称后附缀编码主语。绝大多数非动词谓语是基于名词和形容词的，表示属性或判断。名词和形容词作谓语时的屈折形式相似，若不是以光杆形式出现，往往都要带上系词标记，并且都是用人称后附缀编码主语。两者形态特征的相同点另详见 pp. 301—304。

1）形容词谓语的主语形态

形容词作谓语时，可用人称后附缀编码主语，但也可单纯用句法手段表主语。比较：

（26）a te erawok napiri' ver moniko-wapa = ro（a te erawok — napiri' ver monikowaper. 并且　指示 1 阳性　芭蕉.树　也　完成　漂亮-状态改变=3 单数阳性，'并且这个芭蕉树它也已经是漂亮的。'）

（27）moniko-wo to ses（monikow to ses. 漂亮-系词　冠词　太阳，'太阳是漂亮的。'）

（28）ver hetirik=ro（ver hetirikier. 完成　空的=3 单数阳性，'它是空的。'）

（29）ač to vas hetiriko-wapa（ač to vas hetirikowapa. 并且　冠词　玻璃杯　空的-状态改变，'并且玻璃杯现在是空的。'）

形容词带状态改变后缀-wapa 作谓语时，主语标记的位置不变。如：

（30）a te erawok napiri' ver moniko-wapa = ro（a te erawok — napiri' ver monikowaper. 而且　指示 1 阳性　芭蕉　也　完成　美丽-状态改变=3 单数阳性，'而且这棵芭蕉树——它也已经很美丽了。'）

动词加否定前缀派生出的形容词形式用作非动词谓语时，用人称后附缀表主语。如：

（31）mo-yono-wo=ro（moyonowor. 否定-走-系词=3 单数阳性，'他不走。'）

形容词用人称后附缀编码主语，这也是它跟静态不及物动词的不同所在，后者用人称前附缀编码主语。比较：

（32）a. ver ri＝ko-avinon（完成 3 单数阴性＝属性-丈夫，‘她已经结婚了。’）；b. mo-avinon＝ri（否定-丈夫＝3 单数阴性，‘她没结婚吗？’）；c. mo-čokoki＝ro（否定-胃口＝3 单数阳性，‘他没有感觉［←没有胃口］。’）

例 32a 是派生的静态动词作谓语，因此主语用前附缀表达。例 32b、例 32c 是派生的形容词作谓语，因此主语用后附缀表达。

2）名词谓语的主语形态

名词作谓语，也用人称后附缀编码主语。如：

（33）teč monči-ro-wo＝ni（teč887čirowoni. 指示 2 阳性 孩子-派生-系词＝1 单数，‘当我是个孩子的时候。’）

名词带状态改变后缀-wapa 作谓语时，主语标记的位置不变。如：

（34）te ni＝šir ver hir-wapa＝ro（te nišir ver hirwaper. 指示 1 阳性 1 单数＝儿子 完成 男子汉-状态改变＝3 单数阳性，‘我的儿子已经是个男子汉了。’）

不过，需要指出，鲍莱语中表体的系词本质上并非动词，它是词基的后缀，表静态的状态，可以用在非动词谓语词基后，也可以用在动词谓语词基后（参 pp. 318—323）。

3）其他非动词谓语的主语形态

有时谓语都由词缀构成，它是名词和形容词以外的非动词性谓语，仍用后附缀表主语。如：

（35）ko-wo＝ri noiy（kwori noiy. 属性-系词＝3 单数阴性 那里，‘她在那里。’）

3. 形态主语分裂和静态-动态型语言

鲍莱语动词性谓语一般都用人称前附缀表主语，非动词性谓语用人称后附缀编码主语。但静态动词表主语的人称附缀在标记位置上发生分裂，即一般静态动词用人称后附缀表主语，而有的静态动词却只用人称前附缀表主语。

有学者因为这类特殊静态动词只用后附缀方式编码主语而在是否把它视为动词的态度上犹豫不决。其实它们的动词性不值得怀疑，该词所具有的及物性和双及物性等动词特征已证明了这一点。其不规则性正是在语法强制规则和语义静态动态区分原则发生冲突的结果，是系统运作下的正常现象。

主语分裂现象的形成跟静态动词的跨类性质有关，静态动词既然属于动词，自然会表现出某种程度的动词性，因此其主语形态常沿用动态动词所用的方式。另外，静态动词又表现出某种程度的名词性或形容词性：

1）不及物静态动词作谓语时常需加上系词后缀-wo，这等于是标记为名词性的，就算把它视为体标记，也是跟动态动词体标记的丰富性不成比例的。如下例中的静态动词 apero ‘是懒’ 用人称前附缀表主语，并带系词作谓语。

(36) ni＝apero-wo（naperow. 1 单数＝是懒-系词，‘我大概是懒。’）

2）kwo- ‘存在，是’（系词性谓词）、eto ‘完成’、koehoe ‘生孩子，产仔’ 这三个以特异方式对主语进行编码的静态动词，都能以无标记形式充当谓语（如下例）。这与形容词、名词的相应特征相似，pp. 301—304 说过，形容词、名词都能以光杆形式独立做谓语。

(37) ver　eto　no＝nik（ver eto nonik. 完成　终结　3 复数＝吃，‘然后他们吃完了。’）

(38) kač　koeh　ti　eton（kač koeh ti eton. 即将　给.生　指示 1 阴性　女人，‘这个女人要生了。’）

(39) mes-'api-ye　kwe'　to　misi（mes'api-ye kwe' to misi. 桌子-下面-处所　存在　冠词　猫，‘猫在桌子下面。’/‘桌子下面有一只猫。’）

kwo- ‘存在，是’ 是粘着词根，例 39 中 kwe' 是相应的独立词汇形式。见表 3 - 13：

表 3 - 13　鲍莱语粘着词根 kwo-‘存在，是’的谓语形态变体表

	第 1 人称	第 2 人称	第 3 人称阳性	第 3 人称阴性
单数	kwoni	kwovi	kwore'	kwori
复数	kwovi	kwoiy	kwone'	
中性	kwe'			

放大范围看，动词用人称前附缀表主语，非动词性谓语用人称后附缀编码主语，这总体上就蕴含着与动态-静态的意义对立相适应的形式对立。

不及物静态动词尽管名为静态，但它和形容词实际上仍与意义上微妙的动、静区分，因而导致了在主语形态上的差异。比较：

(40) ni=kotive-wo（1 单数=是病的-系词，‘我病了。’）

(41) mavi-wo=ni（病恹恹-系词=1 单数，‘我病了。’）| mavi-wapa=ni（maviwapani. 病恹恹-状态改变=1 单数，‘我病了。’）

kotive 是静态动词，所指的病是能短期恢复的，并不严重，mavi 是形容词，所指的病通常和要死的老人连起来使用，表示永久性的生病。相比起来，前者的动态意义强于后者，后者的静态意义强于前者。

即使诸如 worapik-（‘来’←（ver-a-pik，完成-连接-来））这样的行为动词，当它旨在表达状态意义时，也可在宾语槽内标注主语。

(42) ni-phiko-pi，ver worapik-ier，moena' ro-niko-pi（1 单数-隐藏-2 单数 已经 来-3 单数阳性 如此.那么.不 3 单数阳性-吃-2 单数，‘我会把你藏起来，他［我的儿子］已经来了，这样他不会吃你。’）

跟形容词、名词和特异的静态及物动词一样，该词作谓语时主语形态也可以是无标记的。

(43) worapik　to　sowon (worapik to sowon. 完成．方向　冠词　雨，‘雨已经来了［在雨季］。’)

动词名词化以后作谓语，有的用人称后附缀编码主语，有的用人称前附缀编码主语。这跟名词化之前的动词性质有关。静态动词名词化后用后附缀表主语，且需加用系词后缀-wo。动态动词名词化后用前附缀表主语。比较：

(44) a. nka　pero-no-wo=ni (nka peronowoni! 否定　是懒-名词化 1-系词=1 单数，‘我不是一个懒人。’)

(45) vi=kotorek-pa-no (vikotorekpon. 1 复数=工作-去-名词化 1，‘我们去工作了。’)

以上表明，鲍莱语主语形态大致是根据谓语意义的不同，附着在不同的位置。当表示动态的意义时，标记主语的形态手段用人称前附缀方式，当表示静态的意义时，则用人称后附缀方式。这一现象称为主语分裂，常见于动态-静态型语言，说明鲍莱语在类型学上隶属该种语言。

（二）形态定语

人称前附缀在名词上编码领属定语信息。如果名词性成分是作谓语，则所带的人称前附缀仍表领属关系，后附缀表主语。如：

vi=tovian (vitovian. 1 复数=邻居，‘我们的邻居’) ｜ ni=toviano-wo=ro (nitovianowor. 1 单数=邻居-系词=3 单数阳性，‘他是我的邻居。’)

（三）疑问代词人称后附缀的句法信息

疑问代词可带人称后附缀，编码小句主语或宾语信息。若谓语是不及物动词，则其附缀论元是主语。如：

(46) nka　ni=čo-wo　to　ka　ko=ni　ehevipoeko-wo-no (nka nčow to ka koni ehevipoekowon! 否定　1 单数=知道-系词　冠词　无定代词　为什么=1 单数　摔倒-系词-名词化 1，‘我不知道为什么我摔倒了。’)

(47) ko=pi　kačo-wo-no (kopi kačowon? 为什么=2 单数

走-系词-名词化 1，‘你为什么走?’)

若谓语是及物动词，附缀论元是宾语。如：

(48) ko=ro pi=ikomoriko-no (koro pikomorikon? 为什么=3 单数阳性 2 单数=杀死-名词化 1，‘你为什么杀死它?’)

(49) ko=ri pi=pa-no yiti (kori pipan yiti? 为什么=3 单阴性 2 单数=给-名词化 1 辣椒，‘你为什么给她辣椒?’)

(50) ko=vi ro=wono-no=niš toeri teč hir (kovi rowononiš toeri teč hir? 为什么=1 复数 3 单数阳性=寄-名词化1=感叹 可能 指示 2 阳性 男人，‘到底为什么那个男人可以寄给我们?’)

(四) 论元结构的变化

可增加动词论元数的词缀是增价词缀 (valency-increasing affixes)。可减少动词论元数的词缀是减价词缀 (valency-decreasing affixes)。

动词词基词缀中的致使前缀、受益后缀，动词词干词缀中的施为后缀、通格后缀，都是增价词缀。动词词干词缀中的被动后缀、交互后缀、派生静态动词的属性后缀，动词词根词缀中的持续体后缀-i，都是减价词缀。

第三节 句法结构

一 基本结构

(一) 主谓结构

1. 谓语类型

主谓结构的谓语含动词性谓语和非动词性谓语。非动词性谓语主要含名词性谓语、形容词性谓语。

1) 动词性谓语

动词性谓语句有不及物动词句、及物动词句和双及物动词句。动词一般都用人称前附缀表主语。用人称后附缀表宾语。不及物动词句如：

（1）ro＝šim　teč　aren（rošim teč aren. 3 单数阳性＝到达　指示 2 阳性　鸟，‘一只鸟到来了。’）

不及物动词只有主语这一个核心论元，该论元独立显现时，常呈 VS 语序。

【VS 语序】

（2）no＝pino-wo　teč　woroiy-nev　moeh（nopinow　teč woroiynev moeh. 3 复数＝逃跑-系词　指示 2 阳性　野蛮人-复数　确信，‘这些野蛮人肯定逃跑了。’）

（3）boen　rom　ro＝epša＝ro　roti'（boen，rom repšer roti'. 很好　立即　3 单数阳性＝显现＝3 单数阳性　3 单数阳性，‘很好，他刚出来。’）

（4）ro＝aro-čipi-ko-wo　te　hir（raročipikow te hir. 3 单数阳性＝爬-屋顶-通格-系词　指示 1 阳性　男人，‘这个男人爬上了屋顶。’）

（5）neriki　ver　ro＝wo-širiwani-čo-wo　te　karit　te　hir（neriki ver rowoširiwančow te karit te hir. 现在　完成　3 单数阳性＝是-在后面-分词-系词　指示 1 阳性　汽车　指示 1 阳性　男人，‘而现在男人在汽车后面。’）

（6）ri＝išoere　ri＝nik　tič　ri＝šonon（rišoere rinik tič rišonon. 3 单数阴性＝做饭　3 单数阴性＝吃　指示 2 阴性　3 单数阴性＝女儿.在.法律上，‘她做了饭，为了她的儿媳妇可以吃。’）

从文献语料看，SV 语序在鲍莱语中也并不鲜见。如：

【SV 语序】

（7）to　ahi-nev　no＝pino-ko＝ro（to ahinev nopinokier. 冠词　孩子-复数　3 复数＝逃走-通格＝3 单数阳性，‘孩子们从他那里逃走了。’）

（8）to　hir　ro＝išom～mo-ko-wo（to hir roešomomokow. 冠词　男人　3 单数阳性＝站．起来～强化-通格-系词，‘那个男人站

立着。’）

有时，SV 和 VS 两种语序在同一个大句里共现。如：

（9）roti’ kotimoeho-wo，kotimoeho-wo = ro roti’（roti’ kotimoehow，kotimoehowor roti’. 3 单数阳性 带. 糟糕. 气味-系词 带. 糟糕. 气味-系词=3 单数阳性 3 单数阳性，‘他闻上去糟糕，他闻上去糟糕。’）

但从一些特殊动词所在的语句里可以看到，VS 语序下，动词采用无标记的中性形式，SV 语序下，动词采用有标记的特殊形式。表明 VS 语序比 SV 语序更为基本。比较：

（10）a. mes-’api-ye kwe’ to misi（mes’api-ye kwe’ to misi. 桌子-下面-处所 存在 冠词 猫，‘猫在桌子下面。’/‘桌子下面有一只猫。’）；b. to misi kwo=ro-i’ mes-’api-ye（to misi kwore’ mes’api-ye. 冠词 猫 存在=3 单数阳性-强调 桌子-下面-处所，‘猫在桌子下面。’）

当动词为及物动词，且外显（explicit）主语 S 和外显宾语 O 共现时，VSO 是偏好语序，VOS 是劣势语序，有时会被要求纠正。名词作主语时，为强调该主语，采用 SVO 语序，因此该语序是强调语序。比较：

【VSO 语序】

（11）no = nik to aren to ro = soki（nonik to aren to rosoki. 3 复数=吃 冠词 鸟 冠词 3 单数阳性=种子，‘鸟们吃种子［树的］。’）

【VOS 语序】

（12）ro=niko-wo teč kes teč šiye’（ronikow teč kes teč šiye’. 3 单数阳性=吃-系词 指示 2 阳性 奶酪 指示 2 阳性 狐

狸，‘狐狸吃了奶酪。’)

【SVO 语序】

(13) te hir ro = pan-wo to ro = per kove' (te hir ropanow to roper kove'. 指示 3 阳性 男人 3 单数阳性=跟着-系词 冠词 3 单数阳性=驯养. 动物 狗，‘这个男人正跟着他的狗。’)

(14) te simori ro = hiš-čipi-a-wo ti sopir (te simori rohišočipiaw ti sopir. 指示 1 阳性 猪 3 单数阳性=闻-量词:平的和凸起的-连接-系词 指示 1 阴性 乌龟，‘这只猪在闻这只龟。’)

2) 非动词性谓语

非动词性谓语用人称后附缀编码主语。形容词谓语倾向于用在主语前。当用在名词性成分后时，可解读为定语。比较：

(15) a. monik tin eton (漂亮 指示 3 阴性 女人，‘这个女人漂亮。’)；b. tin eton monik (指示 3 阴性 女人 漂亮，‘漂亮的女人。’)

形名语序有定中结构和主谓结构两解，有无停顿可作为区分两种结构的形式依据。比较：

(16) a. to eton či-šie' (to eton čišie'. 冠词 女人 大-垂直. 大小，‘那个高个女人’)；b. to eton či-šie' (to eton-čišie'. 冠词 女人 [停顿] 大-垂直. 大小，‘那个女人个子高。’)

在无标记情况下，名词性主语通常用在非动词性谓语的前面。如：

(17) to Horian ni= tori (to Horian ntori. 冠词 Julián. 人名 1 单数=朋友，‘Julián 是我的朋友。’)

名词性主语也可为了强调，用在非动词性谓语的后面。如：

（18） neriki-ikoe' ti howe' tič eton（nerikikoe' ti howe' tič eton. 现在-强调 指示 1 阴性 海豚 指示 2 阴性 女人，‘这个女人现在是一只海豚了。’）

（19） monik piti' čapak（monik piti'，čapak. 漂亮 2 单数 蜘蛛，‘你很漂亮，蜘蛛。’）

非动词性谓语除名词性谓语句、形容词性谓语句外，也有其他的非动词性谓语。如：

（20） nka-wapa to ses（nkawapa to ses. 否定-状态改变 冠词 太阳，‘不再有太阳了。’）

（21） nti' nka-wo＝ni ni＝weri-ye（nti' nkawoni niweri-ye. 1 单数 否定-系词＝1 单数 1 单数＝房子-处所，‘我不在我的房子里。’）

（22） noka-wo＝ro ni＝weri-ye（nokawor niweri-ye. 否定-系词＝3 单数阳性 1 单数＝房子-处所，‘他不在我的房子里。’）

（23） ko-wo＝ri noiy（kwori noiy. 属性-系词＝3 单数阴性 那里，‘她在那里。’）

（24） nka-wapa＝ni（nkawapani. 否定-状态改变＝1 单数，‘我不再在那里了。’）

其中以词根形式存在的否定副词，有时可以光杆形式作谓语。如：

（25） nka to ka asko＝ni（nka to ka askoni. 否定 冠词 无定代词 帮助＝1 单数，‘没有一个帮助我的人。’）

2. 主语类型

1） 名词作主语

鲍莱语名词缺乏主语和宾语的格标记。名词的性范畴是通过外部形态来表示的，即由名词的指示代词来标记。

（26） ver-a-pik＝ro nakoš teč vir（verapikier nakoš teč vir.

完成-连接-来＝3 单数阳性　从那儿　指示 2 阳性　风，‘风从那儿来。’）

主语和动词必须存在数和性上一致性关系，但一致性关系是通过作为名词修饰语的指示代词，和动词的主语附缀来建立的，动词的主语附缀一般是前附缀。如例 27 中，指示代词 teč是单数阳性，跟动词前附缀 ro-的性、数一致。余例类此。

（27）kač＝hi　ro＝ya-pa　teč　ri＝avinon（kač-hi royapa teč riavinon. 去＝引用　3 单数阳性＝哭-去　指示 2 阳性　3 单数阴性＝丈夫，‘她的丈夫去哭了。’）

（28）ro＝šim　teč　aren（rošim teč aren. 3 单数阳性＝到达　指示 2 阳性　鸟，‘鸟飞来了。’）

（29）to　šiye'　ro＝am　to　šoweko-no　ro＝toeri- ye（to šiye' ram to šowekon rotoeri-ye. 冠词　狐狸　3 单数阳性＝带　冠词　匍匐行进-名词化 1　3 单数阳性＝地方-处所，‘狐狸把美洲豹带到它的地方。’）

2）人称代词作主语

人称代词也缺乏主语或宾语的格形态，直接作主语，动词人称前附缀的人称、数、性信息要和该代词主语的人称、数、性信息一致。

（30）roti　ro＝imono＝ro（roti' roemoner. 3 单数阳性　3 单数阳性＝买＝3 单数阳性，‘他买了它。’）

（31）piti'　pi＝kotoreko-wo　maiyok（piti' pikotorekow maiyok. 2 单数　2 单数＝工作-系词　非常，‘你做了很多工作。’）

人称代词作非动词性谓语的主语时，虽也可有形态信息的一致关系，但不具有强制性。比较：

（32）teč　monči-ro-wo＝ni（teč mončirowoni. 指示 2 阳性　孩子-派生-系词＝1 单数，‘当我是个孩子的时候。’）

（33）nti'　eton（1 单数　女人，'我是一个女人。'）

（34）nti'　čišie-wapa-ni（1 单数　高-状态改变=1 单数，'我已经很高。'）

（35）nti'　monik（1 单数　漂亮，'我漂亮。'）

（二）动宾结构

1. 单宾语的形态及句法语序

鲍莱语名词作宾语时以在动词后（即 VO 语序）为常。当它和主语共现时，又以在主语后（即 VSO 语序）为常（参 pp. 336—339）。宾语和动词的一致性关系标记是可选的，只有强调宾语时，动词才会带上表性数范畴的宾语标记，宾语标记用后附缀表示。

（36）no=kastigačo=no　to　neč　činti-nev（nokastigačon to neč čintinev. 3 复数=惩罚=3 复数　冠词　指示 2 复数　人-复数，'他们惩罚了这些人。'）

（37）ro=kow　to　yakis（rokow to yakis. 3 单数阳性=点燃　冠词　柴火，'他点燃了柴火。'）

（38）ni=ehe-pe-ko-wo　to　hikoč（nehepekow to hikoč. 1 单数=洗-量词:铁锹.形状-通格-系词　冠词　刀子，'我在清洗这把刀。'）

（39）ri=hamoro'in=ro　to　Adolfo　Sware（rihamoro'iner to Adolfo Sware'. 3 单数阴性=想念-3 单数阳性　冠词　Adolfo Suarez，'她想念他，这个 Adolfo Suarez 人。'）

（40）pi=am=ri　wapoeri-ye　pi=kowyo-čo　ti　monči（pameri wapoeri-ye，pikoweiyč ti monči. 2 单数=带=3 单数阴性　河-处所　2 单数=洗澡-施为　指示 1 阴性　孩子，'带她到河边，给孩子洗澡。'）

（41）nti'　ni=ikomorik　p-a-š　simori.（nti' nikomorik paš simori. 1 单数　1 单数=杀　一-量词:动物-一　猪，'我杀了一头猪。'）

（42）no=pa=no　wakopi（nopen wakopi. 3 复数=给=3 复数　鞭子，'他们给他们许多鞭子。'）

(43) vi＝nik　mos（vinik mos. 1 复数＝吃　甜玉米，'我们吃甜玉米。'）

OV 语序的语例虽有，但相对来说并不多见。如：

(44) te　simori　no＝ikomorik＝ro（te simori noekomorikier. 指示 1 阳性　猪　3 复数＝杀＝3 单数阳性，'他们杀了这些猪。'）

述谓性成分在名词化后，能以名词性身份作宾语，作宾语时可带冠词。如：

(45) kač　veyimira-po　to　vi＝kotoreko-čo（kač veyimirap to vikotorekoč. 去　1 复数.开始-完成反身　冠词　1 复数＝工作-名词化 2，'我们要开始工作了。'）

(46) ni＝ita-poreiy　to　ni＝kotoreko-čo（nitaporeiy to nikotorekoč. 1 单数＝继续-反复　冠词　1 单数＝工作-名词化 2，'我会继续工作。'）

2. 双宾语的形态及句法语序

双及物动词的两个外显宾语共现时，作直接宾语的名词和间接宾语的名词都位于动词的后面，且前者前于后者。这正好跟双及物动词的宾语形态语序相反，前面说过，该动词上的直接宾语标记是位于间接宾语标记之后（参 pp. 327—330）。其次，双及物动词的外显宾语和表宾语的后附缀形成互补，一个外显宾语出现时，则不再出现表相应宾语的后附缀。两个外显宾语都出现时，则表相应宾语的两个后附缀都不出现。

(47) ni＝ki'ino-wo　ni＝pa　te　livor　ti　ni＝piri（nki'inow nipa te livor ti nipiri. 1 单数＝想-系词　1 单数＝给　指示 1 阳性　书　指示 1 阴性　1 单数＝姐姐，'我想把这本书给我的姐姐。'）

(48) ro＝pa＝ro　teč　hoven（roper teč hoven. 3 单数阳性＝给＝3 单数阳性　指示 2 阳性　年轻人，'他把它给了这个年轻人。'）

(49) ro＝pa＝ro＝hi　po-soki（roper-hi posoki. 3 单数阳性＝

给＝3 单数阳性＝引用　别的-种子，‘他给他别的种子。’)

（三）状中结构

1. 副词作状语

副词在句中作状语。它们在句中没有严格固定的位置。处所副词、时间副词表现最为突出，它们常在动词前，但有时也可在动词后。如：

【谓语动词前】

(50) aw naka' pi ＝ sori-ye tokono-so-hi-wo（aw naka' pisori-ye —tokonosohiw? 并且．不　在那儿　2 单数＝村庄-处所　冷-近似-环境-系词，‘可是在你的村庄那儿——天冷吗?’)

(51) ne' sorati-ye kwe' činti-nev mehowokon（ne' sorati-ye kwe' čintinev mehowokon. 这里　村子-处所　存在　人-复数　粗鲁的，‘在村子这里有粗鲁的人。’)

(52) neriki ni ＝ woyiko-wo to ehah to čičorop（neriki niwoyikow to ehah to čičorop. 现在　1 单数＝做-系词　冠词　汤　冠词　豆子，‘今天我做了豆汤。’)

(53) neriki ne' teč no＝šim-a-čo（neriki ne' teč nošimač. 现在　这儿　指示 2 阳性　3 复数-到达-连接-名词化 2，‘现在他们到了这儿。’)

(54) čas monči-wo＝ni（čas mončiwoni. 很久以前　孩子-系词＝1 单数，‘以前我是个孩子。’)

(55) rekičin toeri ri＝šim（rekičin toeri rišim? 什么时候　可能　3 单数阴性＝到达，‘她什么时候可能到达?’)

(56) ver ver ko-wapa to nen ha ewokoe-či-nev（ver ver kwapa to nen ha ewokoečinev. 已经　已经　存在-状态改变　冠词　指示 3 复数　犹豫　树-小称-复数，‘已经有那些树了（在干涸的土地之上)。’)

(57) nečon nka ntiro-wapa soni kaiyran teč ni＝an（nečon nka ntirowapa soni kaiyran teč nian. 上个．晚上　否定　1 单数领属-状态改变　烟草　最后的　指示 2 阳性　1 单数＝咀嚼，‘昨天晚上我没有烟草了；最后的（一点）我咀嚼了。’)

【谓语动词后】

(58) nti' kwo＝ni ne' sorati-ye (nti' kwoni ne' sorati-ye. 1 单数　存在＝1 单数　这里　村子-处所,‘我在村子这里。’)

(59) ti-wo ti howe-wapa neriki (tiow ti howewapa neriki. 这-是　指示 1 阴性　海豚-状态改变　现在,‘她现在已经变成一只海豚了。’)

(60) ke-wo-ša nka čowan (kewaš nka čowan! 空动词-系词-非现实　否定　长.时间,‘去,但是不要去太久!’)

(61) no＝woyiko-wo＝ni te ni＝per tiporek nečon (nowohikowoni te niper tiporek nečon. 3 复数＝偷-系词＝1 单数　指示 2 阳性　1 单数＝家养.动物　小鸡　上个.晚上,‘他们昨天晚上偷了我的小鸡。’)

其他副词在句中位置也不固定。它们有时跟谓语结合较紧(例 62、例 63),但有时则用于小句的边缘:或小句之首(例 64),或小句之尾(例 65)。这是它们区别于作为语助词的地方。如:

(62) nti' imir niko-no (nti' imir nikon. 我　非常　吃-名词化 1,‘我是一个饭量大的人。’)

(63) imir ro＝ačoko-wo to was (imir račokow to was. 非常 3 单数阳性＝是.满-系词　冠词　玻璃杯,‘这个玻璃杯非常满。’)

(64) moeh ni＝imonoek-po to ni＝wer (moeh nimonoekpo to niwer. 肯定得　1 单数＝卖-完成反身　冠词　1 单数＝房子,‘我必须卖我的房子。’)

(65) nerki-koe' moeh pi＝hino-e-ko-i' henok moeh-kik (nerikikoe' moeh pihinoekoe' henok moehkik. 现在-强调　确信　2 单数＝看见-持续体-通格-强调　好　当然-真正地,‘现在你能真正地好好看了。’)

否定副词至少有 4 个:nka‘不’,porok‘从不,从没有’,verek‘永不’，wokow ‘尚未’。它们有的可以带词缀作非动词性谓语（参 pp. 339—340）。作状语时基本都用在谓语前。

（66）nka ni=čo-wo=ro（nka nčowor. 否定 1单数=知道-系词=3单数阳性，‘我不知道。’）

（67）porok pi=imovik=ro（porok pimovikier. 从不 2单数=给.回来=3单数阳性，‘你从来没有把它还回来。’）

（68）nti’ napiri’ te ntir vot ni=regalač=pi koehkoe’ verek vi=weč-koko（nti’ napiri’ te ntir vot niregalačpi koehkoe’ verek viwečkok. 1单数 也 指示代词1阳性 1单数领属 靴子 1单数=给.现在.向=2单数 如此.那么 不.永远 1复数=打架-交互，‘我也将会给你我的靴子，这样我们就不会再互相打架了。’）

（69）wokow vi=eweko-po to kahawor（wokow vewekop to kahawor. 没.还 1复数=收获.棉花 冠词 棉花，‘我们还没有收获棉花。’）

否定副词可用在句法主语和时间副词等一些副词后。如：

（70）roti’ nka ni=širo-wo=ro（roti’ nka niširowor. 3单数阳性 否定 1单数=儿子-系词=3单数阳性，‘他不是我的儿子。’）

（71）ver nka ni=asoro-he-wapa（ver nka nasorohewapa. 完成 否定 1单数=是.强壮-周遍-状态改变，‘我不再有太大的权力[←我不再强而有力]。’）

（72）nečon nka ntiro-wapa soni（nečon nka ntirowapa soni. 上个.晚上 否定 1单数领属-状态改变 烟草，‘昨晚我不再有烟草。’）

否定副词也可用在一些副词前（例73—例75）、或语助词前（例76），或用在插入的叹词（例77）前。如：

（73）nti’ nka maiy ni=tiri-wo（nti’ nka maiy ntiriow. 1单

数　否定　很多　1单数＝知道-系词，‘我不知道很多。’）

（74）ver　nka　imir　pero-pi（ver nka imir peropi. 完成　否定　非常　长-量词：长和细，‘它不是非常长。’）

（75）wokow　kik　ro＝yi～yako-wo（wokow kik royiyakow. 没．还　真正　3单数阳性＝加强～是.成熟-系词，‘它还没有真正成熟。’）

（76）ač　ha　ri＝etoes-a-po　nka　avik　ri＝koka（ač-ha-rietoesap，nka avik rikoka. 而且　犹豫[①]　3单数阴性＝是.安静-完成反身　否定　再　3单数阴性＝笑，‘而且她很安静，她没有再笑了。’）

（77）nka　ha　ni＝čo-wo＝ro　to　ka　ro＝eyono-wo＝ri te　ni＝šir（nka-ha-nčowor to ka roeiyonowori te nišir. 否定　犹豫　1单数＝知道-系词＝3单数阳性　冠词　无定代词　3单数阳性＝妻子-系词＝3单数阴性　指示代词1阳性　1单数＝儿子，‘我不知道谁是我儿子的妻子。’）

2. 处所格名词作状语

鲍莱语名词只有一个处所格，用作谓语的状语成分。多用在谓语动词后，但有时也放在其前面。如：

（78）ro＝hiriki＝hi　teč　siy-ye　teč　sipori（rohirik-hi teč siy-ye teč sipori. 3单数阳性＝坐＝引用　指示2阳性　椅子-处所　指示2阳性　青蛙，‘青蛙坐在椅子上。’）

（79）ni＝kač　ni＝yon-poek　šonoki-ye（nikač niyonpoek šonoki-ye. 1单数＝走　1单数＝步行　路-处所，‘我光脚走在那条路上。’）

（80）ni＝ačik-pa-ša-po　Sintia-viani-ye（načikpašap Sintia-viani-ye. 1单数＝拜访-去-非现实-完成反身　Cynthia-邻居-处所，‘我去拜访邻居Cynthia。’）

① 插入的叹词。

（81） hamaro-ki-no-ye kwe' him čo-po-ča （hamarokino-ye kwe' him čopoča. 黑色-量词：2维-名词化1-处所 存在 鱼 大-量词：少-巨称，'在黑色的河流里有非常大的鱼。'）

（82） junia-ye rom ni＝koečapi-wo（junia-ye rom nkoečapiow. 六月-处所 立即 1单数＝有.生日-系词， '在六月我有我的生日。'）

3. 语助词作状语

语助词表示时、模态、体的意义，充当状语位置固定位于被修饰的动词谓语前。如：

（83） ver eto ni＝ehmoeko-po（ver eto nehmoekop. 已经 终结 1单数＝洗．衣服-完成反身，'他们已经完成了洗衣服。'）

（84） ito ro＝sowe-wo（ito rosowew. 正在 3单数阳性＝下雨-系词，'在下雨。'）

（85） boen，rom ro＝epša＝ro roti'（boen，rom repšer roti'. 很好，立即 3单数阳性＝显得＝3单数阳性 3单数阳性，'很好，他刚出来［在他看来］。'）

（86） avik ro＝išom avik ro＝ehevipoek-poreiyo-po（avik roešom avik roehevipoekporeiyop. 反复 3单数阳性＝站立 反复 3单数阳性＝跌倒-反复-完成反身，'又一次他站起来了，又一次他跌倒了。'）

（87） ver kač vi＝išoereko-po（ver kač višoerekop. 已经 打算表意图 1复数＝做饭-完成反身，'我们已经打算去做饭了。'）

（88） a. pa nti' nik＝ro（pa nti' nikier！打算表意图 1单数 1单数.吃＝3单数阳性，'我［强调的］将吃它！'）；b. pa nti'＝niš（pa nti'-niš！打算表意图 1单数＝感叹句引导词，'很好，我［强调的］将！'）

（89） ta pi＝nik-pa-no（ta pinikpan！请表命令 2单数＝吃-意图-名词化1，'去并且吃。'）

（90） ši vi＝kač（ši vikač！让表劝告 1复数＝去，'让我们去！'）

（91） ni＝pihik toeri ne'（npihik toeri ne'. 1单数＝通过 可

能　这里，'我可能通过这里。'）

（92）nti' moeh ni-haki-čo＝ro（nti' moeh nihakičor. 1 单数　肯定表确信　1 单数＝是. 关的-施为＝3 单数阳性，'我可以关上它。'）

（四）定中结构

冠词、指示词、领属代词、数量词、形容词、名词，都可以作名词的定语。前四种定语是前置定语，后两种定语是后置定语。如：

【冠词作定语】to ses（冠词　太阳，'太阳'）【指示代词作定语】tič eton（指示 2 阴性　女人，'那个女人'）【领属代词作定语】ntir na'（1 单数领属　鸡蛋，'我的鸡蛋。'）【数量词作定语】mapi-no eton-anev（mapin etonanev. 两-量词：人类　女人-表人复数，'两个女人'）

【形容词作定语】ne' vi＝imo＝ro ne' kastaroko-ye čo-iki-ye.（ne' vimiro ne' kastaroko-ye čiki-ye. 这里　1 复数＝放＝3 单数阳性　这里　包-处所　大-量词：网-处所，'在这里，我们把它放到大包里。'）

【名词作定语】teč ri＝avinon tič eton（teč riavinon tič eton. 指示 2 阳性　3 单数阴性＝丈夫　指示 2 阴性　女人，'这个女人的那个丈夫'）

鲍莱语形容词修饰名词一般后置，并且带上表名词实物形状的量词标记，在爱斯基摩语名词的实物形状是通过指示词来表示的。在这一点上，鲍莱语和汉语很接近，但其量词必须粘附在其他修饰词的上面，不能单独使用，类似于后缀。所修饰名词的实物形状必须和量词标记具有一致性，如-mpe 表示扁平状的量词，而所修饰的名词 pari'房子'也是扁平状的食物，这种一致性是以语义的预设为基础的。名词修饰名词的句法手段可用以表达领属关系，表领有者的定语在后，表被领有者的中心语在前。不带量词的形容词作定语时也可用在中心语前、冠词后。若同时用在中心语和冠词前，则解读为主谓结构。比较：

（93）čonok to ka'ano-nev（čonok to ka'anonev. 大　冠词　动物-复数，'这些动物很大。'）

（94）čonoko-nev to ka'ano-nev（čonokonev to ka'anonev. 大-复数　冠词　动物-复数，'这些动物很大。'）

带多重定语的复杂定中结构如下例：

多重前置定语——【冠词、指示代词作定语】to bekiyiri to neč yibironeb（冠词 神 冠词 指示 2 复数 家伙，‘那些家伙的神’）【冠词、数量词作定语】siet-e' to yiti（siete' to yiti. 七-量词：不甜 冠词 辣椒，‘七个辣椒’）【冠词、形容词作定语】to čonok hira-nev（冠词 大 人-表人复数，‘这些大人’） 【指示代词、领属代词作定语】te ntir vot（指示 1 阳性 1 单数. 领属 靴子，‘这双我的靴子’）

多重后置定语——【形容词、名词作定语】sorati t-aki Benia-ye（村庄 小-量：通径 Beni-处所，‘位于 Beni 的小村庄’）【名词短语作定语】teč ri=avinon tič eton（teč riavinon tič eton. 指示 2 阳性 3 单数阴性=丈夫 指示 2 阴性 女人，‘那女人的那个丈夫’）

前置定语和后置定语并见——【冠词、名词作定语】to ro=wer to kose（冠词 他的=房子 冠词 Joe，‘Joe 的房子’）｜ to no-sori-ye to ni=ronaneb（冠词 他们-小镇-处所 冠词 我=父母，‘在我的父母的小镇’）【冠词、领属代词、指示代词、名词作定语】to ritir čob ti ni=en karem（冠词 她的 盐 指示 1 阴性 1 单数=妈妈 Carmen，‘我的母亲 Carmen 的盐’）【指示代词、数量词、形容词作定语】te mpo-se senti čo-se（指示 1 阳性 三-量词：卵形 西瓜 大-量词：卵形，‘这三个大西瓜’）【指示代词、形容词作定语】tič mučač monik（指示 2 阴性 女孩 美丽，‘那个美丽的女孩’）｜ tič no=iron epenon（指示 2 阴性 3 复数=父母 死的，‘他们的过世的母亲’）｜ tec ino-ye topoparonow（那 水-处所 脏，‘在那脏水里’）【冠词、数词、代词、形容词作定语】to po-no mapin ro=sečaneb čonoko-nev（冠词 另外-量词：人类 两 他的=孩子 大-复数，‘他的另外两个大孩子’）｜ to mapia niper šimori ti'-a-či（冠词 两 我的. 领属 猪 小-量词：动物-小称，‘我的两只小猪’）

（五）并列结构

语词并列关系属句法关系。数量词、名词或名词短语等都能构成这样的关系结构。连接两个小句或命题的并列关系属逻辑关系，另参 pp. 357—362。

(95) po-mo-š po-pi-š po-no-š（pomoš，popiš，ponoš. 一-量

词：编织物-一　一-量词：长细-一　一-量词：人-一，'一片［布］，一条［蛇］，一个［人］'）

（96）to howe' ač to kočopon ač to himo-nev（to howe' ač to kočopon ač to himonev. 冠词　海豚　并且　冠词　凯门鳄　并且　冠词　鱼-复数，'海豚、凯门鳄、鱼'）

（97）ti wak ačow to tor（指示 1 阴性　奶牛　和　冠词　公牛，'奶牛和公牛'）

（98）kwe' hino-i-ko-no-wo sompoeko-no-wo（kwe' hinoekonow sompoekonow. 存在　看-持续-通格-名词化 1-系词　听-名词化 1-系词，'有人在看和听。'）

（99）to erapoe' apo to kahap（to erapoe' apo to kahap? 冠词　芭蕉　或者　冠词　木薯，'芭蕉还是木薯?'）

（六）句法语序和形态语序的互动

形态结构和句法结构既有协同，又有冲突。其协同关系有两个突出表现。

其一是句法直接成分关系和形态一致关系。详见 pp. 340—342 主语类型。这主要是句法语义结构对形态结构的影响。

其二是毗邻关系。形态结构也影响着句法结构。可以相信，句法成分语序受到了形态句法语序的影响，证据是：为强调而跟人称附缀同现并发挥相同句法功能的人称代词，多与该人称附缀毗邻，由于主语形态需强制出现（参 pp. 327—330），所以主语毗邻现象尤为显著。如：

（100）nti' ni＝sompo-wo＝pi（nti' nisompovi. 1 单数　1 单数＝听到-系词＝2 单数，'我听到了你。'）

（101）riti' ri＝veko-wo（riti' rivekow. 3 单数阴性　3 单数阴性＝说话-系词，'她在说话。'）

（102）koehkoe' ro＝sompo＝vi viti'（koehkoe' rosompovi viti'. 这样. 那么　3 单数阳性＝听见＝1 复数　1 复数，'这样它听见我们（录音机）。'）

前面说过，VSO 是鲍莱语偏好语序。名词主语只在被强调时才放在谓语动词前（参 pp. 336—339）。但当主语由人称代词充任时，一般都出现于谓语动词前。因为作主语的人称代词和表主语的人称前附缀冗余共现，本身就是补偿机制下的强调操作（参马清华，2008）。这也就不难解释它为何默认地选用了强调语序。原因之二是，还出于求同整合的毗邻需要（参马清华，2014）。

非毗邻现象多见于非动词性谓语的独立主语前置的情形。如：

（103）nti' ro＝eyono-wo＝ni te pi＝šir（nti' roeiynowoni te pišir. 1 单数 3 单数阳性＝妻子-系词＝1 单数 指示 1 阳性 2 单数＝儿子，'我是你儿子的妻子。'）

及物动词主宾语的句法语序和形态语序可镜像共现，这种非毗邻现象并不多见。如：

（104）boen nti' ri＝invitači＝ni tič eton（boen，nti' rinvitačini tič eton. 很好 1 单数 3 单数阴性＝邀请＝1 单数 指示 2 阴性 女人，'很好，那个女人邀请了我。'）

形态结构和句法结构的冲突方面也有两个突出表现。其一是句法语义关系有时在形态层面跨层缠绕。比如，谓语形态结构上被多重词缀包裹在内的词根，句法语义结构上可以是域外定语的中心语。如：

（105）nti' ro＝eyono-wo＝ni te pi＝šir（nti' roeiynowoni te pišir. 1 单数 3 单数阳性＝妻子-系词＝1 单数 指示 1 阳性 2 单数＝儿子，'我是你儿子的妻子。'）

其二是形态一致成分违背一般常态的非毗邻现象，见前。

二 复杂句法结构：谓语结构的复杂化

（一）关系结构

鲍莱语的关系化中交织着名词化活动，或者说常以名词化活动为条件。冠词 to 或名词化标记都可以帮助实现动词到名词的功能转化，也可以两种方式并用。比较：

（1）ni＝am　to　no＝pa＝ni　to　neč　yoro-nev（nam to nopani to neč yoronev. 1 单数＝带　冠词　3 复数＝给＝1 单数　冠词　指示 2 复数　猴子-复数，‘我带上了猴子们给我的东西。’）

（2）ni＝am-pik　nor　ni＝kasačo-no（nampik nor nikasačon. 1 单数＝带-来　鹿　1 单数＝捕猎-名词化 1，‘我带来了我捕到的鹿。’）

（3）monik　to　ri＝poria-no（monik to riporian. 美丽　冠词　3 单数阴性＝缝-名词化 1，‘她缝得很好看。’）

除了例 2—3 中所示的带名词化 1 标记-no 的关系小句外，也有带名词化 2 标记-čo 或带名词化 3 标记-ri 的关系小句。如例 4、例 5：

（4）ver　eto＝ro　teč　nakiroko-ye　no＝koyepia-čo　teč　činti-nev　ane-nev（ver etor teč nakiroko-ye nokoyepiač teč čintinev anenev. 完成　完成＝3 单数阳性　指示 2 阳性　很久前　3 复数＝谈话-名词化 2　指示 2 阳性　人-复数　老-复数，‘完成了老人们很久以前说的事。’）

（5）ver　ni＝torak　to　ni＝hinoe-ri-wo（ver nitorak to nihinoeriow. 完成　1 单数＝完成　冠词　1 单数＝寻找-名词化 3-系词，‘我已经找到了我要找的东西。’）

转化的动词内部往往有空位。这一空位可以用无定代词 ka 标记出来。如：

（6）nka　to　ka　asko＝ni（nka to ka askoni. 否定　冠词　无定代词　帮助＝1 单数，‘没有帮助我的人。’）

分裂结构是其他类型的一种关系结构。分裂结构标记是 ti-wo（tiow. 指示 1 阴性-系词，‘这是’），该标记后面都要紧跟一个指示代词。如：

（7）to marok ti-wo teč vi＝ero-no-wo（to marok，tiow teč veronow... 冠词 吉开酒 这-是 指示2阳性 1复数＝喝-名词化1-系词，‘吉开酒是我们正在喝的……’）

（二）动补结构

一个动词作另一个动词的补语（complement），作补语的动词相当于宾语从句、不定式或动名词等。

（8）noka pi＝ki'ino-wo ni＝kotoko＝pi（noka piki'inow nikotokopi. 否定 2单数＝想-系词 1单数＝抓＝2单数，‘你不想我碰你。’）

（9）aviko-i' no＝kač no＝ahk＝ro no＝hišk＝ro（avikoe' nokač nahkier nohiškier. 又-强调 3复数＝去 3复数＝尝试＝3单数阳性 3复数＝闻＝3单数阳性，‘他们又去用它闻他。’）

（10）nti' ni＝pa＝pi pi＝nik（nti' nipapi pinik. 1单数 1单数＝给＝2单数 2单数＝吃，‘我给你吃。’）

（11）ni＝tiri-wo ni＝eherik（ntiriow neherik. 1单数＝会-系词 1单数＝织网，‘我会织网。’）

不少感知动词（如-hinok-‘看见’）心理动词（如-tiri-‘知道’，-aspiri'in-‘记得’）可带相当于宾语从句的补语。如：

（12）ač to yandoe' ro＝hinoko-wo to činti-nev nka notiro-wo yaki（ač to yandoe' rohinokow to čintinev nka notirow yaki. 而 冠词 美洲鸵鸟 3单数阳性＝看见-系词 冠词 人-复数 否定 3复数领属-系词 火，‘而美洲鸵鸟看到了人们没有火。’）

（13）tič ri＝mos ri＝hinok-pa＝ri ver noka-wapa＝ri（tič rimos rihinokperi ver nokawaperi. 指示2阴性 3单数阴性＝妈妈.在.法律上 3单数＝看见-去＝3单数阴性 完成 否定-状态改变＝3单数阴性，‘婆婆看到她已经不在那里了。’）

（14）ni＝tiri-wo ni＝eherik（ntiriow neherik. 1单数＝懂-系词 1单数＝纺纱，‘我懂纺纱。’）

（15）ver　ro＝tiri-wapa　ro＝ak（ver rotiriwapa rak. 完成　3单数阳性＝了解-状态改变　3单数阳性＝唱歌，‘他已经了解唱歌。’）

（16）nka　ri＝čo-wo　apo　ri＝kotorek（nka ričow apo rikotorek. 否定　3单数阴性＝知道-系词　补语化成分　3单数阴性＝工作，‘她不知道她是否工作。’）

（17）viti'　nka　vi＝tiri-wo　kon　to　ka　niko-no（viti' nka vitiriow kon to ka nikon. 1复数　否定　1复数＝知道-系词　谁/什么　冠词　不定代词　吃-名词化1，‘我们不知道谁吃了［它］。’）

（18）moeh　pi＝aspiri'ino-wo　pi＝vesa　pi＝vek＝ro　teč vekori（moeh paspiri'inow pivesa，pivekier teč vekori? 确信　2单数＝记得-系词　2单数＝读　2单数＝说＝3单数阳性　指示2阳性　语言，‘你能/你会记得读，说那个语言吗？’）

（三）连动结构

连动结构指两个表序列事件的谓语平行串合在一起，表示一个复杂的事件结构。连动结构的内部关系有先后、工具、伴随、比较、解说等。例如：

【先后】

（19）ro＝kač-po-wo　ro＝pino-po（rokačpow ropinop. 3单数阳性＝走-完成反身-系词　3单数阳性＝消失-完成反身，‘他走了消失了。’）

【工具】

（20）ro＝ipkiek＝ro　ro＝ina　to　yakis（roepkiekier roena' to yakis. 3单数阳性＝打倒＝3单数阳性　3单数阳性＝使用　冠词　木棍，‘他用棍子打倒了他。’）

【伴随】

（21）ni＝kotoreko-wo　ni＝čono-wo＝ro（nkotorekow nčonowor. 1单数＝工作-系词　1单数＝伴随-系词＝3单数阳性，

‘我和他一起工作。’)

【比较】

（22） ri＝eroko-wo＝ni riti’ yonačowono-wo＝ri nka-wo nti’（rierokowoni riti’ yonačowonowori，nkaw nti’. 3 单数阴性＝超过-系词＝1 单数 3 单数阴性 年纪．最大-系词＝3 单数阴性 否定-系词 1 单数，‘她比我大。’)

【解说】

（23） nka heno-wapa＝ri ri＝yono-po（nka henowaperi riyonop. 否定 好-状态改变＝3 单数阴性 3 单数阴性＝走-完成反身，‘她不好再走了。/她再走就不好了。’)

第四节 逻辑结构

一 逻辑关系的类型

鲍莱语的逻辑结构也分为并列、偏正和转折三种逻辑类型。鲍莱语的逻辑结构有如下特点。

1. 并列类和偏正类逻辑结构都可用无标记形式，但未见转折类逻辑结构用无标记形式。

2. 转折类逻辑类型既可用并列连词表示，也可用专门的转折类连词表示，而且用并列连词连接两个分句时，两个分句具有对比的意义，转折后的分句具有否定的意义。这个否定的意义既可用分析的形式，单独用否定副词表示，也可用综合的形式，和并列连词组成一个表否定义的转折连词。这一现象也有力证明了并列结构是最原初的逻辑结构类型（马清华，2005）。

（1） neriki ne’ teč no＝šim-a-čo to Pore’，ač ha nka

no＝sokia-wo　to　no＝iron（neriki ne' teč nošimač to pore' ač ha nka nosokiaw to neron. 现在　这儿　指示 2 阳性　3 复数-到达-连接-名词化 2　冠词　处所名　并且　犹豫　否定　3 复数＝发现-系词　冠词　3 复数＝父母，'现在他们到了 Pore 这儿，但是他们没有发现他们的父亲。'）

（2）yiti'　yi＝ačik，aw　nti'　ni＝yono-i-ko-pa-i'（yiti' yačik aw nti' niyonoekpoe'. 2 复数　2 复数＝装货　并且. 不　1 单数　1 单数＝步行-持续-通格-去-强调，'你们装货了，但是我散步去了［没有装货］。'）

（3）ni＝šim-so-'ino-wo-no？ne'，tiwe'　nka　ni＝šimo-wo koeč　to　sowon（nišimso'inowoni ne' tiwe' nka nišimow koeč to sowon. 1 单数＝到达-近似-虚拟-系词-名词化 1　这儿　但是　否定　1 单数＝到达-系词　因为　冠词　雨，'我快到了，但是我没有到因为这场雨。'）

（一）联合

联合复句由两个或两个以上意义相关、层次相同、句法功能也相同的分句组成。联合复句反映并列、承接、解说、选择等关系。并列、承接关系可用意合法即无标记方式连接，也可用明示法即用关联标记连接。解说关系倾向于用意合法，选择关系倾向于用明示法。

1. 并列

【意合】

（4）pi＝pa＝ni＝ro，ni＝pa＝pi＝ro（2 单数＝给＝1 单数＝3 单数. 阳性　1 单数＝给＝2 单数＝3 单数. 阳性，'你把它给我，我把它给你。'）

（5）ro＝kač-po-wo　ro＝pino-po（rokačpow ropinop. 3 单数阳性＝走-完成反身-系词　3 单数阳性＝消失-完成反身，'他走开了，消失了。'）

（6）to　eton　č-išie'，č-išie-wo＝ri（冠词　女人　大-个子　大-个子-系词-3 单数. 阴性，'女人很高，她很高。'）

（7）teč　šiye'　pikor，pikoro-wo＝ro（指示 2 阳性　狐狸　无

赖 无赖-系词=3 单数.阳性，‘狐狸很无赖，他是一个无赖。’）

【明示】

（8）ne=hori-ko-wo，ačo ni=woyiko-wo korakok（我=线-通格-系词 并且 我=制造-系词 网，‘我制造线，我制造网。’）

（9）nečon no=sompo-wo teč ka'an，ačo šimo-no-wo=ro neriki（昨夜 他们=听到-系词 指示2阳性 野兽 并且 到达-名词化1-系词=他 现在，‘昨夜他们听到了那只野兽，现在他到了。’）

（10）napiri ri=šim ti karem nokope，ačo yiti ye=ki'ičo-pik（也 她=到了 指示1阴性 人名 昨天 并且 你 你们=什么时候-来，‘昨天卡门也来了，你什么时候来?’）

（11）ačo pi=kew nerikik-oe，ačo pi=imok-pa-oe naka（并且 你=走 现在-强调 并且 你=睡觉-去-强调 那儿，‘你现在就走，你在那儿睡觉。’）

（12）ikarek moro'ino-wape=ri=hi，ač ri=kač-po-w wapoeri-ye=hi.（因此 渴-状态改变=3单数.阴性=引用 并且 3单数.阴性=去-完成反身-系词 河-处所=引用，‘因此她渴了，去了河边。’）

（13）kwe' ntir neš，a kwe' ntir na'（存在 1单数领属 肉 并且 存在 1单数领属 蛋，‘我有肉，还有蛋。’）

（14）soperapičon teč ro=veko-čo，ač wepian teč ro=veko-čo（soperapičon teč rovekoč，ač wepian teč rovekoč. 垃圾 指示2阳性 3单数阳性=说-名词化2 并且 谎言 指示2阳性 3单数阳性=说-名词化2，‘他说的是废话，并且他说的是谎话。’）

（15）kwe' tič eton，ač kwe' tič ri=šonon，ač riti' eheriko-no（kwe' tič eton ač kwe' tič rišonon ač riti' ehirikon. 存在 指示2阴性 女人 并且 存在 指示2阴性 3单数阴性=继女 并且 3单数阴性 纺织-名词化1，‘有一个女人，还有一个继女，她是纺织工。’）

（16）ver ro=awanatč，nka ro=ehevipoeko-wo aw teč kotis（ver rawantač nka rehevipoekow，aw teč kotis. 完成 3单数阳性=承担 否定 3单数阳性=摔倒-系词 并且.不 指示2阳性

蜥蜴，‘他［青蛙］承受住了，他没有倒下，不像蜥蜴。’）

（17）koeč te ni＝šir monči，ti ni＝hin monči napiri’（因为 指示1阳性 1单数＝儿子 孩子 指示1阴性 1单数＝女儿 孩子 也，‘因为我的儿子还是个孩子，我的女儿也是个孩子。’）

并列连词用在句子前，不表示句子内部的逻辑关系，而表示该句在篇章中的逻辑关系。如：

（18）ač teč ro＝morekoe-ye-wo-ro-wo teč vi＝keyino-ro-a-pa resia-ye napiri’（ač teč romorekoeyoworow teč vikeyinorapa resia-ye napiri’. 并且 指示2阳性 3单数阳性＝年-处所-系词-派生-系词 指示2阳性 1复数＝结婚-派生-连接-去 教堂-处所 也，‘并且同一年我们也在教堂结婚了。’）

2. 承接

【意合】用意合法连接的两个分句表示时间上有先后关系的两个活动。

（19）eto-a-ša＝ni te ni＝etopoeko-čo ni＝i-siap＝ro（etašani te netopoekoč，nisiaper. 完成-连接-非现实＝1单数 指示1阳性 1单数＝打扫-名词化2 1单数＝致使-进＝3单数阳性，‘我打扫完后，我又（把）它放进去。’）

（20）vi＝inisa-wana-po ši vi＝kač（vinisawanap ši vikač. 1复数＝钓鱼-分离-完成反身 祈使 1复数＝离开，‘我们走之前，让我们去钓鱼。’）

（21）ke-wo pi＝hino-e-wana-po pi＝yono-pa（kew pihinoewanap piyonopa. 空动词-系词 2单数＝看见-持续-分离-完成反身 2单数＝走-去，‘你走之前，去看看（他们）。’）

【明示】用并列连词ač、ačo连接两个承接关系的分句，连词位于第二个分句前，后一分句表示的事件在时间上也后于第一分句。或用表示时间顺序关系的连词 moena’（‘在……之前’）、na’（‘在……之前’）连接两个分句，后一个分句表示的事件时间先于第一个分句表示的事件时间。

(22) vi=šim ač vi=kowyo-po ač vi=imok (1复数=到达 并且 1复数=洗澡-完成反身 并且 1复数=睡觉，‘我们到了，洗了个澡，睡觉了。’)

(23) hinoek-pa to howe' ač to kočopon ač to himonev，ač pi=kowyo-po (hinoekpa to howe' ač to kočopon ač to himonev ač pikowyop. 看见-去 冠词 海豚 并且 冠词 凯门鳄 并且 冠词 鱼-复数 并且 2单数=洗澡-完成反身，‘去找海豚、凯门鳄、鱼，然后洗个澡。’)

(24) ro=inoko-wo noiy wotoki-ye ačow riti'，ač ro=ina=ri (renokow noiy wotoki-ye ačow riti' ač roeneri. 3单数阳性=躺下-系词 那儿 吊床-处所 和 3单数阴性 并且 3单数阳性=使用=3单数阴性，‘他去和她一起躺在吊床上，然后和她做爱[←使用她]了。’)

(25) ver ni=kowyo-wana-wo，ač ni=ačik-pa-ša-po Sintia-viani-ye (ver nkowyowanaw ač način kpašap Sintia-viani-ye. 完成 1单数=洗澡-分离-系词 然后 1单数=拜访-去-非现实-完成反身 Cynthia-邻居-处所，‘我去拜访邻居Cynthia前，我洗了个澡。’)

(26) nka avik ri=koka，ač iškon=hi kač teč ri=sokia-či=ri (nka avik rikoka，ač iškon-hi kač teč risokiačiri. 否定 再 3单数阴性=笑 并且 直到-引用 去 指示2阳性 3单数阴性=发现-名词化2=3单数阴性，‘她不笑，直到她发现了她。’)

(27) ši ha vi=ponoek-pa-po，moena' to sowon ro=koviko=vi (ši-ha-viponoekpap moena' to sowon rokovikovi. 祈使 犹豫 1复数=播种-去-完成反身 之前 冠词 雨 3单数阳性=到达=1复数，‘让我们去播种，在雨赶上我们之前。’)

(28) pi=ko-poe-ko，na' pi=ehevipoeko-po (pikopoek na' pehevipoekop! 2单数=属性-下-通格 之前 2单数=摔倒-完成反身，‘摔倒前就下来！’)

连词用在句子前，不表示句子内部的逻辑关系，而表示这个句子在篇章中的承接关系。如：

（29）ač　to　kove-či　ro＝ki'ino-wo　ro＝kotoko　to　sipori（ač to koveči roki'inow rokotoko to sipori. 然后　冠词　狗-小称　3 单数阳性＝想-系词　3 单数阳性＝抓住　冠词　青蛙，‘然后这只小狗想抓住这只青蛙。’）

（30）ač　to　yandoe'　ro＝hinoko-wo　to　činti-nev　nka　notiro-wo　yaki（ač to yandoe' rohinokow to čintinev nka notirow yaki. 然后　冠词　美洲驼鸟　3 单数阳性＝看见-系词　冠词　人-复数　否定　3 复数领属-系词　火，‘然后美洲驼鸟看见人们没有火。’）

（31）ač　porok　porok　ri＝epša-čo＝ro（ač porok，porok riepšačor. 然后　永不　永不　3 单数阴性＝出现-名词化 2＝3 单数阳性，‘然后她再没有在他面前出现过。’）

3. 解说

解说关系多采用意合法。如：

（32）pi＝ačo-wo　to　ka　pi＝yono-iy-ša-po　pi＝am　to　pi＝wer（pačow to ka piyonoiyšap，pam to piwer. 2 单数＝装车-系词　冠词　无定代词　2 单数＝走-处所-非现实-完成反身　2 单数＝带　冠词　2 单数＝房子，‘你去哪儿都要装车，你都要带上你的房子［不成］。’）

4. 选择

选择关系一般都采用明示法，用见于肯定句的连词 apo（‘或者’）和见于否定句的连词 apon（‘或者不’）来表示。肯定句里，apo（‘或者’）可用单标形式，置于第二个分句前，也可以用偶标形式，置于第一个分句和第二个分句前。比较：

（33）nka　ya-no!　moeh　pi＝kač，apo　ro＝aviko-po（nka yan! moeh pikač apo ravikop. 否定　哭-名词化 1　确信　2 单数＝

去　或者　3单数阳性＝回来-完成反身，‘不要哭！你能去那儿，或者他［也可以］回来。’）

（34）noka，ro＝kičo-wo＝ri＝hi，činčo　nan　pi＝im-ino＝ni　apo　to　ka　ro＝woyik-po-wo　poewoko-ye（noka，rokičowori-hi，činčo nan piminoni apo to ka rowoyikpow poewoko-ye. 否定　3单数阳性＝说．做-系词＝3单数阴性＝引用　知道　在那儿　2单数＝放-受益＝1单数　或者　冠词　无定代词　3单数阳性＝使-完成反身-系词　地面-处所，‘不，他说，我知道在那儿做些什么，或者把我放在地面上，已经足够了。’）

（35）apo　ro＝aviko-po，apo　ko　to　ka　po-no　ro＝kičo-wo（apo ravikop apo ko to ka pon rokičow. 或者　3单数阳性＝回来-完成反身　或者　像　冠词　无定代词　别的-量词:人　3单数阳性＝说．做-系词，‘他或者回来或者像别人说的那样去做。’）

在否定句中，第二个分句前加表否定义的连词apon（‘或者不’），第一个分句一定是否定句，且包含表否定的副词nka。

（36）nka　to　ka　weričon　ne’　ni＝sori-ye，apon　nka　ro＝šimo-wo　ne’　teč　werok（nka to ka weričon ne’ nisori-ye，apon nka rošimow ne’ teč werok.（否定　冠词　无定代词　医生　这儿　1单数＝村庄-处所　或者．不　否定　3单数阳性＝到达-系词　这儿　指示2阳性　药，‘我的村庄这儿既没有医生，也没有药物运到这儿。’）

（37）nti’　nka　niko-wo　to　neš，apon　to　him（nti’ nka nikow to neš apon to him. 1单数　否定　1单数．吃-系词　冠词　肉　或者．不　冠词　鱼，‘我不吃肉也不吃鱼。’）

（二）偏正

与并列结构不同，偏正结构里两个分句的句法和语义地位都不相同，其中一个分句是中心，另外一个分句限定修饰这一中心，两个分句之间的逻辑关系包括背景、因果、假设、目的等。

1. 背景

背景关系多采用意合法。如：

（38）monči-wo＝ni ni＝asoro-he-wo（孩子-系词＝1 单数 1 单数＝是.强壮-周遍-系词，‘当我是孩子的时候，我非常地强壮。’）

（39）čas monči-wo＝ni，ni＝kač ni＝yon-poek šonoki-ye（čas mončiwoni，nikač niyonpoek šonoki-ye. 很久以前 孩子-系词＝1 单数 1 单数＝走 1 单数＝步行 路-处所，‘以前我是个孩子的时候，我光脚走在那条路上。’）

（40）nga pi＝ki'ino-wo pi＝asko＝ni ni＝woyik-ša to ni＝wer（nga piki'inow paskoni niwoyikša to niwer. 否定 2 单数＝想-非完成 2 单数＝帮助＝1 单数 1 单数＝制造-非现实 冠词 1 单数＝房子，‘当我建我的房子时，你不想帮助我吗？’）

2. 因果

【意合】因果关系可用意合法连接。如：

（41）kač＝hi ro＝yon-pa teč ri＝avinon teč ro＝aro'inoko-čo-wo teč roti-wapa-ikoe'（kač-hi royapa teč riavinon teč raro'inokočow teč rotiwapoekoe'. 去＝引用 3 单数阳性＝步行-去 指示 2 阳性 3 单数阴性＝丈夫 指示 2 阳性 3 单数阳性＝悲伤-名词化 2-系词 指示 2 阳性 3 单数阳性-状态改变-强调，‘她的丈夫去［哭］了，因为他一个人很悲伤。’）

【明示】说明性因果前果后因，即前正后偏，用连词表示两个分句之间的逻辑关系，连词用在第二个分句前。

（42）ni＝ki'ino-wo ni＝yino-ša＝no，koeč to nen hira-nev henoko-nev（我＝想-系词 我＝教-非现实＝他们 因为 冠词 指示 3 复数 人-复数 好-复数，‘我想教他们，因为这些人很好。’）

（43）moeh pi＝woyiko-ša kahapar，koeč onka pi＝

corosonow（肯定　你＝制造-非现实　树薯粉酒　因为　没有　你的＝谷子，‘你真的要酿造树薯粉酒吗？因为你没有谷子。’）

（44）pi＝heno-wo，koeč　ber　pi＝ko-eyon（你＝好-系词　因为　已经　你＝属性-妻子，‘你很好，因为你已经有了妻子。’）

（45）nti'　ni＝čoko-wo，koeč　ni＝ero-wo　in（nti' ničokow koeč nerow in. 1单数　1单数＝活着-系词　因为　1单数＝喝-系词水，‘我还活着因为我喝水了。’）

（46）noka　neriki　nka　ri＝kotoriači＝vi，koeč　viti' čowo～wo-'ino-no（noka!　neriki　nka　rikotoriačivi　koeč　viti' čowow'inon. 否定　现在　否定　3单数阴性＝和…玩＝1复数　因为　1复数　知道～意图-想-名词化1，‘不！现在他不和我们玩了，因为我们很聪明。’）

（47）nka　ni＝ko-wo　te　pi＝šoere-ri-wo，koeč（nka nikow te pišoereriow，koeč... 否定　1单数＝吃-系词　指示1阳性　2单数＝做饭-名词化3-系词　因为，‘我不吃你做的因为……’）

（48）ni＝yori-no-wo＝ro，koeč　ro＝amo'inoko-wo＝ni　koeč ko　ro＝kienan（niyorinowor　koeč　ramo'inokowoni　koeč　ko rokienan!（1单数＝生气-名词化1-系词＝3单数阳性　因为　3单数阳性＝使生气-系词＝1单数　因为　像　3单数阳性＝像这样，‘我气他因为他让我发疯因为他像这样。’）

（49）ni＝konoko＝ro，koeč　moena'　ni＝emoro'in（nikonokier koeč moena' nemoro'in. 1单数＝写＝3单数阳性　因为　之前　1单数＝忘记，‘我写了下来因为我还没有忘。’）

（50）vi＝iško-pa-ikoe'　noiy　ri＝weri-ye，koeč　to　sowon vi＝i＝piko-wo　to　sowon（viškopoekoe' noiy riweri-ye koeč to sowon，vipikow to sowon. 1复数＝直到-去-强调　那儿　3单数阴性＝房子-处所　因为　冠词　雨　1复数＝致使-来-系词　冠词雨，‘我们只有去她的房子那儿，因为这场雨，我们碰上了雨。’）

（51）ni＝ki'ino-wo　po-no　nik，koeč　ni＝vei'ino-wo（nki'inow pon nik koeč nivei'inow. 1单数＝想-系词　别的-量词：人吃　因为　1单数＝饿-系词，‘我想吃另一个，因为我饿了。’）

推论性因果前因后果，即前偏后正，用连词表示两个分句之间的逻辑关系，连词用在第二个分句前。

(52) yi=yono-pa-'i，koehko　yi=torako-ša　to　yi=šečenev（你们=步行-去-强调　因此　你们-找到-非现实　冠词　你们的=儿子们，‘你们真要去吗，那样你们就能找到你们的儿子们？’）

(53) pi = hoka-ša　te　ni = etiporos，koehko　pi = etipok-ša　teč　aren（你=试试-非现实　指示1阳性　我的=弓　因此　你=射中-非现实　指示2阳性　鸟，‘你试试我的弓，那样你就能射中那只鸟。’）

(54) nti' napiri' te ntir vot ni=regalač=pi，koehkoe' verek vi=weč-koko（nti' napiri' te ntir vot niregalačpi koehkoe' verek viwečkok. 1单数　也　指示1阳性　1单数领属　靴子　1单数=送礼=2单数　因此　从不　1复数=打架-回指，‘我会把我的靴子送给你，那么我们就永远不会打架了。’）

(55) ni=am-pa-ša　to　nes，koehko　ti　ni=en　ri=išoerek-po-wo（我=带-去-非现实　冠词　肉　因此　指示1阴性　1单数=妈妈　她-做菜-完成反身-系词，‘我把肉带上，这样妈妈就能做菜了。’）

(56) ikaroek　ni=ke-wo　ni=hinoeko-pa=pi-no　ni=no-pa-pi-no，koehkoe'　pi=no-pi-a　to　po-miri-nev（ikaroek nikew nihinoekopapin ninopapin koehkoe' pinopia to pomirinev. 因此　1单数=空动词-系词　1单数=找-去=2单数-名词化1　1单数=告诉-去=2单数-名词化1　因此　2单数=告诉-量词:词-连接　冠词　别的-同伴-复数，‘因此，我说，我会找你告诉你，那么你就能告诉你的别的同伴了。’）

有时，连词用在句子前，不表示句子内部的逻辑关系，而是表示这一复句和前一句子之间的篇章关系。

(57) koehkoe'　pi=tiri　pi=hinoko-pa=ni-no（koehkoe' pitiri，pihinokopanin！因此　2单数=知道　2单数=看-去=1单

数-名词化 1，‘因此你知道，你去看看我！’）

（58）koeč moeh ri＝eri-no in ač ha nka ri＝kači-no（koeč moeh rierin in ač-ha-nka rikačin.（因为 确信 3单数阴性＝喝-名词化1 水 然后 犹豫 否定 3单数阴性＝去-名词化1，‘因为她将要能喝到水了，然后，嗯，她不会走开的。’）

3. 假设

【意合】假设关系的两个分句用意合方式连接时，偏句谓语常采用非现实后缀-ša。偏句和正句的位置关系不固定。

偏句在前，正句在后。

（59）to ka pi＝pa-ša（＝ni） nti' moeh nik＝ro-i'（to ka pipaša(ni)，nti' moeh nikire'. 冠词 无定代词 2单数＝给-非现实＝1单数 1单数 确信 1单数. 吃＝3单数阳性-强调，‘如果你给我，我肯定吃了它。’）

（60）pi＝invitač-ša＝ni moeh niko-e'（pinvitačšani moeh nikoe'. 2单数＝邀请-非现实＝1单数 确信 1单数. 吃-强调，‘如果你邀请我，我肯定吃。’）

（61）nka pi＝pa-ša＝ri-no yiti nka ri＝kačo-wo-no（nka pipašerin yiti，nka rikačowon. 否定 2单数＝给-非现实＝3单数阴性-名词化1 辣椒 否定 3单数阴性＝去-系词-名词化1，‘如果你没有给她辣椒，她就不会走。’）

（62）pi＝ki'in-a-ša pi＝ero-soki＝ro pi＝ero-soki＝ro（piki'inaša perosokier，perosokier. 2单数＝想-连接-非现实 2单数＝膨胀-种子＝3单数阳性 2单数＝膨胀-种子＝3单数，‘如果你想让种子膨胀，就让种子膨胀。’）

（63）išer vi＝kač-ša-po-no ver vi＝poto～poto-he-no（išer，vikačšapon，ver vipotopotohen. 叹词 1复数＝去-非现实-完成反身-名词化1 完成 1复数＝湿～强化-周遍-名词化1，‘哎呀，如果我们回家的话，我们就全湿透了。’）

正句在前，偏句在后。

意合法连接的假设关系有时也可不用非现实后缀-ša，表明意合程度更高。这时的偏句仍然既可以在前，也可以在后。如：

（64）pi=kanača-ni　nti'　ni=pa=pi　pi=nik（pikanačani nti', nipapi pinik. 2单数=赢-1单数　1单数　1单数=给=2单数　2单数=吃，'如果你赢了我，我就给你吃的。'）

（65）nka　vi=čo-wo=ro　to　ka　ver　ri=nik　ti　noiy　posare-ye（nka vičowor to ka ver rinik ti noiy posare-ye.（否定　1复数=知道-系词=3单数阳性　冠词　无定代词　完成　3单数阴性=吃　指示1阴性　那儿　别的-边上-处所，'我们不知道它，如果她在别的地方吃。'）

【明示】假设关系的两个分句用明示方式连接时，连词用在偏句前，偏句谓语一般用非现实后缀。偏句和正句的语序不固定。

偏句在前，正句在后。

（66）apo　ro=šimo-ša　to　pi=tobian，yi=kaci-yo-wo-no（如果　他=到达-非现实　冠词　你的=邻居　你们=去-处所-系词-名词化1，'如果你的邻居到了，你们会去哪儿？'）

（67）apo　ro=pihiko-ša　to　kobe，nka　ipiko-wo-no（假如　它=通过-非现实　冠词　狗　否定　害怕-系词-名词化1，'假如狗通过了，不要害怕。'）

（68）apo　ro=ki'in-a-ša　pon，kowe　teč　ni=piri-mpe-no　noy　kiroča-ye（假如　他=想要-连接-非现实　另一个　有　指示2阳性　我的=一半-量词：扁平-名词化1　那儿　水井-里，'假如他想要另一个，水井里那儿有我的部分。'）

（69）apo　pi=hik-ša　verek　pi=in　to　nen　pi=piri-nev（apo pihikša verek pin to nen pipirinev！如果　2单数=经过-非现实　不.永远　2单数=是.像　冠词　指示代词3复数　2单数=兄弟姊妹-复数，'如果你路过，千万不要像你的兄弟！'）

正句在前，偏句在后。

（70） nti’ ni＝iyino＝ri apo nka ni＝epen-ša（nti’ niyineri，apo nka nepenša. 1 单数 1 单数＝教＝3 单数阴性 如果 否定 1 单数＝死-非现实，‘如果我不死，我就教她。’）

（71）intop po-morekoe’ rom apo ni＝woyok čorosar apo kowe-ša ni＝čoron（intop pomorekoe’ rom apo niwoyok čorosar apo koweša nčoron. 后来 别的-年 立即 标句词 1 单数＝造 玉米酒 如果 存在-非现实 1 单数＝玉米，‘下一年，如果我有玉米，我就会酿玉米酒。’）

4. 目的

目的关系的表达，常采用无标记的意合方式，逻辑关系隐含在两个分句的意义关系中。往往正句在前，偏句在后。模态结构上的明显特征是，正句常用祈使类小句。

（72） pi＝via-pa vi＝nik（piviapa vinik！2 单数＝带出来-去 1 复数＝吃，‘去拿出来，［来给］我们吃。’）

（73） eto to pi ＝ niko-čo pi ＝ ehomo’in （eto to pinikoč pehomo’in！完成 冠词 2 单数＝吃-名词化 2 2 单数＝放松，‘吃完吧，［以使］你放松（一下）。’）

（74） pi＝ka-iy-ko＝ro ikiyere-ye ro＝etorok-pa（pikaiykier ikiyere-ye retorokap. 2 单数＝属性-处所-通格＝3 单数阳性 外面-处所 3 单数阳性＝离开-去，‘把它放在外面，［以让］它离开。’）

（75） pi＝hinoek-pa neš pi＝hinoek-pa pi＝komorik-pa ka’an nik（pihinoekpa neš，pihinoekpa pikomorikpa ka’an nik. 2 单数＝寻找-去 肉 2 单数＝寻找-去 2 单数＝杀-去 动物 1 单数. 吃，‘你去找肉，找到并杀死动物，［来让］我吃。’）

（三） 转折

鲍莱语的转折类逻辑结构在句法形式上和并列结构存在形似之处，具有转折义逻辑关系的两个分句既可以用转折连词 tiwe’、avi 连接，也可以用并列连词 ač、a、aw 连接。用并列连词连接表转折关系的两个分句具有对比的意义，第二个分句和第一个分句具有对比的关系，因而表示否定义的并列连词 aw ‘并且不’可以用在表示转折关系的逻辑结构。

用转折连词表示两个分句之间的逻辑关系，连词用在第二个分句前，后一个分句是语义表达的中心，属于前偏后重型。因而这一现象支持将转折类逻辑结构单列，它既不完全属于并列结构，也不完全属于偏正结构，而是另一角度的分类。换言之，鲍莱语转折关系有联合类转折和偏正类转折两种。

1. 联合类转折

联合类转折表达对比性关系，其意义不能套用到“虽然……但是……”这样的逻辑结构中。

(76) yiti' yi=ačik, aw nti' ni=yono-i-ko-pa-i' (yiti' yačik aw nti' niyonoekpoe'. 2复数 2复数=装货 并且.不 1单数 1单数=步行-持续-通格-去-强调，‘你们装货了，但是我散步去了[没有装货]。’)

(77) ti kove' eton, aw te p-a hir. (指示1阴性 狗 女人 并且.不 指示1阳性 别的-量词:动物 男人，‘这只狗是母的，另一只是公的。’)

(78) pi=ehmoek-pa=ri ač nka pi = amoma-wo teč koromok ti-wo teč (pehmoekperi ač nka pamomaw teč koromok tiow teč. 2单数=洗衣服-去=3单数阴性 并且 否定 2单数=洗好衣服-系词 指示2阳性 衣服 这-是 指示2阳性，‘你给她洗衣服，但是你那儿的衣服没洗好。’)

2. 偏正类转折

偏正类转折往往表示对预期的背反，其意义多可套用到“虽然……但是……”的逻辑结构中。

【意合】

(79) ver kač=hi ri=nik, ri=nik, ri=nik, nka kač=hi ri=moro'ine=ro=hi. (已经 去=引用 3单数.阴性=吃 3单数.阴性=吃 3单数.阴性=吃 否定 去=引用 3单数.阴性=生病=3单数.阳性=引用，‘她开始吃个不停，她没因它生病。’)

例中利用重复方式，表达动作的次数多，形成“吃个不停”的意思。【明示】

(80) neriki ne' teč no=šim-a-čo to Pore', ač ha nka no=sokia-wo to no=iron (neriki ne' teč nošimač to Pore' ač-ha-nka nosokiaw to neron. 现在 这儿 指示2阳性 3复数=到达-连接-名词化2 冠词 处所名 并且 犹豫 否定 3复数=发现-系词 冠词 3复数=父母，‘现在他们到了Pore这儿，但是他们没有发现他们的父亲。’)

(81) tič eton ni=torie-wo=ri, a piti' nka pi=hinoko-wo=ri (tič eton ntoriewori a piti' nka pihinokowori. 指示2阴性 女人 1单数=朋友-系词=3单数阴性 并且 2单数 否定 2单数=看见-系词=3单数阴性，‘那个女人是我的朋友，并且[但是]你没有看过她。’)

(82) riti' ri=veko-wo, avi nka ni=čo-wo=ro (riti' rivekow avi nka nčowor. 3单数阴性 3单数阴性=说话-系词 但是 否定 1单数=知道-系词=3单数阳性，‘她在说话，但是我听不懂。’)

(83) ni=šim-so-'ino-wo-no? ne', tiwe' nka ni=šimo-wo koeč to sowon (nišimso'inowoni ne' tiwe' nka nišimow koeč to sowon. 1单数=到达-近似-虚拟-系词-名词化1 这儿 但是 否定 1单数=到达-系词 因为 冠词 雨，‘我差不多到了，但因为这场雨，我还没有[实际]到达。’)

(84) bera-pik to neč ačopanoneb, tiwe kon to ka no-hinoeko-pik (已经-来 冠词 指示2复数 法官 但是 谁 冠词 那-哪一个 他们-找-来，‘那些法官已经来了，但是他们是来看谁的?’)

下例的偏正类转折虽然未必能自然地套用到“虽然……但是……”这样的逻辑结构中，但仍是基于对预期的背反（按照情景预期，‘如果我松开你，你就会吃我’)。

(85) ni=beha=pi, tiwe nka niko=ni (我=松开=你 但

是 不 吃＝我，‘我会松开你，但是不要吃我。’）

二 多重复句

在多重复句中，多重联合关系的现象最为常见。如：

（1）kač ri＝sap-ki-wana＝ro，iškon ri＝ikomoriko＝ro，ač ri＝via＝ro（kač risapkiwaner iškon rikomorikier ač rivier. 去 3单数阴性＝戳-洞-分离＝3单数阳性 直到 3单数阴性＝杀＝3单数阳性 并且 3单数阴性＝拿出来＝3单数阳性，‘她去在洞里戳它[鳗鱼]，直到她杀了他并把它拿出来。’）

（2）ver noti' no＝šim noiy，no＝vehšačo-wo no＝kačo-wo no＝haviak，no＝haviako-wo（ver noti' nošim noiy，novehšačow nokačow nohaviak，nohaviakow. 完成 3复数 3复数＝到达 那儿 3复数＝换装-系词 3复数＝去-系词 3复数＝游泳 3复数＝游泳-系词，‘他们到了那儿，换了装去游泳，并且游泳了。’）

（3）ro＝pino-po，ro＝a，ro＝šim，ro＝am-pik-po-wo teč čor ač（ropinop ra rošim rampikpow teč čor ač. 3单数阳性＝逃离-完成反身 3单数阳性＝取物 3单数阳性＝到达 3单数阳性＝带-来-完成反身-系词 指示2阳性 玉米棒 并且，‘他走了，他带上[食物]，他到了，他带来了玉米棒，并且……’）

（4）ver eto＝no teč no＝iparečo-ko，ač no＝ehmoeko-po. no＝ehmoeko-wo，ver eto no＝ehmoeko-po，no＝kač-po-wo no＝vehšač-pa-wo（ver eton teč neparečok，ač nehemoekop. nehmoekow，ver eto nehmoekop，nokačpow novehšačpaw. 完成 完成＝3复数 指示2阳性 3复数＝玩-名词化2 然后 3复数＝洗-完成反身 3复数＝洗-系词 完成 结束 3复数＝洗-完成反身 3复数＝去-完成反身-系词 3复数＝换衣服-去-系词，‘他们玩完后就去洗澡，然后他们洗了. 洗完后，他们去换衣服。’）

（5）no＝šim no＝haso-piko-wo to neč teko-wo to ka apo teč no＝ariačo-wo-no（nošim nohasopikow to neč tekow to ka apo teč nariačowon. 3复数＝到达 3复数＝大篷车-来-系词 冠词

指示 2 复数 所有-系词 冠词 无定代词 标句词 指示 2 阳性 3 复数＝生长-系词-名词化 1，‘他们到了，坐大篷车来的，他们全都长大了。’)

当然也有其他类型的多重复句。以下是因果关系包孕选择关系的多重复句。

（6） nka heno-wapa-po-wo＝ro to kaya-ye， moena' vi＝kaširopoek，apo vi = ehevipoeko-po（nka henowapapowor to kaya-ye，moena' vikaširopoek apo vihevipoekop. 否定 好-状态改变-完成反身-系词＝3 单数阳性 冠词 街-处所 之前 1复数＝滑倒 或者 1复数＝摔倒-完成反身，‘街道上并不好，小心不要滑倒或者摔倒。’)

本章主要在 P. Baptista & R. Wallin（1967）、S. Danielsen（2007，2009，2011）、F. Admiraal（2011，2016）、F. Admiraal & S. Danielsen（2014）、A. Y. Aikhenvald（1999）、S. Keine（2016）、D. L. Payne（1991）、M. R. Wise（1986）的基础上整理、编写而成。

第四章　词汇场型复综语：努特卡语

努特卡语（Nootka，又称 Nuu-chah-nulth）是努特卡人所使用的语言，位于北美西北太平洋沿岸印第安人。聚居于加拿大温哥华岛西南岸及美国华盛顿州西北顶端的夫拉特角。见图 4-1：

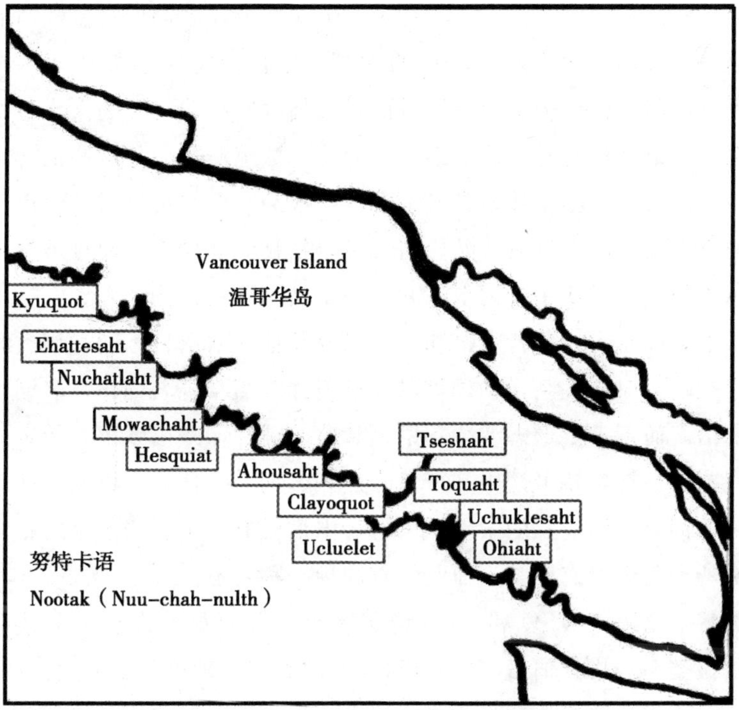

图 4-1　努特卡语及其方言分布图

努特卡语属瓦卡什语系。该语系所含语言见图 4-2。

努特卡语形态丰富，词的结构非常复杂，但是它的屈折形态如语气、人称、数是可选的，并不需要强制出现，这和以上三种复综语不同。所以有的句子可以非常简单，完全由词根组成，和汉语很像。当然需要指出，

瓦卡什语系（Wakashan）

- 北瓦卡什语（Northern Wakashan）
  - Haisla–Henaksiala（Kitimat）语
  - Heiltsuk（Bella Bella）语
  - Kwakiutl（Kwakw'ala）语
  - Oowekyala（Oowekeeno）语
- 南瓦卡什语（Southern Wakashan）
  - Makah语
  - Ditidaht（Nitinaht）语
  - Nootak（Nuu–chah–nulth）语

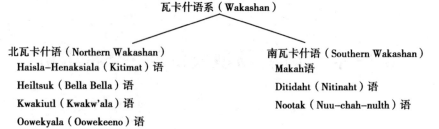

图 4-2　努特卡语系属关系图

它的形态也可以非常复杂，因而从语法类型仍属于复综语。

努特卡语名词缺少格和性范畴，数范畴是可选的，有专门的复数标记，复数标记功能已经扩展，有特定的语法功能，名词可直接做谓语。努特卡语没有冠词，用表示限定性的附缀表示。限定性附缀具有名词化功能，可自由附加到动词、形容词后面，转指具有相关属性的人或事物。

努特卡语动词有时、体、语气、人称、数范畴，但是这些范畴都可以不出现。语气和人称、数通常发生融合，成为一个屈折语素。值得关注的是，努特卡语名词也有时范畴，语气可以粘贴到名词上，而且语气可以粘贴到位于句首的任何一个词上，并不一定粘贴到动词词干上。

从上可以看出，努特卡语和英语以及其他印欧语言不同，词类和功能并不存在一一对应关系，动词可以通过附加附缀实现名词化，名词可以直接作谓语，而不需要形态变化。语气和时范畴在印欧语系中是特定的动词的语气范畴，在努特卡语中却可以附加到名词上，甚至可以到任何一个位于句首的词上。因而有的学者认为努特卡语没有词类，当然也有很多学者认为努特卡语仍然有词类，而我们赞同后一种观点。

努特卡语语序 VSO 和 VOS 都很常见，因而很难说它属于其中的哪一种语序类型。格林伯格（Greenberg）的类型学理论并不适用。

话语语用功能对语法形式影响很大，有的语法结构不能按照从下往上的模型分析，不能简单地看作由词逐级组合得到的，而需要采取从上往下的分析方式，即从话语到句法结构。

努特卡语这些语法特点都值得我们去关注，它最突出的特点是它的词缀后缀的数量和功能都特别丰富，因而在类型上应将其看作词汇场型复综语。

本书努特卡语材料主要来自 Ahousaht 方言（努特卡语中部地区），为弥补语例不足，少数语例来自 Tseshaht 方言，并用［T］标出。

第一节 词类

努特卡语词类有名词、动词、形容词、数词、代词、副词、小品词等。以下分别说明。

一 名词

名词可以是一个独立词根形式。如：ʕuẏi ‘药’；muwač ‘鹿’；kuukuḥẘisa ‘粗毛海豹’；maḥt̓ii ‘房子’，也可由词根加语义后缀通过派生的方式得到（如以下两组）。

第 1 组——【-uɬ ‘地方’】hat̓inquɬ ‘澡堂’ < hat̓inq- ‘洗澡’ +-uɬ；naquwiɬ ‘酒吧’ < naq- ‘喝酒’ +-uɬ + -‘iɬ ‘在房子里’；saantiquwiɬ ‘酒吧’ < sa:ntiq- ‘星期天’ +-uɬ + -‘iɬ ‘在房子里’【-ẏakʷ /-čakʷ ‘工具’】ʕasẏak ‘刻刀’ < ʕas- ‘雕刻’ +-ẏakʷ；ʔiiqḥẏak ‘故事’ < ʔiiqḥ - ‘讲述’ +-ẏakʷ；haẘač̓ak ‘器皿’ < haẘa- ‘食物’ +-č̓akʷ【-tuˑp ‘事物’】naqtuup ‘饮料’ < naq- ‘喝’ +-tuˑp；m̓uč̓ičtup ‘衣服’ < m̓uč̓ič- ‘穿’ +-tuˑp；haptuup ‘有皮毛的动物’ < hap- ‘皮毛’ +-tuˑp；quʔactup ‘人类’ <quʔac- ‘人’ +-tuˑp

第 2 组——hiẏaqƛ ‘里面’ <hiɬ ‘那儿’ +-ˀaqƛ ‘在里面’；hiɬst̓uuqs ‘船的角落’ <hiɬ ‘那儿’ +-st̓u:qs ‘在船的角落’；hiiɬċaaqiɬ ‘酒吧’ < hiɬ ‘喝酒’ +-ċaˑqiɬ ‘在房子里’；ʔapquuʔa ‘石头顶部’ <ʔap- ‘处所’ +-qu: ‘在顶点’ +-ˀaˑ ‘在石头上’

普通名词可位居主要小句的谓语首位，如：

（1） meʔiƛqac-ʔis-weˀʔin t̓aṅa-ʔis-ʔiˑ（meʔiƛqacʔisweʔin t̓aṅeʔisʔi. 男孩-小称-引证 小孩-小称-冠词，‘那小孩是一个男孩。’）［T］

（2） ʔani ɬiniˀƛ-uk-qaˑ ṅuẘiˑqsu（ʔani ɬiniˀƛukqa ṅuẘiˑqsu. 从属 狗-领属-从属 父亲，‘给他父亲的是一条狗。’）［T］

但是，专有名词却不能位居主要小句的谓语首位，如：

（3）* Bill-maʼ（* Billmaʼ. Bill-直陈. ‘他是，这个是 Bill。’）[T]

名词可自由附加体标记，尤其是完成体标记和起始体标记，在这种情况下它就成了动词。

二　动词

（一）派生

动词的词类范畴可由后缀决定，也可由词根决定。后缀决定动词范畴时，在其中起支配或限制的意义，如第 1 组。词根决定动词范畴的如第 2 组。

【第 1 组】ʕuẏi-ʼiʼc（ʕuẏiic. 药-吃，‘吃药’）｜č̓ap-yi:q-ʼaƛ（č̓apyiiʕaƛ. 船-用……旅行-时间指定语，‘他们乘一只船旅行。’）【第 2 组】č̓i:q-ʼaqa-ʼaƛ-qu:-č-ʔaʼɬ（č̓iiʕaqaƛquučʔaɬ. 打架-做几次-时间指定语-条件. 3-推论-复数，‘他们会打架。’）｜su-ʼiɬ-ʼaƛ-qu:（suʔiɬʔaƛquu. 保留-在房子里-时间指定语-条件. 3，‘她过去常常待在房子里。’）

（二）组并

努特卡语除数词而外没有复合词，动词有组并形式。例如：

ɬuč̣haa ‘结婚’ <ɬucsma ‘女人’ +-ḥaʼ ‘买’; čapxnaak ‘结婚’ < čapxʷ ‘男人’ +-naʼkʷ ‘有’

tʼaṅanak ‘出生’ <tʼaṅa ‘孩子’ +-naʼkʷ ‘有’; čučuukʷaʕin ‘邀请’ <čukʷaa ‘来’ +-ʕin ‘发出声音’

努特卡语动词组并不同于名词词根加动词性语义后缀。组并表示一定的规约意义，而加语义后缀的派生词则是两个意义的组合。

努特卡语有宾语组并，但没有主语组并。词根宾语（参 pp. 415—417）就是组并形成的。

（三）重叠

努特卡语动词有重叠形式，表示动作的反复或重复。例如：

（1）hatk～hatk-miʔa ṁu:ku:k-ʔiʼ（haatkhaatkmiʔa ṁuukuukʔi. 重叠前缀（词根整体重叠）表反复-滚-在……移动　石头-限定，‘他们不停地在石头上滚着。’）

（2）Helen　ʔu-(k)či-umɬ-ʻiɬ-ʼaƛ-qu: s　huɬ ～ huɬ-a（Helen

ʔukčumyiɬʔaƛquus huuɬhuuɬa. 海伦 它--一起-在一群-在屋里-时间指定语-条件.1单数 重叠前缀（词根整体重叠）$_{\text{表反复}}$-跳舞-反复，‘海伦和我将一起出去到地板上跳舞。’）

S. Rose（1981：273）研究发现，努特卡语动词重叠是“出现在词干的最左边”屈折变化。

三 形容词

努特卡语形容词多为独立的形式，常作定语。

（1）ʔu-ˈaˈp-it-s tupkaːpiːḥ šuːwis（ʔuʔaamits tupkaapiiḥ šuuwis. 它-买-过去时-1单数 黑 鞋子，‘我买了黑鞋子。’）

（2）ʔat-quː čamiḥta quːʔas Qawiqaaɬ（ʔatquu čamiḥta quuʔas Qawiqaaɬ. 尽管-条件.3 合适 人 人名，‘尽管Qawiqaalth是个举止得体的人。’）

（3）ʔaya-ʔiˈš ƛuɬ（ʔayaʔiš ƛuɬ. 许多-直陈.3 好，‘有许多好的。’）

也有一些类似于形容词的后缀，如：ḥaˈcaˈk（‘英勇的、无畏的、大胆的’）、wiˈcaˈk（‘迟疑的、胆小的’）。

四 数词

努特卡语数词按结构类型分有单纯词、派生词、复合词和复综词四类。复合词和复综词有明显的短语词汇化痕迹。

【单纯词】ċawaa（‘1’）；ʔaƛa（‘2’）；qačča（‘3’）；muu（‘4’）；suča（‘5’）；ḥayu（‘10’）；caqiic（‘20’）；ʔaƛiiq（‘40’）；qaččiiq（‘60’）；muyiiq（‘80’）；sučiiq（‘100’）；ḥayuuq（‘200’）；taawisin（‘1000’）【派生词】ṅupu（［单手］多1，‘6’）；ʔaƛpu（［单手］多2，‘7’）；ʔaƛakʷaɬ（［双手］少2，‘8’）；ċawaakʷaɬ（［双手］少1，‘9’）【复合词】ḥayu ʔiš ċawaak（10和1，‘11’）；ḥayu ʔiš ʔaƛ（10和2，‘12’）；ḥayu ʔiš qačča（10和3，‘13’）；caqiic ʔiš qačča（20和3，‘23’）；ʔaƛiiq ʔiš ċawaak（40和1，‘41’）；caqiic ʔiš ḥayu（20和10，‘30’）；ʔaƛiiq ʔiš ḥayu（40 和 10，‘50’）；qačč̓iiq ʔiš ḥayu（60 和 10，‘70’）；muyiiq ʔiš ḥayu（80 和 10，‘90’）；ḥayuuq ʔiš suč̓iiq（200 和 100，‘300’）【复综词】ʔaƛp̓it suč̓iiq（2 乘 100，‘200’）；qačč̓up̓it suč̓iiq（3 乘 100，‘300’）；muup̓it suč̓iiq（4 乘 100，‘400’）；n̓upup̓it suč̓iiq（6 乘 100，‘600’）；ʔaƛak^{w}aɬp̓it suč̓iiq（8 乘 100，‘800’）；ʔaƛp̓ituuq ḥayuuq（2 乘 200，‘400’）；qačč̓up̓ituuq ḥayuuq（3 乘 200，‘600’）；n̓up̓it taawisin（1 乘 1000，‘1000’）；ʔaƛp̓it taawisin（2 乘 1000，‘2000’）

努特卡语数词中，单纯词 taawisn 是借贷词。派生数词的语义后缀-pu 表示‘多’，语义后缀-k^{w}aɬ 表示‘少’。n̓upu(‘6’）中的词根n̓u(p）表“1”，跟同义形式c̓awaa(‘1’）用于不同语境。复合数词 ʔiš 表示‘和’，也可用与之有语源关系的 ʔuḥʔiš 表示‘和’。复综数词中语义后缀-p̓it 表示‘乘’。

数词可以作名词的定语（见 p. 422 数词作定语），也可带量词性语义后缀，然后作定语（见 pp. 388—389）。

五 代词

努特卡语代名词（pronominal）有独立的人称代词、指示代词、疑问代词和关系代词。

（一）人称代词

独立的人称代词见表 4－1：

表 4－1 努特卡语独立代词表

	指称	谓语	领属
第 1 人称单数	si-，siy̓a‘我’	siy̓a·q‘这是我’	siy̓a·s‘我的’
第 1 人称复数	ni·ḥ－，ni·w̓a‘我们’	ni·w̓a·q‘这是我们’	ni·w̓a·s‘我们的’
第 2 人称单数	sut-，suw̓a‘你’	suw̓a·q‘这是你’	suw̓a·s‘你的’
第 2 人称复数	si·ḥ^w-，si·w̓a‘你们’	si·w̓a·q‘这是你们’	si·w̓a·s‘你们的’

独立人称代词的用例如：

（1）ʔuma·k ʔaḥ p̓us-ši(ƛ)-qu· tuxwi·ḥa-qu·（ʔumaak ʔaḥ p̓ussiƛquu tuxwiiḥaquu. 因为 他 累-完成-条件.3 喘不过气来-

条件.3，‘因为［要是这样］他就累了并且喘不过气来。’）

还有一个常用来表称代的空代词 ʔu-（‘它、什么’），语源上可能来自指示代词 ʔuḥ（这个，那个，这个. 和. 那个，这样. 和. 那样，是他/她/它），其复指功能在句中发挥结构黏合剂的作用。

（二）指示代词

努特卡语指示代词有 ʔaḥ（‘这，这个，这儿，那，那个’），ʔuḥ（是他/她/它，这个，那个，这个. 和. 那个，这样. 和. 那样），ʔaḥṅiˑ（‘这，那’），ʔaḥkuˑ（‘这，这个，那，那个’）等。

（2）ʔiˑ ḥʷ-(š) tuˑp-iːc-uk-(m) aˑ-aḥ　ʔaḥkuˑ　ƛam-y̓akʷ-ʔiˑ（ʔiˑḥtuˑpiˑcukʷaḥ ʔaḥkuˑ ƛapy̓akʔi. 大-东西-属于-领属-直陈-1 单数　指示　唱. Tama. 歌-东西. 为了-冠词，‘我的这首 Tama 的歌属于一只鲸鱼。’）［T］

（3）his-šiƛ-ʼiˑs　ʔaḥṅiˑ　c̓iƛuˑɬ-uk-ʔiˑtqa-k（hisšiʔis ʔaḥṅiˑ c̓iƛuˑɬukʔitqak. 敲打-完成体-祈使句. 2 单数主语. 1 单数宾语　指示　对抗. 棍棒-领属-限定-2 单数，‘用你的棒子打我！’）

（4）yaqʷ-c̓iˑɬḥ-ʼaƛ-qaˑ-s　ʔaḥ　ʔinkʷ-či-ʼiɬ-ʼap-ʼaƛ　sut-(č) iɬ（yaqc̓iˑɬḥʔaƛqas ʔaḥ ʔinkčiˑɬʔap̓aƛ suˑtiɬ. 那. 它-用. 作. 燃料-时间指定语-限定-1 单数　指示　火-在-在. 房子-使役-时间指定语　2 单数-做. 去，‘我现在在烧的是我用火得到的。’）［T］

（5）ʔaḥ　yaqʷ-ʼaƛ-qaˑ-s（ʔaḥ yaƛ̓aƛqas. 指示　那. 它-时间指定语-限定-1 单数，‘那就是我。’）［T］

指示类词语除代名词外，也有指示动词，如 ḥiɬ（‘在那儿，在这个地方’）。

（三）关系代词

关系代词有 yaqʷ（‘……的某人，……的某物’），qʷiq（‘无论何人，无论何物’），它们作为名词性词基，用于谓语首位，后带名词性附缀。如：

（6）yaqʷ-ʼiɬ-ʼaƛ-ʔiˑtq　quˑʔas（yaqʷiɬʔaƛʔitq quˑʔas. 一个. 谁-在.

房间-时间指定语-有定　人，‘在房间里的人。’）[T]

（7）yaqʷ-cḥi-qa'-s（yaqcḥiqas. 一个. 谁-结婚. 和……-有定-1单数，‘我的老婆。’）[T]

（8）yaqʷ-qa'-n　ča'kup-i:ḥ（yaqqin ča'kupi'ḥ. 一个. 谁-有定-1复数　男性-复数，‘我们男人。’）[T]

（9）yaqʷ-(y)i:-s　wik　ʔu'y̓i-(w)aƛ(yaqi's wik ʔu'y̓iwaƛ. 一个. 谁-无定的-1单数　不　药-找. 完成体，‘没有找到药的我。’）[T]

（10）yaqʷ-ʔa:qƛ-ʔi'tq　qa'h～qa'h-(y)a　ma'ma'ti-ʔi'（yaqʔa'qƛʔitq qa'ḥqa'ḥa ma'ma'tiʔi. 一个. 谁-意图性未来-不定式　重叠-死　鸟-冠词，‘会把鸟杀死的他。’）[T]

（11）yaqʷ-'at-uk-ʔi'tq　qaḥ-sa'p=at　ɬu'čm̓u'p（yaʔatukʔitq qaḥsa'p̓at ɬu'čm̓u'p. 一个. 谁-转换-领属-有定　死-致使. 完成体-转换　姐姐，‘一个把他们的姐姐杀死的人。’）[T]

（12）yaqʷ-(y)i:　hita-c̓u-nuƛ-［反复 L］　ʔaya　ʔi'ḥʷ-(š)tu'p（yaqi' hi'ta'c̓inɬ ʔaya ʔi'ḥtu'p. 那个. 哪个-无定的　到那儿-在. 海湾-完成体-反复　很多　大-东西，‘不时来到这个海湾的很多鲸鱼。’）[T]

（13）yaqʷ-c̓uq-(y)a'-ʔi'tq（yaqc̓uqʷeʔitq. 那. 哪个-在. 嘴里-进行-有定，‘在某人嘴里的东西。’）[T]

（14）yaqʷ-'i's-'aƛ-ʔi'tq　qʷini'-ʔi'（yaʔi'sʔaƛʔitq qʷini'ʔi. 那. 哪个-吃-时间指定语-有定　海鸥-冠词，‘海鸥吃什么？’）[T]

（15）yaqʷ-(c̓)i'ɬ-(m)it-ʔi'tq　nay̓aq-p̓atu（yaqʷi'ɬitʔitq nay̓aqp̓atu. 那. 哪个-做-过去时-有定　宝宝-事物，‘她做的摇篮。’）[T]

（16）yaqʷ-(c̓)iɬ-'aƛ-ʔi'tq　ʔu-'a:ɬuk-'aƛ(ya'qʷiɬʔaƛʔitq ʔuʔa'ɬuk̓ʷaƛ. 那. 哪个-做. 对……-时间指定语-有定　这样. 和. 这样-照顾-时间指定语，‘他们照顾的对象。’）[T]

（17）qʷiq-(y)i:　šu'wis-ʔa:qƛ-č̓a'（qʷiqi' šu'wisʔa'qƛč̓a. 无论什么-无定的　鞋子-意图性未来-引证. 冠词，‘以后会被称作“鞋子”的东西。’）[T]

（四）疑问代词

疑问代词有 ʔačaq / ʔača-（‘谁’），ʔaqaq / ʔaqi-（‘什么’），wa'si /

wa'̓s(t)-/ wa'sa-（‘哪儿’），ʔana / ʔani-/ ʔanu-（‘多少，多少钱’），ʔanic（‘多久’），ʔanikit / ʔanaḥ（‘多大’），ʔaqisḥ-（‘为什么’）等。

疑问代词一般都是以词根形式附加句法上的派生词缀。

（18）ʔačaq-'at-it-k　qu-'i'ẏa'p-'at（ʔačaʕantk quʔiiẏap̓t. 谁-转换-过去时-2 单数　人-起始致使-转换，‘谁养育了你。’）

（19）ʔaqi-čił-k　huḥtak-ši(ƛ)　ʔaʔim（ʔaaqičiłk huḥtakšiƛ ʔaʔim. 什么-关于-2 单数　知道-完成　最初，‘你记得的第一个东西是什么。’）

（20）ʔaqisḥ-it-ḥsu:　ši: ƛuk（ʔaqisḥitḥsuu šiiƛuk. 为什么-过去时-疑问.2 复数　移动，‘你们为什么离开？’）

六　副词

副词又称谓语修饰语，是极小的封闭类，包括 ʔaḥʔa（‘那时’），ʔa'ni（‘真的、事实上’），ča'ni（‘最先、一段时间、暂时地’），ʔiiqḥii（‘仍然’），kuẇiła（‘定向地’），wa'ƛ（‘现在、当时、随即’），ẏu'qʷa'（‘同样地’），ẏuuqʷaa（也），ʔi'ḥ（‘很’），ʔaƛčiił（‘以两天时间’）等。

副词大致有三种用法，第一种是用在中心语前，以词根形式，跟小句层面的后缀成分结合，作高层谓语（如例 1）。它也可跟第二种用法一起视为状语。

（1）ẏ u:qʷa:-'ap-'at-ƛ a'　tumi:s　ʔu-ḥẇał-'at（ẏuuqʷaaʔap̓atƛa tumiis ʔuuḥẇałʔat. 也-致使-转换-也　木炭　它-使用-转换，‘木炭也使用上了。’）

（2）ʔi:ḥʷ-'aƛ-'at-qu:s　ʔu-'a:łuk-'at（ʔii ḥʔaƛ̓atquus ʔuuʔaałuk̓ʷat. 非常-时间指定语-转换-条件.1 单数　它-照顾-转换，‘他们非常照顾我。’）

（3）hi:kʷał-ši(ƛ)-ʔa'ł　k̓ʷač-ši(ƛ)-'at（hiikʷałšiʔat k̓ʷačšiʔat. 差不多-完成-复数　击中-完成-转换，‘他们差不多直接击中了他。’）

（4）ʔa:ni-sa　ʕač̓ik-ši(ƛ)（ʔaanisa ʕač̓ikšiƛ. 真的-1 单数　知道怎样-完成，‘我真的知道怎样去做。’）

(5) hiːkʷaɬ-ši(ƛ)-niš qʷaː ḥa-ʔiː (hiikʷaɬšiƛniš qʷaa ḥaʔii. 几乎-完成-直陈.1 复数 像那样 完全地-到达，‘我们几乎走完了路。’)

(6) ʔiːḥʷ-it ƛuɬ (ʔiiḥit ƛuɬ. 非常-过去 好，‘它非常好。’)

(7) wik-'iˑ ʔaːʔaːʔišaˑ (wikii ʔaaʔaaʔiša. 否定-祈使.2 单数 急，‘不要急。’)

第二种是以独立形式充当状语，以说明谓语。一般副词的独立形式放在中心语后（如例 8—例 12），否定副词的独立形式常放在中心语前（例见 pp. 418— 419）。

(8) čamaqƛ-cuk ẏuːqʷaː(čamaqƛcuk ẏuuqʷaa. 花时间-需要 也，‘你也需要很认真。)

(9) ƛ̓iḥaq-šiƛ-'aƛ ʔiˑḥʷ (ƛ̓iḥaqšiʔaƛ ʔiˑḥ. 瘦-完成体-时间指定语 非常，‘她已经非常瘦了。’) [T]

(10) nunuˑk-'aƛ-(m)it-(m)aˑ-aḥ ẏuˑqʷaˑ (nunuˑk̓ʷaƛitaḥ ẏuˑqʷaˑ. 唱歌-时间指定语-过去时-直陈式-1 单数 同样地，‘我也在唱歌。’) [T]

(11) m̓učič-uƛ-'aƛ-maˑ ʔaḥʔaˑ (m̓učičuʔaƛma ʔaḥʔaˑ. 穿衣服-完成体-时间指定语-直陈式 那时，‘那时他们穿好衣服。’) [T]

(12) wik-ɬaƛ-'aƛ kuw̓iɬa yucḥw̓iɬim (wikɬaƛ'aƛ kuw̓iɬa yucḥw̓iɬim. 不-使.发生声响.完成体-时间指定语 定向地 假性.女人，‘假女人像她被指示的那样保持安静。’) [T]

第三种是独立作谓语，以说明论元（如例 13）

(13) ẏuːqʷaː čims (ẏuuqʷaa čims. 也 熊，‘熊也［喜欢那个］。’)

很明显，第二种情形是第一种情形的变式，根据形态判定，前者是主语为小句的包孕式双小句结构，后者是单小句结构。第三种情形明显是第一种情形的简单化结果。

也可出现第一种用法和第二种用法并现的情形，从而形成更为复杂的形式。如：

（14） ʔa ḥʔa·-'aƛ-(m) a·-aḥ　ciq-šiƛ-'aƛ　y̓u·qʷa·（ʔaḥʔa·ʔaƛaḥ ciqšiʔaƛ　y̓u·qʷa·. 那时-时间指定语-直陈-1 单数　说话-完成体-时间指定语　同样地，‘我也说了话。’）[T]

（15） y̓u·qʷa·-'aƛ　ɬatiq-šiƛ　ʔaḥʔa·（y̓u·qʷa·ʔaƛ ɬatiqšiƛ ʔa ḥʔa·. 同样地-时间指定语　表达．感谢-完成体　那时，‘那时他也表达了感谢。’）[T]

（16） ʔaḥʔa·-'aƛ-(m)a·-aḥ　y̓u·qʷa·　ciq-šiƛ-'aƛ（ʔaḥʔa·ʔaƛaḥ y̓u·qʷa· ciqšiʔaƛ. 那时-时间指定语-直陈-1 单数　同样地　说话-完成体-时间指定语，‘那时我也说了话。’）[T]

七　小品词

努特卡语有指示类、结构类、话语类、叹词类、祈使类等 5 种小品词。

（一）指示小品词

指示小品词如指示冠词 ya·（‘那，那个’），它常与后缀冠词（也称“有定后缀”）-ʔi·（‘这个，那，那个’）叠加使用，加强对确定性和特殊性的表达。ya· 常前置（常附着于第一个非限定词），如：

（1） ʔi·ḥʷ-we·ʔin　qu·ʔas-ʔi·（ʔi·ḥwe·ʔin qu·ʔasʔi. 大方的-引证　人-冠词，‘那个男人很大方。’）[T]

（2） wik-'aƛ　ši·ƛ-uk　ya·　qu·ʔas-ʔi·（wik̓aƛ ši·ƛuk ya· qu·ʔasʔi. 不-时间指定语　变化．居住-持续　指示代词　人-冠词，‘那男人没有搬走。’）[T]

但有时也后置。如：

（3） ti·č-uk-(m)a·-aḥ　waɬ-šiƛ-[L+S]　ʔi·tu-ʔi　ya·（ti·čukʷaḥ wa·ɬšiƛ ʔi·tuʔi ya·. 活着-领属-直陈-1 单数　回．家-完成-渐进　伊图

鸟-冠词　指示代词，‘我的那只伊图鸟在我回家时还活着。’）[T]

-ʔi 可不跟 ya˙ 同现而独立表达确定性和特殊性，但 ya˙ 的使用反倒要以跟-ʔi 同现为条件。

有时，后缀冠词 ʔi˙ 也可表示无定，如：

（4）ʔu-na˙kʷ-we˙ʔin　ḥa˙kʷa˙ƛ　qu˙ʔas-ʔi˙（ʔuna˙kweʔin ḥa˙kʷa˙ƛ qu˙ʔasʔi. 这样.和.这样-有-引证　女孩　人-冠词，‘某个男人有一个女儿。’）[T]

主语、宾语的区别性状况相等时，只有主语带后缀冠词，宾语不带后缀冠词（如例 4）。后缀冠词 ʔi˙ 也可以附加在一个单独的指示代词上，如 ʔaḥku˙ʔi（‘那个’）。后缀冠词 ʔi˙ 的用例又如：

（5）neʔi˙qsu-ʔak-ʔi˙　ḥa˙kʷa˙ƛ-ʔi˙（neʔi˙qsakʔi ḥa˙kʷa˙ƛʔi. 叔叔-领属-冠词　女孩-冠词，‘女孩的叔叔。’）[T]

（6）ciyapuxs-uk-ʔi˙（ciyapuxsukʔi. 帽子-领属-冠词，‘他的帽子。’）[T]

（二）结构小品词

结构小品词包括连词，如 waa（‘和，并且’），we˙（‘而且，此外’），ʔata（‘但是’），ʔiš（‘和，也’），ʔan（‘因为’），ʔin（‘因为’），ʔumaak（‘因为’），ʔat（‘即使’）等，如例 8、例 9。也包括引导从属补语的从属小品词 ʔani（‘那，因为’），引导条件补语的 ʔuyi 等，如例 7。

（7）tuḥ-šiƛ-'aƛ-si˙　ʔani-s　hutʔatu-'at-qa˙-s（tu˙ḥšiʔaƛsi ʔanis hutʔatatqas. 害怕-完成体-时间指定语-1 单数　因为-1 单数　嫉妒-转换-从属-1 单数，‘我害怕，因为有人嫉妒我。’）[T]

（8）cuma˙-maqšiƛ-uk-(y)ik-qa˙-s　ḥaw̓iɬ-mis　ʔat-qu˙-s　hi˙ta-kʷaʔap-[L + S]（cuma˙maqšiƛukʷikqas　ḥaw̓iɬmis　ʔatqu˙s hi˙takʷaʔap. 满-持续的-领属-非现实.将来时-从属-1 单数　财富-共有的.关于　尽管-条件-1 单数　Ø.空词根-花费.致使.完成体-

渐进，‘尽管我一直在花钱，但我的地方充满了财富。’）[T]

（9）niˑ ʔata-siˑš ḥayu-qimɬ-aḥuˑ（ɬ）-ˈiɬ-ˈaƛ-ƛa: ƛ̓aḥ-（w）iqs x̣a～x̣aš-k̓uk ƛaḥʔuyi（niˑ ʔatasiš ḥayuqumɬaḥuʔiɬʔa ƛƛaˑ ƛ̓aḥiqs x̣ax̣ašk̓uk ƛaḥʔuyi. 话语小品词 但是-直陈.1单数 十个-很多.圆的.东西-在.前面-在.房子-时间指定语-又一次 平的-在.盖子 骨头-类似 现在，‘但是，看，我现在又有了十盒饼干在我的面前。’）[T]

（三）话语小品词

话语小品词是话语标记，如waˑ表达有肯定倾向的问题，它在词汇上跟动词waˑ（‘说，告诉’）有明显语源关系。

（四）叹词小品词

叹词小品词有haˑni / hani / haneˑ（‘喂，嗨’），haˑʔa（表肯定的叹词），hušaˑk / hušeˑk（‘哎呀，你呀’），hiy / hiˑ / heˑy（激情或敬意的感叹），ʔeˑ（同情或尊敬的感叹），ʔiškatax（痛楚的感叹），ʔoˑ（表领悟的叹词），ʔoˑʔoˑʔoˑ（表情感的叹词），čoˑ（表同意、赞成的叹词）等。

叹词是非组合关系词，在句中做独立语，或单独成句。如：

（10）čuˑ p̓us-šiƛ-ˈaƛ-（m）aˑ-aḥ siq-（y）aˑ-ˈap haʔum（čuˑ p̓usšiʔaƛaḥ siqaˑʔap haʔum. 叹词 累-完成-时间指定语-直陈-1单数 煮-进行-致使 食物，‘啊，我做饭做累了。’）[T]

（11）niˑ haku-y̓iḥa-ˈaƛ-（m）aˑ-ni（niˑ hakuy̓iḥaƛin. 叹词 饥饿者-死-时间指定语-直陈-1复数，‘瞧，我们很饿。’）[T]

（12）ču hawiˑ-ƛ-ˈaƛ-（m）aˑ-ʔicu: wa:-ˈaƛ-ˈat-niˑ qu～quˑʔas-ʔiˑ（ču hawiˑʔaƛeʔicuˑ waˑʔaƛ̓atni quq^waˑsʔi. 叹词 结束-完成-时间指定语-直陈-2复数 说-时间指定语-转换-1复数 重叠前缀表复数-人-限定性附缀，‘“嗨，你们完了。”这些人对我们说。’）[T]

（13）hiˑy ƛuɬ-ačiƛ-č̓asuˑš waˑ-ˈaƛ-（m）aˑ-aḥ ciq-šiƛ（hiˑy ƛuyačiƛč̓asuˑš waˑʔaƛaḥ ciqšiƛ. 叹词 好-起始-推论1.2复数 说-时间指定语-直陈-1单数 说话-完成，‘“啊，”我说，“你们干得好。”’）[T]

（五）祈使小品词

祈使小品词有 maˈ（‘这里，这里！’，用于某人给某物时，如叫对方传球给自己），čokʷaˈ（‘过来！’），neˈ（‘注意！’）。

第二节 词的基本结构及其形态系统

一 词根与音节数的关联

努特卡语词根的语法功能跟音节数有某种关联。以努特卡语 Kyuquot 方言为例，名词性词根多音节的多于单音节的，前者占 85%，后者占 15%；形容词性词根的单音节和多音节规模相当，各占 50%，动词性词根单音节的则多于多音节的，前者占 85%，后者占 15%，其他功能如方位、时间、数、量的词根与动词性词根类似，单音节的占 75%，多音节的占 25%。

二 词缀的类型

努特卡语有许多屈折变化，如体的后缀，和一些附缀，但除重叠前缀外没有其他前缀，也没有复合现象。努特卡语和爱斯基摩语全是词根在前，词缀在后，但是两者的差异也很大。努特卡语词类范畴不是完全由词根决定的，有时候是由语义后缀决定的，决定词类范畴的后缀称为管辖词缀，不能决定词类范畴的词缀称为限制词缀。因此努特卡语不是递归后缀型语言。

努特卡语词缀从功能看有词汇词缀和语法词缀，在表现手段上，还有语音词缀，从所表示内容看，语法词缀又可分语义词缀、功能词缀和关系词缀。从跟词干的紧密关系看，努特卡语词缀可分核心词缀和外围词缀。核心词缀距词干距离近，并可影响到词干的语音形式（如停顿、塞擦音、响音），外围词缀距词干的距离相对较远，不会影响到词干的语音形式。

（一）词汇词缀

人们往往以为形态都是语法性，其实并不绝对。努特卡语有多达 500 个以上的词汇性后缀，它们多不自由，没有独立的词汇地位，必须附加到词根上，且定位于结构的非首位，表达具体的词汇意义，而非专职表达抽象的语法意义、语法功能或语法关系，因此叫作词汇词缀。它们凭借自身的词汇意义，在跟词干的关系中间接起到了功能转换作用，使得词汇词缀主要分化为名词化的和动词化的两种。

1. 词汇词缀的分类

词汇词缀在意义上，既可表示实体（如第 1 组），也可表示行为状态（如第 2 组）；在功能上，既可决定词类的范畴，处于主导地位（如第 1、第 2 组），也可不决定词类范畴，起修饰限制作用（如第 3 组）。

【第 1 组】wik-mi:k（wiikmiik. 没有任何东西-获得者，'一个一无所获的人'）【第 2 组】muk-'ic（muk̓ʷiic，鹿-吃，'吃鹿'）｜ su:ḥ-'i:ḥ（suusuuw̓iiḥ. 鲑鱼-钓，'钓鲑鱼'）｜ čapac-'a'p（čaapac̓ap. 船-买，'买了一艘船'）｜ či:m-ḥwaɬ（čiimḥw̓aɬ. 刀子-用，'用刀'）【第 3 组】su-'iɬ-'aƛ-qu:（suʔiɬʔaƛquu. 保留-在房子里-时间指定语-条件.3，'她过去常常待在房子里。'）｜ y̓ak-kʷist-'aḥs-m̓inḥ-'aƛ（y̓akkʷistaḥsminḥʔaƛ. 出现-离开．完成体-在.船-复数-时间指定语，'他们都从独木舟现身。'）［T］

2. 词汇词缀与词干的关系

1）宾语＋谓词性后缀

词根表示宾语，语义后缀表示动作行为。例如：

（1）čapac-i'ɬ（čaapaciiɬ. 船-造，'他造了一只船。'）

2）补语＋高阶谓词性后缀

词根表示具体的行为，语义后缀表示抽象的动作行为。例如：

huḥtak-ši(ƛ)-'i:ḥ-maḥsa（huuḥtakšiiḥmaḥsa. 知道-完成-尽力得到-想，'想学会怎样做'）｜ ku:čiɬ-'as（kuučiy̓as. 制作鱼排-为此去，'去制作干鱼'）｜ wik haɬa'-'i:ḥ　wik-'i:ḥ（wik haaɬaaʔiiḥ，wiik̓iiḥ. 否定付钱-尽力得到　否定-尽力得到，'没有尽力获得报酬'）

3）状语＋谓词性后缀

（2）qi:-yu'k̓ʷaɬ-ši(ƛ)-'aƛ（qiiyuuk̓ʷaɬšiʔaƛ. 很长时间-不在-完成-时间指定语，'他离开很长时间了。'）

4）修饰语＋名词性后缀

语义后缀决定整个词的词类范畴是名词，词根作为语义后缀的修饰语。例如：

【-maʕuk‘善于……的人’】č̓apac-iːɬ-maʕuk（č̓aapaciiɬmaʕuk. 船-造-善于……的人，‘善于造船的人’）｜ sus-maʕuk（suusmaʕuk. 游泳-善于……的人，‘善于游泳的人’）｜ huːɬ-maʕuk（huuɬmaʕuk. 跳舞-善于……的人，‘善于跳舞的人’）｜ kamatq-maʕuk（kaamatqmaʕuk. 跑步-善于……的人，‘善于跑步的人’）

【-y̓akʷ‘用来……的工具’】kimt-y̓akʷ（kimty̓ak. 撬开-用来……的工具，‘杠杆’）｜ čaḥ-y̓akʷ（čaḥy̓ak. 劈-用来……的工具，‘扁斧’）｜ c̓u~c̓u-(y)a-y̓akʷ（c̓uuƛ̓c̓uuyay̓ak. 重叠前缀（词根整体重叠）表反复-洗-重复-用来……的工具，‘盆’）｜ ḥaːḥuːp-(y)a'-y̓akʷ（ḥaaḥuupay̓ak. 教-进行-用来……的工具，‘教具’）

5）数词＋量词性后缀

努特卡语量词性后缀常以语义后缀形式用在数词后，表义功能类似于汉语量词。它可表达个体意义，以协助对物体的计量，也叫“类别词”（classifiers）。由此构成词根表具体数目，语义后缀表量词意义的数量成分。常见量词性语义后缀如：

-čiq（‘长物体’）｜-či'ɬ（‘天表时间’）｜-ḥta'kʷ（‘容器’）｜-'i'cḥ（‘年，季节’）｜-imɬ（‘群，组’）｜-ista（‘在独木舟里人’）｜-p̓i'ɬʷ（‘长、细的物体’）｜-p̓i'ɬʷ（‘歌’）｜-p̓inq（‘大致时间’）｜-p̓it（‘带手柄平底锅’）｜-p̓it（‘次’）｜-qimɬ（‘单元，组块’）｜-qimɬiya（‘月表时间’）｜-ča（‘尺码’）｜-sa'tḥ（‘部落’）｜-taq（‘次’）｜-taqak（‘单元’）｜-taqimɬ（‘束’）｜-t̓im（‘每次’）｜-ya'sc̓a（‘卷轴’）｜-y̓aɬ（‘英寻’）｜-y̓ayisu（‘英寻’）

数量组合常用以修饰那些表达相应类型实体的名词，其中量词固定地跟特定名词搭配，如：

n̓up-c̓iq-ʔi' miʕaat（n̓upc̓iqʔi miʕaat. 一个-长物体-有定 红马哈鱼，‘一条红马哈鱼’）｜ muu-c̓iq hiinaan̓uḥsim（muuc̓iq hiinaan̓uḥsim. 四个-长物体 捕鲸矛，‘四个捕鲸矛’）｜ ʔaƛ-c̓iq-ʔis-uk c̓iiḥati（ʔaƛc̓iqʔisuk c̓iiḥati. 两个-长物体-小称-领属 箭头，‘他的两个小箭头’）｜ ʔaƛ-p̓i'ɬʷ-ʔi' ʕicsy̓in（ʔaƛp̓iiɬʔi ʕicsy̓in. 两个-细长物体-有定 脊柱，‘两条脊柱’）｜ muu-p̓i'ɬ-uk ƛama（muup̓iiɬuk ƛama. 四个-细长物体-领

属　邮件，‘他的四封家庭邮件’）｜ ʔaƛa-p̓i'ɬʷ-ʔi' saasaqi（ʔaƛp̓iiɬʔi saasaqi. 两个-细长物体-有定　大炮，‘两门大炮’）｜ ʔaƛ-p̓i'ɬ nitup（ʔaƛp̓i'ɬ nitup. 两条-细长物体　横梁，‘两条横梁’）

6）主语＋谓词性后缀

（3）quʔac-'aqƛ(quʔac̓aqƛ. 人-在里面，‘有一个人在里面。’）

7）附加体＋谓词性后缀

附加体论元（如工具、对象等）跟主体论元（如施事、当事等）、客体论元（如受事、系事等）相对（参马清华，1993）。例如：

（4）c̓ap-yi:q-'aƛ(c̓apyiiʕaƛ. 船-用……旅行-时间指定语，‘他们乘一只船旅行。’）

（5） qi:-či(ƛ)-'aƛ-s　sut-(č)iɬ　ḥa:ḥu:p-a'（qiičiʔaƛs suutiɬ ḥaaḥuupa. 很长时间-完成-时间指定语-1单数　你-对……做　教-持续，‘我教你教了很长时间。’）

（6） yaqʷ-'i:ḥ-(m)it-ʔi'tqa-k　si-(c̓)iɬ（ya' ƛ̓i'ḥitʔitqak si'čiɬ. 那.哪个-试.去.离开-过去时-有定-2单数　我-做.对……，‘你试着离开我’）[T]

8）谓词＋副词性后缀

词根表示动作行为，决定这个词类范畴是动词，语义后缀作为副词修饰语。例如：

ƚaps-ʔatu（ƚaapsʔatu. 潜-到水中，‘潜到水中’）｜ ẇašq-'aqƛ̓as-na'（ẇašʕaqƛ̓asna. 捆-在屋里-1复数，‘屋里很挤’）｜ k̓ʷa-yimƛ（k̓ʷak̓ʷayimƛ. 伤-在肩上，‘伤了肩’）｜ ƛuq-yimɬ（ƛuƛuqyimɬ. 宽阔-在肩膀上，‘宽阔的肩膀’）｜ hupi'-staɬ-'aƛ-qu:-ʔa'ɬ（hupiistaɬʔaƛquuʔaɬ. 帮助-互相-时间指定语-条件3-复数，‘他们互相帮助’）｜ naʔa:-ataḥ（naʔaataḥ. 听-尽力，‘认真地听’）

（二）语音词缀

从表现手段看，努特卡语还有语音词缀，如：

1. 长度后缀

渐进体用词根的主要元音加长来表示。元音加长或元音紧缩。由于元音的加长和紧缩，相邻元音相应出现如下四种音长的重组：[长元音＋短元音]、[短元音＋长元音]、[长度可变元音＋短元音]、[短元音＋长度可变元音]。其中，[长元音＋短元音] 在本章出现多次，它跟 [长元音]，都表示渐进体，前者用“[L＋S]”表示，后者用“[L]”表示。“ˈ”表示长元音，“:”表示持续长元音。努特卡语可以反复的长元音（标为 [反复L]）表示反复体。

2. 重叠前缀

重叠包括局部重叠和全部重叠，均用“～”表示。名词用重叠前缀表示复数或表示周遍。动词用重叠前缀表示反复体、重复体。动词的重叠前缀也可以借助其周遍义表示经常。如：

（7） ʔu-ḥẇaɬ-ˈaƛ-qu: ʔumʔiˈqsu-ʔaˈk-it-qs kʷi ～ kʷitx-sumup newspaper（ʔuuḥẇaɬʔaƛquu ʔumʔiiqsakitqs k̓ʷiikʷitxsumup newspaper. 它-使用-时间指定语-条件.3 母亲-领属-过去时-从属.1单数 重叠前缀表经常-粘-瞬间致使 报纸，‘我的妈妈过去经常用报纸糊墙。’）

（三）语法词缀

努特卡语语法词缀有语义词缀、功能词缀和关系词缀。语义词缀有体后缀、时后缀、人称后缀。功能后缀有语气后缀。关系后缀有领属后缀。

1. 体后缀

体是一个较为特别的语法范畴。鲍莱语中有见于词干内部的内在体（aktionsart），也有见于词基的屈折体，体是已经语法化的，内在体则是已经词汇化的（见 pp. 286—289）。努特卡语里，有的词汇词缀可表达体的意义，属派生词缀，当然主要都是由屈折后缀表达的体。但努特卡语表体的屈折后缀又分核心的（core）和外围的（peripheral）两种。多数的属核心体，但也有外围体。前者距词干近，并可影响到词干的语音形式，后者距词干相对较远，不影响到词干的语音形式。

1）核心体

A. 完成体

完成体加后缀-šiƛ表示。如：

huḥtakšiƛ‘回想起’（<huḥtak‘知道’）｜ƛiḥšiƛ‘划船离开’（<ƛiḥ-‘乘小船旅行’）｜ċičiƛ‘溅开’（<ċi-‘飞溅’）｜watqšiƛ‘完全吞下去’（<watq-‘吞’）｜sukʷiƛ‘握住’（<su-‘握’）｜ƚayuukʷiƛ‘抛锚’（<ƚayu:-‘抛锚’）

其他表完成体的后缀，如：

【-u(ƛ)】m̓učičuƛ‘穿好衣服’（<m̓učič-‘穿衣服’）【-in(ƛ)】mačinƛ‘进入了房子’（<mač-‘进房子’）【-i(ƛ)】ɬačiƛ‘让走了’（<ɬač-‘让走’）

构词后缀-ckʷi˙也表已经发生。

B. 持续体

持续体加后缀-ak（元音后变-ʔak）、-uk（多用于非谓语场合）表示，持续体的典型用法是表状态的持续，但有时也表动作的进行。如：

【状态持续】qaḥak‘死’（<qaḥ-‘死’）｜ƛiƛkak‘强健’（<ƛiƛk-‘牢固’）｜ƛiḥuk‘红’（<ƛiḥ-‘红’）｜kinḥak‘在挨饿’（<kinḥ-‘挨饿’）【动作进行】kamatquk（<kamatq-uk‘下雨’）｜ʕiḥak（<ʕiḥ-ak‘在哭’）

构词后缀-ḥi˙和-maqšiƛ也表持续意义。如：

（8）kʷis-ḥi˙-paɬ ċaʔak（kʷiisḥiipaɬ ċaʔak. 是不同-持续-有味道 水，‘水喝起来怪怪的。’）

C. 进行体

进行体加后缀-(y)a˙表示，进行体的典型用法是表行为或事件的进行。

ɬapsaa‘在潜水’（<ɬaps‘潜水’）｜ċuyaa‘在移动’（<ċu-‘移动’）｜ḥaaḥuupa‘在教’（<ḥa:ḥu:p-‘教’）｜piḥaa‘在检查’（<piḥ-‘检查’）

进行体有时也表状态的持续。如：

m̓iƛaa <m̓iƛ-(y)a˙（‘下雨’）｜ƛupaa<ƛup-(y)a˙（‘暖和’）

D. 起始体

起始体用后缀-i˙čiƛ表示。

kuʔiičiƛ‘白天了’（<ku-‘白天’）｜ʕinm̓iičiƛ‘成了蜗牛’（<ʕinm̓i

‘蜗牛’） | ƛ̓aẏuučiƛ‘快了’ （<ƛ̓aẏu ‘快’） | ƛ̓aaqiičiƛ‘开始长了’（<ƛ̓aːq- ‘生长’） | naʔiičiƛ‘听到了’（< naʔa· ‘听’）

E. 渐进体

渐进体用词根的主要元音加长来表示。

ƛiḥ-[L]-ši(ƛ)（ƛiiḥšiƛ. 乘船-渐进-完成，‘乘船出发了’） | ʔatḥ-[L]-ši(ƛ)（ʔaatḥšiƛ. 晚上-渐进-完成，‘到晚上了’） | čuš-[L]-uk-iƛ（čuušukʷiƛ. 怀疑-渐进-持续-完成，‘开始怀疑起来’）

F. 反复体

反复体用词根重叠+š 或者加后缀-šiːɬ 表示。

（9）ʔuḥ piḥ ~ piḥ-ši(ƛ)-'at wik-'aːʔit ci ~ cik-paɬa（ʔuḥ piḥpiḥšiʔat，wikaaʔit cicikpaɬa. 是它 重叠前缀（词根整体重叠）$_{表反复}$-检查-完成-转换 否定-目的.3 重叠前缀-倾斜-在每一边，‘看好它，这样它就不会摆不好了。’）

（10）Helen ʔu-(k)či-umɬ-‘iɬ-'aƛ-quːs huɬ ~ huɬ-a（Helen ʔukčumyiɬʔaƛquus huuɬhuuɬa. 海伦 它-一起-在一群-在屋里-时间指定语-条件.1单数 重叠前缀（词根整体重叠）$_{表反复}$-跳舞-反复，‘海伦和我将一起出去到地板上跳舞。’）

（11）ḥaʔu-(q)ḥ-šiːɬ-ʔa·ɬ kutḥ-ẏakʷ-'aqƛ-ṅuk nunuːk（ḥaaʔuqḥšiiɬʔaɬ，kutḥẏakʷaqƛ̓ṅuk nunuuk. 依次做-同时-反复-复数 鼓-装置-在里面-在手里 唱歌，‘他们依次敲鼓唱歌。’）

努特卡语可以反复的长元音（标为［反复L］）表反复体。如：

（12）yaqʷ-(y)iː hita-ċu-nuƛ-[反复L] ʔaya ʔi·ḥʷ-(š)tu·p（yaqi· hi·ta·ċinɬ ʔaya ʔi·ḥtu·p. 那个.哪个-无定的 到那儿-在.海湾-完成体-反复 很多 大-东西，‘不时来到这个海湾的很多鲸鱼’）［T］

G. 重复体

重复体用词根重叠加后缀-(y)a 表示。

yaaxyaaxʷa ‘刷来刷去’（<yaxʷ-‘刷’） | hiishiisa ‘切来切去’（<his-‘切’） | huuɬhuuɬa ‘跳来跳去’（<huɬ-‘跳’） | yaackyaacka ‘踢

来踢去'（<yack-'踢'）

2）外围体

惯常体是外围体，用后缀-ʔa:ɬ 表示。时、人称-数、语气都是外围形态，而惯常体可以用在它们的外围。比较：

（13）ʔi:ḥʷ-(y)ina-ʔa:ɬ qi: ḥiɬ ʕaqwitis（ʔiiḥinaʔaaɬ qii ḥiɬ ʕaqwitis. 非常-无定关系.1复数-经常 长时间 在那儿 地名，'我们待在 Aqwins 很长时间了。'）

（14）ʔu-(q)ḥyu'-'iɬ-'at-(y)ina-ʔa:ɬ-ʔa'ɬ（ʔuqḥyuuʔiɬʔaninaʔaaɬʔaɬ. 它-在一起-在房子里-转换-无定.1复数-经常-复数，'他们过去经常和我们生活在一起。'）

（15）Roger ʔu～ʔu-kʷiɬ-'at-it-ʔi'š-ʔa:ɬ ʔu:š-yu:ya（Roger ʔuʔukʷiɬʔanitʔišʔaaɬ ʔuušyuuya. 人名 重叠前缀表周遍-它-对……做-转换-过去时-直陈.3-经常 有些-在那个时候，'有时候人们叫他 Roger。'）

2. 时后缀

努特卡语在时的形态上有过去时和将来时两类。时和体属于不同的形式系统。体用后缀、重叠或基础元音的长度表达，时则用附缀标记。谓语中过去时和将来时的附缀所指时间信息与话语中已经建立起来的时间信息相关。

1）过去时

过去时用附缀(m)it 表示。如：

（16）ʔačaq-'at-it-k qu-'i'ya'p-'at（ʔačaʕantk quʔiiya'pt. 谁-转换-过去时-2单数 人-起始致使-转换，'谁养育了你。'）

（17）ʔaqisḥ-it-ḥsu: ši:ƛuk（ʔaqisḥitḥsuu šiiƛuk. 为什么-过去时-疑问.2复数 离开，'你们为什么离开？'）

（18）maakuk-mit-ʔiš čakup maḥti'（makukʷitʔiš čakup maḥtii. 买-过去时-直陈.第3人称 男人 房子，'一个男人买了房子。'）

（19）qa～qaḥ-atuɬ-mit-siš suw̓a（qaqaḥʔatuɬitsiš suw̓a. 死-梦见-过去时-直陈.1单数 你，'我梦见你死了。'）

(20) nunu'k-'aƛ-(m)it-si' (nunu'k̓ʷaƛitsi. 唱-时间指定语-过去时-1单数，'我那时，一直在唱。') [T]

过去时也常用跟现在时不大相容的完成体来表达。没有明显时标记的句子为非将来时，它需要依据语境判断是现在时还是过去时。独立引导句中没有时标记的谓语可视为具有现在时，但叙事话语中没有时标记的谓语具有过去时的意义。

2) 将来时

意图性未来附缀-ʔaːqƛ凭借其蕴意，常用作将来时标记，如：

(21) ʕinm̓i-'i'či(ƛ)-ʔa'q(ƛ)-ʔicuːš (ʕinm̓iičiƛʔaqƛʔicuuš. 蜗牛-起始-将来-直陈.2复数，'你们快成蜗牛了。')

(22) ʔuqɬaːp-'aƛ qʷayac̓iːk tak-aːt-'is-ʔa'qƛ-q (ʔuqɬaap̓aƛ qʷayac̓iik，takaatisʔaqƛq. 认为-时间指定语 狼 朝向-沿流而下-在岸上-将来-从属.3，'狼认为他会沿流而下。')

(23) haːʕan-ʔaq-niš siːhaɬ (haaʕanʔanits siiḥaɬ. 邀请-将来-1复数 你们所有人，'我们将邀请你们所有人。')

(24) huʔa-in-ʔa'qƛ ʔu-ktis hupaɬ-ʔi (huʔinʔaqƛ ʔuuktis hupaɬʔi. 向后-来-将来 它-作用于 月亮-限定，'他们会根据月亮回来。')

(25) wik ʔu-c̣ha saya-panač-ši(ƛ)-ʔaqƛ-quː (wik ʔuuc̣ha saaxyapanačšiƛʔaqƛquu. 否定 它-去 远离-随机移动-完成-将来-条件.3，'不是为了到远处的目的。')

(26) nas-aƛ-na' ḥačxʷinƛ-ʔa'qƛ(nasaƛna ḥačxʷinƛʔaqƛ. 徒劳地尽力-时间指定语-1复数 深入-将来，'我们不能再深入了。')

(27) ʔani-s ʔaya-'iƛ-ʔaːqƛ(ʔanis ʔa'yi'ƛʔa'qƛ. 因为-1单数 很多-邀请.完成体-将来，'因为我准备邀请很多。') [T]

(28) c̓axʷ-šiƛ-ʔaːqƛ-qa'-s (c̓axšiƛʔa'qƛqas. 刺-完成体-将来-从属-1单数，'并且我准备用矛刺他。') [T]

(29) qaḥ-šiƛ-ʔaːqƛ-ma' Tom ʔu-a'nuːƛ ʔani p̓iš-'i's-qa' (qaḥšiƛʔa'qƛma Tom ʔu'nu'ƛ ʔani p̓išʔi'sqa. 死-完成体-将来-直陈 汤姆 这样.和.这样-原因 因为 坏-吃-从属，'Tom会死掉因为他

吃了一些坏掉的东西。’）[T]

此种现象也见于指称性定语，但很少觉察到，如：

（30）ka'ʔu'c-šiƛ-ʔa:qƛ-uk-ʔi'（ka'ʔu'cšiƛʔa'qƛukʔi. 孙子-完成体-将来-领属-冠词，‘他未来的孙子。’）[T]

在 Kyuquot 方言里，表将来时的意图性未来附缀可跟非现实附缀-'a:ḥ 及过去时附缀-(m)it 共现，但这种现象未见于 Tseshaht 方言。

表示“将要”的-ẇitas 是可发挥动词化作用的词汇词缀，虽有时体寓意，但不属屈折词缀，而属派生词缀。

（31）č̓apac-i:ɬ-ẇitas（č̓aapaciiɬẇitas. 船-造-将要，‘他要造一只船。’）

（32）ʔaqisḥ-ẇitas-'aƛ-it-ḥ suẇa ʕinm̓i-‘čiƛ（ʔaqisḥẇitasʔaƛitḥ suẇa ʕinm̓iičiƛ. 为什么-刚要-时间指定语-过去时-疑问.3 你 蜗牛-起始，‘你怎么变成了一只蜗牛？’）

在努特卡语的 Tseshaht 方言里，用后缀-(y)ik 表达非现实将来时。如：

（33）cuma'-maqšiƛ-uk-(y)ik-qa'-s ḥaẇiɬ-mis ʔat-qu:-s hi'ta-kʷaʔap-[L+S]（cuma'maqšiƛukʷikqas ḥaẇiɬmis ʔatqu's hi'takʷaʔap. 满-持续的-领属-非现实.将来时-从属-1单数 财富-共有的.关于 尽管-条件-1单数 Ø.空词根-花费.致使.完成体-渐进，‘尽管我一直在花钱，但我的地方充满了财富。’）[T]

3. 人称-数后缀

努特卡语人称后缀附着于主要谓语，表示主语的人称信息，即谓语的人称-数与主语相适应，而不是宾语，即便及物动词也是如此。人称后缀可以脱离语气而独立出现，且相当常见，这是人称后缀跟语气标记的不同之处，语气标记常和人称融合成一个屈折词缀（见 pp. 396— 406）。人称后缀区分单复数，第 3 人称以缺省形式不表示出来，也可以说是用零形式表示。比较人称后缀：

表 4 - 2 努特卡语谓语人称-数后缀表

人称	单数	复数
1	-s	-na
2	-suːk，-k	-suː
3	ø	

（34） ʔu-'a'p-it-s tupkaːpiːḥ šuːwis（ʔuʔaamits tupkaapiiḥ šuuwis. 它-买-过去时-1 单数 黑 鞋子，'我买了黑鞋子。'）

（35） ʕuyaːs-'aƛ-na' Alberni waɬaːk（ʕuyaasaƛna Alberni waɬaak. 移动-时间指定语-1 复数 地名 去，'我们去 Alberni。'）

（36） ʔu-či-'aḥs-'aƛ́-uk-(w)uːs-ḥ-su'k siẏa's-ʔi' ku'na' p̓atqʷ-uk（ʔukʷiqsʔaƛuku'sḥsuk siẏa'sʔi ku'na'p̓atquk. 它-在-在船里-时间指定语-领属-怀疑-从属-2 单数 我-领属-限定 船 货物-持续，'你的货物在我的船上。'）[T]

（37） ʔaqi-čiɬ-k huḥtak-ši(ƛ) ʔaʔim（ʔaaqičiɬk huḥtakšiƛ ʔaʔim. 什么-关于-2 单数 知道-完成 最初，'你记得的第一个东西是什么。'）

（38） ʔačaq-ʔaːqƛ-ḥa'-su' ʔu-ca-čiƛ c̓a'ʔaquːʔa（ʔačaqʔa'qƛḥasu' ʔucačiƛ c̓a'ʔaqu'ʔa. 谁-将来-疑问-2 复数 这样.和.这样-走.去-完成体 流动.点，'（你们）谁去流动点？'）[T]

（39） naʔa'-'aƛ-ḥa'-suː（naʔa'ʔaƛḥasu'. 听到-时间指定语-疑问-2 复数，'你们现在听到了吗？'）[T]

4. 语气后缀

语气范畴在努特卡语里既是情态标记，也是反映复杂句法关系和复句逻辑关系的结构标记（如从属语气是补语标记，关系语气是定语等标记，条件语气和目的语气是逻辑关系标记），有的还是话语标记（如表示信息来源的引证口气）。努特卡语的语气后缀用在反映主语人称-数（或包括祈使句宾语的人称-数）的后缀前。由于固定的毗邻关系，努特卡语某些类型（如直陈语气、有定关系语气、从属语气）的语气后缀跟主语的人称-数后缀有不同程度的融合，因此有的学者粗略观察认为，努特卡语语气后缀因主语的人称和数的不同而异（故而叫做语气-代词性附缀），在祈使句里甚至还跟宾语的不同有关。[①] 两种语气偶可混合使用，形成复合语气。如下例是条件语气和推论语气的复合：

(40) č̓i:q-'aqa-'aƛ-qu:-č-ʔa'ɬ (č̓iiʕaqaƛquučʔaɬ. 打架-做几次-时间指定语-条件.3-推论-复数，'他们会打架。')

(41) ċaʔak ṫaps-ʔatu-'aƛ-qu:-č (ċaʔak ṫaapsʔataƛquuč. 河　潜-沉到-时间指定语-条件.3-推论，'他们一段时间里偶尔潜到河里去。')

1）作为情态标记的语气类型

楚克奇语作为情态标记的语气类型包括直陈语气、疑问语气、怀疑语气、祈使语气、推论语气。

A. 直陈语气、疑问语气、怀疑语气

楚克奇语直陈语气、疑问语气、怀疑语气的后缀都因主语的人称和数的不同而异，它们融合了人称-数信息，成为融合的屈折标记。详见表 4-3：

表 4-3　　努特卡语直陈/疑问/怀疑语气后缀表

		直陈语气		疑问语气		怀疑语气	
		单数	复数	单数	复数	单数	复数
主语人称	1	-ʔi'š	-ni'š	-ḥs	-ḥin	-qa'ca	-qa'c̓ina
	2	-ʔick	-ʔicu:š	-ḥa'k	-ḥsu:	-qa'čka	-qa'cu:wa
	3	-ʔi'š		-ḥ		-qa'c̓a	

① 以下各类语气-人称-数后缀的列表均基于努特卡语 Ahousaht 方言。努特卡语 Tseshaht 方言的语气后缀与人称、数后缀的融合程度不如 Ahousaht 方言高。如 Tseshaht 方言目的语气、条件语气与人称、数后缀的关系有：-'a:-aḥ（-目的-1 单数）｜-'a:-ni（-目的-1 复数）｜-'a:-ʔic（-目的-2 单数）｜-'a:-ʔicu:（-目的-2 复数）｜-qu:-sa'（-条件-1 单数）｜-qu:-na（-条件-1 复数）｜-qu:-ka'（-条件-2 单数）｜-qu:-su:（wa）（-条件-2 复数）。

【直陈语气】

（42）wič-šaḥap-ʔick（wičšaḥapʔick. 错误-做-直陈. 2 单数，‘你在以错误的方式做事情。’）

（43）ʕinm̓i-ʻiˑči(ƛ)-ʔaˑq(ƛ)-ʔicuːš（ʕinm̓iičiƛʔaqƛʔicuuš. 蜗牛-起始-将来-直陈. 2 复数，‘你们快成蜗牛了。’）

（44）hiːtkin-ʔiˑš ʕiniːƛ-ʔi（hiitkinʔiš ʕiniiƛʔi. 奇怪-直陈. 3 狗-限定，‘这只狗很奇怪。’）

【疑问语气】

（45）waːsi-ḥ（waasiḥ. 哪儿-疑问. 3，‘他在哪儿?’）

（46）ʔaqisḥ-it-ḥsuː šiːƛuk（ʔaqisḥitḥsuu šiiƛuk. 为什么-过去时-疑问. 2 复数 离开，‘你们为什么离开?’）

（47）waːyaq-pi-mit-ḥ ƛawaː town（waayaqpimitḥ ƛawaa town. 哪一个-最-过去时-疑问. 3 近 市镇，‘哪一个是离市镇最近的?’）

【怀疑语气】

（48）ʔaƛpu-p̓it-it-qaˑč̓a（ʔaƛpup̓ititqač̓a. 七-次-过去时-怀疑 . 3，‘可能已经七次了。’）

（49）tiːč-syumč-qaˑč̓a（tiičsyumčqač̓a. 生活-关于-怀疑 . 3，‘我猜他生活得很好。’）

祈使语气、推论语气较特别，单独列表说明如下。

B. 祈使语气

祈使语气后缀因主语的人称和数的不同而异，但同时也因宾语的人称和数的不同而异。这是祈使语气后缀与其他语气后缀的不同之处。详见表 4 - 4：

表 4－4　　努特卡语祈使语气后缀表

		宾语		
		1 单数	1 复数	3（单复数不分）
主语	2 单数	-'i's	-'in	-'i'
	2 复数	-'ičas	-'ičin	-'ič
	1 复数	—	—	-'in

（50）ʕuya:s-'aƛ-'in（ʕuyaasaƛ'in. 移动－时间指定语－祈使.1 复数，‘我们走吧。’）

（51）kuḥ-sa'p-'i'č（kuḥsaap'ič. 开－瞬间致使－祈使.2 复数主语.3 单数宾语，‘你们都有个开端吧。’）

（52）naʔu'-'a'qsta-'i'čin（naaʔuuqstaʔičin. 陪伴－在其中－祈使.2 复数主语.1 复数宾语，‘你们加入我们吧。’）

在其他情况下，努特卡语没有宾语的人称后缀，但有学者注意到，在非祈使语气里也偶见它与主语后缀的融合后缀。

（53）hu'ʔaẋisi'cuẋ　da'c.（一直－直陈.1 单数主语.2 单数宾语　看见，‘我能一直看见你。’）

细分起来，努特卡语有四种祈使语气。一组是现在祈使语气和将来祈使语气，前者表必须马上执行的命令，后者表不需要马上执行，但需在将来某个时候实施的命令。其语缀形式就是在现在祈使语气基础上加-im。

表 4－5　　努特卡语现在/将来祈使语气后缀表

		现在祈使语气			将来祈使语气		
		1 单数.宾语	1 复数.宾语	3 宾语	1 单数.宾语	1 复数.宾语	3 宾语
主语人称－数	2 单数	-'i's	-'in	-'i'	-'i's-im	-'i'n-im	-'i-m
	2 复数	-'ičas	-'ičin	-'ič	-'ičas-im	-'ičan-im	-'ič-im
	1 复数	—	—	-'in	—	—	-'i'n-im

（54）ča'ni-'aƛ-'i'čim　ʔinkʷ-sẏi-q-nit-šiƛ-'aƛ　ʔami'ƛik-ʔi'（ča'na'ƛičim

ʔinksy̓iqnitšiʔaƛ ʔami̓ˑƛikʔi. 以一些时间-时间指定语-将来.祈使.2复数主语.3宾语 火-用于……的药-缓冲辅音-储备-完成-时间指定语明天-冠词，‘明天你们要花些时间储备柴火。’)

另一组是包括来祈使语气和去祈使语气的方向性祈使句，前者表示“来做某事”，后者表示“去做某事”。

表 4-6　　努特卡语来/去祈使语气后缀表

		来祈使语气			去祈使语气		
		1单数.宾语	1复数.宾语	3宾语	1单数.宾语	1复数.宾语	3宾语
主语人称-数	2单数	-ʼiˑs-ak	-ʼin-ak	-ʼiˑ-k	—	—	-čiˑ
	2复数	-ʼiˑčas-ak	-ʼiˑčin-k	-ʼiˑč-ak	—	—	-čaˑsu
	1复数	—	—	-ʼiˑn-ak	—	—	-csuː

(55) haʔuk-ʼiˑk (haʔu k̓ʷik. 吃-来.祈使.2单数主语.3宾语，‘你来吃’)

(56) ʔaʔaˑtuˑ-čiˑ (ʔaʔaˑtuˑči. 问-去.祈使.2单数主语.3宾语，‘你去问他’)

C. 推论语气

推论语气（Inferential）不见于 Ahousaht 方言，但见于 Tsishaath 和 Kyuquot 方言。以 Tsishaath 方言为例。推论语气又有推论1和推论2两种，其后缀也都因主语的人称和数的不同而异，是融合了语气-人称-数信息的屈折标记。其附缀形式见表 4-7：

表 4-7　　努特卡语推论语气后缀表

	第1人称单数	第1人称复数	第2人称单数	第2人称复数	第3人称复数
推论1	-č̓aˑsiš	-č̓ins	-č̓aˑkš	-č̓aˑsuːš	-č̓aˑš
推论2	-(c)saˑ ƚaš	-č̓aˑnaƚaš	-čkaˑ ƚaš	-čsuː(wa)ƚaš	-č̓aˑ ƚaš

推论语气1不像怀疑语气那样就事件的事实性提问，而是表示某些方面是基于说话人的推论。下例中，例57b对睡觉时间的长短只是主观推断。

（57）a. qi˙-s　wał-yu˙（qi˙s wałyu˙. 长时间-1 单数　回家-有了…，‘我在家待了很长一段时间。’）[T]；b. qi˙-’aƛ-(m)it-č̓a˙siš weʔič(qi˙ʔaƛitčasiš weʔič. 长时间-时间指定语-过去时-推论 1.1 单数睡觉，‘我肯定睡了很长一段时间。’）[T]

推论语气 2 跟推论语气 1 的区别在于，前者发现了事实性、证据性在增加。两者的形式差异在于，推论语气 2 常跟 qʷa˙（‘因此’）或该词的简略附着式-qo:（‘因此’）。如下例：

（58）hin-i:ʔiƛ-[L+S]-’aƛ-čaƛaš　qʷa˙　hist-i:ʔiƛ-[L+S]-’aƛ kuḥʷ-ẉana-im-ʔi˙（hinʔiʔaƛčaƛaš qʷa˙ hi˙stiʔiʔaƛ kuḥẉanimʔi. 空词根-移动.进入.房子.完成体-渐进-时间指定语-推论 2　因此　那儿-移动.进入.房子.完成体-渐进-时间指定语　通路-在.中间-东西-冠词，‘结果是他们从侧门进入的。’）[T]

（59）hupt-sa˙p-’aƛ-’at-uk-we˙ʔin-čaƛaš-qo:(huptsa˙p̓aƛatukwe˙ʔinčaƛašqo˙. 藏-使役. 完成体-时间指定语-转换-领属-引用语-推论 2—因此，‘看来好像它被藏起来了。’）[T]

2）作为结构标记的语气类型

楚克奇语作为结构标记的语气有从属语气、有定关系语气、无定关系语气、条件语气、目的语气，它们的语气后缀均因主语人称-数的不同而异。它们从内容看，均属关系词缀，按作用分句法结构标记和逻辑结构标记两类。前者有作为补语标记的从属语气（中补结构是复杂句法结构），也有作为关系化标记的关系语气，多用于标记定语，有时也标记其他句法成分（补语、状语等），后者有条件语气、目的语气等。因而跟其他语气类型不同。

表 4-8　　努特卡语作为结构标记的语气后缀表

		从属语气		有定关系语气		无定关系语气		条件语气		目的语气	
		单数	复数	单数	复数	单数	复数	单数	复数	单数	复数
主语人称	1	-qs	-qin	-qs	-qin	-(y)i:s	-(y)in	-qu:s	-qʷin	-’a:ḥ	-’a:ni
	2	-k	-qsu:	-ʔi˙tk	-ʔitqsu:	-(y)i:k	-(y)i:su:	-qu:k	-qu:su:	-’a:ʔick	-’a:ʔicu:
	3	-q		-ʔi˙tq		-(y)i:		-qu:		-’a:ʔit	

【从属语气】从属语气常见于谓语后面表感知、言说、思维等现实性内容的补语小句。

(60) wik-s ɬač-i(ƛ) tičim-ʔa'k-qs (wiks ɬačiƛ tičimʔakqs. 否定-1单数 让走-完成 幼崽-领属-从属.1单数，'我不会让我的幼崽走的。')

(61) ʔuqɬa:p-'aƛ qʷayači:k tak-a:t-'is-ʔa'qƛ-q(ʔuqɬaapaƛ qʷayačiik，takaatisʔaqƛq. 认为-时间指定语 狼 朝向-沿流而下-在岸上-将来-从属.3，'狼认为他会沿流而下。')

(62) ʔuqɬa:p-ckʷi' qaḥ-sa'p-ẘitas-'at-q (ʔuqɬaapckʷi qaḥsaapẘitasʔatq. 相信-已经做 死-已经完成-将要-转换-从属.3，'他认为他们要杀了他。')

【有定关系语气】有定关系语气构成表达说听双方共知存在的关系从句，包括定语小句、状语小句、补语小句等。

(63) čixʷat-wi:ʔis ʔu-(č)ɬa'-ʔak-ni' yaqʷ-(y)i:q-qa'tḥ-qa'-n (čixʷatwi'ʔis ʔukɬa'ʔakni yaqʷi'qqatḥqin. 鹰-在.弯 这样.和.这样-有.像.名字-领属-1复数 那个.哪个-旅行.在-假装地-有定-1复数，'我们想象中的［独木船］被称作鹰勾。')［T］

(64) makʷ-ukʷ-(m)a'-aḥ p̓inwaɬ ƛu'kʷat-q-ṅa ḥi-'aƛ-qa'-s (ma'kukʷaḥ p̓inwaɬ ƛu'kʷatqṅaḥaƛqas. 买-持续-直陈-1单数 捕鲸.独木舟 给.狼.仪式-缓冲辅音-准备.去-时间指定语-有定-1单数，'当要举行狼族仪式时，我买了一艘捕鲸独木舟。')［T］

(65) ka-či(ƛ)-'at ʔu:na-maḥsa-'ap-'at-ʔi'tq čapac (kačiʔat ʔuunamaḥsap̓atʔitq čapac. 量-完成-转换 尺寸-想要-致使-转换-关系.3 船，'量好你想要的船的长度。')

(66) ʔi:qḥ-uk-'aƛ qʷis-it-ʔi'tq (ʔiiqḥuk̓waƛ qʷisitʔitq. 告诉-持续-时间指定语 这样做-过去时-关系.3，'他告诉了他经历过的事情。')

(67) ʔu-ktis-'aƛ-'at-ʔi'š Q̓wa:xti:，his-i'k-ʔi'tq (ʔuuktisʔaƛ̓atʔiš

Q̓waaxtii，hisiikʔitq. 它-做-时间指定语-转换-直陈.3　人名　到那儿-一起走-关系.3，'他们跟随 Qwaaxtii 的足迹。[←他们跟着它，Qwaaxtii，他的足印]'）

（68）piḥ－ši(ƛ)-'at　qʷa:-'as-ʔi'tq（piḥšiʔat qʷaaʔasʔitq. 检查-完成-转换　这样-在地面上-关系.3，'看好路，它就在地面上。'）

【无定关系语气】无定关系语气构成的关系小句表新信息或无法辨认的内容。

（69）haʔuk-ši(ƛ)　qu:m̓a-'i'(ƛ)-'at-it-(y)i:(haʔukšiƛ quum̓iiʔanitii. 吃-完成　多少-邀请-转换-过去时-无定关系.3，'很多被邀请的人都吃了。'）

（70）hayim-ḥi'-ni'š　hiɬ-(y)i:（hayimḥiniš hiɬii. 不知道-持续-直陈.1 复数　在那儿-无定关系.3，'我们不知道他会在哪儿。'）

（71）ʔinums-aq-k̓uk-(y)ina　n̓iƛa:k（ʔinumsaqk̓ukwina n̓iƛaak. 很少-非常-明显-无定关系.1 复数　战斗，'看起来我们很少争吵。'）

（72）wa'-mit-(y)i:（waamitii. 说-过去时-无定关系.3，'可能他会这样说。'）

（73）qwi-ʔi:-mit-(y)i:（qwiʔiimitii. 那一个-到达-过去时-无定关系.3，'他去了一些地方。'）

【条件语气】条件语气后缀表达的意义有假设关系，也有时间关系，如：

（74）ƛi:ḥ-cu:t-ʔa:ɬ　wik-'aƛ-qu:　čačam-ḥi'　sipu:s（ƛiiḥcuutʔaaɬ wik̓aƛquu čačamḥi sipuus. 一点一点移动-在边上-经常　否定-时间指定语-条件.3　合适-持续　龙骨，'如果龙骨没有装好，船总是偏向一边。'）

（75）ʔuma:k　ʔaḥ　p̓us-ši(ƛ)-qu:　tuxwi:ḥa-qu:（ʔumaak ʔaḥ p̓ussiƛquu tuxwiiḥaqu. 因为　他　累-完成-条件.3　喘不过气来-条件.3，'因为[要是这样]他就累了并且喘不过气来。'）

（76）ʔat-qu:　čamiḥta　qu:ʔas　Qawiqa:ɬ（ʔatquu čamiḥta

quuʔas Qawiqaaɬ. 即使－条件.3　适当　人　Qawiqaalth，‘尽管Qawiqaalth是个举止得体的人’)

（77） qʷiyu-qʷin　č̓apac-iːɬ　ʔu-ḥw̓aɬ-ckʷi˙　ʔišč̓iːp　huːʔak（qʷiyuqʷinč̓aapaciiɬ ʔuuḥw̓aɬckʷi ʔišč̓iip huuʔak. 当时－条件.1复数　船－造　它－使用－已经发生　树脂　很久以前，‘很久以前，当我们造船的时候，我们常常使用树脂。’)

（78） ƚaːtn̓a-na˙k̓-aƛ̓-˙at-quː（ƚaatn̓anak̓aƛ̓atquu. 孩子－有－时间指定语－转换－条件.3，‘当你有孩子时。’)

（79） č̓apac-iːɬ-˙aƛ-quː（č̓aapaciiɬʔaƛquu. 船－造－时间指定语－条件.3，‘当他们造船时。’)

（80） ʔu-ḥc̓i˙-w̓itas-˙aƛ-˙at-quː　ƚuḥc̓iti（ʔuuḥc̓iiw̓itasʔaƛ̓atquu ƚuḥc̓iti. 它－生火－即将－时间指定语－转换－条件.3　头，‘当你煮鱼头的时候。’)

有些条件语气后缀实际表推断的意义。如：

（81） wik-˙at-quː　ʕač̓uː-˙at（wik̓atquu ʕač̓uuʔat. 否定－转换－条件.3　受伤－转换，‘可能那儿没有伤口。’)

（82） ʔaːḥʔasa　ʕuy̓i-na˙k-quː（ʔaaḥʔasa ʕuy̓inakquu. 看起来　药－有－条件.3，‘看起来他们似乎已经有了药。’)

也有些条件语气后缀所表示意义不明。

（83） ʔu-ca-či(ƛ)-˙aƛ-qʷin　ḥuː　hiɬ-sti˙s-ʔi˙（ʔucačiʔaƛqʷin ḥuu hiɬstiisʔi. 它－去－完成－时间指定语－条件.1复数　在远处　在那儿－移动到里面－限定，‘我们向上走到进口。’)

（84） č̓itkʔis-ʔi˙š　waː-˙aƛ-quː　n̓uw̓iːqsu-ak-it-qs（č̓itkʔisʔiš waaʔaƛquu n̓uw̓iiqsakitqs. 容易割一直陈.3　说－时间指定语－条件.3　父亲－领属－过去时－从属.3，‘我的父亲过去经常说它很软。’)

【目的语气】

(85) maƛ- ši(ƛ)-'i'　šu:wis-uk-ʔitk　wik-'a:ʔick　hi:xtaq (maƛšiʔi šuuwisukʔitk wik̓aaʔick hiixtaq. 系-完成-祈使.2 单数主语.3 宾语　鞋子-领属-关系.2　否定-目的.2 单数　有事，‘为了不会有事，系好你的鞋带。’)

(86) ʔuḥ　piḥ ～ piḥ-ši (ƛ)-'at　wik-'a:ʔit　ci ～ cik-paɬa (ʔuḥ piḥpiḥšiʔat，wik̓aaʔit cicikpaɬa. 是它　重叠前缀（词根整体重叠)$_{表反复}$-检查-完成-转换　否定-目的.3　重叠前缀-倾斜-在每一边，‘看好它，这样它就不会摆不好了。’)

努特卡语也有表因果的关系后缀，如例 87 的表因果关系的-y̓i'ḥa（‘是因为’)。

(87) ʔu-y̓i'ḥa-'aƛ-'at-sa　č̓in̓uqƛ̓-'ap-'at-ʔa'ɬ　waɬ-ši (ƛ)　ʔan-s wik̓i:t-uk　ʔa～ʔi:č̓um(ʔuy̓iiḥaƛ̓atsa č̓in̓uqƛ̓ap̓atʔaɬ waɬšiƛ ʔans wik̓iituk ʔaʔiič̓um. 它-是因为-时间指定语-转换-1 单数　不愿意-致使-转换-复数　回家-完成　因为-1 单数　当前没有-领属　重叠前缀$_{表周遍}$-父母，‘因为我没有父母，所以他们不想让我回家。’)

3）作为话语标记的语气类型

引证语气后缀因主语的人称和数的不同而异，详见表 4－9：

表 4－9　　努特卡语引证语气后缀表

人称	单数	复数
1	-wa'ʔič̓as	-wa'ʔičin
2	-wa'ʔick	-wa'ʔicu:š
3	-wa'ʔiš	

(88) waɬ -[L]- šiƛ-wa'ʔick (waaɬšiƛwaʔick. 回家-渐进-完成-引证.2 单数，‘（他们说）你在回家。’)

(89) hin-in-wa'ʔi'š　qʷaya:čik-m̓i't (hininwaʔiš qʷayaač̓ikm̓it. 到那儿-来-引证.3　狼-儿子，‘狼的儿子来了。’)

(90) ti:č-maḥsa-'ap-it-wa'ʔi'š　č̓awa:k (tiičmaḥsamitwaʔiš

ċawaak. 活着-想-致使-过去时-引证.3　一个人，‘一个人想拯救他的生命。’)

(91) qʷi-y̓iḥtaq-akʷ-(y)iː-č　tanakmis (qʷiy̓iḥtaqakiˑč tanakmis. 无论什么-衍生．从-持续-无定的-引证.3　蚊子，‘蚊子是什么产生的。’)［T］

(92) taʔiɬ-waˑʔiˑš (taʔiɬwaaʔiš. 病－引证.3，‘［他们说］他病了。’)

(93) ʔiːḥʷ-waˑʔiˑš　taʔiɬ (ʔiiḥwaaʔiš taʔiɬ. 非常-引证.3　病，‘［他们说］他病得很重。’)

5. 领属后缀

努特卡语最常见的关系词缀是领属后缀。表示领属关系的后缀-ʔaˑk的位置较为自由，既可以直接位于被领属的名词之后，被领者组并到动词中，领属者则由语气中人称来表示（如第1类）。在领属后缀的位置和领属者的表达方式不变的情况下，被领者也可成为谓语之外的独立词项（如第2类），甚至在领属后缀的位置这一项因素不变的情况下，领有者和被领者都成为谓语之外的独立词项（如第3类）。后两者属于所有格提升结构。比较：

第1类

(94) ʔaːp-ḥiˑ-ʔiˑš　ɬuːcma-ʔaˑk-qs (ʔaapḥiiʔiš ɬuucmaakqs. 体贴-持续-直陈.3　妻子-领属-从属.1单数，‘我的妻子很体贴。’)

(95) ʔu-ḥw̓aɬ-ʼaƛ-quː　ʔumʔiˑqsu-ʔaˑk-it-qs　kʷi~kʷitx-sumup　newspaper (ʔuuḥw̓aɬʔaƛquu　ʔumʔiiqsakitqs　k̓ʷiikʷitxsumup newspaper. 它-使用-时间指定语-条件.3　母亲-领属-过去时-从属.1单数　重叠前缀$_{表经常}$-粘-瞬间致使　报纸，‘我的妈妈过去经常用报纸糊墙。’)

(96) y̓ap̓ic-uk-uk-(y)iːs　siy̓aˑq (y̓ap̓icukkʷiis siy̓aaq. 蓝色-持续-领属-无定.1单数　我，‘我的是蓝色的。’)

第2类

(97) ʔaːp-hi̇ˑ-ʔaˑk-s ɬuːcma (ʔaaphi̇iʔaks ɬuucma. 体贴-持续-领属-1 单数 妻子，'我的妻子很体贴。')

(98) čiː-ʔatu-'ap-'at-uk-s čičiči taˑkta-ʔiˑ (čiiʔatap̓atuks čičiči taaktaʔi. 拔-落下-致使-转换-领属-1 单数 牙 医生-限定，'这个医生把我的牙拔了出来。')

(99) his-taq-ši(ƛ)-uk-ʔicuːš ʕimtiː (histaqšiƛukʷicuuš ʕimtii. 到那儿-来自-完成-领属-直陈.2 复数 名字，'你的名字是从那个地方来的。')

(100) m̓aw̓aː-'aƛ-'at-uk-ina hiyiq-tuˑp (m̓aw̓aaʔaƛatukʷina hiyiqtup. 传递．送出-时间指定语-转换-领属-1 复数 不同的-东西，'他带给我们许多东西。')

第 3 类

(101) ʔuyaː-siɬa-'at-uk muˑnaˑ Bruce (ʔuyaasiɬatuk muunaa Bruce. 不经常-像……工作-转换-领属 机器 Bruce，'Bruce 的机器停止了工作。')

三　词缀语序

努特卡语所属的南瓦卡什语言词类的形态特征及句法特征情况如表 4-10：

表 4-10　　努特卡语词类的形态及句法特征表

	动词	名词	形容词
及物	+	-	-
完成体	+	-	-
冠词	限为关系小句时	+	+
过去时	+	+	+
将来时	+	-	-
补语	+	-	+
指示词	-	+	+?

努特卡语屈折形态的语序见表 4－11：

表 4－11　努特卡语屈折形态语序表

<table>
<tr><td rowspan="2">词干</td><td colspan="2">核心后缀</td><td colspan="2">外围后缀</td><td rowspan="4">附缀</td></tr>
<tr><td>词汇后缀</td><td>核心体</td><td rowspan="2">时、人称-数、语气</td><td rowspan="2">外围体</td></tr>
<tr><td colspan="3">非延展词</td></tr>
<tr><td colspan="5">扩展的非延展词</td></tr>
<tr><td colspan="6">延展词</td></tr>
</table>

其中的核心体包括完成体、持续体、进行体、起始体、反复体、渐进体、重复体，外围体指的是惯常体。

努特卡语屈折词缀的语序具有模板一样的组织，是有固定数量槽位（slots）的平铺结构（flat structure），有严格的成分线性序列，组织如下：

-小称（-ʔis，-ʔic，最常见的作用是指状况的某些方面小）-意图性未来（-ʔaːqƛ）-致使（-ʼap）-时间指定语（-ʼaƛ，可译为'现在，接着，那时'）-转换（-ʼat）-领属（-uk，-ʔak）-非现实（-ʼaːḥ）-过去时（-(m)it）-语气-后缀冠词（-ʔiˑ）-第 3 人称复数（第 3 人称复数是后置情态之一，-ʔaɬ）-重复（-ƛa）-惯常（-ʔaːɬ）

【小称>领属】ʔaƛ-ċiq-ʔis-uk ċiˑḥati（ʔaƛċiqʔisuk ċiˑḥati. 两个-很多. 长. 物体-小称-领属 箭，'他有两支小箭。'）｜ čuˑčk-iːcs-ʼaƛ ṫaṅa-<t>-ʔis-uk-ʔiˑ ḥaˑkʷaˑƛ-ʔiˑ（čuˑčkiˑcsʔaƛ ṫaˑtṅeʔisukʔi ḥaˑkʷaˑƛʔi. 所有的-带-时间指定语 孩子-<中缀>[复数]-小称-领属-限定性附缀 女孩-限定性附缀，'那个女孩携带了她的两个小孩儿。'）

【小称>后缀冠词】meʔiƛqac-ʔis-weˑʔin ṫaṅa-ʔis-ʔiˑ（meʔiƛqacʔisweʔin ṫaṅeʔisʔi. 男孩-小称-引证 小孩-小称-冠词，'那小孩是一个男孩。'）[T]

【意图性未来>领属】kaˑʔuˑc-šiƛ-ʔaːqƛ-uk-ʔiˑ（kaˑʔuˑcšiƛʔaˑqƛukʔi. 孙子-完成-意图性未来-领属-限定性附缀，'他未来的孙子。'）

【意图性未来>语气】ċaxʷ-šiƛ-ʔaːqƛ-qaˑ-s（ċaxšiƛʔaˑqƛqas. 矛-完成体-意图性未来-从属-1 单数，'我将用矛刺他。'）

【致使>时间指定语>语气】ƛ̓upk-saˑp-ʼaƛ-(m)aˑ-aḥ sut-(č)iɬ（ƛ̓upksaˑṗaƛaḥ suˑtiɬ. 醒-致使. 完成-时间指定语-直陈-1 单数 你-做.

对……，‘我叫醒了你。’）[T]

【时间指定语＞转换】ʔu-(č)iːɬ-šiƛ-'aƛ-'at čapac-tiːʔiɬ-(y)a' sim-a'csyin miɬsẏi（ʔukʷi'ɬšiʔaat a'pactiʔiɬa sima'csyin miɬsẏi. 这样.和.这样-做-完成-时间指定语-转换　独木舟一假装一进行　坚挺的-在……上.船头　矛，‘他用矛的前端做了个独木舟模型。’）

【致使＞非现实＞过去＞语气】caq-sa'p-'aːḥ-(m)it-(m)a'-aḥ sut-(č)iɬ qʷa-miḥsa-(m)it-quː-s（caqsa'pa'ḥitaḥ su'tiɬ qʷamiḥsimtqu's. 在……上.终点-致使.完成-非现实一过去时-直陈-1单数　我-做.对……　做.因此一要.对……一过去时-条件-1单数，‘我早结果了你，要是当时我有这种想法的话。’）[T]

【体＞人称＞重复】ʔaƛ-ḥta-ayiː-si'-ƛaː ṅup-ḥta-ʔakʷ wawačaqk̓uk ṅup-ḥta-ʔakʷ-ƛaː ṅi~ṅixʷ-k̓uk（ʔaƛḥtayi'siƛa' ṅupḥta'k wawačaqk̓uk ṅupḥta'kƛa' ṅiṅixk̓uk. 两个-很多.一大袋-给.完成体-1单数-重复　一个-很多.一大袋-持续　菜豆　一-很多.一大袋-持续-重复　鲑鱼.鱼子-看起来像，‘我也给了他两大袋，一袋菜豆和一袋豌豆。’）[T]

【领属＞后缀冠词＞3复数】čipq-(y)a'-'aƛ mu'stati-ʔak-ʔi'-ʔaɬ（čipqa'ƛ mu'statakʔiʔaɬ. 弓箭.是.拉-进行-时间指定语　弓箭-领属-冠词-3复，‘他们拉动了他们的弓箭。’）[T]

【致使＞时间指定语＞3复数】ƛ̓ix-(q)awup=áƛ-si'-ʔaɬ（ƛ̓ixawup̓aƛsiʔaɬ. 红色-在.脸上.致使式.完成体-时间指定语-1单数-3复数，‘我在他们的脸上乱涂红漆。’）[T] | wik-miḥsa='ap='aƛ-ʔaɬ qaḥ-šiƛ（wikmiḥsap̓aƛʔaɬ qaḥšiƛ. 不-想.做-致使-时间指定语-3复　死-完成体，‘他不想被他们杀死。’）[T]

【过去时＞语气＞惯常】ʔakʷaɬ-ṅa'ḥ-(m)it-qa'-ʔaːɬa ɬic-aḥu'(ɬ)-ma ti~ti-ṅukʷ-[L]-um haw̓iɬ-iːḥ wik-maqak-uk-ʔi' ɬu'csma（ʔakʷaɬṅaḥitqaʔa'ɬa ɬicaḥum titinkum haw̓i'ḥ wikmaqakukʔi ɬu'csma. 借-找-过去时-从属-惯常　衣服.展开.出来-在.前面-东西　擦-在.手-东西　首领-复数　不-熟练的.在-领属-冠词　女人，‘老婆不贤惠的首领常常不得不借桌布和手巾。’）[T]

【语气＞惯常】wik-'i'-ʔaːɬa weʔič（wik̓i'ʔa'ɬa weʔič. 不-祈使.2单数-惯常　睡觉，‘不要一直睡觉。’）[T]

从亲属语言比较看，努特卡语（Nuuchahnulth）和Makah语的屈折词缀语序就不完全一致，表明该语序排序并非唯一的、绝对的。以下是Makah语的屈折词缀语序：

—小称-时间指定语-致使-领属-转换-时-语气-后缀冠词-惯常-第3人称复数-应答（Responsive）-重复。

努特卡语派生词缀（词汇词缀）的语序比起屈折词缀的语序来，要相对自由一些（J. Stonham，2004:119）。原则上，词基上可添加后缀的数量不限，但语序的改变可改变意义。比较：

（1）a. ƛus-'i's-ckʷi'（ƛuy̓i'sckʷi. 鲱鱼-吃光—……的残留物，'吃过鲱鱼后的剩余食物'）；b. ƛus-ckʷi'-q-'i's（ƛusckʷiʕis. 鲱鱼-……的残留物-缓冲辅音-吃光，'将鲱鱼的残余物吃光'）

第三节 句法结构

一 基本句法结构

对努特卡语基本结构的认识取决于对如下两组例句的认识。第一组例句中的句柄成分 ʔu-na'k 和 ʔu-kʷink 是谓词，因此例3是复杂的连动结构，而不是只包含一个谓词的基本结构，例1是基本结构。例2包含两个谓词和两个论元，但不能看作连动结构。附加有语气后缀的副词，充当高层谓语或状语。

（1）ʔu-na'k k̓ʷak̓ʷaƛ（ʔunaak k̓ʷak̓ʷaƛ. 它-有 海獭皮，'他们有海獭皮革。'）

（2）ɬaps-ʔatu Qawiqa:ɬ，tuku:k ʔu-kʷink（ɬaapsʔatu Qawiqaaɬ tukuuk ʔukʷink. 潜一沉入水中 人名 海狮 它-和……在一起，'Qawiqaalth 和海狮一起潜到水底。'）

（3）a. taʔiɬ-wa'ʔi'š（taʔiɬwaaʔiš. 病-引证.3，'［他们说］他病了。'）；b. ʔi:ḥw-wa'ʔi'š taʔiɬ（ʔiiḥwaaʔiš taʔiɬ. 非常-引证.3 病，'［他们说］他病得很重。'）

（一）主谓结构

努特卡语谓语结构是个复杂组合，包括一个强制性中心词，加有小句层面的若干附缀，如时、语气、代词性标示，以及一、两个任选性谓语修饰成分。努特卡语的主语有后缀主语和独立主语两类。后缀主语是谓语语气标记后又附加的一重反映主语人称和数的代词性附缀，或可认为它们正与语气后缀（参 pp. 396—406）发生融合。此时的代词性附缀构成了后缀主语（如例 4）。在绝大多数情况下，努特卡语的人称和数附缀并不编码主语以外的信息（只有祈使语气中例外）。比较：

（4）nunu'ʼk-'aƛ-(m̩)a'-aẖ（nunu'k̓ʷaƛaẖ. 唱歌-时间指定语-直陈-1 单数，‘我在唱歌。’）[T]

（5）čiẖ-ši(ƛ)-'at-it（čiẖšiʔanit. 超自然-完成-转换-过去时，‘某件事竟然发生了。’）

独立主语如例 6、例 7。努特卡语带独立主语的主谓结构有以下特征。谓语成分带上一个名词性论元，名词不具有格范畴，和谓语没有形态上的一致关系。

（6）kʷis-ẖi'-p̓aɬ čaʔak（kʷiisẖiip̓aɬ čaʔak. 是不同一持续-有味道　水，‘水喝起来怪怪的。’）

（7）qaẖ－šiƛ-'aƛ-ma'　ɬa'tuš-ʔi'（qaẖšiʔaƛm̩a ɬa'tušʔi. 死-完成体-时间指定语-直陈　鹿-冠词，‘鹿死了。’）[T]

（8）ʔayisaq-siɬa-ẇitas-'aƛ　čá:stimc-m̓i't（ʔayisaqsiɬawitasʔaƛ čáastimcm̓it. 欺骗-像……做-即将-时间指定语　水貂-儿子，‘水貂的儿子和他们要诡计。’）

（9）naʔa:-ckʷi'　qʷayác̓i:k　ʔu-kʷiɬ　qu:～qu:ʔas（naʔaackʷi qʷayác̓iik ʔuukʷiɬ quuquuʔas. 听到-已经发生　狼　它-对……做　重叠前缀$_{表周遍}$-人，‘狼能听懂人们说的话。’）

（10）naʔa:-'aƛ　K̓ʷaaxtii（naʔaaƛ　K̓ʷaaxtii. 听说-时间指定语　人名，‘Kwaaxtii 听到了他们。’）

数词像名词那样独立使用时，偶可在带后缀冠词后作主语：

（11）maƛ- šiƛ-'aƛ ḥayu-ʔi' qʷayaċi:k-šiƛ-'aƛ（maƛšiʔaƛ ḥayuʔi qʷayaċi'kšiʔaƛ. 系-完成体-时间指定语 十-冠词 狼-完成体-时间指定语，'第十个系上［他们的狼毛毯］变成了狼。'）［T］

谓词也可在带后缀冠词，即名词化后，作主语。如：

（12）siq-i:ɬ siq-i:ɬ-ʔi'，haʔum-taḥ haʔum-taḥ-ʔi'，wa' ʔinksy̓iq-i:ɬ ʔinksy̓iq-i:ɬ-ʔi'（siqiiɬ siqiiɬʔi，haaʔumtaḥ haaʔumtaḥʔi，waa ʔinksy̓iqiiɬ ʔinksy̓iqiiɬʔi. 做饭-做 做饭-做-限定 食物-采 食物-采-限定 并列 柴火-做 柴火-做-限定，'负责做饭的做了饭，负责找食物的出去找食物了，并且负责做柴火做柴火了。'）

如果只有一个论元，那么它就作主语，如果有多个论元，则要选择一个作主语。据此可判定以下句子是主谓句：

（13）yu:pi-ckʷi'-matak（yuupickʷimatak，微风-已经发生-可能，'可能有一阵微风。'）｜ čapac-'is-ʔi'š（čapacisʔiš，船-在海滩-直陈.3，'海滩上有只船。'）

努特卡语和其他复综语一样，一个词可以作一个句子，包含非常丰富的形态。动词和名词都可以独立作谓语，由此将简单谓语句分为动词谓语句和名词谓语句。

1. 动词谓语句

动词可带上表人称-数形式的形态成分（如例 14），但第 3 人称是零形式，所以如果一个动词直接作谓语，并且不带人称-数形式，那么它隐含的主语是第 3 人称，不分单复数，单复数由话语决定（如例 15 和例 16）。

（14）hiɬ-'is-imɬ-'iɬ-'aƛ-qʷin（hiyisimyiɬʔaƛqʷin. 到那儿-在海滩上-在群里-在房子里-时间指定语-条件.1 复数，'我们过去经常一

起住在海滩上的一间房子里。'）

（15）čiḥ-waḥsuɬ-maḥsa-'ap（čiḥwaḥsuɬmaḥsap. 幽灵一出去-想-致使，'他想让一只幽灵出去。'）

（16）č̓ap-yi:q-'aƛ（č̓apyiiʕaƛ. 船-用……旅行-时间指定语，'他们乘一只船旅行。'）

2. 形容词词谓语句

也有形容词作谓语的句子，但是并不多见。比如：

（17）ʔiˑḥʷ-maˑ qu:ʔas-ʔiˑ（ʔiˑḥmaˑ quuʔasʔi. 大-直陈　人-限定，'那个男人块头大。'）[T]

3. 名词谓语句

努特卡语一个名词可以直接作谓语，最简单的形式既可以是一个名词，也可以是名词的复杂形式。如：

（18）čims（čims，熊，'它是一只熊。'）｜ ḥawiɬ-im-matak（ḥawiɬimmatak. 首领-事物-可能，'它是一只首领（指头狼）。'）｜ ḥa:wiɬaƛ-'aƛ Qaaḥma（ḥaawiɬaƛaƛ Qaaḥma. 年轻人-时间指定语　人名.'Qaaḥma 是一个年轻人。'）｜ ḥa:ḥu:p-(y)a-č̓ak（ḥaaḥuupač̓ak. 教训一进行-用来……的工具，'这是一个教训。'）

又比如：

（19）qu:ʔas-maˑ ʔiˑḥʷ-ʔiˑ（quuʔasma ʔiˑḥʔi. 男人-直陈　大-限定，'体型大的那个是男人。'）[T]

不过，定中结构的中心语名词不能作谓语，如下例：

（20）* qu:ʔas-i:čiƛ-'aƛ ʔaya（* quuʔaciičiʔaƛ ʔaya. 人-起始体-现在时　很多，'那儿有很多人（那儿）。'）[T]

（二）动宾结构

努特卡语及物动词才能带宾语。跟宾语相对的句法成分，这里仍沿袭过去的说法叫谓语。如果只有一个独立论元，仍需考虑及物性关系的存在，如下例中的独立论元是宾语成分，主语是后缀论元（零形式，即默认式）。

（21）ʔu-chị-in（ƛ） ƛul-aq-ak-ʔiˈ ḥa:kʷa:ƛ（ʔuchịnƛ ƛulaqakʔi ḥaakʷaaƛ. 它-结婚一完成 漂亮-非常-持续-限定 女孩，‘他和一个非常漂亮的女孩结了婚。’）

（22）ʔaƛa-aˈs-ˈaƛ-uk-qʷin maƛ-imɬ-ṁinḥ（ʔaƛaasʔaƛukqʷin maƛimɬṁinḥ. 两-在表面上-时间指定语-领属-条件.1复数 固定-圆的物体-复数[①]，‘我们把两个木桶放在地上。’）

1. 后缀谓语、词根谓语和独立谓语

及物性谓语有后缀谓语、词根谓语和独立谓语三类。

后缀谓语如下例的-ʔaap（买）。后缀谓语不能改用作词根，它只能作为句首宾语或句首空代词 ʔu 的后缀，比较下例。

（23）a. maḥtiˈ-ˈaˈp-mit-ʔiš čakup（maḥtiiʔapmitʔiš čakup. 房子-买-过去时-直陈.第3人称 男人，‘一个男人买了房子。’）；b. ʔu-ˈaˈp-mit-ʔiš čakup maḥtiˈ（ʔuʔaamitʔiš čakup maḥtii. 它-买-过去时-直陈.第3人称 男人 房子，‘一个男人买了房子。’）；c. *ʔaap-mit-ʔiš čakup maḥtiˈ（买-过去时-直陈.第3人称 男人 房子，‘一个男人买了房子。’）

词根谓语如下例的 maakuk（买）。词根谓语直接出现在小句首位，跟句首宾语或句首空代词 ʔu 都不相容，比较例 24a 和例 24b、例 24c。

（24）a. maakuk-mit-ʔiš čakup maḥtiˈ（makukʷitʔiš čakup

① 表复数的后缀-ṁinḥ 属外围后缀，既可前接名词性成分，也可前接动词性成分。

maḥtii. 买-过去时-直陈. 第 3 人称　男人　房子，‘一个男人买了房子。’)；　b. * maḥtiˈ-maakuk-mit-ʔiš　čakup（房子-买-过去时-直陈. 第 3 人称　男人，‘一个男人买了房子。’)；c. * ʔu-maakuk-mit-ʔiš　čakup　maḥtiˈ（它-买-过去时-直陈. 第 3 人称　男人　房子，‘一个男人买了房子。’)

独立谓语（即游离谓语（或称非限定谓语）中的谓语）。如下例的 haʔuk（吃）。

(25) ʔu-ˈiˈs-ˈaλ　haʔuk　ƛanuḥc̓up（ʔuʔiˈsʔaλ haʔuk ƛanuḥc̓up. 这样. 和. 这样-吃-时间指定语　吃　苦. 艾，‘她吃的是苦艾。’)［T］

2. 词根宾语和独立宾语

努特卡语在句法层面一般没有后缀宾语，只有词根宾语和独立宾语两类。

1）词根宾语

(26) ƛaːt-naˈk-ši(λ)-ˈaλ-quːk　waː-ˈaλ-ˈat-s（ƛaatn̓anakšiλʔaλquuk waaʔaλ̓ats. 孩子-有-完成-时间指定语-条件-2 单数　说-时间指定语-转换-1 单数，‘当你有孩子时。’)

(27) čápac-iːɬ-witas（čáapaciiɬwitas. 船-造-即将，‘他准备造一只船。’)

(28) ʕuẏi-ˈiˈc-ˈap-ˈat　hita-ˈaˈqλ̓i(λ)（ʕuẏiic̓apat，hitaaqλ̓iλ. 药-吃-致使-转换　到那儿-在森林里，‘他们让我在森林里吃了点药（语境:为了让我能生儿子）。’)

2）独立宾语　独立宾语的使用存在没有空代词复指的和有空代词 ʔu 复指的两类。比较：

(29) sukʷi(λ)-ˈaλ　ʕuẏi-ʔaˈk-ʔi.（sukʷiʔaλ ʕuẏaakʔi. 拿-时间指定语　药-领属-限定，‘他拿出他的药。’)

(30) c̓i-qs-ip̓-aƛ č̓aʔak ƛ̓imš-(c)sac-ʔi Kʷatya'̓t (c̓iqsip̓aƛ č̓aʔak ƛ̓imšsacʔi Kʷatya'̓t. 倒-在.容器-致使.完成体-时间指定语 水（受事宾语） 煮沸-容器.为了……-冠词（旁格补语） Kwatyat，'Kwatyat 把水倒进沸腾的容器里。'）[T]

(31) ʔu-na'k-ʔa'ɬ ta:tn̓a (ʔunaakʔaɬ taatn̓a. 它-有-复数 孩子，'他们有了孩子。'）

(32) 6 months hiɬ P̓a:či:na č̓apac ʔu-si:k (6 months hiɬ P̓aačiina č̓apac ʔusiik. 6 个月 在那儿 地名 船 它-完成，'六个月来我在 Pachina 造完了船。'）

(33) ʔu-'inɬ ku: kuḥw̓isa qawiqa:ɬ (ʔuʔinɬ kuukuḥw̓isa qawiqaaɬ. 它-给盛宴 海豹 Qawiqaalth，'Qawiqaalth 给了海豹一场盛宴。'）

独立宾语可以由定中结构来充当。如：

(34) naʔa:-'at ma:n̓u:ʔisʔaṯh-i:c-ʔi' c̓i:q-y̓ak (naʔaaʔat maan̓uuʔisʔaṯhiicʔi c̓iiqy̓ak. 听到-转换 Manhousat-属于-限定 唱-用来……的工具，'他们听过 Manhousat 的歌。'）

后缀宾语只在添加了转换形态-'at，并且该形态发挥了被动倒置作用的情形下才存在，它由后缀主语转换而来（见 pp. 434— 436）。

动词的受事论元既能以宾语出现（如例 35），也可用一个独立小句来引导，后者的动词性附缀在协助表达致使意义的同时，加强了与前一小句的结构联系（如例 36）。后种情形大概跟缺乏格标记有关。努特卡语功能后缀中没有格的后缀。

(35) ḥa'ḥu'p-(y)a'-ʔa:qƛ-'aƛ-(m)a'-aḥ suw̓a (ḥa'ḥu'pa'qƛ̓aƛaḥ suw̓a. 指导一持续-意图性未来-时间指定语-直陈-1 单数 你，'我指导你。'）[T]

(36) ƛupk-sa'p-'aƛ-(m)a'-ʔic si-(č)iɬ (ƛupksa'p̓aƛeʔic si'čiɬ. 醒-致使.完成-暂时-直陈-2 单数 我-做.对……，'你叫醒了我'。）[T]

宾语跟主语的区分有时不那么显著，如下例同为句中仅有的定中结构，一个作宾语，另一个作主语。

（37）ʔu-'a'p-it-s　tupkaːpiːḥ　šuːwis（ʔuʔaamits　tupkaapiiḥ šuuwis. 它-买-过去时-1单数　黑　鞋子，'我买了黑鞋子。'）

（38）ḥaːḥuːp-ši-ʔaƛ-weʔin　qu'ʔas-ʔi　ʔačẏaː-mit-ʔi（建议一瞬间-时间指定语-引证.3　人-有定　经历困境-过去时-有定，'经历过困境的人给人提建议。'）

（三）状中结构

努特卡语表时间和地点的名词、副词和否定词都能作状语成分修饰谓词中心语。

1. 名词作状语

努特卡语名词没有主格、宾格和旁格范畴，也缺乏相应的标记，名词直接作状语。这与前三种语言不同，楚克奇语和爱斯基摩语名词有核心格和旁格标记，分别作主语宾语和状语，鲍莱语（Baure）没有核心格标记，旁格却有个特殊的处所格标记。努特卡语名词作状语时通常发挥时间论元和处所论元的作用。名词作状语的例子如：

（39）hatk～hatk-miʔa　m̓uːkuːk-ʔi'（haatkhaatkmiʔa m̓uukuukʔi. 重叠前缀（词根整体重叠）表反复-滚-在……移动　石头-限定，'他们不停地在石头上滚着。'）

（40）hiɬ-aqsu(ɬ)-'as-(q)ḥ-'aƛ-ƛaː　ẇap̓iq-šiƛ　maḥti'-ʔi'（hiɬaqsuʔashʔaƛƛa' ẇap̓iqšiƛ maḥti'ʔi. 这儿-在.入口一在.地-当一时间指定语-再一次　喊叫一完成体　房子-冠词，'他们又一次在房子前喊叫。'）[T]

（41）ʔu-ḥwinkʷ-ckʷi'　ʔinkʷ-(č)iːɬ　pu'-ʔak-ʔi　ɬiya'ɬ-qi'-'a'（ʔu'ḥwinkckʷi ʔinkʷi'ɬ pu'ʔakʔi ɬiya'ɬqiʔa. 这样.和.这样-用-已经发生火-做　枪-领属-冠词　羽毛一在.顶部一在.岩石，'羽毛头［男人的名字］用他的枪在取火。'）[T]

（42）haʔuk-šiƛ-'aƛ　kuʔaɬ-ʔi'（haʔukšiʔaƛ kuʔaɬʔi. 吃-完成体-时间指定语　早晨一冠词，'他/她/它/他们在早晨吃饭。'）[T]

(43) haˈɬin-čiƛ-ˈaƛ-ƛaː kuʔaɬ (haˈ ɬinčiʔaƛƛaˈ kuʔaɬ. 大声叫唤—完成体-时间指定语-再一次 早晨，'他再一次在早晨大声叫唤。') [T]

(44) ʔinkʷ-ˈačiƛ-ˈaƛ maḥtiˈʔiˈ (ʔinkʷačiʔaƛ maḥtiˈʔi. 火-起始体-时间指定语 房子-冠词，'火从房子里开始着的。') [T]

(45) y̓ak-šiƛ-ˈaƛ ḥaw̓iɬ-ʔiˈ ƛašiˈ-ʔak-ʔiˈ (y̓akšiʔaƛ ḥaw̓iɬʔi ƛašiˈʔakʔi. 出现-完成体-时间指定语 首领-冠词 门-领属-冠词，'首领出现在他的门口。') [T]

(46) pu-y̓aˈp-aƛ-quː ča～ča-[L]-ʔak-ʔiˈ (puy̓aˈp̓aƛquˈ čaˈčaˈkʔi. 跑.全部地-使役式.完成体-时间指定语-条件 复数-小岛一冠词，'当他追逐他们从小岛到海里。') [T]

(47) ʔaḥʔaˈ-aƛ timq-šiƛ-aƛ tup̓aɬ-ʔiˈ (ʔaḥʔaˈʔaƛ timqšiʔaƛ tup̓aɬʔi. 然后-时间指定语 涉水-完成体-时间指定语 海一冠词，'然后他们涉入海里。') [T]

2. 副词作状语

一般副词作状语有两种形式。一种是独立形式，独立作状语修饰谓语成分。另一种是作为词根，通过加词汇词缀来形成一个谓语成分。如：

[独立形式] čamaqƛ-cuk y̓uːqʷaː (čamaqƛcuk y̓uuqʷaa. 花时间-需要也，'你也需要很认真。)

[词根形式] ʔiːḥʷ-it ƛuɬ (ʔiiḥit ƛuɬ. 非常-过去 好，'它非常好。') | ʔiːḥʷ kʷis-ḥiˈ (ʔiiḥ kʷiisḥii. 非常 奇怪一持续，'他非常奇怪')

否定副词作状语同样有两种形式，独立形式作状语常放在中心语前。

[独立形式] wik waʔič-uƛ(wik waʔičuƛ. 否定 睡觉一完成，'他一点都没有睡。') | wik nay̓iːk mač-inƛ(wik nay̓iik mačinƛ. 否定 直接地 进入-完成，'他刚才没有进入房子。') | wik čamiḥta haʔuk (wik čamiḥta haʔuk. 否定 适当地 吃，'他没有好好地吃。') | wik ʔana-ḥiˈ watq-ši(ƛ)-ˈat (wik ʔaanaḥi, watqšiʔat. 否定 只一持续 吞咽一完成-转换，'你不是只在吞咽。') | wik hiš-uk y̓aːqn̓aq (wik hišuk y̓aaˈqnaq. 否定 所有的-持续 很长-气喘吁吁，'不是所有人都长时间气喘吁吁的。') | wik qiː-ḥsn̓aˈk (wik qiiḥsn̓aak. 否定 不久以后-在两者之间，'不久以后发生了。') | wik tuːḥuk (wik tuuḥuk. 否定 害怕，

‘他不怕。’）

［词根形式］wik-ʻiɬ（wikiɬ. 否定-在家，‘他已经走了。’）｜wik-maɬ（wiikmaɬ. 否定-存活，‘没有人活下来。’）｜wik-ʼaƛ haʔuk-ši(ƛ)（wik̓aƛ haʔukšiƛ. 否定-时间指定语　吃-完成，‘他没有吃。’）｜wik-ʼaƛ ḥaʔu-kʷi(ƛ)（wik̓aƛ ḥaʔukʷiƛ. 否定-时间指定语　回答-完成，‘他没有回答他们。’）｜wik-ckʷiˑ ʔiːḥʷ（wikckʷii ʔiiḥ. 否定-已经做　很大，‘它不大。’）｜wik-iːp-it-s（wikiimits. 否定-获得-过去时-1 单数，‘我没有抓住任何东西。’）｜wik-ʼaƛ-quːs hiɬ Qaaqaawis（wik̓aƛquus hiɬ Qaaqaawis. 否定-时间指定语-条件.1 单数　在那儿　地名，‘当我不在Qaaqaawis。’）｜wik-ʼaƛ-quː-ʔaˑɬ c̓awaˑ-ista（wik̓aƛquuʔaɬ c̓awiista. 否定-时间指定语-条件.3-复数　一个-船上有人，‘他们永远都不会单独乘船出去。’）

表示“从来不”的否定词 wiːy̓a 作状语同样有独立和作词根两种形式。

［独立形式］wiːy̓a humaqƛ̓iˑc（wiiy̓a humaqƛ̓ic. 从不　整个-吃，‘他从不吃整个东西。’）

［词根形式］wiːy̓a-imt-waˑʔiˑš wiːq-ḥap Maːn̓uːʔisʔatḥ qʷayac̓iːk（wiiy̓imtwaʔiš wiiqḥap Maan̓uuʔisʔatḥ qʷayac̓iik. 从不-过去时-引证.3　不高兴-做　Manhousat　狼，‘Manhousat 人从不伤害狼。’）

副词作状语的其他用例详见 pp. 381—383。

（四）定中结构

努特卡语中名词、形容词和数词都可作定语。定语按其存在的形式分独立定语和词根定语两种。比较：

（48）ʔaya ḥaːw̓iːḥaƛ（ʔaya ḥaːw̓iːḥaƛ. 许多　年轻人，‘有许多年轻人。’）

（49）ʔaya-qs-ƛaˑ tuškuːḥ（ʔayaqsƛa tuškuuḥ. 许多-在容器里-又　鳕鱼，‘船里也有很多鳕鱼。’/‘他们在船上也有很多鳕鱼。’）

定语常可带限定性后缀冠词，如：

（50）ʔunaḥ-<čk>-ʔis-ʔiˑ kuː kuḥw̓isa（ʔučknaḥʔisʔi kuukuḥw̓isa.

尺寸一小称-小称-限定　海豹，‘这个小海豹。’）

(51) čamiḥta-ʔiˑ　qʷayaċiːk(čamiḥtaʔi qʷayaċiik. 固有-限定　狼，‘真的狼。’）

(52) ƛuɬ-aq-ak-ʔiˑ　ḥaːkʷaːƛ(ƛuɬaqakʔi ḥaakʷaaƛ. 漂亮-非常-持续-限定　女孩，‘这个非常漂亮的女孩。’）

1. 名词作定语

定语和中心语都是独立形式时，语序比较自由，既可以前置也可以后置。例如：

ʕiniiƛ　tiič（狗　生命，‘狗命’）｜ tiičma　muwač（心　鹿，‘鹿心’）

2. 形容词作定语

形容词既可作独立定语，也可作词根定语。形容词作独立定语时要前置。如：

ƛuɬ　čapac（ƛuɬ　čapac. 漂亮　船，‘漂亮的小船’）｜ ʔiːḥʷ　maḥtiː（ʔiiḥ　maḥtii. 大　房子，‘大房子’）｜ ʔaya-iˑp-s　ʔaʔiːḥʷ　muwač（ʔayiips ʔaʔiiḥ muwač. 许多-得到-1单数　大　鹿，‘我得到了许多大鹿。’）｜ ʔaƛ-ciq-ˈis-ʔiˑš　tup-qumɬ　čapac（ʔaƛciqisʔiš tupqumɬ čapac. 两-在海边-在海滩-直陈.3　黑-遍体　船，‘海滩上有两只黑船。’）｜ ʔiˑḥ-iˑɬ　ƛuɬ　čapac（ʔiiḥiiɬ ƛuɬ čapac. 非常-造　漂亮　船，‘他造了一艘非常漂亮的船。’）｜ kaƛḥ-šiƛ　ʔiˑḥʷ　quːʔas（kaƛḥšiƛ ʔiiḥ quuʔas. 可见的-瞬间　大　人，‘一个大块头的人出现了’）

形容词作词根定语时，居谓语结构首位时，中心语名词是独立形式，如：

ƛuɬ-iˑɬ　čapac（ƛuɬiiɬ čapac. 漂亮的-造　船，‘他造了一只漂亮的船。’）｜ čuˑčk　ṁa-čiƛ　muˑ-ʔiˑ（čuˑčk ṁačiƛ muˑʔiˑ. 所有的　咬一完成体　四个-冠词，‘所有的这四个都咬了他。’）［T］｜ čamiḥta-ckʷiˑ　ɬuːcma（čamiḥtackʷi ɬuucma. 内在的-已经发生　女人，‘她是一个有修养的女人。’）

努特卡语的形容词又可作谓语，并且在谓语结构中也是前置的，因此“形＋名”结构有时有定中和主谓两种解读方式。如：

(53) ʔiˈḥʷ-weˈʔin quːʔas-ʔiˈ (ʔiiḥweeʔin quuʔasʔi. 大-引证. 3 单数 人-有定，‘他是一个大块头的男人 | 他们说那个男人很高大’)

(54) p̓išaq-ʔiˈš ʔiːqḥ-y̓ak (p̓išaqʔiš ʔiiqḥy̓ak. 坏-直陈. 3 讲述-用来……的工具，‘有坏消息 | 消息不妙’)

此时，后缀冠词的位置和语气后缀的位置，都是主谓结构和定中结构的区别特征。

后置冠词用在谓词上有名词化作用，因此后置冠词用在谓词上时，该结构是定中结构。若后置冠词用在名词上，语气后缀用在谓词上，则是主谓结构。比较：

(55) qaḥ-akʷ-ʔiˈ quˈʔas (qaḥakʔi quˈʔas. 死-持续体-冠词 人，‘死人’) [T]

(56) qaḥ-akʷ-maˈ quˈʔas-ʔiˈ (qaḥakma quˈʔasʔi. 死-持续体-直陈 人-冠词，‘人死了。’) [T]

(57) ʔu-chi̩-in (ƛ) ƛuɬ-aq-ak-ʔiˈ ḥaːkʷaːƛ (ʔuchi̩nƛ ƛuɬaqakʔi ḥaakʷaaƛ. 它-结婚一完成 漂亮-非常-持续-限定 女孩，‘他和这个非常漂亮的女孩结了婚。’)

(58) ma-maɬ-n̓iˈ ʔuːsa-aˈtuk-uk-ʔiˈ mašiːn (mamaɬn̓i ʔuusatukukʔi mašiin. 居住-移动-来 大声-发出声音-领属-限定 机器，‘白人移民的发出巨大声响的机器。’)

以下例子词根定语居句首，有理由理解为其后有一个表存在意义的零形式语义后缀。

(59) muː-ˈaƛ-quː maʔayiɬ hiːɬ (muuʔaƛquu maʔayiɬ hiiɬ. 四-时间指定语-条件. 3 家庭 在那儿. 在房子里，‘过去有四个家庭住在这个房子里。’)

(60) p̓išaq-ʔiˈš ʔiːqḥ-y̓ak (p̓išaqʔiš ʔiiqḥy̓ak. 坏-直陈. 3 讲述-用来……的工具，‘有坏消息。’)

3. 数词作定语

数词作定语修饰名词，构成定中结构。数词定语有词根定语和独立定语两种形式。词根定语如：

(61) ʔaƛa-c̓as-qiʼ ƛiḥ-uk ʕiyaːł łuḥc̓iti (ʔaƛac̓asqi ƛiḥuk ʕiyaał łuḥc̓iti. 两-在冠上-在顶部 红-持续 羽毛 头，'他头部的帽子上有两片红羽毛。[←他头上有两根红羽毛在帽子上。]')

(62) ʔaƛa-aʼs-ʼaƛ-uk-qʷin maƛ-imł-m̓inḥ (ʔaƛaasʔaƛukqun maƛimłm̓inḥ. 两-在表面上-时间指定语-领属-条件.1复数 固定-圆的物体-复数①，'我们在平台上放了两个圆桶。')

(63) muːʼaƛ-quː maʔayił hiːł (muuʔaƛquu maʔayił hiił. 四-时间指定语-条件.3 家庭 在那儿.在房子里，'过去有四家住在这个房子里。')

独立定语位于中心语前，它们所组成的定中结构可以直接作谓语。如：

muː ḥaw̓ił (muu ḥaw̓ił. 四 首领，'四个首领') | ʔaƛakʷał-taqimł ʕuy̓i(ʔaƛakʷałtaqimł ʕuy̓i. 八-包 药，'八包药') | ʔuːš ʕiniːƛ (ʔuuš ʕiniiƛ. 一些 狗，'一些狗') | ʔaya tukuːk (ʔaya tukuuk. 许多海狮，'有许多海狮。') | ʔaya čapac (ʔaya čapac. 许多 船，'许多船')

4. 述谓性短语作定语

1) 主谓短语作定语。

(64) taːk-ši(ƛ)-ʼat ʔu-naʼk-ʼat c̓is-tuʼp m̓uksy̓u ʔu-ʼiḥta (taakšiʔat ʔunaakʔat c̓istuup m̓uksy̓u ʔuʔiḥta. 经常-完成-转换 它-有-转换 绳子-事物 石头 它-在终点，'他经常使用后面有一块石头的绳子。')

---

① 表示复数的后缀-m̓inḥ 属外围后缀，既可前接名词性成分，也可前接动词性成分。

2）动宾短语作定语。

（65）Qawiqaːɬ ʔu-kɬa' ḥaːẇiɬaƛ(Qawiqaaɬ ʔukɬaa ḥaaẇiɬaƛ. Qawiqaalth 它-名叫 年轻人，'有一个名叫 Qawiqaalth 的年轻人。'）

（66）hiʔiːs-it-wa'ʔi'š ʔiščiːp-ṁi't nisṁa-ʔi' hiɬ ƛawaː Quḥaː (hiʔiisitwaʔiš ʔiščiipṁit nisṁaʔi hiɬ ƛawaa Quḥaa. 在地面那儿-过去时-引证.3 Gum-的儿子 土地-限定 在那儿 附近 地名，'Gum 的儿子住在靠近 Qahaa 的地方。'）

（67）ṅaːcsiː-či(ƛ)-wa'ʔi'š p̓aʕim-ʔi' hiɬ-api ḥaa (ṅaacsiičiƛwaʔiš p̓aʕimʔi hiiɬapi ḥaa. 看见-完成-引证.3 帽贝-限定 在那儿-在空气上 那儿，'他看见吊在上方的帽贝。'）

（68）hiš-umɬ-iɬ-'aƛ-quː-ʔa'ɬ hiɬ cultural building-ʔa'k-ʔi-ʔa'ɬ hiʔiːs Sprout Lake (hišumyiɬʔaƛquuʔaɬ hiɬ cultural buildingʔakʔiʔaɬ hiʔiis Sprout Lake. 所有-在群里-在房子里-时间指定语-条件.3-复数 在那儿 文化大楼-领属-(意未详)-复数 在地上 地名，'他们将在 Sprout Lake 路的文化大楼那儿集合。'）

3）其他动词性短语作定语。

（69）ḥaːḥuːp-ši-ʔaƛ-weʔin qu'ʔas-ʔi ʔačẏaː-mit-ʔi.（建议-瞬间-时间指定语-引证.3 人-有定 经历困境-过去时-有定，'经历过困境的人给人提建议。'）

（五）并列结构

并列结构可以用无标记和有标记两种形式表示。

（70）siq-iːɬ siq-iːɬ-ʔi' haʔum-taḥ haʔum-taḥ-ʔi' wa' ʔinksẏiq-iːɬ ʔinksẏiq-iːɬ-ʔi'（siqiiɬ siqiiɬʔi，haaʔumtaḥ haaʔumtaḥʔi，waa ʔinksẏiqiiɬ ʔinksẏiqiiɬʔi. 做饭-做 做饭-做-限定 食物-采 食物-采-限定 并且 柴火-做 柴火-做-限定，'负责做饭的做了饭，负责找食物的出去找食物了，并且负责做柴火的做柴火了。'）

（71）ʔaλpu-ʔa·k-sa ḥa:ẇi: ḥaλ wa· qacc̓a ḥa:tḥa:kʷaλ wa: caqi·c ʔuḥʔi:š ṅupu kʷaku:c（ʔaλpaaksa ḥaaẇiiḥaλ，waa qacc̓a ḥaatḥaakʷaλ，waa qaqiiic ʔuḥʔiiš ṅupu kʷakuuc. 七 一 领属-1 单数 儿子 和 三 女儿 和 二十 又 六 孙子，'我有七个儿子，三个女儿，二十六个孙子。'）

并列连词 wa· 从连接并列体词性成分的句法结构标记（表"和"）发展成连接并列小句的逻辑结构标记（表"并且"）（马清华，2003）。

二 语序

（一）语气后缀的位置

和其他多式综合语不同，努特卡语语气不是必须加在动词或谓语的词尾。努特卡语的语气后缀的位置很自由，它可以加在任何词的后面，通常位于基本结构的第一个词后面。例如：

（1）a. ḥaẇiɬ-ʔi·š（ḥaẇiɬʔiš. 首领-直陈. 3，'他是首领。'）；b. λuɬ-ʔi·š ḥaẇiɬ（λuɬʔiiš ḥaẇiɬ. 好-直陈. 3 首领，'他是个好首领。'）；c. ʔi·ḥ-ʔi·š λuɬ ḥaẇiɬ（ʔiiḥʔiš λuɬ ḥaẇiɬ. 真的-直陈. 3 好 首领，'他真是个好首领。'）

（2）a. ʔa:ni-ʔi·š λuɬ ḥaẇiɬ（ʔaaniʔiš λuɬ ḥaẇiɬ. 真的-直陈. 3 好 首领，'他真是个好首领。'）；b. λuɬʔ-i·š ʔa:ni ḥaẇiɬ（λuɬʔiiš ʔaani ḥaẇiɬ. 好-直陈. 3 真的 首领，'他真是个好首领。'）

（3）p̓išaq-ʔi·š ʔi:q̣h-ẏakʷ（p̓išaqʔiš ʔiiqḥẏak. 坏-直陈. 3 讲述-用来……的工具，'有坏消息。'）

（4）ʔi:ḥʷ-ači(λ)-'i·m c̓aʔak（ʔiiwačiʔim c̓aʔak. 大-起始-祈使. 2 单数. 将来 河，'你变成一条大河！'）

（5）ʔi:q-ḥi·-ʔi·š čačum-ḥi· ḥaẇiɬ（ʔiiqḥiiʔiš čačumḥi ḥaẇiɬ. 仍然-持续-直陈. 3 合适-持续 首领，'他仍然是个好首领。'）

（6）ʔi: ḥʷ-(y)ina-ʔa:ɬ qi: ḥiɬ ʕaqwitis（ʔiiḥinaʔaaɬ qii ḥiɬ ʕaqwitis. 非常-无定关系. 1 复数-经常 长时间 在那儿 地名，'我们待在 Aqwins 很长时间了。'）

（7）ʔi:ḥʷ-wa·ʔiš taʔiɬ（ʔiiḥwaʔiš taʔiɬ. 非常-引证. 3 病，'他

病得很重。'）

（8） huːʔak-'aƛ-quːs　mamuːk（huuʔakʔaƛquus mamuuk. 早－时间指定语－条件.1 单数　工作，'我将早点工作。'）

（9） kʷis-ca-či(ƛ)-'aƛ-quː　šiːƛuk（kʷiscačiʔaƛquu šiiƛuk. 不同－去－完成－时间指定语－条件 3　移动，'他经常去不同的地方走走。'）

（10） Helen　ʔu-(k)či-umɬ-'iɬ-'aƛ-quːs　huɬ～huɬ-a（Helen ʔukčumyiɬʔaƛquus huuɬhuuɬa. 海伦　它－一起－在一群－在房子里－时间指定语－条件.1 单数　重叠前缀（词根整体重叠）表反复－跳舞－反复，'海伦和我将一起去到地板上跳舞。'）

（11） ʔaʔiːḥʷ　nuːčyuː　qacqas-'aƛ-quː-č　ʔuːš-yuːya（ʔaʔiiḥ nuučyuu qacqasaƛquuč ʔuušyuuya. 大　山脉　消失－时间指定语－条件.3－非限定　有些－在那时，'有时候大山看不到了。'）

（二）主语、宾语和动词的语序

努特卡语动词有作句首中心词的强烈倾向。S. Rose（1981：194）也说，其绝大多数句子是动词居首的。因此其主语和宾语一般都位于动词之后。主语和宾语间的词序也要区分。在可能有歧义的语境中，可严格以 VSO 语序判定主语和宾语（R. Wojdak，2004）。例如：

（12） y̓imqƛ　č̓aːstimc-m̓i't　qʷayaːc̓ik-m̓i't（y̓imqƛ č̓aastimcm̓it qʷayaac̓ikm̓it. 不喜欢　水貂－的儿子　狼－的儿子，'水貂的儿子不喜欢狼的儿子。'）

（13） qaḥ-sa'p-w̓itas　č̓aːstimc-m̓i't　ḥaw̓iɬisim-ʔi.（qaḥsaapw̓itas č̓aastimcm̓it ḥaw̓iɬisimʔi. 死－瞬间致使－准备　水貂－的儿子　头领－限定，'水貂的儿子准备杀死那个头领。'）

（14） n̓aːcsa-aƛ　ɬuːcsme-ʔi　qʷaː-ʔak-ʔitq　meʔiƛqac.（看－时间指定语　女人－有定　那样－领属－3 单数.关系　男孩，'现在那个女人看到她的儿子在做什么。'）

（15） wiḥi-san̓ap　ʔumʔi'qsu-ʔi'　kuːkuḥw̓isa（wiḥisan̓ap ʔumʔiiqsuʔi kuukuḥw̓isa. 在干的陆地－放在海滩上　母亲－限定　海豹，'这个母亲把海豹带到岸上。'）

主语跟谓语的位置或宾语跟谓语的位置有时可发生变动，被强调的主语或宾语也可以位于谓词之前。如例 16 的主语从主要谓语之后的典型位置上前移到修饰性谓语和主要谓语之间，成为对比性焦点所在。例 19 祈使句的宾语放在了谓语之前。

（16）y̓uˑqʷaˑ-ʼaƛ č̓išaˑʔatḥ-ʔi wiʔakʷ su-kʷiƛ-ʼaƛ ƚaƛ-yuˑ-ʔi（y̓uˑqʷaˑʔaƛ č̓išaˑʔatḥʔi wiʔak sukʷiʔaƛ ƚaƛyuˑʔi. 同样地-时间指定语 Tseshaht-冠词 战士 控制-完成体-时间指定语 扭弯-有. 是-冠词，‘Tseshaht 战士同样走雪松线。’）［T］

（17）ʔaya ƚaːtn̓a-ʔis ʔuːš-y̓a-ʼaƛ-quː wi～wik-ʼap（ʔaya ƚaatn̓aʔis ʔuušy̓aʔaƛquu wiwik̓ap. 许多 孩子-小称 一些-有烦恼-时间指定语-条件. 3 重叠前缀表周遍-否定-致使，‘许多孩子有段困难的时期，［因为］他们理解不了。’）

（18）tuškuːḥ ʔuːš-yuːya ʔu-qs（tuškuuḥ ʔuušyuuya ʔuqs. 鳕鱼 有些-在那时 它-在容器里，‘有时候我们捕到了鳕鱼。’）

（19）čaʔak ʔu-yiˑ-ʼiˑs（čaʔak ʔuyiiʔis. 水 它-给-祈使. 2 单数主语. 1 单数宾语，‘给我水。’）

判断句中，主语和宾语的典型关系有两种，一是后缀主语和独立宾语共现：

（20）siy̓aˑq-(m)aˑ-aḥ Niˑnisp̓atwas（siy̓aˑqaḥ Niˑnisp̓atwas 我. 谓语-直陈-1 单数 Niinispatwas，‘我是 Niinispatwas 人。’）［T］

（21）siy̓aˑq-(m)aˑ-aḥ napniˑt-ʔiˑ（siy̓aˑqaḥ napniˑtʔi. 我. 谓语-直陈-1 单数 牧师-冠词，‘我是牧师。’）［T］

（22）ʔuḥ-maˑ ʔiˑḥʷ-č̓aˑ tiˑƚuˑp（ʔuḥmaˑ ʔiˑḥč̓aˑ tiˑƚuˑp. 这样. 和. 这样-直陈 大-引证. 冠词 魔鬼. 鱼，‘这是人们听说的那种大型魔鬼鱼。’）［T］

二是独立主语和独立宾语共现：

（23）ʔuḥ-maˑ Bill napniˑt-ʔiˑ（ʔuḥmaˑ Bill napniˑtʔi. 这样. 和.

这样-直陈　比尔　牧师-冠词，‘比尔是牧师。’）［T］

（24）ya·　Tupa·ti-ʔi·　ʔuḥ-ma·　ʔe～ʔi·ḥʷ-c̓a·（ya·　Tupa·tiʔi　ʔuḥma·　ʔeʔi·ḥc̓a. 指示代词　人名一冠词　这样. 和. 这样-直陈　复数-大-引证. 冠词，‘那个 Tuupati 是常听说的大块头。’）［T］

（三）定语的语序

努特卡语的定语居中心语之前。形容词独立作定语时，强制性地居被修饰名词之前。比较：

（25）ʔu-'i·č-ʔi·š-ʔaɬ　haʔum　ʔa·pinis（ʔuʔiičʔišʔaɬ　haʔum　ʔaapinis. 它-吃-直陈. 3-3 复数　美味的　苹果，‘他们在吃好吃的苹果。’）

（26）haʔum-'i·č-ʔi·š-ʔaɬ　ʔa·pinis（haʔumʔičʔišʔaɬ ʔaapinis. 美味的-吃-直陈. 3-3 复数　苹果，‘他们在吃好吃的苹果。’）

（27）*ʔu-'i·č-ʔi·š-ʔaɬ　ʔa·pinis　haʔum（*ʔuʔiičʔišʔaɬ　ʔaapinis　haʔum. 它-吃-直陈. 3-3 复数　苹果　美味的，‘他们在吃好吃的苹果。’）

两项定语有两种语序，一是“形容词定语＞被领有者中心语＞领有者定语”。如：

（28）n̓a:tsi:-šiƛ-mit-waʔiš　Christine　čuš-uk-uk-ʔi　maḥt̓i:　Rachell（n̓aatsiičiƛitwaʔiš Christine čušukukʔi maḥt̓ii Rachell. 看到-完成体-过去时-引证. 3　Christine　新-持续体-领属-3　房子 Rachell，‘克里斯汀看到［理查尔的新房子］。’）

二是“数量成分/程度词＞特征词＞名词”的语序。例如：

（29）ʔaƛ-ciq-'is-ʔi·š　tup-qumɬ　čapac（ʔaƛciqisʔiš　tupqumɬ　čapac. 两-在海边-在海滩-直陈. 3　黑-遍体　船，‘海滩上有两只黑船。’）

（30）ʔaya-i·p-s　ʔaʔi:ḥʷ　muwač（ʔayiips ʔaʔiiḥ muwač. 许多-得

到-1 单数 大 鹿，‘我得到了许多大鹿。’)

复杂定语中，有“程度状语＞特征定语＞名词”的语序。例如：

(31) ʔi'ḥ-i'ɬ ƛuɬ čapac (ʔiiḥiiɬ ƛuɬ čapac. 非常-造 漂亮 船，‘他造了一艘非常漂亮的船。’)

(四) 状语的语序

状语有两种语序。一是词根状语居前，被修饰的谓词成分居后。

(32) ḥacuk-mit-ʔiš waʔič Ken (ḥacukʷitʔiš waʔič Ken. 深深地-过去时-直陈.3 睡觉 人名，‘肯在深睡眠。’)

(33) ʔa ḥʔa'-'aƛ-si' siẏa'q-'aƛ ciq-šiƛ(ʔa ḥʔa'ʔaƛsi siẏa' ɬaƛ ciqšiƛ. 然后-时间指定语-1 单数 我.谓语-时间指定语 说话-时间指定语，‘然后我自己说话。’) [T]

二是独立状语置于谓语之后。如：

(34) ḥaẇiɬ-ma hiɬ (ḥaẇiɬma hiɬ. 首领-直陈 那儿，‘他是那儿的首领 [←他在那儿是首领]。’) [T]

在一定的语境下，被强调的独立状语也可以位于谓词之前。例如：

(35) a. wa:st-maɬ-it-k (waastmaɬitk. 哪儿-出生-过去时-2 单数，‘你在哪儿出生的?’)；b. Maaqtusiis. Maaqtusiis hist-maɬ-it-s (Maaqtusiis. Maaqtusiis hiistmaɬits. 地名 地名 到那儿-出生-过去时-1 单数，‘Maaqtusiis。我出生在 Maaqtusiis。’)

(五) 连动结构的语序

连动结构包括两个谓词，次级谓语既可以位于主句动词之前，也可以位于其后。例如：

(36) wik ɬač-i(ƛ) David Frank ʔu-kʷiɬ (wik ɬačiƛ David Frank ʔuukʷiɬ. 否定 让走-完成 人名 它-对……做，‘他永远不会丢下 David Frank。’)

(37) ʔaʔim-(y)i:s huḥtak-ši(ƛ) ʔu-(w)aƛ-s ʔin ʔaya'qƛ̓as-na' (ʔaʔimyiis huḥtakšiƛ ʔuuwaƛs ʔin ʔayaqƛ̓asna. 在首次-无定.1 单数 知道-完成 它-来临-1 单数 那 许多-在房子里-1 复数，‘我最早的记忆是和许多人在屋子里。’)

(38) ʔaqi-čiɬ-k huḥtak-ši(ƛ) ʔaʔim (ʔaaqičiɬk huḥtakšiƛ ʔaʔim. 什么-对……-2 单数 知道-完成 开始，‘你能从早些的时光里记住什么？’)

(39) ʔi:nax-yu'-'aƛ-qu:-č ʔu:š-yu:ya ʔi:ḥʷ ḥaw̓iɬ (ʔiinaxyaƛquuč ʔuucšyuuya ʔiiḥ ḥaw̓iɬ. 穿衣服-已经做-时间指定语-条件.3-推理 有些-在那个时间 大 领导，‘这个值得尊敬的首长有时穿着制服。’)

(40) ʔu-(kʷ)iɬ-'aƛ-na Bruce Kible-mit ʕa:čiƛ (ʔuukʷiɬaƛna Bruce Kiblemit ʕaačiƛ. 它-对……-时间指定语-1 复数 Bruce Kible-过去时 寻找帮助，‘我们以前请过已故的 Bruce Kible 帮助我们。’)

(41) ʔu:š-yu:ya-'aƛ-qu:-č čamas tea-ʔi' (ʔuušyuuyaƛquuč čamas teaʔii. 有些-在那个时候—时间指定语-条件.3-推理 甜 茶—限定，‘有时候茶是甜的。’)

三 句法结构的复杂化

努特卡语的复杂结构是在基本结构基础上派生出来的，可以通过两种方式得到：一种是保持谓词数量不变，通过附加形态，增加或减少论元的数量。另一种方式是增加谓词的数量，由一个句法结构中包含两个或两个以上的谓词，当然多个谓词必须组合成表达单一事件的复合谓词结构，否则就成了逻辑结构，而不是句法结构。

一些在其他语言里看似简单的结构关系，在努特卡语里则要大费周章，用称代方式来衔接，如动宾结构常借助空代词 ʔu 表示后指，通过对宾语的称代，发挥动宾结构黏合剂的作用。类似现象在连动结构这种复杂句法结构里也普遍存在。

（一）结构复杂化与语序的适应性变化

努特卡语及物性谓语有词缀谓语和独立谓语两类，词缀谓语的结构能产性最强，可谓简单句法结构的基础。词缀谓语的潜在宿主（potential hosts）即句首词根可以是名词（例1），疑问词（例2），形容词（例3），动词（例7），数量词（例9），副词（例10），关系代词（例13）。

在跟词缀谓语的句法关系上，句首词根可以充当宾语、定语、状语、谓语、复指成分等。

【宾语】句首词根充当宾语。

（1）ʔuyaqḥ-iˑp-ʔiš Robin（消息一得到-直陈.第3人称 罗宾，‘罗宾得到了消息。’）

（2）ʔaqi-'aˑp-mit-ḥ Louis（ʔaqiʔamitḥ Louis. 什么-买-过去时-直陈.第3人称 刘易斯，‘刘易斯买了什么。’）

【定语】句首词根可以是宾语中的定语（例3—例6），也可以是隐性宾语中的定语（例7—例8），还可以是主语中的定语（例9）等。

（3）ƛuɬ-iˑp-ʔiš Robin ʔuyaqḥmis（好-得到-直陈.第3人称 罗宾 消息，‘罗宾得到了好消息。’）

（4）haʔum-'iˑč-ʔiš-ʔaɬ ʔaˑpinis（haʔumʔiicʔišʔaɬ ʔaapinis. 爽口的-吃-直陈.第3人称-复数 苹果，‘他们在吃爽口的苹果。’）

（5）waayaq-'aˑp-mit-ḥ Louis čupčupšumɬ（waayaqʕamitḥ Louis čupčupšumɬ. 哪个-买-过去时-直陈.第3人称 刘易斯 毛衣，‘刘易斯买了哪个毛衣？’）

（6）ʔiˑḥ-siːk-s ƛis-imɬ maḥtiˑ（ʔiiḥsiiks ƛisimɬ maḥtii. 大-完成-1单数 白的-通体 房子，‘我造了一间大的白房子。’）

（7）yacyut-'aˑp-ʔiˑš（yacyutapʔiš. 穿过-买-直陈.第3人称，‘他买了双穿过的。’）

（8）ʔiːḥʷ-'aˑp-ʔiˑš（ʔiiẇaapʔiš. 大-买-直陈.第3人称，‘他买了双大的。’）

（9）ʔaya-is-ʔiš m̓uksʔi（ʔayiisʔiš m̓uksʔi. 很多-在沙滩上-直陈.

第 3 人称 岩石，‘有很多岩石在沙滩上。’）

【状语】句首词根可充当宾语中定语的状语，如例 10。

（10）ʔiːḥʷ-iːɬ ƛuɬ maḥtiˑ（ʔiiḥiiɬ ƛuɬ maḥtii. 非常-造 漂亮 房子，‘他造了一间非常漂亮的房子。’）

【谓语】句首词根可充当宾语中的谓语，如例 11。

（11）qaḥ-atuɬ-mit-siš suẇa（qaqaḥʔatuɬitsiš suẇa. 死-梦见 [+重叠触发（reduplication-triggering）]—过去时-直陈. 1 单数 你，‘我梦见你死了。’）

【宾语复指成分】句首词根可充当宾语的复指成分（如例 12—例 13）、主语的复指成分（如例 14）、状语的复指成分（如例 15）、定中结构中心语的复指成分（如例 16）。

（12）ʔu-atuɬ-mit-siš qaḥ-šiƛ-mit-suuk（ʔuʔuutuɬitsiš qaḥšiƛitsuuk. 它-梦见 [+重叠触发]—过去时-直陈. 1 单数 死-完成体-过去时-2 单数. 通格，‘我梦见你死了。’）

（13）ʔu-ˈiˈċ-ʔiš-ʔaˈɬ haʔum ʔaˑpinis（ʔuʔiicʔišʔaɬ haʔum ʔaapinis. 它-吃-直陈. 第 3 人称-复数 爽口的 苹果，‘他们在吃爽口的苹果。’）

（14）ʔu-is-ʔiš ʔaya ṁuksʔi（ʔuʔisʔiš ʔaya ṁuksʔi. 它-在沙滩上-直陈. 第 3 人称 很多 岩石，‘有很多岩石在沙滩上。’）

（15）Maːqtusiːs hist-maɬ-it-s（Maaqtusiis hiistmaɬits. 地名 在那儿-出生-过去时-1 单数，‘我在 Maaqtusiis 出生。’）

（16）ḥačumsiqs-ak-siš ḥaa čakup-ʔi yaq-ʔinḥi-ʔitq Mary（ḥačumsiqsaksiš ḥaa čakupʔi yaʕinḥiʔitq Mary. 哥哥—领属-直陈. 1 单数 指示 男人-限定 ……的某人-等待—第 3 人称. 关系 玛丽，‘玛丽正在等待的那个男人是我的哥哥。’）

根据形式看努特卡语句法结构的复杂化，不难发现以下规律：在后缀谓语式中，词根宾语作后缀谓语的宿主是最基础的形式。词根宾语在扩展成一个说明关系的结构时，受词根形式的容量限制，往往说明项留守，被说明项独立后置。有四种具体表现：1）当宾语扩展为定中结构时，定语留守，中心语独立后置。独立后置的中心语有时可被删略。2）当留守定语继而又扩展为状中结构时，状语留守，状语的中心语独立后置，居原定语的中心语前。3）名词性宾语替换为主谓短语时，谓语留守，主语独立后置。4）宾语扩展成一个复指关系时，复指成分留守，被复指成分独立后置。随着词根宾语的结构扩展所做的适应性调整，繁衍出了努特卡语的复杂句法结构系统（马清华，2014）。从下例的扩展关系中可以看到努特卡语指称结构的复杂化过程。

（17）a. čapac-ˑiːɬ（čaapaciiɬ. 船-造，‘他造了一艘船。’）；b. ƛuɬ-iːɬ čapac（ƛuɬiiɬ čapac. 漂亮-造 船，‘他造了一艘漂亮的船。’）；c. ʔiˑḥ-iːɬ ƛuɬ čapac（ʔiiḥiiɬ ƛuɬ čapac. 非常-造 漂亮 船，‘他造了一艘非常漂亮的船。’）

（18）a. k̓achaq-ˈinɬ-it（k̓achaʕinɬit. 毯子-分配-过去，‘他发了很多毯子。’）；b. ʔaya-ˈinɬ-it k̓achaq（ʔayaʔinɬit k̓achaq. 很多-分配-过去 毯子，‘他发了很多毯子。’）

（19）a. čapac-ˈuˑɬ-s（čapac̓uɬs. 船-领有-1单数，‘我有一艘船。’）；b. ʔiːḥʷ-ˈuˑɬ-s čapac（ʔiiw̓uuɬs čapac. 大-领有-1单数 船，‘我有一艘大船。’）

（20）a. šuːwis-ˈaˑp-ʔiˑš（šuuwiiy̓apʔiš. 鞋-买-直陈.3，‘他买了双鞋子。’）；b. yacyut-ˈaˑp-ʔiˑš šuːwis（yacyut̓apʔiš šuuwis. 穿过-买-直陈.3 鞋子，‘他买了双穿过的鞋子。’）；c. ʔiːḥʷ-ˈaˑp-ʔiˑš yacyut šuːwis（ʔiiw̓aapʔiš yacyut šuuwis. 大-买-直陈.3 穿过 鞋子，‘他买了双大的穿过的鞋子。’）

为什么词根宾语在扩展成一个说明关系的结构时，受词根形式的容量限制，往往说明项留守，被说明项独立后置，而非相反呢？这是类推的结果，因为在更基本的结构关系即主谓关系上，作为说明语的是词根谓语，作为被说明语的是独立主语。

在词根谓语式中，因词根留守，相关论元（如施事、受事、处所、时间等）都只能外置，通常是后置。当词根谓语以非论元结构方式扩展成状中结构时，通常是作为说明语的状语留守，词根谓语后置，句子结构由此演化为连谓结构。如例 21b：

（21）a. mamu:k-ši(ƛ)-na' ʔu-yi February（mamuukšiƛna ʔuyi February. 工作-完成-1 复数　它-在……时候　二月，‘我们在二月工作。’）；b. hu:ʔak-'aƛ-qu:s mamu:k（huuʔakʔaƛquus mamuuk. 早-时间指定语-条件.1 单数　工作，‘我会早点工作。’）

（二）论元结构及情态结构的复杂化

努特卡语改变论元结构的方式主要通过附加致使形态或者转换形态来实现。

1. 致使

致使形态表示致使意义，通过引入致使者，使不及物动词变成及物动词。致使可以增加论元数量，动词的人称形态改表致使者人称。如：

（22）ƛupk-sa'p-'aƛ-(m)a'-aḥ sut-(č)iɬ（ƛupksa'p̓aƛaḥ su'tiɬ. 醒-致使.完成-时间指定语-直陈-1 单数　你-做.对……，［‘我叫醒了你’］）［T］

致使的形态复杂化过程如例：

（23）haʔuk ‘他吃’ → haʔuk ＋-'ap ‘致使’ ＋-s ‘1 单数’（haʔuk̓aps，‘我让他吃。’）

（24）huḥtakšiiḥ ‘他们持续学习’ → huḥtakšiiḥ ＋-'ap ‘致使’ ＋-s ‘1 单数’（huḥtakšiiḥaps，‘我让他们学习。’）

由于努特卡语第 3 人称可以不出现，所以致使者的人称形态若是第 3 人称，也都不出现，只出现独立宾语成分。如果独立宾语是第 3 人称，也可以不出现。例如：

(25) ʕuma:-'ap ʕuẏi-ʔa'k-ʔi' (ʕumaʔap ʕuẏaakʔi. 水流动-致使 药-领属-限定，‘他把他的药都倒了。’)

(26) ʔu-ʔi:-'as-'ap k̓anis-ʔi' čumʔiɬ-uk-i-ʔa'ɬ (ʔuʔiiʔasʔap k̓anisʔi čumʔiɬukʷiʔaɬ. 它-到达-在平台上-致使 中途停留-限定 床-领属-(意未详)-复数，‘他们把待在他们床上的人放上去了。’)

(27) tačkʷa-'ap ku:na:-qčis-ʔi' (tačkʷaʔap kuunaaqčisʔi. 被杀-致使 纵帆船-在甲板上的人-限定，‘他们杀死了纵帆船上所有的人。’)

(28) hupkču: ʔu-'i'c-'ap (hupkčuu ʔuʔiič̓ap. 饺子 它-吃-致使，‘他们给他们饺子。’)

(29) ḥamat-'ap hiš-iɬ (ḥamat̓ap hiišiɬ. 清楚的-致使 所有-对……做，‘他能够看清楚所有的东西。’)

(30) sačica-'ap-it-ʔi'š-ʔa'ɬ waɬʕi:qƛ (sačicaʔamitʔišʔaɬ waɬʕiiqƛ. 无休止地-致使-过去时-直陈.3-复数 思乡，‘他们经常思乡 [←他们把自己搞得经常思乡]。’)

(31) hin-i'ʔas-maḥsa-'ap-s (hiniiʔasmaḥsaps. 到那儿-在外面-想-致使-1单数，‘我让他出去了。’)

致使形态在祈使句中表示施事一方让受事一方去做某事。如：

(32) ti:č-'ap-'i's (tiičapis. 活着-致使-祈使.2单数主语.1单数宾语，‘让我活着。’)

2. 转换

努特卡语的转换方式比较复杂，和别的语言的逆被动有差异，故用转换表示。转换形态-'at 的作用有两种，一种是语义角色转换，另一种是情态信息转换。

1) 语义角色转换

A. 施受关系的反转。努特卡语动词表人称的词尾通常表示动词的主语或施事。通过增加表转换义的形态-'at，可以改变论元的角色，即把原先表主语人称或施事人称的形态转换为表宾语人称或受事人称。从这个意义上说，它也可以叫作“被动倒置”(passive-inverse)。比较：

（33）a. haːʕan-ʔaq-niš　siːhaɬ（haaʕanʔanits siiḥaɬ. 邀请-将来-1 复数　你们所有人，‘我们将邀请你们所有人。’）；b. haːʕan-'at-it-s（haaʕanʔanits. 邀请-转换-过去时-1 单数，‘他邀请了我。’）

通过转换形态-'at，动词词尾的人称标记表示动作的受事，若另外再引入动作的施事，这个施事可以独立形式出现，如果是第 3 人称，也可不出现。

（34）ṁa-či(ƛ)-'at-s　maːckʷin（ṁačiʔats maackʷin. 叮一完成-转换-1 单数　蚊子，‘我被蚊子叮了。’）

（35）ṅaːcsa-'at-s　qʷayac̓iːk-ʔiˀ（ṅaacsaats qʷayac̓iikʔi. 看-转换-1 单数　狼-限定，‘这只狼注视着我。’）

（36）ƛ̓i-či(ƛ)-'at-ƛaˀ　mamaɬṅi（ƛ̓ičiʔatƛa mamaɬṅi. 射击-完成-转换-也　白人，‘他又被白人射击了。’）

B. 不及物谓词对象论元的引入。如果谓语表示一个不及物的事件或状态，通过转换形态-'at 可以引入谓语的作用对象。

（37）ʔiːḥʷ-'at　kʷis-ḥiˀ（ʔiiḥʔat kʷiisḥii. 非常-转换　奇怪一持续，‘人们对他很奇怪。’）

（38）waː-'aƛ-'at-s　Charlie Jones（waaʔaƛ̓ats Charlie Jones. 说-终点-转换-1 单数　人名，‘Charlie Jones 对我说。’）

（39）ṁiƛ-yuˀ-'at-int-(y)iːs（ṁiƛyuuʔtintiis. 下雨-已经做-转换-过去时-无定.1 单数，‘我被淋到了。’）

（40）ʔuʔiːp-'aƛ-'at-uk-it-waˀʔiˀš　c̓axʷ-ši(ƛ)-'at　ʔap-yimɬ-'at-ʔiˀ（ʔuʔiip̓aƛatukitwaʔiš c̓axšiʔat ʔaʔapyimɬʔatʔi. 瞄准-时间指定语-转换-持续-过去时-引证.3　矛-完成-转换　处所-在肩膀上-领属-限定，‘他们瞄准他的肩膀刺向了他。’）

语义角色转换起于语言的以下背景条件：1）及物类小句中，第 3 人称论元在人称层次上或在话题层次上，要低于第 1 和第 2 人称论元。2）非及物类小句的领有者论元或及物类小句的第 3 人称论元是无人称标记的。

因此，努特卡语转换结构不允许第 1、第 2 人称参与者作用于第 3 人称参与者，当第 3 人称参与者作用于第 1、第 2 人称参与者时，必须采用转换结构。

(41) ʔu-yi-'aƛ-'at-quː-č naq-sa'p-'at qʷiš-(y)a' (ʔuyiʔaƛ̓atquuč naqsaap̓at qʷišaa. 它-给一时间指定语-转换-条件. 3-推理 吸一瞬间致使-转换 抽烟一进行，'他们让我抽烟。')

(42) ʕuy̓i-'i'č̓-ap̓-'at (ʕuy̓iič̓ap̓at，药-吃-致使-转换，'他们让我吃了点药。')

2) 情态信息转换

通过转换形态-'at，语句中第 3 人称的位置得以凸显。例如：

(43) ʔu-ktis-'aƛ-'at-ʔi'š k̓ʷaaxtii (ʔuuktisʔaƛ̓atʔiš k̓ʷaaxtii. 它-对……做-时间指定语-转换-直陈. 3 人名，'他们跟随 Kwaaxtii。')

(44) mis-p̓u'qs-y̓i' ḥa-'at ʔin wax-'ik (misp̓uuqsy̓iḥat ʔin waw̓ik. 闻-气味-非常感觉-转换 因为 放屁-一个经常做的人，'他们闻到了气味，因为他一直在放屁。')

通过转换形态-'at，导致有生的及物行为在语义上变成一种经历。例如：

(45) ʔu-(q)ḥy̓u'-'iɬ-'at-(y) ina-ʔaːɬ-ʔa'ɬ (ʔuqḥy̓uuʔiɬʔaninaʔaaɬʔaɬ. 它-在一起-在房子里-转换-无定. 1 复数-经常-复数，'他们过去经常和我们生活在一起。')

(46) kʷis-ca-'ap-'aƛ-'at ɬuːcma-ʔi' (kʷiscaʔapʔaƛ̓at ɬuucmaʔi. 不同-去-致使-时间指定语-转换 妻子-限定，'他们把妻子带到了另一处。')

(47) n̓up-či'ɬ-uk-'at (n̓upčiiɬuk̓ʷat. 一-整天-持续-转换，'花了一整天时间。')

通过转换形态-'at，表示一种建议。

(48) huːʔak-'at ʔac-ši(ƛ)-'at (huuʔak̓at ʔacšiʔat. 早-转换 出去捕鱼-完成-转换，'你应该早点出去捕鱼。')

(49) huːʔak-maḥsa-'at waɬ-yaq-pi(ƛ)-'at (huuʔakmaḥsat waɬyaqpiʔat. 早点-想-转换 回家-已经做-完成-转换，'你应该想早点回家。')

(50) ƛuːɬ-(q)ḥ-'ap-'at wik-'at wišk-p̓ič̓ḥ-'at (ƛuuɬḥap̓at, wik̓at wiiškp̓ič̓ḥat. 温和-同时-致使-转换 否定-转换 骂骂咧咧-做时-转换，'慢点做，不要心不在焉地做。')

通过转换形态-'at，表示一种非现实行为。

(51) ʔu-n̓aːḥ-ši(ƛ)-'aƛ-'at-quː ḥuː čaʔak (ʔun̓aaḥšiʔaƛ̓atquu ḥuu čaʔak. 它-寻找-完成-时间指定语-转换．条件.3 那边 水，'他们将到很远的地方找干净的水。')

(52) n̓iƛaːk-'aƛ-'at-quː (n̓iƛaak̓aƛ̓atquu. 打架-时间指定语-转换-条件.3，'如果你们争吵。')

(53) ƛ̓ay̓ix-'at-ʔi'š m̓uksy̓i ʔuqƛ-n̓uk-'at (ƛ̓ay̓ixʔatʔiš m̓uksy̓i ʔuqƛn̓uk̓ʷat. 迅速一转换-直陈.3 石头 握住-在手里-转换，'当你的手抱着石头的时候你能够移动得快一些。')

(54) ɬaːk～ɬaːkʷ-'at wik-p̓iq-'at-quː wik-'at-quː ʔuːsuqta-'at (ɬaakɬaak̓ʷat wikp̓iʕatquu，wik̓atquu ʔuusuqtat. 重叠前缀（词根整体重叠）-务请-转换 否定-（意未详）-转换-条件.3 否定-转换-条件.3 伤害-转换，'但愿什么事都不会发生，不会发生伤害到什么人。')

3. 致使和转换并用

致使和转换并用时，仍可看到语义角色改变和情态信息改变两类。

【语义角色改变】主语由施事或当事变成致使者（致事）论元。

(55) k̓aḥ-kʷa-'ap-'at-uk ƛ̓aḥ-iqs qʷi-na'k-it-(y) iː-ʔa'ɬ (k̓aḥkʷaʔap̓atuk ƛ̓aḥiqs qʷinaakitiiʔaɬ. 分开-成分散的-致使-转换-领属 平放的-盒子 什么-有-过去时-无定.3-复数，'他们把所有的

盒子都弄碎了。’）

（56）ʔu-ca-ḥta-'ap-'at čimʔiɬ-ukʷ-it-ʔi̓（ʔucaḥtaʔap̓at,čimʔiɬukʷitʔi. 它-去-前往-致使-转换 床-领属-过去时-限定，‘他们把他带到了他的床上。’）

（57）hiɬ-'ap-'at ʔaḥ ʔap-pi-‘iɬ-ʔi̓（hiɬʔapʔat ʔaḥ ʔappiʔiɬʔi. 在那儿-致使-转换 这儿 处所一在中间-在房子里-限定，‘他们把他放在中间。’）

（58）naq-sa'p-'aƛ-'at-quː-č-ʔa'ɬ čaʔak（naqsaap̓aƛ̓atquučʔaɬ čaʔak. 喝-瞬间致使-时间指定语-转换-条件.3-推理-复数 水，‘他们给他们水喝。’）

【情态信息改变】句子变成祈使句。虽然转换（-'at）词缀可用以表达祈使功能，但它从来不跟祈使语气后缀共现。

(59) ƛuːɬ-(q)ḥ-'ap-'at (ƛuuɬḥap̓at. 温和-同时-致使-转换，‘慢慢做。’）

（60）wik-'at qiː-'ap-'at（wik̓at qiiʔap̓at. 否定-转换 很长时间-致使-转换，‘不要花很长时间做。’）

（61）numaːk ʔu-ḥtin-'ap-'at čapac ʔuxʷ-'as-ckʷi'-ʔi̓（numaak ʔuḥtinʔap̓at čáp̓ac ʔuẇasckʷiʔi. 禁止 它-制作-致使-转换 船 倒塌-在地上-发生-限定，‘禁止用刮倒木造船。’）

（三）谓语结构的复杂化

1. 连动结构

从意义看，连动结构由表示行为的主要谓语和对前者加以说明的附属谓语构成。从形态看，连动结构多由相当于限定式谓语和相当于非限定式谓语的游离谓语构成，后者没有语气标记和反映主语人称-数信息的标记等。

努特卡语的这类结构有两点值得注意：首先，形式上的限定式谓语和游离谓语，跟意义上的主要谓语和附属谓语之间，常常并不对应。比如，意义上的附属谓语常因为是高层谓语，所以形式上是限定式谓语，而语义上的主要谓语反倒见于无语气标记的游离谓语。其次，不少论元所带的动词性后缀基本都是词汇性的语义后缀，并非专职反映语法功能的格标记。

鉴于此，不专设述谓性成分作状语这一复杂结构类别，一并放在连动结构里观察，反而更加合适。

连动结构常用以下衔接手段：a. 主语同指（例见下）。b. 称代成分。表后指或前指的代词成分 ʔu-，该代词后面加动词性语义后缀构成一个谓词。指示动词 hiɬ 后指，称代它后面出现的处所成分。例如：

【代词后指】

（62）humwiċa-'aƛ-'at-qʷin ʔu-qḥɬi quʔišin-m̓i't（humwiċaƛ̓atqʷin ʔuuqḥɬi quʔišinm̓it. 讲故事-时间指定语-转换-条件.1复数 它-讲述 渡鸦-儿子，'他过去常常给我们讲渡鸦儿子的故事。'）

【代词前指】

（63）wik ɬač-i(ƛ) David Frank ʔu-kʷiɬ（wik ɬačiƛ David Frank ʔuukʷiɬ. 否定 让走-完成 人名 它-对……做，'他永远不会丢下 David Frank。'）

c. 动词重复。用同言动词或同义动词将两个谓词性成分联系起来。例如：

（64）sukʷi(ƛ) ḥaw̓iɬ-uk ƛaʔuukʷiʔatḥ sukʷi(ƛ) Miimixt（sukʷiƛ ḥaw̓iɬuk ƛaʔuukʷiʔatḥ sukʷiƛ Miimixt. 带上 首领-领属 Clayoquots 带上 Miimixt，'Clayoquot 首领带上了 Miimixt。'）

（65）huʔa-ca-či(ƛ) Načiqs waɬa:k（huʔacačiƛ Načiqs waɬaak. 向后-去-完成 Načiqs 去，'他们回到了 Načiqs。'）

当修饰性谓语成分居首，被修饰的主要谓语成分居后时，附缀可只附加于主要谓语成分，也可复制到首位修饰性谓语成分上。比较：

（66）a. ʔaḥʔa'-'aƛ-ma' ɬaɬak̓ʷin-čiƛ-'aƛ-'at（ʔaḥʔa'ʔaƛma ɬaɬak̓ʷinčiʔaƛat. 那时-时间指定语-直陈式 乞求-完成体-时间指定语-转换，'那时他被乞求了。'）[T]；b. ʔaḥʔa'-'aƛ-'at ɬaɬak̓ʷin-čiƛ-

'aƛ-'at (ʔaḥʔa'ʔaƛat ɬaɬak̓ʷinčiʔaƛat. 那时-时间指定语-转换 乞求-完成体-时间指定语-转换，'他们那时被乞求了。') [T]

连动结构谓语之间的关系不下 12 种：

1) 行为-互补

两个谓语结构在形式上动词相同，在意义上互补，构成重动结构。如：

(67) hin-a'či(ƛ)-'aƛ ƛaʔuukʷiʔatḥ hin-a'či(ƛ) minwaːʔath-ʔi' (hinaačiʔaƛ ƛaʔuukʷiʔatḥ hinaačiƛ minwaaʔathʔi. 到那儿-出去相遇-时间指定语 Clayoquots 到那儿-出去相遇 英国士兵-限定，'Clayoquots 出外遇见英国士兵。')

(68) sukʷi(ƛ) ḥaw̓iɬ-uk ƛaʔuukʷiʔatḥ sukʷi(ƛ) Miimixt (sukʷiƛ ḥaw̓iɬuk ƛaʔuukʷiʔatḥ sukʷiƛ Miimixt. 带上 首领-领属 Clayoquots 带上 Miimixt，'Clayoquot 首领带上了 Miimixt。')

(69) čan̓iː-'at quːʔas n̓aːcsa čan̓iː-'at čaːstimc-m̓i't (čan̓iiʔat quuʔas n̓aacsa čan̓iiʔat čaastimcm̓it. 看不见-转换 人 看见 看不见-转换 水貂-的儿子，'水貂人名的儿子意识到人们看不见他。')

两个谓语结构中动词的意义相似，结构间意义互补。如：

(70) wik-ʔa'ta-'at haʔuk-'at ʔu-'i'c-'at hačʔinštup (wikʔaatat haʔuk̓ʷat ʔuʔiičat hačʔinštup. 否定-缺少-转换 吃-转换 它-吃-转换 深水处的食物，'我们从来不缺吃退潮后的食物。')

2) 行为-处所

一个谓语表示行为，另一个谓语表行为发生的处所。两者的语序比较自由，可以处所在前，也可以行为在前。指示动词 hiɬ 后指，称代它后面出现的处所成分。例如：

(71) hiɬ-(q)ḥ-'aƛ Friendship Center mamuːk Charlotte (hiɬḥʔaƛ Friendship Center mamuuk Charlotte. 在那儿-同时-时间指

定语　朋友　中心　工作　人名，‘Charlotte 正在朋友中心工作。’）

（72）hiɬ-'a'-'aƛ-quː-č-ʔa'ɬ　ʔiːcʔiːqḥ-a'（hiy̓aaʔaƛquučʔaɬ ʔiicʔiiqḥa. 在那儿-在岩石上-时间指定语-条件 3-推理-复数　讲故事-持续，‘他们在岩石上讲故事。’）

（73）hiɬ-n̓i'-'is　n̓aːcsa　t̓aːtn̓a-ʔis　ʔu-'a'ɬuk（hiɬn̓iis n̓aacsa t̓aatn̓aʔis ʔuuʔaaɬuk. 到那儿-从坡上下来-在海滩上　看见　孩子-小称　它-照顾，‘他在海边看孩子。’）

（74）t̓iqʷ-'iɬ　hiːɬ（t̓iqʷiɬ hiiɬ. 坐-在房子里　在那儿. 在房里，‘他在房子里坐着。’）

3）行为-源点

（75）sukʷi(ƛ)-<x>　ʕuy̓i-c̓u'-ʔa'k-ʔi'　hist-'iƛ　ʔaḥ　p̓atqʷ-sac-ʔis-uk-ʔi'（suxkʷiƛ ʕuy̓ic̓akʔi，hiist̓iƛ ʔaḥ p̓atqsacʔisukʔi. 取-说话人插入的个人特色成分　药-在容器里-领属-限定　到那儿-取　这儿　货物-容器-小称-领属-限定，‘他从他的小包里拿出药瓶。’）

4）行为-终点

（76）siːk-(y)a'　hita-c̓inƛ　Maːqtusiis（siikaa hitac̓inƛ Maaqtusiis. 航行-进行　到那儿-进入港湾　地名，‘他们航进了 Maaqtusiis 湾。’）

（77）huʔa-ca-či(ƛ)　Načiqs　waɬaːk（huʔacačiƛ Načiqs waɬaak. 向后-去-完成　Načiqs　去，‘他们回到了 Načiqs。’）

（78）ʕuyaːs-'aƛ-na'　Alberni　waɬaːk（ʕuyaasaƛna Alberni waɬaak. 移动-时间指定语-1 复数　地名　去，‘我们去 Alberni。’）

（79）siːk-(y)a'　hita-c̓inƛ　Maːqtusiːs（siikaa hitac̓inƛ Maaqtusiis. 航行-进行　到那儿-进入港湾　地名，‘我们航行到 Maaqtusiis 湾。’）

（80） yac-a'qtu' ʔu-ca-či(ƛ) ʔu: ƛ'áqči （ yacaaqtuu ʔucačiƛ ʔuuƛ'aqči. 步行-穿过 它-去-完成 地名，‘他们穿过［高地］到了Odlaqutla。’）

（81） šiƛ-kʷisa-'aƛ-na' Ma:qtusi:s his-taq-ši(ƛ)（šiƛkʷisaƛna Maaqtusiis histaqšiƛ. 移动-从某处移开-时间指定语-1复数 地名 到那儿-从某处来-完成，‘我们从Maaqtusiis到了那儿。’）

5）行为-时间

一个谓语表示行为，另一个谓语行为发生的时间。两者的语序比较自由，可以时间在前，也可以行为在前。例如：

（82） c̓i:q-(y)a'-'aƛ-qu:-č ʔaṭh-ši(ƛ)（c̓iiqaaʔaƛquuč ʔaaṭhšiƛ. 唱-进行-时间指定语-条件.3-推理 晚上-完成，‘他过去常常在晚上唱歌。’）

（83） ʔaʔi:ḥʷ nu:čyu: qacqas-'aƛ-qu:-č ʔu:š-yu:ya （ʔaʔiiḥ nuučyuu qacqasaƛquuč ʔuušyuuya. 大 山区 消失-时间指定语-条件.3-推理 某些-在那个时候，‘有时看不见大山。’）

（84） Roger ʔu～ʔu-kʷiɬ-'at-it-ʔi'š-ʔa:ɬ ʔu:š-yu:ya （Roger ʔuʔukʷiɬʔanitʔišʔaaɬ ʔuušyuuya. 人名 重叠前缀表周遍-它-对……做-转换-过去时-直陈.3-经常 有些-在那个时候，‘有时候人们叫他Roger。’）

（85） saya-ʔi: ʔu:š-yu:ya（sayaʔii ʔuušyuuya. 很远-到达 有些-在那时候，‘他有时出去很远。’）

（86） ʔin ču-y̓i' ḥa-'at-it ʔaʔum（ʔin čuuy̓iiḥanit ʔaʔum. 尽管 有气味-遭遇-转换-过去 在开始，‘尽管开始他们闻到了他。’）

（87） mamu:k-ši(ƛ)-na' ʔuyi February （mamuukšiƛna ʔuyi February. 工作-完成-1复数 在那个时候 二月，‘我们在二月工作。’）

（88） ʕiḥ-ak ɬu:cma-ʔi' hin-i:ʔas（ʕiḥak ɬuucmaʔi hiniiʔas. 哭-持续 女人-限定 到那儿-去外面，‘这个女人出去的时候一直在哭。’）

（89） ʔaʔum-s waɬa:k ʕaʔuknak 1919 （ʔaʔums waɬaak

ʕaʔuknak 1919. 在开始-1单数 去 地名 1919，‘我在1919年第一次到了Auknak。’）

（90）qiː-s waɬ-yuˈ（qiis waɬyuu. 很长时间-1单数 回家-已做，‘我在家里待了很长时间。’）

（91）qiː-či(ƛ)-ˈaƛ-s sut-(č)iɬ ḥaːḥuːp-aˈ（qiičiʔaƛs suutiɬ ḥaaḥuupa。很长时间-完成-时间指定语-1单数 你-对……做 教-持续，‘我教你教了很长时间。’）

（92）ʔuːš-yuːya-ˈaƛ ʔaḥʔaː tea ʔu-ˈiˈc̓-ˈap-ˈat naq-ši(ƛ)（ʔuušyuuyaƛ ʔaḥʔaa tea ʔuʔiic̓ap̓at naqšiƛ. 有些-在那时-时间指定语 他们 茶 它-吃-致使-转换 喝-完成，‘有时候他们给他们喝的是茶。’）

（93）ƛ̓ic-(q)imɬ-ˈaƛ-ḥ-suˈk kamitqʷ-uk（ƛ̓icimɬʔaƛḥsuk kamitquk. 白色-上面．遍布．表面-时间指定语-从属-2单数 跑-持续体，‘当你跑时，你被海浪［遍布的白色］覆盖了。’）［T］

（94）naʔaːt-ˈat-imt-s qʷiyu-(y)iːs ʔaʔim ƛiːsƛiːs-ši(ƛ)（naʔaatanimts qʷiyuyiis ʔaʔim ƛiisƛiisšiƛ. 理解-转换-过去时-1单数 当时-无定.1单数 首次 上学-完成，‘我第一次上学时我就懂［英语］了。’）

（95）ḥayu-qʔičḥ-ˈaƛ-it-s qʷiyu-ʔaˈk-(y)iːs qaḥ-ši(ƛ) ʔumʔiˈqsu（ḥayuqʔičḥʔaƛits qʷiyaakiis qaḥšiƛ ʔumʔiiqsu. 十-年-时间指定语-过去时-1单数 当时-领属-无定.1单数 死-完成 母亲，‘我的母亲去世时我只有十岁。’）

（96）wik-ˈiɬ-(q)ḥ kaƛḥ-ši(ƛ) Qawiqaːɬ（wikiɬḥ kaƛḥšiƛ Qawiqaaɬ. 否定-在房子里-同时 白天-完成 Qawiqaalth，‘当夜晚来临时Qawiqaalth离开了。’）

6）行为-同时

（97）ḥaʔuk-ʕi(ƛ)-ˈat mač-inƛ ƛaʔuːkʷiʔatḥ-ʔiˈ（ḥaʔukʕiʔat，mačinƛ ƛaʔuukʷiʔatḥʔi. 吃饭-突然来临-转换 进入-完成 Clayoquot-限定，‘他们吃饭时，这个Clayoquot人来到了房子里。’）

7）行为-方式

一个谓语表示行为，另一个谓语行为发生的方式。两者的语序比较自由，可以方式在前，也可以行为在前。例如：

（98） wik-'at ka:pap-'at ċawa'-či(ƛ)-'at（wik̓at kaapap̓at ċaawačiƛʔat. 否定-转换 更喜欢-转换 一个-完成-转换，'永远不要偏爱某个人。'）

（99） wik-sti:ḥ-ẇitas kamatq-uk（wikstiiḥẇitas kamatquk. 否定-有方向-将要 跑-持续，'他将无目标地跑。'）

（100） hu:ʔak-'aƛ-qu:s mamu:k（huuʔakʔaƛquus mamuuk. 早-时间指定语-条件.1单数 工作，'我会早点工作。'）

（101） hu:ʔak-maḥsa-'at waɬ-yaq-'pi(ƛ)-'at（huuʔakmaḥsat waɬyaqpiʔat. 早-想-转换 在家-已经做-在房子里-转换，'你会想早回家。'）

（102） wa:si-ḥ wa'-'at kaʔup-ši(ƛ)-'at（waasiḥ waaʔat kaʔupšiʔat. 哪儿-疑问.3 说-转换 提到-完成-转换，'"他在哪儿?"他们问起他。'）

（103） ċi:q-a ɬu:csami:ḥ ẏimẏa:x-a'（ċiiqaa ɬuucsamiiḥ ẏimẏaaxa. 唱-持续 女人 吟诵，'女人在吟唱。'）

（104） ʔu:š-ca-panač-'aƛ-qu: hini:c ʕini:ƛ-uk-ʔi'（ʔuušcapanaċaƛquu hiniic ʕiniiƛukʔi. 一些-去-在周围移动-时间指定语-条件.3 带 狗-领属-限定，'人们过去常常带上他们的狗出去。'）

（105） ƛawa-ʔi:-'aƛ-qu:-č kʷa:-či(ƛ)（ƛawaʔiiʔaƛquuč kʷaačiƛ. 靠近一到达-时间指定语-条件.3-推理 向后移一完成，'他将向后移动靠近他。'）

（106） čuḥ-iẏap ti-ʔu:p ʔu:štup（čuḥiẏap tiʔuup ʔuuštup. 灭-瞬间致使 扔-瞬间致使 某些东西，'他扔了什么东西灭了火。'）

8）行为-凭据

（107） powersaw ʔu-ḥẇaɬ-'aƛ čit-ši(ƛ)-'at（powersaw ʔuuḥẇaɬʔaƛ čitšiʔat. 机动锯 它-使用-时间指定语 锯-完成-转换，

‘你用机动锯。’)

(108) ƛ̓i-čiƛ-'aƛ-ma' ʔu-ḥw̓ał pu' (ƛ̓ičiʔaƛma ʔu'ḥw̓ał pu'. 射击-完成体-时间指定语-直陈 它-使用 枪，‘他用一把枪射它。’) [T]

(109) huʔa-in-ʔa'qƛ ʔu-ktis hupał-ʔi (huʔinʔaqƛ ʔuuktis hupałʔi. 向后-来-将来 它-作用于 月亮-限定，‘他们会根据月亮回来。’)

9）行为-伴随

(110) łaps-ʔatu Qawiqa:ł, tuku:k ʔu-kʷink (łaapsʔatu Qawiqaał tukuuk ʔukʷink. 潜—沉到水中 人名 海狮 它-和……一起，‘Quwiqaalth 和海狮一起潜到水底。’)

(111) ʔimča:qy̓ak ʔu-kʷink kakaw̓in (ʔimčaaqy̓ak ʔuʔukʷink kakaw̓in. 玩 它-和……一起 虎鲸，‘他和虎鲸一起玩。’)

10）行为-目的

(112) Royal Museum ʔu-cḥin-'aƛ-s mamu:k (Royal Museum ʔucḥinʔaƛs mamuuk. 皇家 博物馆 它-为……做-时间指定语-1单数 工作，‘我为皇家博物馆工作。’)

(113) mamu'k-'aƛ-ni' wi'ta-(c)sac-(č)i:ł (mamu'k̓ʷaƛni wi'tacsaci'ł. 工作-时间指定语-1复数 战争．队-容器．用于-制作，‘我们在做战争独木舟。’) [T]

(114) šiš-(y)a' ʔu-'atup kʷaku:c-uk (šišaa ʔuuʔatup kʷakuucuk. 清理-进行 它-为……做 孙子-领属 (‘她给她的孙子削皮。’)

(115) hin-a'či(ƛ)-ʔa'ł mak-ʔatu k̓ʷak̓ʷaƛ (hinaačiƛʔał maakʔatu k̓ʷak̓ʷaƛ. 到那儿-出去相遇-复数 贸易一下去 海獭皮，‘他们出去交易海獭皮。’)

(116) ʔu-(w)a(ƛ)-'at ʔu-ṅa'ḥ ƛuł-qu: (ʔuuwaʔat ʔuṅaaḥ ƛułquu. 它-发现-转换 它-寻找 好-条件.3，‘找个好的。’)

（117）wik ʔu-cḥa saya-panač-ši(ƛ)-ʔaqƛ-quː（wik ʔuucḥa saaxyapanačšiƛʔaqƛquu. 否定 它-去 远离-随机移动-完成-将来-条件.3，‘不是为了到远处的目的。’）

（118）ʔac-yu'-'aƛ-quː-č ʔu-'iːḥ ƛ̓iḥapiːḥ（ʔacyuuʔaƛquuč ʔuʔuiiḥ ƛ̓iḥapiiḥ. 出去捕鱼-已经做-时间指定语-条件.3-推理 它-捕猎 红鲷鱼，‘他们出去捕红鲷鱼了。’）

（119）hita-inq-‘is-'aƛ-quː ṅač-'aɬuk ɬaːtṅa-ʔis（hitinqisʔaƛquu ṅaač̓aɬuk ɬaatṅaʔis. 到那儿-从坡上下来-在海滩上-时间指定语-条件.3 看见-照顾 孩子-小称，‘他来到海边照看孩子。’）

（120）yak-quː-'a' ṅaːcsa qʷaː-'ap-ʔi'tq（yakquuʔa ṅaacsa qʷaaʔapʔitq. 看-在某一处-在石头上 看见 这样-致使-关系.3，‘他在盯着要看那些人在做什么。’）

11）行为-解说

（121）qiː-(y)uk̓ʷaːɬ hiš-ca-či(ƛ) ḥuːɬ（qiiyuuk̓ʷaaɬ hiščačiƛ ḥuuɬ. 很长时间-不在 所有-去-完成 远处，‘他们很久以前就不在这儿了，去了所有地方。’）

（122）humwic̓a-'aƛ-‘at-qʷin ʔu-qḥɬi quʔišin-ṁi't（humwic̓aƛ̓atqʷin ʔuuqḥɬi quʔišinṁit. 讲故事-时间指定语-转换-条件.1复数 它-讲述 渡鸦-儿子，‘他过去常常给我们讲渡鸦儿子的故事。’）

（123）ʔu-'i's-'aƛ haʔuk t̓anuḥc̓up（ʔuʔi'sʔaƛ haʔuk t̓anuḥc̓up. 这样.和.这样-吃-时间指定语 吃 苦.艾，‘她吃的是苦艾。’）[T]

（124）p̓a-čiƛ-'aƛ ɬu'csma-iːḥ ʔu-ayi'-'aƛ qica'ɬ（p̓ačiʔaƛ ɬu'csa'mi'ḥ ʔuyi'ʔaƛ qica'ɬ. 给.礼物.在.夸富宴-完成体-时间指定语 女人-复数 这样.和.这样-给.完成体-时间指定语 印花棉布，‘她将印花棉布作为夸富宴礼物送给了那些女人。’）[T]

（125）haːʕin-či(ƛ)-'aƛ-'at-qʷin ʔuḥ-'at Jacob Gallic-it（haaʕinčiʔaƛ̓atqʷin ʔuḥʔat Jacob Gallicit. 邀请-完成-时间指定语-转换-条件.1复数 是他-转换 Jacob Gallic-过去，‘我们以前被已故的Jacob Gallic邀请过。’）

（126）hin-iːs-mi's-'aƛ-(m)a'-ʔic niḥ-(c)iɬ ḥaw̓iɬ（hini'smisʔaƛeʔic niˈḥiɬ ḥaw̓eˈɬ. 到那儿-携带-移动.沿着．海岸-时间指定语-直陈-2单数 我们-做.对…… 首领．呼语，‘哦，首领，你正带领我们就这么在沿着海岸走。’）[T]

(127) ʔuḥ-'aƛ-'at-qʷin naniˈqsu-ʔaˈk-it-qs ʔu-kɬaˈ Muɬmuḥ ʔu-'aːɬuk-'at (ʔuḥʔaƛ̓atqʷin naniiqsakitqs ʔukɬaa Muɬmuḥ ʔuuʔaaɬuk̓ʷat. 是她-时间指定语-转换-条件.1复数 祖父母-领属-过去时-从属.1单数 它-有名字 人名 它-照顾-转换，‘过去经常是名叫 Multhmuh 的后祖母照顾我。’）

(128) yaqʷ-ʔaːqƛ-(y)iː-k hina-iːs-waḥsu(ɬ) p̓acsaˈkum-ʔiˈ (yaqʔaˈqƛiˈk hiniˈswaḥsuɬ p̓acsaˈkumʔi. 一个.谁-意图性未来-不定式-2单数 到那儿-携带-移动.出来.完成体 夸富宴．操控-冠词 一个.谁-意图性未来-不定式-2单数 到那儿-携带-移动.出来.完成体 夸富宴．操控-冠词，‘不管你们哪个把夸富宴的把手从人群里拿出来。’）[T]

2. 动补结构

动补结构也有两个述谓性成分构成。补语是主动词的支配或关涉的述谓性成分，意义上相当于述谓性“宾语”。主动词在前，补语动词在后。主动词一般表示抽象的或高阶的概念，包括抽象行为动词、感知动词、心理动词、能愿动词等，补语则表示具体的动作行为。动补结构有无标记的和有标记的两类。前者是指补语带从属语气标记（见 pp. 401— 405）或有结构小品词的引导（见 pp. 384— 385）。这里主要看无标记的动补结构。动补结构在构成上，有谓词作补语和句法结构作补语两类，许多情况下，补语动词的主语和主动词的主语具有同指关系，但有时也可不同指。

1）谓词作补语

A. 主语同指

(129) ʕaċik hapt-ši(ƛ)(ʕaċik haptšiƛ. 善于 隐藏一完成，‘他善于隐藏。’）

(130) kuw̓iɬa-s t̓iqʷ-'iˈ(ƛ) (kuw̓iɬas t̓iʕiiƛ. 遵从-1单数 坐-在地面上，‘我遵照吩咐坐着。’）

(131) ʔuʔumḥi-matak-s kʷis-aqs-iƛ(ʔuʔumḥimataks kʷixsaqsiƛ.

能-可能-1单数 不同一在边上-完成，‘也许我能达到海岸的对面。)’

(132) ɬiʔaː-'ap-'at ƛ̓i-či(ƛ)-'at (ɬiʔaaʔap̓at ƛ̓iči̓ʔat. 错过-致使-转换 射击-完成-转换，‘他们没有射中他。’)

(133) nas-aƛ-na' ḥačxʷinƛ-ʔa'qƛ(nasaƛna ḥačxʷinƛʔaqƛ. 徒劳地尽力-时间指定语-1复数 深入-将来，‘我们不能再深入了。’)

(134) ʔu-pap-'aƛ-quː-č Qawiqaːɬ ḥačxʷi'-qčik-quː (ʔuupap̓aƛquuč Qawiqaaɬ ḥačxʷiiqčikquu. 它-更喜欢-时间指定语-条件.3-推理 Qawiqaalth 深入-前进-条件.3，‘Qawiqaalth过去常常喜欢远行。’)

B. 主语不同指

(135) ʔu-(w)a(ƛ)-'aƛ-'at-qʷin ṅiƛaːk-na' (ʔuuwaʔaƛ̓atqʷin ṅiƛaakna. 它-发现-时间指定语-转换-条件.1复数 打架-1复数，‘如果他们发现我们打架。’)

(136) k̓ʷač- ši(ƛ)-'aƛ-ƛa' muːɬ-ši(ƛ) (k̓ʷačšiʔaƛƛa muuɬšiƛ. 赶上-完成-时间指定语-又 涨潮-完成，‘正好是涨潮时他到了那儿。’)

(137) ʔuːšc̓aɬ-it ciq～ciq-a-'at (ʔuušc̓aɬit ciiqciiqat. 禁止-过去 重叠前缀（词根整体重叠）表反复-说-重复一转换，‘我们没有被允许说话。’)

(138) ʔu-cuk na～naʔa'-'at (ʔucuk nanaʔat. 它-需要 重叠前缀表周遍-理解-转换，‘对于教育这是必要的。’)

(139) ʔu-ẏi'ḥa-'aƛ-'at-sa čiṅuqƛ̓-'ap-'at-ʔa'ɬ waɬ-ši(ƛ) (ʔuẏiiḥaƛ̓atsa čiṅuqƛ̓ap̓atʔaɬ waɬšiƛ. 它-是因为-时间指定语-转换-1单数 不情愿一致使-转换-复数 回家-完成，‘因此他们不想让我们去。’)

2) 动宾结构作补语

A. 主语同指

(140) ʕac̓ik-ƛa tušk-'iːḥ Qawiqaːɬ (ʕac̓i kƛa tutušk̓iiḥ

Qawiqaaɬ. 善于-又 鳕鱼-捕猎 Qawiqaalth，'Qawiqaalth 也善于捕鳕鱼。')

(141) ʔaḥʔa:-'aƛ ʔunic hawi:(ƛ)-'aƛ dog salmon ʔu-'i:ḥ (ʔaḥʔaaƛ ʔunic hawiiʔaƛ dog salmon ʔuʔuʔiiḥ. 那时-时间指定语 时间流逝 完成-时间指定语 狗鲑 它-捕猎，'那时一段时间后捕猎狗鲑的季节结束了。')

(142) ṅamaɬ-ši(ƛ)-int-(y)i:s ʔu-'i(ƛ)-'aƛ Joe (ṅamaɬšƛintiis ʔuʔaaƛ Joe. 尽力-完成-过去时-无定.1单数 它-邀请-时间指定语 人名，'我会尽力邀请Joe。')

(143) ʕaċik-ši(ƛ) ḥa:ẇiɬaƛ-ʔi' čaʔuš-'i'c (ʕaċikšiƛ ḥaaẇiɬaƛʔi čaʔuẏic. 知道 怎样-完成 年轻人-限定 生的-吃，'年轻人学会了怎样吃生东西。')

B. 主语不同指

(144) numa:k ʔu-ayi'-'at haʔum-štu'p (numaak ʔuyiiʔat haʔumštup. 禁止 它-给-转换 食物-东西，'禁止给他们食物。')

(145) wik-maḥsa-'ap pawaɬ-ši(ƛ) ʕimti: (wikmaḥsap pawaɬšiƛ ʕimtii. 否定-期望-致使 丢失-完成 名字，'他们的名字将不会被丢失。')

3) 主谓结构作补语

(146) naʔa:-'aƛ qi: wi:napi qʷayaċi:k-ʔi' (naʔaaʔaƛ qii wiinapi qʷayaċiikʔi. 听说-时间指定语 很长时间 保持 狼-限定，'他们听说狼待在那很长时间了。')

(147) naʔa:-'aƛ-qu:-č Mačɬaatʔatḥ ċi:q-(y)a' ḥa:ẇiɬaƛ-ʔi' (naʔaaʔaƛquuč Mačɬaatʔatḥ ċiiqaa ḥaaẇiɬaƛʔi. 听说-时间指定语-条件.3-推理 Muchalat 吟诵-进行 年轻人-限定，'Muchalat人将听到这个年轻人在吟诵。')

(148) ʔinis-'a:ḥ ti:č-qu:s siẏa (ʔinisʔaaḥ tiičquus siẏa. 希望-可能 活着-条件.1单数 我，'可能（他们祈祷）希望我还活着。')

4）状中结构作补语

（149）wik-siˈš huḥtak ʔuːš-yuyaː-mit-quːs ṅiƛaːk yaq-ukʷ-it-(y)iːs brother（wiksiiš huḥtak ʔuušyuuyamitiis ṅiƛaak yaqukʷitiis brother. 否定-直陈.1单数 知道 某些-在那时-过去时-条件.1单数 打架 谁-领属-过去时-无定.1单数 弟弟，'我连和我的弟弟吵架的事情都记不住了。'）

（150）nas-akʷ-šiƛ-'aƛ-siˈ hita-c̣hi-nuƛ-ʔaːqƛ waˈkiˈtaʔuq（nasakšiʔaƛsi hitac̣hinƛʔaˈqƛ waˈkiˈtaʔuq. 尝试.在.徒劳-持续体-完成体-时间指定语-1单数 空词根-结婚.和-完成体-意图性未来 华而不实的.女人，'我徒劳地尝试和华而不实的女人结婚。'）[T]

5）连动结构作补语

（151）ḥaʔu-(q)ḥ-šiːɬ-ʔaˈɬ kutḥ-ẏakʷ-'aqƛ-ṅuk nunuːk（ḥaaʔuqḥšiiɬʔaɬ kutḥẏakʷaqƛṅuk nunuuk. 依次做-同时-反复-复数 鼓-装置-在里面-在手里 唱歌，'他们依次敲鼓唱歌。'）

第四节 逻辑结构

逻辑结构是由两个或多个带限定式述谓成分构成的复句结构。努特卡语复句逻辑关系有联合复句和偏正复句两类。逻辑结构的分句间可有多种关联方式。

一 联合

联合复句可由意合或者用连词表示。

（一）意合法

通过意合法暗示并列关系。例如：

（1）wik-'iˈči(ƛ) ḥis-(y)aˈ wik xʷak-ši(ƛ)（wikiičiƛ ḥisaa, wik xʷakšiƛ. 否定-起始 流血-进行 否定 肿胀-完成，'他停止了

流血，并且它不肿了。'）

（2）ƛuːɬ-(q)ḥ-'ap-'at　wik-'at　wišk-p̓ič̣h-'at（ƛuuɬḥap̓at，wik̓at wiiškp̓ič̣hat. 温和-同时-致使-转换　否定-转换　骂骂咧咧-做时-转换，'慢点做，不要心不在焉地做。'）

（3）ʔumaːk　ʔaḥ　p̓us-ši(ƛ)-quː　tuxwiːḥa-quː（ʔumaak ʔaḥ p̓ussiƛquu tuxwiiḥaquu. 因为　他　累一完成-条件.3　喘不过气来-条件.3，'因为［要是这样］他就累了并且喘不过气来。'）

（4）ʔac-yu'-'aƛ-qʷin　suːḥaː　ʔu-'iːḥ　cuw̓it，tuškuːḥ　ʔuːš-yuːya ʔu-qs（ʔacyuuʔaƛqin　suuḥaa，ʔuʔuʔiiḥ　cuw̓it，tuškuuḥ　ʔuušyuuya ʔuqs. 出去捕鱼-已经做-时间指定语-条件.1复数　春鲑　它-捕猎　银鲑　鳕鱼　有些-在那时　它-在容器里，'我过去经常出去捕春鲑，捕银鲑，有时候我们捕到鳕鱼。'）

（二）虚词明示法

通过连词来明示并列关系。

（5）siq-iːɬ　siq-iːɬ-ʔi'　haʔum-taḥ　haʔum-taḥ-ʔi'　wa'　ʔinksy̓iq-iːɬ ʔinksy̓iq-iːɬ-ʔi'（siqiiɬ　siqiiɬʔi，haaʔumtaḥ　haaʔumtaḥʔi，waa ʔinksy̓iqiiɬ ʔinksy̓iqiiɬʔi. 做饭-做　做饭-做-限定　食物-采　食物-采-限定　并且　做柴火　柴火-做-限定，'负责做饭的做了饭，负责找食物的出去找食物了，并且负责做柴火的做柴火了。'）

（6）ʔuḥ-'aƛ-quː　ʔumʔi'qsu-ʔa'k-it-qs-ʔa'ɬ　ʔust-ʕaqƛ-pi(ƛ)　wa'　ʔu-ʔiː-'as-'ap　k̓anis-ʔi'　čumʔiɬ-uk-i-ʔa'ɬ（ʔu ḥʔaƛquu ʔumʔiiqsakitqsʔaɬ ʔustʕaqƛpiƛ，waa ʔuʔiiʔasʔap k̓anisʔi čumʔiɬukʷiʔaɬ. 是她-时间指定语-条件.3　母亲-领属-过去时-从属.1单数-复数　处所-［意未详］-在地板上　并且　它-到-在平台-致使　参观-限定　床-领属-［意未详］-复数，'过去经常是我的妈妈睡在地板上，把床给来访者们。'）

二　偏正

偏正结构的表示方式有四种。

（一）意合法

通过意合法暗示偏正复句的逻辑关系。如下例因果或目的关系的表达。

（1）ʔaya ƛ̓a:tn̓a-ʔis ʔu:š-y̓a-ʼaƛ-qu: wi～wik-ʼap（ʔaya ƛ̓aatn̓aʔis ʔuušy̓aʔaƛquu wiwik̓ap. 许多 孩子-小称 一些-有烦恼-时间指定语-条件.3 重叠前缀表周遍-否定-致使，‘许多孩子有个困难的时期，［因为］他们理解不了。’）

（2）huʔa-ca-y̓up wik-sinḥi-ʼap-ʼat n̓a:csa-ʻiʼči(ƛ) qʷi-(w)aƛ-(y)i:（huʔacaay̓up wiiksinḥap̓at n̓aacsiičiƛ qʷiiwaƛii. 向后-去-瞬间致使 否定-保持在一定条件下-致使-转换 看见-起始 那一个-发现-无定.3，‘他让我回来了，尽量防止我看到我走过的地方。’）

（二）虚词明示法

通过连词来明示偏正复句的逻辑关系。如下例因果关系的表达。

（3）mis-p̓uʼqs-y̓iʼḥa-ʼat ʔin wax-ʼik（misp̓uuqsy̓iḥat ʔin waw̓ik. 闻-气味-非常感觉-转换 因为 放屁-一个经常做的人，‘他们闻到了气味，因为他一直在放屁。’）

（4）ʔu-y̓iʼḥa-ʼaƛ-ʼat-sa čin̓uqƛ̓-ʼap-ʼat-ʔaʼɬ waɬ-ši(ƛ) ʔan-s wik̓i:t-uk ʔa～ʔi:čum（ʔuy̓ii ḥaƛatsa čin̓uqƛ̓apatʔaɬ waɬšiƛ ʔans wik̓iituk ʔaʔiičum. 它-是因为-时间指定语-转换-1单数 不愿意-致使-转换-复数 回家-完成 因为-1单数 当前没有-领属 重叠前缀表周遍-父母，‘因为我没有父母，所以他们不想让我回家。’）

（三）形态明示法

用语气后缀（见 pp. 401— 405）明示偏正复句的逻辑关系。不少学者把这类复句归作小句作状语。如下例中假设关系或目的关系的表达。

（5）n̓iƛa:k-ʼaƛ-ʼat-qu:（n̓iƛaak̓aƛ̓atquu. 打架-时间指定语-转换-条件.3，‘如果你们争吵’）

（6）maƛ-ši(ƛ)-ʼiʼ šu:wis-uk-ʔitk wik-ʼa:ʔick hi:xtaq（maƛšiʔi

šuuwisukʔitk wik̓aaʔick hiixtaq. 系-完成-祈使.2 单数主语.3 宾语 鞋子-领属-关系.2 否定-目的.2 单数 有事，‘系好你的鞋带，那么你就不会有事了。）

（7） ʔuḥ piḥ～piḥ-ši(ƛ)-ʼat wik-ʼaːʔit ci～cik-pała （ʔuḥ piḥpiḥšiʔat，wik̓aaʔit cicikpała. 是它 重叠前缀（词根整体重叠）$_{\text{表反复}}$-检查-完成-转换 否定-目的.3 重叠前缀-倾斜-在每一边，‘看好它，这样它就不会摆不好了。’）

（四）混合明示法

由于连词后面也可以再接表示语气及主语数信息的后缀，所以连词和表逻辑关系的语气可叠加起来表达偏正复句的逻辑关系。如：

（8） qaḥ-saˈp-ʔaːqƛ-(m)aˈ-aḥ sut-(č)ił ʔu-yi wiš-ʼaqƛ-quː-k huˈyaˈł（qaḥsaˈpʔaˈqƛaḥ suˈtiˈ ʔuyi wiwišʔaqƛquˈk huˈyaˈł. 死-使役.完成-意图性未来-直陈-1 单数 2 单数-做.去 它-在…时 懒-在里面-条件-2 单数 跳舞，‘如果你懒得跳舞，我会杀了你。’）[T]

三 转折

转折有联合类的转折和偏正（即主从）类的转折两种（马清华，2003）。联合类转折关系如：

(1) niˈ ʔata-siˈš ḥayu-qimł-aḥuˈ(ł)-ʼił-ʼaƛ-ƛaː ƛ̓aḥ-(w)iqs x̣a～x̣aš-k̓uk ƛaḥʔuyi（niˈ ʔatasiš ḥayuqumłaḥuʔiłʔaƛƛaˈ ƛ̓aḥiqs x̣ax̣ašk̓uk ƛaḥʔuyi. 话语小品词 但是-直陈.1 单数 十个-很多.圆的.东西-在.前面-在.房子-时间指定语-又一次 平的-在.盖子 骨头-类似 现在，‘但是，看，我现在又有了十盒饼干在我的面前。’）[T]

偏正类转折关系如：

(2) č̓uḥ-iːčiƛ ʔinkʷ-ʔiˈ ʔat-quː ʔiˈḥʷ-ʼaƛ t̓iˈcq-(y)aˈ（č̓uḥiˈčiƛ ʔinkʔiˈ ʔatquˈ ʔiˈḥʔaƛ t̓iˈcqaˈ. 熄灭-起始体 火-冠词 尽管-条件.3

大-时间指定语　点燃-进行体，‘尽管起火很大但被熄灭了。’）[T]

本章主要在 R. Wojdak（2003，2004，2005）、M. Davidson（2002）、C. Ravinski（2005）、H. Davis，et al.（2007）、T. Nakayama（1997，2001）、J. Stonham & W. S. M. Yiu（2002）、J. Stonham（2004）、E. Sapir（1915）、M. Swadesh（1938）的基础上整理、编写而成。

第五章　结　论

第一节　复综语界说

复综语是最后一个纳入到语言形态分类体系中来的，它比其他类型更难定义。以 M. C. Baker（1996:17—19）为代表的形式语法的观点认为，复综语的句法论元由词缀表达，和词缀同指的名词短语则处于附加语位置。换言之，中心语成分的每个论元须和包含中心语的词的形态相关，表现方式是有一致关系语素，或组并（incorporating）到词根中去。符合此标准的如:东北亚的楚克奇语（Chukchi / Chukchee），可能还有日本北海道的古阿伊努语（Ainu），北美的莫霍克语（Mohawk）、那瓦特语（Nahuatl）、塔斯卡洛拉语（Tuscarora）、威奇塔语（Wichita）、基欧瓦语（Kiowa）、南提瓦语（Southern Tiwa），拉丁美洲的马普丹冈语（Mapudungun），大洋洲的马亚利语（Mayali）（M. C. Baker，1996:19）（参 pp. 24—34）。

按照 M. C. Baker（1996:44—506）的观点，爱斯基摩语和北美的努特卡语（Nootka / Nuuchahnulth）均将被排除在复综语之外。北美的克雷语（Cree，参 pp. 27—32）也被认为是有疑问的。南美的克丘亚语（Quechua，美洲土著人中使用者最多的语言，主要分布于安第斯山脉，参 pp. 32—34），大洋洲的瓦尔皮里语（Warlpiri），非洲齐切瓦语（Chichewa）、Kinande 语（分布于刚果民主共和国）等班图（Bantu）语系语言，也不能算复综语。由于 Baker 的复综语定义过严，不仅一些功能语言学者不同意，就是生成语法界内部也不赞成，如 J. A. Legate（2002:70—89）。

以 M. Fortescue（1994）为代表的功能语法学者认为，复综语具有如下特征:1）名词/形容词组并。2）不自由语素多，词干的数目是限定的。3）动词可以组成一个最小句。4）动词和名词具有代词性标记。5）副词性成分整合到动词中。6）具有一定数量的形态槽。7）具有能产的形态音位规则和由此产生的复杂的自由语素和不自由语素的变体形式。8）句法结构是非定型的（non-configurational syntax）。9）屈折形态的标记形式为中心语标记形式或双标记形式。

当然并非所有复综语都包括以上所有特征。M. Fortescue（2007:5—26）还认为复综语允许高层句法结构重新进入低层句法结构进行再次扩展，因而谓词结构乃至整个命题可以作为构词成分，这跟 S. Pinker（1999:205）的回环构词理论大体一致。

以上观点只涉及复综语某些方面的特征，没能深刻反映其作为形态复杂化极端的特点。我们认为，复综语具有三方面特征：1）一个词能表示一个完整的命题，编码谓词和论元的信息；包含主要的小句类型，如一元、二元、三元谓词小句，可以是基础生成的，也可以是派生的。2）充分利用形态为各种信息编码，致使词内的形态结构特别复杂。3）一个词可实现为一个句子，独立作为交际单位使用，不必依赖具体的上下文关系。类似观点见 N. Evans & H. J. Sasse（2002:3）等。4）大致说来，复综语一般兼有粘着语和屈折语这两种形态丰富语言的特征，参表 0—4 萨丕尔语言形态类型分类表。

对复综语的定义和解释复综语的形态为什么如此丰富复杂，实际是同一个问题。语言是一个复杂的系统，结构是复杂系统的适应性主体，我们从复杂系统原理出发，定义如下：复综语是把结构信息尽可能通过形态来表达的语言。复综语是能够把基本句法结构，如主谓、动宾、状中、定中、并列结构，扩展的句法结构即小句和动词作句子成分、逻辑结构、篇章结构等结构的信息都能在词内通过形态表达的语言。正如绝对的孤立语是不存在的，绝对的综合语也不存在，这些结构信息在复综语也可以通过语序和虚词来表达，但即使如此，只有复综语才能利用形态表达这么多的结构信息。

按照形式语义学的观点，语言的意义可从命题逻辑和谓词逻辑来表达。这些语义信息在复综语中都可用形态来表达。如谓词可用词根、词干、词基表示，论元用谓词句的人称-数形式表示（见楚克奇语、爱斯基摩语和鲍莱语），量词和其他变量也可通过形态表示（见努特卡语）。命题之间的关系总可用语气形态表达。在形式上，复综语具有层级性，能按照一定层次从小到大组合起来，组合的规则还具有一定的递归性。当然句法组合的递归性条件也有一部分学者质疑，是否能够无限递归我们暂且不论，在一定程度上的递归总是可能的，例如爱斯基摩语的后缀就有一定的递归组合能力。

E. Bach（1993）考察了如下问题，既然复综语语义信息主要是通过复杂的词法上的形态来编码，那么和其他较为分析的、主要通过句法上的短语编码语义信息的语言相比，两者是否会有所不同，即词内句法和词外句法是否有所不同。他认为复综语的语义编码方式和其他类型的语言不同，词内不存在谓词-论元关系，也不存在算子-变量关系①（如不允许量词提升②等）。复综语的词是一个动词短语或一个小句，而不是以篇章语境为存在前提的句子。复综语的词内不允许疑问词成分（wh-）移位。E. Bach 的观点表明了词法编码和句法编码方式的差异。复综语也有句法结构，并不是所有的句子都由一个词来表示。从本书绪论和正文描写分析的四类复综语样例看，不难发现：1）复综语在词外句法中同样存在算子-变量关系，如反向约束关系（详见 pp. 21—22）。2）复综语中谓词可包含主宾语信息，虽然这种信息在有的语言中不是强制的，但至少可以说，谓词-论元关系可反映在复综语的词法信息中。在允许组并的语言（如楚克奇语）中，论元组并到谓词中以后，词内更是具有了建立在词根基础上的谓词-论元关系。

第二节　复综语的形态系统

一　形态的分类

复综语形态可按是构词的还是构形的，分为派生形态和屈折形态（见

① 算子-变量关系在形式语义学中是指作为约束个体变元的算子和作为个体变元的变量之间的关系，句子中的变量都必须受到算子的约束。变量一般用未知数 x、y、z 表示，常见的算子为存在量词如“有些”、“some”等和全称量词如“所有”、“every”等。

② 量词提升是形式句法为解释量词辖域歧义而提出的一种观点。按局部性原则，变量只能受到最近的成分统制它的算子的约束，量词辖域歧义是由量词提升造成的。例如“everyone loves someone”（每个人都爱着某个人）有两种意义：（1）every x，some y，x loves y（对于每个人来说，他都有一个所爱的人）；（2）some y，every x，x loves y（有一个人，每个人都爱他）。前者全称量词的域高于存在量词（every>some），后者存在量词的域高于全称量词（some > every）。

pp. 2—5）。形态系统也可按其本身的作用，分成三类：语义形态、功能形态和关系形态。语义形态主要反映对语法意义的刻画，包括人称-数、时、体、类别、否定、强调、集合、程度/级、类别（表示事物形状类别的形态）等，语义形态也包括反映词汇意义的词汇后缀。功能形态主要反映在结构关系（包括语法结构或语义结构）中的功用，包括格、名词化、词类标记等，或反映话语功能，包括传信/引证等形态。关系形态主要反映结构关系，如领属、关系化、态、致使、逆被动、转换、受益等。语气似乎是个杂类，其常见的直陈、疑问、祈使和感叹语气是语用功能或话语功能形态，但用于连接逻辑结构的语气形态则是关系形态。

B. Comrie（1989：42—52）将形态标记分从属成分标记、中心语标记、双标记、无标记四类。如英语的从属成分标记's，匈牙利语的中心语标记-a，土耳其语的双标记－Kn...-i，Haruai 语（巴布亚新几内 Piawi 语族的一种语言）定中结构的无标记。比较：

（1）The man's house（‘这个人的房子。’）（英语）

（2）az ember ház-a（冠词 人 房子-他的，‘这个人的房子。’）（匈牙利语）

（3）Adam-Kn ev-i（人-领属 房子-他的，‘这个人的房子。’）（土耳其语）

（4）nöbö ram（人 房子，‘这个人的房子。’）（Haruai 语）

同样的标记类型也见于谓语和主宾语间。把谓语看作中心语，主宾语看作从属成分，同样可以得到四种标记类型，如车臣语（Chechen）的格标记，日语的谓词标记（格标记是虚词而非形态成分），丹尼语（Dani，印尼巴布亚省高地的语言）的格、谓双标记，楚图希尔语（Tzutujil，危地马拉的一种玛雅语）的格、谓无标记。比较：

（5）daː-s wo'a-na urs-Ø tüːxira（父亲-作格 儿子-与格 刀子-通格 刺，‘父亲用刀刺了儿子。’）（Chechen 语）

（6）boku ga tomudachi ni hana o agemashida（我 主格助词 朋友 与格助词 花 宾格助词 给.过去时，‘我给了朋友花。’）（日语）

(7) ap palu-nen Ø-nasikh-e（人 巨蟒-宾格 3单数.宾语-吃.过去时-3单数.主语，‘这个人吃了这条巨蟒。’）(Dani语)

(8) x-Ø-kee-tij tzyaq ch'ooyaa?（体-3单数-3复数-吃 衣服 老鼠，‘这些老鼠吃了这件衣服。’）(Tzutujil语)

二 结构和形态

(一) 人称-数形态和简单谓词句

复综语一个词可以表示一个句子，但是反过来不成立，一个句子不一定由一个词来表达。我们发现，表达一个句子的词是一个简单谓词句，而且一般带上主语的人称-数形态标记，而且主语的人称-数形态在有的语言是必选的，如楚克奇语、爱斯基摩语和鲍莱语。例如：

(1) mət-kətɤəntatə-rkən（1复数-跑-非完成，‘我们在跑。’）(楚克奇语)

(2) tamar-tu-q（tamartuq. 丢失-直陈不及物-3单数，‘它丢了。’）(爱斯基摩语)

(3) pi=niko-wo（pinikow. 2单数-吃-系词，‘你正在吃。’）(鲍莱语)

有的语言是可选的，如努特卡语。例如：

(4) hiɬ-'is-imɬ-'iɬ-'aƛ-qʷin（hiyisimyiɬʔaƛqwin. 到那儿-在海滩上-在群里-在房子里-终点-条件.1复数，‘我们过去经常一起住在海滩上的一间房子里。’）(带主语的人称-数形态标记)

(5) č̓iḥ-waḥsuɬ-maḥsa-'ap（č̓iḥwaḥsuɬmaḥsap. 幽灵一出去-想-致使，‘他想让一只幽灵出去。’）(不带主语人称-数形态标记)

简单的谓词句除了主语的人称-数形态之外，还包含其他大量的语义形态。不同的语言的简单谓词句包含的语义形态也不尽相同，一般包含语气、时、体等信息，在不同语言中这些语义形态的聚合系统和表现形式也各不相同。详见正文分析。

（二）核心格形态和主谓宾结构

格是语言形态复杂化手段之一，形态复杂的语言一般有格形态，但是并不具有必然性。例如楚克奇和爱斯基摩语具有复杂的格系统，但是鲍莱语没有核心格标记，只有一个处所格标记，而努特卡语中缺乏格形态。因此 M. C. Baker（1996：17—19）按形态可见性原则对复综语的定义并不成立，如果按照生成语法近期最简方案的观点，缺乏格形态的语言是由于在拼读之前被核查滤除掉了。但这种观点是为了解释而解释的假说，证据不足。

世界上有核心格的语言可以分为主格-宾格型和作格-通格型。主格-宾格型语言的不及物动词的主语和及物动词的主语格形态相同都为主格，及物动词的宾语为宾格形态。英语是主格-宾格型语言，比较例 6 和例 7：

（6）She comes.（‘她来了。’）

（7）I love her.（‘我爱她。’）

作格-通格型语言的不及物动词的主语和及物动词的宾语形态相同，都为通格形态，及物动词的主语的形态为作格形态。楚克奇语（比较例 8 和例 9）和爱斯基摩语（比较例 10 和例 11）都是作格-通格型语言。

（8）ajwe ekək pəkir-ɣʔi（昨天 儿子-通格：单数 到达-完成体：3 单数. 主语，‘昨天儿子到了。’）（楚克奇语）

（9）ekke-te aɣtan-nen ŋelwəl（儿子-作格 赶-完成体：3 单数. 主语：3 单数. 宾语 牧群：通格：单数，‘儿子驱赶了牧群。’）（楚克奇语）

（10）tauna paluqtaq qaner-tu-q（tauna paluqtaq qanertuq. 那 河狸：通格：单数 说-直陈不及物-3 单数，‘那只河狸说。’）（爱斯基摩语）

（11）issaluq-m apete-a-a（issalum aptaa. 豪猪-作格：单数 问-直陈及物-3 单数. 3 单数，‘豪猪问他。’）（爱斯基摩语）

需要注意的是，楚克奇语和爱斯基摩语的核心格形态标记是双标记的，名词的核心格形态必须和谓词的人称-数形式相一致，从理论上讲，人称-数形式共有 3×2=6 或 3×3=9 种形式，其中楚克奇语有三种人称和单复数两种数形式，爱斯基摩语有三种人称和单、双、复三种数形式，那么这两种语言的核心格形态就要分别再乘以 2，即作格和通格两种形式，楚克奇语有 2×3×2=12 种核心格形态，爱斯基摩语有 2×3×3=18 种核心格形态，从而造成了核心格形态的复杂化。实际上这两种语言的核心格形态由于受到音系上元音和谐、形态组合系统和名词词的语义特征的影响，其形式还要更多。详见正文分析。

作格-通格的对立可能比主格-宾格的对立更为原始。通格形态可以通见于主语宾语位置，但作格形态只能见于主语位置，换言之，通格的存在可以无视主语-宾语的分别，但作格却使主语范畴的存在成为必要，进而提出了区分主语-宾语的要求。

（三）旁格形态和状中结构

除了核心格之外，名词其他的格形式都称为旁格，旁格是单标记形态，本身有数的区分，但是谓语中没有和旁格相一致的人称-数形式。旁格在句中做状语成分修饰中心词谓语，在其他缺乏旁格形态语言中通常用介词短语来表达。

不同语言的旁格形态种类各不相同，楚克奇语中有 10 种格，除作格和通格这两种核心格外，还有 8 种旁格：1）工具格（instrumental）：表示所凭借的物件、方法、手段等。2）处所格（locative）：表示处于一个静态的点上。3）离格（ablative）：表示从什么地方。4）动向格（allative）：表示向什么地方运动。5）位向格（orientative）：也可叫参照格，表明空间或规格上的参照点。6）伴随格（comitative）：表示和有生命的某人或某物相伴随。7）关联格（associative）：表示和有生命的某人或某物相关联。8）指示格（designative）：表示像某物或作为某物。

爱斯基摩语有处所格（见例 12）、离格（见例 13）、向格/终点格（见例 14）、经由格（vialis）（见例 15）、等同格（equative）（见例 16）五种旁格。旁格在句子结构中充当状语成分。例如：

（12） marulussaagagtellriik uita-qellriik ena-cuar-mi.（marulussaagagtellriik uitaqellriik enacuanni. 祖父和孙子 居住-相互：双数 房子-小-处所单数，‘祖父和孙子住在小房子里。’）

（13） paluqtaq-mek tang-llini-lria（Paluqtamek tangllinilria. 河

狸-离格　看见-明显-分词不及物.3单数，‘他看见（不及物）了河狸。’）

（14）ayag-llini-lria　ataam　Mamterilleq-mun　（ayallinilria ataam Mamterillermun. 离开-明显-分词不及物.3单数　再次　村庄:名字-向格单数，‘于是他回到了Mamterilleq村。’）

（15）kuig-kun　anelrar-lria　anelrar-lu-ni（kuigkun anelrarelria anelrarluni. 河-通过　下河-分词不及物.3单数　离开-从属-3单数，‘他们走下河。’）

（16）una　mikete-u-q　tau-tun（una miktauq tautun. 这　小-直陈不及物-3单数　那-相等.单数，‘这和那一样小。’）

鲍莱语没有核心格标记，却有处所格标记，也是这一语言唯一的旁格形态。鲍莱语的处所格除了可以用于标记做状语的名词外，其功能要比楚克奇和爱斯基摩语的旁格名词要广泛得多。详见正文分析。这里略举例如下：

（17）kwo＝ni　ne'　pi＝weri-ye.（kwoni ne' piweri-ye. 存在＝1单数　这儿　2单数＝房子-处所，‘我在你的房子这儿。’）

（18）kajaw-esh-aj-ye＝nish（kajaveshaje-ye-nish. 鹿-肉-汤-处所＝感叹，‘好，在鹿肉汤里’）

努特卡语则缺乏格形态。

（四）关系形态和其他句法结构

关系形态是反映语法关系的形态，如反映定中关系的领属标记、关系化标记，反映并列短语结构的形态标记。

爱斯基摩定中结构中表领属的定语成分的格标记形式（即关系格）和作格标记相同，并且也要和中心语名词的人称-数一致。

（19）a. angut-em　kuuvviar-a（angutem kuuvviara. 男人-关系格.3单数　咖啡-主格:3单数，‘男人的咖啡’）；b. angut-et nuussi-it（angutet nuussiit. 男人-关系格.3复数　刀-主格:3复数，‘男人的刀。’）

楚克奇语定中结构中的关系标记如：

(20) a. ərəke-kin umqə（他们-关系：3 单数 北极熊-通格：单数，‘他们的一只北极熊’）；b. ərəke-kine-t umqe-t（他们-关系-3复数 北极熊-通格：复数，‘他们的北极熊。’）

鲍莱语中名词缺乏格标记，领属关系可以由属格代词或表示人称-数的前缀表示。

(21) a. ntir kam（1 单数领属 床，‘我的床’）； b. ni＝wer（1 单数＝房子，‘我的房子。’）

努特卡语中名词没有格形态，也没有发现用关系形态表示的定中结构，领属关系用表领属义的词汇后缀来表示的，而且表领属义的词汇后缀既可以加在主语上，也可以加在谓语上。如：

(22) ʔaːp-ḥiˑ-ʔiˑš ɬuːcma-ʔaˑk-qs（ʔaapḥiiʔiš ɬuucmaakqs. 体贴-持续-直陈.3 妻子-领属-从属.1 单数，‘我的妻子很体贴。’）

(23) ʔaːp-ḥiˑ-ʔaˑk-s ɬuːcma（ʔaapḥiiʔaks ɬuucma. 体贴-持续-领属-1 单数 妻子，‘我的妻子很体贴。’）

爱斯基摩语中有表示并列关系的形态标记-llu。在其他语言中，并列结构常常是用无标记和并列连词表示的。由于非常少见，我们不把它另立一类，而归入关系形态。

(24) ata-ka iluraq-ni＝llu（ataka ilurani-llu. 父亲-通格.1 单数/单数 朋友-通格.3 回指单数/单数＝和，‘我的父亲和他的朋友’）（爱斯基摩语）

（五）语气形态和逻辑结构

逻辑结构在汉语和英语中常通过连词来建立，在复综语中可通过形态来建立，这种连接两个分句形态在复综语中称为语气形态。当然复综语也可通过连词连接两个分句。在理解复综语的形态特征时，我们首先关注语气形态在逻辑结构中的作用。

例如，爱斯基摩语用表序列关系的形态-a-连接两个因果分句。

（25）ayag-nari-a-meng taukut ircinrraq-t yuk-t keleg-llini-ke-ait（ayagenariameng，taukut ircinrrat yuut kelellinikait. 离开-到时间-序列-3回指复数 那些 反身.人-复数 人-复数 邀请-明显-分词及物-3复数.3复数，‘因为他们要离开了，那些人邀请他们。’）

（六）形态和话语标记

除了句法结构和逻辑结构中，复综语还会在篇章结构中运用形态表示传信、强调、篇章连接等话语标记。而且这些话语标记的位置非常自由，不仅可以附加在动词上，也可以附加在名词甚至任何词类上。这也增加了形态复杂度。例如：

qeluq＝ʔm（因为＝强调）（楚克奇语）

tuai＝llu＝gguq（tua-i-llu-gguq. 那么＝然后＝传信）（爱斯基摩语）

三 词类和形态

复综语的形态非常丰富，可以通过具体的形态来划分词类。但其词类和功能间并不完全是一一对应关系。一般来说，实词都可作谓语，楚克奇语、鲍莱语和努特卡语名词性成分都可以自由作谓语（爱斯基摩语需要加动词标志），而且名词和动词之间可以自由地通过形态来转化。如果按照英语等西方语言的标准，即词类和句法功能存在一一对应关系，那么复综语也就没有词类，据此有的学者就认为努特卡语没有词类。这一点和作为孤立语的汉语反而很像。但是，复综语是形态非常复杂的语言，词类的划分一般可以通过形态来确定，这是和汉语显著不同的。

当然大部分学者还是主张语言中都是有词类的，我们也赞同这一观点。复综语的词类系统较为简单，名词和动词是最主要的大类，别的词类因语言的不同，差异很大。类型学研究表明，名词和动词似乎是语言的普遍范畴，形容词不是普遍的范畴，从复综语的角度来看，楚克奇语有从名词等其他词类派生而来的形容词，爱斯基摩语就没有形容词，鲍莱语的形容词是名词的一个次类，努特卡语的一些研究也不划分形容词。

（一）名词和形态

名词和动词作谓语和动词一样，都要带上和主语一致的人称-数形态。但是还有其他一些形态是名词专属的，例如格形态，复综语只有名词性成分才能作主语和宾语，这种关系是一一对应的，动词不能直接作主语和宾语，必须名词化后才能进入主语和宾语的位置，并且带上名词化标记，名词化标记也是形态之一。

此外复综语中，只有名词可以作定中结构的中心语，一部分定中结构用关系形态表示，因此关系形态也是鉴别名词的标准之一。

努特卡语的形态非常复杂，但这种语言里和句子结构相关的屈折形态又是可选的，即句子结构中的词既可以非常复杂，也可以非常简单，而且屈折形态又可以自由地附加到各种句子成分上，并不一定要附加到动词上。这种语言和其他的复综语相比，词类和功能更缺乏对应性，因此有些学者主张它没有词类划分。认为有词类的学者主张通过词基的组成和词根的语义性质来进行划分。词的词类属性可以有的由词根来决定，有的按词汇后缀来定义。

总的来说，名词还是能通过形态切分出来的，例如格形态、关系形态等，即使是作谓语，它和动词作谓语也有不同，首先名词谓语不能带宾语，其次在语义上它表示判断、存在、同一性等。努特卡语名词没有格形态，情况要复杂一些，还得参照词汇后缀和词根的意义。

（二）动词和形态

复综语的动词也有专属的形态标记，如爱斯基摩语中动词作谓语要带上不及物或及物动词标志。此外只有动词可以通过带上表致使、被动、施用等形态标记扩展句子结构，因而这些形态也是判断一个词是否为动词的有效标准。

只有及物动词能带宾语，名词作谓语不能带宾语，因此带宾语的谓词肯定是动词。

其他的形态标准因语言而异，楚克奇形容词作谓语，体形态和动词不同，名词作谓语受到很大的限制，一般不带体标记，结构比较简单。但这个标准在鲍莱语中并不适用，鲍莱语的名词作谓语同样可以带上体标记，结构也比较复杂，如果不结合具体的词根意义和整个谓语表达的意义，很难和动词区分开来。努特卡语的名动区分也往往要参考意义。

第三节 复综语的形态复杂性

语法复杂性分为词法复杂性和句法复杂性，词法复杂性主要指形态复杂性。形态复杂的语言倾向于拥有大量不同的语言形式，多使用类符(type)，而形态相对简单的语言则拥有更多的形符（word token）。从另一角度讲，语法复杂性包括成分复杂性（componential complexity）和结构复杂性（structural complexity），形态包括形态成分的复杂性和形态结构的复杂性。按理说，形态标记的变则性（如不规则性、不透明性和冗余性）程度，也可作为衡量形态复杂性的另一个维度。但这里暂不涉及。S. R. Anderson（2012）关于形态复杂性的一些观点尤其值得参考。以下论述顺便对之进行介绍，并在此基础上对复综语及其复杂性的来源展开论证。

一 形态成分的复杂性

各语言的形态系统存在差异，不同语言系统的形态成分的规模不同，一个词内的语素数量及系统所决定的语素间的关系也是不同的。

（一）系统内形态成分的数量

衡量形态复杂度的标准之一是语言中有多少形态成分，按此标准，爱斯基摩-阿留申语系是最高的，该语系中的语言具有500多个派生词缀，屈折系统包含的词缀数目则更多。位于太平洋海岸的北美萨利希(Salish）语言和瓦卡什语言（Wakashan）的派生词缀也很丰富，如据F. Boas 等（1947：203—377）记载，夸扣特尔语（Kwakiutl, Kwakw'ala）有250个词缀。英语要少一些，但据H. Marchand（1969）统计，也得有150个前后缀。汉语通常认为是缺乏形态的语言，但事实上也有十多个词缀（包括前缀“阿、老、小、第、初、反”等和后缀“子、儿、头、巴、式、性、者、化、家、学、手、气”等）。世界上不存在绝对的孤立语，即使越南语这样的特例，虽然缺少词缀，却也有丰富的重叠形态。

（二）词内词缀的数量

一门语言能多大程度地利用其形态系统要取决于系统自身的结构。例如，爱斯基摩语系的各语言基本拥有相同的形态材料，但其中一些语言着重这个方面，另外一些则不是。W. J. de Reuse（1994）观察到中西伯利亚尤皮克语的后缀能产性通常都很高且是语义透明的，后缀的数量一般是2—3个，最大也就是7个，这些序列要比其他爱斯基摩语短得多，如中阿拉斯加尤皮克语的后缀数量一般是六七个，最长的可达12个以上。

现代夸扣特尔语（Kwakiutl，Kwakw'ala，属美洲瓦卡什语系）使用者更依赖句法表达复杂的意义，尽管如此，这种语言潜在的使用形态表达复杂意义的能力却并没有减少。夸扣特尔语和中西伯利亚尤皮克语在词内的形态复杂度是相似的。

（三）单一成分实现的复杂性

形态结构导致的语言复杂性和单一形态成分到表层实现方式有关。按照传统结构主义观点，理想的形态元素的形式是和意义一一对应的。但实际语言中这种情形只会偶然呈现，并且以不同的方式偏离理想状态。

形式和内容不严格对应的简单例子是环缀（circumfixes）和中缀（infixes）。环缀是非连续形式表示单一的语法意义，中缀则是处于非连续的词中。在这两种情况下，一个独立的形态元素有一个不连续的实现。这两种形式都是多阶说明的最简单的表现。说明阶（exponence）的多少是复杂程度的表现之一。

有的例子要比这两种形式复杂得多，如乔克托语（Choctaw）的否定是多重标记的，乔克托语的否定形式需通过五步独立过程来标记：1）a-替换-li，作为第1人称单数主语标记；2）加前缀k-；3）加后缀-o(k)；4）词干加大重音长度；5）加后缀-kii，比较下例：

（1）a. iya-li-ttook‘我走’；b. a-k-íiy-o-kii-ttook‘我不走’（G. A. Broadwell，2006：149）

实际语言中既有一个意义通过多个形式表达，也有一个形式表达多个意义，后者是融合（fuse），融合的意义在词内彼此区别，在其他语境中可以分开表达，表达多个意义的语素称为累积（cumulative）语素。形式也可以没有意义，在词中成为空的冗余成分；意义也可以没有形式来表达，传统的形态学设置一个零位来解决这一问题，但这只是命名一个问题，而不是解决一个问题。还存在一个情况，意义的表达并不通过形式增长来实现，而是通过综合如下的变化来实现：去形态化、元音变音

(umlaut)、元音变换（ablaut)、元音交替（apophony)、辅音变化、转位(metathesis)、改变关系等。这些变化都是基于语言形式和意义之间关系的复杂性，即经常违背形义一一对应的所谓理想状态。

（四）语素变体的复杂性

最简单的类型是每一个形态单元都有单一的、有区别的词形，但实际上一个形态单元可以有多种形式，这就是语素变体。尽管语素变体有出现分布的条件，但它增加了系统的复杂性。

尽管语素变体的产生可从纯粹的音系角度解释，但仅从音系本身并不能预测一些语素变体的出现。在瓦尔皮里语（Warlpiri）中，如果词干是双音节的，那么作格的标记是- ŋku，如果词干是三音节或者更长，那么作格的标记就是- u。闪族语 Surmiran（瑞士的一种罗曼什语言）中有大量的语音制约的语素变体，其主要体现是该语言中每个词干都有两个无法预料的相关形式，这取决于其所调节的重音是落在词干上，还是落在词尾上。

如果变化仅是由音系决定的，语素变体不会降低系统的规则性。如果最初的变化是由音系导致的，但后来却不能从音系系统规则推出来，或者如果语素变体出现的条件是由共时词库的子集任意性决定的，则均将增加系统的复杂性。从语素变体出现的条件来看，复杂性主要来自跟句法、语义无关的变化，仅由语素自身的角色所决定。

语素变体复杂性的另一种表现是每一个成分都具有特质性，它们通过平行元素以不同方式作用的形式呈现。因此不同的任意的屈折类语素可区分为语法和音系相似的两类。同一个词的各种成员投射到词形变化表中，会按照形态变化表的单元填充方式而有所差异。也就是说，同一形式词缀黏附到不同词干上时会造成修饰上的差别。

与之相关的复杂性是语言中形态成分体现为音系行为的不同类型。N. Chomsky & M. Halle（1968）认为是成分的边界类型，词汇音系学将它看作属于语法构造上的不同形态层，S. R. Anderson（2012）则提出它应该是附缀黏附于不同的韵律层面导致的。

二　形态结构的复杂性

（一）形态组合的原则

除形态成分的数量外，不同语言的形态标记成分的组合复杂度也不同。许多情况下，不同的形态成分在结构中的位置不同，则语义约束的域也不同，即两者具有对应性。最直接的方式就是各个元素的形式组合可以直接反映出语义关系，这就是句法和语义存在映射关系。由于所有标记都是可识别的词缀，所以这可以通过词缀序列的方式实现。以夸扣特尔语（Kwakiutl，Kwakw'ala）为例，词缀的结合顺序有赖于它要表达的意义，例如：

（1）a. “使想”：ne'nak^w'-exsda-mas-ux̣^{w} John gax-ən（回家-想-致使-3单数 John 不定式-1单数，‘John使我想回家’）；b. “想使”：q'aq'oλa-madz-exsd-ux^w John gax-ən q-ən guk^{w}ile（学习-致使-想-3单数 John 不定式-1单数 关系代词-1单数 建房子，‘John想教我建房子。’）

上述词缀的顺序遵循成分的内容性质，S. R. Anderson（2012）认为这并不促成复杂性。如果一个词内的词缀仅仅是独立的形态性质，而不是与语义或其他因素相关，这种情况被认为是形态模板（morphological templates），如阿萨巴斯卡（Athabaskan）诸语言。据S. Hargus（1997）、K. Rice（2000）研究，在巴宾-维祖维特语（Babine-Witsu Wit'en，一种阿萨巴斯卡语言）中，动词的模板见表5-1，各成分的语序是固定的：

表5-1　巴宾-维祖维特语动词模板表

-12	-11	-10	-9	-8	-7	-6	-5	-4	-3	-2	-1	0
前置动词	反复	倍数	否定	组并	起始体	周遍代词	限定语	连接/否定	时制	主语	量词	词干

阿萨巴斯卡语言都具有模板，模板中形态标记范畴都是自明的。该语系中每种语言都可给出各自的模板，限定各成分在一个复杂整体内的顺序。各成分的组合原则部分由语义、音系决定的，同时也具有某种程度的任意性。部分任意性显然增加了语言系统的复杂度。这些语言中的模板在很长时间内非常稳定，模板之间的相似性可作为阿萨巴斯卡语言、特林基特语（Tlingit）、埃雅克语（Eyak）和中西伯利亚的叶尼塞语（Yeniseian）之间存在亲属关系的证据（E. J. Vajda，2010）。

形态的顺序经常不仅仅由“语素顺序”（morpheme order）来表现，它通常不仅仅由一个规则来支配，而且这些不同的规则之间并不能总是达成一致。

基本的影响因素当然是语义域，形态形式应该能将其内容作为其形式形成的基础。另一个因素是关于派生语素和屈折语素的位置问题，这就是J. L. Bybee（1985:11—12）著名的观点，屈折语素在历史上出现的时间比派生语素晚，因而和词干结合时处于派生语素的外围位置。这种观点已成为语法结构的一条定理，实际上这只是影响形态成分组合顺序的因素之一。

尽管有许多例外，如J. L. Bybee（1985:200）所言，一种语法范畴类型倾向于一种固定的语序，如呈“语气-时态-动词”顺序或“动词-时态-语气”顺序。语言理论需要分清哪些影响因素来自语法结构，哪些来自语言的另一些方面。

音系也对形态成分组合产生影响，S. R. Anderson（2012）援引K. Rice的研究成果指出，例如附缀（clitic）系统，吠陀梵语（Vedic Sanskrit）的附着词位置呈如下规律性：高元音的附着词先于低元音的附着词，元音开头的附着词先于辅音开头的附着词等。形态因素也存在影响，至少一部分附着词可以看作短语的形态。

（二）词内关系的复杂性

成分的复杂性不限于词内形式和意义之间的复杂性，另一种复杂性是围绕一个词干（base）所能建构的形式的范围，即一个给定词位（lexeme）的词形变化。词形变化表（paradigm）是指词表面形式的结构空间。结构空间有多个维度，每个维度都可按照形态特征的变化取不同的值，每种形态句法特征可能值的组合都反映特定词的屈折意义。如果不同形态句法表征同不同词汇形式之间的关系不是一一对应，则形态复杂性就将增加。这种复杂性可区分为如下类型：1）类并（syncretism），指多个形态句法表征映射到同一个词的相同形式上。如英语 hit 的现在时和过去时是相同形式。2）变异（variation），指词的不同形式对应于同一个形态句法表征，这正好与综合相反，如美国英语中 dove 和 dived 都可以表示动词 dive 的过去时形式。3）缺省，指形态句法表征缺少相应的形式。4）异相化（deponency），是指形式与功能的不匹配，按理说，形态学上的对立对应着功能上的对立，但某些语言中可以见到如下情形：词汇上的被动形式，在功能上却是主动的。

三　复综语及其复杂性的来源

为什么会产生复综语？这个问题看起来很难回答。A. Carstairs-McCarthy（2010）说，目前甚至还很难理解为什么人类语言要运用形态的方式。我们认为，从系统角度看，大体上有言外力量、言内活动、秘传的言际接触环境三方面原因，如图 5－1：

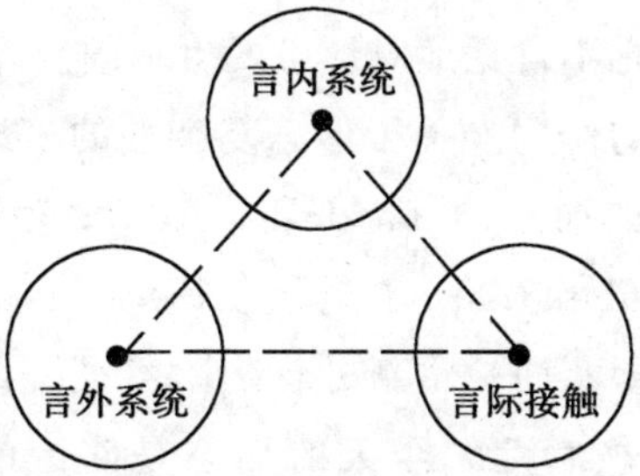

图 5－1　复综语成因的系统关系图

首先是言外系统的作用。语言形态类型的分化，最终归诸心理动因，即归根到底，它是由最初的语法视角分化造成的，是在词内扩展和词外扩展的选择上发生分化的结果。词只能以两种方式发生形变，或通过内部变化，或通过外部增生，外部增生又分复合和附生两类（洪堡特，1997：129—131）。复合和附生的区别是相对的，而非绝对的，是否如洪堡特所说，所有附生形式都是由复合形式转变而来的？恐怕也未必。[①] 像努特卡语这类被视为极老复综语（参 pp. 22—23）所富含的词汇词缀（参 pp. 39— 41）本身就是一种附生形式，当然有条件经语义泛化和虚化发展为意义抽象、虚灵的典型词缀。另外也不能排除以下可能：复综语附生形态至少有一些是前概念（pre-concept）局部泛化的结果，即针对其局部形式所反映的某个义素或义丛进行意义的过度泛化。毕竟人们对最小表义单元缺乏真正的了解。比如汉语语素至少是单音节的，但比音节小的语音要素其实也表示某种意义，如由辅音等表达的拟声要素和由元音表达的拟形

① 尽管我们已有以下认知：1）词汇都是先于句法被习得的，而且抽象的词汇正是语法形态出现的历时前导因素。2）句法中一切虚词均是实词语法化的结果。

要素（马清华，2013）。“短、浅、小、矮、扁、寡”等均由上声表小称，郑张尚方据此推断它们可能与上古某种小称形态有关。

认知处理上的易行优势也使得外部附生方式成为语言原始复杂化进程中乐于选用的一种语法视角，从而导致形态方式的形成。外部复合方式和外部附生方式所表达的在语义上分别是概念和由单一义素体现出来的观念，值得注意却一直被忽略的一点是，在同等抽象的处理难度上，以词项体现的概念要比以形态体现的观念难得多（马清华，2000:176—184），复综语习得研究的结果也表明了这一点（参 pp. 23—24）。这就能解释为什么很多秘传语言都自觉不自觉地对形态发生了偏爱。

其次是言内系统的作用。关于形态复杂性的来源，传统的认识是：语法形态总是源于以前的词汇词（lexical words）；所以形态复杂性是由通过句法结构组合（combination）和其后的压缩（condensation）所引起的句法复杂性而来的，即实词被重新分析为附着词，最终发展成语法词缀，新的形态就产生了。换言之，今天的形态是昨天的句法。（T. Givón，1971，1979；B. Heine & T. Kuteva，2007；B. Heine et al. 1991）但 S. R. Anderson（2012）认为，实际并不都是如此，形态在语言系统中有它独立的位置。I. Meir 等（2010）对吕赛义德贝都因（Al Sayyid Bedouin）手语研究表明，语法结构产生的历史过程或多或少能在这种语言中观察到。到它的第三代使用者，形态结构就在复合形式中产生了，在向心复合词中，修饰语前置于中心语，如 pray house “清真寺”，这种语序很难说是外来结构，但它又不是来自句法，因为在句法中，中心语前置于修饰语。这说明形态不是句法的寄生部分，而是有其自身特定的来源。可见，在仅有语音和句法之外，语言系统中还有其他途径可以形成形态。又如当语音更替以某种方式变得不清晰时，也可以被诠释为形态的基础。典型例子是德语的元音变音（umlaut），一旦其变得不清晰，重新分析便使其句法简化，形态也就因此而复杂化。

最后是秘传的言际接触环境的作用。形态的极端复杂跟该语言所处封闭环境也不无关联。语言按照与其他语言的接触程度深浅分为秘传语言（esoteric）和广传语言（exoteric），前者人口少，地域狭窄，语言邻居稀缺，后者人口多，地域宽广，语言邻居众多。人们普遍发现：1）同其他语言接触程度高的语言要比接触程度低的语言复杂性低，尤其是在形态复杂性的方面。2）小语种以及地理位置较为闭塞的语言在形态方面上倾向于更为复杂（Ö. Dahl，2013）。3）对作为英语、德语等接触变体的多项混合语研究报告表明，语言接触可导致形态消失倾向（J. H. McWhorter, 2001; P. Trudgill, 2001; B. Kortmann & B. Szmrecsanyi, 2009; P. Maitz&A. Németh, 2014）。

混合语之所以较历史较长的语言简单，其背后既与说话者不能很好地掌握对象语言有关（Ö. Dahl，2013），可能也与语龄（即语言形成后的时间长短）短有关（T. Weber，2016），毕竟混合语阶段本质上处于前语法阶段。言际接触可起到调整语法视角的作用，降低对形态方式的依赖，拓展非形态方式。若缺乏这一调节力量，秘传语言的复杂形态只会在原有基础上自我适应，变得越来越复杂。

参考文献

Adger, D. & D. Harbour. 2007. Syntaxand Syncretisms of The Person Case Constraint. *Syntax*. Vol. 10 (1):2 - 37.

Admiraal, F. 2011. Elaborating Teaching Materials for Baure: When Teachers Are Learners. In *Proceedings of the Symposium on Teaching and Learning Indigenous Languages of Latin America*. Kellogg Institute, University of Notre Dame.

Admiraal, F. & S. Danielsen. 2014. Productive compounding in Baure (Arawakan). In S. Danielsen & K. Hannss & F. Zúñiga (eds.), *Word Formation in South American Languages*. John Benjamins Pulishing Company: 79 - 112.

Admiraal, F. 2016. *A Grammar of Space in Baure*. Utrecht: LOT.

Aikhenvald, A. Y. 1999. The Arawak language family. In R. M. W. Dixon & A. Y. Aikhenvald (eds.), *The Amazonian Languages*. Cambridge: Cambridge University Press: 65 - 106.

Allen, B. J. et al. 1984. Noun incorporation in Southern Tiwa. *International Journal of American Linguistics*. Vol. 50 (3): 292 -311.

Allen, S. E. M. 1988. Noun Incorporation in Eskimo: Postpositions and Case Marking. *McGill Working Papers in Linguistics*. Vol. 5 (2).

Allen, S. E. M. & M. B. Cargo. 1992. First language acquisition of Inuktitut. In M. J. Dufour & F. Thérien (eds.), *Proceedings of the seventh Inuit studies conference*. Inuit studies occasional papers 4: 273 -281.

Anderson, S. R. 1992. *A-Morphous morphology*. Cambridge: Cambridge University Press.

Anderson, S. R. 2012. Dimensions of Morphological Complexity. In M. Baerman & D. Brown & G. G. Corbett (eds.), *Understanding and measuring morphological complexity*. Oxford University Press: 1 -29.

Andrade, M. J. 1933. Quileute. In F. Boas (ed.), *Handbook of American Indian languages* (Part 3). New York: Cambridge University Press: 151 - 292.

Aranovich, R. 2013. Transitivity and polysynthesis in Fijian. *Language*. Vol. 89.

Arkadiev, P. M. 2005. *Grammaticalization of polysynthesis* (with special reference to spoken French). Fourth Inernational school in linguistic typology and anthropology: satellite seminar. Moscow. URL: https://www. researchgate. net/publication/273379602 _ Grammaticalization _ of _ polysynthesis _ with _ special _ reference _ to _ Spoken _ French.

Arkadiev, P. M. 2009. *Towards a typology of case in head-marking languages*. URL: http://www. ling. helsinki. fi/sky/tapahtumat/case/Book _ of _ Abstracts _ Case _ Final. pdf # page=9.

Arkadiev, P. M. & Y. G. Testelets. 2015. On the Structure of Nominal Constructions in West Caucasian. In *48th annual meeting of the Societas Linguistica Europaea*. Leiden: 2 - 5.

Aronoff, M. 1994. *Morphology by itself*. Cambridge, MA: MIT Press.

Axelrod, M. 1990. Incorporation in Koyukon Athapaskan. *International Journal of American Linguistics*. Vol. 56 (2): 179 - 195.

Axelrod, M. & J. G. de García. 2007. Repetition in Apachean narrative discourse: From discourse structure to language learning in morphologically complex languages. *Language, Meaning, and Society*. Vol. 1.

Álvarez, J. 2006. Comparative constructions in Guajiro/Wayuunaiki. Opción (Maracaibo). Vol. 1.

Bach, E. 1993. On the Semantics of Polysynthesis. In *Proceedings of the Nineteenth Annual Meeti Society: General Session and Parasession on*

Semantic Universals. online via eLanguage.

Bake, B. et al. 2010. Putting it All Together: Agreement, Incorporation, Coordination and External Possession Inwubuy (Australia). In M. Butt & T. H. King (eds.), *Proceedings of the LFG 10 Conference*. CSLI Publications.

Baker, B. J. 2002. How referential is agreement? The interpretation of polysynthetic dis-agreement morphology in Ngalakgan. In N. Evans & H. J. Sasse (eds.), *Problems of Polysynthesis* (Studia typologica 4). Berlin: Akademie Verlag: 51 - 85.

Baker, M. C. 1988. *Incorporation: A Theory of Grammatical Function Changing*. Chicago: University of Chicago Press.

Baker, M. C. 1991. On Some Subject/Object Non-Asymmetries in Mohawk. *Natural Language and Linguistic Theory*. Vol. 3 (9): 537 -576.

Baker, M. C. 1996. *The Polysynthesis Parameter*. Oxford: Oxford University Press.

Baker, M. C. 1997. Complex Predicates and Agreement in Polysynthetic Languages. In A. Alsina & J. Bresnan & P. Sells (eds.), *Complex predicates*. Stanford: CSLI Publications, 249 - 290.

Baker, M. C. 2003. On the Loci of Agreement: Inversion Constructions in Mapudungun. In M. Kadowaski & S. Kawahara (eds.), *Proceedings from NELS* 33. Amherst MA: GLSA: 25 - 49.

Baptista, P. & R. Wallin. 1967. Baure. In E. Matteson (ed.), *Bolivian Indian Grammars* 1. Norman OK: Summer Institute of Linguistics of the University of Oklahoma, 27 - 84.

Barker, M. A. R. 1964. *Klamath Grammar*. Berkeley: University of California Press.

Barrie, M. 2010. Noun Incorporation as Symmetry Breaking. *Canadian Journal of Linguistics/Revue Canadienne De Linguistique*. Vol. 55: 273 - 301.

Barrie, M. & E. Mathieu. 2016. Noun incorporation and phrasal movement. *Natural Language & Linguistic Theory*. Vol. 34 (1):

1 -51.

Bischoff, S. T. 2007. *Functional Forms-Formal Functions: An Account of Coeur d'Alene Clause Structure*. Ph. D. dissertation, The University of Arizona.

Bittner, M. 2007. Temporal, Modal and De Se Anaphora in Polysynthetic Discourse. In C. Barker & P. Jacobson (eds.), *Direct Compositionality*. Oxford: Oxford University Press: 363 -404.

Blair, R. W. 1964. *Yucatec Maya: Noun and Verb Morpho-syntax*. Ph. D. dissertation, Department of Linguistics, Indiana University.

Blythe, J. 2013. Preference organization driving structuration: Evidence from Australian Aboriginal interaction for pragmatically motivated grammaticalization. *Language*. Vol. 89.

Boas, F. 1911. *Handbook of American Indian Languages*. New York: Cambridge University Press.

Boas, F. & E. C. Deloria. 1941. *Dakota Grammar*. Washington: National Academy of Science.

Boas, F. & H. B. Yampolsky & Z. S. Harris. 1947. Kwakiutl grammar with a glossary of the suffixes. *Transactions of the American Philosophical Society*. Vol. 37 (3): 203 - 377.

Bobaljik, J. D. 2006. The Limits of Deponency: A Chukotko-centric perspective. In *Proceedings-British Academy*. Oxford University Press, 1 (145): 175 - 202.

Bohnemeyer, J. & R. Tucker. 2016. *Space in semantic typology: Object-centered geometries*. URL: https://pdfs. semanticscholar. org/2b54/af995130482760ed23faa53b198caf9b071b. pdf.

Brandão, A. P. 2010. *Verb morphology in Paresi-Haliti (Arawak)*. Master Thesis, University of Texas, Austin.

Brandão, A. P. B. 2009. Descriptive words in Paresi-Haliti and in other Arawak languages. In *Proceendings of the Conference on Indigenous Languages of Latin America IV*. Austin.

Broadwell, G. A. 2006. *A Choctaw Reference Grammar*. Lincoln: the University of Nebraska Press.

Butler, L. K. 2005. Exceptional Blocking of Yucatec Maya Vowel Harmony. In *LSO Working Papers in Linguistics* 5. Proceedings of WIGL: 25 - 39.

Butler, L. K. et al. 2014. Syntactic constraints and production preferences for optional plural marking in Yucatec Maya. In M. Y. P. Antonio & A. Nolda & A. Sioupi (eds.), *Zwischen Kern und Peripherie*. Berlin: De Gruyter: 181 - 207.

Butt, M. & T. H. King & J. T. Maxwell Ⅲ. 2003. Complex Predicates via Restriction. In *Proceedings of the LFG03 Conference*. CSLI On-line Publications.

Bybee, J. L. 1985. *Morphology: A Study of the Relation Between Meaning and Form*. Amsterdam / Philadelphia: John Benjamins Company.

Carlson, B. F. 1972. *A grammar of Spokan: a Salish language of eastern Washington*. Ph. D. dissertation, Honolulu: University of Hawaii.

Carlson, B. F. 1990. Compounding and Lexical Affixation in Spokane. *Anthropological Linguistics*. Vol. 32 (1/2): 69 - 82.

Carstairs-McCarthy, A. 2010. *The evolution of morphology*. Oxford: Oxford University Press.

Castellanos, M. 2016. *Tonal Phenomena in Oapan Nahuatl*. Senior Essay. URL: http://ling. yale. edu/ sites/default/files/files/alumni%20senior%20essays/Maria%20Castellanos. pdf.

Chafe, W. 2003. The Translation Paradox. In N. Baumgarten & C. Böttger & M. Motz & J. Probst (eds.), *Übersetzen, Interkulturelle Kommunikation, Spracherwerb und Sprachvermittlung: das Leben mit mehreren Sprachen*. Festschrift für Juliane House zum 60. Geburtstag. Zeitschrift für Interkulturellen Fremdsprachenunterricht 8 (2/3): 1 - 10. URL: http://www. ualberta. ca/~german/ejournal/Chafe. htm.

Chafe, W. 2012. The Seneca Amplification Construction. *Linguistic Discovery*. Vol. 10 (1).

Charitonidis, C. 2008. Polysynthetic Tendencies in Modern Greek.

Linguistik online 33: 17 – 40. URL: http://www.linguistik-online.de/34_08/charitonidis.html.

Chirikba, V. A. 2003. *Abkhaz* (*Languages of the World/Materials* 119). München: Lincom Europa.

Chomsky, N. & M. Halle. 1968. *The Sound Pattern of English*. New York: Harper & Row.

Clarke, S. 2009. The Manifestation of Viewpoint Aspect in Inuktitut. *Studia Linguistica*. Vol. 63.

Compton, R. 2011. Polysynthetic Word-internal Adjectives and Verb-like Adjectives in Inuit. In *Canadian Linguistic Association* (*CLA*) *Conference*. University of New Brunswick, Fredericton, May 28 –30.

Comrie, B. 1989. *Language universals and linguistic typology: Syntax and morphology*. Chicago: the University of Chicago Press.

Comrie, B. & Z. E. Fernández. 2012. *Relative clauses in languages of the Americas: a typological overview*. John Benjamins Publishing: 175.

Cowell, A. & A. Moss. 2008. *The Arapaho Language*. Boulder: University Press of Colorado.

Dahl, Ö. 2013. *Lectures on linguistic complexity*. Stockholm University.

Danielsen, S. 2007. Baure: An Arawak Language of Bolivia. Leiden: CNWS Publications.

Danielsen, S. 2009. *The pervasive imperfective suffix in Arawakan languages*. The Amazonian Fringe, Radboud University Nijmegen, 03/07/2009. URL: http://research.uni-leipzig.de/baureprojekt/papers/lexicalaspectARW.pdf.

Danielsen, S. 2011. Clause embedding strategies in Baure (Arawakan). In R. V. Gijn & K. Haude & P. Muysken (eds.), *Subordination in native South American languages*. John Benjamins Pulishing Company: 79 – 108.

Danielsen, S. 2011. The personal paradigms in Baure and other Southern Arawakan languages. *International Journal of American Linguistics*. Vol. 77 (4).

Davidson, M. 2002. *Studies in Southern Wakashan (Nootkan) Grammar*. Ph. D. dissertation, University of New York at Buffalo.

Davis, H. & R. Waldie & R. Wojdak. 2007. Condition C Effects in Nuu-chah-nulth. *Canadian Journal of Linguistics*. Vol. 52 (1/2): 185-222.

DeLancey, S. 1991. Chronological strata of suffix classes in the Klamath verb. *International Journal of American Linguistics*. Vol. 57 (4): 426-445.

DeLancey, S. 1999. Lexical prefixes and the bipartite stem construction in Klamath. *International Journal of American Linguistics*. Vol. 65 (1): 56-83.

Demuth, K. 1992. Accessing functional categories in Sesotho: Interactions at the morpho-syntax interface. In J. Meisel (ed.), *The Acquisition of Verb Placement: Functional Categories and V2 Phenomena in Language Development*. Dordrecht: Kluwer Academic Publishers: 83-107.

Derbyshire, D. C. & G. K. Pullum (eds.). 1986. *Handbook of Amazonian languages*. Vol. 1. Berlin: Mouton de Gruyter.

Dixon, R. B. 1911. Maidu. In F. Boas (ed.), *Handbook of American Indian Languages* (Part 1). New York: Cambridge University Press: 679-734.

Dixon, R. M. W. & A. Y. Aikhenvald (eds.). 1999. *The Amazonian Languages*. Cambridge: Cambridge University Press.

Dunn, M. J. 1999. *A Grammar of Chukchi. Canberra*. Ph. D. dissertation, Australian National University.

Duponceau, P. S. 1819. Report of the Corresponding Secretary to the Committee of His Progress in the Investigation of the Language of the American Indians. In *Transactions of the Historical and Literary Committee*, 1. Abraham Small.

Evans, N. 1999. Why argument affixes in polysynthetic languages are not pronouns: evidence from Bininj Gun-wok. *STUF-Language Typology and Universals*. Vol. 52.

Evans, N. & H. J. Sasse (eds.). 2002. *Problems of polysynthesis*. Studia Typologica. Berlin, Germany.

Evans, N. 2008. Big words, small phrases: Mismatches between pause units and the polysynthetic word in Dalabon: Linguistics. *Linguistics*. Vol. 46.

Everett, D. L. 1986. Pirahã. In D. C. Derbyshire & J. K. Pullum (eds.), *Handbook of Amazonian* Vol. 1. Mouton de Gruyter: 200 – 325.

Feldman, H. 1986. *A grammar of Awtuw*. Australian National University.

Fell, B. 2012. Applicatives and Incorporation in Ubykh. *Journal of Linguistics*. Vol. 25.

Fleck, D. W. 2003. *A grammar of Matses*. Ph. D. dissertation, Rice University.

Foley, W. A. 1991. *The Yimas language of New Guinea*. Stanford University Press.

Fortescue, M. 1984. Learning to Speak Greenlandic: A Case Study of a Two-Year-Old's Morphology in a Polysynthetic Language. *First Language*. Vol. 5: 101 – 112.

Fortescue, M. 1994. Polysynthetic Morphology. In R. E. Asher (ed.), *Encyclopedia of Language and Linguistics*. Oxford: Pergamon Press: 2601 – 2602.

Fortescue, M. 2003. The origin of transitive auxiliary verbs in Chukotko-Kamchatkan. In M. Fortescue et al. (eds.), *Historical Linguistics*. Amsterdam: John Benjamins: 115 – 130.

Fortescue, M. 2005. *Comparative Chukotko-Kamchatkan dictionary*. Berlin: Mouton de Gruyter.

Fortescue, M. 2007. The Typological Position and Theoretical Status of Polysynthesis. In J. Rijkhoff (ed.), *Linguistic Typology*. Arhus: Tidsskrift for Sprogforskning: 1 – 27.

Fortescue, M. 2012. How Old is Polysynthesis. In *the Amur-Sakhalin-Hokkaido Region Research Centre for Japanese Language and Linguistics*. Oxford, January 17th.

Fortescue, M. 2014. What are the limits of polysynthesis?. In *International Symposium on Polysynthesis in the World's Languages*. NINJAL, Tokyo.

Friedrich, P. 1971. *The Tarascan suffixes of locative space: Meaning and morphotactics*. Bloomington: Indiana University.

Gerdts, D. B. 1988. Semantic Linking and Relational Structure in Desideratives. *Linguistics*. Vol. 26.

Givón, T. 1971. Historical syntax and synchronic morphology: An archeologist's fieldtrip. *Chicago Linguistic Society*. Vol. 7: 394 –415.

Givón, T. 1979. *On Understanding Grammar*. New York, NY: Academic Press.

Goddard, C. 1997. The universal syntax of semantic primitives. *Language Sciences*. Vol. 19.

Goddard, P. E. 1910. Athapascan (Hupa). In F. Boas (ed.), *Handbook of American Indian languages* (Part 1). New York: Cambridge University Press: 85 – 158.

Golla, V. 1996. Sketch of Hupa, an Athapaskan language. In *Handbook of North Americans Indian: Languages* 17. Washington, DC: 364 –389.

Greenberg, J. H. 1954. A quantitative approach to the morphological typology of language. In R. F. Spencer (ed.), *Method and Perspective in Anthropology*. Minneapolis: University of Minnesota Press: 192 –220.

Grice, D. R. T. 2007. Aspect, temporal anaphora, and tenseless languages. In *SULA 4 – The Semantics of Under-Represented Languages in the Americas*. Universidade de São Paulo. URL: http://www.acsu.buffalo.edu/~jb77/SULA%204%20JB.pdf.

Haas, M. R. 1941. Noun incorporation in the Muskogean languages. *Language*. Vol. 17 (4): 311 – 315.

Haas, M. R. 1941. Tunica. In F. Boas (ed.), *Handbook of American Indian Languages*. *Vol. IV*. New York: Cambridge University Press.

Haeberlin, H. K. 1921 – 23. Notes on the Composition of the Verbal

Complex in Haida. *International Journal of American Linguistics*. Vol. 2 (3/4): 159 - 162.

Halle, M. & A. Marantz. 1993. Distributed Morphology and the Pieces of Inflection. In K. L. Hale & S. J. Keyser & S. Bromberger (eds.), *The View from Building 20: Essays in Linguistics in Honor of Sylvain Bromberger* (Chapter 3). Cambridge MA: The MIT Press.

Hargus, S. 1997. The WitsuWit' en disjunct morphemes: Clitics or afixes?. In J. Hill & P. J. Mistry & L. Campbell (eds.), *The life of language: Papers in linguistics in honor of William Bright*. Berlin: Mouton de Gruyter.

Haugen, J. D. 2008. Denominal verbs in Uto-Aztecan. *International Journal of American Linguistics*. Vol. 74: 439 - 470.

Heaton, R. 2013. The Tunica Language Revitalization Project: Methods, challenges, and data conflict in language recreation. In *4th International Conference on Language Documentation and Conservation* (*ICLDC*). URL: http://scholarspace. manoa. hawaii. edu/handle/10125/14576.

Heine, B. & U. Claudi & F. Hunnemeyer. 1991. *Grammaticalization: A Conceptual Framework*. Chicago, IL: University of Chicago Press.

Heine, B. & T. Kuteva. 2007. *The Genesis of Grammar*. Oxford: Oxford University Press.

Hellmuth, S. et al. 2007. Intonational patterns, tonal alignment and focus in Mawng. *In Proceedings of 16th ICPhS satellite workshop Intonational Phonology*. Saarbrücken, Germany: Saarland University.

Hill, J. H. & S. M. Broadbent. 1968. The Southern Sierra Miwok Language. *University of California Publications in Linguistics*. Vol. 38.

Hoijer, H. 1931. *Tonkawa: An Indian language of Texas*. Рипол Классик.

Homola, P. 2012. A Machine Translation Toolchain for Polysynthetic Languages. In M. Cettolo & M. Federico & L. Specia & A. Way (eds.), *Proceedings of the 16th Annual Conference of the*

European Association for Machine Translation. Trento: EAMT: 65 - 68.

Ingham, B. 1998. Demonstrative stems in Lakhota. *International journal of American linguistics*, Vol. 64 (2).

Inglis, S. 2004. 400 years of linguistic contact between the Mi'kmaq and the English and the interchange of two world views. *The Canadian Journal of Native Studies*. Vol. 24.

Iummato, S. 2009. *Estructuras comparadas-Contrastive Analysis* 1. Universidad de Belgrano.

Jacobson, S. A. 1979. *A Grammatical Sketch of Siberian Yupik Eskimo*. Fairbanks: Alaska Native Language Center.

Jacobson, S. A. 1984. *Yup'ik Eskimo Dictionary*. Fairbanks: Alaska Native Language Center.

Jacobson, S. A. 1995. *A Practical Grammar of the Central Alaskan Yup'ik Eskimo Language*. Fairbanks: Alaska Native Language Center.

Jacques, G. 2012. From denominal derivation to incorporation. *Lingua*. Vol. 122 (11).

Jany, C. 2007. Is There any Evidence for Complementation in Chimariko?. *Journal of American Linguistics*. Vol. 73.

Jany, C. 2010. Orthography design for Chuxnabán Mixe. *Language Documentation & Conservation*. Vol. 4.

Jelinek, E. 1984. Empty categories, case, and configurationality. *Natural Language and Linguistic Theory*. Vol. 2: 39 - 76.

Jendraschek, G. 2009. Clause linkage in a language without coordination: the adjoined clause in Iatmul. In *Form and Function in Language Research*. Honour of Christian Lehmann: 139 - 150.

Jenkins, C. J. 1984. Some Aspectsof Word-Formation in a Polysynthetic Language. In *Proceedings of the Tenth Annual Meeting of the Berkeley Linguistics Society*. BLS10: 104 - 115.

Johns, A. 2010. Inuit sea ice terminology in Nunavut and Nunatsiavut. In I. Krupnik et al. (ed.), *SIKU: Knowing Our Ice: Documenting*

Inuit Sea Ice Knowledge and Use. London. Springer.

Junker, M. O. 2004. Focus, Obviation, and Word Order in East Cree. *Lingua*. Vol. 114.

Kaiser, L. 1998. The Interaction of Noun Incorporation and Applicative Formation in Ainu. In G. Booij & J. V. Marle (eds.), *Yearbook of Morphology*. Dordrecht: Kluwer: 157 – 178.

Kalt, S. E. 2009. Bilingual children's object agreement and case marking in Cusco Quechua. In *University of British Columbia's Working Papers in Linguistics*. URL: http://lingserver. arts. ubc. ca/linguistics/sites/default/ files/UBCWPL26 – WSCLA1314 – Kalt. pdf.

Keine, S. 2016. *Onmorphological linearization: Evidence from Baure*. URL: http://people. umass. edu/keine/ handouts/Keine _ Baure. pdf.

Kelly, B & R. Nordlinger. 2015. Acquiring a polysynthetic Australian language: From infancy to school. In 4*th International Conference on Language Documentation and Conservation* (*ICLDC*). URL: http://hdl. handle. net/10125/25383.

Kelly, B. et al. 2014. The acquisition of polysynthetic languages. *Archiv Für Die Gesamte Virusforschung*. Vol. 8.

Kelly, N. 2011. Verbal Affix Order in Quechua.. In *Memorias del V Congreso de Idiomas Indígenas de Latinoamérica*. Universidad de Texas en Austin.

Kibrik, A. A. 2009. Basics of referential systems: Sorting things out. In A. L. Devi & A. Branco & R. Mitkov (eds.), *Proceedings of the 7th Discourse Anaphora and Anaphor Resoluction Colloquium*. Chennai: AU-KBG Research Center: 1 – 8.

Kibrik, A. A. 2012. Prosody and local discourse structure in a polysynthetic language. In Y. I. Alexandrov et al. (ed.), *The Fifth International Conference on Cognitive Science*. Kaliningrad: MAKI: 80 –81.

Korotkova, N. & Y. Lander. 2010. Deriving affix ordering in

polysynthesis: evidence from Adyghe. *Morphology*. Vol. 20 (2): 299 -319.

Kortmann B. & B. Szmrecsanyi. 2009. World Englishes between simplification and complexification. In T. Hoffman & L. Siebers (eds.), *World Englishes-Problems, Properties and Prospects: selected papers from the 13th IAWE conference*. John Benjamins Pulishing Company: 265 - 285.

Kozinsky, I. Š. & V. P. Nedjalkov & M. S. Polinskaja. 1988. Antipassive in Chukchee: Oblique object, object incorporation, zero object. In M. Shibatani (eds.), *Passive and Voice*. Amsterdam and Philadelphia: John Benjamins: 651 - 706.

Krasnoukhova, O. 2012. *The Noun Phrase in the Languages of South America*. Utrecht: LOT.

Kroeber, A. L. 1907. *The Washo language of east central California and Nevada*. The University Press.

Lander, Y. 2009. Unexpected applicatives and morphological compositionality in Adyghe. In *the Conference on Morphology of the World's Languages*. University of Leipzig.

Lander, Y. & V. Plungian. 2010. Case, valency and transitivity. *Language*. Vol. 86 (3): 728 - 731.

Legate, J. A. 2002. *Warlpiri: Theoretical Implications*. Ph. D. dissertation. The Massachusetts Institute of Technology.

Legate, J. A. 2006. Split Absolutive. In A. Johns & D. Massam & J. Ndayiragije (eds.), *Ergativity: Emerging Issues*. Dordrecht: Kluwer: 143 - 171.

LeSourd, P. S. 2013. Does Maliseet-Passamaquoddy Have VP-Ellipsis?. *Linguistic Inquiry*. Vol. 44 (2): 285 - 298.

Letuchiy, A. 2007. Reciprocals, reflexives, sociatives and comitatives in Adyghe. In VP. Nedjalkov et al. (eds.), *Reciprocal constructions*. Amsterdam: John Benjamins: 773 - 811.

Lomashvili, L & H. Harley. 2011. Phases and templates in Georgian agreement. *Studia Linguistica*. Vol. 65 (3).

Loos, E. E. 1999. Pano. In R. M. W. Dixon & A. Y. Aikhenvald (eds.), *Amazonian Language*. Cambridge: Cambridge University Press: 227 -250.

Luciana, D. 2002. Construções aplicativas em Panará Applicative constructions in Panará. *Delta Documentação De Estudos Em Lingüística Teórica E Aplicada*. Vol. 18 (2):203 - 231.

MacSwan, J. 1998. The argument status of NPs in Southeast Puebla Nahuatl: Comments on the Polysynthesis Parameter. *Southwest Journal of Linguistics*. Vol. 17 (2).

MacWhinney, B. 1981. Hungarian language acquisition as an exemplification of a general theory of grammatical development. In D. I. Slobin (ed.), *The Crosslinguistic Study of Language Acquisition*. Hillsdale, NJ:Erlbaum.

Maitz, P. & A. Németh. 2014. Language Contact and Morphosyntactic Complexity: Evidence from German. *Journal of Germanic Linguistic*s. Vol. 26 (1):1 - 29.

Marchand, H. 1969. *The categories and types of present-day English word-formation: A synchronic-diachronic approach*. Munich: Beck'sche Verlagsbuchhandlung.

Markman, V. G & P. Grashchenkov. 2012. On the adpositional nature of ergative subjects. *Lingua*. Vol. 122 (3).

Massam, D. 2001. Pseudo Noun Incorporation in Niuean. *Natural Language & Linguistic Theory*. Vol. 19 (1):153 - 197.

Massam, D. 2009. Noun Incorporation: Essentials and Extensions. *Language and Linguistics Compass*. Vol. 3 (4):1076 - 1096.

Mathieu, E. 2013. Denominal Verbs in Ojibwe.. *International Journal of American Linguistics*. Vol. 79:97 - 132.

Mattissen, J. 2002. Dependent-head synthesis in Nivkh-with an outlook on polysynthesis in the Far Northeast. In N. Evans & H. J. Sasse (eds.), *Problems of Polysynthesis* (*Studia Typologica* 4). Akademie Verlag, Berlin:135 - 166.

Mattissen, J. 2004. A structural typology of polysynthesis. *Word*.

Vol. 55 (2).

Mattissen, J. 2006. The ontology and diachrony of polysynthesis. In D. Wunderlich (ed), *Advances in the theory of the lexicon*. Mouton de Gruyter: 287 - 354.

Maxwell, M. & J. D. Amith. 2005. Language Documentation: The Nahuatl Grammar. *Lecture Notes in Computer Science*. Vol. 3406: 474 -485.

Mberi, N. E. 2006. *The Categorical Status and Functions of Auxiliaries in Shona*. Ph. D. dissertation, University of Zimbabwe.

McDonough, J. 2000. How to use Young and Morgan's "The Navajo Language.". *University of Rochester Working Papers in the Language Sciences*. Vol. 1 (2): 195 - 214.

McWhorter, J. H. 2001. The world's simplest grammars are creole grammars. *Linguistic Typology*. Vol. 5: 125 -66.

Meir, I. & W. Sandler & C. Padden & M. Aronoff. 2010. Emerging sign languages. In M. Marschark & P. E. Spencer (eds.), *Oxford handbook of deaf studies, language, and education*. vol. 2. New York: Oxford University Press: 267 - 280.

Menovš č ikov, G. A. 1969. Les Constructions Fondamentales De La Proposition Simple Dans Les Langues Eskimo-Aleoutes: (en liaison avec la construction ergative). *Langages*. No. 15.

Miner, K. L. 1986. Noun Stripping and Loose Incorporation in Zuni. *International Journal of American Linguistics*. Vol. 52 (3): 242 -254.

Minor, S. 2005. *Kabardian as a Polysynthetic Language*. Master Thesis, Moscow State University.

Mithun, M. 1984. How to avoid subordination. *Berkeley Linguistics Society*. Vol. 10: 493 - 509.

Mithun, M. 1984. The Evolution of Noun Incorporation. *Language*. Vol. 60: 847 - 894.

Mithun, M. 1989. The incipient obsolescencoef polysynthesis: Cayuga in Ontario and Oklahoma. In Dorian, N. C. (ed.), *Investigating obsolescence: studies in language contraction and death*. Cambridge

Cambridge University Press:243 - 258.

Mithun. M. 1989. The acquisition of polysynthesis. *Journal of Child Language*, Vol. 16 (2):285 - 312.

Mithun, M. 1990. The role of typology in American Indian historical linguistics. In P. Baldi (ed), *Linguistic Change and Reconstruction Methodology*. Mouton de Gruyter:33 - 56.

Mithun, M. 1996. Prosody, Grammar, And Discourse In Central Alaskan Yup'ik. *Linguistics* . Vol. 7. Santa Barbara: University of California.

Mithun, M. 1999. *The Languages of Native America*. Cambridge University Press.

Mithun, M. 2006. Iroquoian Languages. In R. E. Asher & J. M. Y. Simpson (eds.) *Encyclopedia of Language & Linguistics*. Pergamon Press:31 - 34.

Miyaoka, O. 2008. Morphological strategies for "complex sentences" and polysynthesis in Central Alaskan Yupik (Eskimo). In *Subordination and Coordination Strategies in North Asian Language*. John BenjaminsPulishing Company:143 - 300.

Miyaoka, O. 2012. *A Grammar of Central Alaskan Yupik*. Berlin: Walter de Gruyter GmbH.

Miyaoka, O. 2015. Valency Classes in Central Alaskan Yupik, an Eskimoan Language. In A. Malchukov & B. Comrie (eds.), *Case Studies from Austronesia, the Pacific, the Americas, and Theoretical Outlook*. Vol. 2. De Gruyter:1165 - 1204.

Miyaoka, O. 2016. Morphological Strategies For "Complex Sentences". In *Central Alaskan Yupik (Eskimo), Apolysynthetic Language of the Non-Slot Type*. URL: http://www. ling. helsinki. fi/uhlcs/LENCA/LENCA - 3/ information/abstract-files/miyaoka-osahito. pdf.

Monson, C. et al. 2004. Data Collection and Analysis of Mapudungun Morphology for Spelling Correction. In *International Conference on Language Resources and Evaluation (LREC)*. URL: http://repository. cmu. edu/ cgi/viewcontent. cgi? article=1303&context=

compsci.

Morin, A. 2006. *On the syntax of clause type particles: Evidence from Gascon, Innu and Québec French*. Master Thesis, Concordia University.

Moro, A. 2000. *Dynamic Antisymmetry*. Cambridge, MA: MIT Press.

Muravyova, I. A. & M. A. Daniel & T. J. Zhdanova. 2001. Chukchi language and folklore in texts. In V. G. Bogoraz. *Part two: grammar*. Moscow: Unpublished.

Muravyova, I. A. 2007. Chukchee. In A. Spencer & A. M. Zwichky (eds), *The Handbook of Morphology* (形态学指南). 北京：北京大学出版社.

Muro, A. 2008. Lexical Affixation in Salish and Wakashan and its Relevance for a Theory of Polysynthesis. *Padua Working Papers in Linguistics*. Vol. 2: 1 - 28.

Nakayama, T. 1997. *Discourse-Pragmatic Dynamism in Nootka Morphosyntax*. Ph. D. Dissertation, University Of California, Santa Barbara.

Nakayama, T. 2001. *Nuuchahnulth (Nootka) Morphosyntax*. California: University of California Press.

Nedjalkov, V. P. 1979. Degrees of ergativity in Chukchee. In Franz Plank (ed.), *Ergativity*. London and New York: Academic Press: 241 -262.

Nefedov, A. et al. 2010. Ditransitive constructions in Ket. In A. Malchukov & M. Haspelmath & B. Comrie (eds.), *Studies in Ditransitive Constructions*. Berlin: Mouton de Gruyter: 261 - 284.

Nelson, K. 2010. Ejectives in Nez Perce. *Santa Barbara Papers in Linguistics*. Vol. 21.

Nichols, L. 2001. The syntactic basis of referential hierarchy phenomena: Clues from languages with and without morphological case. *Lingua*. Vol. 111: 515 - 537.

Norde, M. 2009. *Degrammaticalization*. Oxford University Press, Oxford: 253 - 254.

Nordlinger, R. 2010. Agreement mismatches in Murrinh-Patha serial verbs. In *the* 2009 *Conference of the Australian Linguistic Society*. URL: http://www. als. asn. au.

Nowak, E. 1996. *Transforming the images: ergativity and transitivity in Inuktitut (Eskimo)*. Berlin: Mouton de Gruyter.

O'Neil, S. 2002. Northwestern California Ethnolinguistics: A Study in Drift. *eScholarship*. URL: http://escholarship. org/uc/item/2t4609vm.

Osborne, C. R. 1974. *The Tiwi language: grammar, myths and dictionary of the Tiwi language spoken on Melville and Bathurst Islands*. Canberra: Australian Institute of Aboriginal Studies.

Payne, D. L. 1990. *The Pragmatics of Word Order: Typological Dimensions of Verb Initial Languages*. Berlin: Mouton de Gruyter: 246-247.

Payne, D. L. 1991. A Classification of Maipuran (Arawakan) Languages Based on Shared Lexical Retentions. In D. C. Derbyshire & G. K. Pullum (eds.), *Handbook of Amazonian Languages*. *Vol*. 3. Berlin: Mouton de Gruyter: 355-499.

Petersen de Piñeros, G. 2007. Nominal Classification in Uitoto. *International Journal of American linguistics*. Vol. 73 (4): 389-409.

Phillips, C. 1994. Verbal case and the nature of polysynthetic inflection. In *Proceedings of CONSOLE* Ⅱ. Leiden: 1-17.

Pinker, S. 1999. *Words and Rules: The ingredients of language*. London: Pheonix.

Platzack, C. 2010. Head Movement as a Phonological Operation. In L. Cheng & N. Corver (eds.), *Diagnosing syntax*. Oxford: OUP.

Poot, A. G. & M. McGinnis. 2005. Local versus long-distance fission in Distributed Morphology. In C. Gurski (ed.), *Proceedings of the* 2005 *Canadian Linguistics Association Annual Conference*. URL: http://westernlinguistics. ca/Publications/CLAACL/GonzalezPoot_McGinnis. pdf. Google Scholar

Ptaszynski, M & Y. Momouchi. 2012. Part-of-speech tagger for Ainu language based on higher order Hidden Markov Model. *Expert Systems with Applications*. Vol. 39 (4)

Queixalós, F. 2012. Nominalization in Sikuani. In A. C. Bruno & F. Pacheco & F. Queixalós & S. Telle. & L. Wetzels (eds.), *La structure des langues amazoniennes* Ⅱ. Amerindia 35:153 - 186.

Ravinski, C. 2005. *Grammatical Possession in Nuu-Chah-Nulth*. Bachelor Thesis, University of British Columbia.

Reed, I. et al. 1977. *Yupik Eskimo grammar*. Unversity of Alaska, Alaska Native Language Center.

Reuse, W. J. de. 1994. Noun incorporation in Lakota (Siouan). *International Journal of American Linguistics*. Vol. 60 (3): 199 -260.

Revithiadou, A. 1999. *Headmost Accent Wins. Head Dominance and Ideal Prosodic Form in Lexical Accent Systems*. Ph. D. dissertation, Leiden: Leiden University.

Rice, K. 1993. The Structure of The Slave (Northern Athabaskan) Verb-Studies in Lexical Phonology. In S. Hargus & E. Kaisse (eds.), *Studies in Lexical Phonology*. Academic Press:145 -171.

Rice, K. 2000. *Morpheme order and semantic scope: Word formation in the Athapaskan verb*. Cambridge: Cambridge University Press.

Rice, S. & G. Libben & B. Derwing. 2002. Morphological Representation in an Endangered, Polysynthetic Language. *Brain and Language*. Vol. 81.

Rood, D. S. 2002. Polysynthetic Word formation: Wichita contributions to the morphology/syntax debate. In S. Bendjaballah & W. U. Dressler & O. E. Pfeiffer & M. D. Voeikova (eds.), *Morphology 2000: Selected Papers from the 9th Morphology Meeting*. Vienna, 24 - 28 February:293 - 304.

Rose, S. 1981. *Kyuquot Grammar*. Ph. D. dissertation, University of Victori.

Ross, B. 2003. *The Phonological/Grammatical Mismatch in the Dalabon Word: A Phonetic Study*. Honours thesis, University of Melbourne.

Sandalo, F. 1997. *A grammar of Kadiwéu: with special reference to the Polysynthesis Parameter*. MIT Occasional Papers in *Linguistics*. Vol. 11.

Sapir, E. 1911. The problem of noun incorporation in American languages. *American Anthropologist*. Vol. 13 (2): 250 - 282.

Sapir, E. 1915. *Abnormal types of speech in Nootka*. Government Printing Bureau.

Sapir, E. 1922. *The fundamental elements of Northern Yana*. University of California Press. Vol. 13: 214.

Saulwick, A. 2009. Incorporating the interpersonal: Some topic manipulation in Rembarrnga. *Linguistics*. Vol. 47.

Schlegel, F. 1808. *Ueber die Sprache und Weisheit der Indier* (论印度人的语言和智慧). Cambridge University Press.

Schleicher, A. 1861 - 1862. *Compendium der Vergleichenden Grammatik der indogermanischen Sprachen* (印欧语比较语法纲要). Weimar: H. Boehlau.

Schultze-Berndt, E. 2005. Secondary Predicates in Australian Languages. In M. Everaert & H. V. Riemsdijk (eds.), *The Blackwell Companion to Syntax*, *Volume* Ⅳ. Malden etc: Blackwell: 180 - 208.

Seiler, H. 1977. *Cahuilla grammar*. Malki Museum Press.

Seiler, H. 2000. *Language universals research: A synthesis*. Vol. 8. Gunter Narr Verlag: 119.

Shklovsky, K. 2005. *Person Marking in Petalcingo Tzelta*l. Bachelor Thesis, Reed College. URL: http://web. mit. edu/kirills/www/PersonMarkingInPetalcingoTzeltal. pdf.

Skarabela, B. et al. 2013. Joint Attention Helps Explain Why Children Omit Newr Eferents. *Pragmatic*. Vol. 56.

Skorik, P. J. 1977. *Grammar of Chukchi*, *Vol* Ⅱ: *Verb*, *Adverb and Auxiliary Words*. Nauka: Leningrad.

Slobin, D. I. 1985. *The Crosslinguistic Study of Language Acquisition*. New York: Psychology Press.

Soto, V. V. 2011. The "uphill" and "downhill" system in Meseño Cora.

Language Sciences，Vol. 33（6）:981－1005.

Speas，P. 1982. Navajo Verbal Prefixes in Current Morphological Theory. In T. G. Larson（ed.），*Studies on Arabic*，*Basque*，*En ish*，*Japanese*，*Navajo and Papago*. Tucson. University of Arizona Department of Linguistics:115－144.

Spence，J. 2012. Code Switching and Mixed Language Genesis in Tiwi. *Annual Meeting of the Berkeley Linguistics Society*. Vol. 38:448－463. URL: http://journals. linguisticsociety. org/proceedings/index. php/BLS/ article/view/3346.

Spencer，A. 1995. Incorporation in Chukchi. *Language*. Vol. 71（3）: 439－489.

Spencer，A. 1999. *Chukchee Homepage*. URL:http://privatewww. essex. ac. uk/～spena/Chukchee/ CHUKCHEE_HOMEPAGE. html.

Stacy，E. 2004. *Phonological aspects of Blackfoot prominence*. Master Thesis，University of Calgary.

Stebbins. T. & B. Hellwig. 2010. Principles and Practicalities of Corpus Design in Language Retrieval:Issues in the Digitization of the Beynon Corpus of Early Twentieth-Century Sm'algyax Materials. In *Language Documentation & Conservation*. Vol. 4. University of Hawai'i Press:34－59.

Stonham J. & W. S. M. Yiu. 2002. Defining the Word in Nuuchahnulth. In *Proceedings of the Canadian Linguistics Association*. 326－339. URL: http://homes. chass. utoronto. ca/～cla-acl/2002/Stonham_Yiu_2002. pdf.

Stonham，J. 2004. Linguistic Theory and Complex Words: Nuuchahnulth Word Formation，Palgrave Macmillan.

Sullivan，P. R. 1984. Noun incorporation in Yucatec Maya. *Anthropological linguistic*:138－160.

Svolacchia，M. & A. Puglielli. 1999. Somali as a Polysynthetic Language. In L. Mereu（ed.），*Boundaries of Morphology and Syntax*. Amsterdam，Benjamins:97－120.

Swadesh，M. 1938. Nootka internal syntax. *International Journal of*

American Linguistics. Vol. 9:77 - 102.

Swanton, J. R. 1911. Haida. In *Handbook of American Indian Languages* (Part 1). New York: Cambridge University Press: 205 - 282.

Tarnopolsky, Y. 2005. *The Chemistry of Semantics*. URL: https://zh. scribd. com/document/11576861/THE-CHEMISTRY-OF-SEMANTICS.

Taylor, A. 1969. *A Grammar of Blackfoot*. Ph. D. dissertation, Ann Arbon: University of Michigan.

Tersis, N. 2010. Clause dependency relations in East Greenlandic Inuit. In I. Bril (ed), *Clause Linking and Clause Hierarchy, Syntax and pragmatic*. Amsterdam, John Benjamins: 581 -601.

Testelets, Y. G. 2016. *Upward Binding and Polysynthesis*. URL: http:// conf. ling. cornell. edu.

Thomason, S. G. 2016. *Language change and language contact*. URL: http://www-personal. umich. edu/ ~thomason/temp /contch. pdf.

Tonhauser, J. & E. Colijn. 2010. Word Order In Paraguayan Guaraní 1. *International Journal of American Linguistics*. Vol. 76:255 -288.

Trommer, J. 2016. *Hierarchy Effects in Kiranti and Broader Algic*. URL: http://home. uni-leipzig. de/ jtrommer/Hierarchies. pdf.

Trudgill, P. 2001. Contact and simplification: Historical baggage and directionality in linguistic change. *Linguistic Typology*. Vol. 5: 371 -374.

Tumbahang, G. B. 2012. A Description of Allophonic and Morphophonological Alterations in Chhatthare Limbu. *Himalayan Linguistics*. Vol. 11.

Uchihara, H. 2013. *Tone and Accent in Oklahoma Cherokee*. Ph. D. Dissertation, The University at Buffalo, State University of New York.

Vajda, E. J. 2010. A Siberian link with Na-Dene languages. In J. Kari & B. A. Potter (eds.), *The Dene-Yeniseian connection*. Vol. 5 (1 - 2). University of Alaska Fairbanks: 33 -99.

Vieira, M. M. D. 2010. Os núcleos aplicativos e as línguas indígenas *brasileiras*. *Revista de Estudos da Linguagem*. Vol. 18 (1): 141 -164.

Dryer, M. S. & M. Haspelmath. 2016. *The World Atlas of Language Structures* (WALS). URL: http://wals. info/feature/22A # 2/27. 0/151. 6.

Wdzenczny, D. 2011. *The Case for Fewer Cases in Pre-Chukotko-Kamchatkan: Grammaticalization and Semantics in Internal Reconstruction*. Master's Theses and Doctoral Dissertations. Eastern Michigan University.

Weber, T. 2016. *Some notes on the complexity of Southeast Asian languages*. URL: www. sealsxx. uzh. ch/downloads/weber. pdf.

Welmers, W. E. 1973. *African language structures*. University of California Press, Ltd. London. England.

Whaley, L. J. 1997. *Introduction to typology: the unity and diversity of language*. London: Sage Publications.

Wise, M. R. 1986. Grammatical Characteristics of Preandine Arawakan Languages of Peru. In D. C. Derbyshire & G. K. Pullum (eds), *Handbook of Amazonian languages*. *Vol*. 1. Berlin: Mouton de Gruyter: 567 -642.

Wojdak, R. 2003. PF Incorporation: Evidence from Wakashan. In 2 6 *th GLOW Colloquium*. Lund, Sweden.

Wojdak, R. 2004. *On the classification of Wakashan lexical suffixes*. the 30th Meeting of the Berkeley Linguistics Society, Feb 13 - 16.

Wojdak, R. 2005. *The linearization of affixes: Evidence from Nuu-chah-nulth*. Ph. D. dissertation, University of British Columbia, Vancouver.

Woodbury, A. C. 1981. *Study of the Chevak Dialect of Central Yup'ik Eskimo*. Ph. D. Dissertation, Carifornia, Berkeley.

Zapata Becerra, A. A. 2000. Types of languages according to their morphological structure. In *Handbook of general and applied linguistics*. Universidad de Los Andes.

Zwart, J. W. 2006. *Baker's generalization in a derivational theory of binding*. University of Groningen，URL：http://odur. let. rug. nl/～zwart/docs/bindingproc. pdf.

戴庆厦、李洁. 2007. 勒期语研究. 中央民族大学出版社。

洪堡特. 1997. 论人类语言结构的差异及其对人类精神发展的影响. 中译本. 商务印书馆。

柯恩. 1959. 语言——语言的结构和发展. 中译本. 科学出版社。

库兹涅佐夫，P. S. 1958. 语言的形态学分类法. 语言学论文选译. 中华书局。

莱曼，W. P. 1986. 描写语言学引论. 中译本. 上海外语教育出版社。

伦道夫·夸克等. 1979. 当代英语语法. 中译本. 辽宁人民出版社。

罗宾斯，R. H. 1997. 简明语言学史. 中国社会科学出版社。

马清华. 1993. 句子的语义结构. 南京师大学报，第 3 期。

马清华. 2000. 文化语义学. 江西人民出版社。

马清华. 2001. 动物观念的实现方式和普遍性问题. 民族语文，第 1 期。

马清华. 2003. 并列连词的语法化轨迹及其普遍性. 民族语文，第 1 期。

马清华. 2003. 词汇语法化的动因. 汉语学习，第 2 期。

马清华. 2005. 并列结构的自组织研究. 复旦大学出版社。

马清华. 2006. 并列结构多语序运筹的机制. 语言学论丛（第 32 辑）（北京大学）. 商务印书馆。

马清华. 2006. 语义的多维研究. 语文出版社。

马清华. 2008. 补偿：语言的一种共时动态机制. 修辞学习，第 4 期。

马清华. 2011. 论叹词形义关系的原始性. 语言科学，第 5 期。

马清华. 2012. 系统原理下的语言问题. 上海人民出版社。

马清华. 2013. 拟声词在语言发生学上的意义. 外国语，第 1 期。

马清华. 2014. 情态系统的协同、互动及关联化. 2014 年“语言的描写与解释”国际学术研讨会论文集. 2014－09－20。

马清华. 2014. 求同原理下语法结构的整合. 山西大学学报（哲学社会科学版），第 4 期。

马清华. 2014. 适应原理下句法系统的自繁殖. 语文研究，第 1 期。

戚雨村等. 1993. 语言学百科辞典. 上海辞书出版社。

秦秀白. 1983 英语简史. 湖南教育出版社。

萨丕尔.1964.语言论——言语研究导论.中译本.商务印书馆。

石定栩.2002.乔姆斯基的形式句法——历史进程与最新理论.北京语言文化大学出版社 。

宋国明.1997.句法理论概要.中国社会科学出版社。

威廉·汤姆逊.1960.十九世纪末以前的语言学史.中译本.科学出版社。

韦光华.1955.俄语各格的意义和用法.时代出版社。